HISTOIRE
DU
PARLEMENT DE TOULOUSE

CHATEAUROUX. — TYP ET STÉREOTYP A MAJESTÉ

HISTOIRE
DU
PARLEMENT
DE TOULOUSE

PAR

M. DUBÉDAT

ANCIEN CONSEILLER A LA COUR DE TOULOUSE

TOME SECOND

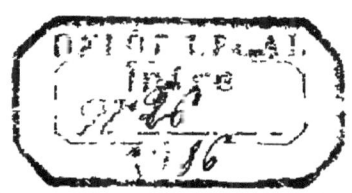

PARIS
LIBRAIRIE NOUVELLE DE DROIT ET DE JURISPRUDENCE
ARTHUR ROUSSEAU
ÉDITEUR
14, RUE SOUFFLOT ET RUE TOULLIER, 13

1885

HISTOIRE DU PARLEMENT DE TOULOUSE

CHAPITRE PREMIER

François de Clary premier président. — Le conseiller d'Ouvrier. — Entrée du prince de Condé à Toulouse. — Condé au Parlement. — — Agitation dans la province. — Les États de Pézénas. — Privilège des protestants confirmé par la régente. — Service de la chambre de l'Édit. — Rivalité de la chambre de l'Édit et du Parlement. — Synodes des protestants. — Divers arrêts du Parlement et de la chambre de l'Édit. — Les blasphémateurs. — Les duellistes. — Luttes des capitouls contre le Parlement. — Troubles religieux à Nîmes. — Le siège présidial de Nîmes transféré à Beaucaire. — L'amiral Henri de Montmorency à Toulouse. — Querelle de préséance. — L'amiral de Montmorency au Parlement. — Charités du Parlement. — Le conseiller Tolosani. — Le président Potier de la Terrasse. — Condé reprend les armes. — Arrestation d'un de ses courriers. — Conditions exigées par Condé pour la paix. — Convocation des États généraux. — Retard de Condé à désarmer. — Procès d'Isabeau de Romillon. — Le président Guillaume de Rességuier. — Procès de fausse monnaie et de magie. — Le vicaire de Saint-Pierre-des-Cuisines Jean Dusel. — Remontrances adressées aux capitouls. — Remontrances adressées au premier président. — Les mercuriales. — Le duc de la Trémouille à Toulouse. — Opposition du Parlement à la religion réformée. — Démission du premier président Clary, en faveur de son gendre Gilles Le Masuyer. — Remontrances du Parlement à François de Clary. — Opposition du Parlement et ses conditions pour installer le nouveau premier président. — Mort de François de Clary.

La reine Marie de Médicis, régente du royaume donna la première présidence du Parlement de Toulouse à François de Clary, maître des requêtes au Parlement de Paris et fils d'un trésorier de France en Guyenne. Il était né dans l'Albigeois qu'il déserta, en pleine jeunesse, pour prendre la robe d'avocat général au grand Conseil, pendant la Ligue, et plus tard un siège de maître des requêtes. Déjà, il avait traversé le pays du Languedoc, sous Henri III, avec la mission d'examiner l'état des juridictions inférieures de la province. A son grand air un peu hautain, on l'aurait pris pour un de ces seigneurs de la cour, dont Saint-Simon a dit que la noblesse se lisait sur leur fier visage. En arrivant à la première présidence, il reçut le titre de conseiller d'État. On l'installa le 21 juillet 1611, comme on avait installé Nicolas de Verdun, en le dispensant de « l'enquête sur « sa vie et mœurs ».

Le lendemain, le Parlement, qui ne s'opposait jamais à voir, dans les mêmes mains, une charge de conseiller et une chaire de l'Université, voulut rompre avec cette tradition et enjoignit à Jean d'Ouvrier qui passait de l'Université au Parlement d'abandonner l'Université. Cette décision s'exécuta sans bruit.

C'est le prince de Condé qui allait ramener et réveiller toute une agitation au Parlement, au moment de son entrée à Toulouse. En partant de l'assemblée de Saumur pour prendre possession de son gouvernement de Guyenne, il voulut entrer à Toulouse parce que le ressort du Parlement embrassait une partie de son gouvernement. Il y arriva le sept du mois de septembre de cette année 1611. Au Parlement, on décida qu'un président à mortier, suivi de vingt-trois conseillers, irait le complimenter au couvent des minimes, à une des portes de la ville ; que six des plus anciens conseillers le complimenteraient sur le perron du Palais et que si le prince se couvrait, les conseillers se couvriraient aussi. Le prince mécontent fit répondre par un maître des requêtes de sa suite, qu'il s'attendait à une réception pareille à celle des Parlements de Bordeaux et de Paris, où les hommages ne lui avaient pas été ménagés ; mais les parlementaires de Toulouse ne voulurent rien ajouter aux honneurs par eux réglés.

Froissé par ce refus, le prince déclara, d'un ton aigri, qu'il ne se rendrait pas au Palais, s'il ne devait y recevoir de plus grands honneurs. Il voulait qu'un président à mortier l'attendît sur le perron de la grand'chambre et il exigeait un fauteuil à l'audience. On lui refusa le fauteuil ; il se décida pourtant à aller au Palais, le 9 septembre et à siéger à la grand'chambre où la Tournelle s'était rendue. Le Parlement n'avait pris que les robes noires. Le duc d'Uzès, le duc de Ventadour, les sénéchaux de Guyenne et du Quercy et un cortège de gentilshommes accompagnèrent le prince au Palais. Condé prit la parole, et, au travers de choses flatteuses pour la Cour, il laissa percer son irritation, en voyant les robes noires au lieu des robes rouges, et reprocha au Parlement de ne pas le recevoir en prince du sang. Le premier président lui répondit que le Parlement ne pouvait lui rendre des honneurs réservés aux rois, et que la pourpre marquait la distance du roi au sujet et la nuance de leurs réceptions. Le prince n'en alla pas moins visiter, en son hôtel, le premier président.

Ces questions de vanité frivole n'amenaient que des nuées passagères : des orages plus menaçants planaient sur le pays. La régence d'une reine, les rivalités des princes, l'ambition et les intrigues des seigneurs de la cour, les défiances des grandes compagnies judiciaires et les sourdes agitations des protestants remplissaient d'alarmes cette période de la minorité de Louis XIII. Dans les Cévennes et le Gévaudan, les gentilshommes se rassemblaient et semaient le désordre sur leur passage : pour les réduire à l'impuissance, le duc de Ventadour convoqua les États à Pézénas et imposa la province d'une somme de 10,000 livres, sur laquelle il leva 2,000 écus. Le Parlement dénonça ce coup d'autorité à la régente qui loua sa vigilance et le pria de lui continuer ses avertissements et ses conseils. Le même courrier apportait au duc de Ventadour l'ordre de renvoyer les États, et de suspendre la levée des sommes arbitrairement imposées à la province.

Les protestants apaisés et contenus par Henri IV se remuaient alors dans le royaume : la régente essaya de les calmer, en confirmant les privilèges accordés aux églises de la Réforme par les édits de pacification et l'édit de Nantes, en maintenant, pendant cinq ans, les troupes protestantes dans leurs places fortes, et en autorisant partout des synodes. Les termes de doctrine et de discipline insérés dans les lettres patentes de la régente paraissant trop larges au Parlement, il ne les enregistra qu'en évitant d'approuver ces expressions qu'il croyait ne convenir qu'aux doctrines et aux assemblées de l'église catholique.

Sans s'inquiéter de cette attitude des parlementaires, les protestants ne cessaient d'adresser à la régente réclamations sur réclamations. Depuis la création de la chambre de l'Édit, le Parlement nommait les huit conseillers catholiques chargés d'y siéger pendant un an : la régente, cédant aux instances des protestants, ordonna au Parlement de désigner à l'avenir douze conseillers pour le service de cette chambre, afin que, sur ce nombre, le roi en prit huit auxquels il donnerait une mission particulière. Le Parlement s'en émut et envoya à Paris le conseiller François Le Comte, pour exposer au grand Conseil les dangers de cette mesure qui abolissait une tradition déjà consacrée par le temps et qui pouvait réveiller les froissements et les discordes. La reine mère et le chancelier sentirent leurs torts, mais ne voulant pas trop brusquement reculer, ils maintinrent, pour l'année, la nomination des conseillers catholiques, selon l'usage ancien. Les remontrances de François Le Comte ne fléchirent ni le chancelier, ni la reine; il rentra à Toulouse, apportant au Parlement des lettres de jussion qui le contraignirent à obéir.

Si le Parlement, jaloux de son pouvoir, ne pouvait s'accoutumer à ce démembrement de son ressort, la chambre de l'Édit, envahissante et jalouse de son autorité, cherchait à marcher sans cesse de pair et de front avec le Parlement. A la mort du connétable de Montmorency, son fils qui hérita du gouvernement du Languedoc, étant, un jour, de passage à Castres alla siéger à la chambre de l'Édit. Le Parlement, ne pouvant s'en prendre à Montmorency, fit sentir son dédain à la chambre de l'Édit : il chargea le premier président de rappeler aux évêques d'Albi et de Castres, qui avaient assisté à cette audience, qu'ils n'auraient pas dû y suivre le gouverneur, « parce qu'ayant séance à la grand'chambre du « Parlement, il ne leur convenait point d'aller s'asseoir « sur un siège de justice moins élevé ».

Les protestants se vengeaient de leurs défaites dans les synodes où les enseignements de la doctrine tournèrent aux ardeurs de la politique et de la guerre. Le Parlement les surveillait de loin et défendait, par arrêt, à toutes les villes et communautés de la province, d'envoyer les députés aux synodes de Saint-Jean-d'Angely et de La Rochelle, avec injonction aux magistrats et aux consuls de les emprisonner et aux gentilshommes de prêter main-forte. A cette décision, les protestants répondirent par des récriminations et des menaces qui n'ébranlèrent pas les parlementaires. Entre les deux systèmes, d'une rigueur excessive ou d'une trop large tolérance, le Parlement cherchait une voie de modération et de conciliation. Sans vouloir écraser la Réforme, il n'entendait pas l'encourager et lui donner des forces. Il savait qu'elle se recrutait dans l'ombre et ne suppliait la régente que les armes à la main. La reine, n'osant pas rejeter les demandes des assemblées de Saumur, l'esprit de révolte se ranimait dans les synodes et enhardissait les calvinistes qui allumaient, d'un bout de la province à l'autre, des foyers de dissensions et de guerres.

Le Parlement ne se laisse pas distraire de sa mission de justice par ces sollicitudes de la politique, il envoie à Muret et à Grenade, villes rebelles, le conseiller Bertrand, en qualité de gouverneur ; le président des enquêtes, de Senaux, est envoyé dans le ressort, par ordre du roi, pour rétablir les catholiques dans les charges dont les protestants les avaient dépouillés. Louis XIII se souvenait ainsi des services rendus par le président de Senaux à Henri IV qui disait de lui que, par son talent, ses grandes vues politiques, sa connaissance des hommes et son ascendant sur eux, il le servait plus utilement que ses meilleurs capitaines. Dans son portrait où il a été peint en robe, tête nue, le mortier à la main, le buste épais et carré, on le dirait dans une cuirasse. Le Parlement condamne au bûcher un athée qui avait arraché, au moment de la messe, le saint sacrement des mains du prêtre, « athée singulier, dit Malenfant, séduit « par le diable, mais non magicien, ni sorcier » ; il ordonne des processions publiques, avec la châsse de saint Exupère, pour demander à Dieu de maîtriser les eaux de la Garonne violemment sorties de leur lit. Parfois, la Tournelle et la grand'chambre se disputent sur des questions de préséance et de compétence qui finissent, après de bruyants discours, par s'éteindre sous la main adroite et ferme du premier président.

La Tournelle fait une guerre incessante aux faux monnayeurs qu'elle condamnait d'abord au supplice de l'huile bouillante, et qu'elle envoya ensuite à la potence. On ne jetait les suppliciés dans la cuve brûlante qu'après leur mort sur le gibet. De son côté, la chambre de l'Édit ne pouvait suffire au châtiment des pillards et des bandits qui infestaient les Cévennes : les États demandèrent au roi l'établissement d'une chambre ardente destinée à exterminer les scélérats qui bravaient tous les supplices. En attendant, le Parlement continuait à condamner les blasphémateurs, de même que les femmes de mauvaise vie, à être enchaînés dans une cage de fer et plongés trois fois dans la Garonne.

Le Parlement n'épargnait pas les duellistes. L'Édit d'Henri IV n'arrêtait pas cette fureur des duels ; il importait peu aux gentilshommes, qui jouaient leur vie à toute heure, d'entendre prononcer contre eux la peine de mort. On les vit parfois s'assembler sur les places de Toulouse, se partager en deux camps et se battre, au soleil, les dames aux balcons. Un jour, deux duellistes, une large blessure au flanc, et pouvant se traîner à peine, se réfugièrent chez les deux conseillers Dufaur de Saint-Jory et d'Ouvrier. A cette nouvelle, le Parlement manda les deux conseillers et ordonna au greffier criminel d'aller visiter leurs maisons. C'est en vain que le conseiller d'Ouvrier s'engageait à répondre du gentilhomme mortellement blessé que le greffier criminel venait de découvrir aux prises avec la mort ; par arrêt du Parlement, le duelliste fut transféré aux prisons de la Conciergerie. Ce droit d'asile donna lieu, plus d'une fois, à des plaintes des gens du roi : un arrêt du Conseil, du 15 décembre 1662, finit par les autoriser à pénétrer partout, pour arrêter les coupables, même dans les hôtels des membres du Parlement.

Un autre jour, cent vingt gentilshommes de la suite

du prince de Condé, à cheval et l'épée à la main, traversèrent la ville pour aller s'égorger hors des portes ; d'autres marchant à pied les suivaient, en chantant, prêts à se battre dans la rue des Changes. Cette fois, le peuple, soutenu par les capitouls, loin d'encourager ces combats, dispersa les duellistes et tendit des chaînes dans les rues. Sur cette question des duels, les capitouls secondaient le Parlement de tous leurs efforts ; ils ne cessaient d'ailleurs de se mettre en lutte avec lui. Le jour de la procession de la Pentecôte de 1612, ils voulurent marcher en dehors du rang que leur assignaient les arrêts ; le premier président, dit le père Lombard, « les en fit gentiment avertir et évita un scandale » ; mais le Parlement manda ensuite à sa barre quatre capitouls et les menaça d'en suspendre deux de leurs fonctions. Sur les humbles excuses du syndic de l'Hôtel de Ville, le Parlement se borna à la plus sévère des réprimandes.

Au lendemain de cette soumission, les capitouls reprennent leurs tendances d'envahissement et d'opposition, en entreprenant, contre la volonté du Parlement, la reconstruction de l'arsenal. La régente leur ayant envoyé des lettres patentes qui leur donnaient raison, ils s'empressèrent de faire publier ces lettres, mais le Parlement mit en ajournement les quatre capitouls Boyer, Potier, Ducros et Péguillan, les suspendit de leurs fonctions, fit saisir leurs armoiries déjà sculptées pour être encastrées au-dessus du portail de l'arsenal et prohiba les assemblées de l'Hôtel de Ville, « sans préjudice des « lettres de la reine ».

Deux capitouls et quatre bourgeois partirent aussitôt pour Paris, afin de demander secours et protection à la régente. L'Hôtel de Ville allait se soumettre, et de même qu'après la procession de la Pentecôte, il recula devant la fermeté de la Cour. Deux capitouls arrivèrent au Palais et supplièrent la Cour d'oublier le passé, de remettre en ses grâces l'Hôtel de Ville, promettant de ne pas se servir des lettres de la reine, de rappeler les députés envoyés à Paris, et de vivre et mourir ses très obéissants serviteurs, toujours prêts à exécuter ses commandements. Un nouvel arrêt les mit hors de Cour, en leur interdisant de continuer la reconstruction de l'arsenal.

A Nîmes, les passions religieuses ne s'éteignaient pas comme une querelle de capitouls et de parlementaires ; elles se rallumèrent, tout d'un coup, le jour où le célèbre ministre protestant Jérémie Ferrée abjura la Réforme et fut pourvu, par le roi, d'un office de conseiller au présidial. A peine le bruit se répandit à Nîmes, que ce ministre si longtemps vanté comme un des plus fameux soutiens de la religion réformée allait faire une profession publique de la foi catholique, qu'une furieuse troupe d'hommes et de femmes du peuple saccagea sa maison, brûla ses meubles, ses papiers et ses livres et l'eût égorgé s'il ne s'était sauvé par les toits.

Dans son indignation, le roi transféra à Beaucaire le siège présidial de Nîmes et ordonna au Parlement de procéder, par toutes voies de rigueur, contre les émeutiers, mais après lecture de lettres royales qui investissaient, à la fois, de cette poursuite, le Parlement et la chambre de l'Édit, comme si elles voulaient mettre ces deux juridictions au même niveau, le Parlement ajouta

ces mots à son arrêt d'enregistrement : « Sans approba-
« tion toutefois de la Cour de Parlement, en ce qui regarde la chambre de l'Édit. »

A toutes les entrées des gouverneurs ou des princes, des querelles de préséance se réveillent au Parlement. Au mois de juillet 1613, l'amiral Henri de Montmorency, gouverneur du Languedoc, arrive à Toulouse et le Parlement s'empresse de désigner pour aller le saluer, en son hôtel, le président de Caminade et deux conseillers. L'amiral qui s'attendait à la visite du premier président, refusa, pendant deux jours, d'aller chez François de Clary. On finit par s'entendre et par convenir que le gouverneur et le premier président sortiraient en même temps de leurs maisons, se rencontreraient dans la rue et que l'amiral rentrerait chez lui avec le premier président, auquel il rendrait la visite dans la même journée. L'amiral ne se pressa pas de sortir et ne descendit dans la rue, qu'au moment où le premier président s'approchait de son hôtel, selon ce qu'avait fait le connétable envers le premier président Daffis. Malenfant, qui raconte ces choses, ajoute : « Tout cela fut fait sans que la Cour
« s'en mêlât, car si la chose eut été délibérée, la Cour
« n'eût souffert que le premier président fût sorti de son
« logis, sans avoir été premièrement visité par l'amiral. »

Montmorency siégea à la grand'chambre, le 14 juillet, accompagné du sénéchal de Nîmes et de Beaucaire, de François de Noailles comte d'Ayen, sénéchal de Rouergue et gouverneur de la Haute-Auvergne, et de Jean de Cornusson, sénéchal de Toulouse, qui disputa la préséance au sénéchal de Nîmes. Il n'y eut ni banquets, ni fêtes à cette entrée du gouverneur ; la famine et la peste désolaient le pays. On forma, sous le nom de bureau des Sauveurs, un conseil composé du président de Caminade, de deux conseillers, des gens du roi, du juge-mage, des capitouls et du vicaire général de l'archevêché. Ce bureau des Sauveurs rassembla les pauvres et les répartit parmi les familles aisées : on ne vit jamais un plus grand dévouement à soulager la misère ; les parlementaires demandèrent à n'être distingués que par l'obligation de nourrir un nombre de pauvres, au delà de celui qui leur était assigné. La misère se prolongeant, les chambres, assemblées en février 1614, afin de préserver de la faim et de la mort une multitude d'indigents, décidèrent de contribuer aux ressources de la charité jusqu'aux récoltes prochaines, par des dons d'argent en rapport avec le rang et la fortune des membres de la Cour. Le premier président offrit 16 écus d'or par mois ; les présidents à mortier en donnèrent 8 ; les conseillers et les greffiers, 4 ; les avocats généraux et le procureur général, 6.

C'est vers ce temps que le Parlement refusa d'ouvrir ses rangs à Olivier Tolosani, conseiller au présidial, pourvu par le roi d'une charge de conseiller au Parlement, parce qu'il répondit mal aux questions qui lui furent posées, sur les cinq livres « fortuitement ouverts, « à son examen ». En retour, il accordait des dispenses d'âge aux magistrats faisant preuve d'une science précoce. C'est aussi à ces années que mourut le président Potier de la Terrasse, dont la charge fut donnée par le roi à Jean de Maniban, maître des requêtes, lieutenant général de la sénéchaussée de Guyenne, fils d'un ambassadeur en Suisse et ayant lui-même, ainsi que le disaient ses lettres de provision, servi à la satisfaction du roi, dans des affaires d'État.

Les princes étaient loin de donner au roi cette satisfaction dont parlaient ces lettres royales : Condé reprenait les armes et adressait au Parlement de Toulouse, le 26 mars 1614, une lettre que le Parlement ne voulut pas ouvrir et qu'il renvoya à la régente, après avoir fait arrêter le courrier du prince de Condé et saisir, sur lui, d'autres lettres adressées à des gentilshommes gascons. Un moment, on délibéra sur sa vie ou sur sa mort. Interrogé aux prisons du Capitole par un conseiller de la grand'chambre et un conseiller de la Tournelle, sur ses discours séditieux dans les châteaux de Gascogne, il refusa de répondre, en disant qu'étant de la religion réformée, il en appelait à la chambre de l'Édit.

La reine qui cherchait à ramener Condé à la soumission dépêcha, à son tour, un courrier au Parlement pour faire rendre la liberté à l'envoyé du prince, qui ne lui paraissait mériter qu'une réprimande. La réprimande lui fut donnée, en l'hôtel du premier président, en présence des deux présidents de Caminade et de Bertier, avec menace d'être mis à mort, s'il venait à propager la révolte dans le ressort. En même temps, le Parlement interdisait les assemblées et enrôlements des gens de guerre, les entreprises sur les villes et les sujets du roi, avec injonction aux sénéchaux, capitaines, viguiers, consuls et autres justiciers de sonner le tocsin, en cas de désordre, et de tailler en pièces les rebelles.

La reine et le roi louèrent hautement le zèle et le dévouement du Parlement et lui renvoyèrent cette lettre de Condé, datée de Mezières : « Messieurs, plusieurs

« princes, ducs, pairs et officiers de cette couronne et
« moi, nous étant assemblés en cette ville de Mézières,
« pour pourvoir au bien des affaires publiques, ont jugé
« que je devais en écrire à la reine et vous envoyer la
« copie de ma lettre, par laquelle vous verrez le but de
« nos sincères intentions. Nous vous conjurons tous,
« par l'affection que vous devez à votre patrie, de la
« secourir en une si célèbre et urgente occasion ; vous y
« aurez un intérêt avec nous et tous les bons Français.
« Contribuez-y donc de tout votre pouvoir et faites
« paraître, à temps, votre zèle par lequel je me sentirai
« obligé de plus en plus, et demeure, messieurs, votre
« affectionné et assuré serviteur, Henry de Bourbon. »

Grâce à la fermeté du Parlement, cette lettre et les appels à la révolte répandus dans la province par les émissaires du prince de Condé s'émoussèrent, c'est le président de Gramond qui l'a dit, comme des flèches sur un bouclier. La convocation des États généraux fut une des conditions de la paix. Les députés de la noblesse du Languedoc y demandèrent la suppression de la chambre des requêtes, l'abolition de la vénalité des charges et la nomination de douze gentilshommes à des places de conseillers dans les divers Parlements du royaume. La noblesse, dédaigneuse autrefois de la science des lois, regrettait alors cette puissance perdue et aspirait à la reconquérir. Condé se plaignait à la régente de ce que « cette noblesse, soutien de la France,
« terreur des étrangers, maîtresse des campagnes et
« vaincresse des batailles, était maintenant bannie des
« offices de judicature, faute d'argent ».

Condé audacieux et remuant ne pouvait se résoudre à

désarmer. Il alarmait, sans cesse, la régente par ses manifestes hardis, ses intrigues et ses liaisons avec les calvinistes. Il organisait à Nîmes un prochain soulèvement et nommait les capitaines destinés à commander les troupes de la Réforme, mais l'amiral de Montmorency s'attachait à ses pas et parcourait la province, en semant autour de lui, avec sa douceur et sa bonté, des paroles de réconciliation et de paix qui calmèrent les deux partis. Il regagna Toulouse au mois d'août 1614 : le 28 août, il siégeait au Parlement, avec les évêques de Carcassonne et de Lavaur et avec François Dufaur, président au Parlement de Grenoble qu'un procès retentissant avait attiré à Toulouse.

Isabeau de Romillon, née dans un village du Comtat Venaissin, avait une de ces imaginations dont la Grèce disait qu'elles montaient dans les nuages plus vite que le vent. Veuve à trente ans, elle partit pour l'Espagne où elle se laissa emporter, à l'inspiration d'un chanoine espagnol, vers les mystérieuses régions des rêves, des révélations et des visions. Elle se crut possédée d'un démon : un prêtre l'exorcisa. Isabeau de Romillon, suivie de sa fille qui ne la quittait jamais, repassa les Pyrénées et alla dogmatiser dans son pays natal, d'où l'évêque de Cavaillon la fit chasser. En errant de ville en ville, elle s'arrêta à Toulouse et s'y érigea en prophétesse, racontant ses visions, annonçant l'avenir et exhortant les pécheurs à se convertir et à lui confesser leurs fautes, en affirmant qu'elle tenait de Jésus-Christ le pouvoir de les absoudre.

Les simples, les femmes du peuple et les enfants se laissèrent éblouir par ces bizarres extases et ces égarements d'une illuminée. A ces époques reculées, les croyances populaires flottèrent, plus d'une fois, au souffle d'une piété naïve ou exaltée. Isabeau de Romillon voyait partout des sorciers, dans les rues, sous les toits des maisons, au fond des bois, au milieu des champs : un jour, elle accusa publiquement la fille d'un trésorier de France d'aller au sabbat. Pour en finir avec ces scandales, le Parlement condamna la visionnaire à être enfermée aux prisons de l'archevêché.

La prison n'étouffa pas en elle les mystiques aspirations. En voyant de près cette femme d'une pureté sans tache, et dont les aumônes servaient à bâtir l'église du couvent des religieuses du tiers ordre de Saint-François, le président aux enquêtes, Guillaume de Rességuier surintendant du couvent, séduit par tant de charité et de piété, la crut persécutée, pénétra dans sa prison, en fit ouvrir les portes et prit avec elle la route de Paris. Cette évasion aggrava les choses : un arrêt de la Tournelle prononça le banissement contre Isabeau de Romillon et sa fille, avec défense de rentrer dans le ressort de la Cour, à peine du bûcher. Un autre arrêt des chambres assemblées décida que le président de Rességuier serait mandé et entendu, et qu'en attendant, il lui serait interdit de se mêler des affaires de la Romillon et de celles des religieuses du tiers ordre.

Le président en référa au roi et à la reine, la cour des princes, selon le mot du père Lombard, étant le lieu du monde où la nouveauté et la singularité sont le mieux accueillies. Il leur présenta Isabeau de Romillon, accompagnée de trois religieuses du tiers ordre, et parla si bien de leur ferveur et des persécutions du Parlement, que le

Conseil du roi rendit un arrêt, portant que les procédures instruites contre Isabeau et sa fille seraient transportées au greffe du Conseil, avec inhibition au Parlement de passer outre. La peur du bûcher empêcha ces deux femmes de sortir de Paris, mais le président de Rességuier se hâta de regagner Toulouse et de reprendre, comme par le passé, la surintendance du couvent des religieuses de saint François. Il renvoya les religieux investis par le pape et le roi de la direction du couvent et les remplaça par des prêtres séculiers. Les religieux en appelèrent au Parlement.

Loin de se laisser abattre par ce procès, le président repartit pour Paris, et en informa le premier président par une lettre courte et sèche qui détermina la Cour à le suspendre de ses fonctions, pendant six mois, à enlever la direction du couvent aux prêtres séculiers et à les condamner à une amende, pour avoir désobéi à ses commandements. Quelques jours après, le président de Rességuier, attiré depuis longtemps vers la vie monastique, se démettait de sa charge, s'engageait dans les ordres sacrés et fondait une société de douze prêtres qui cherchaient à retracer, dans leurs règles, l'image austère de la primitive église. C'est l'aïeul du président François de Rességuier, un des plus vigoureux rameaux de cette famille des Rességuier qu'un savant du dix-septième siècle, Graverol de Nîmes, comparait à un chêne toujours vert.

Les rumeurs de ce procès d'une visionnaire se perdirent dans le bruit plus prolongé d'un procès de fausse monnaie et de magie. Il semble qu'à ce réveil des intelligences amené par la Renaissance et la Réforme, les évocations magiques, les incantations, le sabbat des sorcières et les redoutables apparitions des morts, des mauvais anges, des démons de l'abîme, se ranimèrent de lueurs plus vives, pareilles aux feux des foyers prêts à s'éteindre. A ces années où l'aube du dix-septième siècle avait un dernier reflet du moyen âge, des âmes éprises des sciences inconnues s'élançaient vers le merveilleux, et rejetant les croyances aux princes des airs et aux breuvages des sorcières, se plongeaient dans l'alchimie et l'astrologie où elles espéraient découvrir le pouvoir de dompter la nature, d'exploiter ses éléments par des moyens surnaturels et de rencontrer la fameuse pierre philosophale, au fond de ce monde invisible et enchanté.

Un vicaire de l'église Saint-Pierre-des-Cuisines, Jean Dusel, autrefois de l'ordre des jacobins, s'était souvent glissé, la nuit, au logis de Pierre Blanchard, d'une pauvre famille de Fangeaux, fabriquant des actes publics et de la fausse monnaie, à l'aide des mystérieuses pratiques dont le Parlement ne put pénétrer le secret; il le condamna à mort pour crime de magie. Avant de monter sur l'échafaud, Blanchard révéla les noms de ses complices et aussitôt, je laisse parler le greffier Malenfant :
« Jean Dusel mit plusieurs cahiers de magie écrits de
« sa main et contenant d'exécrables choses, dans un sac,
« avec un autre sac plein de sable, propre à mouler en
« argent sur or ou autre métal fondu ; et comme Dieu
« l'aveuglait, en mettant ses cahiers dans le sac, il y mit
« aussi plusieurs obédiences qu'il avait eues de ses supérieurs jacobins. »

C'était là signer son crime. Il prit les deux sacs et les

alla cacher dans le creux de la vieille muraille d'un cimetière, à quelques pas de l'enclos des chartreux de Toulouse. Quelques jours après, des maçons, en démolissant la muraille, trouvèrent les sacs et en informèrent les pères chartreux. Le vicaire général de l'archevêque arriva sur les lieux, ouvrit les sacs et s'empara des cahiers de magie, du sable à mouler l'or et l'argent et des obédiences. Le même jour, le vicaire général faisait enfermer l'ancien jacobin aux prisons de l'Écarlate et fouiller sa maison. On n'y découvrit qu'un vieux bréviaire, aux deux premiers feuillets duquel étaient transcrites deux oraisons en forme de conjuration, pour guérir le mal aux yeux et le mal aux dents, que Jean Dusel avoua être copiées de sa main. D'un vieux missel, feuilleté par le vicaire général, s'échappa une pièce de parchemin vierge, que l'accusé prétendit n'y avoir pas mise, et deux reconnaissances d'argent prêté, qu'il avoua être de sa main. Il protestait énergiquement contre l'accusation d'avoir écrit les cahiers de magie, en disant que les obédiences mêlées à ces papiers lui avaient été dérobées et placées dans les sacs par un de ses ennemis conjuré à sa perte. Les experts lui donnèrent un démenti et déclarèrent que la main qui avait écrit les oraisons sur le bréviaire avait écrit aussi les cahiers de magie.

Sur cette affirmation des experts, Jean Dusel est maintenu aux prisons de l'Écarlate, et son procès est poursuivi, aux diligences des juges ecclésiastiques de l'officialité. Le Parlement jaloux de son autorité, opposa, une fois de plus, une barrière aux empiétements de la justice cléricale, lui enleva l'affaire et l'évoqua à sa barre.

Depuis que le chancelier de l'Hôpital avait repoussé l'établissement de l'Inquisition et favorisé la justice laïque sur les délits de consciences, le Parlement de Toulouse, plus encore que les Parlements voisins d'Aix et de Bordeaux, ne laissait passer aucune occasion de faire sentir sa main à l'officialité. De son côté, l'officialité froissée pressait la fin de la procédure, et rendait une sentence déclarant l'accusé déchu du privilège du titre clérical, le jour même où le Parlement se saisissait du procès.

Au mépris de cette sentence, la grand'chambre et la Tournelle assemblées ordonnent une seconde enquête et soumettent de nouveau les cahiers de magie à une autre expertise plus accablante, qui démontra que Jean Dusel employait, dans les incantations de sa magie, cette formule, en s'adressant au démon : « *Ego, Joannes Dusel, filius Henricæ, adjuro aut præcipio.* Moi, Jean Dusel, fils de Henriquette, j'adjure et j'ordonne. »

Pourquoi le nom de sa mère, au lieu du nom de son père? Cette question paraît avoir embarrassé la grand'-chambre et la Tournelle qui savaient bien pourtant que, selon les croyances populaires, la puissance diabolique se transmettait par les femmes. Au moment où Jean Dusel se livrait à la magie, il se croyait sans doute le fils d'une sorcière et évoquait ainsi le souvenir de celle dont il recueillait le mystérieux héritage.

Jean Dusel, convaincu des crimes d'hérésie, de sortilège et de magie, fut condamné, par arrêt du 24 octobre 1614, à être livré au bourreau pour être promené, sur un tombereau, la hart au col, par les rues et carrefours, à faire amende honorable en la place Saint-

Étienne, à genoux et une torche à la main, à être pendu et étranglé à une potence de la place du Salin, et ensuite à être brûlé avec ses livres de magie, les cendres du corps et des livres jetées au vent. Ses biens étaient frappés de confiscation ; l'arrêt ordonnait aussi qu'avant l'exécution, « il serait baillé un bouton de gehenne « au condamné pour savoir ses complices. » Cette dernière disposition se nommait le *retentum*, qui tantôt renfermait un adoucissement et tantôt une aggravation de la peine. L'exécution se fit le même jour : on ne dispensa le condamné de la dégradation, par onze voix contre dix-neuf, qu'à raison des résistances des évêques à ces sortes de châtiments. Ce n'est pas sans tristesse que le greffier Malenfant disait de ce supplice : « Il ne fut « point prouvé que cet homme eût fait aucune faute, « ni pratiqué aucun magicien, ni faux monnayeur. Sa « prévention ne fut que d'avoir écrit les cahiers dans les « quels, à la vérité, il y avait des choses abominables « contre la majesté de Dieu, pour exalter le pouvoir du « diable; et les principales méchancetés se faisaient par « le moyen de la Sainte Messe, du Saint Sacrement, des « prières de l'église et des psaumes de David. » La justice de ce temps était sans pitié : telle était l'horreur qu'inspiraient alors les légions infinies des sorciers, que les parlementaires aveuglés par des répulsions légendaires redoublaient de rigueurs et fermaient les yeux aux clartés de leur dix-septième siècle. La question infligée à Jean Dusel lui arracha des aveux. Mais la torture arrachait, souvent, aux suppliciés des réponses qui s'échappaient de leurs lèvres pour mettre fin à leurs douleurs. Il ne paraît pas pourtant que Jean

Dusel ait rétracté ses déclarations en montant au gibet.

Les gibets se dressaient à la place Saint-Georges et parfois à la place du Salin. Le nombre des suppliciés augmentant d'année en année, les capitouls firent dresser des estrapades sur toutes les places publiques de la ville, sans en prévenir le Parlement. Après délibération à la chambre dorée, le premier président manda les capitouls et leur commanda d'enlever les estrapades qui ne pouvaient être plantées que par ordre du roi, les estrapades étant un supplice militaire, et non un supplice infligé par la justice ordinaire aux criminels.

Ce fut le tour du premier président de recevoir des remontrances. Une décision de la commission établie sous sa présidence, pour l'achèvement du pont de Toulouse, ayant été attaquée devant le Parlement, dans une requête présentée par le procureur général et un des avocats généraux, il échappa au premier président de vives paroles qui blessèrent les sentiments de dignité et de délicatesse des gens du roi. Ils en demandèrent réparation devant les chambres assemblées. Le premier président se récria en disant : « C'est une surprise qui blesse « les droits de la première charge de la Cour ; il est peu « décent que le chef du sénat soit contraint de faire le « personnage d'un accusé. »

Il fallut plier sous la volonté de la Cour. Le premier président sortit de l'audience et laissa les chambres délibérer. Elles décidèrent qu'à la rentrée de M. de Clary à la grand'chambre, le président de Paulo dirait aux gens du roi, se tenant debout derrière le bureau des présentations et découverts, que la Cour en ap-

prouvant leur requête, blâmerait leur forme de procéder, comme trop éloignée des égards et du respect qu'ils devaient au chef de la compagnie. Le manuscrit du marquis d'Aussonne ajoute que le président de Paulo aurait été chargé de dire, en tête à tête, au premier président, qu'il eût mieux fait de ne pas paraître improuver la requête soumise au Parlement par les gens du roi, et qu'aux distinctions attachées à ses fonctions, il devait joindre la douceur qui les rehausse. Le journal de Malenfant assure, au contraire, qu'aucune remontrance ne fut adressée au premier président. Le père Lombard qui a raconté cet incident de la vie des parlementaires, en termine le récit par cette réflexion : « Ce sont là
« des détails qui peignent, au naturel, une compagnie
« dont ils manifestent l'esprit, les mœurs et la dis-
« cipline. Les maximes austères et mâles des pre-
« miers âges du Parlement s'y conservaient, grâce à
« la mercuriale qui en restait la dépositaire et la gar-
« dienne, n'ayant rien perdu de sa vigilance et de sa
« rigueur. »

Le père Lombard ne se trompait point ; les mercuriales, en se renouvelant, réveillaient, dans l'âme des parlementaires, l'amour de leurs devoirs. De mois en mois, les présidents à mortier, les présidents des enquêtes, un président des requêtes, le doyen, le sous-doyen, deux conseillers de chaque chambre et un conseiller des requêtes s'assemblaient à la Tournelle, où les gens du roi venaient formuler leurs reproches sur les magistrats, et leurs censures sur leur manière de vivre. La harangue des gens du roi terminée, le premier président recueillait les avis de tous les membres présents qui remettaient, par écrit, leurs libres sentiments à ce sujet, entre les mains du greffier ; puis il les lisait aux chambres assemblées et marquait, en marge, de sa main, les observations dignes d'être conservées, que le greffier transcrivait sur un registre original, dont il déposait une copie, dans chacune des chambres de la Cour. Sage et sévère mesure qui renouait et fortifiait la chaîne des traditions de discipline et d'austérité du Parlement.

Les traditions catholiques s'y maintenaient dans une fermeté ombrageuse qui excita, plus d'une fois, les récriminations des protestants. Au printemps de 1615, le jeune duc de la Trémouille, de la religion réformée, arrivant d'Allemagne et des Flandres et passant par Toulouse pour aller rejoindre, à Bordeaux, le roi devenu majeur, écrivit au premier président, qu'étant duc et pair, il souhaitait avoir séance, en cette qualité, au Parlement. Déjà, les protestants l'avaient, par tout le Languedoc, environné d'honneurs et de louanges : ce fut pour le Parlement le secret motif de son refus. Pour colorer et adoucir ce refus, le premier président fit savoir au duc de la Trémouille que la Cour ne pouvait le recevoir au Palais, sans qu'il eût salué le roi, à son retour des pays étrangers, et que, d'ailleurs, son duché-pairie étant de nouvelle création, elle n'en avait pas une connaissance officielle, bien qu'elle le crût sur parole. Ni le duc de La Trémouille, ni les protestants ne se méprirent sur la portée de ce langage. Le duc s'inclina, mais la chambre de l'Édit lui envoya, à son passage à Castres, deux conseillers pour le saluer en sa maison, « ce qui n'a « pas été trouvé bon, dit Malenfant, la Cour n'envoyant

« point visiter les seigneurs qui n'ont autre qualité que
« de duc et pair. »

Le Parlement ne cesse, à tout événement, d'affirmer son hostilité à la religion réformée. Toutes les fois que le roi signe un édit favorable aux religionnaires, le Parlement cherche à l'entraver par ses obstacles ou ses restrictions qui bornaient à une simple tolérance l'exercice du culte calviniste. On le vit bien, quand la reine mère, se lassant de faire d'inutiles avances au prince de Condé et aux seigneurs de son armée pour rompre leurs liaisons avec les réformés, changea de tactique et essaya de détacher les protestants de la cause du prince, en publiant une déclaration qui confirmait tous les édits accordés à la Réforme. Sur les réquisitions de l'avocat général de Ciron, et après une chaude discussion, la Cour décida que, sans être enregistrée et publiée, la déclaration royale serait observée et transmise dans les villes du ressort.

Ce fut le dernier arrêt rendu par le premier président François de Clary. Le 9 septembre 1615, il assembla les chambres et leur dit, qu'ayant servi le roi et la justice durant trente années, sentant peser sur lui la vieillesse, souhaitant le repos et voulant mettre un intervalle de paix et de recueillement entre les derniers jours de sa vie et le jour de sa mort, il avait supplié le roi de l'autoriser à se démettre de sa charge, en faveur de son futur gendre Gilles Le Masuyer, conseiller d'État et maître des requêtes. En même temps, il présenta à la Cour les lettres de provision accordées par le roi à Gilles Le Masuyer, et se leva pour se retirer et laisser la Cour délibérer.

Le président de Paulo, l'invitant à rester, lui répondit que les regrets de la Cour le suivraient dans sa retraite, mais qu'elle ne pouvait dissimuler son chagrin et son étonnement de ce qu'il avait, selon la rumeur publique, vendu sa charge au prix de 50,000 écus au fiancé de sa fille, Le Masuyer, qui, en outre des 50,000 écus, en reconnaissait 25,000 à sa fiancée. Vers la fin, la voix monta et s'échauffa ; elle montra la dignité du Parlement atteinte et comme flétrie par cette vénalité indigne, qui permettait de penser, qu'un jour, la première présidence serait mise aux enchères et tomberait aux mains de quelque riche financier ou de quelque aventurier.

A cette brusque et rude sortie, le premier président répliqua, en déclarant qu'il se trouvait offensé par cette mercuriale d'un homme qui avait, lui-même, brigué plusieurs fois la charge de premier président, et qu'il priait la Cour de ne pas permettre que le président de Paulo devînt son juge et opinât en cette affaire. Et il se retira aussitôt de l'audience. La Cour ne voulut pas délibérer sur cette réclamation du premier président, et fit sur-le-champ, donner lecture des lettres de provision par le conseiller doyen d'Assézat qui les transmit, à son tour, aux gens du roi. Le procureur général de Saint-Félix et les deux avocats généraux de Calvière et de Ciron entrèrent à la grand'chambre, censurèrent énergiquement la forme des provisions, en signalèrent les dangers et ne conclurent à leur enregistrement, qu'à la condition que Gilles Le Masuyer en ferait rayer la clause relative à son mariage avec la fille du premier président de Clary, et que ces lettres seraient ainsi corrigées dans un délai de trois mois.

On alla aux voix à l'entrée de la nuit : les présidents de Paulo, de Caminade, de Bertier et de Maniban voulaient renvoyer la délibération au lendemain. Les conseillers, sauf le doyen, soutenaient que, d'après tous les usages, la délibération devait commencer séance tenante ; les présidents et le doyen quittèrent l'audience, et finirent par regagner leurs sièges, sur l'avis qui leur fut donné par le greffier et deux conseillers, que la Cour, en leur absence, passerait outre à la délibération. Seul, le président de Maniban se refusa à rentrer à l'audience et sortit du Palais. Après de vaines protestations des présidents, le Parlement se remit à délibérer et décida, contrairement à l'énergique opinion des présidents, que Le Masuyer serait reçu en l'office de premier président, avec dispense de l'enquête sur sa vie et ses mœurs, mais non de sa profession de foi catholique.

Sur l'ordre de la Cour, le greffier Malenfant se transporta en la maison de Le Masuyer et l'informa que la Cour l'attendait. Le nouveau premier président arriva à la grand'chambre, précédé du doyen d'Assézat et du sous-doyen de Rudelle, et écouta, debout et tête nue, l'arrêt de sa réception, prononcé par le président de Paulo. Puis s'étant placé au banc des maîtres des requêtes, il fit sa profession de foi catholique et alla s'asseoir au siège des premiers présidents, d'où il adressa à la Cour une harangue pleine, ainsi que le dit Malenfant, d'offres de sa bonne volonté et de son service.

Le père Lombard, qui a raconté cette installation, après Malenfant, met à son récit ce grain de malice : « Le président de Paulo qui savait changer de style et

« se tirer d'embarras, avec dignité, lui répondit de ma-
« nière à faire sentir qu'il ne confondait pas la nais-
« sance, les talents et la personne du successeur de
« M. de Clary avec certaines circonstances désagréables
« à la compagnie ; elles l'étaient surtout pour les prési-
« dents à mortier qui avaient des prétentions légitimes
« à ce poste. »

Ce premier président de Clary, dont les largesses contribuèrent à l'achèvement du chœur de l'église Saint-Étienne, se retira dans ce bel hôtel bâti pour lui par Bachelier et Souffron, d'une construction lourde, mais originale et puissante, où il alla pleurer la mort de son fils. L'historien Catel a raconté que cet hôtel, qui n'est connu que sous le nom de la maison de pierre avait été construit avec les ruines de marbre et de pierre d'un ancien temple de Pallas, retrouvées dans la Garonne. Le temps a respecté les statues des fenêtres, les trophées d'aigles et de hiboux, les divinités et les cariatides des murs, des pilastres et des portes ; mais le blason des Clary sculpté au-dessus du double portail par les deux artistes Artus et Guépin, rongé par les années, a été mutilé par la main des hommes. Le souvenir du premier président François de Clary s'est effacé à Toulouse plus vite encore que son blason.

La mort allait bientôt le surprendre dans l'église des Récollets. On lui fit de magnifiques funérailles au couvent des augustins. Cent pauvres vêtus de deuil tenant des flambeaux allèrent à l'offrande, avec cent femmes portant des paniers contenant, chacun, trois flambeaux, trois bouteilles de vin et trois pains. Dans son oraison funèbre, on le cite comme un bel et savant esprit, qui charmait, au Louvre, les longues soirées de la cour de Henri III, et comme une colonne de la justice.

CHAPITRE II

Gilles Le Masuyer. — Rohan et Condé. — Menaces d'une guerre civile à Toulouse. — Organisation de la défense. — La guerre civile dans quelques villes de la province. — Jean de Bertier, évêque de Rieux et conseiller au Parlement. — Le conseiller de Mausac. — Procès de La Rocheflavin. — Divers arrêts du Parlement. — Assemblée des notables. — Le premier président Le Masuyer à cette assemblée. — Son séjour à Paris. — Mort du président de Lestang. — Les finances épuisées. — Opposition du Parlement à l'enregistrement d'un édit pour rétablir les finances. — Entrée de la duchesse de Montmorency à Toulouse.

Gilles le Masuyer était fils de Philibert le Masuyer, vicomte d'Ambrières, conseiller au Parlement de Paris, et de Marie Le Grenier dont saint François de Sales a vanté la vertu. Un historien du règne de Louis XIII, le président de Gramond, a dit de lui qu'il avait une âme intrépide, un jugement rompu aux affaires et une constance à toute épreuve. Le père Lombard a ajouté : « ardent et infatigable dans l'action, barbare dans sa « langue, quoique élevé à Paris ; il possédait un genre « d'éloquence brut, presque sauvage, sans être moins « persuasif ; il parlait comme il agissait. » Sa haine des protestants et la guerre à outrance qu'il leur livra, lui suscitèrent, toute sa vie, des outrages et des représailles. Toutes les fois que des historiens calvinistes parlent de lui, ce n'est qu'en le traitant de bourreau.

La saison des vacances du Palais venait de commencer au moment de son installation. Le duc de Rohan général des troupes calvinistes dans le Haut-Languedoc agitait alors et effrayait les villes sur son passage, et le prince de Condé alarmait la couronne par ses hostilités et ses menaces. Le 1ᵉʳ octobre 1615, la Cour reçut des lettres patentes prolongeant, de huit jours, la durée des audiences, pour y faire enregistrer des lettres royales qui déclaraient Condé et ses partisans criminels de lèse-majesté, s'ils ne recouraient dans un mois à la clémence du souverain. L'arrêt d'enregistrement fut prononcé le lendemain, par le premier président, les portes ouvertes au peuple. A la suite de cet arrêt, la Cour en rendit un second plus redoutable, punissant de la mort et du bannissement les rebelles, et destiné à être publié dans tout le ressort.

La ville de Toulouse tremblait toujours de voir se ranimer la guerre civile. Le bruit se répandit que quatre mille partisans de Condé excités, de loin, par le duc de Rohan allaient sortir de leurs maisons et assiéger le Capitole. Le roi ordonna aussitôt à tous les magistrats de monter la garde aux portes de la ville. Les capitouls qui s'effrayaient au seul nom du duc de Rohan, tenant alors son quartier général à Montauban, écrivirent aux villes du ressort, à vingt lieues de Toulouse, pour les exhorter à rester fidèles au roi et à réunir leurs forces contre Rohan et Condé. Ils levèrent en même temps dix mille hommes prêts à entrer en campagne.

De tous côtés arrivèrent des députés des villes et des bourgades, pour se concerter avec les capitouls et organiser la défense. Déjà, les protestants étaient entrés, par bandes armées, dans la petite place du Mas-Grenier ; en l'absence du gouverneur de la province, le comte de Carmain et le seigneur d'Aunoux, partirent, en vertu d'un arrêt du Parlement, avec des troupes et des canons de siège, pour reprendre le Mas-Grenier. Tandis que ces troupes marchaient sur Montauban et que le duc de Montmorency accourait à leurs secours du fond du Languedoc, les protestants prenaient Lombez, et le seigneur de Fontrailles ouvrait au duc de Rohan les portes de la ville et du château de Lectoure. Ce seigneur de Fontrailles, sans foi ni loi, ne tenait pour Rohan que parce qu'il y trouvait son profit. Le premier président en eut raison, moyennant 50,000 écus : Fontrailles se fit catholique, trahit le duc de Rohan et rendit la ville et le château de Lectoure aux soldats du roi. La paix fut signée à Blois, au mois de mai 1616, mais cet édit qui contenait des articles secrets relatifs aux pouvoirs des Parlements ne fut enregistré à Toulouse qu'avec des réserves. Le Parlement réclama, en même temps, la révocation de divers impôts sur les blés et les marchandises transportés sur la Garonne et la Dordogne, et l'établissement d'une manufacture de laines à Toulouse. Il alla jusqu'à supprimer, en cette année 1616, la fête des Jeux Floraux dont les frais auraient augmenté les charges de la ville.

Le journal de Malenfant interrompt le récit de ces guerres, pour saluer la nomination de Jean de Bertier, évêque de Rieux, à la place de conseiller vacante par la mort de messire de Corneillan, évêque de Rodez, et l'entrée au barreau de Toulouse de Jean de Maran, avocat au Parlement de Paris. Il constata que le duc de Montmorency assistait à l'audience où messire de Lévis, comte de la Voute, fils de M. de Ventadour, pair de France et lieutenant général au pays du Languedoc, présenta ses lettres de survivance à cet office, mais il a oublié de parler du conseiller Philippe-Jacques de Mausac, entré au Parlement, aux premiers jours de l'année 1616.

En pleine jeunesse, Jacques de Mausac avait étonné les savants de l'Europe par ses corrections ingénieuses et ses notes d'une profondeur précoce sur Harpocration d'Alexandrie, auteur d'un lexicon fameux, maltraité par des copistes ignorants. D'année en année, il publia ainsi des œuvres qui le mirent au rang des plus habiles critiques de son siècle. Nul ne le surpassait dans la connaissance de la langue grecque, si ce n'est peut-être son père qui fut aussi un bon poète latin et un meilleur conseiller au Parlement de Béziers, pendant la Ligue. Jacques de Mausac paraît avoir été un des commissaires du Parlement chargés d'instruire le double meurtre commis par un gentilhomme des environs de Montauban, sur la personne de sa femme et sur le vicomte de Paulin, un des chefs calvinistes, surpris en flagrant délit d'adultère. Des lettres de grâce mirent fin aux poursuites. Le roi eut moins de clémence envers le prince de Condé qu'il fit enfermer à la Bastille, en ayant soin d'en avertir le Parlement de Toulouse qui enregistra les lettres royales et qui apprit bientôt la nouvelle de l'arrestation et de la mort du maréchal d'Ancre, accueillie en Languedoc par des feux de joie et des réjouissances publiques.

Ces feux de joie s'éteignirent dans les tristesses du procès de La Rocheflavin. Il y eut au Parlement des noms plus célèbres que le sien et de plus éclatantes destinées ; on ne saurait y rencontrer une existence plus vaillante et plus agitée. Bernard de La Rocheflavin était né, en 1552, à Saint-Sernin, dans les montagnes du Rouergue, et jamais la rude empreinte du pays natal ne se grava plus profondément que sur cette âme passionnée, résistante, avide de science et d'indépendance et poussant à outrance l'amour de la justice et de la vérité.

Il garda, toute sa vie, la douloureuse impression qu'il ressentit, encore enfant, en apprenant la mort, sur le bûcher, d'un allié de sa famille, Saint-Germier, de la maison des vicomtes de Lautrec, conseiller au Parlement de Paris, brûlé vif avec Anne du Bourg. Cinquante-six ans plus tard, il songeait encore à cette terrible exécution, en appuyant de son vote un édit de pacification : « La guerre, le feu, le meurtre, ne sont pas propres « à guérir l'hérésie... Les choses divines et spirituelles « se doivent traiter par la raison divine. » A dix-huit ans, il entrait au barreau, nourri aux lettres profanes et à la science du droit, mais il y resta dans l'ombre, simple avocat écoutant et mettant en pratique cette règle, qu'il écrira plus tard pour les jeunes avocats : « Comme il y « a une science de bien dire, il y en a une aussi de bien « écouter. Le parler vient de l'ouïr. Persévérance et pa- « tience ! ne vous hâtez pas de plaider. » Cette vie obscure se prolongeant, il se lassa de n'être qu'un avocat écoutant et se fit recevoir, à vingt-deux ans, conseiller au présidial de Toulouse, au mépris des ordonnances qui en exigeaient vingt-cinq. Il trouva. c'est lui qui l'a dit en souriant, des amis plus disposés à lui prêter des années que des écus. On dirait que cette tache d'origine lui a porté malheur.

Il arrivait au présidial, au lendemain de la Saint-Barthélemy et à la veille des séditions et des massacres qui allaient, tant d'années, mettre le royaume en deuil. En 1582, il prenait la robe de premier président de la chambre des requêtes, au Parlement de Toulouse, des mains de Guillaume Daffis qui échangeait la sienne contre celle d'avocat général laissée par Duranti. Le second président des requêtes Jean de Saccaley, lui ayant contesté le droit à la première présidence de cette chambre, il alla soutenir ce procès de préséance à Paris, au Conseil du roi: il obtint, à la fois, le gain du procès et une charge de conseiller des enquêtes au Parlement de Paris, grâce au duc d'Épernon, sans renoncer à sa première présidence des requêtes au Parlement de Toulouse.

Les gardes bourgeoises organisées pour défendre la capitale du Languedoc contre les huguenots et les reîtres le nommèrent capitaine d'une compagnie. Au Parlement, il entre en guerre ouverte avec les présidents. En l'absence du premier président, il osa, un jour, prétendre à la présidence des chambres assemblées, et souleva toute une tempête qui ne fut conjurée que par des prodiges d'adresse de M. de Clary. Un autre jour, le doyen absent, il voulut prêter le serment avant le plus ancien conseiller de la Cour et il alla à l'offrande de la messe, avant lui. Des nuages s'élevaient sans cesse entre la Rocheflavin et ses collègues qui le redoutaient et le poursuivaient de leurs représailles. A la mort de Duranti, il défendit cette illustre mémoire avec tant d'ardeur, qu'il fut proscrit pendant trois années. Épuisé et attristé par les discordes civiles, il ne se joignit ni au Parlement ligueur. ni au Parlement de Castelsarrasin et chercha, dans la solitude et le travail, des consolations et des espérances. Hélas! Ses *Treize livres* des Parlements de France où il avait puisé tant de joies intérieures lui réservaient le plus cruel chagrin de sa vie.

Au moment de publier ce livre, il semblait pressentir l'orage : au frontispice, on lisait l'épigraphe célèbre des *Essais* de Montaigne : « Ami lecteur, c'est ici un livre de « bonne foi ! » C'est peut-être pour cette bonne foi et cette franchise d'esprit et de langage, qu'il s'inquiétait et s'effrayait de répandre, par le monde judiciaire, cette histoire des Parlements où tant de voiles furent déchirés.

Pendant quarante années, long espace dans la vie humaine, La Rocheflavin, travailla, comme travaillait Saint-Simon, à cette œuvre d'érudition et de persévérance où se reflètent ses longues méditations. Il avait d'abord songé à l'intituler le *Chasse-livre*, parce qu'il croyait, que pour initier un homme aux affaires du Palais, il ne faudrait désormais aucun autre ouvrage, mais revenu de cet orgueil, il changea son titre, sans rien enlever à son œuvre de ses recherches patientes et de ses vigoureux enseignements. Il le dédia au fils du duc d'Épernon, protecteur de sa jeunesse, Louis de la Valette, archevêque de Toulouse, et le divisa en treize chapitres fort étendus. L'analyse en serait chose traînante et malaisée ; on ne peut que le regarder de haut et l'embrasser d'un vol rapide.

Il y a d'abord exposé les origines et l'institution des Parlements de France, avec l'ardeur d'un moine écrivant l'histoire de son couvent. La Rocheflavin a tout fouillé et tout appris, pour retrouver le passé glorieux des Cours souveraines, leurs traditions, leurs usages et leurs privilèges. Il a ensuite consacré, avec un grand sens et une science approfondie, de longs chapitres aux avocats, aux clercs et aux praticiens, aux audiences, aux ouvertures des Parlements, aux réceptions des parlementaires, à leurs devoirs, à leurs préséances, à leurs délibérations, à leurs prérogatives, aux mercuriales, et à la juridiction des Parlements. « Je me suis, « peiné disait-il, dans sa dédicace à l'archevêque de « Toulouse, à fureter plus de deux cents registres, « à remarquer, observer et extraire d'iceux tout ce qui « me semblait bon, propre, utile et nécessaire pour « m'approcher de la perfection de la magistrature ; car « d'y parvenir est impossible... Je laisse mes paroles « à la façon que Lycurgue voulait que les maisons de « Sparte fussent faites, de bois non raboté et que rien « n'y eût touché que la scie et le marteau. »

A certaines pages, La Rocheflavin dévoilait, d'une main hardie, l'organisation intérieure de ces grandes Cours de justice, et le secret de leurs délibérations. Il ouvrait brusquement une porte sur ces audiences à huis clos, où se prononçaient les mercuriales, les réprimandes, les punitions et les censures. Sur cette pente, il ne sait pas toujours s'arrêter à temps et retenir le trait, le détail piquant ou la saillie mordante. Avec le tour de son esprit d'une originalité saisissante, souvent trempée d'amertume, il juge les hommes et les choses en fin et profond critique. On ne saurait pourtant lui refuser la pureté d'intention et la bonne foi, et ce serait s'égarer que de croire à des inspirations nées de la haine ou de la rancune. Il compare les juges savants et rompus aux affaires à une eau vive et limpide, lavant les procès les plus noirs, et les magistrats ignorants à une eau de citerne. A tous, il recommandait l'union et la concorde et la religion du devoir.

Certes, dans son chapitre des mercuriales, il y a d'attristantes révélations et de douloureux récits des défaillances des magistrats. Mais pouvait-on bien lui faire un crime, de proclamer cette maxime que les magistrats doivent tenir à la vertu, plus que les autres hommes, et que leurs fautes sont plus condamnables à raison de la grandeur de leur mission ?

Aux dernières pages de son livre, La Rocheflavin, qui avait longtemps refoulé, en son cœur, ses irritations et ses railleries, les laisse librement, éclater au souvenir de la rapacité des juges, prenant parfois les épices de toutes mains, de la légèreté de quelques parlementaires et de ces fragilités humaines dont les barrières du Palais ne défendaient pas toujours, au milieu de cette société si agitée, les grandes compagnies judiciaires. En retraçant leurs faiblesses, La Rocheflavin voile son aigreur, d'une bonne humeur charmante, et transforme sa grave histoire en chronique étincelante de malice gasconne. On croirait lire les *Nuits attiques* d'Aulu-Gelle, et de loin en loin, une plaisante page de Rabelais.

A ces révélations téméraires qui éclairaient d'une vive et triste lumière les mystères des Parlements, l'émotion fut grande dans le royaume. Ce fut un coup de foudre à Toulouse où le Parlement vit, pour la première fois, devant lui, cette puissance nouvelle de l'imprimerie qui prenait, à tous les vents du royaume, des milliers d'ailes et de voix. L'avocat général de Ciron ne tarda pas à dénoncer aux Chambres assemblées l'œuvre du président des requêtes, comme pleine « de médisances, de « faussetés, de diffamations contre Messieurs de la « Cour, d'inepties et de choses indignes d'être sues. » Plus d'un parlementaire se sentait atteint et appelait le jour du châtiment. Je laisse parler le greffier Malenfant : « Aux réquisitions de l'avocat général, le sieur « de La Rocheflavin répondit le mieux qu'il put. Et « parce que l'heure était déjà avancée, l'assemblée fut « remise au lendemain, et étant le lendemain, la Cour, « assemblée en présence du sieur de La Roche, le sieur « Ciron remit un assez grand rôle d'articles et le sieur « de La Roche y répondit, assis en sa place et couvert, « tenant un de ses livres en ses mains, pour dans ice- « lui rechercher les articles proposés par le dit de Ciron, « à quoi il satisfit si mal, que Ciron ne craignit pas de « requérir que le président fut ouï par péremptoire sur « sept ou huit articles. »

Ces auditions par péremptoire imaginées par le chancelier Poyet, dans la fameuse ordonnance de Villers-Cotterets, formaient un genre exceptionnel d'interrogatoire, usité dans des procès réglés à l'extraordinaire, enchaînant la défense par l'interdiction des conseils et renvoyant l'accusé, tête nue, derrière le barreau, humilié et soumis en face de ses juges. A ce mot redouté de péremptoire, La Rocheflavin protesta respectueusement, en invoquant son grand âge, sa dignité de président et ses longs services ; peu à peu le ressentiment montant de son cœur à ses lèvres, devant la menace de cette humiliation, il ne pût se contenir et je cite encore Malenfant : « Il se fâcha fort, il laissa échapper des

« paroles méséantes que la passion lui dictait, sans
« considérer la majesté du lieu où il parlait, la dignité
« de ses auditeurs et les devoirs de la charge dont il
« était revêtu. »

Il refusa, de toutes ses forces, de répondre par péremptoire et de quitter sa place où il resta assis et couvert, tenant son livre entre les mains, pour y chercher les articles incriminés, et répondant, avec arrogance, aux attaques de l'avocat général de Ciron. Il récusa certains de ses collègues, sur un ton qui lui fit imposer silence par le premier président, et qui obligea la Cour à lui ordonner de se retirer.

Il sortit, mais sur l'ordre de la Cour, il rentra à l'audience, cette fois tête nue, debout et derrière le bureau des présentations. De là, en cette audience du 11 juin 1617, il entendit une réprimande du premier président et l'arrêt de la Cour déclarant que le livre des *Treize Parlements de France* « contenait plusieurs faits faux et supposés, tendant à la diffamation tant de ce Parlement que des autres Parlements du royaume et de plusieurs officiers de cette compagnie, vivants ou morts. » L'arrêt ordonnait que ce livre serait rompu et lacéré par le greffier de la Cour, en présence de La Rocheflavin et qu'à la diligence du procureur général, tous les exemplaires trouvés dans le ressort ou hors du ressort seraient retirés, aux frais du condamné, pour être aussi rompus et lacérés, avec défense de faire imprimer et vendre cette œuvre, et suspension, pour le président des requêtes, de son office pendant un an, avec une amende de 3,000 livres. Sur-le-champ, le greffier Malenfant rompit et lacéra le livre ; puis un des gardes du palais signifia à La Rocheflavin de ne sortir du Palais que sur une permission de la Cour.

Le conseiller Buisson d'Aussonne, qui assistait à cette douloureuse audience, nous a transmis ses impressions dans ses mémoires manuscrits : « Cette action apporta « beaucoup de terreur à un chacun et donna grande ap- « préhension pour bien vivre et considérer ses actions, « sans se laisser emporter à la vanité, ni passion et ne « s'aveugler par amour et opinion de soi, à sa qualité, « antiquité, moyen et prétention, mais avec l'esprit « d'humilité, demander la grâce de Dieu et sa sainte mi- « séricorde pour conduire nos actions et les contenir au « devoir et à la raison. »

Pour tous ceux qui entendirent la réprimande du premier président et l'arrêt de la Cour, autant que pour le conseiller d'Aussonne, cette humiliation de la Rocheflavin dépassa les limites de la justice. On peut excuser le Parlement de s'être irrité du ton frondeur avec lequel La Rocheflavin livrait ainsi à la curiosité du royaume les secrets des registres des Cours de France, mais était-ce bien une raison de flétrir, pour sa franchise, ce livre que le vieux président des requêtes défendait contre l'avocat général de Ciron, avec une fierté si touchante ? Il y a loin de la sincérité de cette histoire à la violence du pamphlet que Voltaire écrira, cent cinquante ans plus tard, sur le Parlement de Paris. Le père Lombard a raison d'appeler l'œuvre de la Rocheflavin un enfant de douleur.

Il y eut de la passion, dans l'arrêt du Parlement de Toulouse : rien ne permet de croire que La Rocheflavin soit tombé volontairement dans la diffamation et la calomnie. Il se laissa aller aux indiscrétions et aux entraînements de son temps. On lui a reproché, avec raison, de s'être séparé de la doctrine de saint Augustin et de saint Thomas d'Aquin, pour se ranger à celle des philosophes grecs, en écrivant cette maxime, qu'il est permis au juge de mentir pour découvrir la vérité, et de tromper un accusé par de mensongères promesses, afin de le pousser aux révélations. On a cité aussi de lui cette règle, qui saisit l'âme d'étonnement et d'indignation, où il semble admettre, que « pour la sûreté du prince et le « bien de l'État, il est quelquefois nécessaire de con- « damner et de faire mourir un innocent. » Quand on le connaît bien et qu'on a pénétré dans son âme, on peut penser que ces effroyables théories échappées à sa plume n'ont pu sortir de son cœur et n'ont pas dû subir l'épreuve de sa conscience.

A toutes les pages de son livre, éclate au contraire l'expression des plus généreux sentiments sur le désintéressement des magistrats, leur amour du bien public le mépris des richesses, l'accomplissement de leurs devoirs et la crainte de Dieu de qui leur puissance émane. En le lisant, on n'a pas de peine à reconnaître que dans sa philosophie et dans sa critique, La Rocheflavin était un écrivain érudit, consciencieux, un magistrat de grand air et de noble cœur. N'a-t-il pas écrit cette belle maxime : « C'est un vice d'âme lâche et basse que de se cacher sous « des masques ; il n'est tel plaisir que vivre au naturel « et vaut mieux être moins estimé et vivre ouvertement, « car il n'y a chose si belle que la franchise, de laquelle « j'ai fait et ferai à jamais profession. » Il disait, une autre fois : « C'est une dangereuse invention que celle des « géhennes. Celui que le juge a géhenné pour ne le faire

« mourir innocent, il le fait mourir innocent et géhenné,
« car mille et mille ont chargé leur tête de fausses con-
« fessions. Que ne ferait-on pas pour fuir de si grandes
« souffrances ! »

Le Parlement de Toulouse inexorable, en son audience du 11 juin 1617, revint de son erreur et comprit que l'œuvre condamnée était une œuvre de bonne foi. Ses rigueurs s'apaisèrent, et le livre de La Rocheflavin, sorti de nouveau des presses étrangères, arriva de Genève, environné de cette popularité triomphante que donnent les persécutions. L'arrêt de la Cour tomba de lui même. Le Parlement sentit que les persécutions qui sont des actes de force ne sont pas toujours des actes de sagesse. Du milieu même de ce Parlement qui condamnait ce livre d'histoire à être lacéré et rompu, partirent de courageuses protestations, et de la même main qui venait de rompre le livre, le greffier Malenfant a transcrit sur les registres, au haut d'une marge, cette annotation vengeresse : « arrêt injuste contre M. de La Rocheflavin. » C'était le cri de sa conscience soulevée et sa manière de formuler ses protestations.

Il y a des âmes vraiment nées guerrières. Loin de les amollir et de les abattre, les épreuves, les injustices et les blessures ne font que les retremper et les ranimer pour de nouveaux combats. La Rocheflavin était de ces hommes vaillants à la peine qui croient que le repos ne doit arriver qu'avec la mort. Son front foudroyé ne plia pas devant l'arrêt du Parlement ; il répandit, dans le royaume, un écrit contenant les motifs de cassation de cet arrêt, en se plaignant de ce que la décision du Parlement avait été, contre toutes les traditions et toutes les règles, affichée dans les carrefours de Toulouse et expédiée aux Parlements de Paris et de Bordeaux, afin d'attirer sur lui d'autres tempêtes dans ces deux ressorts. Ce n'était pas une âme tempérée, comme le voulait Platon, mais une nature aventureuse, ouvrant partout la brèche et s'élançant au-devant du danger, sans le bien voir et le comprendre. Au milieu de ses traverses, rien n'ébranlait sa persistance. A voir son portrait, les sourcils froncés, les yeux pleins d'un feu vif, l'hermine rejetée en arrière par la main qui tient le mortier comme un bouclier, on dirait un capitaine sous l'armure.

Il remonta sur son siège et se reprit à travailler, comme en pleine jeunesse à un ouvrage dont le cadre pouvait fournir un vaste champ à sa science. Il recueillit les arrêts notables du Parlement de Toulouse, dégagés de l'érudition indigeste d'autrefois et il songeait à rassembler, dans cette œuvre de sa vieillesse, les antiquités, les singularités et les choses les plus mémorables de Toulouse et des villes du ressort. L'histoire tout entière du midi de la France devait se fondre dans ces recherches patriotiques ; les états du Languedoc battirent des mains à cette nouvelle et accordèrent à La Rocheflavin, en recompense de tant de travaux, une subvention de 725 livres. Les forces du vieux parlementaire de soixante-quinze ans trahirent son courage : il n'eut que le temps de faire imprimer le plan et une sorte d'abrégé de ce grand ouvrage. En 1627, la mort l'empêcha d'y mettre la dernière main.

J'ai laissé en arrière bien des décisions et des arrêts. Le Parlement défendait aux villes rebelles de se fortifier ;

il tranchait les différends survenus entre les syndics des paroisses et les chapitres, les évêques et les seigneurs, les abbés des monastères et les religieux ; il édictait des règlements pour les sépultures des protestants et des catholiques, pour les droits des églises, des sénechaussées et des bailliages ; il mandait à sa barre les sénéchaux qui usurpaient l'autorité du roi ; il sévissait contre les excès des gentilshommes dans les villes du ressort ; il veillait à la subsistance des pauvres ; il condamnait à mort, par contumace, le sieur de Montpezat, gouverneur de Muret, pour avoir autorisé des perceptions arbitraires sur le transit des marchandises ; il livrait aux flammes les libelles qui outrageaient la religion et la couronne ; il enlevait à la ville de Nîmes, toujours en révolte, son siège présidial pour le transférer à Bagnols ; il refusait l'enregistrement des lettres royales qui nommaient le conseiller d'État Jérôme de l'Hôpital, commissaire extraordinaire dans le ressort de la Cour avec des pouvoirs trop étendus ; il adressait même à ce sujet des remontrances au roi. Quelques jours après, il ordonnait à la maréchaussée de prendre morts ou vifs, les gentilshommes en rebellion ouverte contre le roi, il confisquait leurs biens et faisait saisir leur flottille de bateaux chargés de bandoulières, de mousquets et de poudre. Souvent, les conspirateurs se réunissaient, masqués et en plein bal: le Parlement défendit les bals, mascarades ou ballets, hors les cas de noces et de fiançailles. Il tenait en échec la Cour des comptes et la Cour des aides, toujours prêtes à sortir des limites de leurs attributions ; il ramenait l'ordre dans les couvents.

Le premier président se rend à l'Assemblée des notables, convoquée à Rouen, après la mort du maréchal d'Ancre, pour faire désarmer les seigneurs protestants et catholiques et affermir la tranquillité publique dans le royaume. Tous les premiers présidents et tous les procureurs généraux des Parlements y furent appelés par le roi : le premier président et le procureur général du Parlement de Toulouse n'arrivèrent que le lendemain de la première séance où la noblesse disputa leur place aux parlementaires, en prétendant qu'ils ne devaient représenter que le tiers-État. La réponse des parlementaires fut dure et hautaine : ils traitèrent cette prétention de la noblesse de préjugé populaire, d'ignorance du droit public, et du cérémonial de France. Pour arrêter le cours de ces disputes, le roi assigna à la noblesse une place autour de son trône.

A cette assemblée des notables, on discuta bien des doléances, la suppression de la vénalité des charges de magistrature, la réduction des magistrats à leur ancien nombre, l'abolition de la Paulette établie en 1604, les abus qui naissaient des alliances et de la parenté entre les membres des Cours souveraines, la translation des magistrats d'un Parlement à un autre. On y proposa même la création d'une Chambre ambulatoire, composée d'un président et de douze conseillers, quatre de Paris, deux de Toulouse et un de chacun des autres Parlements de France, avec mission de se transporter au siège de tous les Parlements et d'y juger, en dernier ressort, toutes les plaintes portées contre des parlementaires.

Cette dernière proposition souleva une tempête et fut énergiquement repoussée. Les parlementaires y virent une atteinte à un privilège dont ils se montraient toujours si jaloux. L'assemblée accueillit leur protestation et supplia le roi de maintenir aux Cours souveraines, qui tenaient leur autorité de la Couronne elle-même, leur ancien droit de juger les magistrats et de renvoyer aux procureurs généraux toutes les dénonciations adressées contre eux à la Couronne.

En quittant l'assemblée des notables de Rouen, le premier président Le Masuyer partit pour Paris où il séjourna longtemps, afin de se concerter avec les ministres sur la résistance à opposer aux protestants qui reprenaient les armes à Montauban et dans les places calvinistes du Haut-Languedoc. Il annonça aux capitouls l'envoi de mille mousquets, fabriqués par son ordre à Rouen et destinés à l'arsenal de Toulouse. En reprenant son siège, le premier président ne retrouva plus, à côté de lui, le président à mortier Antoine de Lestang, conseiller d'État, seigneur de la Marque, ancien lieutenant général au présidial de Brives et père de l'évêque de Carcassonne, Christophe de Lestang, commandeur de l'ordre du saint-Esprit. La mort venait de le frapper. Son enfance et sa première jeunesse s'étaient écoulées dans la maison de Guise, avec le duc de Mayenne ; ses souvenir, de la vingtième année et son attachement aux Guise le jetèrent dans la ligue. Un moment, Mayenne lui confia la charge d'intendant de justice de son armée, et c'est lui que le Bas-Limousin député aux fameux États de Blois, aussi funestes au duc de Guise qu'à Henri III. On sait que Henri IV, qui voulait tout pacifier et tout gagner à sa cause, le nomma président à mortier.

Il mourut plein de jours, le 9 décembre 1617, à Castres où il présidait la chambre de l'Édit, sans enfants, après avoir consacré une grande partie de sa fortune à la fondation d'un collège des frères de la doctrine chrétienne et d'un couvent d'ursulines à Brives. On a de lui un *Traité de la réalité du Saint-Sacrement de l'autel*, un *Traité de l'orthographe*, une *Histoire des Gaules, et des conquêtes en Italie, en Grèce et en Asie jusqu'au règne du roi Jean*, et un *Recueils d'arrêts prononcés en robe rouge*, recueil où abonde l'érudition confuse des parlementaires et des avocats du siècle qui venait de finir. Un lieutenant général en la sénéchaussée du Bas-Limousin, Pierre de Fenis a célébré, en vers latins et en vers français, le savoir et les vertus du président de Lestang, qu'il appelle, « l'ange du « Sénat, rare merveille de son âge, orateur faisant pâlir « la renommée de la Grèce et dont la couronne de che- « veux blancs est plus belle que le soleil qui luit dans « les cieux. » Pierre de Fenis, entraîné par l'imagination, va jusqu'à dire que les plus grands poètes ne cesseront de chanter cette gloire jusqu'à la fin des siècles.

On sourit de cette enflure de louanges. Les poètes n'ont guère songé au président de Lestang, et ce qui garde, le mieux, sa memoire est le marbre de son tombeau. Ce tombeau est sur une des portes latérales du chœur de l'église Saint-Étienne, en marbre blanc et rouge : le vieux président est agenouillé, les mains jointes devant une image de la Vierge, enveloppé de sa robe aux plis lourds, le mortier à ses pieds, les yeux largement ouverts, le visage rude, la moustache un peu relevée et la royale en pointe comme celle de Richelieu. C'est là, selon le mot de son épitaphe, que ce noble esprit, égal en vertus et en savoir, attend la résurrection.

A peine revenu de l'Assemblée des notables de Rouen, le premier président Le Masuyer eut à prononcer, au milieu d'une vive opposition, l'enregistrement d'un édit imaginé pour rétablir les finances épuisées. Les ministres s'étant avisés de revendre les greffes de la province, ressource de 400,000 livres pour les besoins du royaume, les États du Languedoc n'y consentirent qu'à certaines conditions qui déplurent au roi. Le grand Conseil cassa la décision des États, par un arrêt adressé au Parlement, avec des lettres de jussion pour enregistrer l'édit ordonnant la revente et l'aliénation des greffes, à faculté de rachat.

Ce fut au Parlement une confusion et un tumulte qui durèrent plusieurs audiences. Le syndic de la province s'opposait à l'enregistrement de l'édit et les deux avocats généraux, en l'absence du procureur général, firent des réquisitions dans un sens opposé. L'avocat général, Marc de Calvière, soutenait les protestations du syndic, et l'autre avocat général, Jean-Baptiste de Ciron, craignant que les parlementaires ne fussent entraînés par Calvière, récusa tout le Parlement, à l'exception de quatre conseillers. Jamais avocat général ne fulmina des réquisitions plus passionnées.

Les avis se partagèrent : les uns opinaient à contraindre l'avocat général de Ciron à borner ses récusations au tiers de la Compagnie, suivant les ordonnances ; les autres voulaient renvoyer l'affaire au roi : d'autres enfin, demandaient que la récusation inusitée et injurieuse de l'avocat général fût rejetée. De ce conflit bruyant d'opinions sortit un arrêt qui décida, par trente-quatre voix contre trente, les présidents à mortier ayant fait pencher la balance, que sans avoir égard à la requête en récusation et à la requête du syndic du Languedoc, il serait procédé à la vérification de l'édit. L'édit fut publié le 19 mai 1618.

On n'entendit plus à Toulouse que le bruit des fêtes de l'entrée de la jeune duchesse de Montmorency qui parcourait la province, escortée de la noblesse et marchant par les villes et les campagnes, sur des routes semées de fleurs par les bourgeois et le peuple. A Toulouse, les capitouls, fidèles aux traditions des entrées des princesses, ne se laissaient pas enivrer par la joie de la ville et par l'éclat du nom de Montmorency. Ils se refusaient à envoyer au-devant de la duchesse, en disant, avec une fine malice, que ces parades militaires seraient une nouveauté, et qu'il suffisait à une femme d'avoir des bals, des danses et des carrousels. Il fallut tenir un conseil général de ville pour régler les fêtes de cette entrée : le conseiller sous-doyen, Pierre de Barthélemy, seigneur de Gramond, père du président de Gramond, s'y rendit en qualité de commissaire du Parlement, et détermina les capitouls à rendre à la duchesse les honneurs qui lui étaient dus.

CHAPITRE III

Procès de Vanini

Tout est contraste dans la vie humaine. Après les ballets d'une magnificence merveilleuse en l'honneur de la duchesse de Montmorency, les courses à la quintaine dont les prix consistaient en trois bouquets de diamants, et les courses de bague dont *le Mercure français* a raconté les prouesses, s'éleva sur la place du Salin le bûcher de Lucilio Vanini.

Les idées de modération et de tolérance ne se sont pas acclimatées, en un jour, dans notre pays ; il leur a fallu le travail et les luttes de six siècles. De même que les grandes conquêtes de ce monde, elles ont eu besoin de sang humain pour être fondées. Après les cruelles victoires de Simon de Montfort qui tranchait les libres croyances de son épée, l'Inquisition envoya à la mort les hérétiques albigeois, et plus tard, aux périodes des persécutions religieuses, le Parlement condamna au gibet ou au bûcher les hommes séduits par les libertés de la Réforme. Le treizième siècle avait laissé à Toulouse une si profonde empreinte et si fortement endurci le sol, que les généreuses inspirations de la tolérance n'y pénétraient que lentement et n'y traçaient que de rares et pénibles sillons.

Au sortir des guerres de religion, il y eut partout une audacieuse licence d'impiétés et de blasphèmes. A la mort de Montaigne, la philosophie s'éveille en France, au cri poussé par les philosophes étrangers et surtout par les italiens Jérôme Cardan et Jordano Bruno ; mais les esprits railleurs et légers se contentaient de rire et d'étaler leur incrédulité et leur indifférence, sans prendre part aux discussions théologiques. Un poète huguenot, l'aventurier Montchrétien, s'en affligeait, en disant que l'athéisme ne murmurait plus entre les dents, mais ouvrait la bouche, parlait haut et clair et proférait d'exécrables sarcasmes contre Dieu. On se permettait tout, parce qu'on avait manié l'escopette et le mousquet pour la bonne cause. Des légions frondeuses se montraient dans les salons et les ruelles, sur les places et aux carrefours et les beaux et curieux esprits, ces libres penseurs de la fin du seizième siècle et du commencement du dix-septième, se répandaient en hérésies, rompaient avec le moyen âge et tenaient à honneur de se dégager de tout frein.

Tandis qu'à Paris, l'ami de Descartes, le minime Marsenne, appelé par un apologiste de Vanini, père minime et très minime, dénonce les blasphémateurs du fond de son couvent de l'Annonciade, le Parlement de Toulouse, afin de fermer cette plaie et de contenir ce débordement impur, organisait, aux premières années du dix-septième siècle, la confrérie du Saint-Nom de Jésus, instituée par le pape Paul V et dont la surintendance fut donnée à un président à mortier.

On s'étonne de voir Vanini chercher un asile dans une ville redoutée des impies, auprès d'un Parlement renommé dans l'Europe entière, pour ses inexorables rigueurs en manière d'hérésie. Il était né à Taurozano, petite ville de la terre d'Otrante, au royaume de Naples, à la fin de l'année 1585 ou au commencement de l'année 1586. Son père était intendant de don François de Castro, duc de Taurozano, vice-roi de Naples. Par sa mère Béatrix Lopez de Noguera, il descendait d'une noble maison espagnole, ayant ainsi dans ses veines, la chaleur du sang et les ardeurs de vanité de ces deux climats d'Espagne et d'Italie. En venant au monde, il eut, selon qu'il l'a dit lui même, saint François pour patron devant Dieu ; mais il ne tardera pas à échanger ce nom contre celui de Lucilio que prenaient souvent les chrétiens des premiers siècles, pour indiquer qu'ils étaient *lucis filii*, fils de lumière. Il a ajouté qu'il était gentil d'aspect, d'une figure agréable, de formes élégantes et d'une santé frêle.

A Rome, où son père l'envoya aux écoles de philosophie et de théologie, Vanini suivit les leçons du carme averroïste Jean Bacon et du carme Barthélemy Argotti, surnommé par lui le phénix des prédicateurs de son temps. De Rome, il va, de ville en ville, écoutant les maîtres célèbres de toutes les universités, étudiant l'alchimie, la métaphysique, la médecine, l'astronomie, le Droit canon et le Droit civil, les belles-lettres, les sciences naturelles et les arts, riant des schismes de l'Eglise, cherchant l'occasion de se rencontrer avec des athées, afin de se donner la joie secrète de mal réfuter leurs blasphèmes, engageant partout des disputes philosophiques, avec une fougue que rien ne refroidissait, ni les rigueurs de l'hiver, ni la faim, ni les longues veilles, ni les sinistres présages du bûcher de Jordano Bruno et du cachot de Campanella. « Tout est chaud, disait-il, pour ceux « qui aiment. N'avons-nous pas rompu les plus grands

« froids de l'hiver, à Padoue, avec un simple petit habit,
« uniquement animé du désir d'apprendre ? » Païen en
théologie et en philosophie, comme on était alors païen
dans l'art et dans la poésie, il se raillait, un jour, de
saint Thomas d'Aquin et des scholastiques et se prenait, le lendemain, à vanter les miracles du docteur angélique. Il portait, en tout lieu, cet esprit d'aventures et
d'humeur paradoxale des écoliers de la Renaissance, à
une époque glorieuse pour la pensée, mais inclémente
aux novateurs. Il se moquait gaiement de l'état du ciel
au moment de sa naissance et souriait, aux années de la
première jeunesse, où tout est sourire, d'être né sous le
signe de Mars, qui, selon l'astrologie, le vouait à une
mort terrible.

Il se comparaît, au contraire, à un arbre poussé dans
un sol pierreux, mais dont les rameaux grêles se couvraient de fleurs pâles, prêtes à briller de couleurs
plus vives aux rayons du soleil. Sa passion pour l'étude et les voyages lui fit affronter bien des dangers
qui plaisaient à son âme ; il alla à Naples, à Bologne, à Florence, en Allemagne, en Brabant, en Hollande, à Strasbourg, à Bayonne, en Espagne d'où il
s'échappa, poursuivi par le Saint-Office, à Lyon d'où il
fut chassé pour son libertinage, et à Genève d'où il partit en hâte, débattant ses controverses par les villes et
les royaumes, guerroyant contre les beaux esprits, les
anabaptistes, les calvinistes et les athées et poussant
des pointes vers les doctrines de Corneille Agrippa,
d'Aristote « le dictateur de la sagesse humaine », de
Cardan, d'Albert le Grand, de Pomponace, « son divin
maître », d'Averroës, d'Hippocrate, de Galien et de Fras-

cator. C'est à Naples qu'il parait avoir formé le dessein de parsemer son athéisme dans le monde avec douze de ses disciples, ainsi qu'il le dira, au rapport du père Marsenne, en plein Parlement de Toulouse, au moment de son procès.

En route, il écrit une apologie de la loi de Moïse et de la loi du Christ et l'apologie du concile de Trente. Il n'est pas seul et, pour compagnon de voyage, il a pris un enfant qui le suit de ville en ville, à la campagne et aux bords de la mer. Quel était cet enfant, portant le petit collet des mignons, et de quelle nature pouvaient être ses services envers ce philosophe errant et enclin aux choses impures ? N'a-t-il été qu'un serviteur ; était-il plus qu'un compagnon de route ? On peut tout croire, en songeant aux mœurs corrompues de la société de ce temps. Vanini n'a-t-il pas aussi laissé entendre qu'à Venise, il prit la fuite et jeta le froc aux lagunes après avoir, dans un duel et au fond d'un lieu de débauche, tué un mignon d'un coup de poignard ?

A Londres, où il dogmatisait dans les rues, en 1614, ses hardiesses de langage lui valurent la prison ; il y sollicitait, c'est lui qui l'a dit avec audace, dans son *Amphithéâtre*, la couronne du martyre. Il repassa la mer et c'est à Lyon qu'il publia ce fameux *Amphithéâtre*, nom pompeux qui allait bien à son imagination vaniteuse : *Amphitheatrum æternæ providentiæ, divino-magicum, christiano-physicum, astrologico-catholicum, adversus veteres philosophos, atheos, epicureos, peripateticos, et alios*, œuvre nébuleuse et diffuse, dédiée au duc de Taurozano, approuvée par les docteurs de Lyon et enfermant le germe des doctrines qui l'enverront au bûcher.

Ce qui est pour nous un sujet d'étonnement, c'est de voir Vanini, dans ce confus plaidoyer en cinquante points, tendant à démontrer l'existence de la Providence, n'appuyer sa thèse que d'arguments spécieux et d'une faiblesse dérisoire. On dirait que ce lutteur s'efforce de découvrir à l'ennemi les défauts de l'armure, ne porte des coups que d'une main tremblante et ne cherche que la défaite, dans un tourbillon de nuées et de ténèbres. Il semble n'affirmer sa foi en l'Église, que pour mieux voiler sa trahison. Le père Garasse l'a dit à sa manière : « Pour Lucilio Vanini, il était Napolitain, homme de
« néant, qui avait rôdé toute l'Italie, en chercheur de
« repues franches, et une partie de la France, en qualité
« de pédant. Ce méchant bélître, étant venu en Gas-
« cogne, faisait état d'y semer avantageusement son
« ivraie et faire riche moisson d'impiété, cuidant avoir
« trouvé des esprits susceptibles de ses propositions.
« Il se glissait dans les noblesses effrontément, pour en
« piquer l'escarcelle, aussi franchement que s'il eût été
« domestique et apprivoisé de tout temps à l'humeur du
« pays ; mais il rencontra des esprits plus forts et réso-
« lus à la défense de la vérité qu'il ne s'était imaginé. »

Il y a pourtant dans l'*Amphithéâtre* cette belle invocation à la Providence : « O Dieu bon, je t'en sup-
« plie, jette sur moi un regard, joins-moi à toi par un
« nœud de diamant ; ton seul et unique but est de faire
« des heureux. Quiconque se réunit à toi s'élève ; uni à
« toi seul, il embrasse tout, à toi qui t'épanches sur
« tout et à qui rien ne manque. Jamais tu n'aban-
« donnes un être qui a besoin de toi ; de ton propre
« mouvement tu donnes tout à toutes choses ; à l'uni-

« vers tu subordonnes tout et toi-même. Tu es la force
« de ceux qui travaillent, le port ouvert aux naufragés,
« la source éternelle qui répand la fraîcheur dans les
« eaux. Repos suprême, paix et calme de nos cœurs,
« tu es la mesure et le mode des choses, l'espèce et la
« forme que nous aimons. C'est toi qui es la règle, le
« poids, le nombre, la beauté; toi qui es l'ordre, l'hon-
« neur et l'amour en toutes choses, le salut et la vie,
« le nectar et la volonté divine. Source de la sagesse
« profonde, lumière véritable, loi vénérable, tu es l'espé-
« rance infaillible, l'éternelle raison, la voie et la vérité.
« Gloire, splendeur, lumière désirable, lumière invio-
« lable et suprême, tu es la perfection des perfections ;
« quoi encore, le plus grand, le meilleur, l'un, le même. »

De Lyon, il passa à Gênes et puis en Guyenne où il paraît être entré dans les ordres, puisqu'il s'est vanté de son éloquence dans la chaire et de ses sermons, c'est lui qui parle, ne ressemblant en rien aux prédications monacales, hérissées de phœbus, et brodées de continuels miracles, mais étant des discours élaborés, pleins de suc et nourris de la substance de la vérité. Cette partie de sa vie est restée dans une obscurité mystérieuse. Le père Marsenne a prétendu qu'on l'avait chassé du couvent, pour avoir aimé contre nature ; on n'a rien de précis sur ce point. L'arrêt du Parlement n'a pas mentionné cette qualité de prêtre : on ne sait qu'une chose, c'est qu'en quittant la Guyenne, il fut attaché, à Paris, à la maison de l'abbé de Rhedon, évêque de Marseille ; plus tard, à celle de nonce Roberto Ubaldini, auprès duquel il reprit l'apologie du concile de Trente, et enfin, à titre d'aumônier, à la maison du maréchal de Bassompierre qui n'était guère chargé de religion, selon le mot du père Marsenne, et qui se plaisait au commerce des mignons, plus qu'aux entretiens des aumôniers.

Pendant qu'il est chez Bassompierre, où il prend le titre de docteur *in utroque jure,* Vanini écrit des dialogues sur la nature qu'il intitule : *De admirandis naturæ, reginæ, deæ quæ mortalium, arcanis.* Il dédia ce livre au maréchal qu'il appelle, en jouant sur les mots, la base de l'Église de Pierre, et en ajoutant orgueilleusement à son nom de Lucilio, celui de Jules-César. Parmi les soixante dialogues de cette œuvre bizarre, on rencontre ces titres singuliers : la matière du ciel, la figure et le mouvement du ciel, sa couleur, sa forme, son centre, son pôle, son éternité, la lune, les astres, le feu, l'arc-en-ciel et les comètes, la foudre, la neige, la pluie, le jet des bombardes et des balistes, l'air agité et corrompu. Pour Vanini, le ciel et les astres sont de même matière que nous-mêmes, en ayant la forme ronde. « Si je n'avais été élevé dans les « écoles chrétiennes, disait-il, je dirais que le ciel est un « animal qui se meut par sa propre forme c'est-à-dire « par son âme. » On le mit alors au rang de Platon, d'Aristote et des plus fameux philosophes de la Grèce et de Rome : on disait aussi de lui, qu'à l'aide de ces soixante dialogues sur les secrets de la nature, il frayait des voies nouvelles à l'esprit humain et le détournait des disputes vieillies de la Sorbonne et des arguties des scholastiques. On le louait en vers grecs et latins, on le surnommait le prince des philosophes. Le père Garasse a plus tard flétri ce livre, en le qualifiant d'introduction à la vie indévote et de bréviaire des libertins.

Il semblait que ces joies de l'intelligence auraient dû le retenir dans la maison de Bassompierre « ce grand « soleil de la cour, serviteur de la reine et ami des ministres ». Au Louvre, on voyait, chaque jour, Vanini entouré de la foule des seigneurs et des grandes dames qu'il charmait par ses propos aimables et savants. Les jeunes courtisans, quelques médecins et des poètes de bas étage se délectaient à ses récits brillants. Il devint un homme à la mode, en faveur auprès du nonce et du chancelier et se hasarda, même, à prêcher au quartier de la place Royale, dans l'église Saint-Paul, fréquentée par les gens de la cour, où des docteurs de Sorbonne outrés de ses sermons hérétiques lui firent interdire la chaire. La Sorbonne s'aperçut alors qu'elle avait approuvé, à la légère, les *Dialogues sur les secrets de la Nature*, sans y découvrir les impiétés de Vanini. Si, dans l'*Amphithéâtre*, au travers de bien des nouveautés, il avait soutenu la foi catholique, il se jouait, en pleine hérésie, dans les *Dialogues*. De l'argumentation habile et subtile s'échappaient, à flots, des railleries sur les dogmes catholiques et des anathèmes voilés et prompts à ébranler les âmes chancelantes. Parfois, la trame se déchirait et laissait voir, au grand jour, un étonnant mélange d'impiété et de science et des traits adroits et vigoureux qui atteignaient du même coup tous les cultes religieux. C'étaient presque les théories sceptiques des philosophes de l'*Encyclopédie* et le premier éclat de rire de Voltaire. La Sorbonne condamna au feu ce livre plein de contradictions où le philosophe italien se vantait d'avoir beaucoup menti.

Ce décret de la Sorbonne, pour parler comme le père

Marsenne, donna des ailes à Vanini, « ce César et ce patriarche des athées. » Effrayés de ces accusations d'hérésie, les seigneurs de la cour, les dames et les chercheurs de scandale s'éloignèrent de lui; il traversa la France et s'arrêta un moment à Condom, où il n'échappa au gibet que par la fuite, au lendemain d'un crime de violences contre une jeune fille. Il arriva à Toulouse dans l'été de 1617, cachant son nom sous celui de Pompeïo ou Pomponio Uciglio.

A cette année 1617, le père Coton, ancien confesseur de Henri IV et confesseur de Louis XIII, prêchait le Carême à Toulouse, à l'église Saint-Sernin, et le vicaire général Jean de Rudelle administrait le diocèse, en l'absence de l'archevêque, le cardinal de la Valette, qui ne voulait pas quitter la cour du Louvre. Dans son *Histoire de France*, le président de Gramond a raconté, et beaucoup d'autres après lui, que Vanini vécut dans une obscure hôtellerie d'un faubourg et qu'il finit, grâce à son génie d'intrigue, par s'introduire dans la maison du premier président, pour enseigner à ses enfants les lettres latines et la philosophie. Leibnitz, dans ses *Essais de Théodicée*, est allé jusqu'à prétendre que le procureur général de Saint-Félix n'excita les esprits contre Vanini et ne poussa le procès à toute rigueur, qu'en haine du premier président. On a raconté aussi que Vanini logea chez un jeune conseiller qui vantait partout son immense savoir.

Le père Lombard s'élève contre ces assertions qu'il traite d'inventions fabuleuses. On ne s'explique guère l'erreur échappée à l'exactitude ordinaire du président de Gramond. Ce n'est pas aux enfants de Le Masuyer, alors premier président du Parlement, que Vanini pouvait enseigner la philosophie et les lettres latines ; ces enfants avaient à peine deux ans, puisque Le Masuyer ne s'était marié avec Françoise de Clary, la seule femme qu'il ait jamais eue, qu'à la fin de l'année 1615.

Un ingénieux écrivain, dans son *Histoire critique de la vie de Vanini* [1], a pensé, et je le crois, avec raison, qu'il y a là une confusion et comme un nuage facile à dissiper. Quand le président de Gramond et Leibnitz écrivaient sur Vanini, Le Masuyer était mort et le premier président de Bertier l'avait remplacé sur son siège. En parlant du premier président, ils entendaient parler de Jean de Bertier, omettant de préciser, qu'au moment de l'arrivée de Vanini à Toulouse, celui qu'on appelait Pompeïo Uciglio trouva un accueil hospitalier dans la maison du président à mortier de Bertier, qui devint ensuite premier président. Jean de Bertier avait d'ailleurs, à ces années, des fils en âge d'apprendre la philosophie, et dans ses *Histoires tragiques*, Rosset a ajouté ce détail important, que Pompeïo Uciglio passa toute une saison, avec les jeunes gens confiés à sa garde, dans une belle maison des champs, proche de Toulouse, ombragée de grands arbres et arrosée de fraîches fontaines. N'est-ce pas le château de Montrabe, chanté par Goudouli, qui appartenait depuis des siècles à la famille de Bertier ? On croit aussi que le gouverneur Adrien de Montluc, comte de Caraman, aimant l'esprit, le bruit et l'astrologie, confia à Vanini l'éducation de ses neveux.

---

[1] Baudouin, *Revue philosophique*. 1879-1880.

La présence de Vanini à Toulouse est révélée pour la première fois en 1618 ; mais il n'y passa guère qu'un an, exerçant la médecine, recherchant surtout la société des écoliers de l'Université et discutant, avec son ardeur italienne, toutes les curieuses thèses de la scolastique de son temps. Avec ses déclamations vaniteuses, il parlait sans cesse de ses traités d'astronomie, de magie où il soutenait que les bâtards devaient avoir plus de beauté et d'esprit que les enfants légitimes, d'histoire, de physique, de théologie et de mépris de la gloire, qui n'étaient, au fond, que ses dissertations soutenues aux Universités de France, d'Allemagne ou d'Italie. Toutes ces choses ont sombré avec lui. Il ne sortit pas toujours de ces disputes à son avantage, s'il faut en croire les annales de l'Hôtel de Ville, qui affirment qu'il fut convaincu d'être vraiment ignorant parmi les doctes en toutes sciences. De leur côté, au travers des artifices de son langage, les théologiens découvrirent l'athéisme qui se cachait sous les replis de la pensée ; le père Coton voulut voir de près ce philosophe italien et s'entretenir avec lui. Sa surprise égala son indignation.

A étudier Vanini dans son caractère vaniteux et léger, il est permis de croire qu'il se laissa aller devant le père Coton, à la fougue et aux divagations de son langage. Ne s'était-il pas écrié insolemment, dans son *Amphithéâtre* : « J'ai écrit bien des choses que je ne crois pas : « Ainsi va le monde..... Quant à l'immortalité de l'âme, « j'ai fait vœu de ne pas traiter cette question, avant « d'être vieux, riche et Allemand. » Ne mettait-il pas aussi dans la bouche de son interlocuteur, Alexandre, dans les *Dialogues sur les secrets de la Nature*, ce mot audacieux, en souvenir du dialogue de Thomas Morus et d'Erasme : « Ou vous êtes démon, ou vous êtes Va-« nini ? » Plus loin, il résumait sa morale par ces deux vers de l'*Aminte* du Tasse :

> Perdutto e tutto tempo,
> Che in amor non si spende.

Le président de Gramond ne se trompait point, en traitant de voluptueux ce philosophe singulier qui parlait avec tant de complaisance de sa maîtresse Laure et de cette Isabelle, son petit œil gauche, *sinistrum meum oculum*. Ce n'est pas manquer de justice et d'indulgence, que de reléguer ce sceptique et ce railleur dans la secte des épicuriens. Bayle, qui a défendu la pureté de ses mœurs, l'a mal connu. Qui oserait affirmer qu'au château de Montrabe, sous les chênes et à l'heure de ce démon de midi dont les psaumes ont parlé, il n'essaya pas de reprendre son train de vie de l'hôtel de Bassompierre et d'enseigner aux jeunes gentilshommes des maisons de Toulouse, les impuretés des mignons de Paris ?

Il préférait l'amour à la gloire. Tout au contraire de Vauvenargues, le doux et profond moraliste, moins épris d'amour que de gloire, il disait dans l'*Amphithéâtre :* « La gloire ! mieux vaudrait une maîtresse. » Et dans ses *Secrets de la Nature :* « Bien des philosophes donne-« raient tous ces petits bruits de la renommée pour un « sourire de celle qu'on aime. »

La vie de ce sceptique est remplie de contradictions. Le père Garasse n'a-t-il pas dit : « Étant à Toulouse et « rôdant en Gascogne, devant qu'on eût découvert sa « malice, quelles paroles saintes et sacrées, quels pro-

« pos douillets et sucrés ne tenait-il ? Combien de confes-
« sions a-t-il faites dans nos églises mêmes ? Combien
« de fois est-il venu visiter nos pères et leur demander
« des cas de conscience ? Le tout couvert d'une lâche
« hypocrisie ; mais aussitôt que ce méchant homme
« fut découvert, il se porta à une rage désespérée. » Et le
père Garasse cite ensuite cette page de Vanini : « Pour
« les hommes, il faudrait, comme les bûcherons font
« tous les ans dans les grandes forêts, reconnaissant
« le bois mort et le bois vert, retranchant tout ce qui
« est inutile ou dommageable, pour retenir seulement
« les bons arbres ou les jeunes baliveaux d'espérance.
« Tout de même, il faudrait, tous les ans, faire une
« rigoureuse visite dans les villes et mettre à mort ce
« qui est inutile et ce qui empêche de vivre le reste, les
« vieillards caducs, les vagabonds et fainéants, c'est-à-
« dire, un millier de personnes qui sont comme les
« ronces et les orties des autres pour les empêcher de
« croître. » Et il fulminait ensuite cet anathème contre
les athées : « Secte pestilentielle se cachant et acquérant
« des forces avec les années qui marchent. »

Les capitouls ne se méprirent point sur la portée de
ses enseignements et de ses controverses. Sous l'étalage
de la science, ils pressentirent les embûches et les périls
et emprisonnèrent le théologien. On ne trouva sur lui
qu'une bible et que des écrits informes sur des questions de philosophie. Dans sa chambre de la rue des
Giponiers, aujourd'hui la rue Peyrolières, on découvrit,
au rapport de Rosset, un gros crapaud dans un vase
d'eau. Le peuple criait à la magie et disait que c'était là
le dieu qu'adorait Uciglio. Le prisonnier se contentait de

répondre que c'était un remède précieux contre certaines maladies.

L'arrestation de Vanini est constatée, en 1618, par ce passage des registres de l'Hôtel de Ville, où, suivant le vieil usage, les capitouls sortants inscrivaient les événements importants de l'année écoulée : « Le jeudi, « second jour d'août, sur l'avis qui fut donné aux dits « sieurs capitouls, fut pris dans la maison des héritiers « de feu Monhaltes, au capitoulat de la Daurade, et « fait prisonnier par les sieurs d'Olivier et Virazel, « capitouls, et conduit à la maison de ville un jeune « homme soi-disant âgé de trente-quatre ans, natif de « Naples en Italie, se faisant appeler Pomponio Uciglio, « accusé d'enseigner l'athéisme, duquel ils étaient en « quête depuis plus d'un mois. — On disait qu'il était « venu en France à dessein de tenir cette abomina- « ble doctrine. — C'était un homme d'assez bonne « façon, un peu maigre, le poil châtain, le nez long « et courbe, les yeux brillants et aucunement hagards, « grande taille. Si est toutefois que le Parlement averti « et très assuré de ses secrètes pensées et maximes « damnables qu'il avait tenues en particulier, très per- « nicieuses pour les bonnes mœurs et la foi, le fit re- « mettre, le cinquième du dit mois d'août, des prisons « de la maison de ville, en la Conciergerie du Palais, « où il fut détenu, jusqu'à ce qu'on eût trouvé preuves « suffisantes pour le convaincre et lui parfaire son « procès comme on fit. »

L'Inquisition allait s'emparer du procès, mais le Parlement s'en saisit. La première audience est du 2 août 1618 ; la procédure a été perdue et on ne peut ressaisir ces débats dans tous leurs incidents dramatiques ; on ne connaît que le nom du rapporteur, le conseiller Guillaume de Catel, l'auteur de l'*Histoire des comtes de Toulouse*, une des lumières du Parlement.

Les registres des capitouls, le président de Gramond et les mémoires de ce temps ont accusé Catel de s'être acharné à cette information criminelle, et d'avoir tout mis en œuvre pour arracher au Parlement un arrêt de condamnation. Le président de Gramond a même raconté que l'accusé tremblait devant ce rapporteur inflexible et cherchait, à l'aide de mensongères manifestations de piété, à embarrasser la justice et à retarder la fin du procès. Sans se laisser attendrir, Catel aurait poursuivi l'information ; on l'a aussi soupçonné d'avoir apporté cette âpreté à sa mission, pour se venger de Vanini, son rival en aventures amoureuses. A ce soupçon injurieux, le père Lombard crie au scandale et s'indigne de cette odieuse calomnie.

Celui qui instruisait le procès n'était pas Catel : ce fut le conseiller Bertrand ; d'autres ont dit que ce fut le conseiller Testory. Y eut-il enquête secrète ou monitoire ? On ne le sait pas bien ; on sait seulement que l'accusé ne fut pas soumis à la torture et que présidents, conseillers, gentilshommes, prêtres, moines, docteurs en théologie, entraient, à toute heure, dans le cachot d'Uciglio et tentaient de le prendre en défaut et d'établir son hérésie. Il tenait tête à tout et à tous. Quelques conseillers se sentaient ébranlés par tant de jeunesse, de talent et d'énergiques protestations. Il y eut de célèbres prédicateurs qui lui ouvrirent les voies des rétractations et du pardon. On songeait enfin à le remettre en liberté, lorsque l'écolier Francon, gentilhomme de la maison de Tersac-Montberaud, du pays de Foix, jeta, par ses révélations, un jour brusque et vif dans les débats.

Francon reprocha à l'accusé ses propositions impies et athées, par lui soutenues dans des réunions de jeunes gentilshommes ; il alla jusqu'à déclarer qu'un jour « les cheveux lui hérissant sa tête d'irritation », il conçut le projet de le poignarder, en l'entendant nier l'existence de Dieu et la divinité de Jésus et bafouer les saints mystères de la religion chrétienne. Un poète, familier de la maison du comte de Caraman, le jeune Baro, le dénonça aussi comme fauteur d'hérésies, et le père Garasse a parlé, à son tour, de vagues et secrètes délations des théologiens. Ces dénonciations mettaient la ville en rumeur ; les catholiques réclamaient le bûcher pour l'hérétique et l'athée ; les protestants penchaient vers l'ajournement du procès, et, s'il faut en croire l'historien Mathieu, les ministres protestants de Castres avaient été invités à assister aux interrogatoires de l'accusé et aux confrontations avec les dénonciateurs.

On n'a retrouvé ni les procès-verbaux des confrontations, ni les interrogatoires, ni le rapport de Catel, ni les réquisitions des gens du roi. C'est Chopin qui a dit qu'en brûlant les corps des suppliciés, on brûlait souvent les procédures ; Charondas en a dit autant des informations contre les sodomistes dont on voulait abolir ainsi la détestable mémoire. Il ne paraît pas pourtant que les pièces du procès de Vanini aient été jetées au bûcher avec lui : en marge d'une page du livre du père Garasse, *la Doctrine des beaux et curieux esprits de ce temps*, déposé à la bibliothèque de la ville de Toulouse, on trouve cette annotation écrite de la main d'un contemporain, en regard des lignes où il est question du procès de Vanini : « J'ai vu ces pièces. » Elles n'en ont pas moins disparu, perdues peut-être au milieu des innombrables sacs de procédures, entassées aux archives du Parlement, oubliées sous leur poussière, ou brûlées plus tard, comme une chose immonde et indigne de survivre au condamné.

Une partie de ce débat émouvant a été retracée par le président de Gramond, et les archives de l'Hôtel de Ville nous ont conservé quelques scènes de ce drame. Vanini se défendait mal, prenait une attitude théâtrale et opposait son caractère de prêtre à la jeunesse de ses dénonciateurs, en disant qu'on ne pouvait comparer Francon et Baro à un ministre du Roi des rois. Mais entre eux et lui, devait-on hésiter longtemps et croire moins à la parole de deux témoins d'une fermeté précise, qu'aux vagues protestations d'un accusé cachant son origine, son passé, son nom, les hasards et les défaillances de sa vie ?

A l'accusation d'athéisme, il répondait, à l'audience, par un langage abondant, sans profondeur et sans vigueur. Tout d'un coup, se levant de la sellette, il s'écria qu'il adorait, avec toute l'Église, un Dieu en trois personnes et dont la nature démontrait évidemment l'existence. Puis, apercevant à ses pieds un brin de paille laissé là par hasard, ou jeté par lui à terre d'avance et à dessein, il le ramassa et, le montrant aux juges, il leur dit : « Cette paille me force à croire qu'il y a un Dieu.

« Le grain jeté en terre semble d'abord détruit et com-
« mence à blanchir ; il devient vert et sort de terre,
« il croît insensiblement ; la rosée l'aide à s'élever, la
« pluie lui donne encore de la force ; il se garnit d'épis
« dont les pointes éloignent les oiseaux. Le tuyau s'é-
« lève et se couvre de feuilles, il jaunit et monte encore ;
« peu après, il incline la tête jusqu'à ce qu'il tombe.
« On le bat dans l'aire, et la paille étant séparée du blé,
« celui-ci sert à la nourriture des hommes, et celle-là
« est donnée aux animaux créés pour servir l'huma-
« nité. »

De ses lèvres tombait ainsi cette mélancolique poésie dont le président refoula le flot, en objectant que c'était là démontrer les forces productives de la nature et non l'existence d'un créateur. Vanini répliqua : « Si « la nature a produit ce grain, qui est-ce qui a pro- « duit l'autre grain qui a précédé celui-ci immédiate- « ment ; si le dernier est aussi le produit de la nature, « qu'on remonte à un autre et puis à un autre. » Il remontait ainsi jusqu'à Dieu, créateur et source de toutes choses, plus énergiquement que dans l'*Amphithéâtre* et les *Dialogues*; peu à peu et entraîné par la pente de son esprit tourmenté de l'amour des nouveautés et des disputes, il se répandit, en thèses confuses, dans la langue latine qui plaisait à son imagination, et s'égara dans les détours et les obscurités de ses doctrines.

Rien n'établit cette assertion du père Marsenne, que Vanini ait révélé au Parlement l'existence d'un complot ourdi par lui et destiné à infecter, avec treize de ses disciples, l'Europe entière des idées de l'athéisme, en se vantant d'avoir eu la France en partage. Le président de Gramond n'en a rien dit, tout en constatant qu'il parlait par vanité et par crainte, plus que par conviction : *Hoc Lucilius in ostentationem doctrinæ ante metu magis quam ex consciencia.* C'était toujours ce même philosophe qui se croyait assez fort pour tout oser, et qui soutenait que plus une autorité semblait puissante et plus on devait se plaire à la renverser. Et si grande était sa jactance, qu'on a pu mettre bien des audaces dans sa bouche.

D'audience en audience, le procès dura plus de cinq mois, devant la grand'chambre et la Tournelle assemblées. Le Parlement ne crut pas au langage de Vanini ; il resta convaincu de son athéisme et rendit ce terrible arrêt :

« Samedi, 9 de février 1619, en la grand'chambre,
« icelle avec la chambre criminelle assemblée, présents :
« Le Masuyer, premier président, de Bertier et Ségla,
« aussi présidents, Assézat, Caubet, Catel, Melet, Bar-
« thélemy de Pins, Mausac, Olivier de Hautpoul, Ber-
« trand Prohenques, de Noë, Chastenay, Vezian, Ca-
« dilhac.

« Vu par la Cour, les deux chambres assemblées, le
« procès fait d'icelles à la requête du procureur général
« du roi, à Pompéïo Lucilio, Néapolitain de nation, pri-
« sonnier à la Conciergerie, charges et informations
« contre lui faites, auditions, confrontements, objets par
« lui proposés contre les témoins à lui confrontés, taxe
« et dénonce sur ce faites, dire et conclusions du procu-
« reur général du roi contre ledit Ucilio, ouï en la
« grand'chambre.

« Il sera dit que le procès est en état pour être jugé

« définitivement sans informer de la vérité desdits ob-
« jets et, ce faisant, la Cour a déclaré et déclare ledit
« Ucilio atteint et convaincu des crimes d'athéisme,
« blasphèmes, impiétés et autres crimes résultant du
« procès, pour punition et réparation desquels a con-
« damné et condamne icelui Ucilio à être délivré ès-
« mains de l'exécuteur de la haute justice, lequel le
« traînera sur une claie, en chemise, ayant la hart au
« col et portant sur les épaules un cartel contenant ces
« mots : « Athéiste et blasphémateur du nom de Dieu »,
« et le conduira devant la porte principale de l'église
« métropolitaine Saint-Étienne, et étant illec à genoux,
« tête et pieds nus, tenant en ses mains une torche de
« cire ardente, demandera pardon à Dieu, au roi et à la
« justice desdits blasphèmes ; après l'amènera en la
« place du Salin, et attaché à un poteau qui y sera
« planté, lui coupera la langue et le stranglera ; et après,
« sera son corps brûlé au bûcher qui y sera apprêté, et
« les cendres jetées au vent, et a confisqué et confis-
« que ses biens, distrait d'iceux les frais de justice au
« profit de ceux qui les ont exposés, la taxe réservée.
« — Signés : Le Masuyer et de Catel. — En marge :
« De Catel, 16 écus. »

L'arrêt, on le voit, ne qualifie le condamné ni de clerc,
ni de prêtre, et sur la minute conservée aux archives du
Parlement, le mot hérésie n'est qu'à moitié écrit. Il a été
effacé avant d'être terminé. En gardant le silence sur ce
point, le Parlement n'a-t-il pas voulu détourner le reproche d'empiétement sur la justice du saint-office et
éviter un conflit de juridiction ? Est-ce, au contraire, par
un sentiment de respect envers le clergé, qu'il laissa,

dans l'ombre, ce caractère sacré d'un homme flétri par un arrêt infamant? On ne peut que se perdre en conjectures à cet égard. En outre des crimes de blasphèmes, d'athéisme et d'impiété, l'arrêt déclarait l'accusé vaguement convaincu d'autres crimes. Sous cette mystérieuse formule, le Parlement a-t-il voilé le crime de sodomie? On peut le croire, au souvenir de ce crime contre nature qui fit chasser Vanini de son couvent de Guyenne.

Tous les juges n'opinèrent pas pour la mort; c'est le père Garasse qui l'a dit. Sous l'ancienne loi criminelle, les arrêts de mort s'exécutaient sur l'heure et les condamnés passaient de l'audience aux mains du bourreau. Le 6 février tombait un samedi, et le jour du dimanche étant jour de repos pour le bourreau, Vanini dut s'apprêter à mourir. D'ailleurs, à la place du Salin, ne devait-on pas, le lendemain dimanche, dresser, à l'aube, les gradins du ballet donné par le duc de Montmorency, en l'honneur du mariage de madame Christine, sœur du roi Louis XIII, avec Victor-Amédée, prince de Piémont? On ne pouvait retarder le supplice.

En perdant l'espérance de vivre, Vanini jeta le masque et se montra hardiment matérialiste. Quand le cordelier qui l'accompagna au bûcher parut dans son cachot, il le railla et insulta le divin crucifié que le cordelier approchait de ses lèvres, en disant: « Il sua de crainte et de « faiblesse, et moi, je meurs intrépide. » L'agitation de son corps, l'égarement de ses idées et les éclairs de son regard démentaient ses blasphèmes et trahissaient sa terreur. Au travers de ce désordre de gestes et de paroles entrecoupées d'un rire sombre, il eut un ressou-

venir de son climat de Naples et de la langue de son pays. On l'entendit murmurer ces mots, dernier soupir exhalé de son âme : « Andiamo, andiamo, mori allegra-
« mente. » Hélas ! ce philosophe de trente-trois ans n'appartenait pas à ces fortes races du seizième siècle qui mouraient sans plainte et sans faiblesse. Il allait expirer dans un horrible cri de douleur.

Il faut entendre le président de Gramond raconter cette marche funèbre vers le bûcher, dans son implacable langage. On traîna Vanini sur une claie formée d'ais cloués sur des pièces de bois, traînée par trois chevaux, le bourreau, en jaquette verte et rouge, le peuple formant la haie et suivant, par les rues Nazareth et des Nobles, ce philosophe, la hart au col et en chemise, allant joyeusement au supplice, insultant la religion et donnant raison à l'arrêt du Parlement. Arrivé sur le parvis Saint-Étienne, à genoux et la torche de cire ardente à la main, il se refusa à faire amende honorable à Dieu, au roi et à justice. C'est le *Mercure français* qui a prétendu que, pressé par le cordelier, le condamné aurait répondu : « Il n'y a ni Dieu ni diable : s'il y avait un Dieu, je le
« prierais de lancer sa foudre sur le Parlement, comme
« étant injuste et inique ; et s'il y avait un diable, je le
« prierais aussi de l'engloutir au lieu souterrain ; mais
« puisqu'il n'y a ni l'un ni l'autre, je ne ferai rien. » Il aurait ajouté n'avoir jamais voulu offenser le roi.

La claie se remit en marche par les rues Saint-Etienne et Croix-Baragnon, les places Rouaix et de la Trinité, les rues des Filatiers et des Carmes, et la rue Saint-Antoine qui débouchait sur la place du Salin. Vanini poursuivait ses blasphèmes et ses railleries, n'ayant alors, disent les registres de l'Hôtel de Ville, les yeux nullement hagards, détournant sa bouche du crucifix tenu par le cordelier, parlant haut, malgré le froid qui faisait trembler sa voix, et prédisant que ses doctrines vivraient après lui et s'envoleraient par le monde. L'historien Rosset a écrit que de furieuses clameurs du peuple accueillirent ces paroles et que la foule criait au bourreau de se hâter.

Le registre des capitouls est d'une sécheresse aussi cruelle que celle du président de Gramond : « Il faisait « semblant de mourir fort constamment en philosophe, « comme il se disait, et en homme qui n'appréhendait « rien après la mort. Un bon père religieux l'exhortait, « mais ce tigre enragé et opiniâtre en ses fautes mépri- « sait tout. Il mourut donc en athée. »

Le père Marsenne et le père Garasse qui devaient être bien renseignés, surtout Garasse qui avait été novice à Toulouse, ont reproduit ces récits du président de Gramond et des capitouls, en y mettant de leur violence et de leur amertume. Garasse traite Vanini de méchant renard et d'enragé. Le *Mercure français* a dit plus froidement : « Il mourut avec autant de constance, de patience « et de volonté, qu'aucun autre homme que l'on ait vu. »

Il en est qui ont prétendu qu'en montant au bûcher, il aurait dit au peuple : « Voyez quelle pitié ! Ce misérable « juif de Jésus-Christ est cause que je suis ici. » Le père Lombard traite de mensonge ces assertions imaginées, à plaisir, après le supplice. Le bourgeois Élie Esquirol, dans son registre manuscrit des événements de Toulouse, se contente de dire : « Un samedi de février, veille « du dimanche gras, fut exécuté ce méchant et malheu-

« reux athée, venu d'Italie et surnommé le Napolitain.
« Il fut brûlé vif à la place du Salin et mourut obstiné,
« sans jamais vouloir reconnaître Dieu. On l'estimait
« fort docte. »

Il faut rendre la parole au président de Gramond :
« Je l'ai vu, quand, sur la charrette, on le conduisait
« au gibet, rejetant les consolations que lui offrait un
« moine franciscain. Au dernier moment, son aspect
« était farouche et horrible, son âme inquiète, sa pa-
« role pleine de trouble, et quoiqu'il criât de temps en
« temps qu'il mourait en philosophe, il est mort comme
« une brute. Avant de mettre le feu au bûcher, on lui
« ordonna de livrer sa langue sacrilège au couteau ; il
« refusa ; il fallut employer des tenailles pour la lui
« tirer, et quand le fer du bourreau la saisit et la
« coupa, jamais on n'entendit un cri plus horrible : on
« aurait cru entendre le mugissement d'un bœuf. Le
« feu dévora le reste et les cendres furent livrées
« au vent. Telle fut la fin de Ucilio Vanini ; ce cri de
« bête qu'il jeta après la mort fait assez voir son peu
« de constance. Je l'ai vu en prison, je le vis au sup-
« plice et je l'avais connu avant qu'il fût arrêté. Livré
« en esclavage à ses voluptés, il avait mené une vie
« déréglée ; dans la prison, il fut catholique ; il alla à la
« mort dénué de tous les secours de la philosophie, et
« enfin il finit ses jours en enragé. »

A ce président à mortier, reflétant dans son histoire les ressentiments et les passions de son temps, on n'a pas le droit de demander une explosion d'indignation et de larmes : on doit au moins lui reprocher la dureté de son récit qui n'a jamais un tressaillement de pitié.

Il parle comme le père Bisselin, qui a rapporté que Vanini beugla jusqu'à ce que la flamme l'eût dévoré. Ce chroniqueur infidèle ne s'est pas souvenu de l'arrêt qui prescrivait au bourreau d'étrangler le condamné, avant de le jeter au feu.

Le surlendemain, 11 février, à cette place du Salin, encore pleine de la cendre du bûcher, un chœur éblouissant de chevaliers armés d'épées fleuries de lauriers et de myrtes, de pages portant des lances vertes et de dames faisant flotter au vent de galantes devises, dansa le ballet des *Quatre parties du monde*, dont le prologue avait été composé par Goudouli. A cette vieille place étroite et sans soleil, les parlementaires pouvaient voir ainsi, chaque jour, toutes les fêtes et toutes les douleurs humaines, le gibet et les bûchers, les carrousels et les ballets. Sur des chevaux couverts de toile d'or et aux crinières parsemées de langues de soie rouge, le duc de Montmorency, le comte de Caraman, les barons de Montaut et de Cardéac, et le marquis de Mirepoix conduisirent les quadrilles. Ces chevaliers de beauté et ces amazones brillantes luttèrent de grâce et dansèrent la quintaine, au bruit des trompettes d'argent, dans ce champ clos où la langue de Vanini avait été arrachée l'avant-veille et son corps jeté au brasier. Par un hasard singulier, ou par une sorte de protestation vengeresse, une des amazones prit, pour emblème, une victime couronnée de fleurs, au milieu d'un grand feu brûlant sur un autel, avec cette devise : « Quand on me « brûle, je triomphe. »

Vanini n'a pas beaucoup triomphé après sa mort, mais on a beaucoup écrit sur lui. Voltaire, qui a ri de tant de choses, s'est moqué, d'un sinistre haussement d'épaules, de ce supplicié en disant : « Je suis « fâché qu'on ait cuit ce pauvre Napolitain, mais je brû- « lerais volontiers ses ennuyeux ouvrages. » A une autre page de ses *Mélanges philosophiques*, il a ajouté : « Sa fin malheureuse ne nous émeut point, comme « celle de Socrate, parce que Vanini n'était qu'un pé- « dant étranger, sans morale ; mais enfin Vanini n'é- « tait point un athée, comme on l'a prétendu : il était « précisément tout le contraire. »

Le ministre protestant, David Durand, a flétri en termes plus violents les doctrines de l'*Amphithéâtre* et des *Dialogues*. Il a dit qu'elles étaient d'une affreuse hypocrisie de nature à faire des athées philosophes et profanes, à les dégoûter de la religion, à les pousser à la débauche, et à propager l'athéisme et le matérialisme par la plus cynique impiété. Le père Garasse, auquel il faut revenir sans cesse en parlant de Vanini, disait gaiement : « Pauvre papillon venu d'Italie pour « se brûler au feu du Languedoc, comme si le Vésuve « n'eût pas été aussi chaud que les brasiers de France. »

Le journal de Malenfant n'a rien dit de Vanini, et le nom de ce supplicié ne se trouve à aucune page du manuscrit. Pourtant, dans la *Revue des Deux Mondes*, en l'année 1843, et plus tard, dans les *Fragments d'histoire et de philosophie*, M. Cousin a cité un assez long fragment de ce journal où se rencontrent, dans leurs détails, la condamnation et le supplice du Napolitain. Vers le même temps, un autre extrait de Malenfant, qui ne différait du premier que par la forme et ne changeait rien au fond, fut publié par M. Dumège.

De quelle main étaient tombés ces deux extraits imaginaires ? On a si souvent reproché à M. Dumège la fabrication de tant de pièces historiques, jetées à la curiosité publique, qu'il est bien permis de lui attribuer l'origine de ces deux passages de Malenfant, qui n'ont existé que dans son esprit enclin aux inventions.

Pourquoi le greffier Malenfant a-t-il gardé le silence sur ce procès si retentissant, et par quelle inspiration a-t-il voulu laisser, dans la nuit, cet événement qu'il aurait pu éclairer d'une vive lumière ? Est-ce la crainte d'affliger le premier président de Bertier, s'il est vrai que de Bertier, qui paraissait avoir été l'hôte de Vanini, ait été son ami ? Le premier président de Bertier était au nombre des juges et sa présence à l'audience semble démentir cette assertion. On ne voit pas bien l'intérêt de de Bertier à étouffer le bruit du procès. Malenfant a-t-il eu peur de déplaire à des amis de Vanini ? On ne peut rien dire de précis à ce sujet. Il y aura toujours un nuage sur ce silence.

Il a été de la destinée de ce philosophe vaincu, d'être presque toujours jugé par des ennemis ou des vainqueurs, avec l'âpreté et la passion des victorieux. On ne connaît guère, en sa faveur, qu'une apologie écrite en latin par Aspa, en 1712. Sur sa mémoire, jetée aux gémonies, pèse encore l'arrêt du Parlement. Le sophiste a rabaissé la victime. Il n'aura jamais sa place à côté de Jean Huss, de Savonarole, de Jordano Bruno, d'Étienne Dolet et de Servin, et de ces philosophes intrépides qui ont soutenu, avec une constance et une foi inébranlables, la fidélité à leurs dogmes et l'inviolabilité de leur conscience. Travaillé de cette inquiétude de réforme qui tourmentait tous les penseurs du siècle à peine écoulé, cet esprit ondoyant et divers, et se plaisant à la vie tumultueuse et libre, ne soutint ses opinions qu'avec un étonnant mélange de hardiesse, de timidité, d'indécision, de légèreté et d'inconséquence. Entraîné par le grand désordre des idées et des mœurs italiennes, il tomba dans le scepticisme et dans l'astrologie qui fut la grande folie scientifique de son temps, et confondit souvent Dieu avec la nature.

Quelles que soient ses erreurs, ce n'est pas une raison de juger sans pitié cette existence si cruellement tranchée. A ses égarements, qui commandaient une flétrissure de la justice, fallait-il réserver cet impitoyable châtiment ? Que le Parlement eût condamné au feu les doctrines de cet aventurier sceptique, errant par tous les chemins de l'Europe, la conscience publique aurait eu ses réparations vengeresses ; mais les supplices réservés à des hommes épris de la folle et orgueilleuse curiosité de toutes choses dépassent le but et jettent, sur la terrible justice de ce temps, un jour sombre et dur, éclairé par les flammes du bûcher. On pouvait le chasser de France, ainsi que le Parlement de Paris chassa le poète Théophile de Viau, pour ses poésies obscènes et athées, ou l'enfermer comme fou ; mais le Parlement de Toulouse n'alla-t-il pas trop loin, en le condamnant à être étranglé et brûlé ? Le pasteur protestant Durand, qui couvrait de mépris les idées de Vanini, l'a dit à sa manière : « Disons encore que le Parlement de Toulouse a poussé « les choses un peu bien loin. Il est, je l'avoue, de « l'intérêt des princes et des républiques de réprimer

« l'impiété, lorsqu'elle dogmatise, à cause des suites fu-
« nestes qu'elle produit dans une société de chrétiens,
« mais je ne sais si ce zèle ne doit pas être modéré par
« la prudence. Les égarements et les malheurs des hom-
« mes ont toujours droit à notre compassion. »

C'est surtout Catel, le rapporteur du procès, qui porte le poids de cet arrêt. Au-dessous de son buste, dans la salle des Illustres, du Capitole, on a cru le venger de ce reproche de persécution et de cruauté, par cette inscription gravée sur le marbre :

> .... Vel hoc uno
> Memorandus quod eo relatore.
> Omnes que judices suam in sententiam
> Trahente, Lucilius Vaninus, insignis atheus
> Flammis damnatus fuerit.

Cette inscription lugubre n'est qu'un reflet des préjugés et des passions de ces époques agitées. Il est heureux pour Catel qu'il ait d'autres titres, que ce bûcher de Vanini, au souvenir de la postérité. Il faut tout dire : les sévères ordonnances de Philippe le Bel, de Louis XII et de François Ier contre les blasphémateurs commandaient ces coups de rigueur aux Cours de justice. Qui pourrait dire le nombre des blasphémateurs et des athées envoyés par le Parlement de Paris en Grève ou aux potences de Montfaucon ?

Au sortir des guerres de religion et de la Ligue, le Parlement de Toulouse gardait un profond ressentiment contre les sectaires, les novateurs et surtout les étrangers prêchant des réformes aux écoliers de l'Université. En descendant au fond des consciences, il en est, comme Leibnitz, qui ont cru entrevoir, dans le châtiment infligé à Vanini, une rancune contre le premier président Le Masuyer, auquel les présidents à mortier et les vieux conseillers ne pardonnaient pas sa promotion à la première présidence. Rien n'a établi les étroites relations de Vanini et de Le Masuyer et n'autorise à faire planer sur les parlementaires ce soupçon d'iniquité et de vengeance. C'est encore à tort que Prat, un père jésuite, a prétendu que le père Coton fut le principal instigateur de ce douloureux arrêt.

Il est plus sage de ne pas noircir la nature humaine et de croire que le Parlement se laissa emporter par le courant de son siècle contre les blasphémateurs. Il redouta les dangers des prédications de ce philosophe libertin et sceptique, sans comprendre qu'on n'arrache pas, avec des tenailles, les erreurs de l'esprit humain. On ne saurait, du moins, suspecter la droiture de ses intentions et l'intégrité de sa conscience : s'il a été cruel, ce fut moins sa faute, que celles des idées et des lois de son temps. Loin de diminuer, le nombre des athées augmenta : en jetant au vent les cendres de Vanini, la main du bourreau n'avait pas été stérile.

Ce n'est que dix-sept mois après son arrêt que le Parlement apprit que ce Pomponio Uciglio n'était autre que Lucilio Vanini. Il fit aussitôt visiter les boutiques des libraires et saisir les livres du philosophe supplicié, partout recherchés par le vicaire général de Rudelle et le dominicain Girardel, inquisiteur de la foi. Ils finirent par en découvrir quelques-uns revêtus de l'approbation de docteurs en théologie et de Rudelle lui-même, qui déclara que cette autorisation lui avait été surprise par la ruse. Pressée par les théologiens de prononcer son arrêt contre les œuvres de Vanini. La Sorbonne s'attardait et ne revenait jamais sur cette affaire. Le vicaire général de l'archevêque de Toulouse, le nouvel inquisiteur de la foi, Claude Bellı, et quelques théologiens s'empressèrent de condamner les livres du supplicié. Vanini était ainsi condamné deux fois : une première fois pendant la vie, et une seconde fois après la mort.

CHAPITRE IV

Émeutes dans le Vivarais. — Charlotte de Chambaud, dame de Privas. — Montpézat, gouverneur de Muret, condamné à mort. — Nouvelles guerres religieuses. — Élection des capitouls, et luttes de l'Hôtel de Ville et du Parlement. — Toulouse se prépare à la guerre. — Grande modération du Parlement. — Le Parlement appelle Montmorency. — Il organise la défense de la ville. — Députation du Parlement envoyée à Louis XIII. — Le conseiller Bertrandi. — Les deux partis à Castres. — Chambre de l'Édit à Villemur. — Les villes rebelles coupables de lèse-majesté. — Résistance de Montauban. — Arrivée de Mayenne à Montauban. — Murs rasés dans quelques villes. — Députation du Parlement devant le duc de Mayenne. — Mort du doyen d'Assézat. — Louis XIII en marche sur Toulouse. — Arrivée du roi à Toulouse. — Le connétable et le Parlement. — Entrée du roi. — Villes reprises par les protestants. — Remontrances. — Départ du roi. — Belle réponse du conseiller Bertrandi au connétable. — Les calvinistes pendus. — Mort du président de Paulo. — Mort du président de Ségla. — Leurs successeurs, le président de Calvière et le président de Gragnagues.

La vie publique, pour une grande province, ne se concentre pas longtemps autour du bûcher d'un athée ou des fêtes bruyantes d'une entrée de princes. Ces flammes et ces joies n'ont que des heures rapides; elles n'arrêtent pas le travail des idées, le mouvement mystérieux des choses et le réveil des âmes dans une société tant de fois éprouvée par les guerres religieuses. L'édit sur la constitution des biens ecclésiastiques usurpés par les réformés dans le Béarn, depuis soixante ans, agitait les protestants du royaume et les armait pour des révoltes prochaines. Au lendemain de l'enregistrement de cet édit au Parlement de Toulouse, et de la création d'un Parlement à Pau, en 1620, des émeutes éclatèrent dans le Bas-Vivarais.

Ces émeutes sortirent des fiançailles de Charlotte de Chambaud, dame de Privas, veuve de Chambaud, chef fameux des protestants, avec le seigneur de Cheylane, fils aîné du vicomte de l'Estrange, ardent catholique, dont elle s'était éperdument éprise. A la nouvelle de ce projet de mariage, les protestants du Vivarais craignirent que la ville de Privas, dont ils étaient les maîtres, ne tombât au pouvoir des catholiques ; le conseil de la région du Bas-Languedoc, assemblé dans les montagnes de l'Ardèche, exhorta les habitants de ces contrées à s'y opposer de toutes leurs forces. Ils n'empêchèrent pas le mariage de s'accomplir. Quelques jours après, le vicomte de Cheylane, marchant sur Privas avec trente gentilshommes, rencontra, sur sa route, deux cents protestants, en tua un grand nombre et dispersa les autres.

Cette victoire irrita les habitants de Privas qui mirent à leur tête Brison, gendre de Charlotte de Chambaud et s'emparèrent du château. La guerre ainsi allumée s'étendit vers Aubenas, Vals et Villeneuve-de-Berc. Le château de Privas est, tour à tour, repris et assiégé par les troupes catholiques et protestantes. Des deux côtés on se bat avec acharnement. Déjà, le conseiller Gabriel de Masnau était parti pour Privas, afin de châtier la révolte, au nom du Parlement. Au moment où il approchait de la ville, les habitants, pressés autour de lui, le conjurèrent de s'arrêter et de ne pas exposer sa vie. Il leur adressa cette fière réponse : « J'irai en ville, quel que soit l'évé-« nement qui m'attend ; je suis né pour servir le roi « et, s'il le faut, je mourrai pour son service. » Il poursuivit sa route : arrivé aux portes de Privas, il y trouva les consuls qui lui donnèrent l'assurance que la ville rentrerait dans le devoir ; il répondit qu'il n'en croirait que le témoignage de ses yeux. Il pénétra aussitôt dans les rues et se fit ouvrir les portes du château, où il s'entretint, avec la dame de Privas, des moyens de terminer la sédition. La trève ne dura pas longtemps ; elle fut rompue par les deux partis et ne s'exécuta qu'à l'arrivée du duc de Montmorency.

Tandis que le calme renaissait enfin au fond de la province, l'assemblée de la Rochelle renforcée, malgré le Parlement et le roi, des protestants du ressort de Toulouse, soufflait la guerre dans le royaume. A Castres, à Montauban, à Saverdun, à Pamiers et à Cazères, les protestants fermaient les portes de leurs villes et emprisonnaient les catholiques. Toulouse reprit les armes et se hâta de remplir son arsenal. Dans un conseil général de ville auquel assistèrent plusieurs parlementaires, on résolut d'acheter mille piques et de faire fabriquer des mousquets par Élie Bachelier, aussi habile à forger des armes, que son père Pierre Bachelier à bâtir des châteaux de la Renaissance.

A ces époques de crise, le Parlement veillait surtout à l'élection des capitouls. En l'année 1620, le viguier, le sénéchal et les capitouls ayant procédé, sans l'autorisation du Parlement, à l'élection des marchands Commère, André et Austry, des avocats Foucaud, Parrin et

Carrière-Double et des écuyers Viguier et Rességuier, le Parlement cassa cette élection et nomma d'autres capitouls, les bourgeois Gante de Vigneaux, Defay et Carrière, les écuyers de Lordat et de Rabastens et les avocats de Puymisson, Chapuys et Corneilhan. Le 27 novembre, l'Hôtel de Ville se pourvoit devant le roi et expédie à Paris un gentilhomme dévoué au seigneur de Cornusson, sénéchal de Toulouse. Le lendemain, le Parlement enjoint aux capitouls, par un huissier, d'obéir à ses arrêts ; ils répondent qu'ils agiront comme de raison. Sur ce mot, le greffier Malenfant, par ordre du Parlement, se transporte à l'Hôtel de Ville et déclare aux capitouls que la Cour trouvait étrange qu'il n'eussent point obéi au premier commandement, très étrange surtout que le second eût été sans effet, et qu'ils eussent à se soumettre sur-le-champ.

Le chef du consistoire, l'avocat Carrière, réplique en affirmant que les capitouls étaient les très obéissants serviteur de la Cour, mais qu'ils la priaient de leur vouloir faire ce commandement par écrit, afin d'y répondre aussi par écrit, et de se pourvoir par les voies de droit contre l'arrêt du Parlement. Le greffier ayant réparti qu'il fallait obéir sans observations, ou se rendre immédiatement au Palais de justice, le chef du consistoire, après avoir conféré avec ses collègues, annonça au greffier qu'afin de concilier le droit de l'Hôtel de Ville et l'autorité du Parlement, ils s'inclineraient sous la volonté de la Cour, à cette condition que les nouveaux capitouls prêteraient serment devant le viguier. Le serment ayant été prêté, avec la réserve de se pourvoir contre l'arrêt et sans préjudice des privilèges de la ville, le greffier en dressa procès-verbal et le Parlement rendit, le 12 décembre, un nouvel arrêt cassant la délibération du mois de novembre, comme ayant été prise « tumultueusement « et à heure nocturne, avec injonction de l'effacer des « registres publics », interdisant aux capitouls de s'assembler ou d'assembler la bourgeoisie, sans permission de la Cour, enfin, prononçant contre le chef du consistoire Carrière et le capitoul Durand la déchéance à perpétuité de leur droit de bourgeoisie, leur interdisant le capitoulat et leur défendant d'exercer, pendant dix ans, leur profession d'avocat.

Le roi, informé de cette querelle, voulut avoir sous les yeux ces délibérations et ces arrêts. Il commanda bientôt aux capitouls d'aller apprendre ses volontés de la bouche du premier président. Le lendemain, Le Masuyer se rendit à l'Hôtel de Ville, où il informa les capitouls que la volonté du roi était qu'ils eussent à abandonner leur charges aux huit capitouls nommés par la Cour. L'Hôtel de Ville plia sous la volonté royale ; pourtant un arrêt du Conseil, du 17 janvier 1621, portant que le Parlement ne devait connaître de l'élection des capitouls qu'en cas d'abus et de délit, ne tarda pas à rétablir en leurs charges les capitouls Carrière et Durand.

Ces divisions s'effacèrent devant l'organisation de la défense de la ville. A l'assemblée de la Rochelle, la France venait d'être divisée en huit cercles ou départements, commandés par des capitaines généraux de la religion réformée, ayant pour généralissime le duc de Bouillon. Le cercle du Haut-Languedoc et de la Haute-Guyenne échut au duc de Rohan qui se hâta de reprendre les hostilités. Par son ordre, on emprisonna tous les prêtres des deux chapitres de Montauban dans le palais de l'évêque, d'où ils ne sortirent qu'en jurant de ne pas franchir les portes de la ville. A Castres, telles furent les menaces proférées par les protestants, que les parlementaires catholiques de la chambre de l'Édit supplièrent le roi de les autoriser à regagner Toulouse, parce qu'ils ne pouvaient utilement servir la justice, et que les magistrats protestants refusaient d'enregistrer les déclarations royales, ordonnant la dissolution des assemblées de la Rochelle et de Saint-Jean d'Angely.

Les protestants de Toulouse redoutant les représailles des catholiques songeaient à s'enfuir, lorsque le Parlement, en témoignage de ses idées de modération et des anciens édits de pacification, rassura les protestants, en défendant aux catholiques de venger l'insulte faite au clergé de Montauban et de relever les défis des réformés de Castres. Cette politique clémente du Parlement et cette inaction des catholiques ne firent qu'exciter l'audace du parti de la Réforme. La ville et le Parlement prirent alors des mesures de guerre : le clergé, dans une assemblée tenue à Toulouse, décida la levée de trois compagnies de gens d'armes, de cinquante maîtres chacune et de quinze cents hommes de pied, aux frais de la ville de Toulouse et des villes maîtresses du diocèse. C'est le Parlement qui, sous le bon plaisir du gouverneur de la province, délivrait des commissions de capitaine aux plus fidèles et aux plus braves.

Cet armement étant inférieur aux forces des protestants, la sénéchaussée de Toulouse cherchait à mettre les troupes catholiques en état de se défendre, mais des

CH. IV. — IL ORGANISE LA DÉFENSE DE LA VILLE 89

diversités d'opinion s'étant élevées entre les évêques d'Albi, de Lavaur et de Rieux et les barons, députés des villes, l'Assemblée se sépara sans rien décider. Il semblait que le Parlement eût pressenti ces divergences, en envoyant, la veille, le conseiller Jacques de Mausac au duc de Montmorency, pour lui représenter que sa présence s'imposait dans le Haut-Languedoc. Le duc ne pouvait quitter le Bas-Languedoc toujours agité par des séditions nouvelles; il écrivit au Parlement qu'il approuvait ses arrêts et ses décisions, et qu'il s'en remettait à sa vigueur et à sa sagesse du soin de tenir les rênes du gouvernement à Toulouse. En même temps, il mit le seigneur de Moussoulins à la tête de l'infanterie et confia le commandement de la cavalerie à Jean de Cornusson.

De leur côté, dans une conférence tenue chez le premier président, la grand'chambre et la Tournelle, de concert avec Moussoulins, travaillèrent à régler le nombre des troupes à mettre sur pied et à nommer les commandants qui furent pris parmi la plus haute noblesse du pays. En parlant de ces compagnies guerrières, le père Lombard a dit avec orgueil : « On ne doit pas s'ima-
« giner que ce furent là des compagnies de bourgeois
« armés de plumes et de rubans, et un ramas d'artisans
« effrayés du bruit de la guerre. »

Par toute la province, le vent était aux combats : les villes du Languedoc s'étaient depuis longtemps aguerries aux discordes et aux batailles. Tout devenait prétexte aux prises d'armes, lorsque Louis XIII recevant, à Nérac, la députation du Parlement de Toulouse, composée du premier président Le Masuyer, de deux conseillers et des gens du roi, leur donna des instructions sur l'observation des édits de paix dans le ressort. Cédant à la pression des protestants du Béarn et d'un prédicant fougueux arrivé de la Rochelle, la ville de Castres secoua le joug du roi : les magistrats catholiques de la chambre de l'Édit se virent à la veille d'être massacrés. Le conseiller Bertrandi, qui présidait alors la chambre de l'Édit, doux et ferme dans l'exercice de sa charge, proposait à ses collègues de l'une et l'autre religion d'opposer la force des lois à l'insolence d'une populace ameutée. Les magistrats protestants reculèrent devant ce parti qu'ils trouvaient plus périlleux que prudent. « Il faut donc, s'écria Bertrandi, que la chambre « abandonne une ville où elle ne saurait demeurer, sans « se rendre coupable de lèse-majesté. » Les magistrats protestants répliquèrent, en disant qu'ils ne pouvaient sortir de Castres sans courir de graves dangers, et que des tempéraments serviraient mieux le roi que ces coups d'éclat en pure perte.

Les habitants de Castres se divisèrent en deux camps opposés ; les modérés et les sages craignirent que les voies de la violence, en chassant les magistrats catholiques, ne privassent à jamais la ville de la chambre de l'Édit ; ils souhaitaient de les voir partir sans luttes et sans bruit. Pour les engager à cette retraite, on leur ouvrit les portes de la ville, et on répandit le bruit que des compagnies calvinistes s'approchaient, prêtes à égorger tous les catholiques ; des sentinelles se postèrent au seuil des maisons des parlementaires catholiques, pour protéger leur fuite. Bertrandi s'obstina à rester à Castres, jusqu'au moment où on lui annonça que sa constance lassait les protestants et qu'il eût à partir ou à se préparer à la mort. Il partit avec sept de ses collègues, les conseillers Prohenques, Vezian, Josse, Terlon, d'Agret, d'Ouvrier et d'Ambes pour la ville de Lautrec, où il attendit les ordres de Louis XIII. Huit jours après, ils reçurent du roi des lettres qui transféraient la chambre de l'Édit à Villemur. Les magistrats protestants qui s'étaient refusés à les suivre déclarèrent à l'huissier qu'ils entendaient rester à Castres. Ils allaient s'en repentir : devenus suspects aux calvinistes, parce qu'ils étaient modérés, et aux catholiques, parce qu'ils leur étaient hostiles, les deux partis se défiaient d'eux et les tenaient à l'écart. La chambre de l'Édit n'existant plus à Castres, ils rentrèrent dans la vie privée, attristés et humiliés. Les parlementaires catholiques restés en arrière rejoignirent la chambre de l'Édit à Lautrec, sous une bonne escorte, afin d'éviter la rencontre des pillards.

On se battait toujours sous les murs de la Rochelle et de Saint-Jean-d'Angely. Pour mettre à la raison ces villes rebelles, le roi les déclara criminelles de lèse-majesté et se remit en campagne, en plaçant sous la sauvegarde des édits et sous sa protection spéciale tous les protestants fidèles à sa cause. Cette déclaration fut acclamée dans quelques villes du ressort, surtout à Milhau et à Montpellier. A Montauban, les passions étaient plus vives et les protestants murmuraient, bien que le premier président du Parlement leur eût fait sentir, par une lettre empreinte de modération et de sagesse, les dangers de leur résistance. La marche de l'armée royale, qui jetait l'effroi et la déroute parmi les protestants de la Guyenne, ne semblait pas les toucher. Ils ne changèrent rien à leur attitude opiniâtre et menaçante, en apprenant que Saint-Jean-d'Angely était conquis et que le roi venait d'inviter le premier président à en rendre grâces à Dieu et à faire chanter un *Te Deum* en l'honneur de sa victoire.

Vers le même temps, le duc de Mayenne, gouverneur de Guyenne et fils du fameux chef de la Ligue, ayant dans ses veines le sang hardi de la maison de Lorraine, entrait à Nérac, à main armée, et s'en emparait au nom du roi. On délibéra au Parlement pour savoir s'il en fallait complimenter le duc par une députation et le prier de ranger aussi, sous l'obéissance royale, les villes rebelles de Mauvezin, l'Isle-en-Jourdain et le Mas-de-Verdun. On se borna à lui écrire, en ajournant la députation au moment où il arriverait dans le ressort. De Nérac, Mayenne marcha sur Montauban pour en faire le siège. Dès son arrivée à Beaumont-de-Lomagne, la grand'chambre et la Tournelle députèrent vers lui le président de Maniban et les conseillers Barthélemy et Masnau, qui le trouvèrent à l'Isle-en-Jourdain, d'où ils rapportèrent deux ordonnances de démolition des fortifications de l'Isle-en-Jourdain et du Mas-de-Verdun. Les trois conseillers Bertrandi le Jeune, Cadillac et Masnau allèrent présider à ces démolitions.

Ce n'était pas sans tristesse que les catholiques de la ville de l'Isle-en-Jourdain apprirent que leurs fortifications allaient être rasées. Ils sollicitèrent la conservation de leurs murailles, par l'entremise de l'abbé de Villeloin, ancien confident et ami du vieux duc de Mayenne. Le gouverneur de Guyenne se disposait à n'abattre que les forts et le château, lorsque le maître des requêtes, Hurault de Bellesbat, quitta le camp, prit la poste et courut en informer le Parlement. Sur ses représentations, la Cour rendit un arrêt ordonnant de combler les fossés et de raser les murs. Loin de se plaindre de ce coup d'autorité, le duc de Mayenne en manifesta sa joie à ses capitaines et au roi. Les temps étaient bien changés : on eut dit que ce duc de Mayenne prenait à tâche d'effacer partout les révoltes de son père. Afin de mieux cimenter son alliance avec Mayenne, le Parlement lui dépêcha, à Grenade, le greffier Malenfant, porteur de paroles de remercîments et de louanges, et chargé de réclamer la destruction des remparts de la ville de Mauvezin. Le duc signa aussitôt l'ordre de démolition.

Tandis que s'écroulaient ces vieilles murailles, la Cour pleurait la mort de son doyen, le conseiller Bernard d'Assézat, qu'elle accompagnait en robes rouges, à sa tombe, dans l'église des cordeliers. Elle lui rendait les honneurs accordés aux présidents, en souvenir du manteau et du mortier portés par lui aux funérailles de Henri IV, en l'absence du président de Lestang, et par une tradition remontant à la mort du conseiller de Fourquevaux.

Louis XIII s'avançait vers Toulouse à grandes journées. Le 24 août 1621, le Parlement, siégeant à la grand'chambre, apprit que le roi, réduisant sur son passage toutes les villes rebelles, venait de soumettre Tonneins et se dirigeait sur Montauban, après avoir écrit au Parlement de lui expédier, de l'arsenal de Toulouse, des canons et des armes de siège. De même qu'à l'entrée de Charles IX, en 1565, un président et six conseillers, le président Gaubert de Caminade et les conseillers Georges de Caulet, Guillaume de Melet, Jean de Mansencal, Guillaume de Catel, François de Bertrandi et François de Vedelli allèrent saluer Louis XIII aux confins du ressort. Sur leur route, dans les plaines d'Agen, ils rencontrèrent la reine et Monsieur, frère du roi, mais ils se bornèrent à leur rendre compte de leur voyage et poursuivirent leur chemin. A Agen, ils saluèrent le roi encore couvert de la poussière du siège de Clairac et le laissèrent marcher sur Montauban. Là, ce victorieux échoua sous les volées du canon des assiégés qui tuèrent le dernier des Mayenne, leva le camp, fit partir la reine pour Paris et s'achemina vers Toulouse. Monsieur, frère du roi, y arriva, sans être attendu, dans la soirée du 15 octobre. La Cour, en robes noires, alla, aux flambleaux, le saluer à la Trésorerie où il était descendu.

La ville de Toulouse se couvrait de fleurs pour recevoir Louis XIII : elle supplia le roi d'ajourner son entrée au 21 novembre, pour mieux préparer l'éclat des fêtes. Sur l'ordre du Parlement, le greffier Malenfant allait se rendre à Castelnau, pour demander au connétable les intentions du roi, lorsqu'on annonça que le connétable et le roi venaient d'arriver, le 14 novembre, sans bruit et suivis d'une petite escorte, par la porte Saint-Étienne. Le lendemain, le président de Bertier, en l'absence du premier et du second président, gravement malades, et vingt-cinq conseillers en robes noires, se rendirent au Palais de l'Archevêché, où le roi les reçut assis sur un siège élevé, entouré des seigneurs de l'armée. Cette députation du Parlement ayant mis un genou en terre devant le roi, le président de Bertier adressa au souverain une courte harangue à laquelle le roi répondit en ces mots : « J'agrée le témoignage d'honneur et d'obéissance que « me rend ma Cour, étant fort content du service qu'elle « a fait et veux qu'elle continue, promettant de l'aimer « et la gratifier. » Le président de Bertier, un genou à terre, embrassa la jambe du roi et ôta son mortier. Les conseillers fléchirent à leur tour le genou, en passant devant Louis XIII et embrassèrent sa jambe et le bord de son manteau. Il se découvrait au passage de chaque conseiller.

Les députés du Parlement passèrent ensuite dans l'appartement réservé au connétable qui les reçut, tête nue, les parlementaires étant debout et découverts. La harangue du connétable fut longue ; elle roula sur la levée du siège de Montauban, sur les reproches adressés à sa mauvaise tactique pendant le siège, et sur son désir de voir le Parlement éclairer l'opinion du peuple, et pour parler comme un ancien historien, embaumer le mal. Le Parlement écouta ces plaintes d'un air distrait et ne s'occupa que de régler la cérémonie de l'entrée solennelle. Tout fut prêt le 21 novembre, jour de dimanche : dans la matinée, un carrosse amena le roi à Saint-Roch, quartier des minimes où était dressée une galerie, « cou- « verte à la française avec pavillon à chaque bout relevé « et ouvert en arcades. » Les Parlementaires au nombre de cent, présidents, conseillers ou gens du roi, partirent du Palais à dix heures du matin, au bruit de la cloche de la tour de l'Aigle, à cheval, en robes rouges, et chaperons fourrés, comme à la Saint-Martin d'hiver, précédés du premier huissier en robe rouge et des autres huissiers en robes violettes, verges blanches à la main, et suivis des greffiers, des secrétaires évangélistes, des secrétaires de la chancellerie, des payeurs et des receveurs des gages, de cinquante avocats et quarante procureurs en robes, chaperons fourrés sur l'épaule et bonnets carrés, tous également à cheval.

Ce cortège traversa la ville pour aller au couvent des minimes, où le roi, magnifiquement vêtu et brillant d'or et de pierreries, l'attendait sur un trône, ayant autour de lui Monsieur, les princes et une foule de gentilshommes. Il y entendit les harangues de M. de Claret, conseiller au Parlement et vicaire général de l'archevêque, du président de Bertier, d'un trésorier général, et celle de Patrice Barclai, au nom de l'Université. Dans sa harangue, le président de Bertier invitait le roi à séjourner longtemps dans la province, afin de rassurer les catholiques par sa présence. En parlant, il mit deux ou trois fois le genou en terre, et, en passant devant le roi, tous les parlementaires fléchirent le genou. « Le dis-
« cours du président de Bertier, a dit un chroniqueur,
« fit avouer à tous ceux qui le ouïrent si bien dire, que
« la Garonne a d'aussi beaux esprits et d'aussi grands
« hommes que la Loire et la Seine. »

Les harangues finies, le roi monta à cheval, suivi des grandes compagnies de la ville, des ordres religieux, des confréries, d'une compagnie d'enfants vêtus de satin blanc doublé d'incarnat, avec panache et enseigne de diamants, des chevau-légers, des archers et des gens d'armes, et entra, au bruit des trompettes, par la porte Arnaud-Bernard, où huit capitouls portant un dais de velours fleurdelisé lui firent jurer, sur les Évangiles, de respecter les privilèges et les délibérations de la ville. De la porte Arnaud-Bernard à l'église Saint-Étienne, il passa sous sept arcs de triomphe. Il faut lire le récit de Malenfant..

« Toutes les rues furent tapissées, tous les auvents
« des boutiques ôtés, et les maisons, par ce moyen, ren-
« dues égales ; le ciel fut aussi tendu de drap bleu et
« toutes les rues si couvertes de sable, qu'aucun caillou
« ne paraissait. Sept portaux de belle architecture, en-
« richis de belles peintures et de grand nombre de belles
« devises ornèrent fort les sept endroits où ils furent
« posés. Le premier sur lequel était la statue de Saturne
« fut mis à la porte Arnaud-Bernard ; le second repré-
« sentant Jupiter à l'entrée de la place Saint-Sernin ; le
« troisième où était la statue de Mars au bout de la rue
« des Changes ; le quatrième au Salin, dédié au soleil ; le
« cinquième à la Perchepinte, avec la statue de Vénus ;
« le sixième à l'entrée de la place Saint-Étienne, sous
« le nom de Mercure ; le septième à la place de l'Arche-
« vêché ayant à son sommet la statue de la lune en forme
« de Diane, et au milieu de la place Saint-Étienne, se
« dressait une belle colonne ornée de quatre beaux
« tableaux et de grand nombre de devises au haut de la-
« quelle était une statue du roi à cheval, avec une cou-
« ronne de laurier. »

Le roi arriva ainsi devant la cathédrale, au bruit des cloches, du canon, des fanfares de l'armée et des acclamations du peuple, sous le dais porté par les capitouls, le connétable de Luynes en avant, l'épée nue ; autour du roi, marchaient Monsieur, frère du roi, le grand prévôt de France, des hérauts d'armes, le maréchal de Praslin, le prince de Joinville grand chambellan, le duc de Liancourt écuyer, les ducs d'Elbeuf, de Luxembourg, Schomberg surintendant des finances et tous les seigneurs de la Cour. Le Parlement se plaça sur les hauts sièges du chœur, à droite, en face des seigneurs de la suite du roi.

Au milieu de ces réjouissances, survint la nouvelle de la prise des places du comté de Foix, par les troupes protestantes. L'enthousiasme se refroidit : on craignait les dévastations et les pillages. Le président de Bertier, un autre président et vingt conseillers supplièrent le roi de s'emparer des petites villes de Caraman et du Mas-Saintes-Puelles, redoutées pour leurs brigandages. Malgré le connétable irrité contre le Parlement et les Toulousains qui lui reprochaient durement la levée du siège de Montauban, le roi fit avancer les troupes et réduisit ces villes rebelles.

Le Parlement tenait tête au connétable ; il représenta au roi, par la voix du président de Bertier, assisté de quatre présidents et de seize conseillers des diverses chambres, que sa présence à Toulouse venait d'attirer les chefs du parti protestant dans le ressort, et qu'à son départ, les huguenots, plus audacieux que jamais, se livreraient à de cruelles représailles. En même temps, le Parlement réclamait la translation à Toulouse de la Cour des aides de Montpellier, ville toujours en révolte, le renvoi des gouverneurs de Muret et de Grenade, dont le despotisme pesait aux habitants et aux consuls, et la fusion de la chambre de l'Édit avec le Parlement. De leur côté, les capitouls demandaient la translation de la Cour des comptes dans leur cité.

Le roi écoutait ces doléances, avec un mélancolique sourire, et se disposait à s'éloigner de Toulouse. Une dernière fois, une députation de présidents et de douze conseillers en robes noires, conduite, cette fois, par le premier président Le Masuyer, se présenta devant Louis XIII, pour recevoir ses ordres et le prier de veiller à la discipline des troupes, qui pillaient la campagne pour venger le connétable des railleries des Toulousains.

La députation du Parlement passa de la chambre du roi à celle du connétable. La scène changea : au lieu des sourires du roi, ce fut une explosion de colère. Le duc de Luynes avait sur le cœur la harangue du président de Bertier. En invitant le roi à séjourner dans le ressort, le président lui avait dit : « Ne donnez pas, Sire, cet « avantage à vos ennemis, dont l'audace est connue, de « dire que vous leur avez tourné le dos. » Le connétable crut entrevoir là une allusion à sa retraite devant Montauban. Aux paroles flatteuses du premier président Le Masuyer, il répondit brusquement : « Le Parlement « n'a pas toujours parlé de la sorte. Il a voulu me ren- « dre victime de la haine du peuple ; c'est la récom- « pense des services que j'ai rendus aux Toulousains. Il « n'est pas étonnant de me voir exposé aux traits in- « justes d'une compagnie qui a eu la sincérité de dire au « roi qu'il tournerait le dos à ses ennemis, en rentrant « à Paris. »

Il poursuivait sur ce ton emporté, lorsque le vieux conseiller Bertrandi, bouillant comme en pleine jeunesse, l'interrompit d'un geste hautain et lui dit : « Nous « ne sommes point des téméraires, monseigneur, à

« moins que ce ne soit l'être que de veiller au bien de
« l'État. Le terme de témérité est nouveau pour les
« oreilles du Parlement qui existe depuis tant de siècles.
« Nos rois ne lui ont jamais parlé avec cette hauteur.
« Dans la situation présente des affaires, flatter le roi,
« c'est l'offenser ; et lui déguiser la vérité, c'est le trahir.
« Ce que les courtisans n'osent dire, le Parlement est
« obligé de le déclarer. »

Ces nobles paroles, qu'un historien protestant appelle un reste de liberté française, courroucèrent le connétable et ne déplurent pas au roi qui aimait à voir humilier et rudoyer les courtisans et les favoris, dont il ne pouvait pourtant pas se passer.

Le duc eut sa petite victoire en engageant Louis XIII à ne pas aller tenir un lit de justice au Parlement. Le roi d'ailleurs n'ayant auprès de lui ni chancelier, ni garde des sceaux, ne pouvait tenir un lit de justice, ces derniers seuls étant en droit de présider les Parlements et de recueillir les voix, en présence du souverain. Malenfant l'a dit, de ce mot altier : « La Cour n'eût souffert
« ce préjudice d'être présidée par un autre, ou si elle
« l'eût souffert, c'eût été par force et par contrainte. » Le président de Bertier s'opposait aussi, de toutes ses forces, à une innovation blessante pour la justice. Depuis que le garde des sceaux Guillaume Du Vair, qui avait suivi le roi au siège de Clairac, était mort à Tonneins, haï des courtisans et pleuré de Malherbe et de Louis XIII, le connétable retardait sans cesse la nomination du successeur de Du Vair et gardait les sceaux. De là, ce dicton qui irritait le connétable : bon connétable en temps de paix et bon garde des sceaux en temps

de guerre. Ni le président de Bertier, ni le Parlement n'auraient voulu voir le connétable prendre, au lit de justice, le siège du garde des sceaux et prononcer la harangue préparée par Du Vair avant de mourir.

Le roi se contenta d'envoyer au Parlement le conseiller d'État d'Aligre, pour y faire enregistrer quelques édits bursaux nécessaires aux intérêts de l'État et aux frais de la guerre. Un de ces édits érigeait les procureurs en titre d'office et limitait leur nombre. Le lendemain, il s'embarquait sur la Garonne et se dirigeait vers la Gascogne, laissant le duc de Vendôme, général d'un corps de troupes dans la Haute-Guyenne, prendre, avec les présidents et les plus anciens conseillers du Parlement, et de concert avec les évêques, les trésoriers, les gentilshommes de la province et les capitouls, des mesures destinées aux opérations d'une guerre offensive et défensive. On crut, un moment, à un complot contre le roi : deux calvinistes soupçonnés de vouloir attenter à ses jours furent arrêtés. Les charges ne paraissant pas assez graves pour les condamner comme meurtriers, le Parlement les condamna, comme espions, à être pendus.

Pendant que le roi assiégeait la petite place de Monheurt, sur la Garonne, et que le connétable expirait sous la tente, le président de Paulo mourait à Castres et le président Guillaume de Ségla à Toulouse. Les dernières années du président de Paulo n'eurent pas les orages du milieu du chemin de sa vie. On eût dit qu'il cherchait, par sa tristesse recueillie, à faire oublier le bruit fait autour de son nom, pendant la Ligue. Ce fougueux parlementaire qui avait mis, dans son blason, un mortier surmonté d'une épée, avec cette fière devise *ad utrumque paratus*, ne se préparait plus qu'à la mort, en lisant les saintes lettres et en rimant des poésies charmantes pour les Jeux Floraux. Le président Guillaume de Ségla ne dut guère sa renommée qu'à son rapport sur le procès fameux de la belle Violante et du moine Burdéus. Il fut beaucoup aimé de Henri IV et reçut de lui des lettres qui firent la joie de sa vie. Fidèle à la reine mère, dans sa disgrâce, il n'en fut pas moins honoré par Louis XIII, d'un brevet de conseiller d'État, en récompense des services par lui rendus à l'État et à la justice.

Le conseiller Marc de Calvière succéda au président de Paulo, et Pierre Desplats seigneur de Gragnague, au président de Ségla. Il y eut, au Parlement, une vive opposition à l'installation du seigneur de Gragnague, âgé de moins de quarante ans : les ordonnances et les règlements plièrent sous les suffrages du Parlement.

CHAPITRE V

Reprise de la guerre. — Le roi Louis XIII à Toulouse. — Harangue du premier président. — Réponse du roi. — Fêtes publiques. — Soumission des places rebelles. — Le duc de Rohan. — Mort du conseiller de Masnau. — Victoire du roi. — Proposition de paix. — Chambre de l'Édit à Castres et à l'Isle-d'Albi. — Opposition du Parlement à la chambre de l'Édit. — Réponse du duc de Rohan au greffier Malenfant. — Remontrances. — Lettres de jussion. — Réponse du roi. — Enregistrement de l'édit de translation de la chambre de l'Édit. — Agitation intérieure au Parlement. — Guerre civile. — Une question de cérémonial. — Levée de troupes. — Largesses du Parlement à l'occasion de l'augmentation de ses gages. — Le conseiller de Caumels intendant de justice et de finances à l'armée. — Complot contre la vie du premier président. — Luxe du premier président. — Incidents de la guerre. — Édit de pacification. — Récriminations des protestants contre le premier président. — Mort de l'enseigne des gardes, Canredon. — Le printemps à Toulouse. — Condamnation de trois gentilshommes déguisés en ermites. — Les barons de Léran et de Mirepoix. — Attitude de Richelieu. — Assemblée des notables. — Noblesses d'épée et de robe.

Dès que Louis XIII eut regagné Paris, les protestants s'insurgèrent dans le Poitou, la Guyenne et le Languedoc. Condé pressa le roi de pousser partout la guerre avec la dernière vigueur. Louis XIII se remit, en effet, en campagne au printemps de 1622, et les coups qu'il frappa refoulèrent, sur son passage, les résistances calvinistes et la grande seigneurie qui s'associait aux réformés, pour reconquérir sa fortune et son indépendance. En entrant à Moissac, il y trouva une députation du Parlement ayant, à sa tête, le président de Caminade qui le harangua, aux acclamations des seigneurs de l'armée royale. De Moissac, le roi fit marcher le duc de Vendôme sur la ville de Saint-Antonin, place calviniste, forte entre toutes celles de ces contrées. Vendôme l'investit, la contreignit à se rendre à discrétion, et laissa au conseiller d'Hautpoul, un de ces magistrats qui n'avaient jamais renoncé à la chevalerie, le soin de faire raser ses murs.

Le 27 juin 1622, Louis XIII, après avoir traversé les plaines de la Garonne, incendiées et ravagées par la guerre, entra à Toulouse, sans pompe et sans bruit, et descendit à l'archevêché, où le Parlement, en robes rouges, alla le saluer. En le revoyant, le peuple pleurait de joie. La harangue du premier président Le Masuyer nous a été conservée par le président de Gramond.

« Sire, votre présence ramène l'espérance de la sûreté,
« vos regards ont commencé à dissiper les nuages épais
« qui s'étaient amassés sur nos têtes ; il est permis aux
« catholiques de respirer ; il leur est permis de professer
« la même religion que cette province a reçue depuis
« bien des ans avant la naissance du calvinisme, et dont
« l'exercice n'a jamais ébranlé la monarchie, ni alarmé
« les rois. Mais qu'importe à un héros de vaincre, s'il ne
« conserve pas les avantages d'une victoire achetée par
« les dangers et le sang d'une noblesse généreuse ? Toute
« victoire qui n'est pas durable est nécessairement im-
« parfaite. Je ne suis que l'organe de cette noblesse :
« elle se plaint, sire, que ces places forcées par la terreur
« de vos armes rentrent aussitôt sous le pouvoir des

« rebelles, par la négligence des commandants. Daignez
« vous souvenir que la plupart de ces places subsistent,
« arrosées du sang de vos plus braves sujets et souvent
« reprises à force de largesses. Le trésor royal s'est
« épuisé à les retirer des mains des traîtres, et elles
« sont toujours exposées à retomber entre les mains des
« rebelles.

« Il y a qu'un remède aux maux qui nous affligent et
« qui ne cesseront pas de nous affliger, si vous ne l'em-
« ployez. C'est de raser toute les fortifications ennemies
« qui s'élèvent dans le sein de nos provinces et qui sem-
« blent menacer le souverain ; c'est de démanteler toutes
« ces villes, asiles de l'hérésie et de la rebellion unies en-
« semble. Nous n'ignorons pas, Sire, que la liberté d'un
« pareil langage déplaira aux gouverneurs des provinces
« et aux courtisans, parce qu'il est peut-être de leur in-
« térêt que les murs des villes révoltées ne soient pas
« détruits et que l'ennemi demeure en état de faire des
« courses. Tout ce qu'ils s'imaginent perdre dans la paix
« et la subordination, ils le gagnent par le désordre d'une
« guerre civile. Leur autorité s'accroit des malheurs pu-
« blics.

« Votre Parlement, Sire, ne se déshonorera point par
« un lâche silence qui serait un crime de lèse-majesté,
« s'il ne déployait pas, à vos yeux, cette liberté respec-
« tueuse et soumise qu'il tient de son auguste prédé-
« cesseur et de votre Majesté. Il se rendrait complice de
« ces hommes qui vendent la confiance des rois à leurs
« intérêts particuliers, et pour qui les erreurs du prince
« sont les appuis de leur faveur et de leur autorité.
« Nous portons au pied de votre trône les vœux et

« les alarmes de votre peuple de Toulouse. Ordonnez
« que toutes ces villes d'où le calvinisme nous insulte
« cessent de nous bloquer. Vous n'avez qu'à vouloir :
« elles tomberont, comme d'elles-mêmes, aux premiers
« traits de votre juste courroux, quand elles auront subi
« la loi du souverain. Ne vous reposez de la démolition
« de leurs murailles que sur le zèle et la fidélité des ma-
« gistrats de votre Parlement. La noblesse, en général,
« qui a les armes à la main, trouve dans la durée de la
« guerre des ressources qui lui font reculer le retour de
« la paix. »

Ainsi parla le premier président, encore affaibli par la maladie, chancelant et à genoux, mais soutenu par son âme courageuse. Il termina, en conjurant Louis XIII de préserver de la mort sa personne sacrée et d'épargner ce malheur à ses sujets. Les seigneurs battirent des mains à ce discours ; le roi garda, un moment, le silence ; puis, s'adressant au premier président, il lui répondit, d'une voix émue, qu'il recevait avec bonheur les témoignages de zèle de son Parlement, et l'exhortait à se ressembler toujours à lui-même et à enregistrer, sans délai, divers édits destinés à pourvoir aux succès de l'armée catholique. Ces édits onéreux, et qui allaient devenir plus accablants par leur dure exécution, s'enregistrèrent sans opposition. Un seul rencontra des obstacles au Parlement, mais le roi n'en parut ni surpris, ni mécontent.

Au lendemain de ces arrêts, le 3 juillet de cette année 1622, les seigneurs et le roi assistèrent aux vêpres solennelles de la chapelle des pénitents bleus : princes, grand prieur, ducs et gentilhommes suivirent en habits de pénitents, la procession de cette confrérie à l'église du Taur. Le roi, revêtu d'un froc, s'apprêtait à marcher en tête, quand le prince de Condé lui rappela sévèrement que la nation n'avait vu, qu'à regret, Henri III aller ainsi aux processions, sous un sac de pénitent ; il enleva son froc et se contenta de voir passer le cortège, du haut d'un balcon.

Aucune ville n'environna Louis XIII de plus de respect et d'hommages. Il en était touché et penchait à y prolonger son séjour. Le premier président ne se lassait pas de l'encourager à rester au milieu des Toulousains que ne rassuraient guère les faibles troupes qui assiégeaient les petites places calvinistes de la Garonne, mal commandées par Vendôme, les gouverneurs et les commandants qui continuaient de vivre en despotes, sans s'inquiéter ni de leurs défaites, ni de la prospérité publique. Le roi rejoignit l'armée et soumit les villes de Caraman, de Cuq et de Mas-Saintes-Puelles ; il rasa les murs des châteaux de la Traîne, de Carlus et de Ladiras, et poursuivit sa route vers Montpellier. Les trois conseillers d'Hautpoul, Bertrandi et Caumels se partageaient la mission de faire abattre les fortifications des villes prises par le roi.

Le jour de son entrée à Carcassonne, Louis XIII apprit que le pays de Foix était saccagé par les protestants et que, grâce à la maladresse du seigneur de Roquefort, de la maison de Mirepoix, les villes de Pamiers et de Saverdun s'étaient ravitaillées et repoussaient les catholiques. Roquefort, arrêté et conduit à Carcassonne, allait être livré au Parlement, qui l'aurait envoyé à l'échafaud, lorsque le prince de Condé, son parent, lui sauva la vie, en déterminant le roi à évoquer ce procès et à dessaisir le procureur général.

Pendant que le roi prenait les villes et les châteaux et découronnait les donjons et les tourelles, Vendôme se laissait battre dans le Haut-Languedoc. Le maréchal de Thémines et le conseiller de Masnau coururent au camp de Briatexte, aux environs de Lavaur, et poussèrent Vendôme, qui se retirait en désordre, à assiéger un château sur son chemin. Humilié et découragé, le duc abandonna le pays aux huguenots et rejoignit le roi. Telle fut la douleur du conseiller de Masnau qu'il en mourut.

Le roi continuait sa marche triomphante. Du camp de Lunel, il écrivit le 17 août, au Parlement, pour lui annoncer le succès de ses armes et la soumission des villes rebelles. Devant Montpellier, investi par l'armée royale, les deux partis perdirent leurs meilleures troupes ; les maladies et la disette survenant, le roi songea à conclure la paix et confirma aux protestants, par un nouvel édit, les clauses de l'Édit de Nantes. Toujours en défiance et tenus en haleine par le duc de Rohan, les protestants chargèrent le conseiller d'État Despréaux d'apporter au Parlement la déclaration royale. Afin de ne donner prise à aucun soupçon d'opposition, le premier président, soucieux de la paix autant que Rohan, affecta d'envoyer, dans toutes les villes calvinistes du ressort, l'arrêt d'enregistrement pur et simple de l'édit, et à son tour, le roi commit le duc de Vendôme, le comte de Carmain et le président de Caminade, habile aux affaires d'État, à l'exécution, de concert avec le duc de Rohan, des articles du traité de paix dans le Haut-Languedoc.

Les deux seules villes de la Rochelle et de Montauban restaient aux réformés comme places de sûreté. La part prise par la ville de Castres à la guerre religieuse ne lui attira pas les faveurs royales : elle regrettait la chambre de l'Édit, dispersée depuis deux ans, et réclamait son rétablissement. Le duc de Rohan s'obstinait à soutenir les droits d'une ville, chère à la Réforme et hostile aux catholiques ; au mois d'avril 1623, le roi signa des lettres patentes qui rendaient à Castres la chambre de l'Édit. Ces lettres furent déchirées quelques jours après. Les députés des états de Languedoc se jetèrent aux pieds du trône, et dénoncèrent au souverain cette cité révoltée, comme coupable de nouveaux excès depuis le dernier traité de paix, et indigne de cet honneur. Ils ne cachèrent pas au roi que le juge banneret y avait présidé à la destruction de la cathédrale par une furieuse populace, dans le but de soustraire sa juridiction à la supériorité d'une Cour de justice. Par d'autres lettres du 20 du mois de mai suivant, la chambre de l'Édit fut transférée à l'Isle-en-Albigeois, au refus des villes de Pamiers, de Revel et de Puylaurens, qui craignaient de déplaire au duc de Rohan.

Le président de Vignoles, de la religion protestante, reçut, de l'huissier du Parlement, signification de l'arrêt d'enregistrement de ces dernières lettres, et répondit aussitôt, qu'il obéirait sans hésitation à la volonté du roi, mais non à celle du Parlement qu'il ne reconnaissait point pour son juge. Ce n'est pas sans peine que l'huissier du Parlement signifia l'arrêt de la Cour : le président de Vignoles ne céda qu'aux instances du greffier Malenfant. A Castres, Malenfant, suivi des huissiers, alla de maison en maison, notifier l'arrêt aux autres magistrats de la chambre dont la réponse ressembla à celle du président de Vignoles. Il se rendit ensuite chez le duc de Rohan à qui il remit une lettre du président de Caminade, le premier président se trouvant alors auprès du roi.

En présence des capitaines de sa suite, le duc répondit à Malenfant qu'il estimait et honorait la Cour de messieurs du Parlement et qu'il serait bien aise de pouvoir, à l'occasion, les servir en général et en particulier, mais que, n'étant que personne privée à Castres, il n'avait d'autre pouvoir que de prier les conseillers de la religion réformée d'obéir au roi. Puis, prenant Malenfant à l'écart, il lui dit tout bas, qu'engagé sur sa parole de gentilhomme, à obtenir le rétablissement de la chambre de l'Edit à Castres, il venait d'expédier un de ses capitaines vers Louis XIII, pour lui représenter que cette mesure était une des conditions de la paix, et que si le roi changeait de sentiment et trahissait la foi jurée, il ne répondait plus de la tranquillité du royaume. Il ajouta que la noblesse n'était pas disposée à s'enfermer dans cette petite ville de l'Isle-en-Albigeois, ennemie des réformés, et que les gentilshommes aimeraient mieux mourir l'épée à la main, que de se rendre à l'Isle, où ni leur vie, ni la liberté des magistrats ne seraient en sûreté.

Ce que le duc de Rohan ne disait pas, c'est que les protestants employaient la trêve à se préparer encore à la guerre, à fortifier les villes laissées à leur parti en otages, à lever des impôts et à violer le traité de paix. Les arrêts du Parlement, qui les rappelaient au respect de leurs engagements ne les intimidant pas, le roi se décida à transporter à Béziers le siège de la chambre de l'Édit. Le Parlement, qui s'était déjà empressé d'envoyer à l'Isle les magistrats de la chambre mi-partie, leur écrivit de n'en point sortir, ajourna l'enregistrement de l'édit et adressa au roi de fermes et respectueuses remontrances, par la voix du premier président, assisté de trois conseillers.

Les remontrances ne changèrent rien à la volonté royale : des lettres de jussion enjoignirent au Parlement de s'incliner. En chambres assemblées, les parlementaires discutèrent, pendant trois audiences, ces lettres de jussion et résolurent de rédiger de nouvelles remontrances, où ils reprochaient au souverain de restreindre la liberté que ses prédécesseurs avaient donnée à toutes les Cours de justice de remontrer à la Couronne ce qui se rattachait aux intérêts de la monarchie et de la nation. Le roi répondit froidement qu'il voyait « avec déplaisir « que la Cour de Toulouse était plus jalouse de ses « propres intérêts, que de la manutention de l'autorité « de la Couronne et du bien de son service ». De nouvelles lettres de jussion furent expédiées, mais le Parlement, tout en obéissant, n'en persista pas moins à réserver ce droit de remontrances, qu'il regardait comme le plus noble héritage des siècles écoulés.

En pénétrant au fond de la pensée des parlementaires, on aurait pu y découvrir l'espoir secret de voir la chambre de l'Édit transférée bientôt de l'Isle-en-Albigeois, dans une ville catholique du Haut-Languedoc. On ne voit pas bien l'intérêt du Parlement à s'opposer ainsi à cette translation de la chambre de l'Édit : on ne peut l'expliquer que par cette animosité permanente des deux partis protestant et catholique, à qui tout devenait matière de dispute, affaire d'État et sujet d'émeute. Maintenir la paix fut alors plus long et plus difficile que la rétablir, surtout à Pamiers, où les calvinistes voulaient gouverner en maîtres et exclure du consulat les citoyens catholiques. Il fallut même en venir, à Béziers, à des décrets de prise de corps contre des citoyens et des consuls qui refusaient de recevoir les membres de la nouvelle chambre, et à des injonctions de sortir de la ville. Ni les arrêts du Parlement, ni les décrets de prises de corps, ni la présence des deux présidents de la chambre de l'Édit, Gaubert de Caminade et de Vignoles, n'intimidèrent les factieux. On eût dit que les fêtes éphémères qui célébraient le retour du roi n'étaient qu'un présage de guerre.

Au Parlement, les disputes intérieures reviennent sans cesse : des conseillers sont récusés par les gens du roi, au moment de la rédaction de remontrances ; le premier président se voit en butte à des dénonciations émanées de la Cour, des États et de l'Hôtel de Ville, mais le Parlement soutient le premier président. La délibération échauffa les parlementaires dont quelques-uns réclamaient un coup de vigueur, à l'aide de procédures et de décrets. Le Parlement et les États en seraient venus aux prises, et une lutte violente aurait pu naître de ce conflit sans la modération et la sagesse de Le Masuyer, qui sacrifia son ressentiment au service du roi et au bien public. Il refusa d'opiner dans sa propre cause et dit au Parlement : « Je sais, depuis « deux jours, que le duc de Rohan a repris les armes,

« j'ai mandé les capitouls ; ils sont déjà aux portes du
« Palais. La Cour a des mesures à prendre et des ordres
« à donner. » Tout finit par un arrêt portant qu'on
ajournait le moment d'attaquer les États.

Ce n'est pas sans raison que le Parlement redoutait
encore la guerre. Le duc de Rohan attisait le feu dans
les villes du Haut-Languedoc, et la duchesse de Rohan,
d'une grâce fière et d'une bravoure chevaleresque, parcourait les villes du Bas-Languedoc et appelait aux
armes les bons combattants, en se raillant des lettres
du président de Caminade qui, de son siège de la
chambre de Béziers, gourmandait les consuls des villes
fortes, et leur ordonnait de se tenir sur leurs gardes.

Cette levée de boucliers du duc et de la duchesse de
Rohan étonna et refroidit d'abord les villes de Nîmes,
d'Uzès et de Montauban lassées de tant de secousses. Un
arrêt de la chambre de l'Édit déclara le seigneur de Soubise qui venait de s'emparer des îles de Ré et d'Oléron,
le duc de Rohan et ses complices, criminels de lèse-majesté. La guerre civile se ralluma dans la province, et le
procureur général requit, du Parlement, un arrêt contre
les séditieux. En même temps, il enjoignait aux consuls
du ressort de poursuivre et de déjouer les complots ourdis dans l'ombre, et aux gentilshommes rebelles de s'enfermer dans leurs châteaux, sous peine de les voir raser :
c'est ainsi qu'il fit démanteler le château de Léran et qu'il
décréta de corps le baron de Mirepoix. Il dépouilla aussi
la ville de Castres, aux gages de Rohan, de ses anciens
privilèges et lui enleva ses juridictions et son siège épiscopal. Montauban reprit l'offensive : le Parlement traita
cette cité indomptée comme Castres et prohiba tout

commerce avec elle. Un arrêt du 22 mai 1625 en transporta les tribunaux à Montech et à Moissac.

Des arrêts ne désarment guère les révoltes. Le maréchal de Thémines courut au secours du Parlement contre les soldats de Rohan. Etroite et étrange discussion : on débattit au Palais, en cette grave conjoncture, le point de savoir si la Cour dépêcherait vers le maréchal, à son entrée dans le ressort, une députation semblable à celle qui avait été envoyée, un jour, au duc d'Épernon. La Cour décida qu'elle n'enverrait que les deux anciens conseillers Mansencal et Caumels, à huit lieues de la ville.

Thémines arriva à Toulouse le 2 juin 1625, sans troupes et sans argent. Dans un conseil de ville auquel assistèrent le maréchal duc de Ventadour, le comte de Carmain, le premier président Le Masuyer, trois conseillers et les gens du roi, on travailla à se procurer des ressources et à organiser un plan d'attaque et de défense qui fut aussitôt dressé et autorisé par le Parlement. Il restait à mettre sur pied une armée et à l'entretenir. Le duc de Ventadour leva, à ses dépens, un régiment de quinze cents hommes et le Parlement en leva un autre de mille hommes, sous la conduite du colonel vicomte Duclos.

Le Parlement rendait au roi largesses pour largesses : il n'oublia pas que Louis XIII, frappé de la différence des gages des magistrats du Parlement de Toulouse et des autres Parlements de France, venait d'élever les gages du premier président à 1,500 livres, ceux des présidents de la grand'chambre à 1,000 livres ceux des gens de du roi à 700 livres et d'ajouter 60 livres de gages aux membres de la chambre des enquêtes. Afin que cette faveur royale ne s'imposât pas, comme une trop lourde charge, à la province accablée d'impôts et appauvrie par la guerre civile, le Parlement ne l'accepta, qu'à la condition qu'elle serait assignée sur la crue de 30 livres par quintal sur le sel.

A ces soldats, levés par le duc de Ventadour et les parlementaires et à quelques autres troupes, la ville joignit un régiment de cinq cents hommes, avec six pièces de canon, commandés par le capitoul Beaupui. Cette petite armée se mit en marche vers Lautrec, quartier général du maréchal de Thémines. Le conseiller de Caumels la suivait comme intendant de justice et des finances; mais le président de Gramond lui a reproché d'avoir nourri les soldats aux frais des populations, afin d'épargner l'argent du roi.

Tandis que le maréchal de Thémines brûle les châteaux entre Lautrec et Lavaur, une conspiration se trame à Toulouse contre la vie du premier président. Un soir du mois de mai de cette année 1625, veille de la Trinité, des écrits injurieux, tracés en lettres rouges, se répandent, en quelques heures, dans les rues, sur les places et aux carrefours. Un de ces écrits contenait cette furieuse invocation à l'assassinat : « Pourquoi balan-
« cer, peuple affligé ? Pourquoi ne pas sacrifier à la
« vengeance publique, Le Masuyer, ce méchant homme
« qui t'opprime? Tu te plains de l'augmentation des
« impôts qui t'accablent et de la continuation d'une
« guerre qui te désole, et c'est lui qui en est la cause. Il
« dévore la veuve et l'orphelin ; il n'épargne personne
« sous le règne d'un bon prince. Remets-toi en liberté

« par le massacre du plus méchant des hommes. Tue, tue et tu seras libre ! »

Vers onze heures du soir, un passant remit une poignée de ces feuilles volantes au premier président, à la chapelle des chartreux, où il se retirait, la nuit, à la veille des grandes fêtes, pieuse coutume qu'il observa jusqu'à sa mort. En quelques instants, une foule de parlementaires, de parents et d'amis encombra la Chartreuse et supplia le premier président de quitter la ville et de mettre sa vie en sûreté. Le Masuyer écouta, sans pâlir, ces adjurations et répondit froidement : « Il faut « savoir mourir avec courage, quand on a vécu sans « crime. » Il se borna à informer les capitouls du danger qui le menaçait.

Le lendemain, à l'aube, le conseil de ville plaça, sur tous les points, des corps de garde, créa des capitaines de quartier, augmenta le guet et les patrouilles et dressa des potences dans les carrefours. Le peuple grondait et s'armait pour le pillage. Tout à coup, le premier président, sans escorte, se montra devant les groupes ameutés contre lui, le visage aussi calme qu'en un jour de fête publique. Personne n'osa lever la main sur lui.

L'information des capitouls révéla les secrets de la conspiration : le jour de la Trinité, tous les corps de métiers, armés depuis la guerre, devaient se rassembler pour donner au peuple un spectacle militaire. Une émeute devait assombrir la fête, et la mort du premier président aurait couronné l'émeute. Une lettre du roi pressait le Parlement et les capitouls de tout mettre en œuvre pour découvrir les auteurs du complot. A son de trompe, le Parlement fit annoncer qu'il accorderait une récompense de 1,000 livres au dénonciateur des conjurés. On accusa, tantôt les catholiques, et tantôt les huguenots qui se battaient et pillaient les maisons voisines des portes de Toulouse. Les organisateurs du complot pouvaient d'ailleurs décrier le premier président et irriter contre lui le peuple qui se souvenait de l'ancien luxe de Duranti et ne pardonnait pas à sa mémoire l'élégance de ses chevaux et de son carrosse. Le Masuyer dont la fortune offensait les artisans et les pauvres était, plus que Duranti, amoureux de bruit et d'étalage. Il eut des pages et jusqu'à vingt chevaux, éclatant contraste avec l'austère simplicité des anciens parlementaires. Cette fortune et cette magnificence ternissaient sa renommée ; on oubliait son dévouement au service de l'État et de la justice, pour ne blâmer que ses folles dépenses et ses richesses qui insultaient aux misères d'une ville en proie à tant de fléaux. Il sentait lui-même ses torts envers le peuple et il les confessait, un jour, en toute humilité. La lumière ne se fit jamais sur ce complot, et les gens du roi s'égarèrent en vaines poursuites.

La guerre se passait en engagements et en escarmouches ; elle se traduisait en incendies et en dévastations, plus qu'en batailles décisives, dans les riches plaines de Montauban, où le duc de Rohan et le maréchal de Thémines se rencontraient à forces égales. Thémines signala au Parlement l'insouciance des gentilshommes qui restaient paisiblement dans leurs châteaux, sans vouloir se mêler à la guerre et servir le roi. Un arrêt du Parlement força les seigneurs, les gentilshommes et les nobles, dans l'étendue des sénéchaussées de Toulouse, de Carcassonne et des pays du Lauraguais et de Foix, à marcher, au premier ordre qui leur en serait donné, sous peine d'être dégradés de noblesse, privés des fiefs et flétris dans leur postérité. Par un autre arrêt, le Parlement ordonna la saisie des biens des rebelles.

Tous ces gentilshommes prirent les armes et leur nombre fit reculer l'armée protestante. La défaite du seigneur de Soubise, près de l'île de Ré, par le duc de Montmorency, gouverneur du Languedoc, effraya les calvinistes qui implorèrent, de leur assemblée de Milhau, la clémence du roi. Un nouvel édit leur fut accordé, confirmant leurs privilèges, mais ne rétablissant la paix que sur les bases les plus fragiles. En allumant un feu de joie à Nîmes, le duc de Rohan eut beau jeter une torche dans le bûcher en s'écriant, qu'il éteignait la discorde à jamais : il ne laissait pas monter à ses lèvres les sentiments qui s'agitaient en son cœur.

Au moment où cet édit de pacification fut soumis au Parlement, de violentes récriminations des protestants s'élevèrent contre le premier président. Le Masuyer ne s'était pas borné à envoyer dans les villes du ressort le président Desplats de Gragnagnes, pour ouvrir une information sur les désordres, les meurtres, les extorsions et les pillages des troupes ; il veillait lui-même, avec une persévérante sollicitude au maintien de la paix publique. Un Espagnol, secrétaire du comte d'Olivarès, ministre du roi d'Espagne, revenant des Pays-Bas et passant un jour à Toulouse, sous un faux nom, fut emprisonné par son ordre et interrogé par lui à diverses reprises, sans que les réponses et les papiers saisis sur ce seigneur étranger fissent découvrir les motifs de son voyage. Dès qu'il fut remis en liberté, il gagna, par des chemins détournés, la ville de Castres et se réfugia auprès du duc de Rohan.

Le duc envoya aussitôt un de ses gentilhommes, la Roussillère, à la Cour d'Espagne, avec un enseigne de ses gardes, Canredon ; un soldat du comté de Foix, Moïse, devait diriger leurs pas dans les montagnes des Pyrénées. A Madrid, la Roussillère ayant appris, par la rumeur publique, la conclusion de la paix, voulut s'en assurer par des voies plus sûres et dépêcha Canredon et son guide Moïse vers le duc de Rohan. Un calviniste, le seigneur de Léran, mit le premier président au courant de ces intrigues : des espions lancés à leur poursuite les arrêtèrent à Belpech, dans le diocèse de Mirepoix. Le soir même de leur arrivée aux prisons de Toulouse, le premier président les interrogea et employa la nuit à instruire leur procès. Ils n'épargnèrent, dans leurs déclarations, ni le duc de Rohan, ni La Roussillère, qu'ils accusèrent de complot avec l'Espagne. Canredon soutenait que sa seule mission était de dire au duc de Rohan que si la guerre continuait, l'Espagne lui enverrait un secours de chevaux, en ajoutant que le guide Moïse, ne savait rien du complot. Le Parlement ne le condamna qu'aux galères, mais Canredon condamné à avoir la tête tranchée, monta, le même jour, sur l'échafaud.

Ce fut un immense cri de réprobation par toutes les villes calvinistes. On était alors au mois d'avril 1826, et l'édit de paix, qui amnistiait toutes les rebellions, couvrait, de son pardon, l'intrigue de l'enseigne du duc de

Rohan. Douloureuse et cruelle obstination des rancunes humaines : le premier président ajourna l'enregistrement de l'édit de paix au lendemain de l'exécution de Canredon. Le président de Gramond, qui voyait alors les hommes et les choses de près, a écrit énergiquement que ce retard fut prémédité par Le Masuyer dont la main, s'il fallait en croire bien des parlementaires, aurait tenu l'édit caché pendant trois jours. Il estimait ainsi rendre un grand service au roi et à l'État.

A la décharge de Le Masuyer, le père Lombard a écrit ces lignes voilées d'incertitudes et d'obscurité : « Il est « peut-être douteux que Canredon, évidemment cri« minel d'État, eût evité le supplice, quand même l'édit « de pacification eût été vérifié dans le même temps « qu'il eût pu l'être. Le Parlement, qui l'enregistra « le 6 d'avril, exclut du pardon les crimes capitaux, et « il employa tant de modifications, que les députés gé« néraux des églises prétendues réformées en firent, « le 20 de ce mois, des plaintes au Conseil du roi. Sa « Majesté y eut égard ; elle fit expédier des lettres de « jussion, afin de procurer à ses sujets de la nouvelle « religion un enregistrement pur et simple. Et ce ne fut « que le 10 septembre que, par un deuxième arrêt, le « Parlement supprima des modifications plus incom« patibles avec la durée de la paix, sans toucher à des « exceptions qu'il avait mises à l'étendue de certaines « grâces accordées par l'édit. Les incendiaires et les « destructeurs des églises restaient soumis aux peines « que les lois ont décernées contre eux. »

Ces phrases confuses du père Lombard ne prévaudront pas contre la ferme accusation du président de

Gramond. Que les termes de l'édit prêtassent au doute, et que les modifications en eussent altéré la portée, la clémence devait passer avant le châtiment et le pardon avant l'échafaud. Ce sera l'éternelle tache de la vie de Le Masuyer, d'avoir traîné en longueur l'enregistrement d'un édit qui pouvait sauver la vie d'un homme. Le sang de Canredon est retombé sur la robe du premier président.

Tout est changeant dans les choses de la vie. Le souvenir du sang versé et les désolations de la guerre s'évanouit au travers des fêtes ramenées par le printemps. A ces journées radieuses de joie populaire et de chaud soleil, que les mémoires du temps comparent au carnaval de Venise, les masques, sur des chars pavoisés d'oriflammes brillantes, parcouraient les rues jonchées des premières feuilles de l'année, les dames aux croisees, au seuil des maisons, ou sur des estrades, recevant, de la main des masques, des bouquets de violettes et de muguets.

Du milieu d'une de ces fêtes bruyantes, se détachaient trois jeunes gentilshommes déguisés en ermites et distribuant aux dames des cartels d'une galanterie impure et des chapelets d'où pendaient des médailles d'argent, couvertes d'images obscènes, en guise de médailles de piété. Le lendemain, les prédicateurs tonnèrent, en chaire, contre ce scandale et le Parlement décréta de prise de corps les trois masques sacrilèges, qu'on disait être le trésorier de France de Calvet, l'avocat d'Hispania et un autre, désigné sous le nom de sieur de Fimarcon.

Ils se cachèrent et prirent la fuite : le Parlement condamna par contumace, Calvet et Hispania à être décapités, et Fimarcon à une simple amende : afin de rendre l'expiation plus retentissante, il entoura de la plus grande solennité l'exécution par effigie. Sur un tombereau, le bourreau montra au peuple le portrait des deux condamnés à mort ; les huissiers de la Cour, le greffier en robe rouge, le juge criminel, quatre capitouls en robes de cérémonie, le viguier et des détachements de troupes suivirent le tombereau du Palais à la place Saint-Étienne, où le greffier Malenfant lut, à haute voix, l'arrêt de condamnation, pendant que le bourreau attachait à la potence les portraits des deux condamnés. Malenfant n'allait à cette exécution qu'à regret, et comme honteux de son rôle : « Je fis « toutefois grande instance, dit-il, pour ne m'y trouver « pas, mais la Cour, après m'avoir ouï, en mes remon- « trances, ordonna que cette exécution serait faite par « moi, non par un secrétaire évangéliste, en l'absence « du greffier criminel, attendu l'importance du fait. » Quelques mois après, le courroux du Parlement s'adoucit : Calvet et Hispania se livrèrent d'eux-mêmes à la justice et furent absous, moyennant une amende.

De loin, Richelieu souriait de ces exécutions, et souffrait des alternatives de mollesse et de vigueur du roi envers les protestants. Il méditait un grand coup à frapper sur un parti qui s'humiliait et se redressait brusquement devant la Couronne, et c'est en prévision du prodigieux accroissement de son pouvoir qu'il consentit à la convocation par le roi de l'assemblée des notables à Paris. Le premier président, Le Masuyer, et le procureur général de Saint-Félix y prirent leur place, et pour la première fois peut-être, on vit la noblesse d'épée empressée à reconnaître les prérogatives de la noblesse de robe : elle supplia le roi de nommer, dans ses Cours de justice, un certain nombre de gentilshommes, sans gages et seulement à vie, et afin de ne pas encourir le reproche d'une alliance de l'ignorance des lois avec le métier des armes, elle s'engageait à ne laisser entrer aux Parlements que des gentilshommes dignes de ces hautes fonctions, au jugement du chancelier ou du garde des sceaux. La noblesse s'efforçait de revenir ainsi aux créations des chevaliers d'honneur et de leur donner une vie nouvelle dans les Parlements du royaume. Elle allait d'ailleurs s'allier, bien des fois, aux familles parlementaires, et mêler le sang de ses veines à leurs glorieuses traditions d'indépendance, de science, de vie austère et de vaillant amour de la justice et de leur pays.

CHAPITRE VI

Les morts au Parlement. — Guillaume de Catel. — La Rocheflavin. — François de Caumels. — Tumulte aux Enquêtes. — Union du Parlement. — Intrigues de Rohan. — Son procès. — Sa déroute. — Condé à Toulouse et au Parlement. — Nouveaux impôts. — Récusation du premier président.— Remontrances du président de Caminade au premier président et à Condé. — Réponse de Condé. — Le premier président reprend son siège. — Reprise de la guerre. — Mort du cardinal de La Valette, archevêque de Toulouse. — Mgr de Monchal. — Prise de la Rochelle. — Trahison de Rohan. — Deux de ses émissaires, condamnés à mort. — Édit de grâce. — Prise de Montauban. — Richelieu à Toulouse. — Murs des villes rebelles, rasés par ordre du Parlement. — Chambre de l'Édit à Béziers. — Richelieu et les États. — Le président Desplats. — Lutte du Parlement contre Richelieu. — Révocation de l'Édit des élus. — Retour de Montmorency. — La peste. — Courage du premier président Le Masuyer. — Sa mort — Jugement sur le Masuyer.

Au Parlement, la mort enlevait de nobles intelligences et frappait à coups redoublés. A l'automne de l'année 1626, mourut Guillaume de Catel dont les aïeux venus d'Écosse se refugièrent à Toulouse, après les guerres de Charles VII. Au lieu de porter la cuirasse et l'épée, les fils de ces capitaines écossais prirent la robe de conseiller au Parlement. En pleine Renaissance, Guillaume de Catel étudiait les lettres au collège de l'Esquile, aux années charmantes de ce renouveau qui semblait être un printemps du siècle. De l'Esquile, il alla à Paris, suivre les leçons du fameux Genébrard qui lui enseigna l'art d'écrire l'histoire et les chroniques. En rentrant à Toulouse, Guillaume de Catel hérita de la charge de son père et se lia avec Roaldès, savant en droit civil et en droit canon. Il fit deux parts dans sa vie, l'étude du droit et des lettres. Au sortir des audiences, il cherchait ce repos qui n'énerve pas et qui détend l'esprit sans l'affaiblir ; il se créait une solitude, au fond de son jardin. Sa femme, Françoise de Séguier, lui reprochait de la délaisser, et disait, en grondant, que dans sa famille, un de ses aïeux, Jean de Séguier, conseiller au Parlement de Toulouse, au quinzième siècle, mettait, au contraire, sa femme et ses enfants bien au-dessus de ses livres. Par son père, sénéchal du Quercy, elle venait de la maîtresse branche des Séguier, du Parlement de Paris.

Ces reproches ne troublaient guère Guillaume de Catel qui écrivait l'histoire des comtes de Toulouse dédiée au duc de Montmorency et dont la publication eut lieu en 1623. Il répandit la lumière dans ce chaos d'annales, de chartes et de légendes, et il se préparait à faire imprimer ses mémoires sur l'histoire du Languedoc, lorsque la mort le surprit à l'âge de soixante-six ans. Ces mémoires ne virent le jour qu'en 1633. Les bénédictins en ont dit que, grâce à cette œuvre précieuse et consciencieuse, la vérité des faits s'appuya pour la première fois sur l'autorité des anciens titres exhumés de leurs ténèbres. Catel, a été aussi, placé par le président Hénault, parmi les hommes célèbres du dix-septième siècle ; on sait qu'il fut conseiller rapporteur dans le procès de Vanini.

Il a été enseveli au cloître Saint-Étienne, dans la chapelle de Sainte-Madeleine que le peuple appelait la chapelle Catel de la Campane, bâtie par ses ancêtres et enrichie par eux. Ses deux filles, dont l'une épousa le conseiller Philippe de Bertier, et l'autre le conseiller de Puymaurin, firent graver sur sa tombe une épitaphe dégradée par le temps, mutilée par la Révolution et dont les débris ont été transportés au musée de Toulouse. On y peut lire encore quelques mots qui célèbrent son amour du juste et sa charité, et qui l'appellent lumière de la patrie, *lumen patriæ*.

Entre la mort de Catel et celle de La Rocheflavin, quelques mois s'étaient à peine écoulés. Il semblait que les années, en passant sur la tête du vieux président des requêtes, n'avaient pu ni la blanchir, ni la courber. Rien ne refroidissait l'ardeur de cet ouvrier des dernières heures qui travaillait, sans relâche, avec l'entrain de la jeunesse. La mort le surprit au milieu de ses livres, à l'âge de quatre-vingts ans, à côté de sa femme, Alice de Begou, née en Auvergne et tante de Pascal. On creusa sa tombe dans l'église des grands cordeliers, à côté de celle de Duranti.

Le conseiller François de Caumels venait aussi de mourir. Les enquêtes ayant demandé que sa place fût remplie par un conseiller de la Tournelle, le président de Caminade, en l'absence du premier président, leur répondit que l'usage étant de ne pourvoir à ces vacances qu'au lendemain de la Saint-Martin, on aurait le temps d'y songer. Les enquêtes insistèrent et réclamèrent, à grand bruit, l'assemblée de toutes les chambres, pour en délibérer ; le président de Cambolas alla jusqu'à s'écrier, que les enquêtes étaient déterminées à interrompre le cours de la justice, jusqu'au moment de l'assemblée des chambres. Inébranlable dans sa résolution, le président de Caminade adressa aux chambres des enquêtes une remontrance qui fut accueillie par des huées. Ce jour-là, les enquêtes ne voulurent pas tenir audience.

Le lendemain, jour de dimanche, en l'hôtel du président de Cambolas, les enquêtes poussèrent les choses plus loin et décidèrent que, non seulement, elles cesseraient de rendre la justice, mais encore qu'elles empêcheraient la grand'chambre de monter sur ses sièges. Le lundi, à sept heures du matin, les trois présidents des enquêtes, de Cambolas, de Frézals et d'Ouvrier, assistés de tous leurs conseillers, entrèrent à la salle d'audience et prirent place aux sièges occupés par eux, en chambres assemblées, avec la ferme intention de n'en point sortir et d'empêcher la tenue de l'audience. Vainement, la grand'chambre et la Tournelle cherchèrent à les ramener aux voies de la conciliation et du devoir, les enquêtes restèrent sur les sièges. Elles ne se levèrent qu'en voyant les présidents de Caminade et de Bertier passer à la chambre des manteaux, prendre leur mortier et leur robe, et y commencer l'audience ; elles chassèrent les avocats, les procureurs et les plaideurs qui se tenaient sous le porche et devant la grand'chambre, fermèrent le portail du perron du Palais, gardèrent les portes de la grand'chambre et de la chambre des manteaux et éloignèrent les huissiers.

Les huissiers finirent par rouvrir les portes : la grand'chambre entra en robe et l'audience commença. Telles furent les clameurs des conseillers des enquêtes que, selon le mot de Malenfant, l'un n'entendait pas l'autre, et que personne n'entendit le président de Caminade, prononcer l'arrêt enjoignant aux enquêtes de se rendre en leurs chambres et de laisser la grand'chambre siéger en paix. Sa voix fut étouffée par les cris, et les coups frappés sur les bancs. Une seconde fois, le président de Caminade forçant la voix, prononça son arrêt. Le désordre, la confusion et le tumulte grandirent encore. Au moment où le président ordonna au greffier d'en dresser procès-verbal, afin d'en informer le roi, le président des enquêtes, de Frézals, défendit, d'un ton hautain, au greffier de Pressac d'obéir au président de Caminade, en le menaçant de l'en faire repentir et de provoquer sa destitution.

Une troisième fois, le président de Caminade revint à la charge, avec son arrêt que couvrirent les sifflets et les huées. Un clerc d'audience s'étant assis à sa place accoutumée, le président de Frézals l'en arracha et le menaça de la potence. Il enjoignit aussi au greffier en chef, Malenfant, de désobéir au président de Caminade qui lui commandait de prendre les noms des conseillers les plus violents. Malenfant prit la plume et écrivit sous la dictée de Caminade. Ce vent de colère tomba à la voix des deux avocats généraux de Ciron et de Fieubet, qui imposèrent silence aux enquêtes, « en « cet état calamiteux, dit Malenfant, où se trouvait ré- « duite la face de la Cour, » et requirent aussitôt la tenue de l'assemblée des chambres. Le plumitif du greffier sous les yeux, le président de Caminade ayant renvoyé cette assemblée au surlendemain, les cris redoublèrent et le président de Frézals s'approchant de lui, le bras levé, lui cria : « Oui, oui, gardez-le bien, ce

« plumitif ; nous en savons faire d'autres, aussi bien
« que vous ; gardez-le bien en votre sein ; il vous l'é-
« chauffera. »

On en serait peut-être venu aux mains, si les deux présidents de Caminade et de Bertier, contraints par la violence, n'avaient quitté leur robe rouge et leur manteau, en cherchant asile à la chambre dorée ; ils y furent suivis, en troupe, par les présidents et conseillers des enquêtes, et le président de Cambolas en tête, requérant l'assemblée des chambres et déclarant que messieurs des enquêtes se porteraient à toutes extrémités, plutôt que de céder. Peu à peu, le langage du président de Cambolas s'apaisa, ses paroles s'entrecoupèrent de larmes et, d'une voix tremblante, il exprima un profond regret de tant de scènes indignes de la justice.

A ces regrets et à ces larmes, le président de Caminade répondit que la Cour avait délibéré, « que les « enquêtes venaient de porter l'affaire si avant et de « causer un si grand scandale, qu'il était impossible de « le réparer, ayant été l'autorité de la grand'chambre « et Tournelle si fort blessée, qu'il fallait que le roi en « fût informé, mais que, s'il leur plaisait se remettre « en leur chambre, ils se pourraient assurer que les « chambres s'assembleraient, le surlendemain, ainsi que « les gens du roi l'avaient requis. » Le même jour, on décida, à la grand'chambre, que le président de Calvière, l'ancien conseiller de Barthélemy, le conseiller d'Agret et le second avocat général de Fieubet porteraient au roi des remontrances sur cet incident et l'éclaireraient sur ces désordres. De leur côté, les membres des enquêtes envoyaient au roi les présidents de

Cambolas et d'Ouvrier, et les anciens conseillers de Tourreil et de Puymisson. Mais ces derniers s'attardant en chemin, les enquêtes firent prendre la poste à M. de Rességuier, conseiller aux enquêtes, afin de devancer les députés de la grand'chambre.

Enfin, les chambres s'assemblèrent et on mit en discussion la prétention des enquêtes à remplacer François de Caumels par un conseiller de la Tournelle. La discussion y fut paisible et se tint dans les régions des traditions et du respect des droits de chaque chambre. On s'arrêta à cette décision, qu'à l'avenir l'assemblée des chambres ne pourrait être refusée, quand elle serait demandée, et que d'ailleurs on en ferait article de mercuriale dans le plus bref délai. En attendant, la grand'chambre se réserva le droit de remplir la vacance de François de Caumels, et permit à un conseiller de la Tournelle de siéger à sa place, aux enquêtes, après la Saint-Martin. « Et par ce moyen, dit Malen-
« fant, tout ce fracas fut terminé. »

La rumeur fut loin d'être aussi grande aux chambres assemblées, le jour où l'ancien conseiller de Rességuier, retiré à l'oratoire de Toulouse, après avoir cédé sa charge à son fils, sollicita la faveur de revenir et d'opiner au Parlement, ainsi que les autres conseillers honoraires, ayant exercé leur office pendant vingt années. La Cour s'empressa de déférer à ce désir, avec cette restriction, « qu'il userait de cette grâce modéré-
« ment, comme les autres conseillers honoraires, les-
« quels venant quelquefois au Palais, y sont courtoise-
« ment reçus. »

Ces animosités et ces rivalités se dissipaient, comme

des nuages, devant les graves événements de la guerre. Aux heures de crise et de danger de la province, le Parlement retrouvait son union et sa force et se groupait autour de son premier président. On entendait toujours planer des bruits de guerre. Le roi recevant la loi d'une partie de ses capitaines, rencontrait, sans cesse, devant lui, une armée rebelle, prompte à se dégager des entraves royales. Seule, la main de Richelieu paraissait assez pesante pour abattre partout les agitations et les révoltes. A ce nom de Richelieu, le duc de Rohan se surprenait à trembler : sous les sombres lueurs de ce front de ministre, il entrevoyait le génie puissant, prêt à renverser les donjons des seigneurs, à décapiter les gentilshommes armés contre la Couronne et à faire tout plier à sa volonté. Sans entrer en lutte, visière levée, Rohan engagea les protestants à ne pas désarmer et à se garder des pièges et des vengeances du cardinal.

A Toulouse, les catholiques s'armaient aussi et tenaient des conseils de guerre, en l'hôtel du président de Caminade, où se rendaient le duc de Montmorency, le premier président Le Masuyer, quelques seigneurs, les gens du roi et les capitouls. Au lendemain d'une longue séance, un commissaire du roi partit pour Castres où le duc de Rohan espérait raviver, dans un synode, l'ardeur des ministres de la Réforme, et déjoua ses manœuvres. Rohan ne se tint pas pour battu, et reprit ses intrigues dans le Bas-Languedoc qui se souleva et se rangea sous son drapeau. C'est le moment qu'attendait Richelieu, pour entrer en campagne et entreprendre une guerre sans merci, contre un parti enhardi par la faiblesse et les nonchalances du roi.

Le roi assiégeait alors La Rochelle et nommait le prince de Condé son lieutenant général en Languedoc. Par ses ordres, les seigneurs rebelles proscrits passaient la frontière, et les procédures s'ouvraient au Parlement et dans les sénéchaussées. La déclaration royale contre le duc de Rohan, datée du camp d'Estrées, le 19 octobre 1627, prescrivait aux parlementaires de commencer le procès, « nonobstant, disait le roi, tous privi-
« lèges, même celui de pairie, duquel il est déchu et s'est
« rendu indigne, attendu l'énormité du crime notoire de
« rebellion ».

C'était la formule dont se servirent Charles IX et Henri IV, pour autoriser le Parlement de Paris à juger le maréchal de Montmorency et le duc de Biron. On a, quelquefois, prétendu, par une confusion de mots et d'idées, que Montmorency, Biron et Rohan avaient été jugés par des commissaires. De ce que le roi envoyait aux Parlements une commission ou mandement, on en concluait légèrement qu'il créait ainsi une juridiction passagère et soumise à ses volontés. Des commissaires ne jugèrent pas le duc de Rohan : deux chambres du Parlement de Toulouse s'assemblèrent pour le juger. Pour la première fois, le Parlement de Paris voyait un Parlement de province partager, avec lui, le grand honneur de juger un pair de France.

Le réquisitoire du procureur général, pour l'enregistrement de cette commission royale, est emphatique et traînant. Un huguenot, fidèle au roi, répandait partout ce réquisitoire et parcourait les villes de Castres, de Montauban, de Pamiers et de Puylaurens, pour disperser les rebelles et traverser les manœuvres du duc de Rohan. De loin, le premier président dirigeait la marche de ce commissaire du roi, Auguste Galand, et lui découvrait les foyers de la révolte. En passant à Montauban, Galand y sema l'effroi; les députés de la ville accoururent à Toulouse et protestèrent de leur hostilité contre Rohan et de leur soumission au roi. Condé, l'ennemi le plus redouté des protestants, depuis sa rentrée en grâce, les effrayait plus que Galand; il arrivait à grandes journées par le Bas-Languedoc.

A Castres, le parti de Rohan s'affaissa; le synode écouta à peine les lettres du duc réfugié à Nîmes, qui prenait en vain Dieu à témoin de son désir de ne servir que la gloire de la religion, les intérêts du roi et la paix de l'État. On savait qu'il soulevait les Cévennes et qu'il se liguait avec l'Angleterre, la Savoie et les protestants de La Rochelle. Il se porta, de sa personne, sur Castres, après avoir pris Milhau; mais Castres lui ferma ses portes. Il se replia sur Revel et Réalmont; à Saint-Papoul, l'armée catholique le mit en fuite et le rejeta vers le pays de Foix. Une plus cruelle défaite l'attendait aux portes de Montpellier.

Condé qui venait de triompher de Rohan entra à Toulouse, le 15 janvier 1628. Déjà, une députation composée du président de Caminade, des conseillers Gabriel de Barthélemy, de Caumels, Buet et Boisset était allée le saluer à Lunel. En arrivant à Toulouse, il ne voulut, pour tout hommage, que les capitouls et leurs gardes, à la porte du Château-Narbonnais. Les ducs de Montmorency et de Ventadour et une foule de seigneurs marchaient à sa suite et l'accompagnèrent à l'archevêché où

le président de Caminade et vingt-trois conseillers le
« complimentèrent : « Et lui, disent les Mémoires de
« d'Aussonne, vint les accueillir au bas de l'escalier et
« les y ramena ensuite, en faisant deux ou trois pas
« dans la cour, le duc de Montmorency les suivant, de
« sa part, jusqu'à la rue. »

Deux jours après, Condé, suivi des ducs de Montmorency et de Ventadour, des évêques de Lavaur, de Rieux et de Saint-Papoul et du seigneur de Nesmond, maître des requêtes et intendant de justice dans l'armée du prince, se rendit au Palais où siégeaient la grand'-chambre et la Tournelle. Sur le perron, attendaient le dernier des présidents à mortier et quatre des conseillers, des plus anciens. Au moment où les huissiers annoncèrent l'audience, la Tournelle se retira et le prince, pour ne point paraître marcher après le premier président, laissa ce dernier se placer sur son siège, et alla avant les présidents à mortier, s'asseoir à la place réservée aux seigneurs du royaume. Un drap de velours, semé de fleurs de lis d'or, ornait le siège du prince qui affecta de ne pas se servir d'un carreau de velours posé à ses pieds, ainsi que l'a remarqué Malenfant qui se plaît à retracer tous les détails de cette audience. Le duc d'Epernon, le plus fier et le plus fastueux des hommes, refusa d'assister à cette cérémonie judiciaire, de peur d'être effacé par le prince de Condé.

De son siège, le prince exposa au Parlement le sujet de la commission à lui donnée par le roi, de combattre le duc de Rohan, en ajoutant qu'il ne dépendrait pas de lui de voir anéantir la rebellion, et qu'il n'agirait que de concert avec les parlementaires, dont il reconnaissait le zèle, malgré les révoltes qui aveuglaient souvent les compagnies judiciaires. A ce discours, le premier président répondit par une harangue où se mêlaient les expressions du respect et du dévouement du Parlement. Quand on en vint à recueillir les voix, le prince prit la parole, pour dire qu'il ne comptait tenir d'autre rang, à la délibération, que celui de duc et pair. En sortant du Palais, le prince visita tous les présidents à mortier.

A cette audience, le Parlement fixa au 19 janvier le jour du procès du duc de Rohan. Une contestation s'éleva entre la grand'chambre et la Tournelle, sur le choix du rapporteur : la grand'chambre voulait confier cette mission à son sous-doyen le conseiller Barthélemy, assisté du conseiller de la Tournelle, Vézian ; la Tournelle réclamait ce privilège pour un des siens. En chambres assemblées, le Parlement décida que le rapporteur serait pris à la grand'chambre, parce que le procès était dévolu au Parlement par le roi. La Tournelle céda, mais en déclarant que cette décision serait sans conséquence pour l'avenir. A leur tour, les présidents et conseillers des requêtes émirent la prétention de concourir au jugement de ce procès. Leur prétention fut repoussée ; ils se contentèrent d'assister au procès, sans opiner. Condé se retira de l'audience, en disant qu'il ne lui convenait pas de juger un homme dont le roi venait de confisquer les biens à son profit.

Le duc de Rohan se tenait dans le Vivarais et les Cévennes. Le Parlement le condamna par contumace comme criminel de lèse-majesté. Il faut citer cet arrêt : « *La Cour* a déclaré et déclare le *duc de Rohan* criminel

« de lèse-majesté, perturbateur du repos public, ennemi
« du roi et de son État, pour les continuelles trahisons,
« monopoles, conspirations par lui commises contre ice-
« lui, avoir soustrait les villes et sujets du roi de la
« fidélité et obéissance qu'ils doivent à S. M. par menées
« et pratiques, assemblées illicites, faussetés, manifes-
« tes publics, suppositions de députés de villes et pro-
« vinces, et de lettres, et autres voies obliques, usurpé
« supériorité sur aucunes villes tyranniquement, y
« avoir fait levées de deniers et commis plusieurs vio-
« lences, même en temps de paix, contre les officiers de
« justice, forcé les prisons pour en tirer les justiciables,
« commis rebellion contre l'exécution de plusieurs arrêts
« de la chambre de l'Édit de Languedoc, délivré commis-
« sions pour battre monnoie, avoir fait négociations et
« intelligences contre le repos de l'État, suscité divers
« armements et soulèvemens d'armes, surpris places et
« châteaux, s'être rendu chef des armées, sous le nom
« supposé des églises prétendues réformées, par conju-
« ration avec les Anglois, qu'il a suscités pour venir par
« mer, s'efforcer de s'emparer de l'isle de Ré, de la ville
« de la Rochelle et d'autres ports de France, tenu la
« campagne en corps d'armée, mené le canon, fait pétar-
« der places, et, avec ses troupes, commis plusieurs
« voleries, meurtres et sacrilèges : pour réparation et
« punition desquels excès, *La Cour* l'a déclaré déchu des
« titres de duc et pair de France, l'a condamné et con-
« damne, où il pourroit être appréhendé, à être délivré
« ez-mains de l'exécuteur de la haute justice, lequel le
« traînant sur une claie, ensemble ses armoiries, lui
« fera faire le cours accoutumé par les rues et carrefours

« de la présente ville de Toulouse, et au-devant la porte
« principale de l'église métropolitaine Saint-Étienne, en
« chemise, tête et pieds nus, la hart au col, tenant une
« torche de cire ardente en ses mains, lui fera deman-
« der pardon à Dieu, au roi et à la justice des dits cri-
« mes, méfaits et intelligences, menées avec les Anglois
« et autres princes étrangers, et qu'il s'en repent ; et ce
« fait, le conduira et traînera sur la dite claie jusques en
« la place publique du Salin, ou, étant sur un échafaud,
« sera tiré à quatre chevaux, jusques à ce que son corps
« en soit démembré, et après seront son dit corps et
« membres et ses dites armoiries brûlés et reduits en
« cendres dans un bûcher, et puis les cendres jetées
« au vent. Et, attendu la fuite et contumace (du duc
« de Rohan) a ordonné que le présent arrêt sera exécuté
« contre lui en figure. »

La tête du duc de Rohan fut mise à prix ; on promit 7,500 livres à celui qui le prendrait mort ou vif. L'exécution eut lieu, en effigie sur la place du Salin. « On traîna cette effigie, dit Malenfant, revêtue d'une « frise jaune, passementée de vert, et ensuite écartelée « par l'ordre des capitouls. » Quelques jours après, le Parlement fit décapiter certains partisans du duc, pris les armes à la main, entre autres le gouverneur de Pamiers, Jean de Beaufort et le gouverneur de Mazières, Dauret, fils d'un conseiller au Parlement. S'il faut en croire des historiens de ce temps, Rohan aurait répondu à cet arrêt, en faisant pendre en effigie, à une potence de son camp, le premier président Le Masuyer.

Les historiens sont plus fidèles, en racontant le soulèvement général des villes protestantes, à la voix de

Rohan dans le comté de Foix et les Cévennes, aux bords du Rhône, dans l'Albigeois, dans le Rouergue et dans le Haut-Languedoc. On n'espérait plus que dans l'assemblée des États réunis à Toulouse, pour éteindre ces flammes. Condé en fit l'ouverture, au mois de mars. Le *Mercure de France* lui fait tenir ce langage : « Puisque l'obéissance due à mon souverain m'amène en « cette province, je vous assure que j'apporterai mon « possible pour vous délivrer de vos maux si grands et « si enracinés, qu'il ne se peut que les remèdes ne soient « difficiles et violents, possibles toutefois, avec l'aide « de ce généreux Parlement, qui se montre si coura- « geux et si affectionné à la religion, au service du roi et « au soulagement de cette province. Je me promets « tout bonheur de ma conduite, me trouvant si bien « assisté. »

D'année en année, les charges devenaient plus lourdes au peuple sur qui pesaient les frais de la guerre. Condé, sans s'en inquiéter, proposa au Parlement l'enregistrement d'un édit augmentant le prix du sel, et d'un autre édit créant de nouveaux trésoriers de France dans les généralités de Toulouse et de Béziers. L'avocat général Guillaume de Fieubet n'hésita pas à requérir l'enregistrement de ces édits ; le procureur général de Saint-Félix s'y opposa et tous les deux, entrant en lutte, lancèrent requêtes sur requêtes en récusations. Le syndic des États fit alliance avec le procureur général, qui ne craignit pas, en présence de Condé, de requérir la révocation du premier président, auquel on attribuait la propriété du greffe des trésoriers de France. A ces mots, Le Masuyer se leva en déclarant que le greffe appartenait à un de ses beaux-frères, et il sortit aussitôt de la grand'chambre.

Le procureur général poursuivit sa harangue, et tout en rendant hommage à la probité du premier président, il ne dissimula pas qu'il passait pour avoir d'étroites relations avec des gens d'affaires, et qu'il donnait ainsi, malgré la délicatesse de ses sentiments, prise aux soupçons du peuple. C'est là ce que l'historien protestant, Levassor, a travesti en preuves de malversation et de concussion. La discussion s'anima : Condé prit parti pour le premier président ; mais le Parlement accueillit la demande en récusation formée par le procureur général et decida que, le lendemain, en chambres assemblées, le président de Caminade adresserait au premier président, au nom de la compagnie, ces rudes paroles dont le texte etait en langue latine :

« C'est un crime, dans le chef d'un Parlement auguste,
« de partager avec les publicains, le prix de la misère
« du peuple. Les grands hommes, vos prédécesseurs
« dans la place que vous occupez, ne donnèrent jamais
« un pareil exemple. L'austérité des mœurs, la frugalité
« dans la manière de vivre et la médiocrité d'une for-
« tune domestique, voilà quels furent les objets de leur
« ambition, la matière de leur gloire et leurs droits à la
« vénération de la postérité. Ces vertus, si bien assor-
« ties à la haute magistrature, avaient caractérisé jus-
« qu'à ce jour le Parlement de Toulouse, et les peuples
« s'étaient accoutumés à y voir revivre l'ancien Sénat
« de Rome. »

Afin d'épargner cette humiliation au premier président, Condé fit renvoyer au lendemain cette remontrance.

Dans la nuit, Le Masuyer prépara sa défense et établit son innocence. La remontrance fut supprimée, mais la blessure était faite et la plaie restait ouverte. On le vit bien, au moment de la discussion des deux édits où les opinions contraires se heurtèrent à grand bruit. Condé se croyant à une bataille, se répandait en gestes courroucés, en regards menaçants ou en flatteuses paroles. Tout d'un coup, le président de Caminade se tournant vers le prince, lui dit : « Jamais le Parlement n'a porté « les chaînes dont vous cherchez à lier les hommes « libres. Si vous nous ôtez la liberté, nous nous retirons. « C'est du roi lui-même que nous tenons la liberté des « suffrages. Plus vous tenez de près à l'autorité royale, « par les droits de votre auguste naissance, plus il vous « importe de nous conserver un bien que vous semblez « nous enlever. »

Le visage du prince trahissait la surprise et l'irritation de son âme ; il refoula, en son cœur, la colère prête à éclater et répondit froidement au président de Caminade, qu'il ne venait pas avec l'intention d'imposer un joug aux dépositaires des lois, mais bien avec la volonté de s'éclairer des lumières du Parlement, bien que le Parlement méconnût ses desseins, autant que les vrais intérêts de l'État. Puis, s'adressant au président de Caminade, il lui dit sévèrement, qu'un prince du sang n'avait pas à subir les réprimandes d'un président à mortier.

L'air se chargeait d'orages ; le Parlement, froissé de cette vaniteuse arrogance, murmurait contre Condé. Il leva l'audience et ajourna la vérification des édits. Pressentant une nouvelle opposition des parlementaires et les récriminations du président de Caminade, Condé

demanda des lettres de cachet, pour défendre aux présidents à mortier de participer à la délibération sur les deux édits. Cette délibération fut reprise le 24 mars 1628, et on vit alors le curieux spectacle d'un prince du sang présidé par un simple conseiller, Jacques de Mausac. L'ancien conseiller clerc Jean Desfosses, évêque de Coronée et coadjuteur de l'évêque de Castres, et le maître des requêtes André Nesmond se retirèrent, en disant que les évêques ne pouvaient être présidés que par un vrai président. Jacques de Mausac ayant mis d'abord, en délibération, la récusation du premier président, le Parlement la déclara nulle et rappela le Masuyer. Quand on en vint aux édits, on écouta, en silence, les requisitions du procureur général de Saint-Félix et de l'avocat général de Fieubet : la discussion apaisée et contenue par le premier président, se termina par un arrêt d'enregistrement. Condé trionphait, mais son orgueil avait reçu une profonde blessure et il disait, le lendemain, au président de la Terrasse : « J'ai souffert d'être présidé par le con-
« seiller de Mausac, parce que je n'étais pas gradué et
« je savais qu'on ne peut présider, au Parlement, sans
« l'être ; mais j'ai souffert. »

Il allait oublier cet affront, en entrant en campagne dans le Haut-Languedoc, à la tête de l'armée catholique, en assiégeant les villes, en prenant les places fortes et en ravageant les pleines de la Garonne. Dans cette armée, le conseiller clerc de Caumels eut encore l'intendance de la justice et des vivres, emploi, disait avec sa fine malice le président de Gramond, qui ne s'alliait pas trop avec le caractère d'homme d'église. Le premier président Le Masuyer livrait bataille à sa manière, en

dépêchant des espions par tout le ressort, et surtout dans les contrées au pouvoir de la Réforme. Rien ne lui coûtait, ni argent, ni peine, pour leur ouvrir les villes, surprendre les secrets des troupes protestantes, tendre des embûches à leurs partisans, les emprisonner et les condamner au supplice. Aussi, dans leurs histoires, les protestants ne désignaient alors Toulouse que sous le nom de boucherie des réformés, et le premier président que sous le titre de bourreau. C'est que Le Masuyer se laissait emporter par la fougue des représailles. Le père Lombard l'a dit ainsi : « Cette infatigable sévérité lui
« procurait la plus grande considération dans le conseil
« de Louis XIII, et elle lui eût acquis de la gloire, si la
« crainte de verser le sang eût modéré davantage l'élan
« de ses poursuites, l'humanité entrant nécessairement
« dans toutes les vertus. »

Le père Lombard n'est que l'écho des gémissements de l'archevêque de Toulouse, ce généreux et miséricordieux cardinal de la Valette, qui aimait à répéter que les dévastations et les gibets n'amèneraient pas la conversion des hérétiques. Tant qu'il sentit en lui la force de gouverner son diocèse, il ne cessa d'attirer à lui, par le pardon et la clémence, les âmes arrachées à l'église. Quand il se courba sous le travail et les années, il se démit de son archevêché et chercha la paix dans la solitude et la prière. Charles de Monchal qui allait avoir tant de querelles avec le Parlement le remplaça, au printemps de 1628.

Il était du Vivarais, fils et petit-fils d'apothicaires d'Annonai, savant en droit canon et en lettres grecques et latines, ferme et ne reculant ni devant les parlementaires, ni devant Richelieu. Choisi par le duc d'Épernon, en qualité de précepteur de son fils, l'abbé de la Valette, il devint bientôt chanoine de la Sainte-Chapelle et abbé de Saint-Amans. Avant de franchir les portes de Toulouse, il exigea les honneurs d'une entrée solennelle. Le Parlement n'ayant pas assisté à son installation à la cathédrale, à la suite d'une question de préséance avec les capitouls, le président de Caminade, accompagné de douze conseillers, alla le complimenter en son palais, où quelques parlementaires, entre autres, les présidents de Bertier et Desplats se montrèrent, non en robe, mais en manteau court et l'épée au côté, comme possesseurs de fiefs relevant de l'archevêché.

Les archevêques de Toulouse étant conseillers nés au Parlement depuis l'année 1565, le nouvel archevêque y demanda séance, le 20 mai 1628. Dès qu'il eut pris sa place, avant le doyen, le greffier lui présenta les articles de la profession de foi que le prélat lut, à haute voix, assis et couvert, mais il se découvrit et s'agenouilla, en prêtant serment sur la Passion, selon le vieil usage, entre les mains du premier président. « L'archevêque, dit Malenfant, salua la Cour par une « belle et gracieuse harangue, à laquelle fut réparti fort « courtoisement par le premier président. » Ce n'est que par une respectueuse déférence envers la pourpre romaine, que le Parlement permit aux cardinaux d'Armagnac, de Joyeuse et de la Valette, de prêter leur serment, debout et la main sur le cœur. Plus tard, tous les prélats prêtèrent serment debout, de même que les cardinaux.

Au lendemain de cette audience, la Cour assista aux funérailles de son doyen, de Mansencal, et le soir, les crieurs publics annoncèrent la prise de La Rochelle, révoltée contre les rois de France, depuis deux cents ans. A la nouvelle de cette victoire, les villes protestantes du Languedoc, redoutant des assauts meurtriers et des capitulations ruineuses, songèrent à se soumettre et à demander la paix. Rohan releva les courages abattus et les troupes chancelantes prêtes à se débander ; il convoqua à Nîmes une assemblée générale. Loin de l'énerver, les défections et les défaites lui donnaient une énergie nouvelle. Abandonné de l'Angleterre, il se tourna vers l'Espagne, qui lui promit des secours d'hommes et d'argent. Le traité, conclu à Madrid, coûta la vie au courrier qui le portait ; on l'arrêta au bord de l'étang de Maguelone. Traduit devant le Parlement de Toulouse, ce gentilhomme zélandais, Bernard Pels, prétendit qu'il était sujet du roi d'Espagne et qu'en se rendant, de la part du roi son maître, vers le duc de Rohan, il ne faisait qu'exécuter les ordres de son souverain, sans savoir si ces ordres intéressaient le roi de France, et sans craindre la mort, en loyal et fidèle sujet de son roi.

Dans son réquisitoire, le procureur général démontra que l'autorité des souverains se renfermait dans les limites de leurs États, et que les commandements du roi catholique respectés en Espagne, devenaient sans force en passant les frontières. Cette grave matière touchait au droit des gens ; elle fut longuement débattue et se dénoua par un arrêt de mort. Avant l'échafaud, la question. En voyant les instruments de torture, Bernard Pels avoua qu'il avait ordre d'exhorter le duc de Rohan à mettre, sur pied, plusieurs compagnies de guerre ; il eut la tête tranchée et mourut sans faiblesse. Quelques jours après, un émissaire français, venant d'Espagne, fut arrêté porteur de mémoires relatifs au traité de Rohan et de Soubise avec les Espagnols et fut rompu vif à la place du Salin.

Le parti de Rohan était aux abois ; son armée se débandait et l'Espagne, elle-même, lui marchandait et lui refusait des secours. Après la prise de la Rochelle, Richelieu ne voulut plus entendre parler de conditions ; la Réforme et la révolte en déroute reçurent la loi du souverain par un édit de pacification, appelé l'édit de grâce, donné à Nîmes au mois de juillet 1629 et enregistré au Parlement, aux derniers jours du même mois. L'édit de Nantes était pourtant maintenu par Louis XIII.

De toutes les villes protestantes du ressort, Montauban, toujours insoumise, hésitait à obéir à l'édit de grâce qui prescrivit la destruction des murs de ville ; elle menaçait le roi de se défendre encore, si ses fortifications devaient être rasées. Les députés de Montauban osèrent même affronter la colère du cardinal de Richelieu, de passage à Nîmes, et lui proposer de laisser subsister ces murailles et ces bastions devant lesquels Louis XIII avait deux fois sonné la retraite. Le cardinal irrité ne leur répondit que par ces mots : « Vous verrez « bientôt l'armée du roi à vos portes. » En sortant de la chambre du cardinal, les députés de Montauban rencontrèrent le premier président et la députation du Parlement qui venaient le complimenter sur l'édit de grâce. Le compliment se fit en latin et le cardinal y répondit dans la même langue.

Le cardinal ne fit que traverser Toulouse ; il avait hâte de rejoindre les trente mille hommes de l'armée royale. Devant ces troupes aguerries, Montauban capitula et ouvrit ses portes à Richelieu qui y entra, en conquérant, le 19 août 1629, accompagné du duc de Montmorency, du marquis d'Effiat, des archevêques de Toulouse et de Bordeaux, de plusieurs évêques, des ambassadeurs d'Espagne et de Savoie, du premier président et des capitouls de Toulouse. A peine descendu de son carrosse, il chargea le président de Calvière et le seigneur de Biscaras, lieutenant du roi à Verdun, de faire raser les murs de Montauban et de n'y plus laisser pierre sur pierre. Afin d'arracher de ce sol si fécond en révoltes toute idée de résistance, il donna mission au premier président Le Masuyer de désarmer les habitants : canons, arquebuses, poudre, cordes et mitraille, tout fut enlevé et transporté à l'arsenal de Toulouse. Le conseiller Pierre de Lafont fut chargé de présider aux démolitions des murs du Mas-d'Azil et du Carla et de recevoir le serment de fidélité de ces villes endurcies ; en récompense de son zèle, le roi lui fit don du terrain occupé par les bastions.

En remerciant le roi de ses largesses, Pierre de Lafont devenait plus exigeant et laissait entrevoir l'espoir de la prochaine abolition de la chambre de l'Édit, tant de fois réclamée par le Parlement. De Béziers où elle siégeait, cette chambre ne cessait, afin de sauvegarder ses privilèges, de rendre loyale et exacte justice et de seconder le cardinal contre les entreprises du duc de Rohan. Elle condamna, en 1627, Jean Ruffel convaincu du crime de lèse-majesté et de complicité avec Rohan, à être pendu, aux potences de Castres ; elle enregistra, sans murmurer, les lettres royales qui déclaraient Soubise et les partisans des Anglais traîtres à la patrie. Elle n'en craignait pas moins de se voir enlever les procès contres les protestants. Aussi, dès qu'elle apprit que des assemblées séditieuses se tenaient à Privas, elle se livra à des poursuites et condamna à être pendues et étranglées quatre-vingts personnes, parmi lesquelles six ministres de la religion réformée. De plus, elle ordonnait la démolition des châteaux et maisons des condamnés, et proscrivait leurs femmes et leurs enfants. Pour plaire au roi, elle le supplia de détruire les remparts de Privas, foyer de complots et de séditions, et rendit arrêt sur arrêt, condamnant au gibet les rebelles d'Aigues-Mortes, de Milhau, de Pont de Camarès et de Saint-Affrique.

Le Parlement persistait à réclamer la suppression de la chambre de Béziers. Par un arrêt du mois de mars 1629, il enjoignait aux présidents et aux conseillers catholiques et réformés de cette chambre, de venir, dans le mois, prendre leur séance au Parlement. Touché du dévouement des Castrais aux intérêts de la Couronne, Richelieu déchira l'arrêt et manda aux magistrats de Béziers de continuer l'exercice de la justice, jusqu'à ce qu'il en eût autrement ordonné. Quand parut l'édit de grâce, un article de l'édit transférait la chambre mi-partie à Castres, et, en attendant l'exécution des conditions du traité et la fin de la peste qui désolait alors cette contrée, elle alla siéger, à la Saint-Martin de 1629, dans la ville de Puylaurens, et quelques mois après à Revel et à Saint-Félix-de-Caraman.

Il y eut, à la chambre de Béziers, des magistrats dont

les noms ne sont pas indignes de renommée, le savant président de Vignolles, Louis de Jaussaud, traducteur de Thucydide et auteur d'un poème latin sur les exploits de Louis XIII, les présidents de Montcalm, de Candiac, de Bertier, de Caminade, de Maniban, de Calvière, les conseillers Jean d'Assézat, Pierre de Rességuier, Hercule de Lacger ou de Latger, un des beaux esprits de son temps, que Christine de Suède attira à sa cour si lettrée, de Suc et de Juge, Samuel d'Escorbiac, laborieux jurisconsulte qui composa un précieux recueil d'arrêts, Salomon et Claude de Faure, et Jacques de Ranchin, d'un esprit aimable et profond, maître ès Jeux Floraux, groupe aimable et austère qui sauva peut-être, par son savoir et sa noblesse d'âme, la chambre de l'Édit.

En frappant sur les protestants comme parti politique, Richelieu voulait se montrer plein de respect envers les convictions religieuses et les droits des vaincus. Dans la grande ordonnance de janvier 1629, qui parut au moment où s'éteignait la guerre civile, comme un présage de raison et de sagesse, le cardinal n'oublia pas la chambre de l'Édit. Dans cette chambre composée de magistrats protestants et catholiques, les suffrages, par une conséquence naturelle de son institution, se divisaient souvent par moitié, et en vertu de cette tradition humaine et séculaire que le doute s'interprète toujours en faveur de l'accusé, il arrivait souvent que la justice demeurait impuissante et désarmée. Un article de l'ordonnance de 1629 restituant à la loi toute sa force et à la société ses garanties, décida qu'à l'avenir, l'égalité des voix en matière criminelle ne ferait pas conclusion à la plus douce opinion aux chambres mi-parties, mais qu'il y aurait partage à trancher en une autre chambre, selon la forme des édits.

Le cardinal, qui respectait les privilèges de la chambre de l'Édit, s'attaqua, avec cette puissante volonté qui maîtrisait tous les ordres de l'État, aux franchises du Languedoc. Sous prétexte d'observer l'égalité dans les impôts et de bannir les abus des répartitions, il institua un bureau d'élus dans chacun des vingt-deux diocèses de la province. C'était porter un coup mortel à des coutumes séculaires sanctionnées par tous les rois pour la levée des deniers royaux. Pourtant, Richelieu que n'effrayaient pas les obstacles et qui aimait à les combattre de front, craignant les oppositions du Parlement, se garda de leur adresser cet édit et prit une voie détournée.

La Cour des aides étant encore séparée de la Cour des comptes de Montpellier, il les réunit et leur déféra l'édit qui fut aussitôt enregistré et notifié à l'assemblée des États, à Pézénas. Mais les États, combattus entre le courroux du cardinal et les plaintes de la province, refusèrent de souscrire à l'anéantissement de privilèges enracinés au sol et tant de fois consacrés par la couronne. Richelieu sentit le coup et dépêcha un courrier aux États, avec l'ordre de se séparer et la défense de se rassembler à l'avenir.

Le Parlement soutint la cause des États et, dans une requête présentée à la Cour, le procureur général censura la Cour des aides et la Cour des comptes qui venaient de fouler aux pieds les droits des parlementaires et les traditions du royaume. La requête remise à l'un des plus anciens membres de la grand'chambre, le conseiller Bertrandi, resta plus de six mois en ses mains. Ce ne fut pas la faute de Bertrandi : plus d'une fois, il voulut faire son rapport : une main cachée le retenait sans cesse. Ni les mémoires ni les registres du Parlement ne s'expliquent sur ce retard. Le premier président trembla-t-il devant le cardinal ? On peut le croire, et le père Lombard l'a affirmé.

Lassé de ces ajournements toujours renouvelés, le procureur général finit par rompre ce silence, en chambres assemblées, et requit la Cour d'interdire l'exécution d'un édit qu'elle n'avait pas enregistré. En l'absence du premier président malade et des présidents de Caminade et de Bertier, le président Desplats, d'une âme pusillanime et incertaine, cherchait à éluder cette mission périlleuse et proposait d'attendre le rétablissement de la santé de Le Masuyer. Étant le dernier des présidents, il demandait, du moins, qu'un autre présidât à sa place. Le Parlement, offensé par ces hésitations et indigné des tremblement de la voix de Desplats, décida qu'il fallait délibérer sur les réquisitions du procureur général.

Forcé d'obéir, Desplats exigea que le registre fit foi de sa résistance ; le greffier lui en remit acte et on alla aux voix. La Cour ordonna que l'édit portant création des élus, en la province de Languedoc, lui devrait être apporté huit jours après la prochaine fête de la Saint-Martin d'hiver, pour être communiqué au procureur général et soumis à la délibération du Parlement ; en attendant, elle défendit aux populations d'obéir à l'édit.

La colère du cardinal éclata par éclairs, et l'avocat général de Fieubet, député du Parlement et ne perdant de vue ni le roi ni le cardinal, dans le Bas-Languedoc, écrivit aux parlementaires qu'un terrible orage allait fondre sur eux. Ce fut, au Parlement, une grande agitation ; on travailla à écarter la tempête et on débattit la question de la révocation ou de la modification de l'arrêt. Mais on était alors à la saison des vacances, et les règlements de la Cour ne permettaient pas aux magistrats restés à Toulouse, de porter la moindre atteinte à un arrêt solennellement rendu en chambres assemblées. Ils se bornèrent à un simple arrêté, décidant que la Cour adresserait à la Couronne de respectueuses remontrances, et que le président de Bertier et les deux conseillers Barthélemy et de Mausac, iraient apporter ces remontrances au roi et au cardinal qui remontaient le Rhône vers Lyon.

Ce n'était pas avec des négociations mêlées de lenteurs et d'expédients qu'on apaisait le cardinal. Il n'attendit pas les remontrances, et fit casser l'arrêt du Parlement, par un arrêt du Conseil du roi, qui ordonna que la minute de l'arrêt de Toulouse serait enlevée des registres de la Cour et apportée au greffe du Conseil, par le greffier Malenfant. En même temps, le président Desplats et le rapporteur Bertrandi reçurent l'ordre de se rendre auprès du roi, en quelque lieu qu'il se trouvât, et furent suspendus de leurs fonctions. Un huissier de la grande chancellerie de France, accompagné d'un exempt des gardes, partit pour Toulouse, et signifia au Parlement cet arrêt marqué de la double empreinte du pouvoir et du courroux d'un ministre plus absolu que son roi. Le cardinal enjoignit aussi au gouverneur de la province et aux capitaines des places d'opposer les forces militaires à l'exécution de la décision du Parlement.

Les parlementaires s'assemblèrent, et le président Desplats et le conseiller Bertrandi continuèrent l'exercice de leurs charges. Les remontrances déjà délibérées furent ordonnées par un arrêt qui imposa un sursis aux injonctions royales. Par un second arrêt du même jour, onze décembre 1630, la Cour commanda aussi au sénéchal de Toulouse de surseoir à la publication de l'arrêt du Conseil. A la faveur de ces résistances, les ducs de Montmorency et de Ventadour, soutenus par la reine mère et Gaston d'Orléans, intriguèrent et complotèrent contre le cardinal, un moment menacé de la disgrâce du roi. Ils saisirent au vol cette nuée passagère, et surprirent à Louis XIII des lettres révoquant l'édit des élus et rendant ses bonnes grâces aux États. Les alarmes de la province se dissipèrent et le Parlement triompha de Richelieu. Montmorency revenant de la guerre d'Italie s'arrêta à Carcassonne, où le président de Bertier et les deux conseillers Buat et Junius allèrent le complimenter au nom du Parlement. De là, Montmorency marcha sur Montauban où il entra en victorieux. Le premier président l'y suivit après sa victoire et le harangua en latin. Le duc reprit alors la route de Paris, en passant par l'Albigeois.

La peste, longtemps éloignée de la France, reparut en Languedoc, plus meurtrière que jamais, franchissant, d'un bond, de longues distances et revenant parfois en arrière, comme pour frapper et reprendre les victimes oubliées. A Carcassonne, Montpellier, Montauban et au Puy-en-Velai, les morts encombraient les maisons, les places publiques et les rues. La peste fit de Toulouse un vaste cimetière. Cinquante mille victimes, c'est le chiffre des bénédictins, expirèrent en quelques semaines.

L'image de la désolation se montrait partout, et les vivants ne suffisaient pas à enterrer les morts. On allait, de porte en porte, recueillir les bières lourdes et entassées qui se rompirent quelquefois, en répandant, dans la poussière, leurs dépouilles humaines. Le Parlement se vit contraint d'ordonner aux curés des paroisses d'affecter un prêtre à l'administration des derniers sacrements ; aussitôt, le père Odo, de la compagnie de Jésus, et quelques capucins s'offrirent et se vouèrent à cette douloureuse et périlleuse mission. Telle était l'épouvante des campagnes et des villes, que les populations, cherchant à se préserver de la contagion, s'isolaient et rendaient les chemins impraticables, afin d'empêcher tout commerce avec les cités ou les villages voisins. Il fallut des lettres du roi pour obliger le Parlement à faire remettre les routes en état, et rétablir les hôtelleries pour les voyageurs, munis de certificats de santé.

Toulouse ressembla à une solitude effrayante où erraient des familles en détresse, pareilles à des spectres, et ne pouvant échapper à la famine, quand elles échappaient à la mort. Celles qui n'étaient pas du peuple se réfugiaient dans leurs maisons des champs ; une cabane leur servait d'asile et leur rendait, avec la pureté de l'air, l'espoir et le courage. En ville, des milliers de pestiférés ou de pauvres mourant de faim se groupaient aux coins des carrefours ou au pré des Sept-Deniers, à côté des cadavres laissés à la voirie.

Au milieu de ces afflictions et de ces détresses, le premier président Le Masuyer ne voulut pas quitter Toulouse et se porta partout où l'ordre public et les secours de la charité réclamaient son autorité et sa présence. Tandis que quelques conseillers se réfugiaient à Grenade, il resta au Palais avec les autres parlementaires, pour y rendre la justice et édicter des règlements de nature à combattre le fléau. Ayant perdu son chapelain, dans sa maison, sa quarantaine finie, il courut au quartier des Sept-Deniers. En route, le plus désolant spectacle s'offrit à ses yeux : la violence du mal était si cruelle, dit un chroniqueur de ce temps, « qu'elle précipitait les pestiférés en frénésie, en furie, « en rage, les uns se jetoient sur terre, sans vue, sans « crier, sans parler, grattoient, rongeoient, mangeoient « le pavé, dévoroient leurs emplastres ; d'autres se « précipitoient dans le feu, d'autres crioient, hurloient, « mugloient comme des taureaux, juroient renioient, « blasphémoient comme des damnés ; les autres frap- « poient, blessoient, tuoient mesmement ceux qui se « présentoient. »

De Toulouse, le premier président expédiait des chirurgiens et des remèdes à Carcassonne et dans les villes dévastées par la peste : il empêcha la dispersion des compagnies de la ville qui se rangèrent autour de lui, et apportèrent des consolations et des secours dans les quartiers en deuil. A son inspiration, le Parlement interdisait la sortie des blés, favorisait l'entrée des blés étrangers et enjoignait aux capitouls d'approvisionner la ville. Il ordonnait aux consuls de Saint-Gaudens et de Montauban, qui désertaient ces deux villes décimées, d'y rentrer sans délai. Le roi étant de passage à Narbonne, il y eut un arrêt du Parlement, prescrivant aux habitants de regagner leurs foyers, sous peine de perdre leurs droits de bourgeoisie. Il obligeait aussi, par tout le ressort, les religieuses à rentrer dans leurs couvents d'où la peur de la peste les avait chassées.

A toutes les heures du jour, le premier président marchait en avant, comme à l'audience, visitant les malades de maison en maison, s'asseyant à leur chevet, étant l'âme des compagnies vouées au soulagement de tant de misères, bravant le danger et oubliant ses propres souffrances et les angoisses de sa maison. A ceux qui l'exhortaient à la prudence, il répondait que la pensée de la mort devait rappeler les hommes au sentiment de la fraternité.

Un immense cri de supplication s'éleva vers Dieu de qui viennent les châtiments et les pardons. Le 29 juillet de cette triste année 1631, les parlementaires assistèrent, en robes rouges, en l'église Saint-Étienne, à une messe solennelle, où ils communièrent tous, en se présentant, six par six, à la sainte table ; puis, ils se rendirent en procession à l'église Saint-Sernin, d'où ils revinrent, en suivant le Saint Sacrement, jusqu'à la cathédrale.

La rentrée de la Saint-Martin d'hiver se fit à huis clos, par suite du danger des rassemblements de la foule à ces fêtes judiciaires. Jamais, d'ailleurs, les rigueurs de la justice ne furent plus nécessaires : à côté d'admirables dévouements, le fléau engendra d'odieuses passions dans ce champ de désolation. Des poignées de scélérats, plus redoutables que la famine et la peste, parcouraient la ville de Toulouse et menaçaient de la piller et de la brûler. Sans le premier président, Toulouse, en proie au fléau et aux brigands, aurait été pour longtemps désertée ou consumée par l'incendie. Le président de Gramond lui a rendu cet hommage, qu'aux dépens de sa vie Le Masuyer sauva la ville d'une entière destruction.

La peste allait atteindre à son tour le premier président. Il se sentit frappé, en pleine audience, pareil à un capitaine sur le champ de bataille : on n'eut que le temps de le transporter dans son hôtel, où il donna encore, de son lit de douleur, l'ordre de veiller à la sécurité publique. Il fit même appeler, dans la cour de l'hôtel, les capitouls, ainsi que sa veuve l'a raconté, et du haut d'une fenêtre, il leur donna ses instructions dernières. A peine retiré de la fenêtre, il expira, dans une convulsion effroyable, le 10 octobre 1631. Le lendemain, son corps fut porté sur un carrosse recouvert de damas noir à l'église des chartreux, au bruit des cloches et des sanglots du peuple.

Ce fut un homme tout d'une pièce, poussant la franchise jusqu'à la rudesse, la fidélité à sa parole et l'amour de ses devoirs jusqu'à la passion. Jamais un mensonge ne sortit de ses lèvres pour obscurcir ou dissimuler les sentiments de son âme. De là, le reproche de dureté de cœur, de fanatisme et d'oubli de toutes les règles parlementaires.

En racontant son existence mêlée à tant de discordes

religieuses, les historiens protestants ne lui ont épargné ni les outrages, ni les calomnies. Ils ne veulent pas se souvenir, qu'en persécutant les protestants Le Masuyer n'entendait servir que les intérêts de sa patrie et de son roi. Dans la religion réformée, le premier président voyait, non un culte nouveau à discipliner et à diriger, mais une puissance ennemie à détruire : il s'engagea dans cette lutte avec une énergie de volonté que rien ne put ébranler. Lutter convenait à cette nature vigoureuse et surexcitée. Peut-être se laissa-t-il entraîner par la fougue de son caractère et de ses croyances à de cruelles mesures, comme au jour de la mort de Canredon? Quels que soient ses erreurs ou ses torts, on n'aperçoit pas moins, dans une sombre lumière, la violence passionnée des historiens calvinistes acharnés contre lui.

En son *Histoire de l'Édit de Nantes,* le protestant Benoit l'a flétri du nom de scélérat. Exagération pour exagération, le président de Gramond a dit un jour qu'il était orné de toutes les vertus. Le plus implacable de tous a été Levassor, réfugié en Hollande après son abjuration, et faisant métier d'insulter la mémoire de Le Masuyer. Il l'a accusé de s'être enrichi d'une manière indigne et contraire aux maximes d'intégrité du Parlement. Le président de Gramond en a dit avec plus de modération, dans une autre page de son histoire, qu'il entretenait des rapports avec les traitants et qu'il passait pour être dépendant des volontés de Richelieu, en favorisant l'enregistrement des édits bursaux et en recevant, du roi, la gratification d'un brevet de retenue de 150,000 livres, en faveur de ses enfants et de ses héritiers, sur sa charge de premier président.

Ce qu'ils ne disent pas, c'est qu'il établit, presque à ses seuls frais, les Pères de l'Oratoire, au quartier de la Dalbade et qu'il fonda, à Auch, le couvent des carmélites. Mais le président de Gramond, qui le connaissait mieux que Levassor et qui le vit à l'œuvre, toute sa vie, n'a pas hésité à affirmer qu'en cet homme intrépide et impétueux se rencontraient de grandes vertus de magistrat et de citoyen. S'il avait cru avoir violé les lois de l'intégrité et de l'honneur, il n'aurait pas eu cette tranquillité et cette fermeté d'âme qui ne l'abandonnèrent jamais au travers de ses épreuves. Sa mort lui aura été du moins une glorieuse rançon de ses fautes. Au lendemain des funérailles, tombèrent les récriminations et les injures : le silence descendit sur sa tombe et les capitouls ne le troublèrent que pour publier ces louanges transcrites dans leurs archives : « Ce personnage était
« grand en condition, mais plus vraiment grand en sain-
« teté de vie et éminentes et relevées qualités, craignant
« Dieu, aimant le public et tendrement chéri d'un cha-
« cun. »

CHAPITRE VII

Le Parlement en vacances s'assemble pour présenter trois candidats à la première présidence. — Jean de Bertier nommé premier président. — Son portrait. — Ses relations avec Port-Royal. — Son entrée à Toulouse. — Procès du duc de Montmorency.

Le Parlement n'attendit pas la rentrée de la Saint-Martin d'hiver, pour présenter à l'agrément du roi les trois candidats à la première présidence. Il savait que Richelieu n'avait guère le souci des anciens privilèges des ordres du royaume, et il se hâta de convoquer l'assemblée des chambres pour le seize octobre. Il fallait d'ailleurs, ainsi que s'expriment les registres, « pour-
« voir à d'importantes mesures relatives au bien de la
« province et à la sécurité d'une ville affligée par la peste
« et menacée par les incendiaires et les pillards. » C'est le sous-doyen de la Cour, le conseiller d'Hautpoul, qui prit les rênes et manda le président de Caminade, siégeant alors à Saint-Félix-de-Caraman, à la chambre de l'Edit, le président de Gragnagnes, en vacances à Rabastens, le président de Cambolas, fils d'un maître des requêtes de la reine Catherine, son fils le conseiller de Cambolas et les autres conseillers retirés en leurs maisons des champs.

Il en manqua beaucoup à cette audience tenue en la salle de la Tournelle, la grand'chambre étant encore infectée, depuis que la peste y avait frappé Le Masuyer.

Les gens du roi, en vacances au fond de la Gascogne ou des Pyrénées, ne parurent pas au Palais. Réduit à un petit nombre de magistrats, le Parlement n'en poursuivit pas moins l'élection des candidats à la première présidence. On alla aux voix, après le serment prêté sur l'évangile de la Passion, et les trois noms des présidents de Caminade, de Bertier et de Cambolas sortirent de l'urne.

« Tous les trois, a dit le père Lombard, étaient d'un
« mérite différent et propre à tenir incertaine la balance
« du roi. Le premier, généreux dans ses sentiments,
« élevé dans ses idées, cachait, sous la robe d'un homme
« du Palais, la politique d'un homme d'État ; le second,
« modéré et éloquent, héritier des services et du mérite
« de ses pères, unissait à une âme bien faite du goût
« et du talent pour les belles choses ; le troisième, ho-
« noré d'un brevet de conseiller d'État, un des commis-
« saires de la chambre de justice établie à Paris en 1625,
« révéré pour sa grande piété et comme enseveli dans
« la plus vaste érudition en matière de droit écrit, ne
« songeait qu'à faire jouir le Palais de ses veilles labo-
« rieuses et savantes, qu'on trouve dans son *Recueil*
« *d'arrêts et de doctrines,* si connu au Palais. »

Les hésitations du roi ne furent pas longues : il choisit le président de Bertier « le considérant, disaient les
« lettres royales, comme un personnage qui nous est en
« particulière estime, à cause de ses vertus et mérites,
« tenant avec lui la bonne intelligence et correspon-
« dance que vous savez être requise pour le bien de notre
« service et de la justice, ainsi que nous lui avons re-
« commandé de faire et de vous dire au surplus nos in-
« tentions. »

Le premier président Jean de Bertier, baron de Montrabe, venait d'une souche forte et féconde, alliée aux plus grandes familles du Languedoc, et dont les rameaux s'étaient divisés entre les évêchés et les Parlements. Il s'éloigna des honneurs du capitoulat, au souvenir de la disgrâce de son oncle, Guillaume de Bertier, déposé par le duc de Joyeuse qui ne lui pardonna pas son inviolable fidélité à la cause du Béarnais. Aux évêchés et aux abbayes occupés par ses cousins et ses frères, il préféra un siège de conseiller au Parlement, où il hérita, à l'âge de trente-six ans, à la mort de Henri IV, de la charge de Philippe de Bertier, son père, président à mortier.

Le président de Bertier a été un des premiers amis de Port-Royal. Loin du cloître et de cette vallée de Chevreuse, où les solitaires répandaient, selon le mot de madame de Sévigné, une odeur de sainteté à une lieue à la ronde, on rencontrait, par tout le royaume, des amitiés illustres et fidèles qui soutenaient et consolaient ces persécutés et ces rebelles, si fiers devant les hommes et si humbles devant Dieu. Arnauld d'Andilly, qui avait des amis partout, entretenait avec le président de Bertier un commerce d'amitié : c'est un des premiers anneaux de cette chaîne à laquelle s'attacheront d'Aguesseau, Racine, Boileau, Domat, le prince et la princesse de Conti, les évêques de Pamiers, d'Angers, de Beauvais et d'Alet.

Arnauld d'Andilly ne fut pas le dernier à complimenter de Bertier sur sa nomination à la première présidence du Parlement. Il lui écrivait : « Je vous supplie de me per-
« mettre de vous assurer que personne n'a plus ressenti

« que moi le bonheur que reçoit le public de vous voir
« remplir l'une des premières places de votre province ;
« avec tous les gens de bien, je pense qu'il faut se réjouir
« d'un choix si digne du roi, si digne de vous et si digne
« d'une telle charge, où dans le combat continuel de votre
« prudence, de votre courage, de votre savoir et de votre
« probité, on ne sait ce qui vous fera mériter le plus
« d'honneur. »

En l'investissant de sa charge, le roi Louis XIII accordait au nouveau premier président, en récompense de ses services, une pension de 2,000 livres, et Marguerite de Valois, reine de Navarre, lui expédiait des lettres de provision de la présidence de son conseil et se disait « sa parfaite et affectionnée amie. » Richelieu, qui se connaissait en hommes, eut, plus d'une fois, l'occasion de reconnaître, en cet esprit vaillant et savant, un absolu dévouement au roi. C'est lui qui le désigna à Louis XIII pour l'élever à la première présidence. Il y avait déjà longtemps qu'un Toulousain n'était monté sur ce siège. A cette nouvelle éclata la joie publique. Deux capitouls et deux bourgeois allèrent au devant de Jean de Bertier, à Montauban ; les milices de la ville l'attendirent à la porte Arnaud-Bernard où quatre capitouls, en robe de cérémonie, le reçurent au bruit des canons de la maladrerie de Saint-Roch. Au son des trompettes et des hautbois, le cortège traversa la ville sous des arcs de triomphe couverts de fleurs, de devises et d'inscriptions latines, à la louange du premier président. Le jour de son installation au Parlement, et après les harangues d'usage, les acclamations populaires l'accompagnèrent du Palais de justice à son hôtel. Sa charge de président à mortier revint à Étienne de Garaud, seigneur de Donneville, petit-fils, par sa mère, du premier président Duranti.

Les fêtes n'ont qu'un jour, et les révoltes, selon ce que disait Richelieu lui-même, ressemblent à un champ d'une fertilité surprenante. Les prisons ou les échafauds du comte de Chalais, des deux ducs de Vendôme, du duc de la Valette, du chancelier de Marillac, et de tant d'autres gentilshommes conjurés contre le cardinal, n'arrêtaient pas les complots et les élans d'indépendance. La fameuse journée des Dupes n'avait pas été assez décisive, et les seigneurs que n'effrayaient ni les victoires du cardinal, ni les dangers, ni les supplices, conspiraient, comme autrefois, dans l'ombre ou bannières au soleil.

Les choses inclinaient vers leur terme. On vit les conjurés se grouper autour du duc d'Orléans, Gaston, frère du roi, prince vaniteux, ambitieux, plein de caprices, d'un cœur faible et toujours prêt à trahir la foi jurée, à pousser ses partisans au combat, et à les abandonner après la défaite. Les plus grands seigneurs de France crurent trouver, en lui, un soutien de leurs rancunes, et un vengeur de leurs châtiments et de leurs humiliations. Enhardi par l'impunité qui couvrait sa royale naissance et par les excitations de la reine mère, il organisa le plus vaste complot qui eût menacé le royaume depuis le ministère de Richelieu. De son côté, la reine mère, réfugiée en Brabant et appuyée sur des troupes de toutes nations, rassemblées sous le nom d'armée espagnole, se disposait à pénétrer en France et à renverser le cardinal.

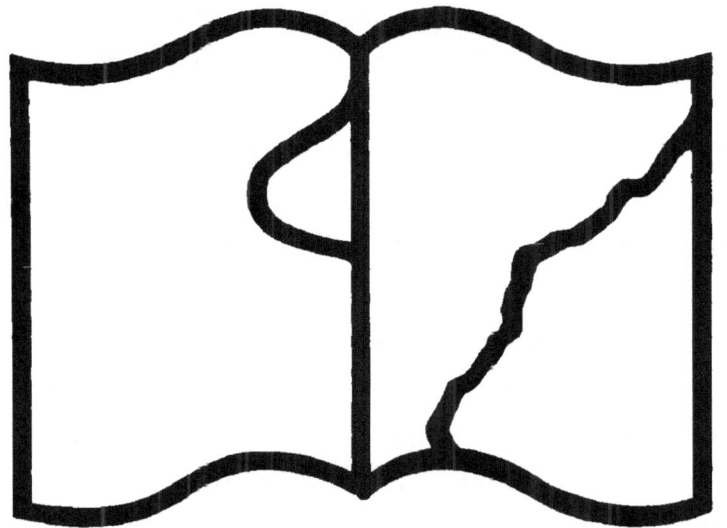

Texte détérioré — reliure défectueuse

Tous deux songèrent à rallier à leur cause le duc de Montmorency et à pénétrer ainsi en Languedoc. Ils n'ignoraient pas les haines sourdes qui divisaient le duc et le cardinal, et ils offrir et à Montmorency l'occasion d'humilier l'orgueil de Richelieu. Le duc d'Orléans lui écrivit cette lettre courte et supliante : « J'ai recours à
« vous comme à mon dernier refuge ; vous ne pouvez me
« sauver sans vous perdre. Je viens me jeter entre vos
« bras. »

La duchesse de Montmorency, Marie-Félice des Ursins, nièce de la reine mère, encourageait-elle le duc, qu'elle adorait, à se jeter dans la mêlée ? Mademoiselle de Montpensier l'a avancé dans ses Mémoires, mais elle s'est souvent égarée. Beaucoup d'autres l'ont suivie dans cette voie. De plus fidèles relations écrites vers le même temps, et surtout celle du père Lingendes, confesseur de la duchesse, et la relation qu'elle fit écrire elle-même, par Simon de Cros, officier de sa maison, lui donnent un démenti, en affirmant que la duchesse éplorée, invoquant ses pressentiments douloureux et ses tendresses, se jeta aux pieds de son mari, afin de rompre les liens qui l'attachaient au parti du frère du roi. Au duc d'Orléans arrivé de Lorraine, qui tomba tout à coup a Béziers avec ses bandes, elle répondit, le jour de sa première visite : « Si M. de Montmorency avait
« pu déférer aux conseils d'une femme, il ne vous aurait
« jamais reçu dans son gouvernement. »

L'entrée du duc d'Orléans à Béziers, les manifestes séditieux, par lui répandus dans la province, et les prises d'armes de la noblesse, déchirèrent tous les voiles. Le Parlement se leva aussitôt contre ces agitateurs : il prescrivit, dans toutes les sénéchaussées du ressort, des informations tendant à connaître tous les partisans de Monsieur, et fit surveiller par des espions les mouvements de la révolte.

On ne savait encore si Montmorency se battrait pour le roi ou le duc d'Orléans. Une de ses lettres, adressée à un des meneurs du parti et contenant le plan de la révolte, mit en lumière sa complicité avec Monsieur. Le Parlement, n'ayant plus qu'à recourir aux moyens de maintenir le peuple en union et en soumission, chargea le premier président, le président de Caminade, le procureur général de Saint-Félix, et l'avocat général de Ciron, de se rendre au conseil général convoqué au Capitole. De cette assemblée, sortit une proclamation de fidélité au roi et de guerre contre les rebelles, qui fut publiée dans les rues, et à son de trompe, par les crieurs publics. Le soir, on doubla la garde aux portes de la ville, sur une lettre du duc d'Épernon, qui annonçait que les traîtres se préparaient à les ouvrir au duc d'Orléans.

A Pézénas, les États, aveuglés par l'évêque d'Albi, le florentin Alphonse Delbène, bouillant partisan de la reine mère et ennemi opiniâtre de Richelieu, eurent une sorte de vertige et entrèrent violemment dans le camp du duc d'Orléans. Montmorency leur aplanissait la route par ses séductions et son prestige, qui entraînèrent les âmes flottantes : devant lui s'évanouirent les dernières résistances. La sagesse et les tristes prévisions de l'archevêque de Narbonne, Claude de Rebé, président des États, ne purent arrêter ce torrent. Le 19 juillet 1632, fut consommée cette ligue des États et du duc de Montmorency. De peur que Claude de Rebé ne fît rétracter cette délibération, Montmorency tint l'archevêque prisonnier dans son palais et fit arrêter les commissaires du roi. Le duc aurait voulu que le Parlement sanctionnât cette levée de boucliers par des remontrances. Pour toute réponse, le Parlement cassa la délibération des États et lança des décrets de prise de corps contre leurs syndics, greffiers et autres officiers, et contre tous ceux qui avaient participé et adhéré à cette décision ; il fit même saisir les biens de l'évêque d'Albi.

Montmorency soufflait partout la révolte, levait des soldats et des impôts, et entraînait les villes du Bas-Languedoc. Il connaissait Richelieu, et ne se faisait aucune illusion sur l'âpreté de ses ressentiments. Il savait que le cardinal ne pardonnait jamais une entreprise contre sa fortune, et qu'avec lui, la mort était toujours réservée aux vaincus ; à défaut de la victoire, il entrevoyait l'échafaud. A cette belle époque de notre histoire, entre la Ligue et la Fronde, la noblesse du royaume que n'énervaient pas encore la vie de cour et la molle opulence, se plaisait aux combats et se jouait de tous les dangers. Un ambassadeur de Venise disait des seigneurs de ce temps : « On dirait qu'ils sont tous nés l'épée à la « main. » En combattant Richelieu, Montmorency croyait s'attaquer à lui seul et rester fidèle au roi, ainsi qu'il l'écrivait à ses amis, et surtout à M. de Montbrun, auquel il disait : « Notre cause est si juste que je ne « doute pas que Dieu ne soit pour nous. » Déjà, Richelieu et le roi s'avançaient vers le Languedoc, à la tête d'une armée aguerrie. Montmorency, n'étant pas prêt à se battre, essaya d'une ruse de guerre, bientôt déjouée par le cardinal : il lui envoya des propositions de paix par le conseiller de la chambre de l'Édit, Louis de Montcalm, seigneur de Candine. En route, le roi laissait éclater sa colère contre Montmorency par des lettres où il disait :

« Voulons que son procès lui soit fait et parfait, selon
« la rigueur de nos ordonnances et déclarations, à la di-
« ligence de notre procureur général, en notre Cour de
« Parlement de Toulouse, à laquelle, en tant que besoin
« serait, en avons attribué toute Cour, juridiction, con-
« naissance, et icelle interdite à toutes autres, nonob-
« stant le privilège de pairie ou autres que l'on pourrait
« alléguer, dont nous l'avons déclaré indigne et déchu. »

De la Guyenne, le maréchal de Schomberg marchait aussi, à grandes journées, vers le Haut-Languedoc, où il devait rejoindre l'armée du roi. Montmorency, craignant de se trouver entre deux feux, se décida à aller au-devant de Schomberg et à lui livrer bataille. Le poète Voiture, qui suivait la petite troupe du duc d'Orléans, écrivait alors à mademoiselle Paulet, qu'il sacrifierait sa part de toutes ces victoires pour être à ses pieds. Il n'eut rien à sacrifier. Les deux armées se rencontrèrent dans les plaines de Castelnaudary : en apercevant l'ennemi, Montmorency dit à Gaston : « Enfin, Monsieur, voici le
« jour où vous réunirez le fils avec la mère, mais il faut
« rougir l'épée jusqu'à la garde. » Les mousquetaires ouvrirent le feu ; Gaston tenait le corps de bataille et Montmorency commandait l'avant-garde. Entre les deux armées fortes, celle de Schomberg de six à sept mille hommes, et celles de Monsieur et de Montmorency de treize mille, de grands ravins et des fondrières.

A une embuscade, les troupes de Schomberg firent une furieuse décharge sur les soldats de Montmorency. Le comte de Moret, bâtard d'Henri IV, est foudroyé d'un coup de mousquet; Montmorency franchit un fossé, sous une pluie de balles, rompt de son épée les rangs des assaillants et en tue un grand nombre. Couvert de sang et entouré de soldats prêts à le frapper, il tente de s'ouvrir un passage et de rejoindre les siens ; mais son cheval s'abat et il tombe avec lui. Une fois à terre et se voyant perdu, il cria : « A moi, Montmorency »!

Le duc d'Orléans jette au loin ses armes et fait sonner la retraite ; il s'enfuit en sifflant et en disant : « Tout est « perdu » Le combat n'avait pas duré une demi-heure. Une escarmouche venait de mettre en déroute le duc de Montmorency, ce vainqueur de deux grandes batailles sur terre et sur mer, ce soldat héroïque à qui Arnauld d'Andilly écrivait, au lendemain de la victoire de la Rochelle : « Il faudrait que Dieu créât de nouveaux mon- « des, pour donner un champ plus ample à votre va- « leur. » Un sergent des gardes, le seigneur de Sainte-Marie, courut sur Montmorency renversé, qui le supplia de ne pas l'abandonner et de le sauver. Sainte-Marie l'aida à se relever et lui dit de se repentir. « Le repentir « que j'ai, répartit le duc, me mènera en paradis. » Et il ôta de son doigt, non, comme on l'a écrit quelquefois, un bracelet enfermant dans un médaillon le portrait d'Anne d'Autriche, mais un anneau d'or émaillé, en priant Sainte-Marie de le remettre à la duchesse. Saint-Preuil, capitaine des gardes, et quelques soldats arrivèrent : on enleva au duc sa cuirasse, son bourrelet et son collet de buffle. Cinq balles étaient restées dans son corps et une large blessure trouait sa gorge. Le sergent des gardes l'enveloppa dans son manteau et l'emporta, dans ses bras, à Castelnaudary.

En chemin, il fallut s'arrêter au milieu des champs, dans une pauvre maison, où les soldats pansèrent ses dix-sept blessures. Schomberg en étanchait le sang, pendant que les soldats pleuraient. De là, sur une échelle servant de civière, on s'achemina vers Castelnaudary, place fidèle au roi. Le peuple, pressé aux portes, fit cortège au prisonnier, et l'émotion en ville fut si grande, disent les bénédictins, que les gens d'armes se virent contraints de dégaîner l'épée pour écarter la foule fondant en larmes et exprimant hautement sa douleur. En entrant dans la maison du lieutenant criminel, Montmorency aperçut son chirurgien qui pleurait ; il lui dit alors : « Leucante, ne t'affliges point, mais si tu espères « de pouvoir me secourir, fais-le de bonne heure ; sinon, « laisse-moi mourir en repos. »

Pendant ce temps, l'évêque d'Albi partait pour la Toscane et le duc d'Orléans s'enfuyait vers Béziers, d'où il écrivit au roi pour implorer sa clémence. Louis XIII pardonna à son frère et refusa de faire grâce à Montmorency. Il redoutait encore quelque surprise de l'armée des rebelles : la place de Castelnaudary ne lui paraissant pas assez forte, il fit transférer le duc prisonnier au château de Lectoure. Le cardinal se tenait d'ailleurs en garde contre l'adoration des peuples du Languedoc, pour ce noble vaincu, et se hâtait de l'éloigner. Il en est même qui ont prétendu que le maréchal de Schomberg songea, un moment, à l'enfermer aux prisons de Toulouse, mais que, sur une lettre du premier président, affirmant que les capitouls ne s'offraient à garder le prisonnier que pour favoriser son évasion, il se décida à l'accompagner de sa personne à Lectoure.

Si vif et si profond était l'attachement des Toulousains envers le duc, que Schomberg, au rapport des Mémoires de M. de Pontis, conseilla au roi de le faire juger à Lectoure par des commissaires du Parlement. Le roi aurait même incliné à le déférer au jugement des pairs de France, en sa qualité de pair du royaume. Les Mémoires de M. de Pontis ajoutent que le cardinal, ne s'accommodant pas de ces lenteurs, abrégea les choses et détermina le roi à renvoyer le procès devant le Parlement de Toulouse. M. de Pontis s'est trompé : la pensée ne vint jamais ni au roi, ni au cardinal, d'enlever au Parlement le jugement de ce procès. Le cardinal, si pénétrant en politique, aurait craint de tourner contre lui les plaintes du royaume, en paraissant mettre la justice au service de ses vengeances. Il ne lui déplaisait pas d'ailleurs d'humilier la noblesse, en la traitant comme on traitait les criminels ordinaires, et en lui faisant cruellement sentir que tout devait plier devant le roi. Il écrivait, le 3 août 1632, au premier président de Bertier : « On ne saurait assez s'étonner « de l'infidélité de M. de Montmorency, vu le bon « traitement qu'il avait reçu de Sa Majesté, et qu'en « mon particulier, j'ai toujours vécu avec lui, comme « frère. J'espère, qu'avec l'aide de Dieu, il recueillera « enfin le fruit de ce qu'il aura semé. »

C'est à Lyon que le roi avait appris la défaite de Montmorency. Il s'était remis en marche en traversant, à grandes journées, le Languedoc, rentré sous son obéissance, et dont les villes lui ouvraient leurs portes en implorant son pardon. En même temps, le Parlement, par son arrêt du 15 septembre 1632, prononçait la confiscation des biens du duc de Montmorency, des comtes de Moret, de la Feuillade, de Rieux, morts sur le champ de bataille, du marquis de Moux et des gentilshommes faits prisonniers, avec ordre d'informer contre les seigneurs qui soutenaient encore la révolte expirante, le comte de Bioule, le baron d'Aubijoux, les seigneurs de Pardaillan, de Sorgues, de Mirepoix, de Marsillac, d'Alzau, de Cazillac, de Servian, d'Ornano, de Sainte-Croix et du Luc, gouverneur de Narbonne.

Aux derniers jours de septembre, le premier président annonça aux chambres assemblées l'entrée du roi dans le ressort; les chambres désignèrent aussitôt les députés chargés d'aller saluer le roi : le premier président de Bertier, les présidents de Gragnagues, de Frautz et de Cambolas, le doyen de Mausac, et les conseillers de Bertrandi et d'Assézat. On murmura, au Palais, de ce que le premier président, qui ne devait jamais, selon toutes les traditions, quitter sa résidence, se mettait ainsi à la tête de la députation. Une lettre du secrétaire d'Etat la Vrillière, enjoignant au premier président d'aller au-devant du roi, mit fin à ces rumeurs.

Les députés rencontrèrent, à Béziers, le roi Louis XIII qui y tenait les États, avec la plus grande solennité. Ils prirent place aux États en face des membres du Conseil du roi et du banc des prélats, et donnèrent, par leur présence, plus de force aux nouveaux édits sur les impôts de la province. Au milieu de cette souveraine assemblée, le roi accepta la soumission de son frère et de plusieurs de ses complices ; aucune voix n'osa s'élever en faveur du plus généreux, du plus malheureux et du plus aimé de tous. Toute invocation à la clémence se serait brisée contre le cœur implacable du cardinal : ni seigneurs, ni parlementaires, ni prélats n'auraient osé lutter avec lui de puissance à puissance.

Les États séparés, le roi et la reine arrivèrent le 22 octobre à Toulouse, où le garde des sceaux, Châteauneuf, s'était rendu dans la soirée de la veille. Ils entrèrent, en carrosse, sans pompe royale et sans bruit. Au son de la cloche, le Parlement sortit du Palais, en robes rouges, et alla saluer le roi et la reine à l'archevêché, le garde des sceaux marchant devant le Parlement.

Après la harangue du premier président de Bertier, le roi le prit à part et lui commanda de prévenir le Parlement qu'il entendait que justice fût faite du tort à lui causé par le duc de Montmorency, et qu'à cet effet, il exigeait que le garde des sceaux présidât les audiences, pendant ce procès. Sur l'observation du premier président, que jamais les gardes des sceaux ne présidèrent le Parlement, mais seulement les chanceliers, le roi répliqua qu'il l'ordonnait ainsi, qu'il le commandait en roi, et voulait être obéi, donnant, pour cette fois, au garde des sceaux, les prérogatives et les honneurs des chanceliers. Le premier président résistant, le roi renouvela son ordre, et se tournant vers les présidents et les conseillers, il leur dit : « Je veux que ce que j'ai dit au « premier président et ce qu'il vous dira, de ma part, « soit exécuté, sans contredit. »

C'est l'honneur de la justice de France de voir ces

efforts du pouvoir royal, et ces tentatives d'enlever aux Parlements le jugement des coupables dont la condamnation importe à sa politique. Louis XIII adjoignit ainsi au Parlement de Toulouse le garde des sceaux et des maîtres des requêtes, de même qu'on le fit, dans le procès du maréchal de Gié, et, plus tard, dans le procès d'Urbain Grandier et de Fouquet. A mesure que la royauté s'avance vers le pouvoir absolu, elle supporte plus impatiemment l'indépendance des magistrats et s'efforce de se dégager de leur joug. Il eut mieux valu, pour le Parlement, qu'il déclinât sa compétence et renvoyât le duc devant les pairs du royaume.

En apprenant ces injonctions royales, le Parlement décida que le président de Gragnagues irait seul attendre le garde des sceaux sur le perron du Palais, et que les conseillers et commissaires aux requêtes n'opineraient pas dans le procès du duc de Montmorency, selon ce qui s'était pratiqué dans l'affaire du duc de Rohan. Deux jours après, le roi envoyait au Parlement, par Petit, un de ses secrétaires, une lettre de cachet confirmant la mission confiée au garde |des sceaux, Charles de l'Aubespine, marquis de Châteauneuf, de présider les audiences. La lettre à peine enregistrée, du très exprès commandement de Sa Majesté, le premier président reçut les lettres patentes datées du 25 octobre 1632, enjoignant à la Cour de commencer le procès. D'autres lettres commettaient Anne Canillac, conseiller de la grand'chambre, et Clément Delong, conseiller de la Tournelle, pour informer et faire le rapport à la Cour. Canillac étant malade, Delong procéda, presque seul, à cette information.

Le peuple criait contre le cardinal, qui n'attendait pas, sans inquiétudes, le moment où le duc arriverait de la prison de Lectoure et comparaîtrait devant le Parlement. La ville entière éclatait en plaintes et en menaces ; on est allé jusqu'à affirmer que quatre dames y complotèrent d'assassiner Richelieu pour sauver la vie de Montmorency, mais qu'aux approches de l'heure de l'exécution du complot, le poignard leur tomba des mains. Tout devenait suspect au roi et au cardinal : les courtisans les excitaient contre le Parlement et la ville, et soutenaient que Montmorency avait, parmi les parlementaires, sinon des partisans de sa révolte, du moins des amis disposés à l'absoudre de son crime et à le rendre à la liberté.

Le premier président, ému de ces calomnies, assembla les chambres et leur proposa d'aller, vers le roi, protester de leur fidélité. Les présidents et trente conseillers, des plus anciens, suivirent le premier président à l'archevêché. Le roi les accueillit en souriant, et leur répondit : « Qu'il était très satisfait des services
« de sa Cour, et n'avait jamais eu autre opinion que
« bonne de sa fidélité, et que s'il ne l'eût eue en l'es-
« time qu'il l'avait, il ne lui aurait pas envoyé le pro-
« cès criminel contre le duc de Montmorency. De plus,
« qu'ayant le jour d'hier été fait un combat singulier,
« en cette ville, entre quelques gentilshommes et sol-
« dats de ses gardes, desquels il y avait eu deux morts,
« il venait de renvoyer aussi, devant la Cour, la con-
« naissance de cette affaire, afin qu'en l'une et l'autre
« elle fasse justice. »

Le Parlement fit traîner les cadavres des deux duellistes sur des claies ; le bourreau les pendit ensuite par les pieds, mais la foule désertait la place Saint-Georges et se pressait autour du Palais, soucieuse, attristée et impatiente, et ne s'alarmant que du sort de Montmorency. En sortant de Lectoure, un émissaire avait remis en secret au duc, de la part de sa sœur la princesse de Condé, un mémoire contenant des moyens propres à décliner la juridiction du Parlement et à se prévaloir de l'exemple du duc de Biron, jugé par les pairs du royaume. Il déchira le mémoire, en disant : « Je suis résolu à ne point chicaner ma vie. »

Il arriva à Toulouse le 27 octobre, à midi, les gardes françaises et les Suisses formant la haie sur son passage, et le carrosse du prisonnier escorté par huit compagnies de cavalerie, soixante maîtres armés de toutes pièces, et par les mousquetaires du roi, commandés par le marquis de Brézé, à cheval. Le peuple pleurait et contenait ses sanglots. Par toute la ville regorgeant de troupes, des sentinelles veillaient à la tranquillité publique. Sous le portail du Capitole, se tenait le lieutenant des gardes du corps, de Launay, qui reçut le prisonnier. Les capitouls laissèrent l'hôtel de ville aux troupes royales, et se retirèrent au collège Saint-Martial.

Trois heures après, les deux commissaires du Parlement, Canillac et Delong, entrèrent dans une petite chambre aux fenêtres grillées et à la cheminée fermée aussi par une grille, servant de prison à Montmorency. Le prisonnier, les saluant, leur dit : « Messieurs, je « pourrais vous alléguer, qu'en ma qualité de duc et « pair, je ne peux et ne dois être jugé qu'au Parle-

« ment de Paris, mais ma faute est de telle nature que
« si le roi ne me fait grâce, il n'y a pas de juge,
« en son royaume, qui n'ait le pouvoir de me con-
« damner. Ainsi donc, puisque Sa Majesté l'ordonne,
« j'obéirai, quand ma soumission me devrait coûter la
« vie. »

Dans ce premier interrogatoire [1], le duc commença par déclarer qu'à raison de sa qualité de duc et pair de France, il n'était point tenu de répondre aux commissaires du Parlement, mais qu'il s'inclinait devant la volonté du souverain. Puis, il protesta de sa fidélité au roi, pendant la tenue des États du Languedoc, en ajoutant qu'il n'avait jamais engagé le duc d'Orléans à entrer en France, ni cherché à soulever la noblesse et les villes de la province, et que rien ne s'était fait sans le commandement de Monsieur. Il déclara ne s'être jamais servi de l'argent du Trésor royal pour lever des troupes contre Louis XIII et n'avoir, ni intimidé, ni emprisonné les députés des États et l'archevêque de Narbonne, sauf un courrier dont il avait expédié les dépêches à Richelieu. Il s'éleva, enfin, contre l'accusation d'avoir fait entrer, de concert avec l'évêque Alphonse Delbène, les troupes du comte de Moret dans la ville d'Albi, pour forcer les habitants à se ranger à son parti.

Le jeudi 28 octobre, les deux commissaires du Parlement s'étant de nouveau transportés à la prison du Capitole, montrèrent au duc la délibération des États de Pézénas, approuvée par lui, le 22 juillet, et reprirent l'interrogatoire [2].

1-2. Manuscrits de la Bibliothèque de la ville de Toulouse.

A la première question, le duc répond par une dénegation qui trahit la vérité. Quand on lui fait lire, au bas de la délibération des États, sa signature et deux lignes écrites de sa main, il affirme que ce n'est là ni sa signature, ni son écriture; le commissaire insiste et lui demande s'il n'a point contraint le greffier des États, Guilleminet, à écrire ces lignes, sans lui permettre de vérifier le procès-verbal de la délibération des États ; il nie de nouveau et soutient n'avoir fait arrêter ni Guilleminet, ni l'archevêque de Narbonne, ni d'Émery, ni obligé Guilleminet à lui apporter toutes les commissions par lui détenues dans l'intérêt des deniers du roi et du pays, et à les contresigner par force. Il rejetait sur le duc d'Orléans le reproche qu'on lui adressait d'avoir ordonné aux consuls et aux habitants de certaines villes de fournir des vivres à des compagnies armées contre les troupes du roi et de lever des impôts. Il repoussait l'accusation d'avoir cherché à soulever la province et les gouverneurs contre l'autorité royale, en ajoutant que les troupes de Schomberg avaient marché contre lui, plus qu'il n'avait marché contre elles, et qu'il ne se souvenait de rien, à partir du moment où il était tombé, au combat de Castelnaudary.

Le commissaire lui ayant demandé s'il ne reconnaissait pas avoir « obscurci le titre de sa naissance et de son
« rang par toutes ces actions », il répondit: « être au
« désespoir d'avoir offensé le roi son maître; avoir dit
« ci-devant les sujets qui l'ont précipité à son malheur,
« et reconnaître avoir reçu, de Sa Majesté, plus de
« grâces qu'il ne méritait; s'en être repenti, s'en repentir
« encore, et que si le roi lui voulait donner la vie, il le

« servirait mieux que jamais, et qu'il ne la souhaite que
« pour employer le reste de ses jours et son sang pour
« son service, et pour réparer les manquements qu'il
« reconnaît avoir faits. »

Il fut ensuite procédé par les commissaires à la confrontation du duc et de sept témoins, quatre officiers du régiment des gardes, deux sergents, et Guilleminet, greffier des États du Languedoc. Il y eut une scène touchante au moment de la confrontation du duc avec l'officier des gardes Guitaud. Le commissaire du Parlement ayant demandé à Guitaud s'il avait reconnu le duc au combat de Castelnaudary, l'officier des gardes répondit en pleurant : « J'eus de la peine à le reconnaître, couvert
« de fumée et de sang, jusqu'au moment que, l'ayant vu
« rompre six de nos rangs et tuer des soldats dans le
« septième, je jugeai que ce ne pouvait être que le duc
« de Montmorency. »

Le greffier Guilleminet se présentant, à son tour, à la confrontation, le duc nia encore avoir signé les funestes délibérations des États, du 22 juillet, et fait arrêter Guilleminet pour l'obliger à contresigner les délibérations : mais le greffier tenant ces pièces à la main, les présenta au duc, qui en eut un frémissement de colère, et traita Guilleminet de faussaire, en répétant que si le roi voulait lui accorder la vie, il n'en ferait usage que pour se rendre digne de cette grâce. Quant aux diverses commissions signées de lui, il déclara n'avoir agi que sur l'ordre du duc d'Orléans, sans que la pensée lui vînt jamais de demander des secours à l'Espagne, et de soulever le royaume contre le roi.

La ville, consternée, recueillait tous les échos de ces

interrogatoires, et jamais la douleur publique n'éclata en accents plus attendris. La cour de Louis XIII, éplorée, adressait à Dieu et au roi des prières pour la grâce du prisonnier. Le cardinal de la Valette, le nonce du pape, le duc de Chevreuse, le vieux duc d'Épernon, le prince de Condé et Saint-Preuil ne cessaient d'implorer la clémence royale. Le duc d'Angoulême écrivait au roi et au cardinal des lettres suppliantes. Il disait au roi : « Je vous demande à genoux, couvert de larmes, les « bontés de votre clémence, votre pitié et votre grâce « pour Montmorency. » Charles Ier, roi d'Angleterre, promis aussi à l'échafaud, envoyait à Louis XIII un ambassadeur chargé d'intercéder pour le duc ; le pape et la république de Venise expédiaient, en hâte, des ambassades ou des lettres vers Toulouse. La princesse de Condé y arrivait, à franc étrier, et allait en pèlerinage à Notre-Dame-des-Bruyères, pour arracher son frère au supplice ; la duchesse de Montmorency, malade à Béziers, s'apprêtait à partir au moment où un exempt des gardes lui remit une lettre du roi, portant l'ordre de se retirer au château de Moulins. Saint-Simon a raconté aussi que son père demanda avec tant de persévérance et de chaleur la grâce du prisonnier, qu'il faillit lui en coûter la vie.

La reine voulait se jeter aux pieds du roi ; les plus grands seigneurs se prosternaient à ses pieds et poussaient les courtisans, muets et tremblants, à s'agenouiller devant Louis XIII. Le roi, sourd à ces supplications, les écoutait d'un air insouciant et morne, et disait : « Si je suivais les inspirations du peuple, je n'a- « girais pas en roi. » A la voix du peuple, on ordonna des prières et des processions publiques, et on vit, un jour, les gentilshommes de la cour se mêler aux pénitents bleus, et communier ensemble, à l'intention du prisonnier, devant les reliques de l'église Saint-Sernin. Le soir, le peuple criait miséricorde sous les croisées du roi.

Ce n'était pas Louis XIII qu'il fallait fléchir, mais le cardinal, dont le cœur se fermait à toute émotion et à toute pitié. Il répétait souvent : « C'est chose injuste que « vouloir donner l'exemple par la punition des petits « qui sont arbres et ne portent pas d'ombre ; ce sont les « grands qu'il faut plutôt tenir en discipline. » On lui a aussi attribué ces paroles : « Je suis timide par na-« ture ; j'hésite longtemps, mais mon parti une fois pris, « je coupe, je fauche et je couvre tout de ma robe « rouge. » A la princesse de Guémenée, qui lui reprochait son ingratitude envers les services de Montmorency, il répondait sèchement : « Je n'ai pas rompu le « premier. »

Montmorency essaya d'amollir ce cœur d'airain, auquel manquait le génie du pardon, en l'assurant d'une éternelle reconnaissance, s'il le sauvait de la mort. Richelieu n'accorda au duc que la grâce d'une journée de plus avant d'être jugé, afin de se mieux préparer à mourir par la méditation, les consolations chrétiennes et l'espoir en la bonté de Dieu.

Le lendemain vendredi, 29 octobre, à l'aube, Montmorency fit appeler le père Arnoux, ancien confesseur de Louis XIII, se confessa à lui, entendit la messe à la chapelle du Capitole, communia, et offrit héroïquement à Dieu le sacrifice de sa vie. Le même jour, le garde des sceaux, Châteauneuf, en robe de satin noir, entra au Palais, accompagné des six maîtres des requêtes, Dutillet, Lanson, Le Maître, Mangot, Biel et Machault le jeune. A leur entrée dans la grand'chambre, la Cour se leva pour saluer le garde des sceaux, qui alla prendre place au siège du premier président. Après quelques paroles de courtoisie adressées au Parlement, Châteauneuf invita le conseiller de Canillac à commencer son rapport.

Le rapport terminé et toutes les pièces examinées, la Cour renvoya l'audience au lendemain. Dans la soirée, un gentilhomme envoyé par le duc d'Orléans embrassa, trois fois, les genoux du roi et implora la grâce du prisonnier. Le roi, se détournant, répondit froidement que le prisonnier était entre les mains du Parlement. Montmorency ne se faisait pas illusion et s'attendait à un arrêt de mort. Il rédigea son testament par permission du roi, désigna le cardinal de la Valette pour son exécuteur testamentaire, et légua à Richelieu, en signe de pardon, un portrait de saint François, par Annibal Carrache, une des merveilles de l'art chrétien. Saint-Simon a prétendu que c'était, au contraire, un portrait de saint Sébastien, percé de flèches, légué au cardinal, non en signe de résignation, mais de sanglante ironie. Dans la soirée, les troupes qui campaient au milieu des champs entrèrent, par toutes les portes de la ville, se mirent en bataille sur les places et aux carrefours et se rangèrent ensuite, au nombre de douze mille, dans les rues qui conduisaient du Capitole au Palais de justice. Autour du Palais, veillaient les gens d'armes, et aux portes se tenaient les gardes du corps du roi.

Le matin du 30 octobre, entre sept et huit heures, le comte de Charlux, commandant des gardes du corps, se saisit des clefs du Palais et posta des soldats armés de mousquets et d'arquebuses à toutes les avenues ; puis, il se rendit au Capitole, fit monter Montmorency dans son carrosse avec de Launay, les portières fermées et gardées par plus de six cents soldats écossais du roi, et emmena le duc au Palais. Avant de partir, le prisonnier demanda au père Arnoux s'il ne valait pas mieux, pour son salut, se reconnaître entièrement coupable, que chercher à pallier son crime. Ce fut l'avis du confesseur.

En descendant du carrosse, devant le Palais de justice, le duc fut conduit à la chambre des manteaux. Dès que le garde des sceaux eut ouvert l'audience, Montmorency entra à la grand'chambre, sur l'ordre donné au comte de Charlux par Châteauneuf. La sellette où il s'assit, tête nue, sans les fers aux mains, ni aux pieds, contrairement à l'usage du Parlement de Toulouse, se trouvait au milieu du Parquet, très élevée et presque à la hauteur des sièges des conseillers. Il s'agenouilla, et les deux mains sur le *Te igitur* et la croix, il promit de dire la vérité ; puis il se releva et s'assit sur son escabeau.

Le garde des sceaux commença alors son interrogatoire. Je transcris ici cette pièce importante [1].

« Interrogé par monseigneur garde des sceaux, sur
« ses noms, surnoms, âge, s'il est marié et a des enfants :
« A dit se nommer Henry de Montmorency, être âgé

---

[1]. Manuscrits de la Bibliothèque de la ville de Toulouse.

« de trente-sept ans, être marié et n'avoir enfants de
« son mariage.

« Interrogé pourquoi il est prisonnier, depuis quel
« temps et le sujet de sa prévention :

« A répondu être prisonnier depuis le 1er septembre
« dernier (1632), qu'il fut pris se battant en bataille
« rangée, contre l'armée du roi, conduite par le sieur
« maréchal de Schomberg, en quoi il reconnaît avoir
« offensé Sa Majesté et s'en repent.

« Interrogé, si contre le commandement exprès du roi
« il n'aurait violenté les députés des États du Langue-
« doc, et à iceux fait signer une délibération du vingt-
« deuxième jour de juillet dernier, portant une union
« inséparable qui n'était, en effet, et comme il a bien
« paru, qu'une ligue contre les ministres de l'État et le
« roi :

« A répondu ledit interrogatoire être véritable et
« qu'il n'est pas à s'en repentir, comme il l'a déjà dit en
« ses réponses faites devant Messieurs les commis-
« saires.

« Lui a été représenté avoir signé ladite délibération,
« bien que maître Pierre Guilleminet, greffier desdits
« Etats, le lui ait soutenu, et que cette vérité soit con-
« firmée par la lettre missive qu'il n'a pu dénier, l'ayant
« reconnu et accusé avoir écrit au sieur comte de Gram-
« mont :

« A dit que oui, accordant avoir signé ladite délibéra-
« tion ; que s'il l'a dénié en ses précédentes réponses,
« c'est à cause qu'il ne s'en souvenait pas.

« Interrogé si, contre l'usage observé de tout temps,
« il n'aurait, lui-même, signé les commissions que le roi

« a accoutumé d'envoyer en blanc, concernant les impo-
« sitions tant de l'octroi que le pays fait à Sa Majesté,
« que des dettes et frais du pays, et si après avoir
« signé lesdites commissions il n'en aurait pas départi
« une bonne partie au feu comte de Rieux, et le reste
« aux autres diocésains, pour faire la levée desdites
« impositions contre l'ordre et intention du roi, en quoi
« il ne peut nier d'avoir grandement failli :

« A dit que oui et accordé le contenu audit interroga-
« toire être véritable.

« Interrogé si, en qualité de gouverneur de cette pro-
« vince, il n'aurait reçu commandement exprès du roi
« de s'opposer à la venue de Monsieur, son frère, et si,
« au contraire de ce commandement, il ne l'avait fait
« venir en France et appelé dans son commandement,
« pour faire la guerre au roi et à ses troupes :

« Accorde avoir reçu les commandements du roi,
« mais que ledit seigneur, son frère, étant venu en son
« dit gouvernement, il ne l'aurait pu refuser.

« Interrogé si après avoir fait révolter les villes de
« Bagnols, de Béziers, Lunel et autres places du Bas-
« Languedoc, et fait fermer les portes d'aucunes d'icel-
« les aux troupes du roi, commandées par le sieur ma-
« réchal de la Force, il ne serait venu vers le Haut-Lan-
« guedoc, à main armée, combattre et attaquer, en
« bataille rangée, l'armée du roi commandée par M. le
« maréchal de Schomberg, ledit jour 1er de septembre,
« où Dieu permit qu'il fût arrêté et pris prisonnier :

« A répondu le dit interrogatoire être véritable, et que
« ce fut par le commandement dudit seigneur, frère du
« roi.

« Lui a été représenté s'il ne reconnaît pas que ses
« actions l'ont rendu criminel de lèse-majesté, et que,
« par son crime, il a encouru les peines de droit des
« lois et ordonnances de ce royaume, qui sont capita-
« les :

« A dit qu'il a eu devant maintes fois reconnu sa faute
« en laquelle il a avoué être tombé, plutôt par impru-
« dence que de malice ; qu'il en a demandé pardon à
« Dieu et au roi, comme il fait bien encore présente-
ment. »

L'interrogatoire terminé, la Cour fit retirer Montmorency dans une salle voisine de la grand'chambre.
Quelques instants après, le duc demanda à parler encore à la Cour. Les gardes et les huissiers l'introduisi-
rent de nouveau à la grand'chambre, et là, ayant salué,
à droite et à gauche, les parlementaires assis sur leurs
sièges, il dit au garde des sceaux : « Monseigneur, je
« vous supplie très humblement et à cette honorable
« compagnie, que ce que j'ai dit, en mes précédentes ré-
« ponses, ne fasse aucun préjudice à Guilleminet. » Noble et touchante rétractation qui lave la mémoire de
Montmorency d'une défaillance passagère, dont la tache
eût terni sa mort héroïque. Pour défendre sa vie, il eut
un moment recours à une déclaration trompeuse. Tout
espoir de pardon s'évanouissant, il revint à la vérité et
la laissa librement sortir de son cœur.

La voix de Montmorency ne tremblait pas : elle avait,
dans l'accent, tant de modération et de noblesse que les
parlementaires baissaient les yeux, se couvraient le
visage de leurs mains, et essuyaient furtivement leurs
larmes. Il y a une légende autour de cette audience.

On a souvent raconté qu'au moment où le garde des sceaux, ancien page du connétable de Montmorency, commença l'interrogatoire et demanda son nom à l'accusé, le duc lui aurait dédaigneusement répondu : « Mon « nom, Monsieur, vous devez le savoir : vous avez « mangé assez longtemps le pain de mon père. » Est-ce bien une légende ? Y eut-il, au contraire, dans le cœur de Montmorency, un dernier retour vers l'orgueil du sang et le sentiment de son rang ? On ne trouve aucune trace de cette réponse, dans la pièce originale. On a dit aussi qu'en entendant le garde des sceaux lui demander s'il avait des enfants, il s'attendrit, porta la main à ses yeux, et pleura à la pensée que sa race allait s'éteindre. Après l'interrogatoire, le procureur général requit contre l'accusé la peine de mort, édictée contre les criminels de lèse-majesté.

Le duc quitta le Palais : cette audience avait brisé ses forces. Il demanda un peu de vin : un huissier en ayant apporté, le lieutenant des gardes lui commanda d'en faire l'essai et d'en boire avant le duc. Le rouge monta au front du prisonnier qui entra dans son carrosse, sans vouloir tremper ses lèvres dans le verre. Pendant que les gardes le ramenaient à la prison du Capitole, le Parlement délibérait. Clément Delong, un des deux commissaires de l'information, opina le premier et vota pour la mort, en pleurant. C'était la loi. Après lui, les parlementaires opinèrent, en inclinant silencieusement la tête et d'un geste de la main. Ils se réservaient, disent les mémoires du temps, « de donner liberté à leurs « sanglots, en leurs maisons, les larmes leur étant in- « terdites à l'audience, à cause de la dure bienséance de

« leur ministère. » Le garde des sceaux opina de même, et fit dresser cet arrêt, qu'il signa le 30 octobre 1632, à onze heures du matin :

« La Cour, les chambres assemblées, a déclaré et
« déclare le procès être en état d'être jugé définitivement,
« sans enquérir de la vérité des objets et reproches, le
« sieur duc de Montmorency atteint et convaincu du
« crime de lèse-majesté au premier chef, pour répara-
« tion duquel l'a privé et le prive de tous états, honneurs
« et dignités, et l'a condamné et condamne à être délivré
« ès mains de l'exécuteur de la haute justice, qui lui tran-
« chera la tête sur un échafaud qui, à cet effet, sera
« dressé à la place du Salin, et a déclaré et déclare les
« terres de Montmorency et Damville privées à jamais
« du nom et titre de duché-pairie, et tous et chacun de
« ses biens, meubles et immeubles, acquis et confisqués
« au roi. »

Dès que le roi eut connaissance de cet arrêt, il pleura, et, par des lettres patentes du même jour, il ordonna à la Cour de changer le lieu de l'exécution. Sous les fenêtres de l'hôtel de la Trésorerie, où logeait Louis XIII, à côté de la place du Salin, le peuple criait : *Grâce !* Richelieu craignit que les émotions et les douleurs du peuple n'amenassent une sédition : au lieu de la place du Salin, ce fut la cour du Capitole qui fut assignée à l'exécution, par un second arrêt.

Montmorency était prêt. Enfermé pendant une heure, dans sa prison, avec le cardinal de la Valette, il sortit de cet entretien mystérieux le cœur ferme et le front haut. Soutenu par l'espérance de la vie immortelle, parlant sans effort et sans crainte, consolant ses serviteurs agenouillés et éplorés, il attendait, tranquille, le moment de marcher au supplice. Il se fit alors, en lui, au travers de ces anxiétés sinistres de l'échafaud, je ne sais quelle transformation d'une grandeur chevaleresque et touchante qui éclaira ses dernières heures d'un rayonnement de bonheur. La victime se refugiait dans l'héroïsme devant la mort. Il disait au père Arnoux : « Voici une « grande journée. J'ai besoin des secours de Dieu et de « votre assistance, d'autant plus que je me sens indigne « des grâces qu'il me fait, d'être dans un grand mépris « du trépas. Tâtez mon cœur et voyez s'il palpite plus « qu'à l'ordinaire, et vous jurerez, avec moi, que c'est « Dieu seul qui me fortifie. »

De la part du roi, le comte de Charlux lui reprit l'ordre du Saint-Esprit et le bâton de maréchal. En le remettant au comte, le duc lui dit: « Monsieur et cher « cousin, je rends volontiers et le bâton et l'ordre à mon « roi, puisqu'il juge que je suis indigne de sa grâce. » Et se tournant vers les pères jésuites qui l'assistaient, il ajouta : « Mes pères, demandez à Dieu, pour moi, la « persévérance et la charité et récitez le psaume : *In te « domine speravi.* » Charlux rendit au roi le cordon du Saint-Esprit et le bâton de maréchal, pendant qu'il jouait aux échecs avec le duc de Liancourt. Un officier des gardes a ainsi retracé cette scène qui nous a été transmise par l'historien Levassor : « Char-« lux, se jetant aux pieds de Louis XIII, lui dit : « Ah ! sire, faites grâce à M. de Montmorency. Ses « ancêtres ont si bien servi les rois vos prédéces-« seurs ! Faites-lui grâce, sire ! Tous les courtisans se « jetèrent à genoux en pleurant. Le roi répondit dure-

« ment : Il n'y a point de grâce ; il faut qu'il meure. »

A l'heure de midi, de ce même jour 30 octobre, les deux rapporteurs, Anne de Canillac et Clément Delong, accompagnés du greffier Cordurier, annoncèrent au condamné, dans la chapelle de la prison du Capitole, l'arrêt de condamnation. Il entendit cette lecture à genoux, devant l'autel, les yeux fixés sur l'image du Christ. La lecture achevée, il se releva et dit avec une sérénité incomparable : « Messieurs, je vous remercie et toute
« votre honorable compagnie à laquelle je vous prie de
« dire que je tiens cet arrêt de la miséricorde de Dieu.
« Priez qu'il me fasse la grâce de soutenir chrétienne-
« ment l'exécution de ce que l'on vient de lire. » Un des commissaires du Parlement lui répondit : « Monsieur,
« nous allons faire ce que vous nous avez commandé,
« et nous prions Dieu qu'il vous console. »

Les deux parlementaires et le greffier laissèrent le condamné, seul, avec le père Arnoux et trois autres jésuites. En baissant les yeux, le duc s'aperçut que ses habits étaient très beaux ce jour-là ; il s'en dépouilla aussitôt, et dit au père Arnoux : « Oserai-je
« bien, étant criminel comme je suis, aller à la mort
« avec vanité, cependant que mon Sauveur innocent
« mourut, tout nu, sur la croix ? Mon père, il faut que
« je me mette en chemise, pour faire amende hono-
« rable devant Dieu, pour les fautes que j'ai commises
« contre lui. » Il ne garda qu'une camisole blanche sur sa chemise, un caleçon, des bas de toile blanche et des souliers. Il coupa lui-même sa moustache en présence du grand prévôt, des archers, et du bourreau qui attendait debout, à l'entrée de la chapelle.

Jusqu'à deux heures, il récita des actes de résignation à la volonté de Dieu, approchant, sans cesse, ses lèvres d'un crucifix. Il s'impatientait du retard apporté à l'exécution, et quand on lui annonça qu'il ne mourrait qu'à cinq heures, il demanda s'il ne pourrait mourir à l'heure où Jésus-Christ expira sur le Calvaire. Cette faveur lui fut accordée. Alors, il s'écria : « Mourons donc ; que l'on « me coupe les cheveux. » Par un sentiment d'humilité, il refusa l'assistance de son chirurgien, et pria le bourreau de découvrir son cou et ses épaules. Les cheveux coupés, il dit : « Tout est-il prêt ? » Sur un signe de tête du bourreau, il repartit : « Allons donc, mais plutôt que « l'on me donne une plume et du papier, » et il écrivit à la duchesse de Montmorency cette lettre, d'une tendresse recueillie :

« Mon cher cœur, je vous dis le dernier adieu, avec
« même affection qui a été toujours été entre nous. Je
« vous conjure, pour le repos de mon âme, comme j'es-
« père, dans peu, d'être dans le ciel, de modérer vos
« ressentiments et de recevoir, de la main de notre doux
« Sauveur, cette affliction. Je reçois tant de grâces de sa
« bonté, que vous devez avoir sujet de consolation.
« Adieu encore un coup. — Montmorency. »

Il écrivit encore deux lettres, l'une à sa sœur, la princesse de Condé, et l'autre au cardinal de la Valette ; puis, il commanda au père Arnoux de donner sa bague à sa nièce, Mademoiselle de Bourgogne, et un reliquaire à sa sœur. Étant remonté de la chapelle dans sa prison, un valet jeta sur ses épaules une robe de chambre ; le duc la laissa tomber en disant : « Il n'en faut plus ; « nous irons tout blanc, en paradis. » On lui dit qu'il n'aurait pas les bras liés ; il s'écria : « Je le veux être, « pour aller au supplice, comme Jésus-Christ. »

Aux églises où accourait la foule, on récitait les prières des quarante heures. On espéra, jusqu'au dernier moment, que Louis XIII ferait grâce ; le lieutenant des gardes-du-corps, de Launay, était allé implorer, une fois de plus, la clémence du roi. A ses yeux mouillés de larmes, on comprit que tout espoir était perdu.

Le duc sortit de sa prison, traversa le consistoire, un crucifix à la main, le père Arnoux marchant à sa droite. Les gardes le saluaient sur son passage. Il fallut passer par une fenêtre, pour arriver au pied de l'échafaud, élevé à la hauteur du premier étage et adossé au mur de la porte, au-dessous de la statue d'Henri IV. Les portes du Capitole étaient fermées, et les capitouls regardaient aux fenêtres intérieures de la cour. Le jugemage n'eut pas le temps d'y venir.

Devant la statue de ce roi, son glorieux parrain, Montmorency eut un tressaillement, en songeant que le fils de ce grand roi, qui lui donna son nom et lui ouvrit les portes de la vie, l'envoyait froidement à la mort. Ce ne fut qu'un éclair ; il se raffermit, salua autour de lui, les capitouls, les officiers du corps de ville, le grand prévôt des gardes et les greffiers, en les priant tous de témoigner au roi son regret de l'avoir offensé. Puis, se tournant vers le bourreau : « Mon ami, lie-moi, bande mes yeux, « et fais promptement ton affaire. » Quelqu'un lui ayant dit que le roi lui permettait de n'avoir pas les yeux bandés, il répliqua qu'il ne saurait assez mourir en honte.

On lui banda les yeux avec son mouchoir. S'adressant alors à un des jésuites qui accompagnaient le père Arnoux, le duc le pria d'empêcher que sa tête ne tombât à terre. Il croisa les bras, s'agenouilla devant le poteau, reçut la dernière absolution, baisa le crucifix, essaya sa tête sur le billot, mais ses blessures l'empêchant de rester dans cette position, il se mit de côté en disant : « Je ne « remue pas par appréhension ; mes blessures me font « mal. » Ses lèvres murmurèrent enfin ces mots suprêmes : « *In manus tuas, Domine, commendo spiritum meum;* « Mon doux Sauveur, recevez mon âme. » Il dit ensuite au bourreau : « Mon ami, je vous pardonne de tout mon « cœur ; » et au père Arnoux : « Adieu mon Père, je « m'en vais au paradis, d'un seul coup, sans languir. » Se tournant encore vers le bourreau, il ajouta : « Frappe « soudain. » D'un coup de hache, la tête tomba.

Un large flot de sang jaillit sur la muraille et y laissa longtemps sa trace rouge, que les années ont pâlie et effacée. Les capitouls et les gardes pleuraient. Sur l'ordre du grand prévôt, les portes s'ouvrirent et le peuple se précipita dans la cour, se disputant les pierres ensanglantées, et recueillant, sur des mouchoirs, le sang ruisselant de l'échafaud. On vit, parmi cette foule, des soldats tremper leurs épées dans le sang fumant sur les dalles, et y tremper leurs lèvres, pour y puiser le courage du héros. Le peuple se partagea les lambeaux du col de la chemise, coupé par le bourreau, comme de chères reliques. Des cris désespérés partirent de cette cour et se répandirent dans la ville en deuil. Jamais prince ne fit verser tant de larmes en Languedoc.

Le couteau qu'on montre au Capitole, sorte de lourd cimeterre à manche recourbé, à poignée à tête d'aigle et à large lame, portant la date de 1622, la signature du coutelier Célar et un dauphin couronné, est-il bien le couteau qui trancha la tête de Montmorency ? On a beaucoup disserté à ce sujet, les uns acceptant cette tradition, les autres la combattant et affirmant qu'on donnait alors la mort avec une doloire, placée entre deux solives et tombant de tout son poids, sur la tête du condamné. Couteau ou doloire, qu'importe à cette mort héroïque !

Il ne restait plus qu'à creuser la tombe de ce duc et pair âgé de trente-sept ans, ancien amiral de France, petit-fils de quatre connétables, de six maréchaux, premier baron chrétien, célèbre par ses duels et ses galanteries, allié à plusieurs races de princes, vainqueur dans deux batailles, le plus magnifique, le plus généreux, le plus doux et le plus beau des seigneurs du royaume, malgré ses yeux un peu louches, les yeux à la Montmorency, chanté par Théophile de Viau, par Mairet et les poètes du Languedoc, et ayant séduit jusqu'à la postérité. Son cœur resta à la maison des jésuites jusqu'à l'année 1766, où il fut solennellement transporté au cloître de la Daurade. La Révolution devait l'en chasser et le jeter à la voirie. Son corps embaumé fut porté, par les soins de madame de Grammont, à l'église Saint-Sernin, où le peuple, les évêques de Pamiers et de Comminges, les parlementaires et les bourgeois allèrent prier autour du sépulcre.

C'était lui, moins que le duc d'Orléans, qu'il fallait frapper : Montmorency portait la peine du frère du roi. De ces deux rebelles, le moins coupable payait la rançon de celui qu'un témoin du procès appelle le tentateur et le boute-feu. La raison d'État le voulait ainsi, cette raison d'État, implacable et tranchante, qui devenait, aux mains de Richelieu, une arme terrible dont il se servait pour effrayer la noblesse et empêcher le retour des complots et des révoltes. Plus haute était la tête et plus retentissante était l'expiation. Henri IV ne pardonna pas à Biron; Richelieu ne voulut point pardonner à Montmorency. En lui disparut toute une société : la noblesse française n'exista plus que de nom ; il n'y eut que le roi et ses ministres. Une dernière résistance allait être brisée par la mort de Cinq-Mars. Avec le duc de Montmorency, les partis étaient pour longtemps décapités ; leurs débris allèrent mourir sur l'échafaud ou ramer aux galères. Richelieu jette, en défi, à la noblesse, ces têtes audacieuses et altières ; le royaume en frissonne et courbe le front.

Le duc d'Orléans, jouet des partis, affecta de paraître inconsolable et s'exila. Épuisé par tant de secousses et lassé de tant de douleurs, le roi pressait le moment de quitter Toulouse. Le matin du 31 octobre, lendemain de la mort de Montmorency, une députation composée de quarante parlementaires en robes noires, le premier président en tête, alla saluer au palais de l'archevêché le roi, la reine, le cardinal et le garde des sceaux, qui prirent la route de Bordeaux, en laissant le gouvernement du Languedoc au maréchal de Schomberg, et en partageant les biens de Montmorency au prince de Condé et au prince de Conti.

Tandis que Richelieu descendait la Garonne en triomphateur, menant le roi attristé, la cour vaincue, la reine tremblante et cherchant à voiler ses larmes d'un sourire, la duchesse de Montmorency s'acheminait lentement vers le château de Moulins, où, pour parler comme Théophile de Viau, « cette sainte inconsolée, « ayant la blancheur des neiges célestes », s'ensevelit dans la douleur, demandant à Dieu, comme sainte Catherine de Sienne, de changer de cœur, le sien étant trop attaché au souvenir de l'époux perdu. Elle prit le voile au couvent de la Visitation, où elle dressa, pour le duc à jamais endormi, un plan de mausolée dont madame de Sévigné a parlé.

Après tant de grandes pécheresses expiant leur vie de galanterie et de mollesse dans la pénitence des cloîtres, on voyait enfin une duchesse entrer, sans une tache au cœur, dans ces pacifiques régions de la solitude et de l'oubli. Abîmée dans le désespoir austère, elle voulut avoir auprès d'elle le corps de celui qu'elle avait tant aimé. L'archevêque de Toulouse et les moines du monastère de Saint-Sernin s'opposaient à l'enlèvement de ce corps, que le peuple regardait comme celui d'un saint. Un arrêt du Conseil les obligea de s'en dessaisir. La duchesse de Montmorency n'avait plus rien à faire en ce monde, que pardonner au duc d'Orléans et à Louis XIII. Ce qui lui coûta le plus, fut de pardonner à Richelieu. A sa mort, on la coucha dans la tombe, à côté du duc, en l'église de la Visitation de Moulins, au-dessous d'une couronne et d'un blason, soutenus par des anges, laissant flotter, dans les airs, la fameuse devise des Montmorency : « Dieu aide au premier baron chrétien. »

CHAPITRE VIII.

Schomberg gouverneur du Languedoc. — Procès du conseiller François de Nos. — Silence au Parlement. — Le duc d'Alvin, gouverneur du Languedoc. — Son entrée à Toulouse. — Lettres de grâce à une partie de la noblesse révoltée. — Richelieu, les capitouls et le Parlement. — Craintes de guerre avec l'Espagne. — Le Parlement et le lieutenant général marquis d'Ambres. — Désordres à Castres. — Déclaration royale relative au duc d'Orléans transmise au Parlement. — Guerre avec l'Espagne. — Impôts de guerre. — Murmures de la province. — Remontrances du Parlement. — Parlementaires mandés devant le conseil du roi et suspendus de leurs fonctions. — Émeute à Toulouse. — Le gouverneur au Parlement. — Un curieux procès. — L'avocat de Beloi. — Démêlé du Parlement avec le chapitre de la cathédrale. — Création de nouvelles charges au Parlement. — Opposition et tumulte au Parlement. — La guerre étrangère. — Victoire. — Préparatifs de guerre avec l'Espagne. — Victoire de Leucate. — Mort du président de Caminade, du président de Calvière. — Le conseiller Pierre Fermat. — Le conseiller Simon d'Olive. — Le président de Gramond. — Le conseiller Charles de Catel. — Ressentiment de Richelieu. — Voyage du premier président à Paris. — Querelle de la grand'chambre et de la Tournelle. — Condé commandant les armées. — Un intendant à Grenade. — Le doyen de Mausac. — Le prince de Condé à Toulouse.

Le jour même de l'exécution de Montmorency, le nouveau gouverneur du Languedoc prêta serment au Parlement et y prit sa place. Le silence se fait au Palais pendant quelques mois : le bruit ne vient guère que de la cloche qui annonce la mort de bien des parlementaires. L'inquisiteur de la foi, le père Girardel meurt à son tour, et deux commissaires du Parlement reçoivent le serment de son successeur, le père Renquet, de l'ordre de saint Dominique.

Les audiences sont assombries par une de ces défaillances humaines qui ne sont pas toujours épargnées aux compagnies les plus jalouses de leurs traditions d'intégrité et de vertu. Un jeune conseiller aux requêtes, François de Nos, reçu au Parlement depuis deux jours, fils et petit-fils de conseillers, partit pour Paris aux premiers jours de l'année 1633. Le courrier avec lequel il voyageait, lui ayant confié une somme de 1,800 écus en or, il se laissa aller à une indigne tentation, et cacha l'or dans sa valise, en prétendant qu'un voleur s'en était emparé. Le courrier ne se laissa pas prendre à cette ruse grossière et porta plainte à la police de Paris. La plainte parvint aux oreilles du roi

Le roi en parla à l'avocat général de Ciron, de passage à Paris, et ce dernier écrivit aussitôt à son collègue, l'avocat général de Maniban. Dès la réception de cette lettre, Maniban en requit la lecture devant les chambres assemblées qui chargèrent l'avocat général de Ciron, d'en informer à Paris. La procédure terminée, le Parlement, s'efforçant de concilier le respect dû au nom de l'accusé et les rigueurs de la justice, prit la voie de la mercuriale, et décida qu'il ne convenait pas à la dignité et à l'honneur de la Cour d'admettre, désormais, au nombre de ses conseillers, un de ses membres flétri par la clameur publique. Puis, il se dessaisit de l'affaire, et pria le garde des sceaux Séguier, de la renvoyer au Parlement de Paris.

On apprit, tout à coup, à Toulouse, que les premières informations avaient été audacieusement altérées, grâce aux coupables complaisances des plaignants, et à la secrète restitution, par l'accusé, de la somme dérobée. Mission fut confiée aussitôt aux deux conseillers Catellan, de la grand'chambre, et d'Assézat de la Tournelle, de rechercher les causes de ces rétractations. Pendant ce temps, le jeune conseiller de Nos, bravant le Parlement, affectait de se montrer à Toulouse. Sommé de comparaître devant les chambres assemblées, il refusa d'obéir et reprit le chemin de Paris. A partir de ce jour, le Parlement de Toulouse le déclara solennellement privé de sa charge, sans user toutefois des formalités de la justice criminelle, afin de lui laisser le moyen de sauver sa vie au Parlement de Paris. Mais, à la lecture de cet arrêt, le Parlement de Paris ne crut pas devoir passer outre, et envoya au greffe de Toulouse toutes les pièces du procès.

François de Nos triomphait et les preuves matérielles de son crime ayant disparu, il se posa en victime de la passion de ses collègues et présenta, au Conseil du roi, une requête en cassation de l'arrêt de Toulouse et en renvoi au Parlement de Paris. La requête fut accueillie et l'arrêt de Toulouse cassé. Les informations tronquées, le mensonge mis à la place de la vérité, l'audace et la ruse amenèrent une décision manquant de clairvoyance, et bientôt suivie de lettres du roi rétablissant le coupable innocenté dans les prérogatives de sa charge. Il fallait au Parlement de Toulouse de plus éclatantes preuves d'innocence ; avant de laisser François de Nos remonter sur son siège, il lui fit savoir que les lois de la délicatesse et de l'honneur primaient l'arrêt de Paris, et qu'un homme, encore entaché d'un soupçon d'improbité, ne pouvait s'asseoir parmi les parlementaires. Au moment où il s'apprêtait à franchir le seuil du Palais, le jeune conseiller se heurtait ainsi à un mur d'airain : il entrevit le péril d'une nouvelle lutte, se démit de sa charge et ne reparut plus au Palais. Par où, dit un chroniqueur, il aurait dû commencer.

Le maréchal de Schomberg ne garda pas longtemps le gouvernement de la province : il mourut à Bordeaux, et son fils qui eut la survivance de ce gouvernement fit son entrée à Toulouse, le 3 août 1633 En signe de joyeuse entrée, il apportait au Parlement des lettres de grâce accordées à une grande partie de la noblesse engagée dans la faction du duc d'Orléans. Richelieu limita la clémence du prince, et ne permit pas au roi de pardonner leur révolte aux prélats et aux gentilshommes les plus compromis.

Le cardinal, qui imprimait à tout le sceau de son autorité souveraine, voulut enlever à la ville de Toulouse son privilège séculaire de nommer, elle-même, ses capitouls, et abolir ainsi les anciennes ordonnances royales et les édits des comtes. Les capitouls alarmés envoyèrent aussitôt des députés au roi, et présentèrent une requête au Parlement : devant la volonté royale et la fermeté des parlementaires, le cardinal céda et laissa ses franchises à la cité.

De plus vives alarmes troublaient la ville : elle craignait une guerre nouvelle avec l'Espagne et s'apprêtait à recevoir les trois lieutenants généraux nommés par le roi, en prévision de la guerre, le comte de Tournon, le vicomte d'Arpajon et le marquis d'Ambres, avec prérogative de séance et de voix délibérative au Parlement. Le marquis d'Ambres arriva le premier, porteur de la lettre de cachet qui lui accordait cet honneur. La ville se mit en fête ; le parlement, au contraire, lui fit savoir qu'il n'était pas accoutumé à délibérer sur des lettres de cachet, mais bien sur des lettres patentes scellées du grand sceau, et qu'il eut à les présenter, s'il voulait opiner aux audiences. Sur les lettres patentes, le Parlement reçut le marquis d'Ambres, en se réservant de dire droit, s'il y avait lieu, à la réception du comte de Tournon et du vicomte d'Arpajon, et en insérant, aux registres secrets, cette restriction que les trois voix des lieutenants généraux ne compteraient que pour une.

On ne touchait jamais aux traditions du Parlement, sans réveiller ses vivacités ombrageuses et le froisser au cœur. Il ne cessait de réprimer les tendances ambitieuses de la chambre de l'Édit qui cherchait tantôt à étendre sa juridiction et tantôt à échanger la robe noire contre la robe rouge. Les magistrats protestants de la chambre de l'Édit persistant à prendre la robe rouge, le Parlement en référa au roi, qui défendit à la chambre mi-partie de porter la robe rouge et les chaperons fourrés d'hermine, à l'imitation des magistrats catholiques. Ces mésintelligences et ces défiances des parlementaires de la chambre de l'Édit se reflétaient dans la vie publique de la ville de Castres, impatiente de secouer le joug d'une justice rendue par des hommes de sentiments et de religion opposés. A tout événement, des émeutes y soulevaient le peuple, et ce n'était pas sans peine que les commissaires du Parlement parvenaient à apaiser les désordres et à protéger les catholiques en petit nombre, persécutés dans leurs croyances et leur culte.

Le duc d'Orléans revenait alors des Flandres, et Richelieu faisait enregistrer, au Parlement, une déclaration royale que lui rendait son rang à la Cour de France. En même temps, le cardinal déclarait la guerre à l'Espagne, qu'il voulait chasser du Roussillon. Le Languedoc, heureux de cette guerre, ne tarda pas à s'en attrister, en apprenant qu'une levée d'impôts extraordinaires allait encore amoindrir ses ressources. En Guyenne, les villes étaient consternées ; celles du Languedoc se remuaient et murmuraient. Afin de calmer cette fermentation, le Parlement décida, par arrêt, que des remontrances seraient adressées au roi, pour le supplier de surseoir à cette levée d'impôts ruineux. Richelieu brava les remontrances, fit casser par le Conseil du roi l'arrêt du Parlement, commanda à Robert Miron et à Antoine Le Camus. intendants du Languedoc, d'interrompre la destruction des châteaux-forts dans les Cévennes, le Vivarais et le pays de Foix, et de poursuivre la levée des impôts ; il cita devant le Conseil du roi le président rédacteur de l'arrêt, les plus anciens des autres présidents, quatre des plus anciens conseillers, les plus anciens des avocats généraux, le procureur général, et les déclara suspendus de l'exercice de leurs charges. Ces représailles auraient allumé une sédition, si le roi, éclairé par le duc d'Alvin, n'eût autorisé ces parlementaires à continuer leurs fonctions.

Déjà, les factieux complotaient de se rendre maîtres de l'Hôtel de Ville et de l'arsenal. Sans la fermeté du premier président, aux séances d'un Conseil général tenu au Capitole, Toulouse aurait subi la loi des émeutiers. Le plus insolent et le plus hardi était un vitrier qui aurait déchaîné toute une tempête, si le Parlement ne l'avait, sur-le-champ, condamné à être pendu. Pendant que les gardes le traînaient de la prison à la potence, il poussait des cris déchirants et se lamentait de mourir pour la gabelle : une troupe de mendiants sortit des maisons et des boutiques, se jeta sur les soldats du guet et les assaillit à coups de pierres. Le bourreau fut massacré, et les soldats du guet ne ramenèrent le condamné en prison qu'au péril de leur vie.

Le Parlement s'assemble et se met en marche vers l'Hôtel de Ville, escorté de nobles et de bourgeois, l'épée à la main. Il entre au Capitole, en ferme les portes et y place des sentinelles. Le peuple accourait de tous côtés, le couteau au poing et l'insulte aux lèvres. Loin de céder et de trembler, le Parlement envoie l'ordre à la maréchaussée de hâter l'exécution du vitrier. Le soir, un prisonnier condamné aux galères, faisant office de bourreau, le pendit à l'ormeau du Palais. On ne pendait plus à la place Saint-Georges : le premier président de Bertier en avait fait enlever le gibet, placé sous les fenêtres de son hôtel. Le lendemain, le tumulte augmenta : des chaînes furent tendues dans les rues, mais les émeutiers reculèrent devant les forces de l'Hôtel de Ville, et le calme se rétablit, à la joie du roi qui en complimenta, par ses lettres, les parlementaires et les capitouls. Un visionnaire imagina de rallumer ce feu : il parcourait la ville, en disant que le cardinal de Richelieu n'était que l'antechrist. Sur la plainte du père jésuite Mauléon, les capitouls l'emprisonnèrent ; ils s'aperçurent vite de sa folie et fermèrent les yeux sur son évasion.

Ces séditions appelèrent à Toulouse le gouverneur qui siégea au Parlement, le 14 janvier 1636, avec le maître des requêtes Le Camus. A cette audience, on avait réservé un curieux procès. Un soldat convaincu du crime de rapt et de séduction d'une jardinière de Toulouse, avait été condamné, par les capitouls, à l'épouser ou à subir une peine corporelle : à la prison et au fouet, il préféra le mariage ; mais au sortir de l'église, il prit la fuite et rejoignit l'armée, d'où il ne revint que quelques années après, en relevant appel, comme d'abus, de la procédure instruite par le curé du Taur. Pour ce soldat, marié malgré lui, plaidait un jeune avocat, de Beloi, fils de l'ancien avocat général de Beloi, dont l'éloquence était restée vivante dans les souvenirs du Parlement.

Au milieu de sa péroraison, il se tourna vers le gouverneur, le harangua en termes ingénieux et brillants, et lui donna plusieurs fois le titre de monseigneur. Ce langage parut déplacé, à la fois, au gouverneur qui cherchait, de la main, à imposer silence à l'avocat, et aux parlementaires qui ne saluaient au Palais, de ce nom de monseigneur, que les rois et les princes du sang. L'audience finie, le Parlement se retira dans la chambre dorée, où il arrêta que le premier président manderait, en son hôtel, l'avocat de Beloi, et qu'en présence des anciens avocats, d'Olivier, Chapuis, Marmiesse et Barrade, il le réprimanderait sévèrement, et lui dirait que la Cour se contentait de ne l'interdire de l'exercice de sa profession, que pendant un mois, en considération, de la mémoire de son père. Huit jours après, cette dure décision fut rapportée par le Parlement.

A cette année 1636, les armées entraient en campagne en Allemagne, en Italie, en Lorraine et en Flandre. Avant d'entamer l'Espagne du côté des Pyrénées, le roi écrivit à l'archevêque, afin de supplier le ciel de donner la victoire à ses armes. En l'absence de l'archevêque, le chapitre de Saint-Étienne ordonna une procession générale ; le Parlement n'y voulut pas assister, le roi ne lui ayant rien écrit à ce sujet. Il allait avoir de nouveaux démêlés avec Louis XIII et Richelieu. Au mois d'août 1636, le conseiller d'État, Robert de Miron, intendant du Languedoc, annonça au premier président que le roi venait de lui commander de présenter à la Cour, un édit créant une nouvelle charge de président à la grand'chambre, dix charges de conseillers lais, deux charges de conseillers clercs destinées aux chambres des enquêtes, et érigeant, en titre d'offices héréditaires, les emplois de clercs d'audience et de garde-sacs, et les autres emplois exercés dans les greffes. Par la volonté du roi, Miron devait assister aux délibérations de la Cour.

Le Parlement criait à la tyrannie et au scandale de ces entreprises fiscales. En gardant le silence, il eût abdiqué ; en résistant, il allait se révolter contre la Couronne : il décida que Miron pourrait prendre séance à la place que le roi lui avait déjà donnée, à une autre audience, mais qu'il aurait à quitter le Palais après avoir remis l'édit et exposé sa mission. Le 26 août, Miron se rendit au Palais, harangua le Parlement, remit l'édit au premier président et se retira.

En prenant ses réquisitions, le procureur général était à la gêne : afin de concilier les intérêts du roi et la dignité de la Cour, il proposait, en hésitant, de réduire à la moitié le nombre des charges créées par l'édit. Le président de Gramond ouvrit un avis qui jeta la confusion et le désordre dans les esprits : il proposait, à son tour, de faire jurer, par tous les membres du Parlement, qu'ils n'avaient pris aucun engagement à ce sujet, ni conseillé à leurs parents d'en prendre ; il voulait aussi que tous ceux qui avaient des fils, des gendres, des frères et des neveux n'opinassent point en cette affaire, de peur d'encourir un soupçon de partialité. La Cour rejeta le serment, mais écarta de la délibération, les parlementaires dont les proches avaient intérêt à la création de ces charges. Le lendemain, la discussion fut reprise en tumulte : on exigea que les parents aux degrés marqués se soumettraient à abandonner la compagnie, si un de leurs proches venait à prendre un des offices de la nouvelle création.

On ne se sépara que pour reprendre encore ces questions irritantes. Le 29 août, le conseiller clerc Calmels dit que son frère aspirait à une des charges créées par l'édit du roi, et que ne pouvant répondre des démarches de son frère, il se retirait par crainte de paraître suspect. Le doyen de Mausac, dont le dernier fils briguait aussi un office de conseiller, parla comme Calmels et quitta l'audience, suivi du président Jean-Baptiste de Ciron, de Catellan qui siégeait à la Tourrelle, des conseillers d'Assézat, Ségla, Comère, Malet, Catellan des enquêtes, Maran, Chastenet des requêtes et de quel ques autres. Aussitôt, la Cour délibéra et prononça l'arrêt qui bannissait du Palais les magistrats qui venaient d'en sortir.

Ce fut comme un coup de foudre qui retentit par la ville, en la divisant en deux camps. Des deux côtés, se croisèrent d'amères récriminations qui éclataient dans les salons et dans les rues. Au Parlement, on prit, en chambres assemblées, une résolution attristante et inspirée par la haine ; on s'engagea, par serment, à dénoncer les propos tenus au foyer des familles. Quarante-quatre années de loyaux services n'épargnèrent pas au doyen de Mausac l'humiliation de comparaître à la grand'chambre et de s'y défendre en accusé. Le même jour, les conseillers qui avaient cru échapper à l'orage, en se retirant du Palais, y furent rappelés, à l'exception de ceux que des liens de parenté rapprochaient des prétendants aux nouvelles charges, sans tenir compte de leurs répugnances et de leurs excuses. Enfin, on en vint aux voix sur l'enregistrement de l'édit, après de longues et chaudes discussions, le Parlement refusa de l'enregistrer.

Le même jour, 5 septembre, Miron apporta au premier président des lettres de jussion signées d'avance par le roi, et scellées du grand sceau, qui cassaient l'arrêt du Parlement, autorisaient Miron à opiner, à l'audience. sur cette affaire, et défendaient à la Cour d'entrer en vacations, avant d'avoir enregistré l'édit. L'embarras du procureur général augmentait, à chaque audience. Dès qu'il eut pris ses réquisitions, en son langage incertain et troublé, la délibération roula sur les lettres de jussion qui semblaient avoir été surprises à la faiblesse du roi, puisqu'elles cassaient un arrêt, avant même qu'il eût été rendu. Les chambres assemblées se déterminèrent à en référer au chancelier la Vrillière, et au premier président du Parlement de Paris ; puis, et sous le bon plaisir du roi, elles prirent leurs vacances et renvoyèrent la solution de cet incident à la Saint-Martin d'hiver. Richelieu garda le silence, mais le ressentiment resta en son cœur : il attendit son heure pour le laisser déborder.

Le cardinal avait à soutenir de plus dangereux combats : les frontières du royaume tombaient au pouvoir des ennemis en Picardie, et vers Toulouse s'avançait une armée espagnole qui débouchait par Saint-Jean-de-Luz. A cette nouvelle, un conseil général des députés des corps de la ville s'assembla au Palais, en présence du premier président et des principaux membres de la Cour : on arma les Toulousains qui s'enrôlèrent par régiments, et on remplit l'arsenal d'armes et de munitions. Au milieu de ces préparatifs de la défense, survint une lettre royale annonçant au Parlement la victoire sur les Espagnols, en Picardie, et la prise de Corbie. On ne chanta qu'un *Te Deum*, sans allumer des feux de joie. Les Espagnols battus en Picardie brûlaient Saint-Jean-de-Luz, menaçaient le Roussillon et assiégeaient Leucate.

Tous les partis se liguèrent contre l'ennemi commun. Catholiques, protestants, parlementaires, évêques, capitouls, bourgeois et artisans se rangèrent sous le même drapeau et s'apprêtèrent à combattre les vieilles bandes espagnoles, renommées dans le monde entier pour leur bravoure ; le duc d'Alvin se mit au service du Parlement, de la noblesse et des villes de la province. La ville de Toulouse fière de n'avoir pas vu flotter, sur ses clochers, les étendards anglais pavoisés dans le royaume, tenait à honneur de repousser les Espagnols elle leva deux compagnies de cavalerie et des compagnies de fantassins équipées à ses frais. Un secours inattendu lui vint de la chambre de l'Édit. Au nom de la ville de Castres, le président Desplats lui offrit de mettre, sur pied de guerre, un régiment d'infanterie, avec l'argent destiné à payer, chaque année, un festin aux magistrats catholiques et protestants. On apprit bientôt que le duc d'Alvin avait, en quelques heures, emporté les retranchements de Leucate et battu l'armée espagnole. Il y gagna son bâton de maréchal.

Des pertes douloureuses viennent, vers ce temps, affliger les parlementaires. Le président Gaubert de Caminade, esprit généreux, mourut plein de jours et fut couché, dans la tombe, au couvent des dominicains, par l'évêque de Rieux, Jean de Bertier, dont il avait épousé la sœur. Sa charge passa aux mains de son fils, Philippe de Caminade, conseiller aux requêtes, et bien qu'il n'eût pas quarante ans, le Parlement enfreignit les règles des ordonnances, et installa le fils, en récompense des services du père.

Le président Marc de Calvière le suivit de près dans la mort, après s'être démis de sa charge, en faveur de Pierre Potier de la Terrasse, fils du président Potier de la Terrasse, issu d'une vieille souche parlementaire. Il légua 100,000 livres aux pauvres et aux églises, et sa grande fortune à sa fille unique, qui eut ainsi les seigneuries de Lare, d'Aupouls, de Mazamet, de Saint-Césaire et de Confoulens.

Entre tous les parlementaires qui montèrent alors sur

les fleurs de lis, ou qui échangèrent leurs sièges, en passant de la Tournelle aux requêtes ou des requêtes aux enquêtes, le plus illustre est Pierre Fermat, qui sortit des requêtes où il siégeait depuis 1631, pour entrer aux enquêtes le 16 janvier 1638. On ne saurait passer devant cet esprit d'une trempe si pure et si vive, sans s'arrêter un moment, et sans le ressaisir aux origines de sa renommée et de sa vie.

Né dans la petite ville de Beaumont de Lomagne, en 1608, d'un des cent capitaines, créés gentilshommes par le roi de Navarre, qui en forma sa maison et en fit ses compagnons d'armes, il s'éloigna des bruits et des aventures de la guerre et se tourna vers les sciences austères. Il embrassa, sans effort, les connaissances les plus variées : ce génie aimable à la fois et profond se plia, de bonne heure, aux études les plus opposées, rimant des vers latins, espagnols, grecs et français, pâlissant sur le *Digeste* et l'enrichissant de notes ingénieuses et savantes, commentant, d'un trait brillant, les écrivains de la Grèce et de Rome, et creusant les problèmes les plus ardus de la géométrie et de l'algèbre. Sous la poussière des siècles, il retrouva les travaux perdus d'Euclide et d'Apollonius, en frayant la route à Descartes et à Pascal.

La reine Christine, étant à Paris, voulut voir, de près, cette imagination brillante, admirée par Descartes. Elle savait que le père Peteau le consultait sur la traduction des textes latins les plus difficiles, et elle venait de lire son poème latin « Le Christ mourant, *Christus moriens,* » dédié au vieux Balzac. On a conservé ce poème, mais que de choses ont été égarées ! Fermat répandait ses travaux, à pleines mains, et les abandonnait au hasard de la destinée.

A côté de Fermat, et sous un rayon plus voilé, vivait Simon d'Olive seigneur du Mesnil, portant sans fléchir le nom de ses ancêtres, orateur puissant, poète à son heure, dans son *Sylvarum liber singularis*, et jurisconsulte éminent qui rassembla, dans un patient et consciencieux recueil, les décisions notables du droit écrit. Dans l'ombre, le président de Gramond écrivait alors l'histoire du règne de Louis XIII, et le conseiller Charles de Catel tentait la réforme du théâtre français, à la grande joie du poète Maynard.

Le premier président encourageait cette alliance des lettres et des sciences, soutenait les esprits chancelants et les poussait de l'aiguillon. Les événements de son temps ne ménageaient pas, d'ailleurs, les épreuves à son intelligence et à son énergie. Il apprit, au mois d'avril de l'année 1638, par le président Philippe de Caminade, de passage à Paris, que le cardinal qui faisait sentir le joug à tous les Parlements du royaume ne dissimulait pas son ressentiment contre le Parlement de Toulouse, pour ses refus d'enregistrer quelques édits bursaux, surtout l'édit de création de nouvelles charges, et songeait à créer un Parlement à Nîmes. C'était enlever au Parlement de Toulouse la moitié de la province du Languedoc, le Velai, le Gévaudan et le Vivarais. A cette redoutable nouvelle, le premier président partit pour Paris, avec le président des enquêtes de Frautz et le conseiller clerc de Frézals, afin d'entrer en négociations avec le ministre irrité.

Il laissait aux prises la Tournelle et la grand'chambre.

Des six présidents à mortier, quatre étant absents et les deux autres servant à la Tournelle, le doyen Jacques de Mausac demanda à la grand'chambre, s'il ne fallait pas prier le président de Ciron de quitter la Tournelle et de venir présider, à la grand'chambre, les audiences solennelles qui suivaient la fête de Pâques. Froissée de ce que le doyen ne l'avait pas consultée sur ce point, aussi bien que la grand'chambre, la Tournelle n'attendit pas que le greffier vînt chercher son président ; elle envoya un de ses conseillers à la grand'chambre, pour l'informer que le président de Ciron se rendrait à l'audience solennelle. Le conseiller Guillaume de Ségla et le greffier Malenfant se croisèrent dans les couloirs, et remplirent chacun leur mission. Il y eut, entre Ciron et Malenfant, un échange de vives paroles. Ciron se rendit pourtant à l'audience solennelle où le doyen finit par faire décider et consigner dans les registres secrets que les présidents de la Tournelle ne tiendraient pas, à l'avenir, ces sortes d'audience, sans y être invités par la grand'-chambre.

Le président de Ciron reparut, cinq jours après, à la grand'chambre où il déposa des lettres closes du roi, donnant pouvoir au prince de Condé de commander les armées en Languedoc, en Guyenne, dans le pays de Foix et dans le Béarn. L'enregistrement eut lieu sans incident.

L'arrivée à Toulouse d'une foule d'habitants de Grenade, implorant la protection des lois contre les exactions d'un intendant, renouvela les disputes de la grand'chambre et de la Tournelle. Pressé par les habitants de Grenade, le doyen de la Cour convoqua, dans sa maison, quelques conseillers de la grand'chambre, ce qui blessa la Tournelle et amena une chaude discussion devant les chambres assemblées. Au lieu de venir en aide à une ville pressurée de lourdes taxes et traitée en ville conquise, le Parlement perdait son temps en vaines discussions. De ces querelles résulta pourtant une sage décision : l'avocat général de Maniban alla à Grenade, conférer avec l'intendant, qui renonça à un impôt de 12,000 livres, arbitrairement créé par lui, releva certains habitants des amendes prononcées contre eux, et laissa debout la tour de la ville. Il se contenta de faire fouetter, de la main du bourreau, deux hommes et quelques femmes. En chambres assemblées, on fut si heureux de ce dénouement, qu'on permit à Maniban, distinction toujours refusée, de faire son rapport, assis à la grand'chambre.

Au sortir d'une querelle, une autre s'éveille, mais ces questions bruyantes de vanité et de préséance ne sont vraiment qu'un sujet sans charme, pour parler comme le président de Gramond. Il y avait, au Parlement, de plus graves sollicitudes : l'intendant de Foulé, en quittant Grenade, escorté de huit cents hommes de guerre, parcourait, en conquérant, les villes de Guyenne, comprises dans le ressort du Parlement de Toulouse, commettait violences sur violences et désespérait les populations par ses déprédations et ses rigueurs. Les séditions allaient éclater, lorsque les deux conseillers Delong, de la grand'chambre et Rességuier, de la Tournelle, marchant sur les pas de Foulé, apaisèrent ces villes alarmées et transmirent leurs doléances au roi.

De son côté, le président de Ciron signala les meurtres et les pillages des soldats de Foulé au prince de Condé qui marchait alors sur Fontarabie, et qui traversait le Languedoc. Le prince entra à Toulouse, le 28 mai 1638, et se rendit, le lendemain, au Palais où il harangua les chambres assemblées, en exhortant la province et le Parlement à concourir, de tous leurs efforts, au succès des armes du roi, et en mêlant à son discours de flatteuses louanges pour les parlementaires. C'est le président de Ciron qui lui répondit. Au portes du Palais, le peuple battit des mains et salua Condé de ses acclamations.

CHAPITRE IX

Démêlé du Parlement et de l'archevêque de Toulouse. — Procession solennelle du 15 août pour le vœu de Louis XIII. — Naissance du Dauphin. — Projet du roi de créer un Parlement à Nîmes. — Députation du Parlement à Paris. — Harangue du premier président. — Réponse altière du roi. — Guerre du Roussillon. — Condé battu par les Espagnols. — Le comte de Tournon au Parlement. — Procession à Toulouse. — Émeutes dans le ressort. — Disputes au Parlement. — Condé repart pour le Roussillon. — Décret de prise de corps contre les capitouls. — Querelle entre le premier président et le procureur général. — Le procureur général de Saint-Félix. — Ses luttes contre la grand'chambre. — Altercation avec le conseiller de Ségla. — Excuses insuffisantes du procureur général. — Nouvelle séance. — Nuages entre le Parlement et la chambre de l'Édit. — La ville de Castres soutient la chambre de l'Édit. — Le pamphlet *le Capucin* — Rapport à la grand'chambre. — Les grands carmes et la Basoche. — Nouveaux démêlés au Parlement. — Prise de Perpignan. — Mort de Richelieu et de Louis XIII. — Cérémonie funèbre. — Députation du Parlement au nouveau roi. — Levées ruineuses des impôts par les intendants. — Arrêt de suspension au Parlement. — Irritation des villes contre les collecteurs. — Arrêt du Parlement cassé par un arrêt du Conseil. — Libelle d'un intendant brûlé par la main du bourreau. — Remontrances à la reine régente. — Trêve au Parlement. — Enregistrement des lettres patentes cassant le testament de Louis XIII. — Les députés du Parlement à Paris. — Lettres patentes confirmant le Parlement.

Le prince de Condé arrivait à Toulouse, au moment des démêlés de l'archevêque et du Parlement. Pour abaisser le caractère altier de l'archevêque Charles de Monchal, le Parlement, déjà en lutte avec lui pour une

CH. IX. — DÉMÊLÉ DU PARLEMENT ET DE L'ARCHEVÊQUE

question de préséance à l'hôpital, voulut l'assujettir à renouveler, chaque année, son serment, à genoux, comme tous les membres de la Cour. Les deux parties s'en remirent à la sagesse du prince de Condé, qui termina le différend par un traité où il chercha à contenter ces deux puissances. Tout semblait fini, lorsque l'archevêque reprit l'offensive, en prétendant que la décision du prince le dispensait de prêter son serment à genoux. Sur cette question, le Parlement ne voulait rien céder. On en référa de nouveau à Condé.

Pendant que Condé délibérait, l'archevêque prenait la présidence des États réunis à Narbonne où se discutait le projet redouté de la création d'un Parlement à Nîmes. Le plus fougueux adversaire de cette vengeance de Richelieu fut l'archevêque de Toulouse, qui oublia ses disputes avec le Parlement et ne se souvint que des véritables intérêts de la province : à sa voix, les États résolurent de supplier le roi de déchirer ce projet. Touché de ces sentiments généreux, le Parlement député, vers M$_{gr}$ de Monchal, deux conseillers pour lui exprimer sa reconnaissance ; mais, retirant d'une main ce qu'il donnait de l'autre, il fit savoir, le même jour, à l'archevêque, que s'il ne venait pas prêter son serment à genoux, la Cour ne lui céderait pas la présidence de la prochaine assemblée de l'hôpital.

En rentrant à Toulouse, l'archevêque apprend que cette assemblée, composée du doyen de la Cour, des conseillers de Cassaigneau et d'Agret et des deux avocats généraux de Maniban et de Marmiesse, se tenait dans la maison du président Donneville. Il y court et menace l'assemblée de son excommunication ; les avocats généraux lui répondent, dédaigneusement, qu'ils en appelleront comme d'abus, au nom du roi. Le 3 janvier 1639, le Parlement déclare, à l'unanimité, que ces foudres de l'Eglise ne seraient qu'abusives, et qu'il importait, toutefois, d'informer l'archevêque, du désir de la Cour de vivre, en bonne intelligence, avec lui et de le voir siéger au Parlement, sans prêter serment, jusqu'à une nouvelle médiation du prince de Condé. A ces paroles de paix apportées à Mgr de Monchal par le conseiller clerc Pierre de Caumels, grand archidiacre de Saint-Etienne, l'archevêque ne répondit rien. On s'attendait à le voir paraître dans sa cathédrale, le dimanche suivant, et lancer l'excommunication du haut de la chaire ; les parlementaires se préparaient à formuler leur appel comme d'abus. Grâce à Pierre de Caumels, l'archevêque accepta encore la médiation du prince de Condé.

Il ne l'acceptait vraiment, qu'avec des restrictions mentales et ménageait sa retraite, de peur d'un échec devant Condé. Il sollicitait secrètement un arrêt du Conseil pour être dispensé de la prestation de serment à genoux, et en attendant, il s'éloigna de Toulouse, et commença des visites pastorales dans le diocèse. La décision de Condé arriva le 27 janvier : elle condamnait l'archevêque à prêter serment à genoux, une fois seulement, la main sur le cœur ou sur un crucifix, à son choix. Battu de ce côté, l'archevêque triompha avec l'arrêt du Conseil du roi, du 10 février, qui le dispensait de s'agenouiller, en prêtant serment.

De jour en jour, les esprits s'aigrissaient et les querelles s'envenimaient. Le Parlement s'attardait à enregistrer l'arret du Conseil : après bien des lenteurs, le procureur général requit l'enregistrement. Avant de prononcer l'arrêt, la Cour voulut adresser des remontrances au roi, en autorisant néanmoins, Mgr de Monchal à jouir « par « provision du contenu en l'arrêt du Conseil, et du très- « exprès commandement de Sa Majesté. »

On craignait toujours au Parlement un éclat de colère de l'archevêque, et afin de le contenir en ses menaces d'excommunication, le Parlement fit, d'avance, son appel comme d'abus, et défendit au prélat de fulminer ses censures, à peine de 10,000 livres d'amende, de saisie de son temporel et des châtiments encourus par les perturbateurs de la tranquillité publique. Un huissier signifia cet arrêt à l'archevêque, le 17 avril, dimanche des Rameaux : la messe achevée, l'archevêque monte en chaire et, la mitre en tête, la croix et la crosse devant lui, il lance son excommunication contre le président Garaud de Donneville, le doyen de Mausac, le conseiller clerc Cassaigneau, le conseiller lai d'Agret et les deux avocats généraux de Marmiesse et de Maniban. Le lendemain, le Parlement condamne l'archevêque à 6,000 livres d'amende, fixe au lundi de Quasimodo l'audience de l'appel comme d'abus, enjoint à l'archevêque d'absoudre les magistrats excommuniés, à peine de 10,000 livres d'amende et de la saisie de ses revenus, et en cas de refus, ordonne à l'évêque du diocèse le plus voisin de Toulouse de lever l'excommunication.

Le bruit de cette lutte retentissait dans tout le royaume et alarmait le premier président de Bertier en instance, à Paris, auprès du roi, pour empêcher la création d'un parlement à Nimes. Dans les deux camps, on s'agitait et on s'armait pour guerroyer au jour de l'audience : l'évêque de Saint Papoul et le seigneur de Saint-Chaumont apportèrent leur rameau d'olivier, en engageant l'avocat général de Marmiesse à demander, pour lui et au nom des autres excommuniés, l'absolution *ad cautelam*. Aussitôt, l'orage se dissipa : le 21 avril, Marmiesse alla à l'archevêché, mit un genou sur le coussin et reçut l'absolution *ad cautelam*, selon les ordonnances et les arrêts de la Cour, pour lui et pour les autres. La paix était signée ; on se promit d'ensevelir ces querelles dans un profond oubli, et l'archevêque, en signe de réconciliation alla, trois fois, après les fêtes de Pâques, aux audiences du Parlement, sans discours et sans prestation de serment, il fit même une visite au président Donneville. A leur tour, les parlementaires visitèrent l'archevêque en son palais. Il y eut pourtant une traînée d'opposition au Parlement, sur ce serment des archevêques et des évêques. Ce n'est qu'à partir de l'année 1679, que les archevêques de Toulouse et les conseillers épiscopaux entrèrent, dans la pleine et paisible possession de leur privilège de prêter serment, debout et la main sur la poitrine, une seule fois seulement, le jour de leur reception.

Au travers de ces divisions, le Parlement ordonne une procession solennelle, pour le 15 août 1638, « en consi« dération que Sa Majesté dédie sa personne et son « royaume à la sainte Vierge, et la prend pour sa pro« tectrice. » Il assiste à la procession en robes rouges et un mois après, au bruit de la grande cloche du Palais, il se rend à l'église Saint-Étienne où le Chapitre chante un *Te Deum*, en l'honneur de la naissance du dauphin qui devait être Louis XIV. Le soir, le premier président et les capitouls allumèrent un grand feu de joie, et la tour du Palais s'illumina, au bruit des fanfares qui durèrent toute la nuit.

Une lettre du président de Caminade refroidit cette allégresse ; elle annonçait que l'édit créant un Parlement à Nîmes venait d'être scellé. Aux députés en instance à Paris, auprès du roi, se joignit de nouveau le premier président de Bertier, accompagné des président Desplats, de Senaux et de Fraust, des conseillers de Rességuier, de Frézals et Buisson d'Aussonne. Pour fournir aux frais du voyage, le Parlement autorisa un emprunt, et affecta aux dépenses des députés les gages de la Cour.

Vers la fin de novembre 1638, le premier président, à la tête des députés du Parlement, harangua le roi en ces termes : « Sire, les chefs de toutes les chambres de votre
« Parlement de Toulouse viennent se jeter aux pieds
« de votre Majesté. L'humiliante nécessité d'avouer des
« fautes dans votre service ou d'excuser quelques infi-
« délités dans le dépôt des lois ne les y amène point.
« Toujours fidèles à leur souverain et au devoir de leurs
« charges, ils laissent à des coupables le soin de cette
« clémence qui suppose des crimes à pardonner. Nous
« venons, sire, vous supplier de ne pas ériger un second
« Parlement, dans un ressort qui fournit à peine de
« l'occupation aux magistrats qui composent le premier.
« Cet établissement nouveau ne blesserait pas seulement
« vos pauvres officiers ; il ruinerait bien avant votre
« peuple, et ne serait-il pas à craindre que nous fussions
« contraints, pour trouver le moyen de vivre, d'aug-
« menter, de la moitié, les épices des procès. »

Il invoquait ensuite la fidélité séculaire de la ville de

Toulouse à la couronne de France, l'injustice de son abaissement au profit d'une ville si longtemps révoltée, l'affaiblissement, l'un par l'autre, de deux Parlements, inutiles aux besoins de la province, et plus onéreux que favorables aux populations. Il ajoutait : « Mais pour
« avoir toujours mieux aimé ainsi l'honneur que l'utilité,
« nous pouvons dire à Votre Majesté, que nous faisons
« la plus pauvre compagnie de votre royaume, et cette
« pauvreté ne nous doit pas nuire ; elle nous doit être
« honorable, puisqu'elle nous vient, en partie, de la
« modération des émoluments qui se prennent en votre
« Parlement de Toulouse, moindres qu'en tous les au-
« tres Parlements de France, parce que nous sommes
« dans une province et dans une ville pauvres, et parce
« aussi, que nous avons toujours, devant les yeux, l'hon-
« neur que Votre Majesté nous fait de nous commettre
« sa justice souveraine qui nous oblige à la rendre à ses
« sujets, aux moindres frais qu'il se peut, et s'il se pou-
« vait, gratuitement. Dans cette pauvreté vertueuse,
« nous venons offrir à Votre Majesté nos très humbles
« et très parfaites obéissances ; quand nos vies lui se-
« ront utiles, elles sont siennes et tout ce qui dépend
« de nous et des charges dont elle nous honore. »

Et il terminait, en disant, que si le Parlement de Toulouse avait parfois résisté à des édits bursaux, ce n'était que pour conserver toutes ses ressources à la Couronne, pour la gloire de ses armes, et qu'il ne fallait pas le châtier de la loyauté de ses services et de sa fidélité au trône, l'année même, de la naissance du dauphin.

Le roi répondit par ces mots altiers : « J'ai bien com-
« pris tout ce que vous m'avez dit ; mais vous avez été

« revêches à recevoir les édits dont j'avais besoin pour
« faire de l'argent. Ce que j'ai fait, je l'ai fait avec mon
« Conseil ; maintenant que j'ai entendu vos raisons,
« j'aviserai avec lui. »

Afin de ramener le roi à de meilleurs sentiments envers le Parlement, tous les députés s'engagèrent à lui apporter prochainement l'enregistrement de tous les édits bursaux. Trois d'entre eux, de Frautz, de Rességuier et de Frézals regagnèrent Toulouse et remirent ces édits au président Donneville, qui les transmit aux gens du roi. Une deuxième fois, il s'éleva, aux chambres assemblées, des discussions et des oppositions à l'enregistrement de ces édits : le Parlement se décida à en enregistrer quatre : il promettait d'enregistrer les autres.

Impatient d'écraser toute résistance, le cardinal expédia au président de Donneville une lettre de cachet, lui enjoignant de faire connaître au roi les noms des opposants ; mais la lettre n'étant pas scellée du grand sceau, le président n'en tint pas compte. Richelieu fit alors ordonner au premier président de Bertier de repartir sur-le-champ pour Toulouse, et de notifier au Parlement les dernières et absolues volontés du roi. On s'inclina sous cette volonté inflexible, et toutes les résistances tombèrent. Le Parlement de Nîmes ne fut jamais installé : il allait être aboli par un édit du mois de mars 1639.

La charge de septième président créée par ces édits fut donnée au conseiller des enquêtes, Jacques du Puget. La chambre de l'Édit fut aussi augmentée de nouveaux officiers. A partir de cette époque, le chancelier enleva au Parlement la nomination des conseillers catholiques, destinés à servir en la chambre de l'Édit.

La province se consolait de ce lourd fardeau des impôts de la guerre et des ravages de la peste dans le Bas-Languedoc, par l'espoir de voir reculer, au-delà des Pyrénées, les frontières françaises avec la conquête du Roussillon : elle donna au roi ses troupes, son argent et sa noblesse. Vingt mille hommes furent levés, aux frais des vingt-deux diocèses, la ville de Toulouse équipa un régiment de mille soldats, et le Parlement mit tout son dévouement au service de la Couronne. Un de ses arrêts invitait les gentilshommes à quitter leurs châteaux et à rejoindre le prince de Condé, en leur promettant de les mettre, durant la guerre, à l'abri des poursuites de leurs créanciers, et en suspendant leurs procès civils et criminels, jusqu'au retour de la paix.

Condé se laissa battre par les Espagnols au fort de Salse et convoqua les États à Toulouse. L'enregistrement des provisions accordées au comte de Tournon, en qualité de lieutenant du roi au Puy et à Viviers, emprunta une grande solennité à la présence de Condé, du maréchal de Schomberg, de Miron, intendant du Languedoc et de Marchault, intendant de justice du prince. Les divisions intérieures vont se ranimer au Parlement. A la nouvelle d'émeutes sanglantes à Castelsarrasin et à La Française, la grand'chambre charge le conseiller de Rességuier de se transporter sur les lieux, et de faire définitivement le procès aux séditieux. La Tournelle crut voir, dans cette désignation émanée de la grand'chambre, une usurpation de ses droits, et nomma à son tour un commissaire, le conseiller de Carlencas. On alla devant les chambres assemblées qui partagèrent sagement aux deux commissaires le soin de rétablir la paix dans les deux villes de Castelsarrasin et de La Française.

Cette querelle assoupie, une autre plus longue et plus ardente échauffa les parlementaires. A l'occasion d'un édit instituant un siège présidial à Auch, sept commissaires furent désignés par la grand'chambre, pour procéder à l'établissement de cette juridiction. Aussitôt, les enquêtes s'opposèrent au départ des deux conseillers qu'on leur prenait à cet effet, demandèrent la réunion des chambres et se récrièrent de n'avoir pas été appelées à concourir à la nomination des commissaires. De siècle en siècle, les enquêtes et la grand'chambre se regardaient comme deux rivales, les enquêtes ayant toute l'énergie de la jeunesse, et la grand'chambre, la prudence et la modération de l'âge mûr. Pendant plusieurs jours, le premier président, qui soutenait les droits de la grand'chambre, eut à se débattre contre le président de Gramond et les gens du roi. Le temps s'écoulait en vaines disputes qui nuisaient aux intérêts du pays. On en vint aux gros mots, s'il faut en croire le récit de Malenfant, et telle fut la confusion d'une de ces séances, que le premier président et les plus anciens présidents et conseillers se levèrent et sortirent du Palais.

Un autre jour, les enquêtes, au moment de l'ouverture de l'audience de la grand'chambre, réclament à grands cris, l'assemblée des chambres; les conseillers des enquêtes envahissent le parquet et la barre, chassent les huissiers et ferment tumultueusement les portes. Sur la menace du premier président de prendre les noms de ceux qui entravaient ainsi le cours de la justice, le président de Gramond s'écria : « Qu'on ne se mette pas en peine « d'écrire les noms des présents, nous voulons tous y « figurer, et il n'y a aucun, du premier jusqu'au dernier, « qui ne prenne à gloire d'y être. — Voulez-vous donc ré- « pliqua le premier président, empêcher la tenue de l'au- « dience ! » Tous s'écrièrent à la fois : « Oui, oui, nous « voulons l'empêcher ! » On croirait assister à une scène du Parlement de Paris, prélude de l'insurrection du Jeu de Paume, où les parlementaires couvrant de leurs bras les conseillers d'Eprémenil et Montsabert, arrachés de leur siège par la force armée, se groupèrent autour d'eux en criant : « Nous sommes tous d'Eprémenil et « Montsabert. »

Après bien des discussions bruyantes, l'apaisement se fit dans les esprits. Deux présidents des enquêtes apportèrent des paroles de paix à la grand'chambre, qui les accueillit d'abord froidement, mais qui se laissa toucher par les protestations de regret et de repentir des enquêtes. Elle décida, selon ce qu'en a écrit Malenfant, « qu'un de ses membres irait dire à messieurs des enquê- « tes, que, puisqu'ils désiraient la paix, messieurs de la « grand'chambre, comme bons et charitables pères, ne la « leur refusaient pas et les embrassaient, comme leurs « enfants et leurs frères, et qu'ils souhaitaient qu'ils en « fissent de même, et leur rendissent le respect et l'hon- « neur qui leur est dû, et qu'au premier jour, le président « donnerait l'assemblée des chambres, dans laquelle « après avoir fait une remontrance, sans rien particu- « lariser, ni nommer personne, il blâmerait l'action et « l'injure faites en la grand'chambre, et leur promettrait

« d'oublier tout ce qui s'était passé, à la condition que
« les enquêtes ne diraient rien contre ce discours. »

Les enquêtes acceptèrent cette capitulation : le conseiller de Masnau leur adressa la harangue arrêtée à la grand'chambre, et afin de ne pas laisser trace de cette affligeante dispute, le premier président retira l'original de l'arrêt rendu le 13 février et l'arracha des registres.

La source des querelles parlementaires ne tarissait pas. Une innovation dans les épices réveilla, un moment, les animosités au Palais. On y proposa d'établir la communauté dans les épices, en réservant le quart au rapporteur, ainsi que cela se pratiquait à la chambre de l'Edit. Les présidents s'élevèrent contre cette nouveauté, récompensant la paresse et décourageant le travail patient et consciencieux. Le président de Gramond, dont on entend la voix à chaque séance, protestait de toutes ses forces et menaçait le Parlement de se plaindre au roi : on finit par maintenir les anciennes règles.

Les bruits de la guerre dominent alors les rumeurs du Palais. Pendant la durée de cette guerre, le Parlement interdit les bals de nuit, les sérénades et les comédies des bateleurs, à peine du fouet. Condé passe par Toulouse en allant tenir un conseil de guerre à Gimont : les registres du Parlement sont remplis de décisions ordonnant des députations vers les grands seigneurs qui arrivent en Languedoc, avec les troupes de Condé. Les regards se retournèrent vers le Palais, lorsque le procureur général accusa un capitoul du crime de fausse monnaie. La Cour ayant ordonné le dépôt au greffe du décret de prise de corps du capitoul, le procureur général s'y refusa. Devant les chambres assemblées, ce dernier loin de se justifier de ce refus, prit l'offensive et dit que toutes ces difficultés et lenteurs, soit sur ce procès, soit sur la nomination de certains capitouls venaient du premier président « qui « y trouvait son compte. » A ces mots, le premier président leva l'audience, en demandant acte des paroles injurieuses échappées au procureur général. L'affaire n'eut pas d'autre suite.

Le procureur général de Saint-Félix était un bouillant esprit et un batailleur, comparable à ce Robert de Saint-Vincent, du Parlement de Paris, connu sous le nom de Boute-Feu. Il s'en prenait à tout et à tous, avec des emportements que rien n'amortissait. On sentait en lui le descendant de cette race vaillante, qui s'était mise en guerre, à la fin du douzième siècle, contre Jean d'Angleterre et dont on rencontrait le nom dans tous les grands événements de la province, ou au Parlement. Le conseiller Guillaume de Ségla ayant fait un jour emprisonner, par autorisation de la grand'chambre, un clerc du parquet, le procureur général outragea le conseiller et ouvrit au clerc les portes de la prison. La grand'chambre protesta et échangea les plus aigres paroles avec Saint-Félix. Un président à mortier fit entendre raison au procureur général qui baissa la tête, remit le clerc sous les verrous, et présenta ses excuses à la grand'chambre. Au moment où il se retirait, le premier président le rappela et lui dit, que la Cour ne se trouvait pas satisfaite d'explications trop vagues pour elle et insuffisantes au caractère de Guillaume de Ségla. Le procureur général garda le silence; la grand'chambre réclama alors la convocation du Parlement.

Les amis de Saint-Félix l'engageaient à détourner

l'orage, en reparaissant, le lendemain, à la grand'chambre, et en adressant de plus larges excuses à Ségla. Il céda et pria Ségla de lui pardonner ses outrages, en termes, dit Malenfant, à peine bégayés et tombant lentement des lèvres. Sans la prudence et la bonté généreuse du premier président, ce démêlé allait s'envenimer. Les rancunes se refroidirent et le nuage s'éloigna.

D'autres nuages s'élevèrent entre le Parlement et la chambre de l'Édit, où les magistrats protestants devenaient plus ombrageux, chaque jour, depuis la soumission du calvinisme. Dans un procès instruit par la Tournelle, les magistats protestants de la chambre de l'Édit usèrent de violence, pour arracher, de la Conciergerie, deux prisonniers qui paraissaient appartenir au culte réformé. Vainement, la Tournelle s'adressa au président de la chambre de l'Édit, du Puget ; la grand'chambre se vit contrainte d'envoyer à Castres deux commissaires, avec pouvoir d'employer les voies de la douceur, pour reprendre les prisonniers et, en cas d'insuccès, la force ouverte.

C'est à la force qu'il fallut recourir. A Castres, la ville prenait parti pour la chambre de l'Édit, battait le guet et les archers, voulait tuer le conseiller d'Auterive, commissaire du Parlement, et protégeait l'évasion des deux prisonniers qui trouvèrent asile dans la maison de campagne d'un parlementaire protestant. Le Parlement s'en émut et députa, vers le roi, les deux conseillers d'Auterive et Foretz de Carlincas, avec mission de solliciter la translation de la chambre de l'Edit, hors de Castres, la ville toujours prête aux séditions. Mais le roi, qui assiégeait en personne Perpignan, ne les écouta que d'un air distrait ; les Espagnols qui tenaient le Roussillon l'inquiétaient plus que les parlementaires.

Cette affaire traîna en longueur et se dénoua, au détriment de la chambre de l'Édit. Cette chambre ne vengeait guère l'Église des insultes et des pamphlets toujours lancés contre elle. Au mois de février 1642, en la grand'chambre, le premier président déposa un livre que venait de lui envoyer le président du Puget, intitulé *le Capucin*, rempli de moqueries contre les couvents, d'impiétés et de blasphèmes. A la chambre de l'Édit, les opinions s'étaient partagées sur ce livre du ministre Pierre Dumoulin : les magistrats catholiques voulaient le flétrir, et les protestants penchaient vers le pardon. L'avocat général de Maniban en fit le rapport à la grand'chambre, traita le ministre Pierre Dumoulin de criminel de lèse-majesté divine, et requit la Cour de faire lacérer le livre impie, et de le faire brûler, en place du Salin, par la main du bourreau. La Tournelle blâma le premier président de ne point l'avoir appelée à juger ce procès. L'arrêt n'en fut pas moins exécuté, après lecture faite à la place du Salin, par le greffier Lacombe, celui qui écrivait alors son *Traité de l'audience*.

Les disputes vont renaître au Parlement : on y agite la question de savoir si la chambre des requêtes, qui n'avait pas opiné dans les procès des ducs de Rohan et de Montmorency, devait opiner dans des procès criminels, contre un conseiller du Parlement de Bordeaux et contre un autre conseiller de Grenoble, renvoyés par le roi au Parlement de Toulouse. On débattit deux ans cette question, à trente voix contre trente. Les requêtes finirent par l'emporter.

Au milieu de ces discussions arrivent, coup sur coup, les trois nouvelles de la prise de Perpignan, de la mort de Richelieu et de la mort de Louis XIII. Le 28 mai 1643, aux chambres assemblées, le premier président fit lire, par le doyen, les lettres du nouveau roi, annonçant que son père venait d'expirer à Saint-Germain, les lettres de la reine mère et de la Vrillière et le testament du feu roi. Les officiers de la ville reçurent, à cette audience, l'ordre de veiller à la sûreté publique, et les habitants furent autorisés à l'appel du tocsin, à courir sus aux bohémiens chassés de la ville et essayant d'y rentrer. Les audiences furent suspendues, jusqu'au lendemain de la cérémonie des honneurs funèbres à rendre à Louis XIII.

Le 21 juin, eut lieu cette pompeuse cérémonie, pareille à celle qui suivit la mort d'Henri IV. On chanta ensuite un *Te Deum* en l'honneur du nouveau roi, et on alluma des feux de joie sur la place Saint-Étienne. Il restait à nommer les députés qui auraient à présenter au roi les hommages de la Cour. Le premier président de Bertier, le président Donneville, le sous-doyen de la Cour, d'Agret, au refus du doyen accablé d'années, et les présidents des enquêtes de Fraust et Claude d'Advisard, s'acheminèrent vers Paris, précédés de lettres au roi et à la régente, contenant les protestations de fidélité de la Cour et réclamant la protection royale.

Avant de partir, ils reçurent du Parlement des instructions, de nature à améliorer l'état des finances de la province et à réprimer les extorsions des traitants et des intendants. Affranchis du contrôle des parlementaires, les intendants agissant en vertu d'une commission royale, levaient les impôts en conquérants et en despotes. Avec l'aide de Richelieu, ils surmontaient tous les obstacles, sans s'inquiéter de la misère publique ; après la mort du cardinal, le Parlement changea de tactique, abandonna la voie des remontrances et s'apprêta à heurter de front les intendants.

A une assemblée des chambres, le plus ancien conseiller des enquêtes, Juliard, exposa les désordres qui régnaient dans les Cévennes, soulevées contre les exactions à main armée des intendants, et proposa un arrêt de suspension de toutes les commissions royales non vérifiées. Après quatre matinées de discussions, l'arrêt de suspension fut prononcé. De cet arrêt allait naître toute une sédition : un collecteur fut égorgé à Toulouse ; un autre n'échappa à la mort que par la fuite ; les commis des intendants s'enfuyaient devant les populations exaspérées. Le Parlement reprenait partout son autorité souveraine ; mais, sur la plainte de La Ferrière, intendant de Montauban, un arrêt du Conseil cassa l'arrêt du Parlement de Toulouse, comme attentatoire aux droits du roi et contraire à la paix publique. Le Parlement répondit par un second arrêt qui condamnait un libelle diffamatoire de La Ferrière à être brûlé par la main du bourreau. En même temps, le Parlement adressait à la reine des remontrances sur l'arrêt du Conseil.

La trêve se fit d'elle-même, le jour où le Parlement enregistra, sans observations, les lettres patentes de la régente qui cassaient le testament de Louis XIII, et confiaient à Anne d'Autriche l'administration des affaires du royaume. Aussi, en arrivant à Paris, les députés du Parlement ne rencontrèrent que des courtisans pleins de prévenances et de flatteries. La régente abolit les édits bursaux, supprima les levées d'impôts extraordinaires et signa les lettres patentes de confirmation du Parlement. Louis XIV n'avait pas encore cinq ans, mais Mazarin venait de remplacer Richelieu.

CHAPITRE X

Commencement du grand règne. — Victoire de Rocroi. — Le duc d'Orléans gouverneur et lieutenant général en Languedoc. — Députation du Parlement au duc d'Orléans. — Sévérité des examens des magistrats au Parlement. — Le président de Ciron. — Science du droit au Parlement. — Equipée de quelques jeunes conseillers. — Un conseiller du Parlement de Grenoble et un conseiller du Parlement de Pau jugés à Toulouse.— Le juge-mage de Caulet et l'avocat général de Maniban. — Sorciers. — La duchesse d'Arpajon. — Arrêts divers. — Victoires des armées. — Un vœu pour éloigner la peste. — Luttes entre le Parlement et l'Hôtel de Ville. — Le chevalier de Roquelaure. — Le marquis de Rabat. — Les Parlements de France et la Couronne. — Lutte du Parlement de Toulouse contre les intendants. — États généraux. — Émeutes dans le ressort. — Députation des États du Languedoc au Parlement. — Députation du Parlement aux États. — La première fronde. — Les écoliers. — Les bohémiens. — Le monastère de Notre-Dame des Salenques. — La deuxième fronde. — Troubles religieux. — La chambre de l'Édit hostile à Mazarin. — Le conseiller Vedelly à Nîmes et dans les villes de cette contrée. — Union passagère du Parlement et des États. — Les États traduits devant le Parlement. — Lutte du Parlement et de la Cour des comptes de Montpellier. — Le conseiller de Foretz à Béziers. — Arrêt contre Mazarin. — Le conseiller de Foretz à Narbonne. — Arrêt de mort contre le gouverneur, son lieutenant, les consuls et divers habitants de Narbonne. — Décret de prise de corps contre l'archevêque de Narbonne. — Le conseiller de Gargas à Albi. — Arrêts contre les factieux et les évêques des États. — Intervention du roi. — Harangue de Godeau, évêque de Vence. — Médiateurs envoyés à Toulouse. — Arrêt du Parlement cassé par le Conseil du roi. — Assemblée des États. — Évocation au Parlement de Dijon et à la chambre de l'Edit de Grenoble. — Menaces de guerre. — Retour aux mœurs féodales. — Intrigues du duc d'Orléans. — La

CHAP. X. — COMMENCEMENT DU GRAND RÈGNE

concorde entre les États et le Parlement. — Fin de la Fronde. — Désordres dans le ressort. — La tête de Mazarin mise à prix au Parlement. — Guerre de Guyenne. — Organisation de la défense à Toulouse. — La peste. — Pavillon, évêque d'Alet. — Arrêts divers. — Fin de la guerre et de la peste. — Le baron de Léran. — Amnistie. — La paix. — Mort du premier président de Bertier.

Le grand règne commence et la victoire de Rocroi en éclaire l'aurore. Le Parlement se rend, en robes rouges, au *Te Deum* chanté en l'église de Saint-Étienne, et enregistre les lettres patentes du roi donnant au duc d'Orléans, revenu en faveur, le gouvernement et la lieutenance générale du Languedoc, qu'il allait garder seize ans. En faveur de ce fils de roi, frère de roi et oncle de roi, les parlementaires délaissèrent la règle, et le dispensèrent du serment de garder les ordonnances. Une députation de parlementaires alla le complimenter à Paris.

Ils ne se départaient jamais de leur sévérité jalouse en matière de réception des nouveaux magistrats. Au mois de septembre 1643, le conseiller Vignes, à la fin d'un examen, s'attira cette rude réprimande du président de Ciron : « La Cour très mal satisfaite de vos réponses « a pitié de vous, et espérant que vous tâcherez, à l'a- « venir, de réparer ce grand manquement par vos étu- « des et bonnes actions, vous reçoit par grâce et non par « justice, en la charge de conseiller, de laquelle il a plu « au roi de vous pourvoir. » Il arriva, plus d'une fois, que les magistrats hésitants dans leurs réponses n'étaient reçus, qu'à la condition de ne pas opiner pendant deux ans.

Ce président de Ciron qui parlait si rudement au conseiller Vignes venait, lui-même, de subir les rigueurs du Parlement qui n'enregistra, qu'après bien des lenteurs et des entraves, les lettres par lesquelles le roi l'autorisait à prendre la charge de son père. C'était toujours ce même Parlement qui refusait, en 1612, de recevoir l'ancien conseiller au présidial, Olivier Tolosani « ignorant « trop la science du droit ». Cette science du droit lui devenait tous les jours plus chère. Depuis le commencement du dix-septième siècle, le Parlement ne se contentait plus de déléguer quelques-uns de ses membres, pour assister aux discussions des prétendants aux chaires de droit : il préside, en corps, à ces solennelles controverses. Un de ceux qui se plaisaient le plus à ces combats de l'école était le sous-doyen d'Agret, qui se démit alors en faveur de son fils ; en souvenir de ses longs services, le roi lui permit de continuer l'exercice de sa charge, malgré la résiliation de son office de conseiller.

Les jeunes conseillers oubliaient, parfois, l'austérité de leurs devoirs et se laissaient entraîner aux choses légères de la vie. Au mois de juin 1643, les capitouls ayant décreté de prise de corps un gentilhomme accusé d'un crime de viol, une troupe de jeunes gens, au milieu desquels se trouvaient les conseillers Guillaume de Puymisson et Pierre de Terlon, se glissèrent dans la prison et le firent évader. Le guet arriva, mais deux cents écoliers et clercs de la Basoche, commandés par le fils du président du Puget, mirent le guet en déroute. En chambres assemblées, Puymisson et Terlon, debout et découverts derrière le bureau des présentations, eurent à se justifier et à recevoir la réprimande de la Cour. On le voit, les temps sont changés, les héroïques traditions de travail silencieux, de solitude paisible et de vie recueillie se perdaient avec les années. Les instincts turbulents et belliqueux éclatent parmi la jeunesse parlementaire, autant que chez de noblesse de race : les fils de gens de robe commencent à avoir des genêts d'Espagne, des dagues enrubannées, des pourpoints taillardés, des manteaux et des chapeaux à plumes brillantes. En disparaissant dans la région des choses évanouies, il semblait que le seizième siècle eût emporté, avec lui, la forte vertu des familles parlementaires.

Un conseiller du Parlement de Grenoble allait comparaître à la barre du Parlement de Toulouse. Le conseiller de Laperrière, au sortir d'un bal, avait, l'épée à la main, assisté un de ses frères dans un duel avec un gentilhomme blessé à mort. On lui permit de se présenter au Palais en robe et sans fers aux pieds ; selon l'usage, il leva la main et jura de dire la vérité. Pour châtiment, la Cour lui infligea 3,000 livres d'amende et une suspension de sa charge pendant six mois. Vers la même époque, le Parlement condamne à 3oo livres d'amende et à la suspension de sa charge, le conseiller de Cerbères, du Parlement de Pau qui n'avait répondu à une provocation en duel, de son collègue de Broca, que par des coups de bâton. Plus tard, le juge-mage Caulet se voit interdit de ses fonctions, à la suite d'une illégale perception des taxes imposées au prieur et aux consuls de la bourse. Nicolas de Bastard, procureur du roi au comté de Gaure, est obligé de restituer des émoluments indûment perçus à Fleurance, dans un procès intéressant les pauvres. Le journal du greffier Malenfant est rempli de ces souvenirs attristants et du récit des supplices infligés aux sorciers, dont le nombre devenait si grand qu'on les envoyait à la mort par masses toujours renouvelées.

On vit alors, à bien des audiences, une duchesse célèbre par ses procès et par sa beauté. Saint-Simon, plus curieux que Malenfant, en a ainsi parlé : « La duchesse d'Arpajon mariée, belle et jeune, à un « vieillard qui ne sortait plus du Rouergue et de son « château de Sévérac, se vit noyée d'affaires et de pro- « cès, après son veuvage, au Parlement de Toulouse, « pour ses reprises et pour sa fille unique. C'était une « personne d'une grande vertu et d'une excellente con- « duite, qui avait grande mine et des restes de beauté. « On ne l'avait presque jamais vue à la Cour, ni à « Paris, et on l'y appelait la duchesse des Bruyères. »

Le Parlement célèbre, par des actions de grâces, les victoires de Thionville et de Gravelines et les combats des Flandres et de Lorraine, et se rend, au milieu du peuple, jetant des fleurs sur son passage, à la procession ordonnée en accomplissement d'un vœu fait autrefois pour éloigner la peste. A ces premières années du dix-septième siècle, les capitouls et le Parlement sont en guerre ; le Parlement casse les élections des capitouls, et les capitouls ferment les portes de l'Hôtel de Ville aux commissaires du Parlement : l'un d'eux le conseiller Tourreil faillit être écrasé entre les battants du grand portail. Décrets de prise de corps, saisie des biens, menaces de condamnation à mort, les capitouls bravent tout, se pourvoient au Conseil du roi, foulent aux pieds les réprimandes, frappent des conseillers, insultent la Cour, enfoncent les portes des prisons afin de délivrer les prisonniers, écrivent des pamphlets contre le Parlement et en appellent à la décision du roi.

C'est un avocat, Daure, qui avait écrit et répandu les pamphlets : emprisonné, il allait être traduit devant la grand'chambre, lorsque le roi évoqua, en son Conseil, cette affaire pleine d'incidents, de récriminations et d'outrages, déchargea les capitouls des accusations et des condamnations qui pesaient sur eux, et leur enjoignit de ne plus manquer de respect envers le Parlement. La guerre se poursuit malgré l'arrêt du Conseil et l'intervention du duc d'Orléans : l'avocat général de Maniban plaida la cause du Parlement devant la reine et la Vrillière. Capitouls et parlementaires sont toujours aux prises, et tout est prétexte aux divisions. Le Parlement et le grand Conseil se battent à coups d'arrêts et de remontrances. On ne vit jamais plus de confusion et de discorde. Il fallut pourtant que l'Hôtel de Ville se soumît devant le Parlement. La scène change : les capitouls nouvellement nommés vont saluer le Parlement, des louanges les plus flatteuses ; ils le comparent à l'aigle qui, en naissant, tourne les yeux vers le soleil, aux astres qui ne reluisent que de la clarté de ce grand astre de lumière. Ils qualifient le Parlement de verge forte de l'Ecriture, de sceptre puissant, de lion aux regards toujours ouverts et de temple des dieux tutélaires.

Pendant que se débattaient ces longues querelles, le chevalier de Roquelaure coureur de jeux de paume et de brelans, enfermé à la Conciergerie, par arrêt de la Cour, pour crime de blasphèmes contre Dieu, la Vierge et les saints, s'évada de prison. Au Parlement l'indignation fut au comble : on soupçonna les conseillers du Mai, Chastanet, la Coupette, Puymisson et Cassaing, d'avoir favorisé sa fuite; la Cour les manda à sa barre. Les avocats généraux Maniban, Fieubet et Marmiesse, impliqués aussi dans cette accusation, reçurent, en chambres assemblées, le plus sévère avertissement. Deux huissiers de la Cour signifièrent à la marquise de Mirepoix, sœur du chevalier de Roquelaure, et aux gentilshommes qui lui faisaient cortège, l'ordre de quitter la ville. Roquelaure fut condamné à avoir la tête tranchée, il se cachait à Paris, où la régente le fit arrêter. Afin de lui sauver la vie, elle le mit à la Bastille : la procédure fut enlevée par elle et ne reparut jamais au Parlement.

Une autre procédure allait s'ouvrir contre un des débris de cette féodalité remuante, dont Richelieu avait abattu ou abaissé les têtes. Le marquis de Rabat, de la la maison des comtes de Foix, remontant d'ancêtre en ancêtre, au prince Loup, d'humeur farouche, gardé dans son donjon par des compagnies d'arquebusiers, toujours en pillage ou en chasse, ravageait les forêts et les plaines du voisinage. Il ne se souvenait guère de son titre de chanoine de Saint-Volusien-de-Foix ; le haubert et la dague lui plaisaient, plus que le surplis et l'aumusse. Il avait, a dit un chroniqueur, le bras sauvage et l'astuce des plus forts et des plus fiers montagnards de son pays.

En 1642, telles furent les déprédations du marquis de Rabat et de son frère, dans la contrée de Massat, que le Parlement les ajourna devant lui ; mais ce n'était pas tout que de rendre un arrêt à la Tournelle ; il aurait fallu, pour pénétrer dans ces gorges des Pyrénées, toute une troupe armée; les huissiers assez hardis pour oser y signifier les décisions de la Cour n'en revenaient pas toujours. De ses rochers de Forney, le marquis se raillait du Parlement. Il alla plus loin et la haine lui mit au cœur un âpre désir de vengeance. Au printemps de 1647, il rassembla ses arquebusiers, arma ses laquais, monta à cheval avec son frère le baron et déboucha, tout d'un coup, l'épée au poing, dans l'enceinte des hautes collines arrosées par l'Arize, où s'étendait l'évêché de Rieux, occupé par l'évêque Jean-Louis de Bertier, frère du premier président.

Vers cinq heures du soir, il s'arrêta devant le palais de l'évêque et s'empara des avenues et des portes. Il n'y trouva que le jardinier ; l'évêque venait de passer l'eau et de partir pour Toulouse. Aussitôt, le marquis de Rabat se saisit du pauvre jardinier tremblant, et le frappa à coups d'épée, en blasphémant et en disant : « Je ne te traite de la sorte, que parce que tu es serviteur « de l'évêque, et si ton maître était ici, j'irais droit à sa « chambre lui passer l'épée au travers du corps : il peut « compter d'ailleurs que lui et son frère, qui s'est avisé « de faire donner arrêt contre moi, ne périront que de ma « main. » Puis, cette rage de coups apaisée, de la pointe de sa dague, il traça sur la main du jardinier quelques lignes sanglantes et reprit : « Voilà une lettre « que j'écris à ton maître, pour lui apprendre ce que je « veux lui faire. » Le marquis et sa troupe remontèrent à cheval et disparurent dans la montagne, du côté du manoir de Forney. De là, il alla rejoindre l'armée du prince de Condé.

Sur la plainte de la victime et, à la demande des consuls, le Parlement enjoignit à M. de Subra, magistrat présidial en la sénéchaussée de Toulouse d'en informer; en même temps, l'évêque de Rieux dénonça ces violences à l'archevêque de Narbonne, président des États, et réclama une intervention générale du clergé, contre les entreprises et les menaces du marquis de Rabat, qui l'empêchait « de se promener, à l'avenir, dans son jardin de « Rieux, sans l'escorte de douze fusiliers. » Aux États, le clergé tout entier demanda justice de l'insulte faite à l'évêque et invoqua l'appui du duc d'Orléans, du prince de Condé, de Mazarin, de La Vrillière et des seigneurs les plus influents à la cour. Au Parlement, on condamna le marquis de Rabat, qui se garda de paraître à l'audience, au bannissement et à la confiscation de ses biens.

Il trouva, au Louvre, un chaud défenseur dans son oncle, l'archevêque de Sens, Henri de Gondrin, qui imposa silence aux États, supprima leurs lettres confiées au doyen du chapitre d'Alet, et entra en accommodement avec le frère de l'évêque de Rieux, Pierre de Bertier, évêque d'Utique et coadjuteur de Montauban. Rien ne saurait exprimer l'irritation de Mgr de Rebé, archevêque de Narbonne : il se jeta aux pieds de la reine mère et de Mazarin, en demandant justice et protection. Pendant neuf mois, Mazarin et la régente, flottant entre les supplications de l'archevêque de Narbonne et les récriminations de l'archevêque de Sens, laissèrent se nouer des négociations sans cesse abandonnées et reprises. Ce fut le marquis de Rabat qui les trancha, en s'en remettant à la décision des archevêques et évêques de la province du Languedoc. Force fut à l'évêque de Rieux d'obéir à une lettre de cachet et d'accepter cette résolution, approuvée par le roi. Quand les évêques et archevêques eurent prononcé, le marquis de Rabat refusa de se soumettre à une partie de la sentence ; l'affaire menaçait de se prolonger encore, lorsque l'évêque de Rieux consentit à réduire les exigences du haut clergé de la province. On prépara, à Grenade, une entrevue solennelle entre l'offenseur arrêté à Toulouse, et l'offensé qui échangèrent de courtoises paroles et promirent de tout oublier. Au fond de l'âme du marquis de Rabat grondait une sourde colère : le frémissement secret de son humiliation lui fut si douloureux, que son émotion se trahit par un ruisseau de larmes.

Ce n'étaient là que de stériles querelles, à côté du soulèvement des Parlements de France contre la couronne. Au Parlement de Toulouse et aux états du Languedoc, aussi bien qu'au Parlement de Paris, s'agitait, à grand bruit, cette redoutable question posée par Anne d'Autriche aux parlementaires de Paris : « le Parlement se « croit-il en droit de limiter l'autorité du roi ? » Toutes les fiertés refoulées par Richelieu se relevaient à l'avènement de Mazarin. C'est devant les parlementaires arrivés alors aux plus hauts sommets, que se débattaient les querelles des peuples et des rois. Enivrés et environnés de leur popularité bourgeoise, ils protestaient contre l'unité passagère et despotique d'un ministre qui ne marchait que sur les traces de Richelieu. Ils donnèrent la main aux exilés, aux disgrâciés, aux dégradés, et à tous ceux qu'avait écartés ou frappés le dernier règne. Mais ces vanités humiliées ne tenaient plus au sol que par de faibles racines ; au lieu d'une lutte inspirée par la religion ou la liberté, on ne voit passer sur le royaume qu'un vent d'ambition et d'intrigues qui se perdra dans le bruit des balles et des barricades. La Fronde se levait sur Paris et, sous son nom et ses émeutes frivoles, allaient se décider les plus graves questions du royaume.

Depuis la mort de Richelieu, le Parlement de Toulouse n'aspirait qu'à reconquérir, dans son immense ressort, sa puissance bravée plus d'une fois, par des troupes de gentilshommes, derrière leurs murailles, et par des bandes de pillards réfugiés au fond des bois. S'il servait la couronne avec une fermeté que rien n'ébranlait, il la combattait sans peur, toutes les fois que la couronne s'attaquait à ses traditions et à ses privilèges consacrés par les siècles. Ces tendances perçaient sous les phrases de la harangue du premier président Jean de Bertier, sur la souveraineté des rois, à la rentrée de la Saint-Martin d'hiver de 1646. Le Parlement n'attendait qu'un signal pour ruiner la politique de Louis XIII.

En déclarant, par son arrêt du 13 mai 1648, vouloir unir ses intérêts à ceux du grand Conseil, de la Chambre des comptes, et de la Cour des aides, sur une question de gages, le Parlement de Paris ouvrit une ère d'agitations qui allait se prolonger pendant cinq années, et emporter dans ce courant de Fronde, tous les Parlements de France. L'institution des intendants léguée au pays par Richelieu comme la vivante image de son système d'administration unitaire, ardemment attaquée au Parlement de Toulouse, fut supprimée par le Parlement de Paris, de concert avec l'union des Cours supérieures. Le chancelier n'eut pas assez de force pour résister à cette secousse soudaine. Une déclaration du roi révoqua les intendants et réduisit les tailles.

Le Parlement de Toulouse s'empressa d'enregistrer la déclaration royale, en adressant au roi des remontrances, afin d'obtenir, en Languedoc, la plus large extension de ses faveurs ; il n'oublia pas de défendre aux intendants de lever les tailles, à peine de concussion, aux officiers royaux d'exécuter leurs prescriptions, et aux sujets d'obéir à leurs commandements. Il ordonnait, en même temps, une information sur leurs malversations et leurs violences. Un moment, les parlementaires purent croire que cet anéantissement de rivaux, prompts aux empiétements et aux audaces, ramènerait un règne à jamais paisible ; mais ni la noblesse habituée à la guerre et hostile au gouvernement des hommes de robe, ni la bourgeoisie mécontente et jalouse ne saluèrent avec enthousiasme cet* événement. Sur toutes les classes de la société de ce temps, planaient de vagues inquiétudes : les Parlements ne leur paraissaient pas assez puissants pour réformer l'État : on songeait partout à la convocation des États généraux.

Pendant que les États généraux s'ouvraient à Orléans le 15 mars 1648, les émeutes se réveillaient en Languedoc. Les États de la province envoyèrent au Parlement une députation chargée de solliciter la nomination d'un commissaire, ayant pouvoir de se transporter sur les lieux et de commencer les poursuites. C'était là une nouveauté dans les assemblées provinciales ; cette sorte d'ambassade traversa princièrement le ressort, et parut à la grand'chambre, où elle reçut les honneurs accordés aux plus grands personnages. Quelques jours après, le Parlement répondit à cette respectueuse démarche des États, par l'envoi d'une députation conduite par le président de Donneville. Le Parlement allait en aveugle dans cette voie ; il s'apercevra bientôt, qu'il a fait fausse route et se ralliera au parti du roi. En attendant, il réclame la translation à Toulouse de la chambre de l'Édit, mais ni le roi, ni la reine, ni Mazarin ne veulent accueillir sa demande. Ils en étaient alors à la première Fronde, avec les importants, les petits maîtres, Beaufort, le roi des Halles, le vieux conseiller Broussel, les barricades, le prince de Condé revenu victorieux de la bataille de Lens, Gondi le bouillant coadjuteur étincelant d'esprit et d'audace et rompu aux intrigues. Devant cette armée de factieux, la Cour recula, quitta Paris et se réfugia à Saint-Germain. Pour avoir « trop de maîtres, disait madame de Motteville, les Français n'en connaissaient plus aucun. »

Le Parlement de Toulouse vraiment attaché au roi n'entra pas dans cette première Fronde et résista aux instances des agitateurs. Les écoliers ne souhaitaient que des tumultes et des émeutes : le Parlement leur défendit de s'assembler et de s'armer ; il enjoignit aussi aux bohémiens de sortir de la province. En Quercy, les paysans s'étant insurgés, le conseiller Buisson d'Aussonne partit, à la tête d'un corps d'armée, pour les mettre à la raison : dans le comté de Foix, le monastère de Notre-Dame des Salenques, bloqué par des routiers, fut délivré par la vigueur des mesures prises par le premier président.

Après cette première Fronde, misérable levée de boucliers, attestant l'impuissance d'une époque énervée, se leva la seconde Fronde. Il y eut des duels entre les hommes et des injures entre les femmes. Les femmes soufflaient aux hommes leur ambition inquiète et menaient la guerre civile. A la tête de chaque parti, il y a une belle guerrière, madame et mademoiselle de Chevreuse, madame de Longueville, la princesse de Condé et la reine. Retz et les Chevreuse font enfermer Condé au donjon de Vincennes. La vieille Fronde se frappait elle-même. Une immense réaction se fit contre Mazarin qui partit pour Saint-Germain. Il entendait, de loin, les menaces du peuple et les colères de Condé sorti de prison : à la clarté des feux de joie allumés par les frondeurs, il s'achemina vers la frontière.

En Languedoc, la seconde Fronde ne trouble pas la tranquillité publique. Les querelles du Parlement et des capitouls n'étaient rien, à côté des prises d'armes de Paris, des insurrections de la Guyenne et des luttes du Parlement de Bordeaux contre le duc d'Épernon. Pourtant, les intendants, au mépris de la solennelle révocation de 1648, n'en continuaient pas moins leurs fonctions : le marquis des Ouches reparut à Toulouse, muni de lettres de créance du roi et du gouverneur, apportant, en signe de réconciliation, l'arrêt du Conseil qui rétablissait l'abonnement des tailles, un des vœux les plus chers de la bourgeoisie.

Ce sont surtout les questions religieuses qui sèment et entretiennent les divisions dans la province. Tandis que les évêques dénonçaient aux États les progrès de la religion réformée et la reconstruction des temples dans les villes et les bourgades, les protestants criaient à la violation des consciences, toutes les fois qu'on signalait une conversion au catholicisme. Le jour où l'évêque et le chapitre de Castres venaient de chanter un

Te Deum à l'occasion de la naissance du duc de Valois, les réformés qui sortaient de la cène, coururent en armes vers l'évêché, et en forcèrent les portes pour enlever un enfant de treize ans qui avait demandé asile à l'évêque, après la mort de son père. L'évêque s'éloigna de la ville, avec son chapitre, et se retira à Beaucaire. Le conflit soumis à la chambre de l'Édit y amena, selon l'usage, un arrêt de partage qui provoqua une plainte de l'évêque d'Uzès aux États, et de nouvelles instances pour réunir la chambre de l'Édit au Parlement.

La chambre de l'Édit, hostile à Mazarin et fidèle au roi, ne crut pas déserter les voies régulières et légales, en dénonçant, au moment où le ministre abandonné par la régente sortait du royaume, « la cabale de ce ministre « suspect et étranger, dont le dessein était de mettre la « brouillerie et le désordre dans la province. » Elle cassait, en même temps, certaines délibérations des États comme séditieuses et contraires à la fortune et aux libertés publiques.

Il y avait à cette époque, alliance entre les États et le Parlement. Les États votaient, avec de pompeuses louanges, une gratification de 2,000 livres au conseiller de Vedelly, qui venait de parcourir les diocèses de Montpellier, de Nîmes, d'Uzès, de Viviers, de Mende et du Puy, au milieu des neiges, et qui, en cent cinquante jours, avait instruit soixante-trois procédures, entendu un millier de témoins et arrêté le capitaine d'une bande de brigands cachée au fond des forêts du Velay. Cette union n'eut que la durée d'un songe. Le 16 février 1651, le procureur général traduisit les États à la barre du Parlement, et les accusa d'empiéter sur les droits de la justice, en cherchant à limiter la juridiction de la Cour, et à former des assemblées permanentes, sans l'autorisation royale. Il reprocha aux députés des trois ordres le faste de leurs cérémonies et de leurs fêtes, en ce temps de misère publique. Il cassait les délibérations des États qui lui paraissaient en opposition aux lois du royaume et ordonnait des informations sur leurs malversations.

Le Parlement repoussait toujours les ouvertures des frondeurs ; quelques parlementaires se seraient engagés dans cette seconde Fronde, si le premier président ne les avait retenus. Le Parlement de Paris ayant adressé au Parlement de Toulouse un arrêt attribuant au duc d'Orléans la qualité de lieutenant général du royaume et au prince de Condé celle de généralissime des armées, le Parlement de Toulouse, malgré les lettres de Condé au premier président, refusa d'obéir, soit au duc d'Orléans, soit à Condé, et se borna à envoyer des remontrances à Mazarin. Il finit par entrer dans la politique du Parlement de Paris, et par demander l'expulsion de Mazarin et de ses partisans, avec permission aux communes de leur courir sus, après le délai de quinzaine ; il sollicitait aussi l'interdiction du conseil du roi à tous étrangers. La Cour des comptes de Montpellier casse à son tour les arrêts du Parlement, pour cause d'incompétence, et défend à tous les magistrats et officiers de reconnaître ses commissaires, à peine de 10,000 livres d'amende. Le Parlement réplique par un arrêt de cassation, où l'intervention de la Cour des comptes est traitée d'insidieuse et d'hostile au bien public, parce qu'elle surchargeait les populations, des épices extorqués dans la vérification des édits. Il décrétait de corps les commissaires de la Cour des comptes, et autorisait la recherche des pièces pouvant servir à l'information, par bris de portes des maisons et des châteaux. La Cour des comptes résista : devant les commissaires du Parlement, les villes se fermèrent ou se barricadèrent, les gens de guerre prirent les armes et les ennemis du Parlement alarmèrent le peuple et le poussèrent à l'insurrection. Le conseiller Foretz de Carlincas exécutant sa commission à Béziers se vit assiégé, en son logis, par plus de deux cents hommes qui le menacèrent de mort, lui enlevèrent ses prisonniers et ouvrirent aux insurgés les portes de la ville.

A ces violences, Foretz répondit par un manifeste où il disait : « Nous cherchons dans notre emploi, avec
« plus de passion, le soulagement du peuple, que le
« payement de nos peines, et nous prétendons nous in-
« former et punir les achats infâmes, mercenaires et
« publics des voix de quelques-uns des États, les exac_
« tions des deniers de la province et l'appui et le sup-
« port que les plus grands de la compagnie des États
« donnent à cet infâme commerce... Ils n'empêcheront
« pas l'exécution de notre commission qui ne roule
« que sur deux chefs inébranlables, l'un de continuer
« d'affermir le service de Sa Majesté dans les cœurs de
« cette province, l'autre de les soulager, pendant la cherté
« des denrées qui les réduit à la dernière misère. »

Le Parlement approuva ce manifeste et ordonna que le procès serait fait aux factieux ; il enjoignit aux consuls de Béziers de murer les portes de l'évêché, et de ne laisser entrer, ni sortir personne, à peine de 10,000 livres d'amende. Tous ces arrêts furent bientôt annulés par le Conseil du roi, mais le Parlement les consacra par un nouvel arrêt du 18 avril 1651, et en appela à la justice royale mieux informée. Il commanda à ses commissaires de passer outre, et aux sénéchaux, gouverneurs, gentilshommes, et consuls, de leur prêter main-forte à peine d'être recherchés comme pertubateurs du repos public. Le même jour, un arrêt prescrivit des poursuites contre Mazarin accusé d'avoir fait commettre des déprédations sur la Méditerranée, dissipé les finances de l'État et surpris la religion du roi. C'est au conseiller de Foretz et à son collègue de Lestang que revint la charge de cette information, et de la saisie des biens du cardinal qui possédait, dans le ressort, la riche abbaye de Moissac. L'abbaye ne fut pas saisie, grâce à l'intervention du chevalier de Terlon, dévoué à la fortune de Mazarin et frère du conseiller de Terlon.

Le conseiller de Foretz n'en avait pas fini avec les insurrections et les outrages. En arrivant à Narbonne, il vit se fermer devant lui les portes de la ville, gardées par le gouverneur d'Argencourt, les consuls, le viguier, et les officiers de justice. Forcé de se retirer, il dressa procès-verbal et en référa au Parlement. Jamais arrêt ne fut plus rude : le Parlement condamna le gouverneur d'Argencourt, son lieutenant la Ricardelle et tous les consuls à avoir la tête tranchée à Toulouse en place du Salin, trois autres accusés, de condition inférieure, à être pendus ; il confisqua leurs biens, et ordonna la démolition de la maison de la Ricardelle, et du château de Lamothe Saint-Roman appartenant à d'Argencourt ; il transférait à Coursan toutes les justices établies dans la ville de Narbonne, et invitait le roi à nommer un autre gouverneur. Mais les accusés étant enfermés dans Narbonne, l'arrêt ne s'éxécuta que par effigie. Le Parlement s'en prit à l'archevêque de Narbonne et fit peser sur lui la responsabilité de ces événements ; il le décréta de prise de corps. Mgr Claude de Rébé se garda de sortir de Narbonne de peur d'être emprisonné.

A Albi, les choses se passaient autrement. A l'arrivée du conseiller de Gargas, commissaire du Parlement, le conseil de ville alla au-devant de lui, protesta de sa soumission, offrit son assistance au Parlement et lui donna main-forte, pour arrêter le syndic du diocèse qui fut garrotté comme un malfaiteur, traîné en dérision dans les rues et conduit à Toulouse pour y être puni d'une levée d'impôts destinée aux Etats. Les États commettant abus sur abus en matière d'imposition, le Parlement dressa des règles nouvelles et mit des bornes à ces dilapidations. Chaque jour, ce sont des arrêts contre les factieux, et des injonctions aux gouverneurs de places, sénéchaux, gentilshommes, prévôts et consuls d'assister les commissaires de la Cour en leur mission.

Un arrêt prenait à partie les évêques de l'assemblée des Etats, qu'il accusait d'incurie et d'une coupable complaisance, dans ces graves questions des deniers publics. Un décret d'arrestation fut même lancé contre l'archevêque de Narbonne. L'église de France s'en émut et l'assemblée générale du clergé, sollicita en faveur des prélats du Languedoc, l'intervention royale. L'évêque d'Uzès, personnellement attaqué par le Parlement, se défendit avec énergie devant le roi : Godeau, évêque de Vence, assisté du prince de Conti, présenta au roi et à la régente les remontrances du clergé, dans une harangue dont la véhémence ornée convenait à la poétique imagination d'un évêque, traduisant, en vers français, les psaumes de David.

Dans cette harangue, on rencontre ce passage :
« Vous ne pouvez, ni ne devez souffrir, Sire, que ceux
« qui tiennent de vous le pouvoir de juger vos sujets de
« Languedoc deviennent vos juges. N'auriez vous donc
« reçu de Dieu, cette puissance indépendante sur la terre
« de toute autre puissance que de la sienne, qu'afin de la
« soumettre à leurs passions. En les revêtant de la pour-
« pre, vous en êtes-vous dépouillé ? Si ce désordre est
« souffert, il faut craindre, Sire, que pensant avoir fait
« des ministres de justice dans le Languedoc, vous n'a-
« vez fait que des destructeurs des libertés de l'Église,
« des censeurs de votre vie, des arbitres de votre auto-
« rité. Vous auriez un vain titre de royauté et ils en
« auront l'effet. Vous en porteriez les ornements et ils en
« exerceraient la puissance. En vous demandant qu'il
« vous plaise de réparer les injures que l'Église a reçues
« par les arrêts du Parlement de Toulouse, nous deman-
« dons à Votre Majesté qu'elle relève son sceptre foulé
« aux pieds, qu'elle raffermisse son trône ébranlé, qu'elle
« fasse justice à son autorité méprisée. »

A ces remontrances du clergé le Parlement répondit, qu'en faisant le procès aux évêques qui l'avaient mérité, son autorité n'était pas excessive, mais que l'ambition des évêques était déréglée. «Qu'ils aient de la modération,
« disait le Parlement, et ils trouveront que nous avons

« de l'équité. » Et le Parlement continuait, en déroulant le tableau des exactions des États qui épuisaient « le sang « et la vie du pauvre peuple obligé de verser l'argent, « moitié de ses sueurs et de ses larmes. »

Le conseil de régence comprenant les dangers de ces discussions, envoya, à Toulouse MM. d'Aubijoux, de Sève et Boucherat, afin d'arriver à une trêve et de traiter avec le Parlement. L'archevêque de Toulouse, Mgr de Monchal, se joignit à eux, mais la mort le surprit à Carcassonne. Les capitouls tenant pour le Parlement, les commissaires du roi s'efforcèrent vainement de les détacher des parlementaires : malgré de récentes querelles avec la Cour, sur une question de préséance aux funérailles de l'archevêque, les capitouls lui restèrent fidèles. Le 13 juin, le Parlement nomma dix commissaires extraordinaires, avec mandat de se transporter dans les sénéchaussées de la province, pour procéder à l'exécution de ses arrêts, en rendre de nouveaux en matière criminelle, connaître de tous les abus et malversations, et poursuivre les coupables de toutes conditions.

Le Conseil du roi cassa cet arrêt, en reprochant au Parlement d'attenter à la puissance royale et de n'observer aucune loi : il ordonna aux lieutenants du roi, gouverneurs et consuls d'opposer leur autorité aux entreprises des parlementaires, sous peine de crime de lèse-majesté. Le Parlement envoie des remontrances à la Couronne ; les États s'assemblent au milieu de ce déchaînement de passions et l'archevêque de Narbonne y accuse le Parlement de Toulouse de violer toutes les règles en matière d'administration provinciale. A sa voix les États rédigent une protestation en forme contre le Parlement, et quelques jours après, le syndic général de la province obtient du Conseil d'État, un arrêt d'évocation avec renvoi au Parlement de Dijon et à la chambre de l'Édit de Grenoble, des procès civils et criminels entre les évêques, barons, consuls et députés des diocèses, villes et communes ayant assisté aux États de Pézenas en 1650, et entre le sénéchal, les consuls et conseillers de Montpellier, le gouverneur, les officiers et consuls de Narbonne. Il ne se trouva aucun huissier qui consentît à signifier au Parlement les arrêts du Conseil ou les décisions des États.

Ces divisions et ces récriminations ne faisaient qu'engendrer des rebellions dans la province. Elle se vit menacée, à la fois, d'une guerre civile, d'une invasion espagnole, et d'un retour aux mœurs féodales. Richelieu n'étant plus là pour les contenir, quelques gentilshommes se fortifièrent dans leurs châteaux. Le Parlement leva des troupes, pourvut l'arsenal de munitions de guerre, autorisa un emprunt de 30,000 livres pour achat de poudre et de mousquets, et se porta partout où pressait le danger. L'armée royale revenant d'Italie traversa le Languedoc et saccagea les campagnes, pendant que le duc d'Orléans cherchait à se glisser dans ces désordres et à entraîner à son parti, les États et les capitouls. C'est alors que les États, reconnaissant les services du Parlement en cette crise périlleuse, comprirent la nécessité d'une réconciliation prochaine. On y résolut à l'unanimité, de solliciter la médiation des commissaires présidents, pour amener entre les deux compagnies rivales, une trève dont la durée se prolongerait jusqu'à

la tenue des États, et pendant laquelle on travaillerait à
« un ajustement général. »

Après de longues hésitations, les commissaires présidents refusèrent leur concours, en prétendant que les arrêts du Conseil devaient terminer ces discordes. Les États prirent le parti de s'entendre directement avec le Parlement : un gentilhomme, M. de la Guymerie, se chargea d'apporter les lettres des États au premier président. A ces lettres le Parlement, répondit froidement qu'il ne pouvait accorder la trêve jusqu'à la tenue des prochains États, mais qu'il consentait à préparer, dans une conférence, les moyens de conciliation. Il désigna pour ses commissaires le premier président, les présidents de la Terrasse et de Torreil, les conseillers de Papus de Frézals, de Caumels, Fermat et Lafont. Enfin, le 6 janvier 1652, l'accord se fit entre le Parlement et les États qui échangèrent les dépêches les plus courtoises. Dans sa lettre, le premier président disait : « Je
« crois la paix faite, en voyant vos bonnes volontés et
« la sincérité de vos cœurs, et puisqu'il n'y a rien de plus
« utile au service du roi que cette paix, il faut que notre
« amitié l'affermisse, et que nous tenions à l'avenir pour
« ennemis tous ceux qui l'ébranleront. »

A Toulouse, on se réjouissait de cette paix ; mais à Paris, soufflait le vent de la troisième Fronde. Pressée de loin par Mazarin, la reine-mère laissait les courtisans s'étourdir et s'affaiblir dans les vanités et les intrigues. Ce fut une mêlée bruyante où se heurtaient Condé, la duchesse de Longueville, la Rochefoucauld, Turenne, le duc d'Orléans, la grande Mademoiselle, et le coadjuteur qui passait, tour à tour, des batailles populaires aux passions politiques, et du cloître Notre-Dame aux aventures du monde. Le génie de la France l'emporta sur ces révoltes, et Turenne battit Condé, à la grande joie du peuple, lassé de tant de guerres et appauvri par elles. Les vieux frondeurs essayèrent de raviver les factions ; les factieux, au contraire, sollicitèrent la rentrée du roi. Mazarin revenu de l'exil, les villes rebelles firent partout leur soumission. La Fronde expirait pour ne plus se ranimer.

En Languedoc, ces événements réveillaient les agitations. Des scènes de pillage et de meurtre, qui rappelaient de sinistres journées de la Ligue, attristèrent les plaines de Narbonne, de Montpellier, de Carcassonne et de Béziers, décimées par la peste. Le président du présidial de Carcassonne ayant, pour plaire aux pillards, prononcé d'odieuses sentences, le Parlement le condamna à la peine de mort. A l'imitation du Parlement de Paris, le Parlement de Toulouse, poussé par le duc d'Orléans, qui changeait de parti à chaque saison, enjoignit aux communes de courir sus à Mazarin et à ses complices, et promit une somme de 150,000 livres à celui qui le prendrait mort ou vif. Il s'engageait, même, à solliciter la grâce des criminels qui prendraient ou tueraient Mazarin, pourvu que leurs crimes ne fussent pas de lèse-majesté.

La guerre de Guyenne s'étendant vers les villes voisines du Languedoc, le Parlement mit Toulouse en défense, fit murer quatre portes de la ville et garder les portes encore ouvertes. En quelques jours, tout fut mis sur le pied de guerre. Le Parlement faisait des vœux pour Condé : il refusa au comte d'Harcourt, commandant des troupes royales de Guyenne un renfort de canons, de boulets et de poudre.

La peste reparut avant la guerre. Ce fléau renaissait ainsi, d'année en année, et désolait les campagnes et les villes. Cette fois, il arriva des vallées de l'Aude, où vivait alors Nicolas Pavillon, évêque d'Alet, un des plus illustres et des plus fidèles amis des solitaires de Port-Royal, dont Lancelot disait, qu'il était le plus étonnant prélat de son siècle. Pavillon accourut à Toulouse et mit toute sa charité au service des pestiférés. Il se tenait encore à l'écart, dans la longue querelle des jansénistes et des molinistes, en attendant que toute une tempête sortît de ce rocher d'Alet, et que le Parlement de Paris mandât l'évêque à sa barre, pour avoir osé adresser au roi des remontrances sur les empiétements de la Couronne en matière de foi, et prêché, dans son diocèse, la désobéissance aux volontés royales. Ce fut un cœur d'airain qui, durant quarante années, combattit pour ce qu'il croyait être la vérité et qui ne se laissa attendrir que par les misères du peuple. Il assista, pendant la peste de Toulouse, à un conseil de ville, à coté du premier président de Bertier et du procureur général de Fieubet. La contagion jetait partout l'effroi : les paysans cessèrent de porter des vivres à Toulouse, et dans quelques villes voisines, les consuls défendirent de recueillir les Toulousains et de leur vendre des denrées. La Cour réprima ces prohibitions barbares, par un arrêt qui menaçait de mort ces populations inhospitalières, et prit des mesures pour isoler les malades. On désertait Toulouse et on fuyait au loin : sénéchal, viguier, maître des eaux et forêts, trésorier du domaine, bourgeois du conseil de ville, se retirèrent en Quercy ou en Gascogne. Le Parlement resta à Toulouse pour tenir tête à la peste et à la guerre. Les deux fléaux arrivés ensemble se dissipèrent vers le même temps. Il n'y eut plus que des escarmouches de gentilshommes jaloux de relever leurs donjons, entre autres le baron de Léran, de la maison de Lévis. Un arrêt du Parlement le décréta de corps, saisit ses biens en expiation de ses pillages, et afin d'étouffer, en leurs germes, toutes les aspirations aux révoltes, il enjoignit aux communes de se lever, au son du beffroi, d'opposer la force à la force, de courir sus au baron de Léran et de tailler en pièces toutes les bandes armées qui traverseraient le pays, sans l'ordre du roi. L'amnistie royale du 26 août 1652 ramena la tranquillité dans le royaume.

C'est quelques mois après, le 28 mars 1653, que la mort frappa le premier président de Bertier qui portait, fièrement, le lourd fardeau de soixante dix-huit années. Il venait de recevoir cette lettre charmante d'Arnauld d'Andilly :

« Il paraît bien que j'ai une extrême confiance en l'hon-
« neur de votre amitié, puisque m'étant si chère, je ne
« me sens point de petits devoirs pour la conserver.....
« En quelque lieu que vous soyez, je suis assuré que
« j'ai le bonheur d'y avoir un ami véritable et que vous
« ne doutez point qu'en quelque part que je sois, vous
« n'y en ayez un à toute épreuve. Ainsi, ce n'est que
« pour savoir des nouvelles de votre santé, que je vous
« écris, et pour vous dire que cet arbre que j'aime tant,
« à cause qu'il porte votre nom, m'a enfin apporté un
« fruit admirable : mais n'en pouvant trop avoir à mon

« gré, puisqu'il vient de vous, je vous supplie très hum-
« blement de m'en envoyer quelques greffes cueillies de
« votre main, afin que cet honneur qu'elles recevront
« me les fassent priser encore davantage, et que je leur
« donne, dans mes plants, le même rang que vous tenez
« dans mon estime, et que ce me soient toujours de nou-
« veaux sujets de penser à la faveur que vous me faites
« de m'aimer. »

C'étaient là, ces beaux fruits des espaliers de Port-Royal-des-Champs dont, Arnauld d'Andilly offrait les primeurs, en sa vieillesse souriante, à la reine, au cardinal Mazarin, à mademoiselle de Montpensier et à madame de Sablé. Les jardins du premier président de Bertier ont été aussi vantés par le vieux Balzac : « Et si, un jour de repos,
« je pouvais me couler dans vos jardins, sous l'aile de
« M. l'évêque d'Utique, je ne crois pas que vous fussiez
« assez fort pour m'en chasser, quoique vous ayez toute
« la force de Caton et Phocion pour résister. »

Le poète Gondouli n'avait pas attendu la mort du premier président de Bertier, pour le chanter. Dans une ode qu'il lui adressait, il l'appelait, merveilleux Bertier, magnifique chancelier des Jeux Floraux, et lui disait que trente poètes ensemble, remplis des ardeurs du Parnasse, ne sauraient, dans un an, exprimer ce qu'il était ; qu'en lui, habitait la perfection, et que la terre en devait être aussi fière, que le ciel de son soleil. Richelieu n'estima personne plus que lui, et ne reconnut, avec plus de pénétration et de respect, les services rendus par le premier président à la province du Languedoc et à la cause du roi. Il lui écrivait dans une lettre du 26 août 1632 :

Sa Majesté n'a pas peu de ressentiment de l'affection

« que vous témoignez en toutes choses à son service.
« En mon particulier, j'en ai grand contentement, vous
« assurant que j'estimerai toujours vos intérêts, comme
« les miens propres. »

En apprenant la mort du premier président de Bertier, Mazarin écrivait à Jean de Bertier, évêque de Rieux : « Le chevalier de Terlon s'en retournant en son quar-
« tier, je l'ai accompagné de ces lignes, pour vous té-
« moigner le déplaisir que j'ai eu de la perte de feu
« M. le premier président de Toulouse, et pour la dou-
« leur qu'elle nous a causée, et parce que le roi a perdu
« un bon serviteur en sa personne. »

François de Bertier n'a pas laissé, comme son père, Phillippe de Bertier, de savants écrits sur l'empire romain et l'église, ou un poème à la gloire des saints honorés sous les voûtes de l'église Saint-Sernin : on ne connaît de lui qu'une harangue prononcée à une rentrée du Parlement, à la Saint-Martin d'hiver, en sa qualité d'avocat général sur la souveraineté des rois, et qu'un de ses discours de premier président, à une autre rentrée du Parlement, sous la régence d'Anne d'Autriche, discours d'une vigueur singulière, où il exhortait la régente à rétablir la paix « dans l'Europe échevelée et
« mouillée de sang ».

La ville, en deuil, pleura ce premier président qui laissait sa trace profonde au Parlement, et dont la noble figure est restée environnée d'une pure renommée d'honneur, de sagesse, de patriotisme, d'indépendance et de fermeté. A ses funérailles, une querelle de préséance s'éleva entre les capitouls et les vicaires généraux ; les capitouls se retirèrent, en déclarant qu'ils ne

paraîtraient plus à de semblables cérémonies, « étant
« un honneur que la ville fait aux héritiers du défunt,
« et non qu'elle en reçoit ».

Le poète Maynard qui s'inspira, plus d'une fois, des
idées et des sentiments de François, de Bertier avait
raison de l'appeler l'ornement de sa patrie et l'âme du
Palais. Balzac ne lui écrivait-il pas aussi : « Quand
« je vous nomme Apollon, je peux parler très pro-
« prement, vous possédez ce titre de père en fils. De
« tout temps il s'est rendu des oracles, en votre mai-
« son, par deux divinités différentes et je ne la con-
« sidère pas seulement comme une veine de pourpre,
« mais aussi comme une pépinière de lauriers. En con-
« séquence, si je me connais en lauriers, ceux que
« j'ai vus par le moyen de M. de Maynard sont les
« plus francs et les plus beaux à faire couronnes, qui
« aient été cueillis, depuis longtemps, sur les montagnes
« latines. Mais est-il bien possible que ce soit M. votre
« père qui ait écrit des choses si pures et si romaines?
« Si je n'étais assuré que Virgile n'a pas autrement
« connu saint Sernin et saint Papoul, je leur attribue-
« rai cet excellent poème, et dirai que Virgile converti,
« depuis peu, à la religion chrétienne, a travaillé à ce
« poème sur les saints de Toulouse ».

CHAPITRE XI

Gaspard de Fieubet, premier président. — Derniers restes des guerres de religion. — Amnistie. — Pillards dans le Gévaudan, le Velay, les Corbières et les plaines de l'Aude. — Le baron de Léran devant le Parlement. — Son exécution. — Réveil de résistances. — Les intendants. — Autorité naissante du roi. — Menaces de Mazarin. — La mort vient en aide à Mazarin. — Arnauld d'Andilly et le président de Gramond. — Mort des frondeurs. — Le prince de Conti et le roi Louis XIV à Toulouse. — Cherté des vivres. — Mazarin à Toulouse. — Départ du roi. — Mort de Gaston d'Orléans. — Le prince de Conti gouverneur du Languedoc. — Retour du roi à Toulouse. — Fêtes pour le mariage du roi. — Mort de Mazarin. — L'Évêque d'Alet. — Procès de Henri de Rasiguières. — Un gentilhomme usurier. — Évocation au Parlement de Grenoble. — Droit d'asile. — Reprise d'armes contre les protestants. — Influence des luttes religieuses sur l'industrie de la province. — Œuvres du président Donneville. — L'arrêtiste Catellan. — Travaux de Riquet. — Prix des charges de magistrature. — La peste. — Vagabonds. — Arrestation du conseiller de Chastenet. — Les tailles. — Mort d'Anne d'Autriche et du prince de Conti. — Le duc de Verneuil gouverneur du Languedoc.

A ces époques de crise, la nomination d'un premier président était un des plus graves événements de la province. De son caractère et de ses tendances, dépendaient souvent les secousses ou la paix intérieures. Sur le Parlement assemblé pour la présentation des trois candidats à l'agrément du roi, passa un souffle de rivalités, et d'ambitions. Vingt-deux parlementaires briguaient cette charge : sur cent vingt votants, celui qui réunit le plus de suffrages fut le président de Caminade ; le président de Garaud-Duranti, seigneur de Donneville, en eut trente-cinq, une de moins que Caminade ; dix-huit voix furent données au président Potier de la Terrasse. Parmi les noms des candidats, on trouve celui de Fermat qui n'eut qu'une seule voix. Le roi trancha le différend, en choisissant le procureur général Gaspard de Fieubet, d'une vieille noblesse de robe et dont le père, président à mortier au Parlement de Toulouse, reçut de Louis XIII la première présidence du Parlement de Provence. Avant d'être procureur général, Gaspard de Fieubet élevé par Parisot, un des plus célèbres avocats de ce temps, présida, encore adolescent, la chambre des requêtes de Toulouse ; il n'avait alors que dix-huit ans. Il ne paraît pas qu'on lui ait jamais reproché cette légèreté d'années.

A cette année 1653, si l'action politique échappait au Parlement, les occasions ne lui manquaient pas d'exercer la justice criminelle. Dans les gorges des Cévennes et des Pyrénées, s'étaient embusquées et aguerries des bandes de routiers, derniers restes des guerres de religion. Entre protestants et catholiques, existait toujours une division profonde, encore augmentée par la difficile interprétation de l'Édit de Nantes sur les limites assignées aux deux religions. Un moment, les réformés de Vals en Vivarais s'insurgèrent, au nom de la liberté de conscience, mais afin d'étouffer la sédition, une déclaration royale accorda l'amnistie à tous ceux qui désarmeraient. Froissé par ce coup d'autorité du souverain, le Parlement rappela ses commissaires qui informaient dans les Cévennes ; il ne se résigna à enregistrer l'amnistie que cinq ans après.

Dans le Gévaudan, les pillards encombraient les chemins, détroussant les voyageurs et saccageant les bourgardes, commandés par des gentilshommes campés dans deux nids d'aigle, au château de Montjézieu et dans la tour démantelée de Saint-Germain, sur les croupes escarpées des montagnes d'Aubrac. Depuis deux ans, ils désolaient les campagnes et ruinaient le commerce des villes. Poursuivis à outrance par les ordres du Parlement, quatre seigneurs, un notaire et trente-deux bandits, d'origine obscure, furent condamnés à être rompus, en place du Salin, et à payer 20,000 livres d'amende. Leurs biens furent confisqués, le château de Montjézieu et la tour de Saint-Germain rasés. Sur les frontières de l'Auvergne et du Velai, Balthasar de Langlade, sieur du Cheylard, se riait, dans son repaire inaccessible, des décrets de prise de corps lancés par le Parlement et des arrêts par contumace qui l'envoyaient aux galères.

Dans les gorges des Corbières et des vallées de l'Aude à la Garonne, des troupes d'aventuriers battaient le pays, brûlant et tuant tout ce qui s'opposait à leur passage, et égorgeant, sans pitié ni merci, Benjamin de Lévis, baron de Montmaur, le juge de Comminges, un consul de Martres, des gentilshommes, des femmes et des enfants. Sur les réquisitions du procureur général, le gouverneur de la province mit ses soldats en campagne, et défense fut proclamée, à son de trompe, de donner asile aux meurtriers et aux bandits. Le baron de Léran et son fils, le vicomte, convaincus de l'assassinat du baron de Montmaur furent condamnés à avoir la tête tranchée ; le baron poursuivi, de retraite en retraite, finit par être arrêté et traduit devant le Parlement, pour crime de lèse-majesté divine et humaine. Devant le Parlement, il se défendit pied à pied, réclamant, en sa qualité de protestant, la juridiction de la chambre de l'Édit, épuisant toutes les ressources de la procédure, pour prolonger le débat, invoquant les excuses de la guerre et refusant obstinément de répondre aux chefs d'accusation portés contre lui. Menacé par les deux commissaires du Parlement, Bertrand de Gargas et Christophe de Maynard-Lestang, d'être jugé « comme muet » sur les documents écrits de l'information, il ne fit que renouveler ses protestations contre la compétence du Parlement. La Cour passa outre, et le baron de Léran fut décapité, au mois de janvier 1654, en place du Salin.

Sur quelques points de la province, les ruines féodales se relevaient. Au château de Castelfranc, dans la baronie de Montredon, un ministre de la religion réformée s'armait et se fortifiait. Le Parlement fit raser tout ce qu'il venait de rebâtir : il ne pouvait arracher, aussi vite, les haines religieuses qui couvaient au fond des cœurs. L'esprit de tolérance ne pouvait germer sur ce sol bouleversé par tant de guerres acharnées et arrosé de tant de sang. Chaque parti tendait à dominer, à renverser l'autre, et à chaque page des procès-verbaux des États ou des registres du Parlement, on retrouve la trace de ces passions si lentes à se refroidir.

De leur côté, les intendants, se jouant des arrêts de révocation du Parlement, reparaissaient en Languedoc, soutenus par l'autorité du roi qui avait confirmé cette institution de Richelieu et imposé cette évolution. Tout commençait à plier sous sa main. Quelques agitations dans les villes de Saint-Pons, de Nîmes, d'Uzès et de Montpellier, nées des prétentions rivales des grandes compagnies judiciaires, des exigences des intendants et de l'indiscipline des troupes, expirèrent à la voix du prince de Conti reconcilié avec la cour et de passage en Languedoc. La misère n'avait jamais été plus grande, et jamais les États et le Parlement ne montrèrent plus de zèle à soulager les souffrances du peuple.

Mazarin qui n'aimait guère ces unions de compagnies supérieures, et qui s'irritait de voir le Parlement refuser l'enregistrement de lettres patentes ou d'édits aliénant les biens de la Couronne, blâma hautement le Parlement et les États, et fit savoir à la province de Languedoc que, s'il le fallait, le roi lui-même irait à Toulouse, avec son armée, remettre les choses en ordre et affermir la paix. Le Parlement s'inclina, en faisant sentir au roi qu'il avait, plus que lui peut-être, le souci de ses biens et l'intérêt de son royaume.

La mort venait en aide à Mazarin, en enlevant de la scène politique, des personnages accoutumés à y jouer un grand rôle, le vieil archevêque de Narbonne Claude de Rébé, qui suivait de près dans la tombe l'archevêque de Toulouse, Charles de Monchal, dont Pierre de Marca, évêque de Saint-Lizier, recueillit l'héritage, des gentilshommes remuants et de savants parlementaires. Au nombre de ces parlementaires enlevés aux travaux et aux ambitions de ce monde, était le président de Gramond qui venait d'achever, en latin, l'histoire du règne de Louis XIII, où, selon les critiques du temps, il mêla trop de flatteries aux justes éloges donnés à Richelieu. Il s'était proposé Tacite pour modèle, mais s'il a parfois le tour, la précision et l'énergie de Tacite, on ne saurait songer à le comparer au grand annaliste romain. Il faut entendre ce qu'en disait Arnaud d'Andilly, dans une lettre au premier président de Bertier :

« Je ne sais si je puis vous dire maintenant, comme de
« coutume, que je goûte ici, en repos, les douceurs de
« la campagne et de la solitude, puisqu'un de mes amis
« m'a fait voir que l'on me déchire publiquement, dans
« un livre qui mériterait, beaucoup mieux, le nom de sa-
« tire que d'histoire : et parce que M. de Gramond, qui
« en est l'auteur, est président en la compagnie dont vous
« êtes le chef, j'ai cru, monsieur, que cette considération
« jointe à notre ancienne et inviolable amitié m'obli-
« geait de m'adresser plutôt à vous, qu'à un autre, pour
« faire voir jusqu'à quel excès il s'est emporté par la
« passion de médire, tant qu'il pût en avoir sujet quel-
« conque, n'ayant rien fait qui pût l'engager à me haïr.
« Voici, monsieur, de quelle sorte il a trempé sa plume
« dans le venin, pour noircir ma réputation, si elle n'était,
« par la grâce de Dieu, à l'épreuve de sa calomnie... Si
« la plume de M. de Gramond n'est non plus vénale que
« mon âme, elle ne déchirera point, après leur mort, ceux
« qu'elle flatterait, s'ils étaient en vie ; elle ne flattera
« point, durant leur faveur, ceux qu'elle déchirerait, s'ils
« l'avaient perdue. Elle écrira l'histoire du temps, plutôt
« que de l'écrire selon le temps... Je ne saurais autoriser,
« par mon silence, une imposture qui, en ternissant ma
« réputation, priverait mes enfants de tout le bien
« qu'ils hériteront de moi, qui est l'honneur. »

Le Parlement n'en pleura pas moins le président de

Gramond, et lui pardonna son histoire empreinte souvent de partialité et d'injustice. Les anciens frondeurs mouraient après lui, la paix se faisait en Europe, et le prince de Conti, avant de prendre son gouvernement de Guyenne, entrait solennellement à Toulouse, entouré de mousquetaires, de capitouls et de bourgeois, complimenté par les parlementaires et traversant la ville sous des arcs de triomphe.

Le roi s'acheminait aussi vers Toulouse. Laissant à Cadillac sur la Garonne, sa galiotte peinte d'azur et semée de fleurs de lys d'or, il prit la route de terre par Bazas, Nérac, Lectoure et l'Isle-en-Jourdain, et arriva à Toulouse, le 14 octobre 1659. Il ne voulut ni ambassade de parlementaires et de capitouls, ni escorte de milices bourgeoises ; il se contenta de voir les capitouls, en manteau de cérémonie, lui offrir les clefs à la porte de la ville. Trois canons le saluèrent hors des murs ; le roi et sa cour suivis d'un peuple immense allèrent, sur des jonchées de feuillages, de la porte Saint-Cyprien à l'archevêché. Auprès du roi souriant et le visage encadré de longues boucles de cheveux, et dans la même litière, se trouvaient la reine mère, la princesse Palatine, mademoiselle de Montpensier et d'autres dames.

Avant de franchir la porte Saint-Cyprien, le roi, devant les capitouls agenouillés, jura sur la croix, ainsi que l'avait juré Louis XIII, de conserver la ville en ses droits, exemptions et privilèges. Les volées de trente canons annoncèrent que le roi se remettait en marche : le cortège s'arrêta à l'église Saint-Etienne, pour chanter le *Te Deum*. Pendant deux mois et quatorze jours, la cour eut son Louvre à l'archevêché, mais un Louvre dont les avenues piétinées par les hommes et les chevaux furent si pleines de boue, que le roi dût s'en plaindre aux capitouls.

Les premiers jours se passèrent en réceptions des grandes compagnies de la province. On retrouve dans leurs harangues, toutes les adulations que l'imagination des hommes sait inventer pour les rois. Les embarras d'argent et la cherté des vives assombrissaient ces royales cérémonies : gardes du corps, chevau-légers, gardes-françaises, suisses, courtisans, tous se mutinaient, dit un historien, et perdaient patience. Les troupes campées dans les faubourgs ravageaient les champs et les jardins. On écrivit à Mazarin qui arriva le 22 novembre, au moment où le roi passant aux environs de la place du Salin, rencontrait un parricide et un voleur de tabernacles qu'on menait au supplice : le roi leur fit grâce de la vie. Le surintendant Fouquet battit monnaie, comme il put. A la fin de décembre, les fêtes du mariage du roi devant être différées de quelques mois, Louis XIV quitta Toulouse et alla visiter la Provence.

Pendant ce voyage en Provence, Gaston d'Orléans meurt au château de Blois, et le gouvernement du Languedoc est remis au prince de Conti. Le roi rentre à Toulouse le 20 avril 1660, et prend le chemin de Saint-Jean-de-Luz et de l'île des Faisans, où il allait se marier avec l'infante d'Espagne. A Toulouse, on célèbre le mariage royal par de magnifiques fêtes : quelques mois après, Mazarin mourait à Vincennes le 9 mars 1661. Colbert remplace Mazarin, mais c'est le roi qui règne et gouverne. La mort de Mazarin est la vraie date de l'avènement du roi à la Couronne : à sa superbe intolérance, on peut déjà pressentir la révocation de l'édit de Nantes. Entre les députations de province qui vinrent le complimenter à la mort de Mazarin, il refusa de recevoir les ministres protestants, et enjoignit à un exempt de faire repartir de Paris, le président de la chambre de l'édit de Castres. En même temps, il donna à Pierre de Marca, archevêque de Toulouse, l'archevêché de Paris ; mais la mort empêcha Marca d'en prendre possession, ce que Colletet a gaiement chanté :

« Ci-gît monseigneur de Marca,
« Que le roi de France marqua,
« Pour le prélat de son église.
« Mais la mort qui le remarqua
« Et qui se plaît à la surprise,
« Tout aussitôt le démarqua. »

Les archevêques et les évêques du Languedoc s'effacent devant l'austère figure de Nicolas Pavillon, évêque d'Alet, poussant jusqu'à la passion l'amour des opprimés et la charité envers les pauvres, répandant la semence de l'évangile et se montrant, en toute saison, sur ses montagnes. Le doyen de sa cathédrale, conseiller au Parlement, toujours absent du diocèse d'Alet, y rentra, par son ordre. Un des seigneurs les plus dépravés, Henri de Rasiguières, commettant sacrilèges sur sacrilèges, Pavillon rendit contre lui une ordonnance, en forme de monitoire, qui fut publiée en chaire, et fulmina ensuite une sentence d'excommunication.

Ce fut un cri de surprise et de colère parmi les gentilshommes. Henri de Rasiguières se pourvut au Parlement qui le renvoya devant l'archevêque de Toulouse :

agenouillé devant le vicaire général, il en reçut l'absolution *ad cautelam*, afin de n'être point privé, durant le procès, de l'entrée aux églises et de la participation aux sacrements. A la nouvelle de cette profanation, l'évêque, dont la conscience se souleva, défendit à tous les prêtres du diocèse de continuer le service divin, dès que l'excommunié se présenterait dans la maison de Dieu. Partout, les portes des églises se fermèrent devant lui et, en l'apercevant, les prêtres descendaient de l'autel. Il en appela encore au Parlement, mais cette fois le Parlement prit parti contre l'évêque. Il commença par enjoindre aux curés de célébrer la messe, en présence de Rasiguières et de lui administrer les sacrements, à peine de saisie de leur temporel. En vertu d'un arrêt du Parlement, le juge royal emprisonna quatre curés pour avoir obéi à l'évêque. Quelques mois après, le Parlement, dans un nouvel arrêt, déclara qu'il y avait abus dans l'excommunication, et chargea le procureur général d'informer du détail des faits. C'était prolonger les déchirements intérieurs du diocèse d'Alet.

Rasiguières menaçait les témoins de les faire pendre, s'ils n'affirmaient que les déclarations portées contre lui leur avaient été extorquées par les curés. Ils eurent peur et se rétractèrent ; puis, honteux de ces rétractations, ils allèrent s'en humilier à l'évêché. L'évêque renouvela ses défenses de célébrer les offices, en présence de l'excommunié, et Rasiguières fit ajourner les curés devant le Parlement, pour refus d'exercice religieux. La Cour ordonna à l'évêque de lever ses défenses, à peine de saisie du temporel.

C'est en voyant toutes ces luttes, qu'un chanoine de

de Notre-Dame de Paris, venu en pèlerinage à Alet, s'écriait : « Si quelqu'un veut se guérir de l'ambition « d'être évêque, il n'a qu'à venir ici ». Mais Pavillon surmontait tous les obstacles et sentait doubler ses forces, en mettant à son cou l'étole de M. de Saci, et en ceignant ses reins de la ceinture à laquelle toutes les religieuses de Port-Royal avaient travaillé. Rien n'ébranlait cette intrépidité que Lancelot comparait à celle de David combattant le géant. Il écrivit au roi et en obtint un arrêt d'évocation, renvoyant ce différend au Parlement de Grenoble. Là, Rasiguières se trouvait sans appui; il renonça à pousser les choses plus loin et quitta le pays.

L'évêque d'Alet n'en avait pas fini avec le Parlement. Un gentilhomme usurier, M. de Rennes, alla, un jour, accompagné d'un notaire et de témoins, sommer un curé de l'entendre en confession et de lui donner l'absolution. Sur le refus du curé, il présenta requête au Parlement de Toulouse, qui commit le conseiller de Frézals à l'audition des parties. Tandis que le curé déclinait l'incompétence de la justice séculière et opposait l'inviolabilité du secret de la confession, le gentilhomme sommait Pavillon de lui faire donner l'absolution. A cette injonction, l'évêque ne répondit que par un refus et par une ordonnance d'interdiction contre M. de Rennes. Le Parlement prescrivit l'absolution qui fut prononcée par le grand vicaire de Toulouse et commanda à l'évêque d'Alet de retirer son ordonnance. Sans se troubler, Pavillon déclara que son ordonnance étant canonique, il en déduirait les preuves en temps et lieu. De Rennes intenta alors un procès criminel contre le curé, mais de même que dans l'affaire de Rasiguières, il y eut arrêt d'évocation à la Cour de Grenoble. L'évêque battait en brèche tous les scandales et tous les abus, et mettait contre lui tous les gentilshommes du voisinage, les dominicains non réformés de Quillan, et les ermites de Saint-Augustin de Caudiès, dont la discipline se relâchait de jour en jour. Souvent, ces démêlés arrivaient au Parlement qui donna quelquefois tort à Pavillon et que Pavillon tenait en échec.

Il y eut à cette époque, évocation sur évocation au Parlement de Grenoble. Un arrêt du Conseil y fit juger le procès entre les capitouls et le Parlement qui se disputaient la taxe imposée aux marchandises entrées en ville, appelé droit de commutation ; il y déféra aussi la contestation sur l'inviolabilité des maisons des parlementaires. Par une tradition remontant aux premières années du Parlement de Toulouse, les maisons des parlementaires servaient d'asile, comme les églises, et les fugitifs y trouvaient la sécurité et l'impunité. Au mois de juin 1662, un capitoul suivi d'une escorte du guet, à la recherche d'un voleur, essaya de pénétrer dans l'hôtel du conseiller de Bertier de Saint-Geniès, qui le chassa et l'accabla d'injures. Sur la plainte du capitoul, le Conseil privé repoussa les prétentions du Parlement comme « abusives « et extraordinaires et que n'auraient pas osé soutenir « les princes du sang et les monastères. » Il y avait loin de Toulouse à Grenoble, et ce procès traînant en longueur, le Conseil privé, tout en maintenant l'évocation au Parlement de Grenoble, autorisa les capitouls à entrer en toutes maisons, même en celles des parlementaires, pour emprisonner les malfaiteurs.

Ce fut alors un réveil d'hostilités contre la religion réformée : les procès-verbaux des États sont remplis de remontrances exhortant le roi à détruire les temples du Gévaudan, des Cévennes, de l'Albigeois et de la Lozère, de Nîmes, de Montpellier et d'Uzès, et à accomplir, « l'hu-
« miliation de cette secte à l'agonie et n'exigeant plus
« d'efforts pour la mener à ses dernières défaillances. »
Les États reprochèrent même aux parlementaires leur indulgence envers les protestants. Ils réussirent à surprendre au roi une déclaration retirant au Parlement la répression des infractions à l'édit de Nantes, et confiant cette mission à deux commissaires, l'un catholique, Jean Bezons, intendant de la province, et l'autre protestant, Pierre de Peyremale, lieutenant particulier au présidial de Nîmes. En cas de dissentiment entre les deux commissaires, le roi se réservait la décision souveraine, en son Conseil d'État. Pendant plus de deux ans, les commissaires se livrèrent à leur information qui parut aux populations alarmées un présage de persécutions prochaines dans ces foyers de la Réforme.

Ces divisions ne favorisaient point l'essor industriel imprimé par Colbert aux provinces du royaume. Le Parlement réglemente le transport des marbres des Pyrénées, mais c'est en vain qu'il engage le commerce toulousain à s'associer à l'entreprise de la Compagnie des Indes. La ville souscrivit pour une somme de 120,000 livres. A cette année 1665, le président Donneville publie les *Règlements généraux pour la liberté de la batellerie, sur les fleuves du Languedoc*, et le conseiller Jean de Catellan, d'une famille florentine chassée par les Médicis, commence son recueil d'arrêts qui se poursuivra jusqu'à l'année 1700.

En souvenir de leur origine, les Catellan avaient fait bâtir, un peu au-delà de l'hôtel Saint-Jean et de l'église de la Dalbade, leur hôtel, en style italien de la Renaissance, dessiné par Bachelier, ornementé par Jean Goujon, avec ces trois mots latins gravés, en 1556, dans le marbre du portail, *Sustine et abstine, supporte et abstiens-toi*. Sur une des plates-bandes de l'attique d'une vaste cheminée appelée cheminée d'Hercule, on lisait cette autre belle sentence, *Charitas nunquam excidet*, au-dessous d'un magnique bas-relief, représentant le demi-dieu tenant une massue de la main droite et un arc de la main gauche, un carquois sur l'épaule et des chaînes d'or sortant de sa bouche. C'était l'Hercule gaulois regardé comme le dieu de l'éloquence, ainsi que Lucien l'a raconté dans ses *Dialogues*.

L'arrêtiste Jean de Catellan était fils de François de Catellan, mort doyen du Parlement. Il est le premier des arrêtistes qui ont compris que l'érudition ne suffisait pas en jurisprudence, et qu'il fallait l'éclairer des lumières de la philosophie et de la morale. On sent courir, à travers les pages de ce recueil d'arrêts, un souffle libre et généreux. Il écarte, à certains moments, les préjugés nobiliaires et proclame la fin de vieux privilèges seigneuriaux, et d'odieuses servitudes imposées au peuple. En bien des points, il partageait les préjugés et les erreurs de son temps. Moins que chez les autres, on rencontre les citations empruntées à la Grèce et à Rome : l'érudition y est plus sobre ; on voit qu'il a respiré l'air du dix-septième siècle.

Au Parlement, on fait silence. Au bruit des acclamations qui saluent les victoires de ce règne et la paix qui suit les victoires, on enregistre l'édit de la construction du canal de navigation entre les deux mers, et les lettres patentes contenant bail des travaux, à Pierre-Paul Riquet, dont un fils sera président à mortier au Parlement. Tandis que les Parlements rendent leurs arrêts dans un calme profond, la voix des poètes chante les magnificences de la cour du grand roi.

En cette même année 1665, le Parlement défend aux capitouls d'établir des impositions nouvelles, et il enregistre une déclaration royale fixant le prix des charges de magistrature, celle de président à mortier à 120,000 livres, celle de président aux enquêtes à 30,000 livres, celle de président aux requêtes à 80,000 livres, celle de conseiller clerc à 50,000 livres, celle de conseiller laïque à 60,000 livres, celle d'avocat général à 110,000 livres, celle de procureur général à 120,000 livres. Cette déclaration remontant à 1662 fixait ensuite l'âge des présidents à quarante ans, celui des conseillers à vingt-sept, et celui des avocats généraux et procureurs généraux à trente ans.

La peste règne en Provence et s'avance vers le Languedoc, par Aigues-Mortes et les Saintes-Maries. A Toulouse, des meurtres et des vols se commettent en plein jour; des troupes de vagabonds et d'aventuriers maltraitent les passants, enfoncent les portes des maisons et insultent les femmes. Les capitouls renouvellent les anciennes ordonnances interdisant le port d'armes, et le Parlement envoie les batteurs d'estrade à la potence. On ne sait pas bien, pour quelle raison, le grand Conseil ordonna l'arrestation de M. de Chastenet, conseiller au Parlement. C'était peut-être pour refus de payer la taille.

Les parlementaires ne s'empressaient pas de payer les tailles, et les capitouls n'osaient pas toujours les contraindre à les payer. Il y eut même des parlementaires qui s'affranchirent de tout impôt, en prétendant que leurs terres étant nobles devaient être dégrévées. Ces refus de l'impôt avaient souvent entraîné des querelles qui déterminèrent les rois à permettre aux capitouls de faire plaider leurs procès devant des Parlements étrangers. Au mois d'avril 1665, le Conseil d'État suspendit ces évocations, malgré les réclamations des capitouls : ce régime, souvenir d'une justice incertaine et passionnée, ne pouvait convenir à un roi qui voulait tout remettre dans les voies régulières, et faire sentir aux capitouls et au Parlement la force de sa main. En signe d'apaisement, le premier président intercéda auprès de Colbert, en faveur des capitouls, pour leur continuer leur droit de péage sur les bois flottés descendant la Garonne.

Le conseiller Pierre Fermat, illustre entre tous, meurt en 1665 et l'année 1666 s'ouvre par la mort d'Anne d'Autriche, annoncée au Parlement par une lettre du roi. Mandés au Palais pour organiser le service funèbre, les capitouls blessés de n'avoir reçu aucune lettre royale, contrairement aux usages de tous les règnes, refusèrent de de marcher, sans ordre du souverain. De ce refus, le Parlement dressa procès-verbal qui fut expédié à La Vrillière. Enfin, arriva la lettre du roi et le service funèbre fut célébré à la cathédrale. Un mois après, mourait le prince de Conti, gouverneur du Languedoc, de la mort des plus humbles pénitents.

Le gouvernement de la province est confié au duc de

Verneuil, Henri de Bourbon, bâtard de Henri IV, n'aimant que la table et la chasse, laissant flotter les rênes, compté pour rien par les secrétaires d'État et les intendants, ne paraissant qu'aux grandes cérémonies, et inaugurant l'ère des gouverneurs traités, par Colbert, de rois fainéants.

CHAPITRE XII

Les Grands Jours. — Le procès de la marquise de Ganges.

En cette année 1666, les Grands Jours furent tenus à Nîmes, un an après les Grands Jours d'Auvergne, dont l'histoire a été retracée dans la chronique élégante de Fléchier. Guy-Coquille a ainsi défini ces assemblées de justice :

« Grands Jours sont une assemblée d'anciens prési-
« dents, maîtres des requêtes et conseillers de la Cour
« en certain nombre, députés par lettres patentes du roi
« qui séent en la ville ordonnée par le roi, et pour les
« provisions déclarées par les dites lettres, pour y juger
« toutes matières criminelles sans distinction ; et les
« matières civiles ès quelles est question de 600 livres
« de rente ou 10,000 livres, pour une fois seulement,
« pour les appellations verbales et autres, qui ont
« accoutumé d'être plaidées et jugées à la barre ; et
« jugeant ès dites matières par arrêt, comme si c'était
« en Parlement séant. »

C'est ainsi que les rois envoyaient des parlementaires en mission, dans les contrées où leur autorité était méconnue et où les justices locales, par impuissance ou par mollesse, laissaient impunis les crimes, les usurpations et les licences de la noblesse et du peuple.

Déjà, en 1548, douze conseillers du Parlement de Toulouse, présidés par Durand de Sarta, avaient tenu les Grands Jours au Puy, pour y juger les procès civils et criminels du Vélay, du Gévaudan, du Vivarais et des sénéchaussées de Beaucaire et du Rouergue, avec pouvoir d'en connaître, tant en première instance qu'en appel. On voulait anéantir ainsi le reste des tyrannies seigneuriales et surtout, selon ce qu'en ont dit les bénédictins, « extirper cette malheureuse secte luthérienne ». Ces arrêts de 1548 n'ont pas été perdus : la chronique d'Étienne Médicis nous les a transmis, mais le vieux bourgeois du Puy les a séchement copiés, sans avoir, comme Fléchier, la souplesse de l'esprit, et l'art de mettre en scène ces personnages des Grands Jours, justiciers ou plaideurs, nobles ou prêtres, bourgeois ou paysans. Ces procès n'embrassent d'ailleurs que des crimes vulgaires et des différends dont l'intérêt n'a rien de grave et de saisissant.

La relation des Grands Jours du Puy et de Nîmes, pour l'année 1666, est Jean Baudouin secrétaire du roi, maison et couronne de France, attaché à la chancellerie près la Cour des Grands Jours. Il en est de Baudouin, comme de Médicis : il ne cherche à mettre aucun ornement à son récit, ni à découvrir les secrets ressorts des décisions judiciaires ; il ne raconte pas, il ne prend pas couleur et n'entend pas juger : il se borne à recueillir les arrêts.

Mais ces arrêts ont, en eux-mêmes, leur côté historique et il s'en dégage une vive lumière, sur l'état du pays où se tenaient les Grands Jours, pays si longtemps bouleversé et qui servit de champ de bataille aux guerres religieuses, aux troubles de la Ligue, aux révoltes du duc de Rohan, aux folles entreprises de Gaston d'Orléans et du duc de Montmorency et aux combats de la Fronde.

Dans ces contrées reculées des Cévennes, du Gévaudan, du Vivarais, du Vélay et du Rouergue, coupées de ravins et de montagnes, où ces rudes populations se mettaient à l'abri des poursuites de la justice, on en était venu, à force d'impunités et d'audaces, à fouler aux pieds tout sentiment d'autorité et de répression, et à n'écouter que les inspirations des colères et des représailles. Le continuel passage des troupes royales allant en Roussillon et en Catalogne, y altérait les mœurs et y affaiblissait le respect de la loi. On n'y sentait plus la main du roi : Un chroniqueur, en retournant les paroles des magiciens à Pharaon, disait : « *Digitus* « *regis non est hic.* »

Un des commandants militaires de cette contrée, Chateauneuf, n'écrivait-il pas au ministère : « Ce peu- « ple féroce ne connaît que le premier mouvement de sa « rusticité. Sans la moindre rancune, ils se battent et « se tuent, sans craindre la punition due à leurs crimes. « Les justices locales ne s'en inquiètent guère, et les « prisons délabrées laissent échapper les prisonniers « qui vont assassiner les gens, allant déposer contre « eux, et vont brûler leurs maisons. »

Plus que le peuple, les gentilshommes défiaient la justice du haut de leurs donjons, et les paysans, imitant les seigneurs, se réfugiaient dans les rochers et les bois, pour mieux braver les juges et les sénéchaux. Les vaniteuses et féodales prérogatives des gentilshommes multipliaient les conflits, et laissaient la justice sans autorité et sans énergie. Nobles ou paysans ligués entre eux, détroussaient les voyageurs et pillaient les maisons, sans parler de la nuée de procureurs, de sergents et d'huissiers qui aidaient à la ruine des populations et au morcellement des héritages. Au milieu de ces régions si difficiles à aborder et à gouverner, les protestants, patients et industrieux, gagnaient du terrain et établissaient leurs places fortes, d'où ils tenaient aussi en échec les édits royaux et les armées catholiques.

Louis XIV s'en irritait : chaque jour, les États particuliers du Gévaudan et du Vélay lui adressaient des plaintes contre les entreprises des réformés. Ces plaintes devançaient les cahiers des États généraux de 1789, dénonçant à la couronne les funestes conséquences de l'usurpation du droit souverain de justice par les seigneurs. Mais les esprits n'étaient pas encore mûrs pour cette réforme réservée à la Révolution française. Il ne fallut pas de grands efforts, pour pousser à l'intolérance, le roi qui ne voulait, dans son royaume, qu'une volonté et qu'une religion. De son côté, Colbert dont le dessein longtemps médité était de réduire la nation sous une seule loi, venait en aide aux États et appuyait l'institution des Grands Jours, où il espérait trouver un sûr moyen de découvrir les vices des justices locales, d'arriver à une réforme judiciaire et aux grandes ordonnances de 1667 et de 1669.

Un crime d'une audace inouïe hâta la décision royale : le 19 juin 1666, le prieur d'une petite paroisse du diocèse du Puy fut assassiné par des bandits, au moment où il descendait de l'autel. L'évêque de Puy, Armand de Béthune, supplia le roi d'envoyer sa justice dans cette contrée épouvantée par les meurtres et les pillages. Sur-le-champ, Louis XIV signa, le 23 du mois d'août, la déclaration portant la convocation des Grands Jours au Puy et commit, pour tenir cette Cour, le premier président de Fieubet, le président à mortier François du Puget et les conseillers Antoine Boisset, Jacques de Caulet, François de Bertier, Jean de Burta, Reich de Penautier, Jacques Druilhet, Pierre d'Agret, Jean de Tiffaut, François de Rességuier, Amable de Catellan, père de l arrétiste Jean de Catellan, Jean du Puy et Claude Delong, « tous, « dit Baudouin, choisis entre les plus habiles du Parle-« ment, d'une haute vertu et d'une capacité égale et « qui mériteraient chacun un éloge particulier. » Le procureur général, Jean de Tourreil, partit avec eux.

A ces parlementaires de Toulouse, se joignit Charles Tubeuf, conseiller du roi, maître des requêtes, et l'un des intendants du Languedoc, à qui le chancelier Séguier confia la garde des sceaux et le soin de lui rendre compte, à l'exemple du premier président, de tout ce qui regardait le service du roi et l'intérêt de la justice. Selon l usage, la déclaration royale autorisait le procureur général à demander des monitoires aux archevêques, évêques et prélats de cette partie du ressort, afin de contraindre « toutes personnes à venir à révélation. »

Les parlementaires quittèrent Toulouse le 23 septembre, mais ceux qui redoutaient la justice des Grands Jours s'étaient enfuis dans les montagnes, ou hors de la province. Par une nouvelle déclaration, le roi autorisa les parlementaires à juger ces accusés par contumace, à mettre en leurs maisons, places ou châteaux, des garnisons nourries à leur frais et, en cas de résistance, à faire saisir les revenus, raser les châteaux, places et maisons, et vendre les matériaux. La liste des accusés en fuite devait être affichée aux portes des villes et aux poteaux des marchés et des places publiques, avec injonction à toute personne, de les saisir au corps, partout où ils seraient rencontrés, et aux baillis, sénéchaux et échevins de prêter main-forte et de renverser, à coups de canons, les châteaux de ceux qui se défendraient derrière leurs murs. Le roi punissait, en outre, de la dégradation de la noblesse, de la démolition des maisons et de la confiscation des biens, les gentilshommes qui auraient donné asile aux accusés. Contre les roturiers, le roi édictait des peines corporelles.

En arrivant au Puy, le 2 octobre, les parlementaires rencontrèrent, avant de franchir les portes, le sénéchal de la ville qui les harangua, entouré de toute la noblesse. A son tour, le juge-mage, à la tête de sa compagnie, adressa au premier président ce discours pompeux et précieux: « Monseigneur, vous ne serez pas, s'il vous plait,
« surpris, si nous paraissons devant vous, avec trouble
« et étonnement. Vous savez que Moïse, ce législateur de
« la troupe fidèle, n'approcha du buisson ardent, qu'avec
« une sueur froide qui témoignait sa crainte et son res-
« pect, et nous, de même, voyant tout à coup un nombre
« suffisant de petits dieux qui nous environnent, nous
« ne pouvons cacher notre surprise ; nous avouons
« qu'il est impossible de vous regarder fixement sans
« être ébloui ... Venez donc, accourez, apprêtez-vous,
« sacrés soleils de la justice, pour éclairer cette ville qui
« fait l'extrémité de votre ressort, et faites y paraître

« l'éclat de la juste et légitime puissance de votre au-
« torité, ennemie mortelle des crimes et des violences
« publiques ; et surtout daignez envoyer sur notre com-
« pagnie quelques-uns de ces rayons qui dissipent l'obs-
« curité où nous sommes, en remettant l'autorité de
« notre juridiction en vigueur, et nos personnes en la
« splendeur et l'estime qu'elles doivent être parmi le
« peuple. »

Le journal de Baudouin ne nous a pas transmis la réponse du premier président ; mais si elle était semblable à la harangue du procureur général, on ne doit pas beaucoup la regretter. Le discours de Tourreil fut aussi pompeux que celui du juge-mage, sans être aussi court. Il comparait les rois et la justice au soleil, et les pillards à Attila et à tous les fléaux du genre humain. Il citait Isaïe et tous les prophètes, et s'égarait en digressions sur ce verset des psaumes : *Ecce in pace amaritudo mea amarissima.* Il terminait ainsi : « Pour cet effet, le roi a député des
« anges de la première hiérarchie de sa justice pour tra-
« vailler à l'heureuse conjonction de ces deux astres bien-
« faisants, la paix et la justice, et avertir ses sujets
« qu'il ne peut rien manquer à leur bonheur, depuis
« le moment où la justice et la paix se sont embras-
« sées. »

Il y eut aussi la harangue des officiers de la Cour commune de la ville, sous l'autorité de l'évêque du Puy, comme seigneur et comte du Vélay, et enfin les compliments des consuls. Puis, le cortège entra en ville, au bruit des cloches à toute volée, des mousquets et des canons.

L'ouverture des Grands Jours se fit solennellement, le 5 octobre, au palais de l'évêché, après la messe célébrée par l'évêque à la cathédrale. Le premier président de Fieubet prononça, avec sa bonne grâce et son élégance ordinaires, à l'ouverture de l'audience, un discours sur la grandeur du roi et le bonheur qu'il donnait à ses peuples. Il ordonna ensuite l'enregistrement des déclarations royales et reçut le serment des avocats et des procureurs.

En quelques jours, la Conciergerie du Puy se remplit de tant de prisonniers, qu'elle devint insuffisante et qu'il fallût transformer en prison une ancienne abbaye. Le prévôt du Puy n'attendit pas l'ouverture des Grands Jours, pour faire arrêter l'abbé de Senneterre, accusé de simonie, qui venait de s'emparer d'une abbaye, sur un simple brevet du roi, sans recourir au Saint-Siège. Au moment où un arrêt des Grands Jours allait le renvoyer au Conseil du roi, ce Conseil l'obligea à se mettre en règle avec le pape, et à réparer les dévastations par lui commises à l'abbaye.

Le 6 octobre, l'heure n'était plus aux harangues, mais aux arrêts sévères qui devaient porter la terreur dans le pays. En quelques heures, un bandit accusé de plusieurs meurtres fut condamné à être roué vif, et exécuté en place publique. En même temps, les parlementaires évoquaient toutes les procédures criminelles commencées par les justices inférieures, et donnaient pouvoir à leur commissaires de recevoir toutes les plaintes, d'ouvrir des informations et de rendre des décrets de prise de corps, en autorisant les juges royaux à étendre leurs informations à tous les crimes, et à faire transférer les prisonniers à la Conciergerie de la Cour.

Aux meurtriers et aux voleurs de race obscure succédaient, devant la justice des Grands Jours, les plus grands noms de la noblesse, le vicomte de Polignac, le comte de Caylus, transférés de Paris en Languedoc par quarante mousquetaires du roi, le comte de Clermont, tous les trois, usurpateurs des droits de la justice sur leurs terres, des seigneurs, des prieurs, des bourgeois, des gentilshommes concussionnaires, pillards, meurtriers ou duellistes, des prévots d'églises faux-monayeurs, des mères infanticides, des sœurs incestueuses, des consuls, sénéchaux et juges prévaricateurs, des prêtres sacrilèges, des prédicants séditieux, des notaires infidèles, des religieuses violant la clôture de leurs monastères, des séducteurs, des blasphémateurs et des athées, des avocats et des procureurs falsifiant les pièces des procès, des usuriers, des rebelles et des suborneurs de témoins. Des décrets d'ajournement personnel étaient lancés contre les substituts qui négligeaient de publier les monitoires, et injonction était faite aux populations de rendre leurs armes et de réparer les églises saccagées. On dressait aussi aux Grands Jours un état des pauvres, on réglait la distribution des aumônes et les gages des juges locaux, on enlevait aux protestants l'administration des biens des hôpitaux, et on interdisait, dans les maisons privées, les assemblées où se discutaient les affaires publiques.

Le 29 octobre, l'évêque du Puy sollicita l'entrée aux séances, avec voix délibérative, en se basant sur l'autorisation accordée à l'évêque de Clermont par le Parlement de Paris. Les parlementaires de Toulouse rejetèrent sa réclamation et mirent fin à ses différends avec le seigneur de Ventadour.

On ne tarda pas à s'apercevoir qu'il serait impossible de juger tous les procès avant la fin de novembre, terme assigné à la clôture de cette session. A la demande de l'intendant, Charles Tubeuf, le roi, sur l'avis du chancelier, prorogea les Grands Jours jusqu'à la fin de janvier 1667 et les transféra à Nîmes. Les parlementaires partirent pour Nîmes, emmenant les prisonniers non encore jugés. A Nîmes, on les reçut, comme au Puy, au bruit des cloches et du canon. Douze gardes du duc de Verneuil furent chargés de tenir la main à l'exécution des arrêts.

L'ouverture des Grands Jours de Nîmes se fit le 6 décembre, sans harangues, les parlementaires étant pressés de juger les procès criminels, toujours plus nombreux, et de rédiger des règlements sur les attributions des justices locales et sur l'exercice des divers cultes. Ils députèrent des commissaires pour vérifier les registres des notaires et sénéchaux, et pour faire le procès aux accusés, jusqu'au jugement définitif, dans les sénéchaussées et les bailliages dont l'éloignement ne permettait pas aux témoins de voyager sans cesse, par les contrées du Rouergue, montagneuses et encombrées de neiges. Des commissaires se transportèrent enfin à Uzès et à Alais, où ne manquaient, ni les bandits sur les routes, ni des pillards dans les maisons du peuple et les châteaux des seigneurs.

Les parlementaires travaillèrent, sans relâche, à terminer les contestations entre seigneurs voisins, à rétablir, dans les villes et les campagnes, les croix renversées par les protestants, à empêcher la construction des temples de la Réforme, à envoyer partout des maîtres d'école catholiques, à faire restituer par les réformés les ornements des églises et les cimetières catholiques, à leur fixer les jours et les heures des prêches, à les obliger de rebatir les églises par eux détruites, à les exclure des charges municipales et à les expulser de certaines villes, et parfois du royaume. Pour remplir leur mission, un nouveau délai parut nécessaire : le roi prorogea les Grands Jours de Nîmes, jusqu'à la fin du mois de février.

Le 21 janvier 1667, le premier président regagna Toulouse et laissa la présidence au président du Puget qui prononça, contre le comte de Caylus, la peine du bannissement, pour dix ans, de l'Auvergne et du Rouergue, avec une amende de 20,000 livres, et ordonna que sa tour de Conor serait rasée et que ses domaines seraient réunis au domaine du roi, en expiation de ses exactions sur ses vassaux. Le même châtiment était infligé au marquis de Lestrange, fils du marquis de Châteauneuf. Le dernier arrêt fut rendu contre le comte de Clermont, condamné au bannissement perpétuel hors du royaume, à la confiscation de ses biens, à la démolition de son château et à 20,000 livres d'amende, pour concussion et pour violences envers un consul.

On n'a pas le nombre exact de tous les procès civils et criminels, jugés à Nîmes et au Puy ; on a retrouvé, pourtant, quatre condamnations au bûcher, vingt-neuf à la roue, quarante à la décapitation, soixante-huit à la potence, vingt aux galères perpétuelles, vingt-deux aux galères à temps, cinq au fouet, joint au bannissement, trente-trois au bannissement avec amende, treize au bannissement seul et quarante-neuf à de simples amendes. Bien des accusés échappèrent, par la fuite, à ces châtiments. Le premier président de Fieubet avait raison d'écrire au chancelier Séguier, le 19 octobre 1666 : « Vous verrez qu'en exécutant les ordres « du roi, nous faisons tout ce qui nous est possible, « pour faire reconnaître l'autorité de sa justice dans « toute son étendue, et que nous n'omettons rien, pour « remettre le bon ordre dans ces pays d'où il a été « banni pour longtemps. »

Du milieu de ces arrêts se dégagent aussi de sages règlements sur les matières les plus diverses, qui devançaient les réformes préparées par Colbert, et surtout sur les remèdes à apporter aux abus de l'administration de la justice et à la simplification des longues et ruineuses procédures de ce temps.

En mémoire de cet événement de son règne, Louis XIV fit frapper une médaille à son effigie, représentant, au revers, la Justice tenant, d'une main, la balance et l'épée, et de l'autre relevant la province du Languedoc opprimée, figurée par une femme à demi-couchée sur des rochers et implorant son secours. A la légende étaient ces mots : *Salus provinciarum repressa potentiorum audacia.*

Avant de quitter Nîmes, les parlementaires déléguèrent leurs pouvoirs à des commissaires pris dans les justices locales, mais les Grands Jours terminés, il sembla aux condamnés cachés dans les montagnes ou réfugiés à l'étranger, que cette terrible justice cessait à jamais d'exister. Les plus hardis franchirent la frontière et reparurent dans la province : le roi ferma les yeux sur ces retours de l'exil ; il lui suffisait d'avoir humilié ces orgueilleux et effrayé ces malfaiteurs par les rigueurs de sa justice. Peu à peu, accusés et condamnés, tous, rentrèrent dans leur pays, les uns à l'aide de lettres d'absolution ou d'arrêts de restitution, les autres en promettant de changer leur train de vie.

Les plus endurcis, que l'évêque du Puy appelait des traîne-rapières, reprirent sans être trop inquiétés, leurs déprédations et leurs désordres. Les parlementaires ne se faisaient pas d'ailleurs illusion, et n'espéraient pas étouffer tous les excès d'une société livrée encore aux dernières convulsions de la féodalité finissante. Ce n'était pas assez de quelques arrêts, pour plier au joug des lois ces hommes indomptés, ayant aux veines le sang de leurs aïeux, toujours en révolte et gardant, de génération en génération, leurs traditions d'insoumission et de rudesse. Les Grands Jours ne devaient plus revenir en Languedoc. Ils venaient de finir lorsqu'un procès resté célèbre éclata, en l'année 1667.

La marquise de Ganges, de petite noblesse par sa naissance, mais dont la fortune et la beauté n'avaient pas d'égales dans le comtat d'Avignon, voyait, chaque jour, autour d'elle, une nuée de gentilshommes se battre en duel et se disputer sa main. A l'âge de treize ans, elle épousa le marquis de Castellane, petit-fils du duc de Villars, qui la mena à la cour du Louvre, où Louis XIV, alors en sa première jeunesse, voulut danser avec elle, dans un ballet. Telles furent son élégance et sa grâce, qu'on ne l'appela que la belle Provençale. La reine de Suède disait, que dans tous les royaumes qu'elle avait parcourus, aucune femme ne pouvait rivaliser avec la marquise, de charme et de beauté. Mignard peignit son portrait, chef d'œuvre de ressemblance et d'art : on a même prétendu que Molière, de passage à Pézenas, avait rimé des odes et des sonnets à la louange de la belle marquise.

Au milieu de ces admirations et de ces folies, elle apprit le naufrage, dans les mers de la Sicile, des galères du marquis de Castellane. Sa douleur fut des plus vives : elle quitta la cour, regagna son pays d'Avignon et demanda asile à un couvent. Les portes du couvent étaient assiégées d'adorateurs : après de longues hésitations, elle se décida, en 1658, à l'âge de vingt-deux ans, à épouser le marquis de Ganges, baron du Languedoc, gouverneur de Saint-André, beau de visage, mais d'une humeur sombre et qui contrastait avec le rayonnement de joie de celle qu'un chroniqueur appelait un miracle de sourire et de joie. A ce nouveau foyer la vie étant triste et monotone, la marquise et le marquis cherchèrent le plaisir dans les bruits du monde. La marquise était partout proclamée reine de beauté ; le marquis devint jaloux et les nuages se levèrent. Loin de les dissiper, les deux frères du marquis, l'abbé et le chevalier ne firent que les assombrir. L'abbé non encore lié aux ordres, félon, emporté et audacieux avait de l'esprit comme un démon et vivait dans l'impiété et le libertinage. Le chevalier, âme vulgaire, toujours prêt à se courber et à porter le joug, cédait en tout à l'abbé qui lui inspirait ses volontés et ses caprices.

En voyant la marquise, l'abbé s'en éprit avec une sorte de frénésie, et pour mieux toucher son cœur, il vanta sa vertu devant le marquis et ramena, dans cette maison attristée, quelques mois heureux. Le jour où sa passion pour la marquise se révéla, au sortir d'une promenade dans les bois, madame de Ganges l'écarta avec dédain. Blessé dans son orgueil, l'abbé dévora sa défaite en silence ; mais sa colère s'envenima au moment où il s'aperçut que la marquise souffrait les entretiens et les visites du chevalier. Ce n'est pas qu'elle eût jamais songé à l'aimer, mais pour la mettre à l'épreuve, l'abbé poussa son frère à tenter la fortune : le chevalier ne fut accueilli, à son tour, que par des railleries. Changeant alors de tactique, l'abbé ralluma la jalousie au cœur du marquis.

D'Avignon, le marquis emmenait souvent sa femme à Ganges, triste séjour où elle pleurait d'ennui. On lui servit, un jour, une crème empoisonnée qui la mit aux portes de la mort. A l'automne de 1666, avant de quitter encore Avignon pour le château de Ganges, elle eut de sinistres pressentiments et fit son testament, en faveur de sa mère et de ses deux enfants, en déclarant publiquement qu'elle désavouait, d'avance, tout testament qu'elle pourrait faire plus tard. En partant, elle distribua de larges aumônes aux couvents, à la charge de prier pour le repos de son âme et fit des adieux, comme si elle ne devait jamais revenir.

A Ganges, elle trouva l'abbé et le chevalier transformés, pleins d'égard et de respect pour elle, et ne vit pas le piège qu'on lui tendait. Un jour, en l'absence du marquis, l'abbé, insinuant et adroit, obtint de la marquise la révocation de son testament en faveur du marquis. On était alors au mois de mai de l'année 1667 ; un matin, étant dans son lit et sur son désir de prendre une médecine, on lui servit un breuvage si noir et si épais qu'elle le jeta. L'abbé et le chevalier qui avaient empoisonné ce breuvage, voyant leur crime déjoué, résolurent d'en finir à tout prix.

Le soir même de ce jour, au moment où des dames du voisinage venaient de sortir de la chambre de la marquise, l'abbé y entra, un pistolet à la main droite et à la gauche un verre plein d'une liqueur noirâtre, les traits bouleversés par la colère ; le chevalier le suivait, armé d'une épée nue. En s'avançant vers la marquise épouvantée, l'abbé lui dit : « Madame, il faut mourir, choisissez : « le fer, le feu ou le poison. » Vainement, elle implora leur pitié : tous les deux restèrent implacables. Alors, la marquise levant les yeux vers le ciel, comme pour le prendre à témoin, tendit la main vers le verre contenant le poison, tandis que l'abbé lui posait le pistolet sur la gorge et que le chevalier lui mettait à la poitrine la pointe de l'épée.

Quelques gouttes tombées des lèvres les brûlèrent. Le chevalier, s'apercevant qu'il restait du poison au fond du verre, remua ce reste de breuvage avec un poinçon d'argent et, le présentant à la marquise, il lui dit, en riant d'un rire funèbre : « Allons, madame, il faut avaler le « goupillon. » Et il ajouta une injure grossière. Elle garda ces dernières gouttes de poison dans la bouche, les rejeta dans les draps du lit, poussa un cri, comme si elle voyait venir la mort, et demanda un confesseur. Ils la crurent prête à mourir et coururent chercher le vicaire Perrette. A peine seule, elle se leva, se vêtit d'une jupe et sauta par la fenêtre, haute de vingt-deux pieds. Le vicaire qui venait d'entrer la retint, un moment, par un pan de la jupe qui se déchira : la marquise tomba droite sur ses pieds, sans blessures. Le vicaire, au service de l'abbé et du chevalier, chercha à l'écraser sous une cruche remplie d'eau : la cruche ne fit qu'effleurer le front.

Le poison gonflait et soulevait sa poitrine : elle mit, dans sa bouche, une tresse de ses cheveux et vomit le noir breuvage. Un sanglier qui passait par là, l'avala d'un trait et mourut le lendemain. Toutes les portes étant closes, elle ne pouvait gagner la campagne et sortir de cette prison. Grâce à un palefrenier et à quelques femmes qui vinrent à son secours, elle s'évada, pendant que l'abbé et le chevalier, avertis par le vicaire, la poursuivaient et l'atteignaient auprès d'une maison isolée, où ils la firent entrer, les pieds nus, les cheveux épars, n'étant vêtue que de sa chemise et de sa jupe en lambeaux.

Là, se trouvaient des femmes qui ne perdaient pas de vue l'abbé et le chevalier, tous les deux debout devant la porte, et disant que la marquise était folle et qu'ils tueraient ceux qui tenteraient de la délivrer. Le chevalier alla jusqu'à briser, aux dents de la marquise, un verre d'eau qu'une des femmes lui donnait : il ne se laissa pas toucher par les supplications et les larmes de celle dont il poursuivait furieusement la mort. En la voyant éplorée et embrassant ses genoux, il eut la lâcheté de la meurtrir au sein, de deux coups d'épée, de la frapper cinq fois par derrière, tandis qu'elle se débattait avec lui ; l'épée se rompit et un tronçon resta aux épaules de la marquise. L'abbé l'aurait tuée d'un coup de pistolet, si une femme n'avait détourné sa main. Se servant alors de la crosse du pistolet comme d'une massue, il allait lui briser la tête : les femmes fondirent sur lui, le frappèrent des pieds et des poings et le chassèrent. A un détour de la route, l'abbé et le chevalier, en fuite, se rejoignirent, et se cachèrent au château d'Auberas. Ils s'embarquèrent, un soir, au port d'Agde.

Les blessures de la marquise n'étaient pas mortelles. Le marquis revint lentement d'Avignon : le peuple le soupçonna d'avoir prêté les mains à ce complot et ces soupçons grandirent, le jour où il eut l'imprudente audace de demander à sa femme la révocation de son testament. Pourtant, les consuls de Ganges ne s'en prenaient encore qu'à l'abbé et au chevalier : le Parlement de Toulouse chargea le conseiller de Catellan de se transporter à Ganges et d'en informer. Deux jours après l'arrivée de Catellan, la marquise mourut en pardonnant à ses meurtriers; Catellan arrêta aussitôt le marquis et le fit conduire aux prisons de Montpellier où il arriva, la nuit, au milieu des imprécations publiques. Le lendemain on le transféra aux prisons de Toulouse.

Pendant l'information, la dame de Rossan publia un long mémoire d'accusation contre le marquis et les deux fugitifs : le 21 août 1667, le Parlement condamna l'abbé et le chevalier à être rompus vifs, le marquis au bannissement, à la dégradation et à la confiscation de ses biens, et le vicaire Perrette à la dégradation et aux galères perpétuelles.

Les dames de Toulouse trouvèrent trop douce la condamnation du marquis : elles auraient voulu le voir à la potence ou sur la roue. Le vicaire Perrette partit pour les galères et mourut en chemin, attaché à la chaîne. Le marquis se dirigea sur Venise, où il retrouva le chevalier : tous les deux servirent dans les armées de la République contre les Turcs en Candie, et y périrent dans un combat. L'abbé se réfugia en Hollande, cachant son nom et tourmenté de remords. Épris d'une demoiselle de haute naissance, il finit par révéler le mystère dont il s'environnait, se maria et embrassa la religion protestante. Il mourut en croyant apercevoir le fantôme de la marquise, telle qu'elle était, au moment où il lui donnait à choisir entre le feu, le fer et le poison.

CHAPITRE XIII

Procès en usurpation de titres de noblesse. — Remontrances. — Arrêts divers. — Canal des deux mers. — Entrée du duc de Verneuil. — Colbert et le Parlement. — Droit d'asile. — Abrogation des édits de tolérance. — Amoindrissement de la chambre de l'Édit. — Sa translation à Castelnaudary. — Jugement sur la chambre de l'Édit de Castres. — Ses magistrats célèbres. — Suppression de la chambre de l'Édit de Castelnaudary. — Ordre aux parlementaires réformés de se démettre de leurs charges. — Henri d'Aguesseau intendant. — Mort de Riquet. — La régale. — Un chanoine condamné à mort. — Le duc du Maine, gouverneur du Languedoc. — Le duc de Noailles commandant des armées. — Naissance du duc de Bourgogne. — Nouvelles rigueurs envers les protestants. — Émeutes. — Pillards. — Destruction de temples protestants. — Le dragon de Tessé. — Combats et supplices des protestants. — Mort de Colbert. — Louvois. — Démission de l'intendant d'Aguesseau. — Édits nouveaux contre les protestants. — Esprit de tolérance du Parlement. — Son intolérance. — Mystérieuses négociations. — Conversion forcée des protestants. — Les protestants quittent la France.

Pendant la période des Grands Jours s'étaient élevés de toutes parts, des procès en usurpation de titres de noblesse. On était à la veille des immortelles railleries de La Bruyère contre les parvenus, et des mépris de Saint-Simon pour ces vaniteux gentillâtres qui vantaient sans cesse leur arbre généalogique, leurs écussons et leurs quartiers, leurs donjons et leurs châteaux à tourelles. En Languedoc, barons, comtes et marquis croissaient et multipliaient, prenant à témoin leur antique origine et s'efforçant d'enfoncer plus avant, dans leur histoire confuse, les racines éparses de leur lignage. La justice leur demanda souvent la preuve contestée de leurs titres et de leurs privilèges : beaucoup d'entre eux n'en persistaient pas moins, à vouloir, sans droit, rehausser leur blason et étendre leur droits seigneuriaux au-delà de leurs domaines.

Au moyen âge, les fabliaux populaires se vengent, par leurs malices, de l'oppression féodale, mais ils ne répriment pas les abus que les nobles faisaient de leur puissance. Sous Louis XIV, la vérification prescrite par le Conseil du roi eut plus de vigueur et de portée, et atteignit la noblesse à tous les degrés de sa hiérarchie. On eut le tort de laisser cette tâche grave et délicate à des agents dont l'indélicatesse et la cupidité soulevèrent des récriminations violentes. Il fallut qu'un arrêt du Conseil suspendît leurs opérations, qui ne tardèrent pas à être reprises par de plus vigilants et de plus loyaux commissaires.

Les remontrances pâlissent et ne sont plus qu'une vaine image des remontrances d'autrefois. Une ordonnance royale de 1667 ne les autorisa, qu'après l'enregistrement des édits et déclarations. Il en sera ainsi pendant tout le règne : les Parlements ne reprendront leurs remontrances avant les arrêts d'enregistrements qu'en 1715, après la mort du grand roi. La Fronde vaincue, tout s'incline : les Parlements désertent la vie politique et se renferment dans la vie judiciaire. En dehors de quelques arrêts importants, on n'aperçoit, sur les registres, que des arrêts sans intérêt pour l'histoire. On ne peut que noter, au passage, l'arrêt qui commettait le conseiller Catellan, pour expulser quelques gentilshommes, des châteaux pris par eux à main armée ; des ordonnances de prise de corps contre les prêtres et religieux apostats ; des arrêts condamnant au bûcher des livres impies, et ordonnant la publication des bulles des papes qui déclaraient hérétiques les doctrines de Jansénius. Le Parlement ayant longtemps fermé les yeux sur les usurpations commises sur des forêts de l'État, Colbert fit évoquer ces procédures au Conseil du roi.

Si le Parlement ne soutenait pas les maîtrises forestières, il applaudissait à la gigantesque entreprise du canal des deux mers, qui allait porter la vie et la fortune au Languedoc : il agissait auprès des capitouls, pour donner le plus grand éclat à l'inauguration des travaux de Riquet. A l'inspiration du premier président qui se rendit, avec l'archevêque, au consistoire du Capitole, on décida que les fondations de la première écluse seraient solennellement posées : une chapelle fut élevée dans la prairie des Sept-Deniers, où l'archevêque célébra la messe, assisté des évêques de Comminges, de Lectoure et de Saint-Papoul, et environné de six mille travailleurs. Au fond de la tranchée, du canal dont une foule immense couvrait les bords, passèrent les parlementaires et les capitouls, au bruit de la mousqueterie. Les premières pierres de l'écluse de Garonne furent posées, avec une truelle d'argent, par le premier président et par les capitouls Lafaille et Dumeynial. On s'aperçut à peine, au milieu de ces fêtes de l'entrée solennelle du nouveau gouverneur, le duc de Verneuil.

Colbert ne s'adressait pas au gouverneur, pour le seconder dans ses réformes de l'administration de la province : c'est vers le Parlement qu'il se tournait afin de restreindre l'accroissement des biens de mainmorte et de contenir l'avidité des monastères. Ni Colbert, ni le roi n'entendaient, d'ailleurs, conserver aux couvents leur droit d'asile qui violait toutes les règles de la justice. Au mois de juillet 1669, un meurtrier s'étant évadé des prisons, se réfugia au couvent des augustins. Le chef du consistoire, Raymond d'Aldeguier, seigneur d'Aiguesvives, qui devint plus tard président aux requêtes, pénétra dans le cloître et se saisit de quatre jeunes bourgeois qu'il conduisit à l'Hôtel de Ville. Quatre moines augustins ayant voulu lui résister, il les fit arrêter. Le Parlement dépêcha aux prisons du Capitole le conseiller Victor de Frézals, ami des augustins, qui ramena les quatre moines dans leur couvent, après avoir réprimandé les capitouls, contraints par lui à faire des excuses aux moines, et à les accompagner en dehors du grand portail de l'Hôtel de Ville, la compagnie du guet formant la haie et le peuple criant aux capitouls : *Tolle ! tolle !* « Depuis cet accident,
« ajoute le chroniqueur qui a raconté cette scène, nous
« fimes résolution de ne donner refuge à personne, à
« l'avenir ; faute de quoi aussi, plusieurs ont été pendus
« et ont eu la tête tranchée, qui ne l'auraient pas eue. »
A cette époque, mourait Mgr de Bourlemont archevêque de Toulouse qui laissait son siège au florentin Pierre de Bonzi, d'une famille venue en France avec les Médicis, cher à Louis XIV, et dont Saint-Simon a dit que, par son crédit à la cour, il était roi de Languedoc.

Touché de ces efforts du Parlement pour abolir ces vieilles coutumes du moyen âge, Colbert l'aidait à battre en brèche la chambre de l'Édit de Castres. Pendant la minorité du roi, la chambre de l'Edit, attachée à la cause royale, semblait s'affermir et dédaigner les assauts et les menaces du Parlement. Entre ces deux branches de la justice, il y eut toujours des ferments de discorde : on les voyait, sans cesse, en conflit de juridiction. Richelieu avait anéanti le parti politique huguenot ; Mazarin alla plus loin. il oublia les services et la fidélité de la chambre mi-partie, laissa restreindre ses droits et abrogea les édits de tolérance qui consacraient l'exercice du culte réformé.

En parcourant les registres de la chambre de l'Édit, on y découvre, vers ces années, comme une trace de découragement et de lassitude. Les arrêts de partage y sont moins nombreux : toute résistance venait se briser contre les arrêts du Conseil du roi qui se faisait un jeu de violer ouvertement les garanties des anciens édits. Ce n'est que dans les procès de duels, que la chambre de Castres témoigne encore de toute sa vigueur : elle condamnait au gibet ou à l'échafaud les duellistes vivants, et livrait au bourreau les duellistes tués, pour être traînés sur une claie, la face tournée vers le ciel, pendus ensuite par les pieds à une potence, pendant vingt-quatre heures et jetés à la voirie. Elle n'épargnait pas d'avantage les autres meurtriers condamnés par elle, à monter sur un échafaud, pieds nus et la hart au col, à être attaché à une croix de bois d'où le bourreau les enlevait, pour rompre leurs membres sur la roue et exposer leurs cadavres aux fourches patibulaires, afin d'y demeurer, disent les arrêts, « jusqu'à

« entière consomption, avec inhibition de les en ôter, à
« peine de la vie. »

La chambre de l'Édit penchait vers une abolition prochaine : déjà même, en 1662, un arrêt du Conseil l'avait supprimée, mais on trouva que c'était aller trop vite, et on se borna à l'amoindrir et à la dépouiller, peu à peu, des affaires de police, des crimes d'état et de lèse-majesté, des transgressions des fêtes catholiques commises par des réformés, des contestations de communautés, des procès contre les relaps, apostats et blasphémateurs, de toutes les causes où figuraient les nouveaux convertis. Loin de reprendre une lutte inégale, les protestants subissaient silencieusement la loi du plus fort. La chambre de l'Édit n'était plus que l'ombre d'elle-même : avant de l'arracher du sol où elle avait de profondes racines, on ménagea une transition et on la transféra, au mois d'octobre 1670, à Castelnaudary, où n'existait aucun temple destiné au culte réformé.

Elle avait siégé trois quarts de siècle à Castres, où elle laissa la profonde empreinte de son passage sous Henri IV ; elle y éteignit bien des discussions ; elle ramena la paix, la fortune et le travail dans cette ville épuisée par tant de guerres, elle soulagea bien des misères, et son influence se fit sentir sur les intelligences et le mouvement littéraire de ce pays. Elle eut la direction du collège mi-partie, substitué au collège réformé, et fonda une académie qui détourna bien des âmes des luttes religieuses. Elles comprirent alors qu'elles devaient être, selon le mot d'un historien de ce temps, françaises d'intention et d'affection. Ni le souvenir des services rendus par la chambre de l'Édit à la monarchie et au bien public, ni les doléances des habitants et des consuls de Castres ne prévalurent contre la volonté royale.

Elle avait vu passer, sur ses bancs, des magistrats d'une grande renommée, Jacques de Ranchin qui allia l'amour des lettres à la science du droit, de Latger, un des beaux esprits de son temps, connu par un *Traité de l'éloquence*, Philippe de Canaye, Jacques de Cavaignes, Jacques de Vignoles, Jean-Jacques Pélisson, plume alerte et bien trempée, le président Gaubert de Caminade, Guillaume de Ségla et Jacques de Caulet, si dévoué à Louis XIV, pendant sa minorité, qu'il en fut remercié par le chancelier et le roi. A leurs côtés, siégeaient le président de Donneville, l'arrêtiste Simon d'Olive, esprit net et vigoureux, d'un tour naïf à la fois et piquant, qui fut le premier, dans ses réquisitoires d'avocat du roi, *actions forenses*, encore surchargées de citations de l'antiquité, à comprendre le véritable style judiciaire ; un autre arrêtiste fameux, François de Cambolas, qui éclaira les arrêts, de ses dissertations savantes, et qui poussa ses qualités d'érudit à l'excès ; enfin, le plus célèbre de tous, Pierre Fermat, entré au Parlement en 1631.

Mais ce n'est pas au Parlement que Fermat a trouvé la gloire ; il n'y montra pas, plus qu'un autre, l'érudition et l'amour du droit. On a même, sur lui, cette note secrète envoyée par l'intendant du Languedoc à Colbert, qui cherchait à s'édifier sur tous les membres des Parlements : « Fermat, homme de beaucoup d'érudition, a « commerce, de tous les côtés, avec les savants, mais as- « sez intéressé. N'est pas très bon rapporteur et est « confus. N'est pas des amis du premier président. »
Ce n'est pas trop s'aventurer, que d'attribuer la rédaction

de cette note au premier président, qui ne paraît pas avoir été l'ami de Fermat, indépendant en politique et d'une grande tolérance en matière religieuse. Sa glorieuse mémoire n'a pas eu à en souffrir. La géométrie l'attirait plus que le droit ; il en élargissait l'horizon par son génie créateur. Descartes et Pascal l'ont admiré et l'ont aimé. On a de Descartes, cette curieuse lettre écrite, en 1638, à la fin d'une polémique entre Fermat et lui, sur ses premiers essais philosophiques, polémique jalouse du côté de Descartes, et d'une douce vigueur du côté de Fermat.

« Monsieur, je n'ai pas eu moins de joie de recevoir la
« lettre, par laquelle vous me faites la faveur de me
« promettre votre amitié, que si elle me venait de la part
« d'une maîtresse dont j'aurais passionnément désiré les
« bonnes grâces ; et vos autres écrits qui ont précédé
« me font souvenir de la Bradamante de nos poètes, la-
« quelle ne voulait recevoir personne pour serviteur, qui
« ne se fut auparavant éprouvé contre elle au combat.
« Ce n'est pas, toutefois, que je prétende me comparer à
« ce Roger qui était, seul au monde, capable de lui résis-
« ter ; mais, tel que je suis, je vous assure que j'honore
« entièrement vos mérites. »

Pascal lui écrivait, avec moins de détours : « Cher-
« chez ailleurs qui vous suive dans vos inventions nu-
« mériques ; pour moi, je vous confesse que cela me
« passe de bien loin ; je ne suis capable que de les admi-
« rer. » Il lui écrivait une autre fois : « Je vous tiens pour
« le plus grand homme du monde. »

Plus tard, Descartes parla comme Pascal et écrivit à Fermat : « Je pense être obligé de vous avouer franche-
« ment, que je n'ai jamais connu personne qui m'ait fait

« paraître, qu'il sut, autant que vous, en géométrie. »

Il en a été un peu des travaux de Fermat, comme de ceux d'Apollonius et d'Euclide : une partie de ses démonstrations si originales et si profondes a été perdue. Fermat n'en a pas moins été proclamé par Pascal et, après lui, par d'Alembert, Lagrange et Laplace, le premier géomètre de l'Europe. Ces nobles travaux lui étaient un délassement de l'esprit ; il semble avoir toujours été indifférent à la gloire et avoir mis, au-dessous de ses études juridiques, les sciences qui l'ont rendu si célèbre. A Castres, ou au fond de sa maison natale de Beaumont de Lomagne, il puisait cette force que la province donne aux hommes voués aux travaux de l'esprit. Mais il ne publia rien pendant sa vie ; il ne confiait qu'à ses amis ses trésors d'invention et de savoir. Il eut aussi ses heures de mystérieuse poésie ; mais ses vers, écrits en bien des langues, ont été dérobés à la postérité. N'est-ce pas le cas de citer l'épigramme latine : « Des vers « de mathématicien, et des branches épineuses naissent « sous le même climat. »

Fermat siégea, à diverses reprises, à la chambre de l'Édit, où il figura sur la liste des conseillers catholiques de la fin de l'année 1664. Il n'atteignit pas le terme de sa session et mourut à l'âge de cinquante-sept ans, le 12 janvier 1665, en pleine audience, et comme foudroyé par une apoplexie, au moment où il faisait le rapport d'un procès. On l'enterra à Castres, dans l'église des pères de saint Dominique d'où, selon une croyance populaire, il aurait été exhumé et transporté au couvent des augustins de Toulouse. Le jour de sa mort, la chambre de l'Édit suspendit son audience : ce fut le seul hommage rendu à sa mémoire. Ceux qui vivaient auprès de lui ne connaissaient guère son génie, et il paraissait l'ignorer lui même. Il laissait un fils, Samuel Fermat qui devint conseiller au Parlement.

Les lettres patentes fixaient l'ouverture des séances, de la chambre mi-partie de Castelnaudary, au premier novembre 1670 ; cette séance fut renvoyée au 7 janvier 1671, parce que dans cette ville restée fermée aux croyances de la Réforme, les consuls ne trouvaient ni un lieu propre à la tenue des audiences, ni des maisons pour recevoir les membres de la chambre. Le 5 mars, elle rendit un arrêt défendant aux catholiques de troubler les protestants dans l'exercice de leur culte; d'un autre côté, les parlementaires de la religion réformée n'obtenaient, qu'après de longues difficultés, un édifice pour leurs exercices religieux ; l'assemblée du clergé ne cessait de supplier le roi de supprimer la chambre de l'Édit.

De même que l'assemblée du clergé, le Parlement réclamait cette suppression : elle fut ordonnée par un édit du 4 juillet 1679 qui déclarait que les troubles religieux du règne de Henri IV étant apaisés, cette chambre n'avait plus sa raison d'être. Elle tint sa dernière audience, le 4 du mois d'août, et ses magistrats allèrent se réunir au Parlement. Toutefois, l'accès de la grand'chambre fut interdit aux conseillers réformés, et une déclaration royale du 27 novembre décida, que lorsque la grand'chambre et la Tournelle s'assembleraient, les trois conseillers réformés de la Tournelle ne pourraient assister aux délibérations. Six ans après, le 29 juin 1685, quatre mois avant la révocation de l'édit de Nantes, un arrêt du

Conseil allait ordonner aux magistrats réformés du Parlement de Toulouse de se défaire de leurs charges dans le délai de trois mois. Un des conseillers de la chambre, Pierre Paul, inébranlable dans sa foi, se réfugia à Genève et devança la grande émigration qui allait bientôt couvrir les pays protestants de l'Europe et y verser une partie de la fortune de la France.

Un intendant dont le nom allait devenir illustre arriva en Languedoc, Henri d'Aguesseau, père du chancelier d'Aguesseau. Aucun intendant n'entra, mieux que lui, dans la pensée de Colbert, pour développer le commerce et l'industrie de la province. C'est lui, de concert avec les États, qui organisa les armements et les préparatifs de guerre contre l'Espagne en 1677. Le Parlement n'a plus la haute main sur les garnisons des forts, le ravitaillement et le mouvement des troupes. Riquet meurt en 1680, six mois avant l'ouverture du canal qu'il venait de faire creuser avec une indomptable énergie. Le canal avait coûté plus de quatorze millions. Riquet ne vit pas la belle cérémonie d'inauguration où l'archevêque de Narbonne donna la bénédiction aux barques passant, pour la première fois, sur ces eaux qui rejoignaient les deux mers.

Une tempête s'éleva, non sur ces eaux tranquilles, mais sur les églises d'Alet et de Pamiers, à l'ocasion de la régale. La régale était le droit des rois de France de percevoir les revenus des archevêchés et évêchés, pendant la vacance du siège, et de conférer les bénéfices, ceux à charge d'âmes exceptés. L'évêque d'Alet, ayant été mis en demeure de restituer les revenus des deux années écoulées, de sa nomination à sa prise de possession, ne voulut rien donner. On le laissa en repos jus-

qu'à l'année 1673, où le roi déclara la régale universelle dans le royaume. Convaincu de son droit, et tenant pour maxime, qu'alors même que les autres évêques s'inclinaient, il devait soutenir les chocs les plus rudes, qu'ils vinssent du roi, des seigneurs ou du peuple, si Dieu le lui demandait, Pavillon osa seul lutter contre le roi. Il disait à ses chanoines : « Toutes les puissances de la
« terre sont faibles contre Dieu : c'est lui qui est l'au-
« teur du bien qui s'est fait dans mon diocèse, et de la
« discipline qui y est établie. Je ne serai pas responsa-
« ble, après tout, des renversements que l'on pourra faire,
« mais je le serais de mon zèle et de ma négligence à
« défendre les droits de mon église. On saisira mes re-
« venus, mais Dieu qui nourrit les oiseaux du ciel aura
« soin de nos pauvres. On s'en prendra à ma personne
« et ne dois-je pas m'estimer heureux de souffrir pour
« une si juste cause ? *In hoc positi sumus*. C'est pour cela
« que nous sommes en place. »

Il défendit, en conséquence, aux deux chapitres de son diocèse d'installer des régalistes, et aux régalistes de se faire installer, sous peine d'excommunication. Ni les exhortations de l'archevêque de Narbonne, ni les arrêts du Conseil, ni l'exil de ses plus fidèles soutiens, ni les infirmités, ni la vieillesse n'affaiblirent son âme intrépide. La mort seule put finir sa résistance, mais il laissait, dans le diocèse de Pamiers, son vieil ami l'évêque François de Caulet, en guerre avec les jésuites et résolu de suivre la voie tracée par Pavillon.

Lui, aussi, combattait et excommuniait les régalistes, et bravait les arrêts du Conseil qui saisissaient son temporel et le mettaient entre les mains de l'archevêque de

Toulouse, Joseph de Montpezat de Carbon. Vers cette époque, au mois d'août 1680, un des plus fervents partisans de l'évêque de Pamiers, le chanoine Jean Cerle, fut nommé vicaire général de ce diocèse ; mais, cédant aux haines qui poursuivaient les ennemis de la régale, l'archevêque de Toulouse cassa cette nomination. Les autres chanoines étant en prison ou en exil, Jean Cerle se trouva, seul, en état de protester contre cette mesure arbitraire qui enfreignait toutes les règles canoniques, et en appela au Saint-Siège. L'archevêque irrité recourut au Parlement, où sa dignité lui donnait un siège, et déclara que les intentions du roi étaient que le bras séculier frappât Jean Cerle du dernier supplice.

Le Parlement n'hésita pas. Le 16 avril 1681, il condamna le chanoine à avoir la tête tranchée et envoya au bûcher de la place du Salin ses livres et ses écrits. Jean Cerle prit la fuite et fut exécuté, en effigie, à Pamiers et à Toulouse. Du fond des montagnes où il se cachait, il ne cessait d'adresser aux diocésains de Pamiers des lettres pastorales où courait un souffle d'exaltation sacrée. Il mourut pauvre et fidèle aux doctrines de son évêque. D'autres chanoines mouraient dans les prisons ou dans les bois.

L'intendant d'Aguesseau ne dissimulait pas sa sympathie pour ces persécutés, et sa modération envers les protestants. Le haut clergé l'en raillait en disant : « Ce « d'Aguesseau a manqué sa vocation, en ne se faisant « pas évêque. » Il lui aurait fallu, pour le soutenir dans cette voie, la main d'un gouverneur adroit et vigoureux. Au vieux gouverneur toujours éloigné de sa province, et qui mourut, au mois de mai 1682, le roi donna pour successeur un enfant de douze ans, Louis-Auguste de Bourbon, prince de Dombes, duc du Maine, un des bâtards légitimés de madame de Montespan. Ainsi apparaissait, dans sa fermeté, l'intention de Colbert de ne plus laisser à cette province toujours agitée, qu'une ombre de gouverneur, et de tenir lui-même les rênes. Les parlementaires décriaient les États qui inscrivaient ce gouverneur de douze ans, pour une somme de 60,000 livres, sur le chapitre des gratifications, en témoignage des « bons offices qu'il ne manquerait pas « de rendre au Languedoc ». On sentit pourtant qu'auprès de cet enfant, autour duquel renaîtraient les troubles religieux, il fallait un bras énergique et capable de représenter la puissance royale : le duc de Noailles eut le commandement des armées.

Le Parlement, toujours en éveil contre les capitouls commet le conseiller de Catellan pour vérifier leurs comptes pendant les trente dernières années ; il écoute silencieusement la fameuse déclaration de l'assemblée du clergé de France en 1682 ; il assiste au *Te Deum* et aux feux de joie, en l'honneur de la naissance du duc de Bourgogne. Les fêtes durèrent trois jours : la ville fut illuminée et les fontaines versèrent du vin au peuple ; le premier président, l'archevêque, la duchesse d'Arpajon et le marquis d'Antin rivalisèrent de magnificence. Un grand dîner fut servi à la foule, dans la cour de l'hôtel du procureur général.

Les protestants s'éloignaient de ces fêtes. Le réseau se resserrait chaque jour davantage autour de leur liberté de conscience. On approchait de l'anéantissement de leur culte : il fut interdit aux catholiques romains de changer de religion et la sanction pénale atteignait, du même coup, le catholique devenu réformé, le ministre auteur de la conversion et même les pierres du temple. A Montpellier, une femme catholique ayant abjuré la confession romaine, entre les mains du ministre Bordieu, le Parlement de Toulouse frappa d'interdiction le ministre et ordonna la destruction du temple de Montpellier. C'était déjà la révocation de l'édit de Nantes.

Quand le duc de Noailles voulut faire exécuter cet arrêt, les ministres protestants et deux gentilshommes calvinistes s'y opposèrent, en hommes résignés au martyre. Le peuple envahit le temple et acclama les ministres à l'heure du prêche. Exaltés par la persécution, les ministres déclarèrent que si on les empêchait de prêcher dans leur église, ils prêcheraient sur les places publiques et aux carrefours, et que si on les chassait des villes, ils iraient évangéliser les campagnes. Noailles craignit une guerre civile; il fit arrêter et conduire, sans bruit, les ministres à la citadelle, dissipa l'attroupement, calma le tumulte et ordonna la démolition du temple. En même temps, le Parlement commença des procédures semblables contre les protestants de Montauban, mais Colbert alarmé par les troubles de Montpellier l'arrêta sur cette pente.

Tout en défendant aux catholiques d'insulter les protestants, le gouverneur enjoignait aux ministres de quitter les villes, ouvrait la voie aux conversions catholiques et usait de rigueur envers les cœurs obstinés. Cet espèce d'intolérance souleva des émeutes dans les montagnes des Cévennes et du Vivarais, remuées par les excitations des ministres, qui promettaient la couronne des martyrs à ceux qui sauraient affronter la mort pour leur foi. A la faveur de ces agitations, des bandes de pillards ravagèrent partout les campagnes et augmentèrent les inquiétudes de d'Aguesseau et de Noailles. A Nîmes, le temple fut démoli comme celui de Montpellier. Le vœu le plus cher de l'intendant d'Aguesseau eût été de terminer ces luttes, sans un coup de feu, en obtenant la grâce des rebelles. Il ne put empêcher les dragons du comte de Tessé de passer, au fil de l'épée, des troupes d'hommes et de femmes allant aux assemblées du désert. L'amnistie n'arriva qu'à la mort de Colbert, amnistie pleine de réserves et qui ramena les exaltations, les haines, les démolitions des temples et des maisons des réformés, les combats et les supplices. On désarma tous les protestants de Nîmes ; le ministre Homel, pris les armes à la main, expia sa révolte sur la roue et son corps fut exposé aux lieux où il avait poussé les protestants à l'insurrection.

En cette année 1632, Louvois qui rêvait la destruction du protestantisme va gouverner, en despote, à la place de Colbert. D'un coup d'œil, l'intendant d'Aguesseau mesura l'étendue des conséquences de cet événement, et ne voulut plus rester dans une province battue par tant d'orages. Il écrivit lettres sur lettres pour être rappelé à Paris. Ce n'est qu'au mois d'août 1635, qu'il quitta le Languedoc, en y laissant le souvenir d'une âme douce et éclairée. Avant de partir, il assista à l'entrée de son successeur, Lamoignon de Baville, d'une illustre noblesse de robe, ancien conseiller au Parlement de Paris, ancien maître des requêtes, connu par ses rigueurs en Poitou contre les protestants. Il marchait, en conquérant, à la tête de fusiliers et de dragons. On dit que d'Aguesseau pleura, en abandonnant une province de laquelle il ne pouvait détourner les déchirements et les malheurs. On vit alors fondre sur le royaume les déclarations, édits, lettres patentes et arrêts du Conseil dirigés contre les réformés, et imaginés pour détruire leur culte.

A Toulouse, le Parlement ne s'achemina que lentement et en hésitant, vers ces voies inclémentes : tout en interdisant aux ministres protestants le droit de prêcher ailleurs que dans les lieux et les temples désignés par les synodes, il protégea longtemps l'indépendance en matière de religion. Il enjoignait aux maîtres d'école de respecter les croyances des enfants, il empêchait de violenter la volonté des protestants, à l'heure de la mort, et il autorisait leurs funérailles, selon les cérémonies de leur culte. Il y a ainsi bien des arrêts de cette époque qui attestent la tolérance des parlementaires.

Le jour de l'intolérance arriva vers 1685. A l'imitation du Parlement de Paris, il ordonna la démolition des temples et exila les ministres ; il enregistra, sans opposition, toutes les déclarations royales rendues contre les réformés, entre autres, celle qui ne leur permettait plus d'être reçus au grade de docteur ès lois, ni de prêter le serment d'avocat, et aux procureurs de se servir de clercs protestants ; celle qui enlevait aux conseillers catholiques, dont les femmes seraient protestantes, la faculté d'être rapporteurs dans des procès où figureraient des ecclésiastiques. Il accueillit, en silence, l'arrêt du Conseil qui contraignait les conseillers protestants de se démettre de leurs charges, dans le délai de trois mois, ainsi que l'édit privant de la libre disposition de leurs biens, les veuves demeurées protestantes et les femmes des nouveaux catholiques refusant de suivre l'exemple de leurs maris. Un de ces édits, enregistré au Palais, portait que si les nouveaux convertis repoussaient les sacrements de l'Église, les hommes seraient envoyés aux galères et les femmes à la réclusion. En cas de mort, on faisait le procès au cadavre qu'on traînait sur une claie et qu'on jetait à la rivière, comme les cadavres des suicidés. C'est ainsi que le Parlement poussait à la révocation de l'édit de Nantes. On pourrait citer bien d'autres arrêts d'une étonnante rigueur.

En même temps, Louvois recommandait secrètement à l'intendant du Languedoc de distribuer, dans l'ombre, des secours d'argent aux gentilshommes et aux ministres protestants disposés à se convertir, dans le double but de ne pas exciter la cupidité des uns, et de ne pas froisser le sentiment des autres. Le cœur s'attriste au récit de ces mystérieuses négociations, qui se nouaient et se dénouaient, au travers d'une province où vivaient près de deux cent mille protestants. En quelques jours, les églises de Castres, d'Uzès, de Nîmes, de Montpellier, des Cévennes, du Gévaudan, du Vivarais, de l'Abigeois, du Lauraguais et du pays de Foix, s'encombrèrent de protestants convertis et gardés par des dragons. Les temples s'écroulaient : les églises, renversées par la guerre, se relevaient de leurs ruines. Les villes entières abjuraient, afin de presser le départ des soldats qui dévastaient tout sur leur passage. Beaucoup de protestants, immuables dans leurs croyances, désertaient, la nuit, leur pays et passaient la frontière. D'autres, aventuriers de la libre pensée et naufragés de la foi, pour qui la Réforme n'était qu'un voyage de découverte à la recherche d'un état meilleur, rentrèrent dans l'église catholique. C'est ainsi que le roi allait justifier son édit de révocation, par cette phrase du préambule : « L'édit « de Nantes demeure inutile, par suite de la conversion « des protestants. »

CHAPITRE XIV

Révocation de l'édit de Nantes. — Les États et le Parlement. — Les jansénistes au Parlement. — La congrégation des Filles de l'Enfance. — Mort du premier président de Fieubet. — Les protestants au désert. — Supplices. — Le premier président de Morant. — Costume de ville des magistrats, des ecclésiastiques et des femmes. — La guerre. — Les protestants du Vivarais. — Les milices et le comte de Broglie. — Édits bursaux. — Le conseiller Jean Daspe — Le Masuyer procureur général. — Les mendiants et les vagabonds. — Une émeute de femmes. — Lettres patentes approuvant les Jeux Floraux. — Divers arrêts. — Mort du président de Rességuier. — Le conseiller Tournier et l'abbé de Gramond. — Le Parlement à la fin du dix-septième siècle. — Guerre religieuse dans les Cévennes. — Le maréchal de Villars. — Les camisards. — Le Parlement reste en dehors des évènements. — L'intendant Baville — Le Parlement et l'archevêque Colbert. — Divers arrêts. — Procès de Bayle. — Les dernières années du règne de Louis XIV. — Retraite du premier président de Morant. — François de Bertier premier président. — Mort de Louis XIV.

L'édit de Fontainebleau, révoquant l'édit de Nantes, arrêté depuis plusieurs mois, parut le 22 octobre 1685. Tandis que les États du Languedoc, assemblés à Montpellier, se livraient à la joie du triomphe, le Parlement restait silencieux. Au Parlement, plus qu'aux États, on comprit les désastreuses conséquences de ce grave événement. La politique de Louis XIV venait de renverser la politique libérale et vraiment française de Henri IV. Sur tous les chemins de la France, les protestants émigraient, secouant aux frontières la poussière de leurs pieds, et apportant aux nations voisines des trésors d'intelligence, de travail et de civilisation, emmenant leurs enfants et leurs femmes et allant chercher une patrie dans un climat plus hospitalier. Les poursuites, les arrestations, la saisie des biens ne pouvaient arrêter ce courant de nobles fugitifs qui laissèrent la province du Languedoc, dans une sorte de détresse et dans le deuil.

Cette période marqua la fin des années de grandeur de ce règne et laissa entrevoir la décadence, par delà les années. Au Parlement, on regretta Colbert qui suivait les traditions de Richelieu et de Mazarin, en ne frappant que les rebellions et en respectant les consciences. Cette pensée de Pascal revenait souvent sur les lèvres du premier président de Fieubet : « La conduite de « Dieu qui dispose de tout avec douceur est de mettre « la religion dans l'esprit par la raison, et dans le cœur « par la grâce ; mais de vouloir la mettre dans l'esprit « et dans le cœur par la force et les menaces, ce n'est « pas y mettre la religion, mais la terreur. »

S'il n'y avait plus de protestants au Parlement de Toulouse, il y avait des jansénistes. Il faut un peu revenir en arrière et regarder, de près, cette fronde religieuse qui enrôla plus de partisans que la fronde politique. Le grain semé par l'évêque d'Alet n'était pas tombé sur une terre stérile ; il avait germé et poussé des racines.

Depuis la mort du premier président de Bertier, ami d'Arnaud d'Andilly, et de Fermat ami de Pascal, bien des parlementaires se lièrent, d'une étroite amitié, avec les solitaires de Port-Royal, et les évêques d'Alet et de Pamiers : tout un groupe janséniste se forma à Toulouse et en Languedoc. Un de ces jansénistes, attachés à la cause de Port-Royal, était le conseiller Gilles de Juliard, dont la fille, Jeanne Juliard, veuve de Mondonville, se consacra à l'instruction des jeunes filles et au soulagement des pauvres. Sur les conseils de l'abbé de Ciron, chancelier de la cathédrale et de l'université et ami de l'évêque d'Alet, elle fonda la congrégation des Filles de l'Enfance, dont les constitutions tendaient à dégager les cérémonies du culte catholique de tout éclat, et à les enfermer dans le cadre le plus étroit et le plus austère. En lisant les règlements sévères qui proscrivaient, de la vie de ces enfants, toutes les vanités mondaines, et leur traçaient une voie chrétienne, si pure à la fois et si rude, on aurait cru lire une page détachée des constitutions de Port-Royal, et des lettres de la mère Angélique Arnauld, de la mère Agnès ou de M. Saint-Cyran.

De telles maximes suscitèrent de puissantes inimitiés à l'abbé de Ciron et à madame de Mondonville, qu'on affecta de regarder comme des conspirateurs jansénistes. Les jésuites commencèrent l'attaque, malgré l'approbation déjà donnée à cette congrégation, par l'archevêque Pierre de Marca et un bref du pape Alexandre VII : ils parurent accueillir, avec faveur, l'intervention des capitouls du sénéchal, du chapitre et du Parlement qui confirma, de son autorité, les règlements de l'institut et défendit de les combattre, à peine de 1,000 livres d'amende. Sur des lettres patentes du roi qui approuvait la congrégation, la maison de Toulouse s'étendit au loin et fonda d'autres maisons à Saint-Félix-de-Caraman, à Montesquieu-Valvestre et à Pézénas. Les jésuites travaillaient dans l'ombre, et par le crédit de Mʳ Bourlemont successeur de Mʳ de Marca, ils obtinrent deux arrêts du Conseil ordonnant à madame de Mondonville de fermer les classes. Les choses s'adoucirent en l'année où le cardinal de Bonzi s'assit sur le siège des archevêques de Toulouse : la princesse de Conti et la reine Marie-Thérèse soutenaient hautement ces maisons d'instruction et de charité chrétienne, où l'intendant d'Aguesseau et le premier président de Fieubet mirent leurs filles.

Une professe qui s'échappa, un jour, par les fenêtres, réveilla à Paris les hostilités. Un ordre du roi défendit à madame de Mondonville de recevoir des novices ; quelques jours après, une lettre de cachet envoyait madame de Mondonville à Coutances, et un arrêt du Conseil supprimait sa maison et dispersait les Filles de l'Enfance. Il y eut, de leur part, protestations sur protestations, gémissements sur gémissements ; leur église fut détruite pierre à pierre : on croirait assister à l'exil des religieuses de Port-Royal et à leur départ de la vallée de Chevreuse.

Mademoiselle de Fieubet, d'une trempe arrogante et hardie, tenait tête à tout le monde, à l'archevêque Mʳ de Montpezat, qui venait de remplacer Mʳ de Bourlemont, au subdélégué Mariotte, exécuteur ordinaire de l'intendant Lamoignon de Baville, à l'intendant lui-même, aux démolisseurs et aux soldats. Elle rappelle cette chevalière de la grâce, Eustoquie de Brégy, qui luttait si vaillamment, au moment des persécutions de Port-Royal, à côté de la mère Angélique de Saint-Jean et de M. de Sainte-Marthe, et dont la voix alerte, brusque et intrépide étonnait et troublait Mʳ de Péréfixe.

Au fond du cœur, le premier président souriait de ces insoumissions de sa fille, mais ne pouvant l'approuver ouvertement, il la pressa de quitter une maison persécutée et condamnée par le roi. Elle refusa ; à l'archevêque qui l'engageait à se retirer, elle répondit sèchement qu'elle ne se croyait pas déliée de ses vœux. De concert avec des conseillers dont les filles suivaient l'impulsion de mademoiselle de Fieubet, le premier président rendit, à la grand'chambre, un arrêt pour les obliger à quitter le couvent, et députa vers mademoiselle de Fieubet, les deux conseillers de Burta et de Maran et les deux sœurs de Catellan. A la nouvelle de cette députation, les jeunes filles coururent se cacher dans un grenier ; les gens du guet, appelés par les conseillers, fouillèrent la maison, et finirent par découvrir leur retraite. Au moment où les soldats enlevaient la fille du premier président et la jetaient dans le carrosse de son père, on l'entendit s'écrier : « Mesdemoiselles, je vous prends à « témoin de la violence qu'on me fait, et je renouvelle « mes vœux, tout de nouveau. » Les mêmes scènes recommencèrent, quand on enleva mademoiselle de Burta et une des demoiselles de Catellan. Le lendemain, une compagnie de soldats, conduits par Mariotte, força les portes de la maison et poussa brutalement, dans la rue, une vingtaine de jeunes filles, agenouillées et pleurant sur les débris de leur chapelle. Quelques jours après, les religieuses, insultées et frappées par le guet, quelques-unes presque mourantes, furent chassées, par une pluie battante, au milieu d'une foule émue et courroucée. La maison étant déserte, les jésuites l'achetèrent et y établirent un séminaire. Les deux supérieures qui

CH. XIV. — MORT DU PREMIER PRÉSIDENT FIEUBET

avaient remplacé madame de Mondonville furent reléguées dans des couvents, sous l'escorte d'un capitaine du guet.

La mort du premier président de Fieubet suivit de près ces expulsions. Il mourut au mois d'août 1686, à l'âge de soixante-quatre ans. On l'enterra, selon sa volonté, sans éclat, dans le cimetière des pauvres de Saint-Etienne, au milieu de ces humbles et de ces déshérités qu'il avait tant aimé à secourir, pendant la vie. Il était bien le digne petit-fils de cet Arnaud de Fieubet qui disait, un jour, au cardinal de Joyeuse, dont le palais était drapé d'admirables tapisseries : « J'en « trerai de plus belles à votre Éminence, si elle me fait « l'honneur de venir chez moi. » Et il lui montra une multitude de pauvres rangés dans sa cour et recevant ses aumônes. Le premier président de Fieubet ne voulut pas d'oraison funèbre : il disait qu'il n'appartenait pas aux hommes de faire son éloge, à l'heure où il comparaîtrait devant le juge souverain. C'était pourtant, ainsi que le dit, un jour, Louis XIV, un des plus grands juges du royaume et un des plus difficiles à remplacer.

C'est à lui qu'a été dédiée la seconde édition des arrêts de d'Olive, par le libraire Camusat qui le compare au soleil brillant en toutes saisons. Lafaille dédia aussi à sa mémoire ses *Annales de Toulouse*. A la prière de sa fille, il fonda, aux environs de la ville, un hôpital où il allait se délasser des travaux de l'audience et des troubles de la Fronde, et puiser la modération et la force dans la lecture des livres sacrés. Sans lui, le Parlement et l'Hôtel de Ville se seraient laissé entraîner par les frondeurs.

A l'Hotel de Ville, il exerça une influence qui pesa souvent aux capitouls, comme une sorte de dictature. Sa volonté se fit sentir dans toutes leurs délibérations. Une fois de plus, le Parlement triompha sans peine de ce groupe de bourgeois soumis à toutes les exigences des brigues électorales et au rapide renouvellement de leur mandat. Là comme ailleurs, le Parlement restait le maître souverain. Un des fils de M. de Fieubet siégeait, comme conseiller, au Parlement ; une de ses filles mourut comme une sainte au couvent de la Visitation. Son hôtel de la rue Ninau garde encore, au fronton du portail, une tête de Méduse hérissée de serpents, et, au fond de la cour, le pavillon de pierre où il recevait, les jours d'été, les visites des pauvres.

Avant de mourir, le premier président de Fieubet entendit les rumeurs lointaines des missions protestantes qui prenaient le chemin du désert et prophétisaient, dans des accès de ferveur redoublée, un retour de calamités et de vengeances. Les dragonnades, le fouet en place publique, la marque de fer rouge sur l'épaule, l'échafaud ou l'exil n'effrayaient ni les hommes ni les femmes. A l'honneur du Parlement, ces supplices n'émanèrent pas de lui, mais des intendants qui envoyaient, sommairement, les protestants au gibet ou aux galères. Loin de s'écarter de ces voies douloureuses, l'archevêque de Montpezat se fit l'aveugle instrument des volontés du roi et de l'intendant, et s'attira les censures du pape Innocent XI. Il mourait avant de recevoir la lettre menaçante du souverain pontife et laissait son siège à Colbert de Villacerf, évêque de Montauban, ami de Louvois. C'est aussi le temps où mourait le conseiller François

Faure de Fondamente, auteur d'un *Traité sur la science des médailles* et à qui Pelisson, son allié et son ami, dédia son *Histoire de l'Académie française*.

Les intendants sont les maîtres des provinces, et c'est pour récompenser les services de Thomas-Alexandre de Morant, intendant de Provence, que le roi lui donna la première présidence du Parlement de Toulouse, au mépris des présentations des parlementaires qui proposaient le procureur général Le Masuyer, les présidents de Maniban et de Rességuier. Le roi, mécontent, leur enjoignit d'enlever des registres cet arrêt de présentation. Il redoutait l'autorité d'un de ces Toulousains sur le gouvernement de la ville et il préférait un étranger. Morant était cet intendant du Bourbonnais de 1676, dont a parlé madame de Sévigné, dans une lettre datée de Vichy du 8 juin ; «Madame de Montespan partit jeudi de Moulins
« dans un bateau peint et doré, meublé de damas rouge,
« que lui avait fait préparer M. l'intendant, avec mille
« chiffres, mille banderoles de France et de Navarre.
« Jamais il n'y eut rien de plus galant ; cette dépense
« va à plus de 1,000 écus, mais il en fut payé tout comp-
« tant par la lettre que la belle écrivit au roi : elle n'y par-
« lait, à ce quelle lui dit, que de cette magnificence. Elle
« ne voulut point se montrer aux femmes, mais les hom-
« mes la virent à l'ombre de M. l'intendant. » Morant n'apportait au Parlement que sa droiture de conscience ; s'il avait, un moment, appartenu comme conseiller à un Parlement, la science du droit s'était effacée de son esprit : il s'efforça de racheter son inexpérience des choses judiciaires par un travail opiniâtre, et il finit par acquérir un peu de savoir et par ramener à lui les parlementai-

res froissés de cette violation de leurs traditions séculaires.

Le roi ne dédaignait pas de s'occuper des costumes de magistrats. Déjà, en 1661, par une de ses déclarations, il interdisait aux magistrats les costumes de fantaisie : « Comme il est nécessaire que ceux qui seront honorés « des charges, en nos dites Cours de Parlement, qui les « élèvent à cette haute dignité et puissance d'être juges de « la vie, de l'honneur et des biens de ses sujets, parais- « sent toujours dans le public avec des habits qui con- « viennent à leur dignité et qui les distinguent du com- « mun, Sa Majesté veut que les officiers de ses Cours de « Parlement soient revêtus, en ville, de soutanes et de « manteaux longs, sans collets à passements, à peine « pour la première fois, d'être privés de l'entrée aux sus- « dites Cours pour six mois, la seconde pour un an, et la « troisième pour toujours. »

A son tour, le Parlement, qui s'était empressé d'enregistrer les lettres patentes prohibant les ornements aux habits, comme cordons, ceintures, baudriers, écharpes, aiguillettes, nœuds, rubans, étoffes d'or ou d'argent, broderies, pierreries et boutons d'or et d'argent, règle le costume des magistrats des sièges présidiaux, et le costume des ecclésiastiques, à la ville ou aux champs ; il enregistre solennellement les lettres patentes destinées à arrêter la contagion du luxe des vêtements des femmes, développée en France par les princesses de la maison des Médicis et les mœurs italiennes. En 1662, sous la présidence de M. de Fieubet, le Parlement avait déjà prescrit aux femmes, par quatre arrêts, de ne plus enfreindre les dispositions des arrêts somptuaires de 1597, enjoignant aux femmes des parlementaires de ne plus porter chaînes, carcans, bagues et autres dorures : alors comme aujourd'hui, toutes les classes de la société tendaient à se confondre. Un arrêt interdisait, quelques jours après, aux femmes des conseillers, des membres des sénéchaussées et des avocats, de porter des robes de velours, satin blanc, passements, dentelles, guipures ou broderies sur les robes et les collets, à peine de 4,000 livres d'amende et de confiscation de leurs habits.

L'arrêt, dépassant l'enceinte judiciaire, visait ensuite toutes les classes : « Il est interdit aux femmes des bour-
« geois, premier huissier, procureurs, conjointement
« huissiers, garde-sacs et marchands, de porter des ha-
« bits de velours, satin et brocarts ; elles en porteront
« tout seulement de poil de soie et de férandine, avec
« des cottes de petit satin de couleur, à l'exclusion de
« blanc, sans passements, guipures, ni broderies. Il est
« interdit pareillement aux femmes des notaires, clercs
« au parquet, chirurgiens et apothicaires, de porter des
« habits, ni cottes de satin en poil de soie, brocarts, vé-
« nitienne, ni d'aucune autre facture de soie que féran-
« dine, ni dentelles, guipures, botonneries ni broderies ;
« enfin, il est interdit aux femmes des artisans, gens de
« métier, de porter des habits de soie en quelque manière
« que ce soit, ni coiffe de taffetas, broderies, passepoil
« et dentelles, ni se qualifier que *madennes,* sur sembla-
« ble peine. » On reconnaissait ainsi le rang et les conditions au velours, à la soie et à la laine. Le Parlement allait plus loin que les édits et les déclarations du roi.

Le roi laissa alors au Parlement toute sa liberté dans

ces questions frivoles ; il était en guerre avec la Hollande et l'Espagne, et il envoyait ses troupes vers le Rhin, les Alpes et les Pyrénées. Le Languedoc, dégarni de soldats et aigri par la révocation de l'édit de Nantes, s'agitait sourdement, à la nouvelle de la coalition des protestants en Allemagne et de la conflagration qui armait l'Europe contre la France. Dans le Vivarais, à la voix d'illuminés, d'inspirés et de convulsionnaires, les foules s'exaltaient et se laissaient égarer par des séditieux et des intrigants mêlés aux fanatiques et aux enchanteurs. Le plus intrépide vengeur de l'édit de Nantes était Claude Brousson, avocat près la chambre de l'Edit de Castres, et plus tard au Parlement de Toulouse, réfugié dans les Cévennes, après avoir été l'instigateur de la ligue d'Augsbourg et l'âme de la résistance des protestants français retirés à Lausanne. Il allait être bientôt rompu vif, à Montpellier, par sentence de la justice prévôtale de l'intendant Baville. De tous côtés, les dragons poursuivaient les protestants au désert et dans les montagnes. Le sang fut aussi versé dans les Cévennes et dans les bois de Saint-Amand, aux environs de Castres, solitudes sauvages et touffues, où le chant des psaumes ne cessa que sous les balles et les sabres des dragons. Pour suppléer au manque de soldats, le gouvernement créa des milices composées d'anciens catholiques, commandées par des gentilshommes éprouvés, sous la conduite du comte de Broglie, lieutenant général de l'armée de la province. A Toulouse, le comte de Broglie vit échouer ses efforts devant ce vieux privilège des Toulousains de ne point servir : il se récriait de ne voir enrôler « que « des misérables et des gueux ».

En attendant, le Trésor s'épuisait, malgré les édits bursaux tour à tour révoqués ou rétablis, selon les événements. Le roi battait monnaie par tous les moyens, et tout devenait un sujet d'impôt. Moyennant finance, on confirma la noblesse aux capitouls. On vit un membre du Parlement, le conseiller Jean Daspe, offrir au Conseil des finances une somme de 80,000 livres, à la condition d'obtenir, par déclaration du roi, un logement à l'Hôtel de Ville, le droit de participer à la nomination des capitouls, 6,000 livres de gages annuels et le privilège de la noblesse. Contrairement à l'opinion des députés de la ville, le marché fut conclu. Enorgueilli de sa dignité nouvelle, Daspe parla aux capitouls d'un ton impérieux, et chassa l'annaliste Lafaille d'une petite maison enfermée dans l'enclos du Capitole ; il crut pouvoir traiter le Parlement en pays conquis et s'arroger le droit d'écarter les commissaires de la présidence des assemblées de l'Hôtel de Ville. Il ne marchait qu'escorté de hallebardiers.

Au Parlement, Joseph Le Masuyer présente ses provisions de procureur général, mais elles ne sont enregistrées, qu'à la condition par lui acceptée de n'exercer ses fonctions qu'à l'âge de vingt-sept ans. Les parlementaires ne sortent plus de leurs attributions judiciaires et laissent le gouvernement aux prises avec les révoltes des protestants et les détresses du Trésor. Ils se bornent à chasser les bandes de vagabonds et de mendiants qui envahissent et rançonnent les villes. Les galères et le fouet finissent par en avoir raison.

Un de ces routiers fameux, venus du Comminges, le capitaine Saint-Jean, pris aux environs de Montauban avec une tribu de bohémiens, et tué sur place, fut traîné aux prisons de Toulouse, sur une charrette, au milieu de ses complices. On fit le procès à son cadavre et il y eut un arrêt du Parlement, portant qu'il serait conduit dans un tombereau à la place Saint-Georges, « où sur un échafaud, il seroit coupé en quatre quartiers « par l'exécuteur, et la tête séparée du corps, portée « en la ville de Gaillac, où Saint-Jean avait toujours eu « beaucoup de communications, pour estre attachée sur « une des portes de la ville, et les bras et les jambes « portez aux lieux circonvoisins de la forêt de Grésine » L'arrêt prononça contre une bohémienne, complice de Saint-Jean, la peine suivante : « Elle fut dépouillée de « la ceinture en haut, teste et pieds nuds, ses cheveux « coupés, la teste rasée, la corde au col, et attachée au « derrière du tombereau qui portait le cadavre de Saint-« Jean. » Après avoir été promenée en cet état, par les rues et carrefours de Toulouse, elle fut fustigée jusqu'à effusion de sang, et bannie à perpétuité du royaume. Un second complice fut rompu vif et laissé sur la roue, jusqu'à ce qu'il eût expiré.

On eut plus de peine à dissiper une émeute contre le conseiller Daspe devenu maître de la ville. Le 1er mai 1694, pendant une grande disette, des femmes ne pouvant se procurer du pain avec de l'argent, se rassemblèrent, en tumulte, devant la maison du conseiller Faure, où Daspe venait de se réfugier. Dès qu'il parut à une croisée, elles l'insultèrent et lui jetèrent des pierres. Il s'en défit en leur donnant de l'argent. Le lendemain, elles se trouvèrent plus nombreuses sur son passage, du côté de l'hôpital de la Grâve et le menaçèrent de mort ; le guet les dispersa. Deux jours après, elles remplirent, de leurs cris, la place du Salin et proférèrent contre Daspe de nouvelles menaces de mort. De la grand'chambre, arrivèrent aussitôt l'avocat général de Bertier et quelques conseillers pour les apaiser, mais le tumulte augmentant, la grand'chambre rendit un arrêt interdisant les attroupements et ordonnant des approvisionnement de grains, avec ordre aux capitouls de faire, sur-le-champ, la publication de l'arrêt dans les rues. On ne savait comment Daspe échapperait à la colère des femmes : le Parlement fit enfermer les plus violentes à la Conciergerie, le guet refoula les autres, et Daspe, accompagné de deux présidents et du doyen, monta en carrosse à la porte du Palais et n'eut à essuyer que les huées de la foule. A partir de ce jour, toutes les portes de la ville furent gardées pour empêcher la sortie des grains.

Le Parlement enregistra ensuite les lettres patentes approuvant les Jeux Floraux, rétablissant les assemblées ordinaires en forme d'académie, élevant le nombre des mainteneurs à trente-cinq et édictant divers règlements sur la distribution des prix et l'entretien de l'Académie. En l'année 1671, les capitouls ayant refusé de verser la somme de 1,400 francs destinée aux Jeux Floraux, le Parlement les y contraignit par un arrêt.

Il arrivait souvent que les protestants pénétraient dans les églises et y troublaient l'ordre, aux heures des offices. Injonction fut faite par le Parlement à toute personne de se tenir, à genoux, pendant la messe et de garder le silence, à peine d'amende ou de prison. Il veillait à l'exécution de la révocation de l'édit de Nantes ; il permettait aux juifs d'acheter et de vendre, pendant trois semaines de chaque saison, à la condition de ne point tenir boutique ouverte ; il poursuivait, sans relâche, les duels et les maisons de jeux. Rien de grave ou d'émouvant ne s'accomplit au Palais. Le Parlement se rend aux cérémonies d'actions de grâces pour les victoires de l'armée ; il fonde des bureaux de charité pour les pauvres, surveille la discipline des justices inférieures, inflige des mercuriales et des peines de suspension de leurs charges à des conseillers oublieux de leurs devoirs ; il termine les disputes intérieures de chambre à chambre et rend à la Tournelle, des arrêts ordonnant que les têtes des pillards seraient plantées, au haut des tours des villes qui auraient donné asile à ces bandits.

Le président de Rességuier meurt à l'audience, et le conseiller Tournier réclame un décret de prise de corps contre l'abbé de Gramond qui lui avait manqué de respect à l'église Saint-Étienne. La politique ne détournant plus les parlementaires de leurs travaux, on ne vit jamais au Parlement des hommes plus jaloux de l'amour de leurs devoirs. C'est alors qu'un édit du roi rendit la juridiction de la table de marbre à la chambre des requêtes, et que la maîtrise des eaux et forêts fut transférée de Saint-Pons à Castres.

Les audiences s'écoulent, d'ailleurs, sans bruit et au travers de procès sans importance. Ce sont les États qui prennent le gouvernement de la province et délibèrent sur les charges imposées aux villes et aux campagnes par la guerre de Trente Ans. L'établissement de la capitation, véritable impôt proportionnel à la fortune privée, les aliénations du domaine royal, les anoblissements, et la taxe sur les armoiries ne rencontrent aucune opposition au Parlement : il fallait trouver de l'argent à tout prix et accepter les plus étranges conceptions du gouvernement. Les parlementaires firent enregistrer, en corps, leurs armes personnelles, à côté du blason de la Cour. Dans un mémoire adressé par l'intendant Baville au roi, on trouve ce passage sur le Parlement : « On « compte à Toulouse cent trente-deux officiers, dont « neuf présidents à mortier, huit présidents aux enquê- « tes, cent douze conseillers, deux avocats généraux et « un procureur général. » Il y avait aussi cent trente avocats et cent huit procureurs.

Le dix-septième siècle finissait. Avec le dix-huitième siècle, éclata une terrible crise des guerres religieuses dans les Cévennes. Les déclarations royales qui renouvelaient, sans cesse, la sévère exécution de la révocation de l'édit de Nantes ne pouvaient prévaloir contre l'inébranlable constance des protestants dans leurs croyances. Devant les ministres réfugiés dans les montagnes de France et de Suisse, s'évanouissaient les miracles de conversions en masse, annoncés, à grand bruit par les missionnaires, les intendants et les nouvellistes. Les vieilles haines couvaient sous la cendre ; loin de s'éteindre, elle se rallumèrent au cri des prophètes des vallées de la Cèze et du Gardon, où d'Urfé et Florian ont placé les scènes amoureuses de leurs pastorales.

De 1700 à 1704, ces contrées et celles du Gévaudan, de Montpellier, de Nîmes, d'Uzès, d'Alais et de Saint-Hippolyte, soulevées au nom de la liberté de conscience, expient leurs insurrections dans les supplices. Les violences des soldats, les taxes arbitraires, les condamnations de la justice prévôtale de Baville à la prison, à l'exil, au gibet, au bûcher et à la roue, les incendies, les démolitions des maisons et les dragonnades désolaient les populations et inquiétaient les États et les intendants. Enfermés dans leurs remparts de montagnes, les protestants résistaient aux mousquets des soldats du comte de Broglie, autant qu'aux exhortations des prêtres et de Baville. Fortifiés par leurs prophètes Esprit-Séguier, Salomon Coudère et Abraham Mazel, ils bravaient la mort dans les combats et les tortures, et vengeaient leurs défaites par le massacre des prisonniers, l'incendie des villages et la destruction des églises. En 1702 on ne compta pas moins de cent trente-deux églises brûlées ou saccagées. Partout les croix étaient renversées et les moines et les prêtres chassés des villes et des couvents. On revenait aux horribles scènes de meurtre et de dévastation du seizième siècle.

Toute cette partie de la province était en feu. Il faut entendre le comte de Broglie s'écrier : « On ne peut faire « pendre tous ceux qui le méritent ; on les met en prison « et ils en partent plus endiablés que lorsqu'ils y « sont entrés. » Il ne demandait rien moins que de dépeupler les communes rebelles et d'en exiler les habitants dans les îles du Nouveau Monde. Quand un chef tombait sous les balles, un autre sortait des rangs, Laporte, le cardeur Séguier, Roland, le boulanger Cavalier, Catinat ou Ravanel. Fléchier le disait ainsi dans ses lettres : « Les « dangers deviennent toujours plus grands. Il vient des « ennemis de tous côtés, et il n'y a ni assez d'hommes « ni assez d'argent pour les réprimer. » Le maréchal de Montrevel disait plus rudement : « Ce sont des légions

« de l'enfer ; plus on en tue et plus on en voit renaître. », Ce fut partout une lutte acharnée, dans les gorges désertes, sous les neiges de l'hiver, et dans les plaines brûlées par l'été. Les prophètes et les prophétesses exaltaient les multitudes mitraillées, en chantant des psaumes, au son du beffroi. Ceux qui échappent au massacre émigrent, en jetant un adieu suprême aux morts tombés dans la bataille. De la France s'enfuyait, une fois de plus, toute une France meurtrie qui allait se disperser en Europe et rajeunir, de notre sang et de notre langue, des peuples énervés ou attardés.

Le maréchal de Villars prend le commandement des troupes, change de tactique, promet le pardon et entre dans les voies des concessions et de la clémence. En politique avisé, il comprit que ces haines religieuses devenaient, le plus souvent, l'embarras de ceux qui veulent les résoudre par la force. Entraînés par les espérances d'une paix prochaine et par les promesses de Villars, découragés et craignant d'ailleurs une plus désastreuse campagne, les protestants se replièrent dans leurs défilés et signèrent une suspension d'armes. Les plus obstinés, repoussés dans les montagnes, furent bientôt taillés en pièces. De loin en loin, il y eut quelques tentatives de révoltes et quelques exécutions sanglantes. Le Parlement reste en dehors de ces guerres douloureuses : c'est Baville qui édicte la diminution des impôts et qui suspend, en faveur de la province appauvrie et dépeuplée, la loi brutale du droit d'aubaine confisquant, au profit du Trésor, les biens des étrangers morts dans les limites du royaume.

Le Parlement ne cherche pas à étendre sa juridiction :

ses registres ne contiennent, qu'à de rares intervalles, des arrêts qui doivent être notés : il condamne la femme du conseiller Claude de Juge à être enfermée dans un monastère à Lavaur, pour avoir quitté le royaume, malgré les ordres du roi ; il fait rentrer dans leurs couvents les religieuses indisciplinées et raser les maisons où elles avaient tenu des assemblées ; il termine le différend du pays de Foix et du Languedoc sur les limites de leur territoire ; il décrète de prise de corps le juge de Pamiers, le juge des Allemands et deux substituts du présidial de Béziers pour prévarication, et le petit-fils d'un conseiller pour crime de faux ; il condamne aux galères le prieur et les collégiats de Saint-Martial pour attentat aux mœurs ; il fait étrangler, en place du Salin, les notaires infidèles, il emprisonne ou envoie à la potence les duellistes et parmi eux un Pibrac, un Roquefeuille, un Belcastel, et un Duranti ; il enjoint au cardinal de Sourdis, archevêque de Bordeaux, de donner l'absolution à des gentishommes repentants de leurs rebellions envers Dieu et le roi.

Les routes n'étaient pas sûres : on trouva le conseiller Junius assassiné aux environs de Toulouse et le juge de Comminges, de Gère, agonisant dans la vallée de Saint-Bertrand. Le Parlement châtiait de la mort les meurtriers : il livrait au bûcher les livres impies, entre autres, *Le moine sécularisé ;* il saisissait les biens des évêques hostiles à ses arrêts et envoyait aux galères les collecteurs convaincus de prévarication, les blasphémateurs et les sacrilèges.

Il n'épargnait pas les religieux « traîtres à leurs de« voirs » et condamnait le cordelier Lamassièri au bannissement et à l'amende honorable, à la suite de la publication de sa *Lettre anonyme d'un ecclésiastique à un de ses amis de province* ; il faisait brûler un pamphlet du dominicain Caussonnel se raillant des règles de son ordre, et sévissait contre les abus commis dans les monastères. A Toulouse, les couvents, en se multipliant, étendaient si loin leurs jardins, que le Parlement se vit dans la nécessité de contenir ces envahissements et de s'opposer à la fondation de nouveaux monastères. C'est ainsi que les religieuses de l'Ave-Maria et de la Visitation, furent obligées de quitter la ville, dans les trois jours.

Parfois, les avocats et les conseillers vidaient leurs querelles dans la rue : un soir, le conseiller Auriol fut assailli par les avocats Duménil et Jougla, que le Parlement emprisonna aux Hauts-Murats. A la suite de l'arrestation à Montpellier, pour crime de faux, du conseiller de Villespassans, il décréta un capitoul, son complice, de prise de corps, et pendant une émeute, il fit garder les portes du Château-Narbonnais par les procureurs « ré-
« calcitrants, mais finissant, dit un mémoire, par obéir,
« en tremblant. »

A la grand'chambre, on tranche en 1706, le procès de la succession de Bayle, né au Carla-le-Comte, sorti de France à la révocation de l'édit de Nantes. A sa mort, le fisc s'étant emparé de ses biens, fit plaider que par son exil volontaire, Bayle avait perdu, en même temps, sa qualité de Français et son droit de tester. Dans son rapport, le président de Senaux protesta énergiquement contre cette prétention en disant, « qu'il était indigne de
« considérer, comme étranger, celui que la France se
« glorifiait d'avoir produit, et dont le nom avait jeté

« tant d'éclat dans l'Europe entière, à l'époque même de
« la promulgation de cette loi qui frappait de mort civile
« tous les Français réfugiés. » Par arrêt du Parlement,
le testament fut maintenu et respecté.

Des procès de même nature se débattaient, chaque
jour, à la grand'chambre, à la suite de la confiscation
des biens des familles protestantes et de leur attribution à des parents éloignés. Ces spoliations venaient
se briser devant les arrêts des parlementaires. Durant
le cruel hiver de 1709, le Parlement chasse de Toulouse les mendiants encombrant les rues et pourvoit
au service de la ville où le froid et la faim font des
milliers de victimes. Il obtient du roi un dégrèvement
d'impôts et fixe le prix de la journée des travailleurs de
terre, qui fut élevé à cinq, sept et neuf sols, pour les
hommes, selon les saisons, et de trois à quatre sols,
pour les femmes. Il rédige règlements sur règlements
sur la discipline et le travail des collèges de l'Université.

Après avoir assisté aux funérailles de Jean de Catellan, le Parlement célèbre, en grande pompe, au mois de
janvier 1712, les honneurs funèbres en mémoire du dauphin, le duc de Bourgogne. Le roi ne lui en enleva pas
moins la connaissance des affaires domaniales, pour la
donner à la Cour des aides ; il accordait aussi, malgré
les protestations du Parlement, la chaire des arts à un
membre de la compagnie de Jésus. En retour, le roi érigea, en office héréditaire, l'office de buvetier du Palais,
donnant droit à des gages de 7,300 livres attribuées
au premier président de Morant qui céda, moyennant
finance, l'office au buvetier Roch Jaumes. Plus tard,

ce buvetier ayant abusé de son emploi, le Parlement décida d'en prendre un autre à son gré, sans obtenir les provisions royales.

Ces années de la fin du règne sont tristes et assombries, comme la vieillesse du roi. On érige sa statue à Montpellier, en souvenir de la révocation de l'édit de Nantes, mais aucun des parlementaires ne se joint au cortège des fêtes. Le premier président de Morant n'attend pas l'heure de la mort pour descendre de son siège. Esprit indolent, plus enclin aux choses littéraires qu'à la science du droit, accablé d'infirmités douloureuses, il résigna ses fonctions en l'année 1710. Ni le Parlement, ni le roi ne purent vaincre sa résolution. Le jour où il comprit que son intelligence et son corps s'affaissaient sous les années et les souffrances, il se condamna à la retraite. Sa charge passa aux mains de François de Bertier, premier président du Parlement de Pau, ancien avocat général au Parlement de Toulouse, de la famille du premier président Jean de Bertier.

Le premier septembre 1715, le grand roi cessa de vivre et de régner.

CHAPITRE XV

Impression produite par la mort du roi. — Mort de Baville. — Esprit gallican au Parlement. — Agiotage. — Remontrances. — Conspiration de Cellamare. — La peste. — Reprise des persécutions contre les protestants. — Les agréables de Toulouse. — Le conseiller Luc de Saget. — Majorité de Louis XV. — Retraite du président de Bertier. — Le président de Maniban nommé premier président. — Furgole capitoul. — Inondation de la Garonne. — Conflit avec les capitouls. — Un bréviaire. — Nouveaux impôts. — Victoire de Fontenoy. — Intolérance envers les protestants. — Marquisats. — Disette et troubles. — Émeute de femmes. — Pillards. — Arrêt du Parlement. — Arrestation et supplice des coupables. — Désordres causés par les troupes. — Disette et peste. — L'intendant de Saint-Priest. — Nouvelles persécutions contre les protestants. — Scandale de la Saint-Yves. — Le maréchal de Richelieu lieutenant général en Languedoc. — Son remplacement par le duc de Mirepoix. — Le gouverneur prince de Dombes remplacé par le comte d'Eu. — Le comte de Thomond remplace le duc de Mirepoix. — Les fourches patibulaires. — Le Journal de Barthès. — Ère de procès et de luttes. — Nouveaux impôts. — Remontrances. — Plaintes des États. — Le Conseil d'État et le Parlement. — Résistance de la Couronne. — Explosions prochaines.

La mort du grand roi ne causa à Toulouse ni émotion ni regrets. Le peuple laissa le Parlement se rendre solennellement à l'église Saint-Étienne où fut célébré l'office funèbre. A la nouvelle de l'assassinat de Henri IV, la ville était dans la consternation et dans les larmes ; en apprenant que Louis XIV venait d'expirer, elle eut à peine un cri de surprise. Les Toulousains ne chantèrent pas sur le passage du Parlement, comme le peuple de Paris, devant le cercueil royal courant la nuit vers Saint-Denis : seuls, les clercs de la Basoche parcoururent les rues, et chantèrent en l'honneur du régent.

Il semblait que la vieille monarchie descendait dans la tombe avec le grand roi. Le Parlement de Paris casse son testament et donne la régence au duc d'Orléans. A Toulouse et dans les autres provinces, les Parlements ne songeaient pas encore à secouer le joug et à se reprendre à la vie politique. En signe de joyeux avenement, le régent leur rend leur droit de remontrances. On connaît l'admirable lettre persanne où Montesquieu disait : « Le regent qui a voulu être agréable au peuple a paru « d'abord respecter les Parlements, image de la liberté « publique, et comme s'il avait pensé à relever le temple « et l'idole, il a voulu qu'on les regardât comme l'appui « de la monarchie et le fondement de toute autorité lé- « gitime. »

Le Parlement de Toulouse se tient à l'écart et se borne à instituer, à l'Université, deux chaires consacrées à l'enseignement de la doctrine de saint Thomas d'Aquin, et à commencer des informations contre l'évêque de Lombez dont les valets avaient maltraité des ouvriers travaillant sur ses terres, et contre l'évêque de Montpellier, pour outrages envers la Cour des comptes. Le vieil esprit gallican ne mourait pas au Parlement. Dès que la bulle *Unigenitus*, fulminée par le pape Clément XI fut imprimée à Rome en 1718, le Parlement en reçoit l'appel comme d'abus, interdit aux imprimeurs et aux libraires de la publier, et déclare que les ministres de la cour de Rome abusant des ménagements que la France a eus pour le Saint-Siège, ont publié plusieurs brefs, à la faveur desquels ils ont anéanti les libertés de l'église gallicane. Il renouvelle bientôt ces prescriptions, à l'occasion des mandements des évêques de Lavaur, de Saint-Pons et de Vabres, et s'élève contre les écrits qui érigeaient, en maxime, que cette bulle était un article de foi. Il y a cette phrase dans l'arrêt: « La déclaration du roi, du mois d'octobre 1717, « fait assez connaître que l'église universelle n'a pas ac-« cepté la constitution *Unigenitus*, et les Parlements du « royaume se sont opposés aux mandements des évê-« ques fondés sur cette acceptation. »

Le Parlement devait revenir, dix ans après, sur cet arrêt, et enregistrer la déclaration royale de 1730 qui consacrait les édits de Louis XIV sur la condamnation des propositions de Jansénius, l'exécution des bulles d'Innocent X, Alexandre VII et Clément XI, sur l'observation de la bulle *Unigenitus* et la soumission due aux jugements de l'église universelle, en matière de doctrine et de dogme. Pourtant, le Parlement ne paraît pas se mêler aux démarches actives faites auprès du régent, par les jansénistes, pour rétablir à Toulouse le couvent des Filles de l'Enfance supprimé depuis trente années. Au travers des mémoires, des requêtes et des pamphlets qui se croisèrent en tous sens, on ne rencontre le nom d'aucun parlementaire.

Quand l'agiotage, enrichissant les manieurs d'argent et les traitants, eut envahi la société sous la régence, le Parlement, aussi bien que d'Aguesseau, vit le danger et engagea la lutte contre cet ennemi triomphant et ayant le prince sous sa bannière. Il envoie des remontrances, animées de l'inspiration de la raison et de la conscience, et dont les saintes colères flétrissaient ce déchaînement de corruption et cette furie de plaisirs et de jeux. Il découvrait la large plaie qui dévorait le royaume, et refusait d'enregistrer des édits de nature à porter atteinte à la fortune et à l'honneur du pays. A ces remontrances, le garde des sceaux d'Argenson répond par des lettres de jussion. Sur ces entrefaites, le premier président de Bertier part pour Paris, essaie d'adoucir, dans une longue lettre au Parlement, la rudesse des lettres de d'Argenson, en l'assurant qu'au Conseil du roi les remontrances avaient paru respectueuses, sages et modérées. Rien n'était plus vrai : en lisant ces remontrances, on ne tarde pas à reconnaître qu'elles n'ont ni passion ni faiblesse, et qu'il n'y a, en elles, d'autre amertume que celle qui vient du douloureux spectacle des convoitises scandaleuses et de l'amour effréné de l'argent.

A chaque édit établissant quelque nouvel impôt, reparaissent les remontrances, les protestations ou les refus d'enregistrement. Parfois, les États et la Cour des comptes viennent en aide aux parlementaires, et le gouvernement retire ses édits et cède aux remontrances. Il reprend vite son langage hautain, et lorsque le Parlement proteste contre la déclaration relative aux substitutions en Languedoc, Ponchartrain le rappelle à la soumission et au respect envers la Couronne. Plus que jamais, le Parlement relève la tête et il écrit ainsi au roi, à l'occasion de l'édit portant fixation des rentes au denier cinquante, ruineux pour la province :

« Sire, Votre Majesté nous permettra de lui décou-

« vrir tous nos maux et quelle en a été la source. Nous
« la supplions de jeter les yeux sur ces fortunes rapides
« qui se sont élevées depuis six mois. Elles ont tourné
« à la ruine de l'État ou à l'utilité particulière de ceux
« qui les ont faites. Ces fortunes, Sire, vicieuses dans
« leur principe, ont jeté les anciennes familles de cette
« province dans l'état déplorable où nous les voyons...
« Ces mêmes hommes, accoutumés au monopole et à
« l'agiotage, sont venus s'établir en ce pays et, par
« l'achat des marchandises les plus nécessaires à la vie
« et l'abondance du papier, se saisissent de toutes les
« denrées; ils y mettent le prix qu'ils veulent et rédui-
« sent vos sujets aux dernières extrémités. Nous ne
« pouvons garder le silence dans des circonstances
« aussi tristes, sans contrevenir aux lois de notre cons-
« titution et sans enfreindre nos serments; elle nous
« enjoignent de donner à Votre Majesté des avis fidèles
« dans toutes les affaires qui regardent Votre personne
« et Votre royaume. »

Tout entier aux vrais intérêts de la nation, le Parlement laisse s'achever en silence la conspiration de Cellamare, sans écouter les appels à la révolte du roi d'Espagne. Il s'inquiétait bien plus de la peste qui ravageait Marseille et menaçait de reparaître en Languedoc; il organisait les conseils de santé et, par de sages mesures, éloignait le fléau, du Gévaudan, de l'Albigeois et du Quercy où il décimait les populations.

En l'hôtel du président aux enquêtes d'Aguin, descendit, en l'année 1721, Mehemet-Effendi, ambassadeur du Sultan, se rendant à Paris pour voir le roi. Les d'Aguin, de vieille race parlementaire, étaient renommés pour leur élégance et leur connaissance des langues étrangères. Un d'eux, conseiller à vingt-un ans, c'est-à-dire quatre ans avant d'avoir voix délibérative et qui hérita de la présidence de son père, connaissait dix langues. Afin de mieux recevoir l'ambassadeur du Sultan, les d'Aguin firent décorer leur hôtel, par le peintre Rivals, d'emblêmes et de devises, de guirlandes et de lauriers. Trente soldats du guet, commandés par un capitaine, montèrent la garde devant la porte, pendant que les capitouls offraient à l'ambassadeur des corbeilles de fruits et de dragées et des oranges de Portugal.

Sous l'intendant Bernage, il y eut un retour de persécutions contre les protestants ramenés aux assemblées du désert par leurs prophètes et leurs prédicants. Devant ces luttes religieuses, le Parlement reste indifférent et laisse la justice prévôtale envoyer à la mort, à la prison ou aux galères, les réformés et leurs prophètes. Vers ces années qui touchent à la fin de la régence, les austères traditions s'affaiblissent et la mode attire les jeunes conseillers aux loges des francs-maçons de Saint-Jean-d'Écosse, de la Sagesse et des Cœurs réunis, où se cachait, sous la galanterie des fêtes, le but secret de l'association. C'était le temps des *agréables* de Toulouse, dont le conseiller Luc de Saget, fondateur de la Miséricorde de la Daurade, qui mourut en ce temps-là, disait durement qu'ils n'étaient agréables qu'aux ennemis du bien public.

En 1722, le roi devint majeur. Ce fut aussi l'année où le premier président François de Bertier, vieillissant et pliant sous le fardeau de sa charge, abandonna le Parlement, pour chercher la paix et la solitude dans sa terre de Saint-Geniès. Sur ce haut siège des premiers présidents, monta alors le président à mortier, Joseph-Gaspard de Maniban, d'une vieille souche de l'Armagnac, allié aux Lamoignon et à d'illustres familles du royaume, ayant le grand air et le train de vie des plus riches gentilshommes du Languedoc. Il avait dans le caractère, une fierté altière et l'amour de l'autorité et de la domination. Aux audiences où il siégeait, il donnait une sorte de splendeur. Quand on lui annonça la mort du cardinal Dubois et du régent qu'il n'aimait guère, il leva les mains au ciel en signe de bénédiction.

A la mort du procureur syndic, il voulut que cette charge fût confiée à un homme dévoué au Parlement : le jour de l'élection, il se transporta au Capitole, accompagné du procureur général, de trois conseillers, de deux avocats généraux, du juge-mage et du sénéchal. On n'osa pas aller ouvertement contre sa volonté. On se plaignit au roi de cette pression, et le Conseil du roi cassa l'élection. Cette défaite ne fit que l'exciter à de nouvelles luttes : ne pouvant réussir à faire élire Furgole au Capitoulat, parce qu'on lui reprochait de n'être pas Toulousain de naissance, il exposa au roi les titres qui illustraient, à la fois, le nom de Furgole et la ville de Toulouse où vivait ce grand avocat. Le roi imposa Furgole à la ville comme capitoul.

A l'automne de 1727, la Garonne grossie par d'effroyables orages inonda, tout à coup, l'île de Tounis et le faubourg Saint-Cyprien, emportant les récoltes et les maisons écroulées et entraînant des victimes surprises par la violence des eaux. Le Parlement, étant en vacances, s'assembla aussitôt afin de châtier les voleurs accourus à Toulouse pour piller les maisons abandonnées et s'emparer des épaves charriées par le fleuve. Sur tous les points menacés, se portaient, à toute heure le premier président de Maniban et le procureur général Le Masuyer qui organisèrent, de concert avec l'intendant et les capitouls, des comités de secours. Aux sollicitations du premier président, le roi répondit par l'envoi d'une somme de 248,000 livres, à répartir entre les villes inondées.

Les vacances terminées, il se fit un grand bruit autour d'un nouveau bréviaire imprimé à Lyon, et renfermant les propositions les plus formelles en faveur des prétentions du Saint-Siège au gouvernement temporel de la chrétienté. C'est de l'évêque de Montpellier que partit le premier cri d'alarme, qui trouva un écho aux Parlements de Paris, de Bretagne et de Metz. Au Parlement de Toulouse le silence se fit sur cette levée de boucliers. On s'y préparait à engager une lutte contre le roi dans la création de nouveaux impôts. Quatre ans, le Parlement refusa son enregistrement et finit par faire reculer le roi. On avait eu des inquiétudes sur la vie du premier président accablé de souffrances. Dès qu'on le vit apparaître aux audiences, le peuple alluma des feux de joie sur les places et illumina ses maisons, pendant qu'expirait le vieux conseiller de Rochemonteix dont le bourgeois Barthès a noté la mort, de ce mot rapide : « Ce grand « chambrier fut d'une intrépidité à toute épreuve ».

Depuis bien des années, des conflits de juridiction divisaient le Parlement, la Cour des aides établie à Montpellier et les bureaux des finances. On se perdait dans ce chaos d'édits et de questions de compétence, que trancha une déclaration royale du 20 janvier 1736, mais le Parlement ne voulut jamais abdiquer son attribution la plus chère, sanctionnée par tant de rois, d'accueillir ou de rejeter l'enregistrement des édits bursaux. Sur ce point, Louis XV trouva le Parlement de Toulouse inébranlable. On a écrit qu'il l'appela, un jour, une muraille de fer.

La victoire de Fontenoy fit oublier cet échec au roi qui entra, à ce moment, dans une voie de tolérance envers les protestants. Ses armées n'étant pas heureuses en Italie, il se souvint de la conspiration de Cellamare et de la tentative de soulèvement dans les Cévennes. D'une main prodigue, il distribua des grâces aux villes fidèles et aux familles catholiques qui l'avaient bien servi. C'est ainsi que le président aux enquêtes François-Joseph de Portes de Pardaillan, petit-fils du premier président Jean de Bertier, obtint la création du marquisat de Portes, et que le procureur général Le Masuyer vit ériger ses terres en marquisat de Montégut. Les lettres patentes adressées à Le Masuyer disaient : « Ce magistrat, depuis
« plus de soixante années, en suivant les traces du
« sieur Le Masuyer, son père, et celles de ses ancêtres,
« n'a pas peu concouru à apaiser les troubles excités par
« les gens de la religion prétendue réformée, en poursui-
« vant sans relâche et conformément aux lois de notre
« royaume, les démolitions de leurs temples dans toute
« la Province, prévenant et empêchant leurs assemblées
« qu'il a souvent interrompues et dissipées par sa pré-
« sence, faisant même arrêter leurs chefs et ministres. »

Les impôts toujours croissants, la cherté des grains et la disette ramenèrent la misère et les troubles en l'année 1747. Exaspérés par les exactions d'un fermier des droits de la ville, les taverniers se portèrent, en masse, devant l'hôtel du premier président qui arracha à la fureur populaire le fermier que les femmes du Port-Garaud voulaient lapider. Par ordre du premier président, un grenier fut établi à Toulouse et le blé s'y conserva, en réserve pour les mauvais jours. Plus audacieuses que les hommes, les femmes se jouant des ordonnances et des arrêts, pillèrent, à l'entrée de l'hiver, des charrettes et des barques remplies de grains : les hommes les renforcèrent ; les pillards brisèrent les portes des marchands accusés d'affamer la ville, et poussèrent des cris de mort et d'incendie. Au faubourg Saint-Cyprien, les greniers furent saccagés, malgré le guet. Sur-le-champ, le Parlement s'assemble et, sur les réquisitions du procureur général, Riquet de Bonrepos, ordonne que les grains achetés, pour l'usage de la ville, seront enfermés dans des greniers désignés par les capitouls et transportés seulement aux marchés publics, pour y être vendus ; il défendit les attroupements et les pillages, aussi bien que les exactions, sous peine de mort.

Dans les conseils du roi, on ne crut pas que cet arrêt, publié à son de trompe, eut assez d'autorité pour intimider les émeutiers. Le 1er janvier 1748, trois compagnies de volontaires gantais, une compagnie de dragons et une autre compagnie de hussards, entrèrent à Toulouse par la porte du Château et traînèrent, le lendemain, au Palais deux hommes et deux femmes du Port-Garaud, arrêtés comme les chefs de la sédition. Ce déploiement de force fit sourire le peuple. Pendant que les prisonniers subissaient l'interrogatoire à la Tournelle, les troupes entourèrent le Palais et conduisirent les accusés aux prisons du Capitole. Le lendemain, même cortège pour quatre nouveaux accusés ; le soir, arrivèrent huit compagnies des milices du Périgord. On traitait quelques accusés vulgaires, comme on eût traité une légion de gentilshommes ou un corps d'armée. Le 4 janvier, deux accusés furent pendus à l'Esplanade où s'entassaient les fantassins, les dragons, les hussards, les miliciens et le guet, formant la haie autour du gibet et faisant face à la foule. Puis, on exposa les suppliciés aux fourches patibulaires. Le froid étant très vif, ils échappèrent à la corruption : le peuple cria au miracle et les transforma en martyrs. Deux jours après, une femme appelée La Tourmente fut promenée, dans les rues, par une escorte de miliciens et fustigée aux carrefours.

A ces séditions du peuple succédèrent les désordres des troupes qui désolaient les quartiers où elles étaient logées, battaient les paysans et les bourgeois, ravageaient les jardins, pillaient les maisons et laissaient négligemment le feu détruire les bâtiments qui leur servaient de caserne. Aux réprimandes des capitouls, ils ne répondaient qu'en les couchant en joue, et en les menaçant de forcer les portes de leurs maisons. Ce ne fut pas sans peine que les capitaines parvinrent à mettre fin à ces excès. Les troupes quittèrent Toulouse au printemps de 1748.

Quelques mois après, la ville et le Parlement célébrèrent solennellement la paix d'Aix-la-Chapelle. Tout semblait se pacifier et se réjouir. C'est alors qu'un conseiller du Parlement de Toulouse, sollicitant à Paris, la création d'une académie des sciences, inscriptions et belles-lettres en Languedoc, écrivait : « J'ai parlé « à Madame de Pompadour, et mon second voyage a « été plus heureux que le premier. Elle avait, ce matin, « toute la France à sa toilette. » Les plaisirs de la cour faisaient oublier au roi les troubles et les misères du royaume. La disette sévissait dans le Haut-Languedoc, le Gévaudan et le Vivarais, et la peste régnait dans la plaine de Toulouse. Un nouvel intendant arrive, le vicomte de Saint-Priest, qui persécute les protestants avec une joie farouche et qui écrit au roi : « Les ministres « et les prédicants sont des pestes publiques ; il faut en « pendre autant qu'on pourra, et en faire des exemples « qui engagent ceux qui ne seront pas arrêtés, à sortir « du royaume, et ôtent aux étrangers de cette qualité le « désir d'y rentrer. » Des ministres, il passait à tous les réformés contre lesquels il proposait au roi les plus rigoureuses mesures, en censurant la tolérance du Parlement, des consuls et des commandants de troupes. Il reprenait toutes les traditions de Baville et envoyait les prédicants à l'échafaud : les protestants des Cévennes reprenaient la route du désert.

Riquet de Bonrepos monte au siège des procureurs généraux et son installation a lieu, dit le bourgeois Barthès, timballes battant et trompettes sonnant, avec les fanfares des soldats aux couleurs rouges et bleues des Riquet, illuminations et soupers sur le canal. Quelques mois après, en juin 1753, la fête de Saint-Yves fut troublée par un scandale. Ce

jour-là, 2 juin, pendant la messe, le père Dezeuzes, professeur de rhétorique au collège des jésuites, monta en chaire, et devant la confrérie des avocats, s'emporta contre les mesures prises souvent par les rois pour opposer une barrière aux empiétements de la Cour de Rome, et tonna contre les appels comme d'abus. Traduit devant le Parlement, le père jésuite se ravisa et s'empressa de reconnaître l'utilité des appels comme d'abus, pour la pureté de la religion et le soutien de l'État. Il ne fut puni que d'une réprimande en chambre du conseil, avec défense de professer, dans les écoles publiques, pendant cinq ans. Le premier président de Maniban se borna à lui adresser ces paroles où se reflète tout l'esprit gallican : « Vous avez été instruit, par l'arrêt de la
« Cour, combien elle improuve l'abus que vous avez
« fait de votre ministère, pour blâmer et énerver l'auto-
« rité des lois et des maximes du royaume, aussi
« anciennes qu'elles sont nécessaires au maintien des
« droits et de l'indépendance légitime de la Couronne
« contre les entreprises de la puissance ecclésiastique.
« Les lois ne sont pas moins utiles à la discipline de
« l'église. Vous apprendrez à en connaître le mérite et
« à les respecter. Retirez-vous. »

Les États venaient de terminer alors une session longue et féconde, en créant des travaux propres à rétablir le commerce, à alléger les impôts, à amener dans les villes les grains si rares en 1759, et à soulager tous les maux de la guerre étrangère. Le maréchal de Richelieu, lieutenant général de la province, n'attendait que ce moment pour se rendre à Toulouse et y régler divers différends réservés par l'intendant. Au lendemain des fêtes données en son honneur, il remit en paix les parlementaires et les capitouls toujours divisés par des questions d'influence locale. De plus graves complications le rappelèrent à Paris : il céda la lieutenance générale au duc de Mirepoix, tandis que le prince de Dombes laissait le gouvernement de la province au comte d'Eu. Le maréchal de Mirepoix, indulgent aux protestants et ami des parlementaires, meurt bientôt après et est remplacé par un fougueux ennemi de la Réforme, O'Brien, maréchal comte de Thomond et vicomte de Clare, qui devint l'âme damnée de Saint-Priest.

A Toulouse, le Parlement, les capitouls et le peuple ne songeaient qu'au délabrement des fourches patibulaires. Du côté du nord, dans une vaste lande qui commençait à se couvrir de maisons, au bord des chemins de Montauban et de Bruyères, dans le voisinage d'une église dédiée à saint Roch, à mille toises des murs, était l'enclos sinistre des fourches patibulaires, où les cadavres suspendus par des chaînes et des colliers à des barres de fer soutenues par de hauts piliers, se balançaient au souffle du vent, s'entrechoquaient avec des bruits étranges et exhalaient des odeurs de charnier. Ces cadavres, n'étant jamais ensevelis, tombaient en lambeaux sous le soleil et la pluie : le peuple appela ce foyer de corruption la Salade, allusion triviale à l'horrible pâture des chiens errants, et des oiseaux de proie.

Depuis que, par arrêt du Parlement, les exécutions criminelles, au lieu de s'accomplir dans les diverses villes du ressort, se consommaient aux fourches patibulaires de Toulouse, on avait abandonné, vers 1743, les anciennes fourches du quartier des Récollets, dressées

autrefois par les comtes. « Les fourches patibulaires, a
« dit La Rocheflavin, n'appartiennent qu'au seigneur
« haut justicier. Les autres sont à trois piliers, appar-
« tenant au seigneur châtelain ; les autres, à quatre pi-
« liers, appartenant au seigneur baron ou vicomte ; les
« autres, à six piliers, lesquelles appartenaient ancienne-
« ment aux seigneurs, grands ducs et grands comtes de
« Guienne, Normandie, Bretagne, comtes de Toulouse,
« Champagne, etc. »

En signe de leur prééminence sur les seigneurs, le roi et les Parlements firent élever des forêts de piliers. Des gibets de Toulouse, pourris par le temps, et des murailles écroulées de cette lande, où gisaient des restes de tant de cadavres, s'échappait une infection effroyable. On n'en est pas surpris, en lisant le journal du bourgeois Barthès qui assiste à tous les supplices de la roue, de la potence, du bûcher, du carcan, de la strangulation, du poing coupé et des membres rompus, dans les divers quartiers de la ville, aux places du Salin, Saint-Georges, Arnaud-Bernard, de la Daurade, à la place Royale, aux portes Saint-Michel et Saint-Étienne, sur l'esplanade de la place Montoulieu, à la Pierre, à la halle aux Poissons, devant la Monnaie. Émerveillé de ces lugubres spectacles, le vieux Barthès se complait à les décrire et passe sa vie au pied des piloris, de la roue et des potences, comptant gaiement les pendus, les étranglés, les décapités, ceux qu'on brûlait dans les brasiers ou qui expiraient sur la croix de Saint-André, suivant, pas à pas, les hommes fouettés, les femmes de mauvaise vie plongées dans la Garonne, s'extasiant devant leur casque à plumes garnies de grelots, et ne laissant tomber de son cœur, fermé à toute pitié, que ce mot d'une joie sinistre : « C'est mon plaisir et tout est dit. »

Tel était le nombre des suppliciés, que pour ne pas encombrer les fourches patibulaires, on n'y portait point les cadavres des femmes infanticides ou condamnées pour vols domestiques, et transportés aussitôt au cimetière Saint-Aubin ou aux amphithéâtres d'anatomie ; souvent même, le bourreau jetait aux fossés des routes les corps des voleurs jugés prévôtalement et pendus sur le lieu du crime. Parfois, on les exposait sur les chemins de Montaudran, de Saint-Martin-du-Touch, de Bourrassol ou à la Croix-des-Égaux, sur la route de Montpelher.

Aux journées chaudes de l'été, personne, selon ce qu'en a dit Barthès, ne pouvant passer par ces sentiers, « à cause de la puanteur » ; les voisins supplièrent les capitouls de rétablir les fourches des quartiers des Récollets, près du chemin de Sainte-Anne, afin d'éviter les accumulations de cadavres, et d'en faire ainsi le partage entre les quartiers du nord et du midi. Les capitouls refusèrent de relever les gibets des Récollets, et se bornèrent à réparer les murs de la Salade et de faire bâtir six piliers, portant six grosses barres de fer qui retenaient vingt-six carcans destinés à la suspension des cadavres, pour que ces corps, condamnés à être privés de sépulture, séchassent à tous les airs.

Le tableau de l'administration de la ville de Toulouse rédigé, pour l'année 1785, par l'ingénieur Hardy, qui découvrit trente cadavres oubliés dans ce charnier en ruines, a décrit ainsi ce lieu de supplice : « C'est avec peine « qu'on se prête à la description de ce monument; on

« doute qu'il y ait jamais eu son semblable ; il est cons-
« truit en murs de quarante-cinq pouces d'épaisseur,
« sur douze pieds d'élévation ; au-dessus des murs d'en-
« ceinte, sont élevés six piliers en maçonnerie de douze
« pieds de hauteur, sur trois pieds en carré terminés en
« pointe. A la hauteur de neuf pieds, sont placées de
« grosses pierres de taille dans lesquelles sont scellées
« des barres de fer d'environ deux pouces en carré, où
« sont attachés les colliers qui supportent les cadavres,
« au nombre de vingt-six. En dedans de l'enceinte est
« un gros poteau, placé sur un dé en pierre de taille,
« entretenu par des contre-fiches. Sur ce poteau, à la
« hauteur de quinze pieds, est placée une roue horizon-
« tale, en fer, de huit pieds de diamètre, avec ses doubles
« rayons. Attenant la dite roue, est une grosse échelle
« avec ses marches plates et sa main courante ; le tout
« peint en rouge. »

Ce que ne dit pas ce document, c'est que pour travailler à ce chantier maudit, on ne trouva, en 1759, aucun ouvrier, et que les capitouls se virent obligés de réquisitionner des maçons et des serruriers, et de les faire escorter par des soldats pour les empêcher de s'enfuir. Le premier cadavre, attaché à ces carcans neufs, fut celui d'un faux-monnayeur pendu à la place du Salin.

A cette époque et à partir de 1760, le royaume entre dans une période confuse, attristée par d'humiliantes défaites et par le déclin de la monarchie. L'histoire du Parlement va se dégager, à son tour, des périodes ingrates et monotones du règne de Louis XIV, de la régence et des premières années du règne de Louis XV : il va reprendre une ère de procès retentissants et de luttes violentes.

Les idées profondément remuées auront un empire et une importance qu'elles n'avaient pas eues jusque-là. On discute de nouveau, en 1756, la question des libertés de l'église gallicane : de même que les autres Parlements de France, le Parlement de Toulouse ordonne l'enseignement des doctrines de la déclaration du clergé de 1682, et ne permet aux bacheliers et aux licenciés d'être reçus docteurs en théologie, qu'après avoir soutenu cette déclaration dans leurs thèses. L'évocation par le Conseil du roi d'une procédure commencée, à l'occasion d'un refus de sacrements, donne lieu à d'énergiques remontrances. Le lendemain, un arrêt interdit le travail aux jours de fêtes et de dimanches. Contenus pendant de longues années, les ressentiments éclatent partout.

Entre le Parlement et les États, les conflits d'autorité et de prérogatives redoublent d'amertume. Des deux côtés, c'est un combat opiniâtre et le Parlement ne se repose de cette guerre avec les États, qu'en déclarant la guerre à la Couronne, et en repoussant les derniers impôts levés sur la province et destinés à réparer les désastres des armées. Quand il fallait se courber sous la volonté royale, ce n'était qu'avec une soumission qui laissait percer les protestations et les éclairs de révolte. Une fois, c'est pour l'édit de février 1760, portant établissement d'un troisième vingtième et d'un doublement de la capitation. Tout en enregistrant l'édit, le Parlement ne manqua pas de déclarer qu'aucune imposition nouvelle ne pouvait être instituée, répartie ou levée en Languedoc et dans tout le ressort, si la création ne revêtait la forme d'un édit, de déclaration ou de lettres patentes, et n'était soumise, avant toute publication, à l'enregistrement du Parlement. Une autre fois, ce fut pour un second édit, appuyé de lettres de jussion et de deux déclarations royales, relatif aux dons gratuits extraordinaires, imposés aux villes et aux villages de la province : le Parlement proclamait que le traité d'abonnement conclu en faveur du Languedoc, avant sa vérification et son enregistrement, serait sans conséquence pour l'avenir. Des pamphlets s'élevèrent vainement contre cet arrêt qu'ils traitaient de ferment de destruction de la monarchie.

Les États croyant que ces décisions portaient atteinte aux privilèges de la province les dénoncèrent au roi, comme une ingérence illégale en matière d'impositions. Le conseil d'État les cassa ; le Parlement les confirma par un troisième arrêt, qui les compléta à l'aide d'une formelle défense d'y contrevenir, adressée aux trois ordres des États. Un nouvel arrêt de cassation du Conseil d'État mit fin à ces divisions. Par sa résistance à toute critique et à tout contrôle, la Couronne jetait ainsi dans le parti, qu'on pourra appeler bientôt le parti révolutionnaire, les hommes qui auraient pu être ses amis les plus fidèles et ses soutiens les plus dévoués. Par un absolutisme impolitique, ces défenseurs de la monarchie allaient devenir des factieux. S'il eût été au pouvoir des Parlements de suspendre l'exécution des édits, combien de ces impôts ruineux n'auraient pas été imaginés par les ministres, et que de dettes les rois n'auraient pas contractées, selon leur bon plaisir! En voulant régner par l'arbitraire, les rois provoquaient des oppositions qui dégénéraient en violences. En confondant, dans une réprobation commune, l'esprit d'indépendance et de rébellion, ils ne distinguèrent plus les légitimes réclamations des oppositions parfois frivoles et tracassières. Ils ne surent comprendre, ni les uns ni les autres, le pur désintéressement qui sacrifie les rivalités et les hostilités intérieures au bien public et au salut du pays. A ces luttes sourdes vont succéder de prochaines explosions.

CHAPITRE XVI

Le procès Calas

L'heure n'est pas encore arrivée. Un drame qui allait avoir, en France, un long et douloureux retentissement, détourna le Parlement de ses luttes avec la Couronne. Vingt-sept années vont s'écouler avant la Révolution ; mais déjà tout change et tout se transforme dans la monarchie finissante. Partout, un travail de destruction s'accomplit. Sous l'indolente royauté de Louis XV, clergé, noblesse, parlements, bourgeoisie et peuple, sentent passer sur eux un souffle de dissolution et de renouvellement. La vieille société française plie à tous les vents du siècle. Les mercuriales des parlementaires, empreintes de tristesse, annoncent les soulèvements et signalent les écueils, au moment où la sombre et tumultueuse armée de l'Encyclopédie se met en marche. Tout s'amollit, s'altère ou se révolte ; à tous les points du ciel, l'air est plein de tempêtes.

Seule, la justice criminelle reste ferme dans ses rudes et séculaires traditions, sans que rien la puisse atteindre et vienne adoucir l'inexorable rigueur de ses procédures ou la cruauté de ses supplices. L'esprit du dix-huitième siècle a passé à côté d'elle, sans la toucher : sa généreuse philosophie expire au seuil de la Tournelle, pareille à un flot qui se perd dans les sables. La justice criminelle continue, sans se soucier des rumeurs qui grondent autour d'elle, à proscrire toute procédure publique, à ordonner la torture comme moyen de preuve et à prodiguer ses terribles châtiments, dans un pays où les lettres, abordant de front les plus hautes questions sociales, déchirent tous les voiles et dénoncent, à grand bruit, les erreurs ou les crimes des siècles passés.

Voltaire, ce dictateur de l'opinion et de l'esprit de son temps, qui ne voulut jamais d'autre liberté que la liberté philosophique, le roi Voltaire, comme on l'a souvent appelé, mène le chœur et le cortège des protestations et des indignations contre la justice des Tournelles. De ses collines de Ferney, il regarde s'amasser les nuages à l'horizon de la France et saisit au vol, d'une main frémissante, tout ce qui lui semble une injustice ou une erreur judiciaire. Ce n'est pas tant l'amour de l'humanité, que la haine de la puissance parlementaire qui l'irrite et l'inspire, et il ne faut pas toujours le croire sur parole, quand, se vieillissant au-delà de la vérité, il se répand en mélancoliques et touchantes effusions. Il écrivait à ce moment : « Le plaisir de secourir les hommes « est la seule ressource d'un vieillard, et plus la santé « s'affaiblit, plus il faut se presser de faire le bien. » C'est alors qu'il raconte à l'Europe entière, dans un langage qui sera compris de toutes les intelligences et de tous les cœurs, le procès fameux des Calas.

Beaucoup d'autres l'ont raconté après lui, en cherchant à démêler la vérité au travers des pièces de la procédure, des mémoires, des pamphlets et des apologies. M. de Maistre a eu raison de dire que le dix-huitième siècle n'était pas fini : on s'est encore passionné, de nos jours, en remuant cette cendre toujours chaude. De ce procès, on ne parle qu'avec une sorte d'amertume : il y a, de génération en génération, des champions ardents de l'innocence des Calas, ou de redoutables partisans de l'arrêt du Parlement. Je voudrais parler de ce procès avec l'impartialité de l'histoire, sans crainte d'offenser la mémoire des morts ou le sentiment des vivants, en ne cherchant que la vérité.

A Toulouse, dans la rue qui porte le nom de la rue des Filatiers, et qu'on appelait, au dix-huitième siècle, rue des Filetiers, parce qu'elle était habitée par les orfèvres défileurs et batteurs d'or, et dans une maison portant aujourd'hui le numéro 50, vivait en 1761 une famille protestante, la famille Calas. On pouvait, il y a quelques années à peine, reconnaître cette vieille maison à sa façade en pans de bois, encadrée par deux pilastres à chapiteaux de l'ordre ionien, et traversée à chaque étage par une frise, à sa corniche ouvragée, à sa porte aux montants de bois surmontés d'un arc en accolade ayant, au sommet, le monogramme du Christ en lettres rouges, servant de couronne à une petite croix grecque, et aux deux pommes de pin en bois sculpté au-dessous de la frise du premier étage.

Dans cette famille Calas, les rameaux, pour parler comme un mémoire d'Elie de Beaumont, étaient nombreux. Le père Jean Calas, âgé de soixante-quatre ans en 1761, né au bourg de la Cabarède, en pleine Montagne-Noire, aimé pour sa bonté et estimé pour sa probité, avait entrepris, à Toulouse, le commerce des indiennes. Sa femme, Anne-Rose Cabibel, âgée de quarante-cinq ans, d'origine anglaise par sa mère, bourgeoise d'une austère simplicité de vie, et d'une droiture d'âme sans tache, tenait à la noblesse par ses cousins les Montesquieu-Lagarde, les Polastron-Lahillère, les Marsillac et les d'Escalibert, bannis de France à la révocation de l'édit de Nantes. Dans une lettre à Élie de Beaumont, Voltaire a loué la force et les ressources d'intelligence de la femme de Calas ; à quelques jours de là, un autre vent soufflait, et il la traitait de huguenote imbécile, en écrivant à d'Alembert.

Voltaire a comparé les six enfants nés de ce mariage aux rejetons de l'olivier, *sicut novellæ olivarum* : Marc-Antoine, l'aîné, âgé de vingt-huit à vingt-neuf ans en 1761, Pierre, Louis, Donat et deux filles, Rose et Nanette. Les deux aînés, Marc-Antoine et Pierre, habitaient, avec le père et la mère, la maison de la rue des Filatiers ; le troisième, Louis, converti à la religion catholique, vivait hors de la maison, et Donat apprenait, à Nîmes, l'état de marchand. Chez les Calas, demeurait aussi, depuis vingt-cinq ans, une servante, Jeanne Viguier, catholique, parce que les protestants ne pouvaient avoir une servante de leur religion, dévouée pourtant à la famille, d'une foi intrépide et d'un cœur résolu. On ne l'appelait que la Viguière.

C'est elle qui apporta le premier chagrin à cette maison heureuse et obscure, où tout était travail et joie. Aidée par ses voisins, le perruquier Durand, sa femme et son fils l'abbé Durand, et par un autre abbé du nom de Biraben, elle poussa Louis Calas à abjurer la religion réformée. Ce Louis se trouvant à la gêne dans son état de marchand, vaniteux et tourmenté de l'ambition de se hausser au niveau des riches bourgeois, voulait porter des habits clairs, et se distinguer des marchands et des petits bourgeois ne portant que l'habit gris. Grâce aux instances de Marc-Antoine, il finit par obtenir de son père un habit bleu à boutons d'or.

A dix-huit ans, Louis Calas secoua le joug et, rompant toute entrave, il quitta la maison paternelle et se mit ailleurs en apprentissage. En 1756, il entrait dans la voie que lui frayait la servante, embrassait la religion catholique et en informait son père par une lettre confiée à M. de Lamothe, conseiller au Parlement. Le père voulait envoyer à Nîmes ce rebelle, mais Louis entendait rester à Toulouse, Nîmes n'étant qu'un foyer protestant. En quittant la maison de son père, il échangea son habit gris de marchand contre un habit vert, et prit le chapeau bordé et les bas de soie. Arthur Young, dans son *Voyage en France*, a dit, avec raison : « Les habits noirs sont le signe d'une position inférieure ; « les habits des riches ont des couleurs vives et tran-« chées ».

Les choses se seraient ainsi prolongées, si Louis, armé de l'ordonnance du 16 juin 1681, permettant aux fils des protestants de disposer d'eux-mêmes à l'âge de sept ans, de changer de religion et d'exiger du père une pension pour vivre en dehors de la famille, ne s'était adressé à l'intendant, qui chargea l'archiviste subdélégué de l'Intendance, d'apaiser et de concilier ce différend. Cet archiviste, Jean Amblard, écrivait alors à l'intendant, M. de Saint-Priest, au mois de janvier 1761 : « Le sieur « Calas père est un homme fort riche et je ne puis « pas dissimuler que je l'ai trouvé fort dur à l'égard « de son fils. C'est un jeune homme sage et pieux ; on « m'en a rendu un témoignage qui n'est pas suspect. Il

« y a cinq ans qu'il est parti de la maison paternelle
« pour son apprentissage et, depuis ces cinq ans, le
« père n'a donné autre chose à son fils que 50 francs,
« pour son entretien à diverses reprises, Ce jeune
« homme m'a rendu un état duquel il résulte qu'il doit
« 603 livres, et cela ne me paraît pas excessif pour l'en-
« tretien pendant cinq ans. Je proposerai d'abord que
« le père payât ces 603 livres, et qu'il donnât à son
« fils 100 livres de pension pour son entretien, jusqu'à
« ce qu'il gagnât des appointements, ne fût-ce qu'à con-
« currence de cette somme ; ce qui ne serait pas une
« charge trop onéreuse pour lui, quoiqu'il ait cinq autres
« enfants, parce qu'il n'y a qu'à les voir pour être con-
« vaincu que leur entretien coûte à leur père plus de
« 100 livres pour chacun. »

L'affaire traîna en longueur ; une lettre de l'intendant, du 20 février, annonçait à l'archiviste que le
comte de Saint-Florentin avait mis le placet de Louis
Calas sous les yeux du roi. Le père persistant dans ses
refus, Louis transmit ce nouveau placet à l'intendant,
qui fit rappeler au père les intentions du roi d'en finir
promptement. De son côté, l'archevêque de Toulouse,
monseigneur de Crussol, s'entremit dans ces disputes
de famille ; enfin, le 9 septembre 1761, un mois avant
le coup de foudre qui allait éclater sur cette maison,
l'archiviste Amblard écrivait à M. de Saint-Priest :
« J'ai terminé les contestations des sieurs Calas père
« et fils... Calas père a payé à son fils les 50 li-
« vres du premier terme de la pension, et il a demandé
« quelques jours pour payer le second, parce qu'il ne
« se trouve pas en argent. Il m'a promis qu'il serait

« exact à l'avenir ; au moyen de quoi c'est une affaire
« finie. »

Il ne paraît pas pourtant, que le père ait été très empressé à payer cette pension, s'il faut en croire le praticien Alexandre Fabre, un des témoins entendus dans la procédure, qui aurait vainement réclamé, au nom de Louis, le payement toujours retardé de ces 50 livres, soit au père, soit à Marc-Antoine, qui s'était borné à répondre tristement : « Louis est fort heureux ; il n'en « est pas de même de moi ; au contraire. »

Si Louis était heureux, il ne l'avait pas été toujours, dans la maison de son père, avant l'abjuration. A des témoins entendus pendant l'information, ne racontait-il pas que son père, courroucé contre lui, l'avait enfermé, quinze jours, dans la cave dont il ne serait sorti que par une ruse de la servante ? On accusait même le père d'avoir tiré, sur son fils, un coup de pistolet. La servante avait aussi révélé le projet des Calas d'enfermer Louis, s'il pouvaient le prendre et de lui dérober les épargnes qu'elle lui donnait en cachette. C'est encore Louis qui disait à son voisin Claude Caperan, que la Viguière venait de l'avertir de ne plus passer dans la rue des Filatiers, parce que sa mère, qui s'évanouissait en l'apercevant, disait sans cesse que ses maux ne finiraient que lorsqu'elle le saurait pendu. A en croire bien des témoins, du cœur du père et de la mère la haine était passée au cœur de Pierre Calas, frère de Louis ; le clerc tonsuré Pierre Durand, affirmait que dans la boutique de son père, Pierre Calas s'était, un jour, écrié que ce clerc tonsuré payerait chèrement les leçons données à Louis pour son abjuration.

Il s'est fait bien des légendes, fausses comme toutes les légendes, autour de ce procès. Il s'en est fait surtout sur Marc-Antoine Calas, dont on a souvent assombri, sans mesure, l'humeur bizarre et les instincts d'ambition et de dissipation. Voltaire a été peut-être dans le vrai en traçant ce portrait de Marc-Antoine : « Esprit « sombre, inquiet et violent, ne pouvant réussir à entrer « dans le négoce auquel il n'était point propre, ni être « reçu avocat parce qu'il fallait des lettres de catholicité « qu'il ne put obtenir, il résolut de finir sa vie et se con- « firma dans sa résolution par la lecture de tout ce qu'on « a jamais écrit sur le suicide. » Michelet, qui s'est rangé à l'opinion de Voltaire, a ajouté : « Cela le jeta dans une « grande tristesse et dans ce qu'on appelait une mélan- « colie noire ; pour se distraire, il alla aux cafés, devint « joueur. Il aurait alors voulu, se rabattant sur le com- « merce, que son père l'associât ; mais le père n'osait « s'associer légalement un jeune homme déjà dérangé « qui eût ruiné la famille. Nouveau chagrin pour Marc- « Antoine. Il voyait tout impossible ; il eut envie de s'en « aller à Genève, de se faire ministre et de revenir en- « suite se faire pendre. Mais fallait-il aller si loin pour « cela ? »

De cette mélancolie dont il s'enveloppait, il se laissait brusquement aller à de mystérieuses paroles, entrecoupées de larmes aussitôt réfoulées. A un avocat au Parlement, François Chalier, qui l'engageait à ne pas aller à Genève, mais plutôt à se faire catholique, Marc-Antoine répondait, avec un éclair dans les yeux : « Eh bien, je pense à autre chose que j'exécuterai ! » Personne n'a pu sonder ses reins et sa conscience, et Dieu seul a connu le fond de sa pensée. Il se plaisait d'ailleurs à ces pensées de la mort : Chalier lui parlant, un autre jour, des ministres de la religion réformée et de leur fin tragique, il répliqua en disant qu'il trouvait ces hommes bien heureux et qu'il enviait leur sort.

Bachelier en droit, Marc-Antoine, par son origine et ses croyances protestantes, se voyait à jamais écarté du barreau, des charges et des offices interdits aux protestants. Il y eut en lui des accès de découragement et de tristesse profonde ; son humeur en devint chagrine, inquiète et un peu farouche. Il ne fit plus qu'avec dégoût son métier de marchand. Pour chasser ces idées moroses, il alla au Jeu de Paume et au café voisin des Quatre-Billards où l'on jouait gros jeu. Ce serait pourtant une erreur de croire, que son père s'irritait de ces désordres : il a toujours soutenu, dans la procédure, que Marc-Antoine ne lui donnait jamais aucun sujet de mécontentement. Ce qui dominait en lui était l'amour des lettres, et on ne peut nier, la procédure l'atteste, qu'il ne fût surtout attiré vers les poètes et les prosateurs qui ont écrit sur le suicide ; il lisait le *Caton* de Plutarque, Sénèque, le monologue d'*Hamlet* que de niaises traductions propageaient alors en France, certains chapitres de Montaigne et quelques vers emphatiques du *Sidney* de Gresset sur les suicidés. Il lisait aussi, avec un enthousiasme qui lui arrachait des larmes, la tragédie de *Polyeucte* et récitait, le soir, les vers de Corneille à ses amis du quartier des Filatiers. On ne lui connaissait pas d'ennemis.

Garda-t-il en son cœur ses croyances protestantes ou,

selon l'expression des *Toulousaines*, ce mordant pamphlet du temps, se laissa-t-il entamer par les obsessions de la servante Jeanne Viguier et par l'exemple de son frère ? A l'aide de certaines démonstrations catholiques, n'espéra-t-il pas fléchir les autorités qui pouvaient lui donner un certificat de catholicité ? Nul n'a pu le savoir. A ces époques confuses et troublées, on pouvait entrer dans les églises, les couvents et les chapelles, assister aux sermons et se mêler aux processions catholiques, sans avoir l'intention d'abjurer la religion réformée. Pourtant, la rumeur se répandit en ville que Marc-Antoine se préparait à une prochaine abjuration. On l'avait aperçu, plus d'une fois, à la cathédrale, aux heures des bénédictions et des prédications, ou dans les rues, à genoux sur le passage du saint viatique porté aux malades. Il avait même supplié un de ses amis, François Bordes, de l'accompagner aux sermons des églises des Pénitents-Gris, de la Dalbade et de Saint-Étienne. Une femme, Marie Mendouze, entendit, un jour, la messe au couvent des Augustins à côté de lui, et Jacques Montesquieu, les vêpres, à la cathédrale. D'autres le virent prosterné devant le Saint-Sacrement à l'église du Taur et suivre, tête nue, la procession générale du 17 mai, anniversaire de la fête de la Délivrance, de 1562. Rose Durand le reconnut, un matin, auprès d'un confessionnal, dans l'église de la maison professe des jésuites. Par tout le quartier, ne disait-on pas que la Viguière avait vendu une robe pour acheter à Marc-Antoine des livres de piété ? Une protestante convertie, Catherine Daumière, ne déclarait-elle pas aussi, qu'en s'adressant à elle, Marc-Antoine se plaignait des souffrances endurées par lui chez son père, en ajoutant qu'il était entre les mains d'un bon confesseur, qu'il se confesserait le mardi 24 octobre et ferait sa communion le mercredi ? Il lui promit même de lui prêter des livres pieux, entre autres, *le Chrétien en solitude*, et un *Traité de prières*, tirées de saint François de Sales par madame de Chantal. C'était, a dit un témoin, le bruit de tout le voisinage.

Il est difficile de croire qu'il n'y ait eu des froissements entre le père et le fils et que ces rumeurs n'aient fait planer, sur cette maison des Calas, les présages d'une abjuration de Marc-Antoine. N'est-ce pas la mercière Marie Couderc qui s'écria, à la nouvelle de la mort de Marc-Antoine, qu'elle n'en pouvait être surprise, parce que quinze jours avant, étant allée acheter des indiennes dans la boutique de Calas, elle avait vu le père tenant au collet son fils aîné, dans un coin du magasin en lui disant : « Coquin ! il ne t'en coûtera que la vie ! » En l'apercevant, le père se calma : elle crut alors que le fils venait de voler quelque chose au père. D'autres témoignages ont révélé les sourdes explosions de cette maison qui n'allait pas tarder à être bouleversée.

On peut penser, sans s'égarer, qu'à ces orages intérieurs le caractère de Marc-Antoine devait s'attrister davantage et s'aigrir. Les passants le surprenaient rêveur et morne. Au travers de ces nuages, il se fit comme un rayon : l'avant-veille de sa mort, il annonçait en souriant au brodeur Bordes, son ami, que son père venait enfin de lui promettre un bel habit bleu. Il le redisait à un autre, le matin même de son dernier jour, en finissant par cette simplicité naïve : « Tu me féliciteras. » On eût dit que la joie et la paix allaient rentrer dans la maison.

Ce n'est pas s'attarder que de décrire cette maison des Calas. Une longue allée ou couloir conduisait de la rue à une grande cour ombragée d'un acacia. Sur la rue s'ouvrait la boutique séparée, par une cloison, du magasin ouvert sur la cour. De la boutique au magasin, on communiquait par une porte de deux mètres de hauteur et à deux battants, garnie en haut de barreaux de fer. Du couloir, on pouvait entrer dans la boutique par une porte intérieure, et par une autre porte dans le magasin. A la suite du magasin et dans une petite cour venait l'escalier. Au premier étage occupé par les Calas, une salle à manger donnait sur une galerie éclairée par la grande cour ; auprès de la salle à manger, la cuisine et une chambre où la famille se réunissait après les repas. C'était la chambre où couchaient dans le même lit, Pierre et Marc-Antoine. La chambre de la mère avait des fenêtres sur la rue.

Dans cette maison, le 13 octobre 1761, vers quatre heures du soir, le père Jean Calas, et ses deux fils Pierre et Marc-Antoine, debout dans leur boutique, vendaient de la mousseline et des indiennes à une demoiselle de Toulouse et à des femmes de la ville de Caraman, le père, disent les Mémoires de Sudre, indiquant tendrement à ses fils la place des mousselines. Ce jour-là, pendant que la mère était dans sa chambre et la servante dans sa cuisine, les deux filles, Rose et Nanette Calas, étaient allées, selon la coutume de tous les ans, en visite à Péchabois, maison de campagne de leur ami Teissier.

Au moment où les femmes de Caraman marchandaient les indiennes, un jeune homme de vingt ans passa dans la rue des Filatiers et, apercevant ces femmes, entra dans la boutique, afin de leur demander des nouvelles de son père. Ce jeune homme, François-Alexandre-Gaubert Lavaysse, de la religion réformée, fils d'un avocat de Toulouse, se destinait au pilotage et portait déjà l'épée. Avant de s'embarquer pour Saint-Domingue, il était venu de Bordeaux, dans la soirée de la veille pour faire ses adieux à sa famille; en arrivant, il apprit qu'elle était partie pour le domaine de Caraman et alla demander asile à ses amis les Cazeing, dans le quartier de la Daurade. Le matin du 13 octobre, la pluie l'empêchant de partir, il chercha, dans l'après-midi, un cheval de louage; mais à cette saison des vendanges, tous les chevaux étaient retenus.

A peine entré dans la boutique de Calas, il convint avec les femmes de Caraman de partir le lendemain avec elles, s'il parvenait à trouver un cheval. Pierre et Marc-Antoine Calas qui le connaissaient l'invitèrent à souper; il hésita un instant et n'accepta que sur les instances du père. Puis, il monta au premier étage pour voir madame Calas. En apprenant que Lavaysse soupait chez elle, madame Calas se hâta de donner des ordres à la servante et de descendre à la boutique, pour dire à Marc-Antoine d'acheter du fromage de Roquefort. Elle le trouva seul, rêveur et la tête baissée. Elle remonta dans sa chambre, pendant que Pierre et Lavaysse allaient chez les loueurs de chevaux. En passant, Lavaysse vit aussi Marc-Antoine, assis dans un fauteuil de la boutique, le visage caché dans les mains. Ils ne rentrèrent qu'à l'heure du souper, vers sept heures du soir, sans avoir trouvé un cheval à louer. En rentrant, Pierre ferma la porte de la rue.

Marc-Antoine, si triste au moment où sa mère lui avait parlé dans la boutique, reprenait, dans la rue, sa sérénité et même un peu de gaîté, au rapport du témoin Bertrand qui le rencontrait vers six heures. Une demi-heure après, il gagnait le café des Quatre-Billards, dans une petite rue voisine qui porte encore ce nom, et y jouait une ou deux parties. A sept heures, la Viguière vint l'avertir qu'on l'attendait ; il quitta le billard et se rendit au souper. La scène du souper a été ainsi racontée dans les interrogatoires :

A sept heures et demie, cinq personnes prirent place à table : Jean Calas et sa femme à côté l'un de l'autre, et Lavaysse entre Marc-Antoine et Pierre. Le souper dura une heure ; Marc-Antoine mangea peu et but plusieurs fois ; Lavaysse parlait de la ville de Bordeaux ; puis, on s'entretint des antiquités du Capitole de Toulouse et Pierre en ayant mal cité quelques-unes, Marc-Antoine releva ses erreurs et le remit dans la vérité.

Au dessert, et selon sa coutume, Marc-Antoine se leva et traversa la cuisine pour sortir. On crut qu'il allait au Jeu de Paume ou au café des Quatre-Billards. Dans une lettre de sa mère, on rencontre ce détail qui n'est pas dans les interrogatoires : « La servante lui « ayant dit : Avez-vous froid, monsieur l'aîné ? Chauffez-« vous. » Il répondit : « Bien au contraire, je brûle, » et il descendit, d'après la déclaration de Pierre, en prenant la clef du magasin, sans flambeau et au clair de lune. Les autres ne se levèrent de table que quelques minutes après, pour passer dans la chambre voisine. La mère travailla à une broderie, Pierre s'endormit sur un fauteuil ; le père causait avec Lavaysse. Vers neuf heures et demie, Lavaysse, voulant regagner la maison Cazeing, on réveilla Pierre et les adieux se firent, au milieu des éclats de rire.

Pierre alluma alors une chandelle pour éclairer Lavaysse. En descendant, ce dernier demanda à Pierre où était Marc-Antoine ; Pierre répondit qu'il devait être en ville. Ils arrivaient, alors, au bas de l'escalier et s'engageaient dans le couloir qui mène à la rue. En passant devant la porte conduisant de ce couloir à la boutique, Lavaysse la voyant ouverte dit à Pierre : « La « porte est ouverte. voyez qui il y a dedans. » Ils entrèrent et virent Marc-Antoine, tête nue, en manches de chemise, pendu entre les deux battants de la porte séparant la boutique du magasin. Aussitôt Pierre poussa ce cri : « Mon frère est mort ! » Il s'approcha du cadavre et lui prit la main : le corps se balança dans le vide. La chemise ne paraissait pas froissée, les cheveux n'étaient pas en désordre, le corps ne présentait aucune meurtrissure. Sur les battants entr'ouverts, reposait une bille en buis servant à serrer les ballots de marchandises, sorte de bâton gros et rond, aplati à un bout ; à la bille était attachée une corde à double nœud coulant. La tête de Marc-Antoine était à deux pans du cintre de la porte, la face tournée vers le couloir ; les pieds croisés l'un sur l'autre touchaient presque le sol. Pierre et Lavaysse rentrèrent dans le couloir en jetant des cris d'effroi : ce sont ces cris, dont le peuple disait qu'ils étaient poussés par Marc-Antoine, en se débattant contre les assassins. Jean Calas accourt ; sa femme, toute tremblante, paraît sur la galerie et hésite à descendre. Elle ne tarde pas à suivre son mari ; mais au bas de l'escalier, Lavaysse, afin de lui épargner ce douloureux spectacle, la supplie de remonter dans sa chambre. Au moment où le père arrivait au bas de l'escalier, Pierre lui dit : « Mon frère aîné est étranglé, sus-« pendu. » Le père s'écrie : « Au nom de Dieu, cours « chez Camoire, peut-être mon pauvre fils n'est pas tout « à fait mort. » Lavaysse ouvre aussitôt la porte de la rue et va chercher le chirurgien. La mère redescend aux cris de Pierre ; elle ne peut croire à la mort de Marc-Antoine, et verse sur lui des gouttes d'eau de la reine de Hongrie pour le ranimer.

Lavaysse cherchait en vain le chirurgien par la ville. Pendant qu'il amenait les Cazeing chez Calas, arriva le garçon chirurgien Gorsse, attiré par les clameurs de la rue des Filatiers. Le garçon chirurgien eut bientôt constaté la mort. Le cadavre était étendu à terre, dans la boutique, près de la porte du magasin, la tête sur des ballots de marchandises, le corps n'ayant que la chemise, les culottes et les souliers. L'habit gris et la veste de nankin étaient pliés et posés sur le comptoir. Jean Calas sanglotait, frappait ses mains l'une contre l'autre et se jetait sur le corps de son fils, en poussant des cris de désespoir qu'on entendait au dehors ; sa femme, penchée sur le cadavre, continuait à mouiller le front et les tempes avec l'eau de la reine de Hongrie et tentait de le rappeler à la vie. A minuit et demi, le médecin de l'Hôtel-Dieu, Jean-Pierre Latour et deux maîtres chirurgiens, Jean-Antoine Peyronet et Jean-Pierre Lamarque, trouvèrent le corps encore un peu chaud, sans blessures, n'ayant au cou qu'une marque livide que le garçon chirurgien Gorsse appelle, en son langage, un ruban noir, de l'étendue d'un demi-pouce en forme de cercle, divisée en deux branches et se perdant dans la nuque et les cheveux, la bave à la bouche et la face tuméfiée. Ils constatèrent que ce corps avait été pendu pendant la vie, ou par lui-même, ou par d'autres, avec une corde double divisée sur les parties latérales du cou.

Le praticien Clauzade, suivi de Lavaysse, avertit la police et amena, dans la rue des Filatiers, deux officiers de la Maison de Ville, l'assesseur Monier et le greffier Savonier ou, selon un chroniqueur, le greffier Dieulafoy. Déjà, un capitoul, ardent catholique, ambitieux, violent et le plus important des capitouls, David de Beaudrigue, s'était rendu dans la maison Calas, avec une escouade du guet, à onze heures du soir. On sait que les capitouls administraient, en premier ressort, la justice criminelle. Au bruit de ces rumeurs de la foule pressée dans la rue et qui grossissait d'heure en heure, une terrible accusation sortit de terre et plana sur le cadavre de Marc-Antoine. C'était alors la ferme croyance du peuple, réprouvée par la Réforme, que les doctrines de Calvin permettaient à un père protestant de tuer son fils, quand il voulait abjurer. Par ses soupçons et ses imprécations, le peuple traçait au capitoul la voie de l'information criminelle. David de Beaudrigue ne trouva auprès du cadavre que Pierre Calas, le père et la mère étant remontés au premier étage, abîmés de douleur. De là, il entendait le peuple crier à l'assassinat et accuser hautement les Calas d'avoir étranglé Marc-Antoine, parce qu'il voulait se convertir au catholicisme. En se souvenant de ces accusations formidables et soudaines, Voltaire écrivait plus tard à La Chalotais : « Les têtes toulousaines tiennent « de Dominique et de Torquemada. »

Dans l'âme du capitoul entra, tout d'un coup, une conviction frénétique ; il n'examine pas les lieux, il ne ne monte pas dans les chambres, il constate à peine l'état du cadavre, il ne s'aperçoit pas que ce corps sans vie n'offre ni trace de violences, ni désordre dans les vêtements ; il ne saisit ni la bille, ni la corde et ne retire des poches de Marc-Antoine que quelques chansons légères qu'il déchire. Pour lui, aussi bien que pour la foule ameutée devant la porte, c'est un crime commis par des huguenots, sur un huguenot prêt à abjurer son hérésie ; il arrête Jean Calas, sa femme, son fils Pierre, la servante Jeanne Viguier et Gaubert Lavaysse et, selon son expression, une espèce d'abbé rencontré dans une des chambres de la maison et qui n'était autre que Cazeing, l'ami de Lavaysse, fabricant de mignonnettes et ne ressemblant en rien à un abbé. Ils croyaient tous revenir bientôt du Capitole, et Pierre posait même une chandelle allumée dans le corridor, pour n'avoir pas, au retour, à marcher dans l'obscurité. David de Beaudrigue lui ordonna de l'éteindre en disant : « Vous n'y revien-« drez pas de sitôt. » Il prenait tout au hasard, en pensant que la justice reconnaîtrait les siens. Par ses ordres, on plaça le corps de Marc-Antoine sur un brancard, et derrière le cadavre, le capitoul s'achemina vers l'Hôtel de Ville, suivi des prisonniers gardés par le guet, en laissant la porte de la maison Calas ouverte à la foule. Le cadavre fut placé dans la chambre de la Géhenne.

Au Capitole, les premiers interrogatoires ont quelque

chose de rude et de rapide. Le procès-verbal est daté de la maison Calas, bien qu'il n'ait été dressé qu'à l'Hôtel-de-Ville. A cette époque, par une coutume qui remontait au quatorzième siècle, les accusés, de même que les témoins, juraient de dire la vérité et prêtaient serment sur le livre des Évangiles, à la page de la Passion. Tous les Calas, Lavaysse et la Viguière, enfermés dans des cachots séparés, affirmèrent que le corps de Marc-Antoine avait été trouvé inanimé sur le plancher de la boutique, auprès de la porte ouvrant sur le magasin, et Jean Calas ajoutait que, dans son trouble, il n'avait pas recherché la cause de la mort. L'aspect du cadavre et les constatations des médecins leur donnaient un éclatant démenti. Le mensonge ne pouvait longtemps se prolonger.

Dans son second interrogatoire, Jean Calas revient à la vérité et déclare avoir trouvé « Marc-Antoine pendu « à une corde, à la porte du magasin répondant à la bou- « tique, la corde attachée à une grosse bille appuyée « sur la porte, et avoir pris Marc-Antoine par le milieu « du corps, ce qui fit tomber la bille. » Il disait aussi que, l'ayant couché sur le plancher, il lui avait ouvert un œil « pour voir s'il l'avait bon. » Il prétendait d'abord ne pas se souvenir si Pierre ou Lavaysse avait détaché la corde ; il soutenait ensuite qu'il l'avait lui-même détachée et enlevée du cou. Quand le capitoul lui demanda s'il lui était arrivé, parfois, de tourmenter et de maltraiter son fils aîné pour cause de religion, il protesta de toutes ses forces contre un pareil reproche ; sa femme affirmait, de son côté, n'avoir jamais entendu parler du désir de Marc-Antoine d'abjurer le protestantisme, et Pierre attestait que cette pensée d'abjuration n'était jamais entrée dans l'esprit de son frère.

C'est Pierre qui expliqua, le premier, le mobile du mensonge des premiers interrogatoires. Son père, en couchant sur le plancher le corps de Marc-Antoine, lui avait recommandé « de ne point parler de quelle façon on ve-« nait de le trouver, afin de conserver la renommée et « l'honneur de la maison. » C'est qu'en ce temps-là, et en souvenir d'une loi romaine, on frappait le suicide des peines les plus sinistres : on faisait le procès au cadavre, on le traînait sur une claie, exposé à tous les outrages de la populace, on le pendait à une potence et on confisquait ses biens au profit du roi. Par leur mensonge du premier interrogatoire, les Calas espéraient éloigner d'eux ce calice et détourner de leur maison cette publique infamie. Voltaire, emporté et aveuglé par la passion, leur donne raison et dit: « Le mensonge, en ce cas, est une « piétié paternelle. Nul homme n'est obligé de s'accuser « soi-même, ni d'accuser son fils. On n'est point censé « faire un faux serment quand, après avoir prêté ser- « ment en justice, on n'avoue pas d'abord ce qu'on « avoue ensuite. Les Calas n'ont fait que ce qu'ils ont « dû faire. » Après Voltaire, Sudre, l'avocat des Calas, écrivait dans son mémoire: « N'étant ni prévenus, ni « accusés et n'imaginant pas qu'il fût question d'eux, ni « qu'il pût en être question, ils durent n'être occupés « que de l'honneur d'un fils, d'un frère et d'un ami et « ménager leurs discours relativement à cet objet. »

Ce sophisme de Voltaire et de Sudre ne prévaudra jamais contre les droits de la vérité. Sans ce premier mensonge, mêlé de contradictions et d'obscurités, ce procès aurait-il eu son effroyable dénouement? Aux yeux du capitoul David de Beaudrigue, cette rétractation ne fut qu'un acheminement vers l'aveu d'un crime auquel il croyait. Des lettres anonymes adressées à Pierre Calas et à Lavaysse, et saisies le lendemain de leur arrestation, auraient pu éclairer l'esprit du capitoul d'une vive clarté, s'il eût été moins endurci dans sa conviction. Ces lettres exhortaient les accusés à révéler le suicide, sans s'inquiéter du déshonneur qui en pourrait rejaillir sur eux.

Le capitoul entendit plus de quatre-vingts témoins, parmi lesquels le bourreau, qui soutenait que Marc-Antoine n'avait pu se pendre lui-même aux deux battants de la porte; il se transporta dans la maison Calas avec le procureur du roi, sans que la lumière se fît ; on eut enfin recours à un monitoire, sorte d'information extraordinaire empruntée au moyen âge, confirmée par Louis XIV et dont on a peine à se rendre compte à l'époque où nous vivons.

Le monitoire, qui émanait à la fois des pouvoirs spirituel et temporel, de l'official et du juge, s'adressait aux consciences, en faisant de la révélation un devoir sacré. On le lisait aux prônes, on l'affichait dans les rues, on y adjurait tous ceux qui, par ouï-dire ou autrement, connaissaient quelques faits, de les révéler soit aux curés, soit à la justice. Le juge laïque requérait du juge ecclésiastique une sommation aux fidèles de dévoiler, sous peine d'excommunication, tout ce qui semblait devoir se rattacher aux faits formulés dans le questionnaire. Dans une société religieuse comme celle de ce temps, ces sommations solennelles des monitoires impressionnaient et effrayaient les esprits. C'est le procureur du roi en la ville et sénéchaussée de Toulouse, Charles Lagane, ancien capitoul, qui rédigea ce monitoire; en l'absence de l'archevêque Richard Dillon, le vicaire-général, Tristan de Cambon en autorisa, le 17 octobre, la lecture aux prônes de toutes les paroisses, pendant trois dimanches. Il portait sur les intentions de Marc-Antoine d'abjurer la religion réformée et d'embrasser la religion catholique, sur les menaces et les mauvais traitements dont il aurait été victime dans sa maison, sur la complicité des accusés, sur un complot ourdi dans le quartier de la Daurade pour tuer Marc-Antoine, sur l'exécution du complot et sur les circonstances diverses du crime.

Ce monitoire, que les uns traitaient d'illégal comme émanant non de l'official, mais du grand-vicaire, et que d'autres trouvaient conforme aux règles du Concile de Trente, qualifiait de crime, sans hésitation, la mort de Marc-Antoine et, par ses affirmations impérieuses, tranchait le procès. Il n'imposait d'ailleurs la révélation qu'aux témoins à charge, il ne censurait pas le silence de ceux qui pouvaient déposer de faits favorables aux accusés et ne posait aucune question relative au suicide. Malgré les instances de l'avocat Sudre, on n'autorisa pas les Calas à produire des témoins à décharge. Sudre ne pouvait écrire que des mémoires. Plus tard, pendant la revision du procès, le chanoine Azimont n'hésitait pas à dire : « Au surplus, j'aurais « déposé le contenu de ma déclaration, si j'eusse été « requis, ou si le monitoire m'y eût autorisé. » Le monitoire réveillait les haines entre protestants et catholiques: un substitut du procureur général de la Chambre de l'Édit traitait ce monitoire de torture chrétienne. Les accusés en relevèrent appel comme d'abus, mais personne ne soutint leur cause et le Parlement rejeta l'appel.

Quand on a sous la main cette longue procédure, on est confondu de la passion qui agitait l'âme du capitoul David de Beaudrigue, et qui éclate dans les questions adressées aux accusés et aux témoins dont le nombre croissait chaque jour. A la fin d'octobre, ce nombre s'éleva à cent cinquante. Le capitoul recueillait toutes les rumeurs et toutes les accusations d'une ville où s'attisait encore le feu des guerres religieuses : sous l'empire de cette croyance que Marc-Antoine était une victime des haines protestantes de la famille Calas, il ordonnait, pendant les vacances du Parlement, l'inhumation « du martyr » en terre sainte, à l'église Saint-Jacques, et faisait célébrer ses funérailles, avec une pompe qui ajoutait à l'exaspération des catholiques toulousains. Un dimanche, quarante prêtres, ayant en tête le curé du Taur, Cazalès, oncle de Cazalès qui allait être député aux États-Généraux, firent, au Capitole, la levée du corps, préservé de la corruption à l'aide de la chaux vive et déposé à la chambre de la Géhenne ; les pénitents blancs, et parmi eux Louis Calas, suivirent le cortège, avec cierges et bannières, et chantèrent une messe solennelle dans leur église tendue de blanc, où se dressait un catafalque surmonté d'un squelette tenant une palme d'une main, et de l'autre une banderole avec cette inscription : « Abjuration de l'hérésie — « Marc-Antoine Calas. » Toutes les confréries de la ville entouraient le monument funèbre. Les protestations des Calas se perdirent dans les bruits de la lugubre fête.

Le monitoire n'amenant aucune révélation importante, on en fit, à la requête du procureur général, une seconde publication, mais, cette fois, le vicaire-général lançait l'excommunication contre ceux qui tardaient à parler. Cette seconde publication s'appelait la fulmination. Des légions de témoins, effrayés par cette menace, se présentèrent et versèrent, dans la procédure secrète, toutes les rumeurs de la rue et tous les soupçons vagues qui prenaient sur leurs lèvres l'accent de l'accusation. Un seul osa affirmer que Marc-Antoine était resté fidèle à la religion réformée. Le capitoul confrontait chaque témoin avec chaque accusé, isolément, et relisait la déposition des témoins. Les premières dépositions et les premiers interrogatoires forment l'instruction préparatoire ; les récolements et les confrontations constituent l'instruction définitive. Parfois, les accusés reprochaient des témoins, ainsi que la loi le leur permettait : la femme de Calas, redoutant les rancunes des fanatiques, les reprocha tous. Aucun d'eux n'appartenait à la religion protestante : les lois s'y opposaient. D'ailleurs, selon le mot d'Élie de Beaumont, tous les témoins furent interrogés, plutôt en vue de l'accusation, qu'entendus pour la libre manifestation de la vérité.

Durant ces interrogatoires, Jean Calas, accablé sous l'accusation qui pèse sur lui, la repousse avec plus d'indignation que d'habileté. La peur perce à travers les réponses de Pierre. La servante se défend avec une fermeté naïve : on ne pouvait contester sa ferveur catholique ; elle parlait, néanmoins, comme ses maîtres, et affirmait que nul d'entre eux n'avait porté une main criminelle sur Marc-Antoine. Lavaysse se perd souvent dans les détails et se trouble. Seule, la mère se défend pied à pied, évite les pièges, repousse avec énergie les accusations passionnées, se dégage des questions périlleuses et s'élève, parfois, à des hauteurs qui surprennent. « Interrogée si elle ne sait qu'un père est le juge « souverain de la religion de ses fils, elle répond que « c'est la conscience et les lumières qui doivent nous « faire décider, et non l'autorité d'un père. » Elle embarrasse le capitoul, elle interpelle les témoins, leur reproche sévèrement leurs mensonges, leurs paroles imprudentes et leurs ressentiments. Aux confrontations du père et du fils, le père éclate souvent en sanglots, se trouble et dit à son fils : « Aide-moi, ma mémoire est « dérangée. » La mère garde toujours l'intrépidité de son cœur et la lucidité de son esprit.

Le père de Lavaysse, ainsi qu'il l'a raconté lui-même, parvint à voir son fils dans la prison, et le supplia de faire des aveux : « Mon père, lui répondit le fils, vous voyez « l'horreur des cachots ; dussent-ils ne jamais s'ouvrir « pour moi, je ne trahirai pas la vérité. Je n'ai pas quitté, « un seul instant, la famille Calas : elle est innocente. Le « hasard m'a enveloppé dans son infortune ; je lui resterai « fidèle. »

Les amis des accusés cherchaient à les consoler et à les fortifier dans ces cruelles épreuves. Un mémoire rédigé, en secret, par le père de Lavaysse protesta contre l'accusation de meurtre. L'assesseur, lui-même, de David de Beaudrigue, Monyer, prenait couleur pour les Calas et résistait à ce déchaînement de passions. Accusé de s'entendre avec les prisonniers, il traduisit devant le Parlement son accusateur le plus acharné, un moine, le frère Joseph Fabre, qui fut condamné à lui faire des excuses publiques, mais Monyer ne voulut plus rester parmi les juges des Calas et se départit du rapport et du jugement du procès. Louis Calas et ses deux sœurs rédigèrent une requête en inscription de faux contre un acte illégal du capitoul ; le procureur téméraire qui signa la requête paya son audace de trois mois de suspension et d'excuses solennelles.

On crut, un moment, toucher à la preuve de l'abjuration de Marc-Antoine ; le procureur du roi lança, contre un abbé qu'on disait avoir été « le confesseur du martyr », un *brief intendit*, assemblage bizarre de questions arrêtées d'avance, auxquelles devaient s'appliquer des réponses ne devant jamais franchir le cercle tracé par les questions. Le *brief intendit* ne produisit pas de résultat.

Dans cet amas de clameurs populaires, vagues et incohérentes, d'assertions sans preuves et de propos sans portée ou mal établis, le capitoul David de Beaudrigue et la plupart des capitouls qui pouvaient être pris à partie, par les accusés, en cas d'absolution, n'hésitaient pas à trouver des charges suffisantes et la preuve même du crime. L'archiviste Amblard l'écrivait ainsi, le 28 octobre à l'intendant, M. de Saint-Priest :
« Le monitoire a produit, à ce que l'on prétend, des
« preuves complètes du meurtre du sieur Calas, avec des
« circonstances qui font horreur. Les capitouls doivent
« ordonner aujourd'hui la procédure extraordinaire. Les
« accusés sont gardés à vue et personne absolument ne
« peut leur parler, ni les voir. On tient, en même temps,
« dans les prisons du Palais un ministre avec plusieurs
« protestants qui se sont révoltés et qui ont fait sédition

« dans la généralité de Montauban. Ils sont tous gardés
« à vue, chargés de fers, et il y a quatre sentinelles, de
« cent pas en cent pas, de la porte de la prison au corps
« de garde de la place du Salin, qui, en cas de besoin,
« serait assemblé, par un coup de sifflet. Cette garde a
« été doublée, Ces deux événements, presque à la
« même époque, ne peuvent que nuire aux accusés res-
« pectifs. »

C'est qu'en effet, au moment de la fulmination du monitoire, la maréchaussée conduisait, à la Conciergerie, le ministre protestant François Rochette et les frères Grenier accusés d'avoir voulu soulever le peuple, du côté de Montauban et de Caussade. Quelques protestants arrêtés avec eux ne tardaient pas à les rejoindre en prison. Ces arrestations qui aggravaient l'accusation portée contre les Calas, sonnèrent un réveil de guerres religieuses ; on renforça le poste du Palais, on plaça des sentinelles aux portes de la ville. Il n'en fallait pas davantage pour surexciter la passion publique : on disait et on écrivait partout que les épouvantables doctrines des Calas permettaient aux parents d'immoler les enfants qui changeaient de religion. On revenait aux plus mauvais jours des persécutions du moyen âge.

Le président de Senaux tenait le ministre Phelippeaux, comte de Saint-Florentin, au courant des incidents de la procédure et des bruits de la ville. Le ministre répondait : « L'instruction ne saurait être trop rigoureuse, ni
« trop prompte. »

Le 18 novembre, le consistoire, composé de quatre capitouls et de trois assesseurs, se réunit au Capitole, pour entendre le rapport de l'assesseur Carbonnel qui concluait au procès contre le cadavre de Marc-Antoine et à la mise en liberté des accusés. De tous les juges, c'était celui qui pouvait le mieux entrevoir la vérité ; en sa qualité de rapporteur et en voyant de près les accusés et les témoins, il avait cru, à leur accent, reconnaître l'innocence et baser sa conviction. L'assesseur Labat opina pour que le père, la mère et leur fils Pierre fussent pendus et brûlés après leur mort ; que Lavaysse fût condamné aux galères perpétuelles et que la servante fut mise hors de cause. L'assesseur Ferlup était d'avis, avant dire droit, d'appliquer le père Calas et son fils Pierre à la question ordinaire et extraordinaire, et de surseoir au jugement des autres accusés jusqu'à l'appel. Le capitoul Boyer voulait appliquer le père, la mère et le fils à la question ordinaire et extraordinaire, en présence de Lavaysse et de la servante. Cette opinion fut appuyée par le capitoul Chirac, un des procureurs les plus savants du Parlement. David de Beaudrigue se rangea à l'opinion la plus rigoureuse, émise par l'assesseur Labat. Enfin, Roques, président du Consistoire, demanda la question ordinaire et extraordinaire pour tous les accusés. La délibération fut longue : elle se termina par une sentence ordonnant qu'avant dire droit, Jean Calas, Pierre Calas et la femme Calas seraient appliqués à la question ordinaire et extraordinaire, et que Lavaysse et Jeanne Viguier seraient seulement présentés à la question.

Appel *a minima* fut aussitôt interjeté par le procureur du roi ; de leur côté, les accusés appelèrent de cette sentence au Parlement : en attendant, on leur mit les fers aux pieds. David de Beaudrigue écrivait alors à Phelip-

peaux : « L'accusation d'un crime de cette espèce exi-
« geait un jugement plus rigoureux, tant par ce qui ré-
« sulte des preuves de cette procédure, que par l'intérêt
« public qui demandait un exemple. Mon avis n'a pas
« été suivi ; mais il me reste l'espérance que le Parle-
« ment, qui va les juger de suite, corrigera cette sen-
« tence et, par là, le public se trouvera satisfait et le
« crime ne restera pas impuni. »

Le 5 décembre, un arrêt infirmant la sentence des capitouls leur défendait d'ordonner, à l'avenir, que les accusés seraient seulement présentés à la question, sans y être appliqués. Amblard écrivait à M. de Saint-Priest :
« Il y eut, avant-hier, arrêt dans l'affaire Calas ; il passa,
« *in mitiorem*, de casser la sentence des capitouls par
« des moyens de forme et de prescrire que l'*inquisition*
« *criminelle* serait continuée. *Le plus amplement acquis* sup-
« pose qu'il n'y a pas de preuves, au lieu que l'*inquisition*
« *criminelle continuée* ne suppose pas l'insuffisance abso-
« lue de preuves pour condamner. Tout cela paraît un
« jeu de mots, mais c'est le style de ce Parlement. » Ce que ne dit pas Amblard, c'est que le conseiller de La Salle, qui avait hautement défendu la cause des Calas, en dehors de l'audience, et publié un mémoire à ce sujet, se récusa en disant que son opinion était trop connue et qu'il persistait à croire à l'innocence des accusés.

Le Parlement retint le procès et chargea le conseiller Pierre de Boissy de continuer l'information. Ce furent les mêmes incidents que devant David de Beaudrigue et les mêmes témoignages. Un seul fait nouveau et important s'en dégageait : le jour de sa mort, Marc-Antoine, après avoir échangé, pour son père, des pièces d'or contre des pièces d'argent, fit au jeu une perte considérable, et l'argent échangé n'avait pas été remis au père.

L'information finie, le procès alla devant la Tournelle, composée des deux présidents du Puget et de Senaux, et des onze conseillers, de Cassan-Clairac, rapporteur, qui s'enferma au couvent des chartreux pour rédiger son rapport, du doyen de Bojal, de Cassan-Gotte, d'Arbou, Goudougnan, de Lasbordes, de Cambon, Gauran, Desinnocents, de Boissy et Miramont. Le procureur général Riquet de Bonrepos siégeait au banc des gens du roi : on sait que l'avocat Sudre défendait les accusés. Le jour de la première audience, Calas, en traversant la cour du Palais, vit allumer un bûcher où le bourreau brûla, par arrêt du Parlement, des libelles calvinistes, sinistre présage, dit un chroniqueur, qui fit pâlir l'accusé.

Après dix audiences, la Tournelle délibéra : sept voix votèrent la mort, trois la torture préalable, deux une information nouvelle sur la possibilité du suicide; une seule vota l'acquittement. En chambre du conseil, la discussion fut vive pour amener une majorité, sept voix sur treize ne formant point la majorité légale. Un conseiller, que l'on a dit être le doyen de Bojal, se joignit à ceux qui opinaient pour la mort. Le 9 mars 1762, la Tournelle prononçait l'arrêt de mort contre Jean Calas et ajournait sa décision contre les autres accusés.

Le soir, en vertu de l'arrêt de la Tournelle, le bourreau amena dans le grand Consistoire du Capitole, devant les deux capitouls David de Beaudrigue et Léonard Daignan de Sendal, le condamné Jean Calas, tête et pieds nus, en chemise et la hart au col. On l'enferma dans le cachot appelé l'Infernal, sorte de tombeau enfoncé dans le mur, sans fenêtres, n'ayant qu'une étroite couche de paille et qu'une petite table sur laquelle étaient posés une cruche de terre et un morceau de pain. Ce cachot, ainsi que celui qui avait servi au duc de Montmorency, ont disparu sous la pioche des démolisseurs.

Le lendemain, on redoubla la garde autour du Capitole et du Palais de Justice ; Calas entendit, à genoux, la lecture des réquisitions faites par l'avocat du roi de Pijon et la lecture de l'arrêt par le greffier. Puis, le bourreau le conduisit à la chambre de la question du Capitole et le plaça sur le bouton de la question ordinaire. Là, David de Beaudrigue l'avertit qu'il n'avait que quelques heures à vivre, que des tourments à souffrir, et l'exhorta à dire la vérité. La main levée sur le livre des Évangiles et sur l'image de la Passion, Jean Calas jura de dire la vérité. Sur l'ordre du capitoul Daignan de Sendal, le bourreau et ses valets sortirent et David de Beaudrigue représenta à Calas qu'il ne pouvait, sans violer son serment, se dispenser de répondre « ingénû-
« ment, sans détour et sans équivoque, et qu'en dégui-
« sant le vrai, ses peines et ses tourments seraient re-
« doublés. » Et il reprit la longue série des questions déjà adressées à Calas dans les interrogatoires. Calas persista dans ses protestations contre l'accusation et déclara, une fois de plus, qu'il était innocent et qu'il n'avait pas de complices.

Le bourreau, ses gardes et ses valets rentrèrent. Après avoir prêté serment, sur l'évangile de la Passion, de bien remplir leur mission et de ne pas trahir le secret, ils appliquèrent le condamné au premier bouton de la question, les gardes serrant le tour, les valets tenant les cordes et le bourreau mettant ses pieds sur les boutons attachés aux fers des pieds de Calas. De ces boutons partaient des cordes enroulées à un tour à bras, et de ces cordes des anneaux qui saisissaient les poignets. Ainsi se trouvaient pris les quatre membres qui s'élevaient et s'étiraient, quand le bourreau faisait jouer le tour, tenait les cordes et se plaçait sur les boutons.

L'instrument de torture mis en mouvement et le supplice ayant commencé par le premier bouton, David de Beaudrigue demanda encore à Calas s'il était coupable. Sur les dénégations du supplicié, ordre fut donné au bourreau de le remonter au second bouton. Calas protestait toujours de son innocence. Le capitoul lui dit alors que les tourments qu'on lui réservait seraient plus atroces encore, qu'il allait être attaché au banc de la question extraordinaire, et qu'il en pourrait seul adoucir les douleurs par ses révélations. Calas répéta qu'il était innocent. David de Beaudrigue lui ayant demandé le nom de ses complices : « Où il n'y a pas de crime, répli« qua Calas, il n'y a pas de complices. »

On appela le père Bourges, docteur royal de l'Université, et le père Caldaignes, professeur en théologie de l'ordre des dominicains, pour l'exhorter à confesser son crime, et une demi-heure après, le bourreau l'attacha au banc de la question extraordinaire. Une fois de plus, David de Beaudrigue lui demanda s'il était coupable : Calas prit le ciel à témoin de son innocence. « De suite, dit le procès-verbal de torture, cinq

« cruchets d'eau ayant été versés par un tube dans la
« bouche, suivant la forme ordinaire, et après avoir fait
« découvrir le visage, interrogé s'il persiste dans ses ré-
« ponses, Calas répond qu'il y persiste. Et ayant fait
« verser cinq autres cruchets d'eau et ayant fait dé-
« couvrir le visage du dit Calas, interrogé s'il persiste
« dans ses réponses au dernier interrogatoire à lui fait,
« répond qu'il y persiste et qu'il est innocent, de même
« que les autres accusés. »

La torture achevée, le bourreau détacha du banc le condamné et le livra aux pères Bourges et Caldaignes, pour l'entendre en confession et l'encourager à bien mourir. La confession ne fut pas longue : le 10 mars, à trois heures, Calas monta sur la charrette et le bourreau le mena sur la place Saint-Étienne où il fit, sur le parvis, l'amende honorable à Dieu, au roi et à justice, prescrite par l'arrêt. De là, remonté sur la charrette, il fut conduit à la place Saint-Georges, des milliers de têtes aux fenêtres, dans les rues et sur les toits. Les maisons protestantes restèrent closes : on ne vit dans les rues aucun protestant. Seul, le docteur Sol sortit et visita ses malades, selon sa coutume de tous les jours.

Une tradition populaire, reprise par M. Plougoulm dans un de ses discours de rentrée à la Cour de Rennes, a raconté qu'en allant de la place Saint-Étienne à la place Saint-Georges, la charrette passa dans la rue des Filatiers, et que Calas s'agenouilla devant sa maison et la bénit, en souvenir des années heureuses passées à ce foyer. « Simple et déchirante action, disait M. Plou-
« goulm, qui renfermait à elle seule une si grande lu-
« mière d'innocence, qu'elle émut profondément la mul-

« titude. » Ce n'est là qu'une légende embellie par l'imagination, mais démentie par le procès-verbal d'exécution qui constate, expressément, que Calas suivit le parcours accoutumé. Son agonie ne fut pas ainsi prolongée : il ne suivit d'autre rue que la rue Bourbonne, le trajet ordinaire le plus direct et le plus court.

En descendant de la charrette, Calas s'assit au pied de l'échafaud, sur un barreau de l'échelle. Là, David de Beaudrigue lui donna lecture des interrogatoires subis pendant la question, et lui demanda encore s'il persistait à soutenir son innocence. Sur la réponse de Calas qu'il était innocent, le bourreau le fit monter sur l'échafaud, le coucha sur la croix de Saint-André, lui rompit les membres par onze coups de barre de fer et l'exposa sur la roue dressée à côté de l'échafaud, la face tournée vers le ciel. Au premier coup, Calas poussa un cri déchirant ; les autres ne lui arrachèrent que de sourdes plaintes ; il ne disait qu'une chose, au confesseur et au peuple, c'est qu'il était innocent.

Une lettre d'Amblard à Saint-Priest entre dans plus de détails : « Calas a souffert son supplice avec une fer« meté inconcevable. Il ne jeta qu'un seul cri, à chaque « coup que l'exécuteur lui donna sur l'échafaud. Pen« dant deux heures qu'il resta sur la roue, il s'entretint « avec le confesseur de choses étrangères à la religion, « après avoir déclaré que tout ce qu'il pourrait lui dire « à ce sujet était inutile ; qu'il voulait mourir protes« tant. Une des jambes qu'on lui avait cassée n'ayant pas « été repliée par la roue, il pria le confesseur d'avertir « l'exécuteur de remonter sur l'échafaud, parce qu'il « sentait des tiraillements qui lui causaient de vives

« douleurs, et le confesseur, qui était le professeur
« de théologie des jacobins, lui procura ce soulage-
« ment. »

Au père Bourges, qui lui demandait la vérité, Calas répondait : « J'ai dit la vérité. Croyez-vous donc, mon père,
« vous aussi, qu'on peut tuer son propre fils ? Je meurs
« innocent. Jésus-Christ, l'innocence même, voulut bien
« mourir par un plus cruel supplice. Dieu punit sur moi
« le péché de ce malheureux qui s'est défait lui-même ;
« il le punit sur son frère et sur ma femme. Il est juste
« et j'adore ses châtiments ; mais ce jeune étranger, ce
« fils de M. Lavaysse, comment la Providence l'a-t-elle
« enveloppé dans nos malheurs ! »

L'arrêt portait que le condamné vivrait là, « en peine
« et repentance, tout autant qu'il plairait à Dieu de lui
« laisser la vie. » Mais, par un article secret, *retentum*, ajouté de la main du président du Pujet et signé de lui, il était dit qu'après deux heures sur la croix de Saint-André, le condamné serait « étranglé jusqu'à ce que
« mort naturelle s'en suive. » Les deux heures expirées, David de Beaudrigue s'approcha de la roue et demanda, une dernière fois, à Calas s'il était coupable. Le supplicié garda le silence et détourna la tête. Le bourreau remonta sur l'échafaud, étrangla Jean Calas et jeta son corps au bûcher. Quand le feu eut consumé le corps, le bourreau jeta les cendres au vent.

En descendant de l'échafaud, un des deux confesseurs de Calas s'écria : « Il est mort en juste » ! Et l'intendant Saint-Priest, plus incrédule, écrivait à Amblard : « Rece-
« vez bien les remercîments de mon père et les miens
« sur les détails que vous nous avez faits du jugement

« rendu dans l'affaire Calas. La fermeté dans les souf-
« frances devrait être le partage des gens qui n'ont rien
« à se reprocher. »

Les bruits de ce supplice arrivèrent au fond de la prison où les autres accusés attendaient leur sort. Ils purent croire, un moment, que leur dernière heure approchait. Épouvantés par les tortures de la question et le supplice de la roue, Pierre Calas et Lavaysse abjurèrent la religion réformée. Dès que Pierre Calas eut abjuré, un moine dominicain le conduisit devant sa mère qui ne lui adressa aucun reproche, et se borna à détourner silencieusement la tête. Le procureur général Riquet de Bonrepos n'en prenait pas moins des réquisitions devant le Parlement pour faire pendre Pierre Calas, sa mère et Lavaysse, et enfermer la servante, durant sa vie, au quartier de force de l'hôpital.

A la Tournelle, on discuta longuement sur le sort des accusés. Pierre Calas échappa aux galères et fut banni ; sa mère, Lavaysse et Jeanne Viguier furent mis hors de Cour et sortirent de prison, au milieu d'une foule émue qui les aurait massacrés quelques jours avant, et qui versait alors des larmes de pitié. Cet arrêt est du 18 mars : à neuf jours de distance, la Tournelle, ébranlée par la mort de Calas et sa fermeté inébranlable dans le supplice, entrait brusquement dans une voie de clémence. Pourtant, trois membres de la Tournelle, froissés par cet arrêt qui leur semblait un injurieux renversement du premier, refusèrent de le signer. Ce furent le président du Pujet, le rapporteur de Cassan-Clairac et le conseiller de Lasbordes. David de Beaudrigue écrivait à Saint-Florentin : « Cet arrêt n'a pas laissé que de sur-

« prendre tout le monde qui s'attendait à quelque chose
« de plus rigoureux. »

Le lendemain, on vit Pierre Calas, devenu presque aveugle en prison, conduit par le bourreau hors de la porte Saint-Michel ; mais là s'arrêta le bannissement. Par une autre porte, il fut ramené au couvent des jacobins d'où il s'évada, au mois de juillet. Arrivé à Genève, auprès de son frère Donat, il s'empressa de rétracter son abjuration. Déjà, leur mère et la servante, sans asile et sans fortune, avaient abandonné Toulouse : la maison Calas confisquée fut dévorée en frais de procès. Un arrêt du Parlement ne tarda pas à enlever les deux filles à la mère et à les faire enfermer dans un couvent.

Il y eut alors une nuée de mémoires, en tous sens, sur ce procès. Sudre, l'avocat de Calas, dont le premier mémoire avait été publié trois mois après la mort de Marc-Antoine et dès que l'affaire fut évoquée au Parlement, rouvrit le feu par une nouvelle et vigoureuse défense suivie des *Observations* signées du procureur Duroux, mais que traçait la main énergique et pure du conseiller de La Salle. En quelques jours, Sudre, revenu à la charge, publia trois mémoires, dominant tous les autres de leur pénétration, de leur dialectique et de leur science, sans déclamation et sans pompe. Voltaire ne paraît pas les avoir connus ; il ne les a vus du moins que plus tard. On doit penser que cette lettre au pasteur Moultou, du mois de janvier 1763, a trait à un des mémoires de Sudre : « Voici un mémoire qu'on m'envoie. Il a été
« fait à Toulouse, il y a très longtemps. Je suis bien
« fâché que les avocats de Paris ne l'aient pas eu.
« Votre indignation et votre pitié redoubleront, s'il se

« peut, à la lecture de ce mémoire. On est tenté de se
« faire débaptiser, quand on lit la Saint-Barthélemy,
« les Massacres d'Irlande et l'Histoire des Calas ».
Seuls, les mémoires de Voltaire sont supérieurs à ceux
de Sudre. Ceux d'Elie de Beaumont, qui faisaient pleurer toute la société de Ferney, étaient empreints d'une emphase monotone et parsemée de citations empruntées aux souvenirs de la Grèce et de Rome.

En même temps parurent des mémoires pour Lavaysse, bientôt suivis de *la Calomnie confondue*, attribuée à La Baumelle et à un pasteur du désert, Paul Rabaut, père de Rabaut-Saint-Étienne, véhémente protestation contre la condamnation de Calas qui fut, par arrêt du Parlement, lacérée et brûlée de la main du bourreau. Le mémoire pour Lavaysse émanait de son père, avocat au Parlement. L'émotion y est forcée et, en étalant ses douleurs paternelles, le vieil avocat, loin de rencontrer l'éloquence, ne faisait qu'imiter les scènes des drames bourgeois, à la manière de Diderot : « Qu'entends-
« je, s'écriait-il, on juge mon fils, je n'ai pas la force de
« continuer... Je succombe... Lavaysse, mon second fils,
« arme-toi de courage, achève la défense de ton frère
« innocent ! » Et aussitôt, le second fils prenait la parole :
« J'obéis à mon père. Avec aussi peu d'expérience, le
« disciple remplira-t-il le plan formé par le maître. Que
« je te plains, mon cher frère, d'avoir ta défense en des
« mains si faibles ! Le zèle suppléera-t-il au talent ? »

Ces livres et ces brochures prenaient tous les titres et toutes les formes : l'*Histoire de la famille Calas*, par Thomas Simon, la *Lettre d'un philosophe protestant*, par Fréron, en attendant les récits déclamatoires ou romanesques, les tragédies et les poèmes qui allaient éclore en France, en Angleterre, en Allemagne, en Hollande et en Irlande; enfin, le drame de Lemierre d'Argy, la tragédie de Laya, le drame de Villemain d'Abancourt, la tragédie de Chénier, le drame de Victor Ducange, le roman de Clémence Robert. La liste serait longue, si tous devaient être cités ; je n'ai parlé que des plus fameux.

J'ai nommé Diderot et je veux citer, de lui, ce passage d'une lettre à mademoiselle Voland : « Choisissez, aurais-
« je dit aux juges : si Calas est fanatique, il a pu tuer son
« fils, mais c'est par le zèle le plus violent qu'un furieux
« puisse avoir pour sa religion. Il a donc rougi, en mou-
« rant, d'une action qu'il a dû regarder comme glo-
« rieuse, comme ordonnée par son Dieu, il en a donc
« perdu le mérite en la désavouant lâchement ; sa bou-
« che prononçait donc l'imposture en mourant ; accusé
« d'une action qu'il avait commise et dont il aurait dû
« se glorifier, il la regardait donc comme un crime ; il
« apostasiait donc lui-même, et puni dans ce monde, il
« appelait encore sur lui le châtiment du grand juge
« dans l'autre ! »

Le plus violent et le plus puissant avocat des Calas fut Voltaire. Pendant le procès, il est sans parti pris et croit le crime avéré. Il écrit au nouveau conseiller Le Bault, sur ce ton moqueur : « Vous avez entendu parler
« peut-être d'un bon huguenot, que le Parlement de Tou-
« louse a fait rouer pour avoir étranglé son fils ; cepen-
« dant ce saint réformé croyait avoir fait une bonne ac-
« tion, attendu que son fils voulait se faire catholique et
« que c'était prévenir une apostasie ; il avait immolé son
« fils à Dieu et pensait être fort supérieur à Abraham, car

« Abraham n'avait fait qu'obéir ; mais notre calviniste
« avait pendu son fils de son propre mouvement et pour
« l'acquit de sa conscience. Nous ne valons pas grand'-
« chose, mais les huguenots sont pires que nous et, de
« plus, ils déclament contre la comédie. »

En même temps il écrivait à d'Alembert : « Pour
« l'amour de Dieu, rendez aussi exécrable que vous le
« pourrez le fanatisme qui a fait pendre un fils par son
« père ou qui fait rouer un innocent par huit conseillers
« du roi. » Au cardinal de Bernis, il écrit aussi : « Oserai-je
« supplier Votre Éminence de vouloir bien me dire ce que
« je dois penser de l'aventure affreuse de ce Calas, roué
« à Toulouse, pour avoir pendu son fils? C'est qu'on pré-
« tend ici qu'il est très innocent et qu'il en a pris Dieu à
« témoin. Cette aventure me tient à cœur, elle m'attriste
« dans mes plaisirs, elle les corrompt. Il faut regarder le
« Parlement de Toulouse ou les protestants avec des
« yeux d'horreur. »

Voltaire ne sait encore de quel côté se tourner ; il hésite entre ce qu'il appelle le fanatisme des calvinistes et
le fanatisme des parlementaires. Une semaine s'écoule ;
un marchand de Marseille, se rendant de Toulouse à Genève, lui raconte le procès et le supplice. A partir de ce
moment, il n'a plus qu'une pensée, c'est de dévoiler ce
mystère, et il entrera dans cette voie d'humanité et de
justice avec son ardeur fiévreuse, son éloquence passionnée et cette émotion qu'on n'aurait pas soupçonnée chez
cet esprit railleur et léger, sceptique et sentimental, dont
Candide semblait être l'expression et l'image. Il prit, à
la volée, avec sa vivacité entraînante, cette occasion de
s'attaquer, du même coup, à la religion et à la justice.

Dans le cri de douleur à la fois et de haine que lui arrache le supplice de Calas, perce le ressentiment de son âme contre les traditions parlementaires qui répudiaient et proscrivaient ses idées. Cette fois, il allait se trouver d'accord avec les sentiments généreux de la nation qui se méprit sur la vraie source de ses attendrissements. En embrassant avec tant de chaleur la cause de ces accusés, Voltaire voulait moins venger leur honneur qu'assouvir de vieilles rancunes. Il n'eut jamais la procédure sous les yeux, mais tout lui était bon pour guerroyer au nom de la philosophie. Cent vingt années ont passé sur les écrits de Voltaire, et ces pages semblent brûler encore.

On le retrouve là tout entier, avec ses qualités et ses vices, sa verve, ses contradictions mobiles, les élans de sa passion, ses volontés obstinées et les éclats de ses colères, son amour de l'humanité et de la tolérance et ses petitesses d'amour-propre, son merveilleux bon sens et l'impuissance de sa raison dans le domaine de la pensée religieuse. Ce brillant agitateur dont la voix a des bruits de clairon, sonne la fanfare du parti de la révolte et de l'esprit nouveau, se rit de tout et se joue, à la surface des choses, avec cet art redoutable où il excelle. Par une lettre à Damilaville, en entrant en campagne, il attire à lui tous les athées : « Mes chers « frères, il est avéré que les juges toulousains ont roué « le plus innocent des hommes. Presque tout le Langue- « doc en gémit avec horreur. Les nations étrangères qui « nous haïssent et qui nous battent sont saisies d'indi- « gnation. Jamais, depuis le jour de la Saint-Barthé- « lemy, rien n'a tant déshonoré la nature humaine. » Et il finit par cet appel aux armes : « Criez et qu'on crie ! »

La guerre est bien déclarée et Voltaire réclame, à grands cris, la cassation de l'arrêt de Toulouse. S'il a été, vers la fin, convaincu de l'innocence de Calas, sa conviction, on l'a vu, ne paraissait pas aussi ferme à la première heure ; mais, vérité ou calomnie, il s'en empare pourvu que ce soit une arme pour combattre. Il prétendait alors que les lettres qu'il recevait se contredisaient et formaient un chaos impossible à débrouiller. Pour amener la lumière, il écrit de tous côtés et soulève partout les consciences. Il veut envoyer son ami Ribotte à Toulouse, pour « s'éclairer de cette horrible aventure » : il se plaint amèrement de la « lâcheté de ceux qui « gardent le silence et pourraient faire la clarté. » Il se compare au samaritain de l'Évangile qui versait l'huile et le vin sur les plaies de l'israélite blessé sur la route ; mais, en lui, ce n'est pas tant le cœur que l'esprit qui s'enflamme. Il écrit au maréchal de Richelieu et au cardinal de Bernis et fait solliciter le duc de Choiseul par ses amis de Versailles, et les philosophes par Damilaville. Voltaire parle toutes les langues et prend tous les tons, selon les hommes et les pays. Il écrit au médecin Tronchin : « Nous avons une viande plus crue pour les « étrangers : ce mémoire est pour la France et au bain-« marie. » Il appelait le maréchal de Richelieu « mon « héros », et servait, chaque jour, à la France le vin du Cap et l'eau des Barbades.

A Paris, on s'exaltait moins qu'à Genève, et les Parisiens, toujours frivoles, oubliaient l'affaire Calas. Un moment, le découragement le prit, en recevant une lettre du maréchal de Richelieu, qui lui annonçait que l'arrêt de

Toulouse semblait bien rendu et l'engageait à ne plus se mêler de ce procès. Il savait aussi que le président de Brosses pensait comme le maréchal de Richelieu. Mais il ne se laisse pas abattre et il excite ainsi les autres à la guerre : « On est toujours indigné ici de l'absurde « et abominable jugement de Toulouse. On ne s'en sou- « cie guère à Paris, où l'on ne songe qu'à son plaisir « et où la Saint-Barthélemy ferait à peine sensation. » Et vers le même temps, il écrivait à d'Argental : « Mes « anges, mes anges, rit-on encore à Paris ? Pour moi, je « pleure. Nos Parisiens ne voient que des Parisiennes, et « moi je vois des étrangers, des gens de tous les pays, et « je vous réponds que toutes les nations nous insultent « et nous méprisent. »

Il mande à Ferney et aux Délices tous les Calas réfugiés en Suisse, il les interroge, tantôt en accusés, tantôt en témoins, afin de mieux découvrir la vérité ; il presse la veuve Calas et Lavaysse de partir pour Paris, afin de faire du bruit autour d'eux ; il écrit à l'avocat Vegobre et à des ministres protestants ; il reproche son apathie à la veuve Calas, en disant : « Il me semble que si on « avait roué mon père, je crierais un peu plus fort. » Il publie les *Pièces originales* contenant une lettre de Donat Calas, une autre lettre de sa mère, il répand en Europe une *Déclaration* de Pierre Calas. Cédant aux instigations des pasteurs génevois et surtout de Moultou, l'ami de Rousseau, qui entretiennent habilement cette indignation, il ourdit intrigue sur intrigue, sollicitant une audience du roi pour la veuve Calas, mendiant pour elle un secours de la duchesse de Saxe-Gotha, provoquant la compassion de madame de Pompadour, du duc de Choiseul, du duc de Praslin, de la duchesse de la Roche-Guyon, du duc d'Harcourt et adressant lettre sur lettre à Lamoignon, au comte d'Argental, à la duchesse d'Enville, au duc de Villars, au marquis d'Argence de Dirac et à Élie de Beaumont. Il emploie tous les détours et toutes les ruses, insulte le capitoul David de Beaudrigue et presse Donat Calas, Jeanne Viguier, l'avocat Mariette et Loyseau de Mauléon de publier des déclarations et des mémoires. Il ne tarit pas d'éloges sur le mémoire de Loyseau de Mauléon, dont la pompeuse sentimentalité remplaçait l'éloquence. De leur côté, d'Alembert et les encyclopédistes prônent les lettres de Pierre Calas et de sa mère. Entraînés par le courant, beaucoup d'avocats, et de ce nombre Legouvé et Gerbier, adhèrent aux conclusions du mémoire d'Élie de Beaumont.

Seul, le père de Lavaysse résiste aux instances de Voltaire ; il refuse d'aller à Paris, il a peur, en sortant de sa réserve, de perdre sa profession d'avocat et de s'exposer aux persécutions. Voltaire lui oppose l'honneur de son fils, et le prenant lui-même à partie, il lui écrit : « Un avocat savant et estimé est certainement au-dessus de ceux qui ont acheté, pour un peu d'argent, le droit d'être injustes ; un tel avocat serait un excellent conseiller ; mais où est le conseiller qui serait un bon avocat ? M. Lavaysse peut être sûr que s'il perd quelque chose à son déplacement, il le retrouvera au décuple... M. Lavaysse, en élevant la voix, n'a rien à craindre, il fera rougir le Parlement de Toulouse, en quittant cette ville pour Paris, et s'il veut aller ailleurs, il sera partout respecté. »

Voltaire ne se lassait pas d'écrire. Il publiait l'histoire d'Élisabeth Canning et l'histoire de Jean Calas : il travaillait à son *Traité sur la Tolérance*, mais sous sa plume ou sur ses lèvres, ces mots de tolérance et d'humanité ne sont qu'un cri de guerre et de représailles contre les Parlements. Dans une lettre au pasteur Moultou, il disait : « Venez, mon cher monsieur, m'éclairer
« et m'échauffer, ou plutôt me modérer, car je vous
« avoue que l'horreur de l'arrêt de Toulouse m'a un peu
« allumé le sang, et il faut être doux en prêchant la to-
« lérance. Pourriez-vous venir coucher, mercredi, au-
« près d'une église qui est dédiée à Dieu seul, en grosses
« lettres, et dans un petit château où l'on sent tout votre
« mérite ? Si votre frère l'anti-athanasien veut être de
« la partie, nous ne dirons pas grand bien des évêques
« d'Alexandrie et encore moins des juges de Toulouse. »
Quelques jours après, il ajoutait en riant : « Je pense
« que l'aventure des Calas peut servir à relâcher beau-
« coup les chaînes de vos frères, qui prient Dieu en fort
« mauvais vers. »

Une autre fois, il écrivait encore à Moultou : « Ne
« pourriez-vous point venir causer des Calas avec moi ?
« Votre jeunesse est faite pour éclairer tous les âges...
« Je persiste à croire que M. Bruce gronde un peu trop
« notre pauvre madame Calas. Il ne changera pas le ca-
« ractère de cette femme et il ne lui donnera point d'es-
« prit... Je vous assure que si on réforme, comme je le
« crois, l'abominable arrêt des assassins visigoths en
« robe noire, ce sera pour nous une consolation bien
« touchante... C'est un bien beau jour, malgré la bise et
« la neige, que celui où nous apprendrons l'arrêt du

« Conseil. Le règne de l'humanité s'annonce, Ce qui
« augmente ma joie et mes espérances, c'est l'atten-
« drissement universel dans la galerie de Versailles.
« Voilà bien une occasion où la voix du peuple est la
« voix de Dieu. »

Enfin, il écrit aux d'Argental : « Mes divins anges,
« je me jette réellement à vos pieds et à ceux de
« M. le comte de Choiseul. La veuve Calas est à Paris
« dans le dessein de demander justice : l'oserait-elle si
« son mari eût été coupable ?.. Si, malgré toutes les
« preuves que j'ai, malgré les serments qu'on m'a faits,
« cette femme avait quelque chose à se reprocher, qu'on
« la punisse ; mais si c'est, comme je le crois, la plus
« vertueuse et la plus malheureuse femme du monde,
« au nom du genre humain, protégez-la... Y a-t-il une
« plus exécrable tyrannie que celle de verser le sang à
« son gré, sans en rendre la moindre raison. Ce n'est pas
« l'usage, disent les juges. Eh ! monstres, il faut que
« cela devienne l'usage : vous devez compte aux hommes
« du sang des hommes. »

Quand il a enveloppé la France et l'Europe de toutes
les séductions de son esprit, il pousse droit au Parlement de Toulouse, l'outrage et le raille. Le 3 mai 1763,
il écrit à Damilaville: « J'ai appris une des raisons
« du jugement de Toulouse qui va bien étonner votre
« raison : Ces visigoths ont pour maxime que quatre
« quarts de preuve et huit huitièmes font deux preuves
« complètes, et ils donnent à des ouï-dire les noms de
« quart de preuve et de huitième. Les têtes des Hurons
« et des Topinambous sont mieux faites. »

Au même mois de mai, il disait à d'Argental: « Le

« Parlement de Toulouse avait fait rouer le père par
« prévision, espérant que ce bonhomme, âgé de soixante-
« neuf ans, avouerait le tout sur la roue. Le bonhomme,
« au lieu d'avouer, a pris Dieu à témoin de son inno-
« cence. » Il vieillissait Calas de quelques années, pour
exciter davantage la compassion ou la colère. Enfin, il
publiait son *Traité sur la Tolérance*, plein de déclamations qui éblouirent l'Europe. Les beaux esprits couronnés, impératrice de Russie, rois de Prusse, de Polo-
gne et de Danemark, tous ces despotes se vantant de
philosophie et de mansuétude, envoyaient au patriarche
de Ferney de chaudes félicitations, et à la famille Calas
des témoignages de sympathie.

A mesure que le jour de l'arrêt du Conseil approche,
il s'échauffe et écrit à d'Argental : « Il faut que M. de
« Beaumont fasse brailler en notre faveur tout l'ordre
« des avocats et que, de bouche en bouche, on fasse tin-
« ter les oreilles du chancelier ; qu'on ne lui laisse ni
« repos, ni trêve, qu'on lui crie sans cesse : Calas ! »

Parfois, des animosités et des rivalités d'avocats jetaient l'alarme à Ferney, et au travers de cette furie de
Voltaire, on entend ce cri sortir de son âme : « Est-il
« vrai qu'Élie de Beaumont soit très courroucé de voir
« Loyseau de Mauléon dans sa moisson ? Dans une
« affaire telle que celle des Calas, il est bon que plusieurs
« voix s'élèvent : il s'agit de venger l'humanité et non de
« disputer un peu de renommée. »

Les pamphlétaires venaient en aide à Voltaire. Sous
le titre de *Sermon prêché à Toulouse devant messieurs du
Parlement et du Capitoulat*, parut un pamphlet rempli de
diatribes vulgaires et de grossières railleries. Les *Lettres*

toulousaines, de Court de Gebelin, eurent plus de verve et et de vigueur ; mais elles se traînèrent dans des redites obscures et des récriminations dont la vogue ne dépassa pas une saison.

Un nouvel allié, auquel Voltaire ne s'attendait guère, vint jeter dans ce débat sa raison, son dévouement et son courage. Tout le couvent des visitandines de Toulouse suppliait le ciel pour la cause des Calas. Ce qui se disait alors à la Visitation de Toulouse n'est pas indigne d'être écouté. On ne sait rien du couvent où Rose Calas fut enfermée, si ce n'est, au rapport de Grimm, qu'elle y éprouva beaucoup de duretés. Anne ou Nanette eut pour asile la maison des visitandines de Toulouse, où elle trouva, à l'ombre du cloître, une paix recueillie et les plus pures effusions de l'âme. On confia le soin de sa conversion à une vieille religieuse, la sœur Anne-Julie Fraisse, d'un cœur doux comme un cœur de mère et d'une fermeté et d'une élévation d'esprit qui font songer à la mère Agnès, de Port-Royal-des-Champs.

Ni les ardentes prières adressées à Dieu par la sœur Anne-Julie, ni ses excitations, ni ses tendresses ne purent ébranler la foi de Nanette Calas. Loin de les diviser et de les animer l'une contre l'autre, cette résistance de Nanette à abjurer la religion de sa famille ne fit que rendre la fille de Calas plus chère à la vieille sœur et aux religieuses visitandines touchées de tant de piété, de grâce et de vertu. Entre la sœur Julie et Nanette, il y eut de longs et douloureux entretiens sur le drame de la rue des Filatiers ; la religieuse pleura avec la fille du supplicié et lut, au fond de sa cellule, les mémoires des avocats de Calas. Proche parente d'un président au grand Conseil, Castanier d'Auriac, gendre du chancelier de Lamoignon, elle le sollicite et lui écrit des lettres qui se mêlaient, sur la table du président, à celles de Voltaire.

Après sept mois de séjour aux visitandines, Nanette, poussée par Voltaire, partit pour Paris avec une nouvelle lettre de la sœur Julie pour le président d'Auriac. Voltaire saluait ainsi cette lettre, en écrivant à Élie de Beaumont : « Vous avez vu, sans doute, la lettre de la « religieuse de Toulouse ; elle me paraît importante et « je vois, avec plaisir, que les sœurs de la Visitation « n'ont pas le cœur si dur que ces messieurs. J'espère « que le Conseil pensera comme les dames de la Visita_ « tion. » A Damilaville, il disait : « Je crois cette lettre « bien essentielle à notre affaire. Il me semble que la « simplicité, la vertueuse indulgence de cette nonne de « la Visitation condamne terriblement le fanatisme des « assassins en robe de Toulouse. »

Au couvent de la Visitation, pendant que Nanette est à Paris, la sœur Anne-Julie est en éveil ; elle suit, de loin, les phases du procès en réhabilitation, et ses lettres apportent à Nanette les bruits de la ville, les vœux du couvent et de consolantes espérances. Ce sont des modèles de haute et touchante tolérance religieuse, charmantes de sentiment, d'un style naturel, aux inversions brèves et hardies qui n'ont pas toujours le souci du génie de la langue, mais qui expriment énergiquement les idées. Avec une admirable réserve que lui commandent la discrétion et la charité, la visitandine touche souvent à ce point délicat de l'abjuration de Nanette qu'elle poursuit en silence. Ses lettres, toujours aimables et vives, de cet abandon et de cette gaieté heureuse qui vont si bien à la vieillesse, ont parfois les accents d'une émotion qui révèle la chaleur de l'âme :

« Ainsi, chère Nanette, ne croyez point que je vous ai
« oubliée. Vous m'êtes toujours présente, mon cœur
« vous rappelle toujours à mon esprit. Il est vrai, je
« vous l'avoue, vous êtes toujours ce qui m'est le plus
« cher. Dans quelle situation êtes-vous ? Comment vont
« les choses ? Qu'espérez-vous ? Que croyez-vous ? Que
« projetez-vous ? Tout m'intéresse... Dans notre Parle-
« ment, tout commence d'aller mieux, en faveur de M. le
« premier président. Après un train affreux contre lui,
« les esprits s'apaisent. On prend d'autres idées. Je sais
« que vous vous y intéressez. »

Elle est restée jeune sous le voile, malgré ses soixante-dix ans, et avec sa finesse de ton elle dit en souriant : « Le noir de la vieillesse est encore loin de moi ; je n'irai
« pas le chercher. » Elle disait une autre fois : « Je pense
« qu'un quelqu'un qui ne vous connaîtrait pas et qui
« verrait nos lettres, vous jeune et jolie demoiselle pro-
« testante, et moi vieille et laide religieuse, en serait
« bien surpris. Je ris toute seule de cette pensée. »
Parfois, elle s'interrompt à ce souvenir des croyances protestantes de Nanette et s'écrie : « Quel dommage ! » C'était le cri de toutes les visitandines, en pensant à Nanette. La sœur Julie se consolait ainsi : « Le sage dit que
« la persévérance est la patience à attendre les moments
« de Dieu et la perfection de l'œuvre. »

Cette correspondance devait durer douze ans, sans rien laisser tarir de la vive intelligence, de la charité et du sentiment d'affection et de justice de cette religieuse de la

Visitation dont le souvenir est un honneur pour la cause des Calas.

Si Voltaire s'est incliné devant elle, la religieuse n'a jamais eu pour lui qu'un sentiment d'indignation de ses blasphèmes. Dans une de ses lettres, Nanette ayant loué, en termes enthousiastes, celui qu'elle appelait le sauveur de la famille, la sœur Julie se récrie et proteste : « Mon affliction est extrême de vous voir appeler illustre l'ennemi de Dieu et de toute religion : ce sentiment est même opposé à la vôtre. Peut-il y avoir quelque chose de grand dans l'homme, lorsqu'il s'oppose à l'auteur de son être ? Que ne vous dirai-je pas, si je suivais l'impétuosité de mon cœur et de mon esprit ? Depuis votre lettre, j'en parle au bon Dieu. »

Le dénouement de cette phase du procès s'attardait. Dès que Mariette eut rédigé sa requête au Conseil du roi, Voltaire l'envoie à la ville et à la cour, accable de ses lettres le rapporteur Thiron de Crosnes et fait hardiment solliciter les juges, ainsi qu'il le dit à d'Argental, « soir et matin, par leurs parents, leurs amis, leurs confesseurs, leurs maîtresses et madame de Pompadour », gourmandant les indolents et disant : « Il est plus aisé de rouer un homme que d'admettre une requête ». Il annonçait qu'il ne dormirait pas, la nuit qui devait précéder le rapport. Le but si ardemment poursuivi allait être atteint : le premier mai 1763, le bureau de cassation admit la requête des Calas, mit en liberté la veuve Calas qui s'était constituée prisonnière à Paris, et enjoignit au Parlement de Toulouse de lui transmettre la procédure.

A cette nouvelle, la joie et l'espoir de Voltaire éclatent : « Il y a donc une justice sur la terre, il y a donc de l'hu-

« manité ! Les hommes ne sont donc pas tous de mé-
« chants coquins, comme on dit ! » Et il finissait par cette
parole d'un accent mélancolique et grave : « Il se fera,
« un jour, une grande révolution dans les esprits : un
« homme de mon âge ne le verra pas, mais il mourra
« dans l'espérance que les hommes seront plus éclairés
« et plus doux. »

La joie de la sœur Anne-Julie égale celle de Voltaire :
elle se hâte d'écrire à Nanette Calas cette lettre qui a les
élans du climat du Midi : « Je suis si transportée de joie,
« ma chère petite amie, que je ne sais comment m'en ex-
« pliquer. Lisez dans mon cœur, vous y trouverez tout
« ce qui est dans le vôtre. Je prends bonne part de tout
« ce qu'il sent. Vos intérêts, vos plaisirs, vos peines sont
« des biens et des maux qui m'appartiennent autant qu'à
« vous. Il en sera toujours de même, jusqu'à mon dernier
« soupir. Soyez loin ou près, vous me serez toujours
« présente. Lorsque je suis devant Dieu, c'est alors que
« je lui dis bien des choses pour vous. Lorsqu'on aura
« nommé le tribunal qui doit juger le fond de l'affaire, fai-
« tes-m'en part au plus tôt. Nous avons des religieuses,
« presque dans toutes les villes du royaume ; nous pour-
« rons peut-être vous procurer des connaissances et pro-
« tections... Je suis comme les animaux de l'Apocalypse
« qui avaient des yeux devant et derrière la tête. »

Quand le Parlement connut l'arrêt du bureau de cassation, il refusa de s'y soumettre et de se dessaisir de la
procédure, en soutenant que les arrêts d'une Cour souveraine ne pouvaient être cassés que par le roi. Le roi
imposa sa volonté et le Parlement envoya les pièces du
procès. Sur les réquisitions du maître des requêtes de

l'hôtel, l'information fut reprise et jeta, grâce aux témoins à décharge, un jour nouveau sur la mort de Marc-Antoine Calas. Le crime s'evanouissait devant le suicide : les informations des capitouls et de la Tournelle s'écroulaient pièce à pièce, à la voix des nouveaux témoins déposant à l'abri des clameurs du peuple et de l'effroi des monitoires. On se souvient d'ailleurs que devant les capitouls et la Tournelle, les témoins ne se hasardaient guère à déposer en faveur des accusés, et qu'il était interdit à ces derniers d'appeler des témoins à décharge. Le juge seul le pouvait. Cette fois, devant le Conseil d'État, ils abondent, catholiques ou protestants, prêtres ou laïques. Une réaction et une pression morale agissaient sur les consciences et la vérité se faisait jour. Elie de Beaumont, Loyseau de Mauléon et Mariette rédigèrent encore des mémoires, mais les longues formalités des arrêts du Conseil d'État entravaient la marche de l'information et retardaient l'heure du jugement.

Il fallut que tous les accusés se constituassent, une dernière fois, prisonniers au mois de février 1765 ; ce n'est que le 9 mars, trois ans, jour par jour, de l'exécution de Calas, que fut rendu l'arrêt du Conseil qui déchargeait la veuve Calas, Pierre Calas, Lavaysse et Jeanne Viguier de l'accusation intentée contre eux et innocentait, en même temps, la mémoire de Calas de sa condamnation. Cette date du 9 mars était préméditée : le Conseil d'État voulait ainsi frapper un plus grand coup. Tous les ministres siégèrent à l'audience et le chancelier présidait. L'arrêt fut rendu, à l'unanimité, par quatre-vingt-quatre membres du Conseil d'État, conformément aux réquisitions du rapporteur Thiron de Crosnes. Dans la galerie des Glaces du palais de Versailles, les courtisans qui attendaient l'arrêt avec impatience battirent des mains. On se réjouissait surtout de ce que l'arrêt autorisait les accusés à prendre à partie la Tournelle de Toulouse.

A Toulouse, le Parlement refuse d'insérer l'arrêt de Paris dans ses registres, de le laisser afficher dans le ressort et de lever l'écrou ; il menaçait même de faire imprimer la procédure et de la répandre partout, ainsi que l'écrivait la sœur Anne-Julie, en affirmant, avec une fine ironie, que les parlementaires s'en garderaient bien. De son côté, le greffier déclarait au procureur des Calas, qu'il ne fallait pas moins de vingt-cinq mains de papier timbré et de quarante pistoles pour les payer. « Quoi ! s'écrie Voltaire, en ce temps où la morale et la « philosophie instruisent les hommes, on roue un inno- « cent à la pluralité de huit voix contre cinq, et on exige « 1,500 livres pour transcrire le griffonnage d'un abo- « minable tribunal ! Ce ne serait pas à la veuve, en « tous cas, ce serait au roi à payer, puisque c'est lui qui « requiert ». Et il proposait d'ouvrir une souscription pour payer « le greffe de l'iniquité et prendre les juges « à partie ». Malgré les récriminations de Voltaire, la veuve Calas paya.

La victoire restait aux Calas ; mais leur ruine était complète, et Voltaire qui en pleurait s'en plaignait ainsi : « Ce n'est pas assez d'être justifié, il faut être « dédommagé... La reine a bu à leur santé, mais ne « leur a point donné de quoi boire. » Il laissait ensuite déborder son enthousiasme dans cette lettre à Cideville : « Vous étiez donc à Paris, mon cher ami, quand le der-

« nier acte de la tragédie de Calas a fini si heureuse-
« ment. La pièce est dans les règles ; c'est à mon gré le
« plus beau cinquième acte qui soit au théâtre.

On a tout le tableau du Parlement de Toulouse, dans cette lettre, du 12 juin 1765, de la sœur Anne-Julie à Nanette : « Je me suis informée de ce que dirent mes-
« sieurs du Parlement. A présent, pas un mot. Aux
« premières nouvelles du gain glorieux, ils carillonnè-
« rent beaucoup sur le droit et le fait. Les messieurs
« des requêtes ne pouvaient, disaient-ils, toucher à leur
« arrêt. On fit courir bien des faux bruits, mais c'est
« tout. A présent, ces messieurs n'en parlent point. Ils
« sont tous occupés de M. de Fitz-James, des affaires
« de Rennes et de Pau, d'un grand projet de noblesse à
» venir pour les membres de leur compagnie, n'en vou-
« lant recevoir qui n'aient quatre générations. Ils sont
« en dispute entre eux sur ce fait. Vous m'avez fait un
« plaisir sensible par les copies de messieurs des re-
« quêtes et vice-chancelier. Je les ai faites courir de
« toutes mes forces. »

A la prière de Voltaire, les maîtres des requêtes s'adressèrent au vice-chancelier Maupeou, qui fit accorder par Louis XV à la famille Calas une gratification de 36,000 livres, en laissant entendre qu'il ne donnait ce secours qu'afin d'éviter à la Tournelle de Toulouse une prise à partie, et d'étouffer tous les bruits de ce procès. Grimm s'indignait de ce que le roi ne fournissait pas l'argent nécessaire aux Calas pour attaquer la Tournelle, dans un furieux langage où se déchaînaient toutes les rancunes et toutes les violences de ce temps contre la justice criminelle. Un arrêt du Parlement avait ordonné déjà, le 8 septembre 1763, la restitution à la femme Calas de sa dot qui s'élevait à 10,000 livres. Pour adoucir tant d'infortunes, on couvrit la charité du voile d'une souscription populaire. Un dessin de Carmontelle représentant la famille Calas à la Conciergerie fut gravé par La Fosse et mis en vente: sous les verroux, la famille rayonne d'espoir en écoutant la lecture que leur fait Lavaysse de son mémoire; les âmes sont déjà loin de ce sombre cachot, d'où elles ne tarderont pas à sortir. Plus d'un grand seigneur paya de 50 louis cette gravure cotée à 6 livres. Voltaire en avait une au chevet de son lit. Dans Tancrède, il fit cette allusion à l'affaire Calas :

« O juges malheureux qui dans vos faibles mains... »

A la première représentation, la salle trembla sous les applaudissements et les cris.

Cette famille Calas allait s'éteindre : Pierre et Donat moururent les premiers. Jeanne Viguier les suivit de près à l'âge de quatre-vingt-six ans, après avoir reçu les derniers sacrements, sans démentir ses déclarations devant la justice, ce qui faisait dire à Voltaire, dans une lettre à M. Thiroux : « Si elle a fait un faux serment « en justice, elle s'en est accusée dans la confession; on « lui aurait refusé l'absolution. Elle ne communierait « pas. » A la mort de Voltaire, la veuve Calas et ses filles accompagnèrent le cercueil au Panthéon; Nanette, l'amie des visitandines, mariée avec un pasteur protestant, n'est morte qu'en 1820. Louis passa en Angleterre et Lavaysse mourut à Lorient, en 1786.

Ce procès fini, David de Beaudrigue ne se laissa ni

humilier, ni abattre par l'arrêt du Conseil et le retour de l'opinion. Il tenta, plus que jamais, de s'emparer de toute l'autorité des capitouls et d'exercer sa pression autour de lui. De dures semonces lui étaient adressées par Saint-Florentin : « Il me revient, monsieur, depuis « assez longtemps, des doléances contre vous ; je sais « qu'elles sont fondées. » Au Parlement, on ne parlait de lui qu'avec dédain : l'esprit de Voltaire y pénétrait chaque jour. Des plaintes arrivèrent au roi qui enleva à David de Beaudrigue sa charge, l'année même de la réhabilitation de Calas. Pendant la Terreur, on le cherchait pour le traîner à l'échafaud ; il se cacha et sauva sa vie. Sa femme, effrayée par les forcenés qui le poursuivaient de retraite en retraite, perdit la raison et se précipita sur le pavé, du haut d'une fenêtre. On a souvent confondu la mort de David de Beaudrigue et de sa femme : le capitoul mourut paisiblement dans son lit. Son petit-fils Tristan David d'Escalonne, fils du conseiller David d'Escalonne, n'allait pas tarder à périr sur l'échafaud de la Terreur.

La Révolution réveilla en France le souvenir des Calas. Au mois de brumaire de l'an II, la Convention réhabilita leur mémoire : Louis Calas et ses deux sœurs se présentèrent à sa barre pour la remercier. Louis Calas sollicita même des secours d'argent ; la Convention se borna à décréter que la nation prendrait à sa charge les dettes du père. Louis était devenu jacobin, c'est Barrère qui le disait ainsi à la tribune . « Vous devez réhabiliter « la mémoire de Calas dont un rejeton se fait remar- « quer aux Jacobins par la pureté de son patriotisme. » A la séance du 25 pluviôse, la Convention, en mettant à la charge de la nation les dettes de Jean Calas, décréta aussi qu'il serait élevé sur la place Saint-Georges de Toulouse, une colonne en marbre avec cette inscription : « La Convention nationale, à la nature, à l'amour pa- « ternel, à Calas victime du fanatisme. » Le marbre devait être « arraché au fanatisme par la raison, dans « les églises supprimées du département, » et la place devait prendre le nom de place Calas. Cette colonne n'a jamais été élevée, et la place Saint-Georges a gardé son nom.

Depuis un siècle, ce procès a soulevé bien des discussions, et ce serait une erreur de croire qu'elles sont closes et que la lumière est faite pour tous. La passion qui animait, au dix-huitième siècle, les hommes qui ont parlé de ce procès si tristement célèbre n'est pas refroidie ; un vent de guerre religieuse souffle encore sur ceux qui en ont parlé en notre temps. A commencer par M. de Maistre, qui soutenait dans ses *Soirées de Saint-Pétersbourg* que rien n'était moins prouvé que l'innocence des Calas, qu'il y avait mille raisons d'en douter et même de croire le contraire ; et à finir par M. Coquerel qui a attaqué à outrance l'arrêt de la Tournelle de Toulouse, et traité de mensonge tout ce qui gênait sa thèse, on pourrait citer toute une légion d'esprits jaloux de la vérité qui ont laissé librement déborder leurs convictions et parfois leurs ressentiments.

De ceux qui n'ont pas lu la procédure, et qui ont écrit sur elle sans la connaître et sans aller aux sources, il ne faut rien dire : leur voix et leurs sentiments ne sont que de l'airain sonnant et des cymbales retentissantes. Ceux qui l'ont méditée sont divisés, comme autrefois, et M. Plougoulm s'est écrié, à l'imitation du comte de Rochechouart : « Dans toutes ces pièces, dans tous ces « témoignages, ces monitoires, je n'ai rien découvert, pas « un fait, pas un mot, pas l'ombre d'une preuve, d'un « indice qui explique cette épouvantable erreur. Reste « le fanatisme qui explique tout, il est vrai. » Le comte de Rochechouart avait dit avant lui, en écrivant à Phelippeaux : « Il ne faut que jeter un coup d'œil sur la pro- « cédure, pour reconnaître l'esprit de vertige et de ru- « meur populaire qui en a été le principe. Tout y est « sans fondement et hors de la plus légère vraisem- « blance. » Phelippeaux croyait au contraire les Calas coupables et n'apercevait, dans la procédure, qu'un défaut de preuves juridiques de nature à amener la mise en liberté des accusés

Il en est qui ont dit comme le cardinal de Bernis : « Il y a du louche des deux côtés : le jugement est in- « compréhensible, mais le fait ne paraît pas éclairé. J'en « vois assez pour être fort mécontent et même fort scan- « dalisé. » M. de Pongerville, plus fougueux, s'est élevé avec une sorte d'âpreté contre l'arrêt de Toulouse. D'autres, à ne citer que M. de Bastard, M. Mary-Lafon, M. du Mége et M. l'abbé Salvan, entrent à pleines voiles dans les charges de l'information et l'arrêt de la Tournelle. Les conclusions de M. Huc manquent de netteté et de précision : il n'affirme rien et ne tranche pas la question de culpabilité ou d'innocence : il se contente de déclarer que, dans la procédure, il y avait, pour le Parlement, assez de preuves pour condamner.

Où est la vérité ? Où sont les certitudes et la lumière ? La famille Calas a-t-elle eu intérêt à tuer

Marc-Antoine ? Le projet de l'abjuration de Marc-Antoine a-t-il été établi ? Y a-t-il eu, le jour de sa mort, complot entre le père, le frère, la mère, la servante et un jeune homme étranger de passage à Toulouse ? Au lieu d'un crime, est-ce un suicide amené par une humeur sombre, des pertes au jeu et les reproches d'un père irrité ?

Dans cette histoire du Parlement de Toulouse, je ne puis reprendre et ressaisir, en détail, chaque assertion de cette longue procédure ; je ne saurais embrasser ce procès que de haut et dans son ensemble. Je suis de ceux qui ont la conviction profonde que Marc-Antoine, l'esprit égaré par la lecture des livres de son temps sur le suicide, mélancolique et sombre, et tourmenté par les souvenirs de ses pertes au jeu, est monté, le soir du 13 octobre, sur un escabeau de sa boutique, s'est passé la corde autour du cou en la croisant, a fait entrer le billot dans les deux nœuds coulants, a poussé le billot sur les battants de la porte et écarté du pied l'escabeau. Rien ne saurait établir un complot entre les Calas et Lavaysse pour tuer Marc-Antoine ; les cris entendus de la rue étaient poussés, non par Marc-Antoine, ainsi que l'affirmait la clameur populaire démentie par les témoignages, mais par Pierre Calas, Lavaysse, Jean Calas et sa femme, à l'aspect du cadavre. On n'avait entendu d'ailleurs ces cris de la rue, que lorsque le cadavre, descendu des battants de la porte était couché sur le plancher et déjà refroidi. D'un autre côté, où retrouver les traces d'une lutte ? Ni désordre dans les vêtements et dans les cheveux, ni blessures sur Marc-Antoine dont la veste et le gilet avaient été pliés et placés sur le comptoir. Si les

Calas ont menti dans leur premier interrogatoire, ce n'était que pour sauver au cadavre du suicidé le procès d'infamie qui l'attendait, et le déshonneur qui en aurait rejailli sur leur maison.

En lisant la procédure, en pesant, au poids de la conscience, chaque déposition et chaque interrogatoire, en reprenant les contradictions, les mensonges, les conjectures, les hésitations des témoins et les déclarations des accusés commencées par le mensonge, mais terminées par la vérité, je suis arrivé non pas au doute, mais à la conviction de l'innocence. Devant cette accumulation d'incertitudes et de déclarations imprudentes ou passionnées, on peut comprendre le doute, on ne comprend pas bien la croyance à la culpabilité.

A une époque moins troublée par les haines religieuses, la Tournelle de Toulouse aurait mieux pénétré au fond de ces témoignages obscurcis par la passion et mieux entrevu la vérité éclatante. Le Parlement ne crut Calas parricide, que parce qu'il était protestant et qu'il eut, avec le peuple, cette croyance, que les doctrines de Calvin permettaient à un père protestant de tuer son fils, quand il penchait vers l'abjuration ; il se laissa entraîner par les accusations populaires, de même que le capitoul David de Beaudrigue. Si le supplice de Calas sur la roue ne fit pas luire la vérité tout entière, il dut dissiper pourtant bien des ténèbres et ébranler bien des consciences. C'était, en effet, quelque chose que ce cri d'innocence de Jean Calas poussé sur le chevalet, pendant la torture, ou sur l'échafaud, à l'heure de la mort. La Tournelle de Toulouse le comprit si bien, que neuf jours après le supplice de Jean Calas, elle revint en arrière et répudia son arrêt, en mettant hors de cause la veuve Calas, Lavaysse et la servante, et en ne condamnant Pierre Calas qu'à un bannissement dérisoire.

Il ne faut pas trop jeter la pierre aux parlementaires. Nous vivons, je le sais, à une époque où les anciennes et glorieuses institutions de notre pays sont abolies, outragées ou calomniées. Mais en jugeant les parlementaires de Toulouse qui condamnèrent Calas, on doit les remettre sous leur vrai jour et se reporter au temps où ils vivaient. On leur a souvent reproché leur fanatisme : les erreurs, les passions et les défaillances sont de tous les temps ; il y a eu aussi fanatisme du côté de ceux qui les ont attaqués et Voltaire lui-même, qui a tant détesté les Parlements, écrivait en 1767, après la victoire et à une heure d'apaisement : « Les juges de Calas pouvaient « alléguer quelques faibles et malheureux prétextes. » Deux ans après, en 1769, dans une lettre à l'abbé Andra, il dit plus clairement : « J'ai toujours été convaincu qu'il « y avait, dans l'affaire Calas, de quoi excuser les juges. « Les Calas étaient très innocents ; cela est démontré, « mais ils s'étaient contredits : ils avaient été assez im« béciles, pour vouloir sauver d'abord le prétendu hon« neur de Marc-Antoine leur fils, et pour dire qu'il était « mort d'apoplexie, lorsqu'il est évident qu'il s'était dé« fait lui-même. C'est une aventure abominable, mais « on ne peut reprocher aux juges que d'avoir trop cru « aux apparences. » Une autre fois, il parle, dans une lettre à d'Argental, de la cruelle bonne foi du Parlement de Toulouse. Enfin, en 1775, il écrivait à madame du Deffand : « Les juges de Calas se sont trompés sur les « apparences et sont coupables de bonne foi. » Il y a loin de ce langage aux insultes de visigoths et d'assassins en robe noire.

Ce que Voltaire n'ajoute pas et ce qui se dégage de ce procès douloureux, c'est que le supplice de Calas servit, plus que tous les écrits des philosophes, la cause de la tolérance, et qu'un nouveau courant s'établit en France, au lendemain de ce procès de Toulouse. La politique intolérante et inhumaine de Louis XIV envers les protestants expira sur l'échafaud de Jean Calas.

CHAPITRE XVII

Le procès de François Rochette et des frères Grenier. — Catholiques et protestants en guerre. — Arrestation des accusés. — Le procès au Parlement. — L'arrêt. — L'exécution. — Affaire Sirven. — Second centenaire des fêtes de la Délivrance.

En cette année 1762, où se jugea le procès des Calas, il y eut un réveil d'intolérance contre les protestants. Pendant que Calas se débattait contre l'accusation qui enveloppait sa famille, le Parlement condamnait à mort, le 18 février, le ministre François Rochette, pour avoir prêché, baptisé, célébré la cène, présidé les assemblées au Désert, et trois gentilshommes verriers, pour avoir tenté d'arracher le ministre Rochette à la prison.

Ce François Rochette était le troisième supplicié de sa famille, son oncle et son grand-père, ministres comme lui, ayant, ainsi qu'il le disait, souffert la mort pour la cause de Dieu. Des Hautes-Cévennes, sa patrie, où il reçut l'imposition des mains, il alla prêcher dans l'Agenais et le Quercy. Une nuit, on l'arrête sur la route de Montauban à Caussade; les protestants se soulèvent et menacent de faire le siège de son cachot. Au bruit du tocsin, les catholiques prennent les armes; protestants et catholiques en viennent aux mains et on put croire, un moment, à de sanglants combats. Tout se passa en cris et en injures. La prison eut d'abord raison des plus violents.

De Montauban, on entendait sonner, partout, le tocsin, dans la campagne. Trois frères, gentilshommes verriers, des environs du Mas-d'Azil, au comté de Foix, les trois frères Grenier, qui prenaient les noms de Henri de Commel, Jean de Sarradou et Jean de Lormade, accourent au secours de Rochette. Poursuivis par les soldats de la milice, qui lancent sur eux une meute de chiens, ils sont arrêtés, à leur tour, et enfermés aux prisons de Cahors. De Cahors, on les conduisit aux prisons de Toulouse où le Parlement reprit l'information. De tous côtés, les protestants imploraient la clémence du Parlement et l'intervention du maréchal de Richelieu, gouverneur de la province ; les prisonniers rédigèrent un mémoire en défense qui se terminait par cette phrase de l'Écriture sainte : « Voyez ce que vous faites ; vous « n'exercez pas la justice des hommes, mais bien la jus- « tice de Dieu, et tout ce que vous jugerez retombera « sur vous. »

Le 18 février, la Tournelle rendit son arrêt. Il condamnait le ministre Rochette à être pendu, après avoir fait amende honorable en chemise et la hart au col, et les trois frères Grenier à être décapités. D'autres prisonniers, leurs complices, furent envoyés aux galères ou bannis. Le même arrêt décréta d'arrestation trois ministres du Haut-Languedoc, des Hautes-Cévennes et du comté de Foix. Le lendemain, on exécuta l'arrêt. Rochette ne voulant jamais descendre de la charrette, pour faire amende honorable, le bourreau l'y contraignit. Il s'agenouilla alors sur le parvis de l'église Saint-Étienne et dit: « Je demande pardon à Dieu de tous mes péchés, « et je crois fermement en être lavé par le sang de Jésus-

« Christ, qui nous a rachetés à grand prix. Je n'ai point
« de pardon à demander au roi ; je l'ai toujours honoré
« comme l'oint du Seigneur ; je l'ai toujours aimé comme
« père de la patrie ; j'ai toujours été bon et fidèle sujet
« et les juges m'en ont paru très convaincus. J'ai tou-
« jours prêché à mon troupeau la patience, l'obéissance,
« la soumission et mes sermons, qu'on a en mains, sont
« renfermés dans ces paroles : Craignez Dieu, honorez
« le roi. Si j'ai contrevenu à ses lois, touchant les as-
« semblées religieuses, c'est que Dieu, m'ordonnait d'y
« contrevenir. Il faut obéir à Dieu, plutôt qu'aux hom-
« mes. Quant à la justice, je ne l'ai point offensée et je
« prie Dieu de pardonner à mes juges. »

Ce n'est pas sur la place Saint-Georges que fut dressé le gibet, mais sur la place de la Monnaie, au milieu d'une foule immense. Arrivé au pied de la potence, Rochette chanta ce verset d'un psaume de David :

> La voici, l'heureuse journée
> Qui répond à votre désir.

Il détournait la tête, quand le prêtre l'exhortait à abjurer et à mourir dans la foi catholique. Au moment où il allait parler au peuple du haut de l'échafaud, les tambours et les fifres du régiment de Berry, rangé en armes sur la place, étouffèrent sa voix. Le bourreau se hâta de l'étrangler.

Les trois jeunes gentilshommes verriers, restés sur la charrette des condamnés, assistaient à ce supplice ; le plus jeune, âgé de vingt-six ans, ne pouvant regarder le gibet sans frémir, se voila le visage de ses mains. Dès que Rochette eut expiré, tous les trois s'embrassèrent dans une suprême et fraternelle étreinte et recommandèrent leur âme à Dieu, en repoussant les curés de Saint-Sernin, de Saint-Pierre et de la Dalbade qui essayaient de les convertir. C'est par le plus âgé que commença le bourreau : on espérait qu'en voyant tomber les têtes de ses frères, le plus jeune tremblerait et demanderait miséricorde. Au bourreau, qui l'engageait à se convertir, il se contenta de répondre : « Fais ton de-« voir. » Et sa tête roula sur l'échafaud.

Trois mois après, se déroulait au Parlement un procès de parricide, semblable à l'accusation portée contre Calas, et dont Voltaire allait prendre encore la défense. Depuis plus de vingt ans, un protestant, feudiste ou commissaire à terrier, du nom de Sirven, habitait Castres, avec sa femme et ses trois filles élevées dans la religion réformée. Une d'elles, Élisabeth, âgée de vingt-deux ans et qui passait pour vouloir embrasser la religion catholique, fut enlevée par les ordres de l'évêque et conduite au couvent des Dames Noires, afin de l'amener à une abjuration solennelle. D'un esprit simple et facile à troubler, après sept mois de séquestration, elle eut des hallucinations étranges, et d'ardentes ferveurs ascétiques ; elle finit par tomber dans la folie. Sa famille la reprit et alla se fixer au château de Saint-Albi, près de Mazamet. A Saint-Albi, ce furent des égarements d'une autre nature. L'idée fixe d'Élisabeth était le mariage, et plus d'une fois, son père et sa mère, afin d'amortir cette fièvre étrange, se virent obligés de l'enfermer et de l'attacher dans sa chambre. Ils ne lui en témoignaient pas moins une tendresse qui ne se démentit jamais.

Dans le peuple, et au couvent des Dames Noires, on accusait Sirven d'accabler Élisabeth de mauvais traitements, et de l'empêcher de se faire catholique. Le vicaire et les consuls d'Albi essayèrent de la mener à l'église : devant cette folie mélancolique à la fois et agitée, ils renoncèrent à leur dessein. En prévision d'un malheur, Sirven, résolu à la remettre aux mains de l'évêque de Castres, alla demander, un jour, conseil à la dame d'Espérandieu, au château voisin d'Aigues-Fondes. Là, on lui apporte la nouvelle de la disparition de sa fille : il accourt à Saint-Albi, trouve sa famille dans le désespoir et fouille vainement la campagne ; on croyait encore à un enlèvement ; mais, vingt jours après, des enfants, jouant autour de la margelle d'un puits, aperçurent le corps d'Élisabeth flottant sur l'eau.

De même que dans l'affaire Calas, planèrent sur les Sirven de fanatiques accusations : c'était le protestantisme qui ordonnait aux parents de tuer leur enfants s'ils se convertissaient à la foi romaine. Sans se souvenir de la folie d'Élisabeth et de la tendresse des Sirven pour leur fille, le haut justicier de Mazamet, à l'aspect du cadavre, déclara que la tête paraissait ébranlée, que le cou était taché de sang et qu'il y avait meurtre et non suicide. Il ne tint aucun compte des témoignages qui affirmaient qu'Élisabeth avait été vue, rôdant, le jour de sa disparition, autour du puits, et se penchant sur la margelle. Tout portait à croire qu'elle s'était précipitée elle-même dans le puits : aucune preuve morale ne s'élevait contre la famille. Malgré l'évidence, un décret de prise de corps fut décerné contre Sirven, sa femme et ses deux filles. Par le supplice de Calas, ils pouvaient pressentir le sort qui les attendait : ils prirent la fuite en hiver, par les montagnes du Rouergue et des Cévennes, couvertes de neige, souffrant la faim et le froid, s'éloignant des villes, ne marchant que la nuit, se séparant parfois avec la crainte de ne jamais se retrouver, tombant souvent de faiblesse et gagnant, de retraite en retraite, les vallées de la Suisse.

Sur trois monitoires, des témoins se présentèrent devant le juge, sans établir le crime. La folie d'Élisabeth et l'absence du père, au moment de sa mort, ne permettaient de constater que le suicide. Qui aurait pu croire d'ailleurs qu'une mère et deux sœurs eussent commis ce meurtre effroyable. Un premier rapport des médecins était plein d'hésitation, ils en firent un second plus concluant sur l'ordre du juge Trinquier et déclarèrent qu'Élisabeth avait été étouffée et jetée morte dans le puits. Dans ce rapport, œuvre de passion et d'ignorance, s'amoncelaient erreurs sur erreurs. On a raconté, plus tard, qu'un des experts confessa avoir sciemment avancé le faux pour le vrai.

Le 29 mars 1764, sur le rapport du juge de Mazamet, en présence de deux juges des petites justices de ce pays, une cruelle sentence fut prononcée contre les Sirven, convaincus de parricide : le père et la mère étaient condamnés à la potence, les deux filles au bannissement, et les biens confisqués. Le 5 mai, le Parlement de Toulouse confirma la sentence et autorisa l'exécution par effigie. Elle eut lieu sur la place du Plò, en face l'Église, à Mazamet : un tableau suspendu à une croix y représentait la famille Sirven subissant son châtiment.

De leur asile de Suisse, les Sirven protestaient, en attendant le jour de la réparation. Voltaire les vit et s'enflamma pour eux. Il écrivait à Moultou : « Figurez-vous quatre moutons que les bouchers accusent d'avoir « mangé un agneau. Voilà ce que je vis. Il est impossible « de vous peindre tant d'innocence et de malheur. » Pendant neuf années, il ne cessa de soutenir cette innocence ; mais il n'avait plus, pour frapper et entraîner l'opinion en France et en Europe, le supplice de la question ou de la roue à raconter. Il l'écrivait gaiement à la marquise de Florian : « Cette affaire me tient au cœur, mais elle « n'aura pas l'éclat de celle des Calas : il n'y a eu malheu- « reusement personne de roué. » Il disait aussi dans une lettre à d'Argental, comme pour s'excuser de cette nouvelle prise d'armes : « Voilà trop de procès de parricides, « dira-t-on, mais, mes divins anges, à qui en est la faute ? » Avec une énergie toujours croissante, il presse Élie de Beaumont de rédiger un mémoire pour le Conseil d'État, en lui montrant ce procès comme le plus grand honneur de sa carrière. Il l'en remercie en disant : « Vos mémoires « sur les Calas sont de beaux monuments d'éloquence ; « celui-ci est un effort du génie. » Il en parlait avant de le connaître : le mémoire lui parut, au coutraire, médiocre, mais il n'osa se fâcher de peur de se brouiller avec Élie de Beaumont qu'il voulait retenir dans son camp. Il s'adresse à toutes les puissances de la terre et implore des secours pour les exilés : il se sert de la flatterie, comme ruse de guerre et écrit à son ami Moultou : « Comptez « que nous sommes tous des imbéciles ; ce n'est point « avec des livres qu'on obtient des grâces de la Cour, et « l'*Apologétique* de Tertullien ne fut pas lu seulement d'un « marmiton de cuisine de l'Empereur.... Il faut des for-

« mes à MM. d'Aguesseau et Gilbert qui ne sont point
« du tout philosophes ; il faut auprès des ministres de
« très grandes protections et point de livres. Aujour-
« d'hui, il s'agit d'obtenir la protection de madame de
« Pompadour. Le grand point est d'intéresser son
« amour-propre à faire autant de bien à l'État que ma-
« dame de Maintenon a fait de mal. C'est assurément
« une très belle entreprise ; elle demande encore plus de
« soin que l'affaire Calas. Je mourrais bien content si
« j'avais mis une pierre à cet édifice. »

Il écrivait encore à Moultou : « Élie de Beaumont vient
« de faire, en faveur des Sirven, un mémoire qui me pa-
« raît digne de lui. J'espère que l'innocence triomphera
« une seconde fois, et que l'Europe désormais ne repro-
« chera plus à la France des accusations continuelles
« de parricide..... Ce 'est pas assez de prouver que l'in-
« tolérance est horrible, il faut montrer à la France qu'elle
« est ridicule... Il faudrait piquer d'honneur M. de Mau-
« peou. Je réponds bien de M. le duc de Choiseul et de
« M. le duc de Praslin. Madame d'Enville est à la Roche-
« Guyon ; écrivez-lui, flattez sa grande passion qui est
« celle de faire du bien et qui vous est commune avec elle.
« Elle est capable d'aller exprès à Versailles. Le succès
« de cette entreprise rendra le roi cher à l'Europe.....
« Je me porte fort mal, mais je mourrai content avec
« l'espérance de voir la tolérance rétablie. L'intolérance
« déshonore trop la nature humaine. Nous avons été
« trop longtemps au-dessous des Juifs et des Hottentots. »

Une première fois, malgré ses sollicitations et ses colères, le Conseil d'Etat repoussa la demande de Sirven.
Voltaire se remet en campagne, plus adroit, plus re-

muant et plus emporté. Il fait repartir Sirven pour le Languedoc et l'encourage à se constituer prisonnier. A Mazamet, les préventions et les haines s'étaient apaisées : Sirven confronté avec les témoins ne tarda pas à démontrer son innocence. La vérité apparaissait ; l'accusé fut mis hors d'instance, mais la mise hors d'instance ne proclamant pas son innocence, il interjeta appel au Parlement. A la veille de la victoire, la vigilance et les sollicitations de Voltaire redoublent : C'est lui qui paye les frais du procès ; il écrit aux conseillers, à l'avocat Lacroix qu'il comble de louanges ; il veille à tout, il dirige tout. En dix ans, il écrivit deux mille lettres pour les Sirven. Ce prodigieux esprit a eu, sur les qualités indispensables aux mémoires judiciaires, les idées les plus justes et les plus vraies. De cette correspondance dans l'affaire Sirven, il faut extraire le passage de cette lettre à Damilaville : « un mémoire doit être dépouillé des acces-
« soires qui ne font que ralentir l'intérêt et refroidir les
« lecteurs... Il faudrait que le mémoire d'Élie n'eut ni la
« pesante sécheresse du barreau, ni la fausse éloquence
« de la plupart de nos orateurs. » A Élie de Beaumont, il écrivait : la véritable éloquence et même la langue sont,
« d'ordinaire, trop négligées à votre barreau, et les plai-
« doyers de nos avocats n'entrent point encore dans les
« bibliothèques des nations étrangères. »

Cette fois, le Parlement de Toulouse lui inspire de la confiance, et il s'écrie dans une lettre au pasteur Moultou. « Il est très vrai, Dieu merci, qu'il y a dans ce Par-
« lement une douzaine de magistrats, aussi philosophes
« que vous. » Enfin, le Parlement réforme la sentence de Mazamet. La réhabilitation était complète, comme

pour les Calas, et Voltaire s'écriait alors : « Il ne fallut
« que deux heures pour condamner cette famille, et il a
« fallu neuf ans pour lui faire rendre justice. Nous allons
« prendre les premiers juges à partie, au nom des filles
« de Sirven ; c'est M. le premier président qui a la
« bonté de me mander ces nouvelles »... Et il finit par ce
mot railleur : « J'ai la vanité de croire que Dieu m'avait
« fait pour être avocat. »

Il regardait, avec raison, ces deux réhabilitations comme
un de ses plus beaux titres de gloire : ces deux causes se
confondaient, en une seule, plus large et plus haute, la
cause de la tolérance, la vraie cliente de Voltaire à ces
années de sa vie. Dans ses tragédies, ses poésies légères,
ses romans, sa correspondance et ses contes, il n'a jamais combattu l'intolérance avec plus d'esprit, d'audace,
de prudence, de patience, et de merveilleuse adresse. Il a
reçu après sa mort, cet hommage de Linguet, qui en vaut
bien un autre : « Grâce à M. de Voltaire, les mœurs sont
« devenues plus douces, et les yeux plus ouverts sur ce
« qui pouvait les blesser. Des arrêts qui, trente ans plu-
« tôt, n'auraient pas excité la moindre sensation ont été
« cassés par la voix publique qui a forcé le gouverne-
« ment de ratifier ce cri de la nation et de la justice. »

Le bruit de ces procès s'éteignit, au milieu des fêtes
de la Délivrance, célébrées le 17 mai 1762, second centenaire de la victoire des catholiques sur les protestants
en 1562. Au moment où les capitouls réveillaient avec
de triomphantes proclamations, ces douloureux souvenirs des guerres de religion, par un frappant contraste, le Parlement s'apprêtait à rendre son arrêt fameux
sur l'expulsion des Jésuites.

CHAPITRE XVIII

Procès des Jésuites. — Mort du premier président de Maniban. — M. de Bastard, nommé premier président.

Depuis quelques années, cet orage s'avançait à l'horizon. Tout a été dit sur les jésuites et je n'entends pas raconter leur histoire. Au milieu de la tourmente religieuse du seizième siècle, cette compagnie vint au monde avec une vigueur d'organisation singulière et des constitutions vraiment empreintes de génie. Ce n'était pas un asile destiné aux âmes troublées et découragées, cherchant les rêveries mystiques et les tendresses silencieuses ; il ne s'ouvrait qu'aux cœurs intrépides, mettant au service de leur foi toutes les ressources de leur intelligence et toute la patience d'une politique achevée. De Rome où elle plaça son siège, la Société de Jésus appela à elle les hommes de bonne volonté de toutes les nations, qu'elle plia à ses règles, effaçant toutes les marques des origines diverses et les rangeant sous la même bannière. Tandis que les cités et les royaumes se déchiraient et se ruinaient dans les discordes intérieures et les guerres étrangères, cette Société grandissait et s'étendait en Europe. Sans méconnaître de grands talents et de grandes vertus, qui l'ont honorée et illustrée, il est de la vérité de dire, qu'en France, le pays la vit se former et s'élever avec défiance, parce qu'elle lui parut en opposition flagrante aux traditions et à l'esprit gallican de la nation. Plus d'une fois, on l'avait expulsée du royaume et le souvenir n'était pas perdu des plaidoiries éloquentes de Dumoulin et d'Antoine Arnauld. Au Parlement de Toulouse, les jésuites n'eurent pas toujours cette impopularité dont ils étaient couverts dans les autres Parlements. L'esprit allait souffler d'un autre côté.

Il faut revenir en arrière : A Toulouse, les *Provinciales* avaient fait la brèche à la puissance des jésuites, en ouvrant les portes du Palais aux jansénistes. Trois mois après l'exécution de Damiens, l'avocat général Malaret de Fonbeauzard dénonçait ainsi au Parlement un traité de théologie du père jésuite Busembaum, réimprimé par les soins du père de Lacroix, théologien de Cologne :
« Dépositaires de la justice souveraine d'un roi qui
« s'honore moins de ce titre que de celui de protecteur
« de l'Église, vous devez sans doute employer toute
« votre autorité, pour anéantir des ouvrages séditieux
« qui peuvent troubler l'ordre public ou porter atteinte
« aux lois fondamentales de l'État. On est toujours cou-
« pable de les publier, mais l'affectation de les renouve-
« ler est encore plus criminelle ; c'est annoncer un des-
« sein réfléchi de répandre et d'accréditer les fausses
« maximes dont ils sont infectés. »

Dans ce réquisitoire, l'avocat général de Fonbeauzard mettait en lumière les doctrines de cette théologie qui réprouvait les libertés de l'église gallicane, proclamait des maximes contraires à l'ordre public, aux droits de la Couronne et à la vie des rois. Il cita des passages, où le père Busembaum autorisait le fils et la femme qui craignaient pour leurs jours, à attenter aux jours de leur père et de leur mari ; l'homme poursuivi par la justice à s'y soustraire par le meurtre et le régicide. Ailleurs, ce livre audacieux établissait l'indépendance absolue du clergé à l'égard de toute puissance séculière, l'autorité souveraine du pape sur le pouvoir temporel des rois et protégeait l'impunité des plus grands crimes et les mensonges des accusés.

A la fin du réquisitoire, l'avocat général s'écriait : « Nous osons le dire, Messieurs, la réimpression de cet « ouvrage concourant avec l'exécrable attentat dont « nous gémissons encore est un crime de lèse-majesté. » Là se trouvait le vrai motif de la poursuite : les Parlements n'ignoraient pas que des reproches d'hostilité à la Couronne planaient sur eux, et Voltaire disait en parlant du crime de Damiens, qu'il était le résultat d'une tête échauffée par les propos coupables de quelques conseillers des enquêtes. Le Parlement de Toulouse, tenant à séparer sa cause de celle des parlementaires entachés de froideur ou d'opposition envers le trône, ne perdit pas cette occasion de flétrir ce livre d'un vrai ligueur.

Séance tenante, le Parlement ordonna que cette théologie serait lacérée et brûlée, dans la cour du Palais, par la main du bourreau, « comme contenant des proposi- « tions scandaleuses, détestables, contraires aux lois « divines et humaines, tendant à la subversion des « États et capables d'induire les sujets à attenter sur la « personne sacrée de leurs rois. » L'arrêt défendait, à peine des galères, de réimprimer, vendre ou posséder ce livre, et injonction fut faite aux supérieurs des quatre maisons des jésuites de Toulouse de comparaître, le lendemain, à la barre du Parlement, pour être entendus en leurs déclarations sur ces doctrines condamnées.

Le lendemain, 10 septembre, les quatre supérieurs, les pères Villard, de la maison professe, Saint-Martin, recteur du collège, Noalhac, recteur du noviciat et Mengau, supérieur du séminaire, entrèrent à la grand'-chambre et se placèrent derrière le bureau, debout, en manteau long et le bonnet à la main. Sur les interpellations du premier président, trois d'entre eux déclarèrent ne pas connaître ce livre ; seul, le père Mengau reconnut « en avoir lu quelque chose ». Tous protestèrent contre l'enseignement de pareilles doctrines et en réprouvèrent les diverses propositions, comme contraires aux lois divines et humaines. Ils demandèrent même à lire une déclaration qui contenait l'expression de leurs sentiments. Après la lecture de cette déclaration, signée par eux, le premier président leur dit : « La « Cour vous a donné acte de vos réponses aux interro- « gatoires qui vous ont été faits, ensemble de la décla- « ration que nous avons remis sur le bureau et qui con- « tient vos sentiments. Elle vous exhorte à y persévérer « et vous enjoint de veiller scrupuleusement à l'exécu- « tion de l'arrêt du jour d'hier. »

On n'était plus au temps où le Parlement de Toulouse, résistant aux exigences du Parlement de Paris, refusait force d'exécution à l'arrêt qui bannissait les jésuites, après l'attentat de Jean Châtel, sur Henri IV. Depuis la mort de Louis XIV, l'ébranlement des idées politiques et religieuses, en France, s'était étendu aux compagnies judiciaires. Pendant tout le dix-septième siècle, le nom des jésuites se mêla trop souvent aux événements, aux fautes et aux malheurs du grand règne, pour ne pas amener une réaction qui n'attendait, pour éclater, que la mort du grand roi. Des pierres de Port-Royal sortit le cri vengeur : les ressentiments ajournés et refoulés allaient faire explosion, dans une guerre longue et confuse, où l'alliance des Parlements et de la bourgeoisie se fortifia de l'esprit philosophique et de la popularité des ennemis des jésuites. Touchés et blessés par les persécutions des solitaires de la vallée de Chevreuse et par cette autre persécution des Filles de l'Enfance, en 1686, les parlementaires se mirent du côté des vaincus. Le roi, les ministres et les compagnies judiciaires secouaient le joug, encouragés par le duc de Choiseul et madame de Pompadour. Le Parlement de Paris ouvrit le feu ; les autres le suivirent. A Toulouse où les jésuites gardaient encore, au Palais, des amis fidèles et des cœurs dévoués, leur procès de 1761, plus long et plus retentissant que dans les autres Parlements, commença par une dénonciation du vieux conseiller de Bojat, aussi emporté contre le ministere que contre la Société de Jésus.

A la demande de Bojat, le 15 septembre 1761, le Parlement ordonna aux prêtres et aux écoliers des jésuites de déposer, dans les trois jours, au greffe, un exemplaire imprimé de leurs constitutions et notamment de l'édition de Prague, de 1757, pour permettre au procureur général d'en rendre compte aux chambres assemblées, à l'audience du 14 novembre. Ce jour-là, le procureur général ayant réclamé un nouveau délai, le Parlement nomma sept commissaires chargés de faire un rapport sur les constitutions de la Société. De ces commissaires on ne connaît que les trois dont les noms ont été conservés par le *Journal du Parlement,* le doyen Dominique de Bastard, le conseiller de Chalvet et le conseiller Michel de Cantalauze, seigneur de la Garde, auteur d'une dissertation sur l'origine et les fonctions des Parlements, le droit des pairs et les lois de la monarchie française.

Pendant cinq mois, les commissaires se plongèrent dans l'étude des règles et des maximes des jésuites. L'affaire ne revint qu'à l'audience du 24 avril 1762, présidée par le président de Niquet, en l'absence du premier président de Maniban, affaibli par de cruelles souffrances. Tout à coup, la scène change : par une adroite tactique, le conseiller de Bojat fils, qui servait la cause des jésuites, de la même ardeur que son père la combattait, voulut faire une habile diversion et dénonça la *Somme* de saint Thomas « comme contenant une doctrine per-« verse et des maximes contre la sûreté des rois. » Le Parlement vit le piège et décida qu'il n'y aurait lieu de délibérer sur cette proposition, qu'au moment où serait terminée l'affaire de la Société de Jésus

On donna aussitôt la parole aux gens du roi : le procureur général Riquet de Bonrepos, assisté des avocats généraux Malaret de Fonbeauzard et de Cambon, commença son réquisitoire qui dura trois audiences, savant mémoire analysant les constitutions des jésuites, leurs privilèges, leurs règles, leurs luttes, leur pouvoir et leurs richesses, la suprême autorité du général et l'obéissance absolue des inférieurs cessant d'être sujets d'un royaume, semblables à des voyageurs dans la nation qu'ils habitent. Avant de prendre une décision, le Parlement résolut d'écrire au Parlement de Paris. Le texte de cette lettre

du 5 mai, qui demandait au Parlement de Paris un exemplaire des assertions soutenues par les jésuites, fut lu en chambres assemblées. Elle disait : Ce travail, « monument mémorable de votre amour pour la per-
« sonne sacrée du roi et de votre vigilance pour le main-
« tien des bonnes mœurs nous est d'autant plus néces-
« saire, qu'indépendamment des extraits d'auteurs qu'il
« serait difficile de ramasser ici, et que nos commis-
« saires ont vérifiés, il contient des pièces essentielles
« que nous ne pouvons tenir que de vous. Dans quelle
« occasion plus intéressante pourrions-nous réclamer
« le secours de l'intime fraternité, qui ne cessera jamais
« de nous unir avec vous, pour le bien de la religion,
« le service du roi et l'intérêt de l'État. »

En attendant, le procureur général, convaincu qu'on ne pouvait réformer une Société, ne dépendant pas de l'autorité française et n'étant qu'une fraction répandue dans le monde entier, concluait à être reçu appelant comme d'abus, des bulles, brefs et arrêts approuvant l'institut des jésuites, à voir leur compagnie condamnée à remettre au greffe les titres et actes de propriété de ses maisons, l'état de ses terres et le nombre et le grade de ses religieux. Il requérait la comparution du général, la défense aux sujets du roi d'entrer dans la Société, et aux jésuites de France de recevoir des jésuites étrangers, l'injonction de cesser l'enseignement de leur théologie et l'inhibition à tous les citoyens de fréquenter leurs séminaires ou noviciats, à peine d'être incapables de recevoir aucun grade dans les universités, et d'occuper aucune charge civile et municipale, ou fonction publique.

Il disait : « De quel étonnement n'auraient pas été
« saisis ces magistrats, auxquels on aurait dû présenter
« les constitutions des jésuites pour les homologuer,
« lorsqu'au lieu d'y trouver des règlements d'une disci-
« pline religieuse, ils y eussent trouvé un amas de pri-
« vilèges exorbitants qui mettraient la Société, non
« seulement hors de la juridiction de toute espèce de
« puissance, mais encore au-dessus de toute puissance,
« au-dessus de celle des rois, qui ne peuvent rien sur sa
« discipline et les privilèges de la Société, sans s'exposer,
« suivant les bulles de la Société, à toutes les malédic-
« tions de l'Eglise; au-dessus des conciles et des papes
« qui ont renoncé à pouvoir révoquer, ou même limiter
« aucun des privilèges de la Société et lui ont permis,
« dans le cas où quelque puissance voudrait les annu-
« ler ou limiter, de les retablir, à la volonté du général.

« Qu'auraient pensé ces magistrats s'ils avaient vu, à
« la tête de ces privilèges singuliers, un institut qui a
« pour objet de s'emparer de tous les esprits, de toutes
« les consciences des sujets des princes chrétiens, en se
« chargeant d'un côté de toutes fonctions apostoliques,
« d'autre côté de toute éducation et de tout enseigne-
« ment en tout genre, le tout sous la seule direction
« d'un général qui est à Rome, étranger et indépendant
« des souverains des États dans lesquels devaient s'éle-
« ver ces collèges et ces universités. »

Le lendemain, les commissaires commencèrent leur rapport qui se prolongea, durant sept audiences. Le grand âge du doyen ne lui permit pas de rédiger ce mémoire qui fut l'œuvre des deux conseillers, de Cantalauze et de Chalvet. Leur esprit gallican, s'indignait, plus encore que le réquisitoire du procureur général, des doctrines ultramontaines de la société de Jésus, « contraires aux lois de la nation et à la sûreté du « prince. »

Le 22 mai, arriva la réponse du Parlement de Paris : « Messieurs, l'esprit dans lequel vous désirez avoir « communication de notre travail est le même qui a « excité notre zèle. Pour concourir, autant qu'il dépend « de nous, aux vues d'ordre public qui dirigent vos « démarches, nous nous empressons de vous envoyer « un exemplaire, dûment collationné, du recueil des « assertions extraites des divers auteurs de la Société « soi-disant de Jésus, et de consacrer, dans nos regis- « tres, les sentiments si dignes dont vous êtes animés « pour le bien de la religion, le service du roi et l'inté- « rêt de l'État. »

Le 15 mai s'ouvrit la délibération qui fut ajournée après les fêtes de la Pentecôte. Il y eut de véhémentes discussions à la chambre dorée entre les partisans et les adversaires des jésuites. Enfin, le 5 juin, le Parlement, toutes chambres assemblées, rendit son arrêt, conforme aux réquisitions du procureur général. Dès qu'il fut entré dans cette voie, le Parlement ne pouvait plus reculer. Onze jours après, le 16 juin, il condamnait à être lacérés et brûlés, au pied du grand escalier du Palais, par la main du bourreau, vingt-six livres des jésuites, « séditieux, destructifs de tout principe « de la morale chrétienne, enseignant une doctrine « meurtrière et abominable, non seulement contre la « sûreté de la vie des citoyens, mais contre celle des « personnes sacrées des souverains. » C'étaient, *La vérité defendue par la religion catholique et la cause des jésuites contre le plaidoyer d'Antoine Arnauld*, par François de Montaignes ; *l'Instruction catholique*, par le père Coton ; *De regi et regis institutione*, par le jésuite espagnol Marianna: *Le commentaire de Nicolas Ferrières* ; *Une somme théologique et morale de Lyon* ; *l'Examen catholique de l'Anti-Coton* ; *Les controverses de Bellarmin* ; *Les aphorismes des docteurs en théologie de la compagnie de Jésus* ; *Des dissertations théologiques en latin, des pères jésuites Grégoire de Valence, Gabriel Vasquez, Loccitanus, Magliani, Adam Tonneri, Léonard Lessius, Vincent, Fillicius, Sagundés, Bécane* ; *La somme du père Bauny* ; *Le commentaire des actes des apôtres de Cornelius à Lapide* ; *Des brochures des pères Torsellini, Sicarès, Tolete, Laymann*, enfin *le livre théologique d'Escobar et les mémoires chronologiques et dogmatiques*, sans nom d'auteur.

Le 19 juin, un nouvel arrêt interdisait, jusqu'à nouvel ordre, la dévolution des bénéfices occupés par les jésuites. Les arrêts frappent leur Société à coups redoublés : sur le rapport du doyen, le Parlement déclare perverses et dangereuses, les maximes contenues dans les *Assertions* arrivées de Paris, sur le probabilisme, le péché philosophique, la simonie, les confidences, le blasphème, le sacrilège, la magie et les maléfices, l'irréligion, l'idolâtrie, l'impudicité, le parjure, la fausseté et le faux témoignage, la prévarication des juges, le vol, les compensations occultes, les recels, l'homicide, le suicide, le régicide et les crimes de lèse-majesté. Il condamnait au feu le *Bref de Clément XIII en faveur des jésuites*, le *nouveau Catéchisme sur les affaires présentes des jésuites*, et divers libelles : il en proscrivait d'autres et transmettait copie de son arrêt aux évêques du ressort.

Il ne paraît pas que le Parlement de Toulouse se soit livré à un sérieux examen de ces *Extraits des assertions* : il jugea, sur la foi du Parlement de Paris. En quatre jours, du 15 au 19 juin, comment aurait-il pu revoir et confronter avec les textes originaux, les doctrines de cette immense compilation, dont l'étude eût nécessité de longues méditations ? Ces arrêts n'en faisaient pas moins à la compagnie de Jésus de profondes blessures.

Des protestations anonymes trouvèrent un écho dans un mandement de l'évêque de Lavaur, Msgr de Fontanges qui n'hésita pas à repousser les accusations dirigées contre les jésuites, en affirmant qu'on leur attribuait des opinions qu'ils réfutaient eux-mêmes ; qu'on altérait ou qu'on supprimait les textes ou les explications de leurs constitutions, et qu'on réveillait, avec une haine passionnée, des erreurs condamnées ou oubliées. Il terminait sa lettre pastorale par la défense à ses diocésains de lire les *Extraits des assertions*. A cette lettre pastorale, des pamphlets répondirent et la lutte s'engage vive et obstinée. Le Parlement rend, le 30 juin, un arrêt qui ordonne la lacération et la destruction par le feu d'une lettre altière de l'archevêque d'Auch : par un nouvel arrêt, il décide que les biens des jésuites non situés dans le ressort du juge royal, seraient saisis par le juge royal le plus voisin.

Plus d'une fois, les officiers de la Cour chargés d'exécuter ces décisions rencontrèrent des obstacles : le Parlement les autorisa, le 10 juillet, à rendre toutes les ordonnances utiles à cet effet, et permit aux officiers des sénéchaussées de prendre les mesures nécessaires à leur exécution. Au mois de septembre, sur le rapport du conseiller de Montgazin, il organisa des bureaux d'administration destinés à diriger le collège de Toulouse et les collèges du ressort enlevés à la Société. Enfin, un arrêt désigna le syndic des créanciers des jésuites, afin de régler les créances.

Une réaction s'opère brusquement, au mois de novembre : les commissaires signent une ordonnance qui augmente la pension attribuée à chacun des jésuites du ressort et qui est fixée à une livre par jour. C'est que le premier président de Maniban, l'âme du Parlement dans ce procès, venait de mourir, après quarante années d'une première présidence qui ne fut ni sans grandeur, ni sans éclat. Sur son tombeau de marbre blanc, au cloître Saint-Étienne, fut couchée sa statue, image fidèle de cette grave figure qui semblait se reposer des fatigues de la vie. Les ambitions, longtemps endormies, se réveillèrent ; le roi mit fin aux rivalités et aux brigues par la nomination du vieux doyen Dominique de Bastard à la première présidence, en accordant la survivance de cette charge à son fils aîné, François de Bastard, maître des requêtes au Conseil d'État. Ceux qui avaient espéré succéder bientôt à ce vieux premier président, surtout le président de Niquet et le procureur général Riquet de Bonrepos, formèrent une sorte de ligue, en apprenant que le doyen, effrayé du fardeau de la première présidence la léguait à son fils, à peine âgé de trente-neuf ans. Les édits exigeant l'âge de quarante ans ; des dispenses lui étaient accordées par le roi.

Les jalousies et les haines soulevées par cette soudaine élévation semèrent des divisions au Parlement. On était alors à la saison des vacances ; quand la Saint-Martin d'hiver eut sonné, le nouveau premier président arriva à Toulouse, avec les honneurs de la grande entrée, acclamé par le peuple et chanté, en vers pompeux, par les poètes. Les présidents à mortier l'accueillirent froidement, et pour de mesquines questions de vanité, retardèrent de quelques jours son installation. François de Bastard, élevé chez les jésuites, gardait à ses premiers maîtres des sentiments d'un attachement que ravivaient encore ses relations d'amitié avec le dauphin, ami et protecteur de la société de Jésus. La première trace de son passage à Toulouse est une marque de réaction et d'apaisement en faveur des jésuites. L'ordonnance qui augmentait leur pension est du 16 novembre 1762, lendemain de l'installation du nouveau premier président. Cette trêve n'était que passagère : à l'audience du 15 décembre, les hostilités furent reprises et le procureur général commença son rapport sur les collèges de la Société, mais l'heure s'avançant, le premier président se leva et dit : « Monsieur, à demain matin, après l'audience, si cela vous « convient. » Un conseiller demanda aussitôt le délibéré : sur l'observation du premier président, qu'il lui appartenait de fixer le jour et l'heure de l'assemblée des chambres, les parlementaires s'écrièrent que, selon toutes les traditions, l'assemblée des chambres, une fois convoquée, avait seule le droit de se proroger et de déterminer le jour et l'heure de ses réunions. On alla aux voix et on décida de continuer l'assemblée des chambres, le même jour, à trois heures de l'après-midi.

A l'heure prescrite et les chambres assemblées, le premier président, sans s'opposer à l'exécution de la décision prise le matin, crut devoir protester, à l'honneur de sa charge, et demander que sa protestation fut couchée sur les registres. Les opposants crièrent à la violation des droits du Parlement, et firent statuer qu'il n'y avait pas lieu de mentionner sur les registres les paroles du premier président. Quelques jours après, François de Bastard ayant inauguré le costume des premiers présidents de Paris, l'épitoge sur la robe et le mortier à deux galons, le Parlement, cédant à des oppositions tracassières, prit une délibération qui l'obligeait à reprendre, selon les usages de Toulouse, le simple costume des présidents à mortier.

Le procès des jésuites suivait son cours : un arrêt confia aux doctrinaires agrégés de l'Université la direction des collèges du ressort, et leur accorda le droit de conférer les titres et diplômes. Le 18 janvier 1763, le procureur général, ombrageux et défiant reprocha aux conseillers de Josse, de Lespinasse, de Nicolas et de Gaurens d'être affiliés à la congrégation de la maison professe des jésuites de Toulouse, et requit leur récusation. Après quatres jours de délibération, la récusation proposée contre les conseillers de Josse et de Nicolas fut admise ; celle qui visait MM. de Lespinasse et de Gaurens fut rejetée.

Au milieu même des séances consacrées à l'examen de ces récusations, le Parlement rédige des remontrances dirigées contre les membres de la Cour, amis ou partisans des jésuites, et contre le roi lui-même qui venait, par des lettres de cachet, d'éloigner de Toulouse deux doctrinaires placés au collège de la Société par le Parlement. Tout en se plaignant du général de l'ordre, les remontrances cherchaient à atteindre le premier président soupçonné d'avoir provoqué ces lettres de cachet. Rien n'égale la dureté de la réponse de Lamoignon retrouvée aux archives : « Le roi s'est fait représenter les « remontrances que vous lui avez envoyées au sujet des « ordres par lui donnés aux sieurs Moulin et de Vèse. Sa « Majesté m'ordonne de vous mander qu'elle s'est déter- « minée en très grande connaissance de cause, à envoyer « les ordres en question, et sur des motifs dont elle ne « doit rendre compte à personne. »

Le procès des jésuites ne fut repris qu'avec plus de chaleur et d'énergie, aux audiences des premiers jours de février. Le premier de ce mois de février, l'avocat général de Cambon, parlant au nom des gens du roi, signala à la cour un écrit intitulé *Bref de notre Saint Père le pape Clément XIII, en faveur des jésuites de France*, comme « apocryphe, injurieux au Saint-Père et à la magistrature, « et contraire à l'autorité du roi. » En même temps, il dénonçait un autre libelle, *le nouveau Catéchisme sur les affaires présentes des jésuites à l'usage des disciples de la grâce, ou l'Anti-Jésuitisme, exposé familièrement par demandes et par réponses*. Par arrêt du Parlement, le premier de ces libelles fut supprimé ; quant au second, une information par brief *intendit* fut ordonnée et confiée au doyen Dominique de Bastard. Le même jour, on appela le placet du père provincial Charron et du syndic des jésuites Delmas, opposants à l'appel comme d'abus relevé par le procureur général. Malgré la plaidoirie de l'avocat Taverne, leur opposition fut rejetée et la Cour, faisant droit aux réquisitions du procureur général, fixa au 8 février la discussion de l'appel comme d'abus.

Le nouveau réquisitoire de Riquet de Bonrepos fut

plus rude que les autres. En se levant, il se récria contre le refus du général des jésuites d'obéir aux arrêts du Parlement et de comparaître à sa barre. Il disait ensuite : « Sont-ce les jésuites, en particulier ou en corps,
« que nous accusons? C'est leur institut, leurs constitu-
« tions, que nous disons inconciliables avec les lois de
« tout État policé, avec les principes de la loi naturelle,
« avec nos précieuses libertés, avec les maximes de
« l'église de France. Nous accusons cet institut et ces
« constitutions de donner l'être à une nouvelle monar-
« chie, indépendante des souverains des États dans les-
« quels habitent les sujets d'un monarque sans territoire,
« qui les choisit par tout, monarque qui ne tient point
« ses droits de Dieu même, comme les autres souve-
« rains, mais seulement de la cour de Rome qui lui a
« donné, dans tout l'univers, un pouvoir qu'elle n'a pas
« elle-même.....

« Nous remettrons sous les yeux de la Cour, dans le
« grand jour de l'audience, les vices d'un institut qui
« n'a cessé de troubler le royaume, depuis qu'il y a pu
« introduire des sujets vivant sous sa loi ; d'un institut
« qui, sous un prétexte de religion, aussi supposé que
« spécieux, enlève des sujets à leur souverain légitime,
« qui régit une société travaillant sans cesse à étouffer
« le génie national et à détruire les précieuses libertés
« de l'église gallicane, qui ne feint d'avoir pour objet la
« plus grande gloire de Dieu, que pour légitimer, en ap-
« parence, les moyens les plus profanes et les plus illi-
« cites. Il est temps de dévoiler ces mystères d'une pra-
« tique aussi raffinée que dangereuse, qui ne nous
« fournit que des instruments d'ambition, et qui livre

« à l'anathème ceux qu'elle ne peut séduire et comble
« d'indulgence ceux qui se prêtent à ses vues. »

Il citait des passages du fameux réquisitoire du procureur général d'Aix, M. de Monclar, et abordait les divers griefs reprochés aux jésuites, le pouvoir absolu du général, leur mépris des libertés de l'église gallicane et leur obéissance aveugle à un chef étranger. Il comparait les jésuites aux ligueurs et, pour appuyer sa thèse, il exhumait des réponses ambiguës du père Coton devant le Parlement de Paris, l'*Histoire des Jésuites* du père de Jouvenci, d'une audacieuse opposition aux maximes gallicanes et aux lois françaises ; il examinait l'autorité des rois sur les vœux des jésuites ; il exposait « les théories dangereuses et corrompues de leur
« morale, objet fréquent de l'animadversion de la jus-
« tice, des censures du clergé de France et des papes
« eux-mêmes, leurs vues ambitieuses, l'alliance de leur
« religion avec la politique mondaine, les lacunes et les
« vices de leur enseignement », et finissait par conclure, sans détour, à la destruction de leur Société.

Il disait : « Qu'attendez-vous encore, messieurs, pour
« couper les branches d'un arbre dont la racine et le
« tronc sont à Rome, dont les rameaux s'étendent à
« tout l'univers, interceptant la lumière simple et bril-
« lante de l'Évangile, pour y substituer le faux jour de
« la politique, des équivoques, des restrictions men-
« tales, de l'amour-propre et de l'orgueil? Souffrirez-
« vous que la sève d'un tel arbre continuât à s'étendre
« jusque dans la France, pour y porter ses fruits em-
« poisonnés?... Quand une doctrine et une morale ont
« été condamnées par le clergé en corps, et par des

« évêques séparément; quand, au mépris de ces con-
« damnations, on voit reproduire les mêmes livres
« dont a été extraite la mauvaise doctrine ; qu'on voit
« qu'elle tend à mettre le trouble dans la société civile, à
« introduire l'irréligion dans l'État, à favoriser un fana-
« tisme dangereux pour la personne sacrée des souve-
« rains, le magistrat n'est-il pas autorisé, n'est-il pas
« même obligé, par devoir, d'employer la force de l'au-
« torité royale, pour tarir la source de cette morale
« corrompue, de cette doctrine impie et séditieuse?...

« C'est l'intérêt de votre patrie, c'est celui de votre
« roi, c'est la sûreté de sa personne sacrée qui vous
« demandent aujourd'hui, en tant qu'il peut dépendre
« de vous, la destruction d'une Société soumise à une
« monarchie étrangère, qui assimile ses avantages per-
« sonnels à la plus grande gloire de Dieu avec laquelle
« elle affecte de se confondre ; elle adopte, sous ce faux
« prétexte, toutes sortes de moyens pour parvenir à
« ses fins ; elle exige de ses sujets et même de ses amis
« le sacrifice des affections les plus naturelles, des
« intérêts les plus précieux. Telle est cette monarchie
« ambitieuse : elle ne souffrit jamais de partage, ni de
« neutralité ; elle regarde comme ennemis tous ceux
« qui ne sont pas ses sujets, ou du moins ses alliés. La
« lumière qui vient d'éclairer la France pénétrera, sans
« doute, dans tout l'univers. C'est à des magistrats
« français à donner, les premiers, aux autres nations un
« exemple mémorable de ce qu'on doit à sa patrie, à sa
« religion et à son roi. »

Le 26 février 1763, fut prononcé l'arrêt célèbre qui
proscrivait la Société de Jésus. Il déclarait, « y avoir

« abus, dans l'institut de la Société se disant de Jésus », dans les bulles, brefs, lettres apostoliques, constitutions, déclarations, formules de vœux, décrets des généraux et des congrégations générales, règlements et privilèges de la Société, appelés oracles de vive voix, dans les autres actes de même nature et en tout ce qui constituait l'essence de l'institut. Il proclamait, en outre, l'institut et ses constitutions inadmissibles dans tout Etat policé, comme attentatoires à toute autorité spirituelle et temporelle, incompatibles avec les principes de la subordination des sujets envers leurs souverains, en opposition avec les libertés de l'église gallicane, les quatre articles de l'assemblée générale du clergé de France, contraires aux lois fondamentales du royaume, inconciliables avec le droit public de la nation et irréformables dans leur essence. Le Parlement déclarait le même abus dans les vœux et serments publics ou secrets, émis par les prêtres, les écoliers et autres membres de la Société, et dans les affiliations, par forme de confrérie ou autrement, soumises au général.

Par cet arrêt, les jésuites étaient exclus du ressort à perpétuité, avec défense à toutes personnes de solliciter la révocation de cet arrêt « monument de fidélité du Par-
« lement à la religion et au roi, à peine de poursuites
« comme perturbateurs du repos public et ennemis du roi
« et de la patrie. » Dans un délai de quinzaine, tous les membres de la Société devaient quitter leurs maisons et sortir du ressort. L'arrêt leur enjoignait de vivre dans l'obéissance au roi, en leur interdisant d'observer, à l'avenir, leurs constitutions déclarées abusives, de porter leur costume, d'obéir au général et aux supérieurs, d'en-

tretenir des correspondances avec eux et avec des jésuites étrangers, de prononcer les vœux de l'institut et de s'y agréger dans le royaume ou hors du royaume, à peine d'être poursuivis extraordinairement.

Le Parlement interdisait encore aux jésuites âgés de plus de trente-trois ans, de prétendre à aucune succession, conformément à la déclaration du 16 juillet 1715, afin d'assurer le repos des familles ; il les excluait tous des grades dans les universités, des bénéfices, des charges civiles, municipales ou de judicature, des fonctions du ministère ecclésiastique dans les églises ou monastères, sans avoir prêté le serment d'être bons et fidèles sujets et serviteurs du roi, et de tenir et professer les libertés de l'église gallicane, ainsi que les quatre articles du clergé de France de 1682, d'observer les canons reçus et les maximes du royaume, de combattre la morale pernicieuse contenue dans les livres condamnés et proscrits et se conformer, en tous points, aux prescriptions de l'arrêt. Enfin, le Parlement défendait aux sujets du roi de passer dans l'Etat d'Avignon, pour y prendre l'habit de jésuite, à tous jésuites étrangers d'entrer dans le ressort de la Cour, à peine d'emprisonnement, et à tous les sujets du roi de fréquenter, hors de France, les maisons et collèges des jésuites, sous peine d'être inhabiles à occuper aucune place dans l'état civil ou ecclésiastique du royaume.

Le surlendemain, 28 février, le Parlement refusait d'enregistrer l'édit royal du mois de mars 1762, relatif aux modifications à opérer dans l'institut des jésuites, et qui leur semblait irréformable par suite des vœux de l'institut et de ses tendances « à éteindre tout esprit national

« et à étouffer tout sentiment naturel, pour transformer
« les sujets enlevés à leur souverain en autant d'esclaves,
« ministres aveugles des commandements d'un général
« étranger. » Le 4 mars suivant, un nouvel arrêt nommait des commissaires chargés de subvenir au vestiaire et à l'itinéraire des jésuites renvoyés des maisons de leur Société, et réservait au procureur général le droit de prendre des conclusions ultérieures sur le règlement de leurs pensions, de pourvoir au payement des créanciers et à l'enseignement dans les collèges.

Ainsi furent expulsés du ressort, six cent quatre-vingt-neuf jésuites. Vingt-cinq seulement se soumirent au serment. Par tout le royaume, les Parlements, entre autres, ceux de Rouen, de Paris et de Rennes, émus par ces discussions si importantes, rendaient arrêts sur arrêts et chassaient de France les jésuites. Ce fut comme un vent furieux qui passa sur le pays, surtout à Toulouse où les croyances religieuses se troublaient encore des souvenirs des guerres intérieures du seizième siècle, où les familles se divisaient et où la passion et la politique s'agitaient autour des arrêts de la justice. « Là, dit Voltaire qui bat
« des mains à l'arrêt d'expulsion, la joie fut aussi univer-
« selle que la haine. Les jésuites étaient regardés comme
« fort habiles, fort riches, heureux dans toutes leurs entreprises et ennemis de la nation. Ils n'étaient rien de
« tout cela, mais ils avaient violemment abusé de leur
« crédit, quant ils en avaient eu. On se souvenait de leurs
« persécutions, et eux-mêmes avouèrent que le public
« les lapidait avec les pierres de Port-Royal. »

Il ne faudrait pas croire que le Parlement de Toulouse, tout entier, se fût prononcé contre la Société de Jésus. Le

Palais, comme la ville, avait ses deux camps bien tranchés des jansénistes et des molinistes, des gallicans et des ultramontains. On a prétendu que l'arrêt fut rendu par quarante-une voix contre trente-neuf : ce qu'on sait bien, c'est que le premier président François de Bastard s'y opposait énergiquement, redoutait pour le pays cette secousse, et penchait vers la réformation de la Société de Jésus et non vers sa destruction. Ce fut pour lui une série d'amertumes et de douloureuses émotions qui éclatèrent au lendemain de la prononciation de l'arrêt. Il dit aux parlementaires : « Vous venez de donner un exem-
« ple funeste, celui des suppressions. Vous serez sup-
« primés à votre tour. » Paroles tristes et prophétiques auxquelles, après trente années, la Révolution allait donner raison !

Les persécutions, qui sont, hélas ! de tous les temps, ne sont heureuses à personne, ni à ceux qui les subissent, ni à ceux qui les commandent. S'il y eut, à ces époques lointaines, dans la compagnie de Jésus, des âmes ambitieuses, jalouses de l'Université et emportées vers la politique, le droit des Parlements était de les retenir sur ces pentes périlleuses et de les renfermer dans le véritable domaine des corporations religieuses. N'allèrent-ils pas trop loin, en les bannissant du royaume, sans pénétrer au fond de leurs livres, de leurs règles et de leurs maximes, sans faire la part de la passion avec laquelle leurs ennemis, et Pascal lui-même, les avaient tronqués, altérés ou aggravés. Sans crainte d'être démenti, on peut affirmer, à la distance de plus d'un siècle, que l'Université et les Parlements, jaloux à leur tour de l'influence rivale des jésuites, dans l'enseignement et la politique, laissèrent la haine se glisser dans leurs attaques et leurs arrêts. Des décisions plus libérales et plus larges auraient été plus sages, et cette lutte n'en aurait eu que plus d'élévation et de noblesse. Si les jésuites avaient encouru une répression, ils ne méritaient pas et ces flétrissures et ces exils.

Un incident mit encore aux prises le premier président et le Parlement. Le 12 mars de cette année 1763, le premier président, ayant réclamé le droit exclusif de désigner le libraire chargé de dresser le catalogue de la bibliothèque des jésuites, les chambres assemblées sous la présidence de M. de Niquet, adversaire de la société de Jésus, refusèrent ce droit à leur chef qui cherchait à adoucir aux proscrits cette nouvelle persécution. Le 16 mars, le Parlement condamnait au feu deux lettres de l'évêque de Saint-Pons, Mgr de Guénet, et les mémoires d'Eguilles, président à mortier au Parlement d'Aix, favorables aux jésuites et injurieux envers les parlementaires. Il fit brûler aussi, de la main du bourreau, une lettre virulente intitulée, *Lettre d'un religieux de la congrégation de Saint-Maur*.

Les esprits s'aigrissaient de jour en jour. On enregistra, au Parlement, les lettres patentes du roi sur la vente et l'administration d'une partie des biens des jésuites : on y protégea la sécurité des citoyens qui s'en rendaient acquéreurs. Tout à coup, Rome élève la voix et un décret de l'inquisition romaine condamne une *Ordonnance et instruction pastorale de l'évêque de Soissons, sur les assertions extraites par le Parlement, des livres, thèses, cahiers composés, publiés et dictés par les jésuites*.

Cet évêque de Soissons, François de Fitz-James, fils

aîné du maréchal duc de Berwick, esprit vigoureux et ayant renoncé aux honneurs de sa haute naissance, exerçait sur le clergé de France une grande autorité par sa science et sa vertu. Dès 1761, il prit couleur contre les jésuites auxquels il reprochait, dans un écrit partout répandu, leurs doctrines suspectes, leurs opinions ultramontaines, leurs constitutions, et leurs luttes contre les évêques. Quand l'inquisition romaine eut lancé son ordonnance, les Parlements se rangèrent du côté de l'évêque et, sur le rapport du doyen et à la suite de véhémentes réquisitions du procureur général, le Parlement de Toulouse rendit, le 3 juin 1763, un arrêt supprimant le decret de l'inquisition.

Quinze jours après, c'était l'évêque de Lavaur qui était traduit devant le Parlement. On sait qu'au moment de l'envoi aux évêques du ressort, du volume des *Assertions dangereuses* prescrit par un arrêt, l'évêque de Lavaur, ami des jésuites, Mgr de Fontanges, avait prohibé la lecture de ce recueil aux fidèles de son diocèse. Cette affaire, un moment assoupie, se ranima au Parlement, peut-être par hostilité envers le premier président, lié d'amitié avec l'évêque. Cette fois, l'avocat général de Cambon qui parla, au nom des gens du roi, se borna à blâmer Mgr de Fontanges et à dire que, par respect pour son caractère d'évêque, il s'abstenait de prendre de plus sévères réquisitions. Le Parlement n'en condamna pas moins, comme « séditieuse et calomnieuse » la lettre pastorale de l'évêque de Lavaur, à être brûlée par la main du bourreau.

Entre l'arrêt qui supprimait le décret de l'inquisition et celui qui frappait l'évêque de Lavaur, se place un de

ces incidents qui donnent à ces graves figures de parle_
mentaires un air d'étroite rancune, qu'on regrette de
rencontrer en eux, au travers de ce grand procès. Pour
froisser le premier président, ils vont envelopper madame de Bastard dans leurs représailles.

Elle arriva à Toulouse le 16 du mois de mai 1763. Le
même jour, dans une tumultueuse séance de la première
chambre des enquêtes, d'où partaient, comme à Paris,
les motions d'opposition et de désordre, on décida de ne
visiter ni le premier président ni madame de Bastard,
qu'on disait être une parente de madame de Pompadour.
En ville, ce fut, au dire des mémoires du temps, un
grand fracas ; les dames applaudirent et deux d'entre
elles, le dimanche de la Pentecôte, à la sortie de l'office
des augustins, insultèrent la première présidente. A
cette nouvelle, le roi exila une de ces exaltées à quarante lieues de Toulouse, et il aurait expédié une pareille
lettre de cachet à l'autre, si le premier président n'eût
intercédé pour elle. Cette large modération de M. de
Bastard n'apaisait pas le Parlement : dans une assemblée des chambres, on reprocha au premier président
d'avoir prétendu que le roi improuvait l'impression des
remontrances, ressemblant à un tocsin de nature à remuer les esprits, de vouloir former un parti en faveur
des jésuites, de provoquer l'exil de deux doctrinaires,
d'être l'ami de l'évêque de Lavaur, de recevoir à sa table
deux jésuites, à la suite de l'arrêt qui les proscrivait
et d'avoir prononcé l'adjudication d'une maison en faveur de son beau-père. Pourtant, sur les explications
de M. de Bastard, la Cour décida qu'il n'y avait pas lieu
« de procéder plus avant. » Au sortir de l'audience, la

Cour alla visiter le premier président et la première présidente. Pour fêter cette paix, il y eut une fête chez M. de Bastard. Seuls, le procureur général et madame Riquet de Bonrepos, qui était une Maupeou, n'y parurent point.

La paix ne devait pas être longue ; elle allait être bientôt troublée, sans retour, par l'arrivée du duc de Fitz-James et l'enregistrement des lois de finances. Le procès des jésuites lui-même, qui semblait éteint, jettera ses dernières flammes; mais le duc de Fitz-James entre en Languedoc, et c'est autour de lui que de graves événements vont s'accomplir.

CHAPITRE XIX

La situation financière et le Parlement. — Le Parlement de Paris blâmé par le Parlement de Toulouse. — Lettre au roi. — Réponse du roi. — Remontrances. — Mission du duc de Fitz-James. — Lutte des capitouls contre le Parlement. — Correspondance secrète du premier président avec le ministre. — Attitude du premier président au Parlement. — Le duc de Fitz James à Toulouse. — Le duc de Fitz-James au Parlement. — Grave incident d'audience. — Embarras du premier président. — Lettre de cachet. — Résistance du Parlement. — Procès-verbal du duc. — Belle audience de nuit. — Changement de tactique du duc. — Prorogation du Parlement. — Le premier président et le chancelier. — Audience du 15 septembre. — Le premier président se sépare du Parlement. — Arrêt contre les actes du duc de Fitz-James. — Remontrances. — Un arrêt biffé par le duc. — Deux parlementaires aux arrêts. — Nouvelle audience. — Députation au roi. — Arrêt arraché des murs. — Lettre du premier président au chancelier. — Ses efforts pour apaiser le roi. — Mise aux arrêts de tous les parlementaires, sauf le premier président et le doyen. — Un conseiller exilé. — Lettres du duc et du premier président. — Guerre ouverte du duc contre le Parlement. — Dénonciation du premier président. — Arrêts cassés. — Arrêts biffés. — Édits enregistrés au présidial. — Opposition du chapitre.

Une ère violente que des pamphlétaires ont appelée, dédaigneusement, l'équipée de Toulouse, s'ouvre à l'arrivée du duc de Fitz-James. Presque toujours, quand la Couronne décrétait de nouveaux impôts, le Parlement jaloux de sa popularité dans la province, discutait les édits bursaux, adressait des remontrances, refusait d'enregistrer les édits et d'obéir aux lettres de justice ; il ne cédait qu'à l'exprès commandement du roi. Effrayés de la rapidité des écroulements de la fortune publique, les Parlements opposaient aux caprices de la Couronne une puissante barrière et essayaient de la ramener au sentiment de la vraie situation des choses. A Toulouse, on acclamait les parlementaires qui reprochaient au roi, en traits saisissants, les prodigalités ruineuses, le désordre des finances et la misère du peuple. Un contemporain écrivait : « Si l'on parvient « à diminuer l'autorité et les prétendus droits des Par- « lements, il n'y aura plus d'obstacles à un despotisme « assuré. Si, au contraire, les Parlements s'unissent pour « s'y opposer par de fortes démarches, cela ne peut être « suivi que d'une révolution générale dans l'État. » A cette pensée prophétique, Jean-Jacques Rousseau donnait une forme plus précise dans l'*Émile* : « Nous ap- « prochons de l'état de crise et du siècle des révolu- « tions. Je tiens pour impossible que les grandes mo- « narchies de l'Europe aient encore longtemps à du- « rer. »

Les parlementaires disaient un jour au roi : « Les be- « soins de l'État sont-ils pressants, vous ordonnez : l'or « et le sang de la nation coulent ; mais quelle nécessité « demande, sire, de nouvelles subventions ?... Tenant « lieu d'impôt, les corvées seraient légitimes, mais liées « aux tributs, elles sont injustes. » C'était un assaut perpétuel des Parlements contre la monarchie. Le combat allait être plus vif et plus chaud en 1763. On avait espéré que les impôts multipliés pendant la guerre des Flandres et la guerre de Sept ans, seraient diminués ou retirés à la paix. Les illusions ne furent pas longues : au mois d'avril, un édit en ordonna la prorogation et une déclaration royale rétablit la perception d'anciens impôts.

Le Parlement de Toulouse s'assemble et rédige des remontrances où se reflète une noble irritation : « Tout
« impôt qui porte sur la subsistance du peuple sera tou
« jours en contradiction avec l'autorité qui voudra l'éta-
« blir, parce que l'impôt étant le prix de la sûreté civile,
« il n'y a plus à payer de sûreté là où il n'y a plus de
« subsistances à prendre. Il ne reste alors le choix qu'en-
« tre l'expatriation et l'esclavage. Il faut échanger la li-
« berté contre la servitude, ou chercher des climats où
« l'on puisse plus utilement transiger avec la loi publi-
« que et jouir de la douce espérance de mourir citoyen.
« La nécessité de libérer l'État, quelque pressante qu'elle
« puisse être, ne saurait étendre son empire sur des
« droits antérieurs à ceux de l'État. La première dette
« d'un monarque, sire, c'est la subsistance de ses sujets ;
« prendre sur une dette aussi sacrée pour en acquitter
« d'autres, ce serait arracher dans le fondement d'un
« édifice les pierres qu'on voudrait employer à le répa-
« rer. Il faut qu'il y ait un terme où la loi fiscale s'arrête
« et respecte la loi naturelle. » A partir de ces remontrances, s'engage une curieuse et secrète correspondance entre le premier président de Bastard, le chancelier de Lamoignon et le contrôleur général Bertin. Dans la première de ses lettres qui est du 29 juin 1763, le premier président signale au contrôleur général l'effroi que cause aux populations le projet de dénombrement, et l'estimation à laquelle les nouvaux édits soumettaient les biens immeubles. Et il lui donne les plus sages conseils, pour mettre un terme à cette situation pleine d'em-

bûches et pour provoquer des édits de nature à diminuer les lourdes charges de la province.

Le contrôleur général ne se départait pas de ses exigences commandées par les embarras des dernières guerres. Rien n'était plus difficile que cette situation du premier président, pressé d'un côté par le gouvernement, et en sens contraire par le Parlement. Quand les remontrances rédigées par le conseiller de Pibrac sont envoyées, le premier président s'en prend ainsi au Parlement de Paris : « Je serais garant du succès, si nous agis-
« sions par nos lumières ; il en vient d'étrangères qui
« gâtent tout, qui renversent les têtes et qui nous divi-
« sent. La lumière la plus vive, ou au moins celle dont
« on parle le plus est celle des autres Parlements et par-
« ticulièrement celui de Paris, c'est une épidémie. Il faut
« être toujours son imitateur, sans faire attention à sa
« propre dignité, non pas même à la localité. » Il terminait en vantant la mesure et la modération des remontrances auxquelles les têtes échauffées reprochaient leur ton trop adouci, et en réclamant du roi une réponse bienveillante pour le Parlement et obligeante pour M. de Pibrac. Le premier président disait en finissant : « Je vous
« ai parlé avec franchise et je me flatte que vous vous
« apercevrez que je suis conduit par le zèle le plus pur
« pour le service du roi et pour le bien public qui sont
« inséparables. »

Pendant que le ministère s'attardait à répondre, les ennemis du gouvernement gagnaient du terrain : le premier président de Bastard écrivait alors : « Je suis
« véritablement affligé de tout ce que je vois et de ne
« pouvoir y remédier efficacement. J'ai appris, par ma

« propre expérience, qu'il faut se livrer à la pluralité et
« que c'est inutilement qu'on s'y oppose. Quant à moi,
« mon zèle pour le service de Sa Majesté est toujours le
« même : que n'est-il aussi utile qu'il est sincère ! »

C'était peut-être excès de zèle de la part du premier président qui se laissait aveugler par la tentation de concilier les intérêts de la Couronne et l'autorité ombrageuse des parlementaires. En écrivant au chancelier, qu'après des lettres de jussion il ne serait pas impossible d'obtenir l'enregistrement volontaire de l'édit, et en parlant avec dédain de ce qu'il appelle la pluralité des voix, il trahissait le secret des délibérations et oubliait les règles de cette solidarité des arrêts qui est la force et le respect de la justice.

La réponse du ministère arriva au mois de septembre, insinuante et caressante aux premières lignes, et se terminant par une longue discussion des remontrances et par cette impérieuse conclusion. « Cette conviction doit
« exciter votre empressement ordinaire à marquer votre
« soumission et votre respect pour les volontés du sou-
« verain, en procédant sans délai à l'enregistrement de
« son édit et de sa déclaration. »

Ni cette lettre, ni les insistances du premier président ne purent vaincre les résistances : le Parlement refusa d'enregistrer la déclaration et l'édit. L'enregistrement forcé fut décidé et le roi donna mission au duc de Fitz-James, lieutenant général, commandant en chef de la province de Languedoc et des côtes de la Méditerranée de se transporter à Toulouse et d'y faire exécuter sa volonté. Ce duc de Fitz-James qui avait assisté à toutes les grandes batailles de son temps, était de la famille du duc de Berwick, pair et maréchal de France, et au rapport de méchantes chroniques, fils naturel de Jacques II, roi d'Angleterre et d'Arabelle Churchill, sœur du duc de Malborough.

A cette nouvelle, les capitouls s'assemblent et arrêtent que les honneurs de la grande entrée seront rendus au duc, de même qu'autrefois au duc de Richelieu et au duc de Mirepoix. C'était lever le drapeau contre le Parlement et affecter des sentiments opposés à ceux des parlementaires. « Cette délibération surprit, dit un pam-
« phlet, d'autant plus qu'elle fut l'ouvrage des meilleurs
« avocats, anciens capitouls, excepté Taverne, qui pros-
« tituant leurs talents et leurs lumières, donnèrent
« l'exemple de la lâcheté et entraînèrent la foule obscure
« des délibérants ».

La grand'chambre s'agite et, à l'audience du 31 août, les commissaires des enquêtes demandent que le plus ancien des commissaires chargé de présider le conseil de ville rende compte de la délibération des capitouls. Quelques instants après, les enquêtes réclament l'assemblée des chambres ; elle eut lieu sur l'heure : quatre capitouls mandés par le Parlement comparurent à l'audience, le capitoul Barbot en tête, et alléguèrent qu'en offrant au duc de Fitz-James les honneurs de la grande entrée, ils n'avaient fait que se conformer à tous les usages. Dès qu'il eurent quitté l'audience, l'avocat général de Parazols s'éleva contre cette prétention des capitouls de décerner les honneurs de la grande entrée à un envoyé du roi, sans attendre l'enregistrement, par le Parlement, des lettres patentes de sa nomination. Sur le champ, le Parlement cassa la déclaration des capitouls, sauf à délibérer sur les honneurs à rendre au duc de Fitz-James, après la publication et l'enregistrement de ses lettres patentes de commandant en chef. Le même arrêt décidait, qu'à l'avenir, les gouverneurs, lieutenants généraux et commandants de la province « ne pourraient user « de cette qualité, qu'après la présentation de leurs lettres « à l'enregistrement, les plaids tenant. » L'arrêt prononcé devant les quatre capitouls rentrés à l'audience fut signifié au syndic de la ville et affiché sur les murs.

Cette décision allait bientôt être cassée par le Conseil d'État, comme attentatoire aux droits de la Couronne ; mais le Parlement, sans s'inquiéter de cet incident pressenti par tous, se prépara, plus que jamais, aux résistances. Dès qu'il eut appris que le premier président et le procureur général avaient reçu du ministre l'ordre de faciliter au commandant en chef son voyage et sa mission, il organisa son plan de défense. Il n'ignorait pas que le premier président, violant alors tous les secrets des délibérations, tenait le ministère au courant des oppositions parlementaires : pour entraver cette correspondance qui découvrait leur hostilité, ils arrêtèrent, le 5 septembre, que tout membre de leur compagnie devrait renouveler son serment de ne rien révéler de leurs délibérations ; qu'aucun d'eux n'irait visiter le duc de Fitz-James ; que si le duc arrivait avec des lettres de cachet on en délibérerait, et que dans le cas où la délibération serait interdite, ils devraient tous se retirer ; qu'il serait fait des protestations au duc de Fitz-James, par le premier président qui annoncerait au duc que le Parlement ne pouvait délibérer en sa présence.

Le premier président, emporté par son caractère,

rompit les entraves et, se jouant du secret des délibérations informa le ministre de la résolution du Parlement ; il lui disait : « On a renvoyé à demain, 7 sep-
« tembre, le délibéré sur le fond, mais je crois pouvoir
« vous assurer d'avance, qu'il sera rendu un arrêt de
« défense d'exécuter l'édit et la déclaration. Ce n'est
« pas l'amour du bien public qui anime les esprits ;
« les têtes sont renversées, l'autorité est sans force ;
« on imite facilement ce qui se fait ailleurs. L'exemple
« de Rouen a fait beaucoup trop de prosélytes. Je suis
« affligé, au-delà de toute expression, de tout ce que
« je vois et je le suis, comme sujet fidèle et comme
« citoyen. »

Le premier président ne se trompait pas. Le 9 septembre, le Parlement, par deux arrêtés, traça au premier président la conduite qu'il aurait à tenir en face du duc de Fitz-James, et discuta la question de savoir à qui appartiendrait la première présidence, en l'absence de M. de Bastard empêché. Le premier président devait dire au duc, « que le Parlement ne pouvait, sans
« consentir à son anéantissement, s'empêcher de délibérer sur les ordres à lui adressés, mais qu'il ne pouvait, ni n'entendait délibérer, en présence de ceux qui
« étaient porteurs des ordres du roi ; que pour laisser la
« liberté nécessaire aux délibérations, le duc eût à se
« retirer, et que s'il refusait de le faire, la Cour protestait, d'ores et déjà, contre toutes transcriptions qui
« pourraient être faites sur ses registres. »

Le Parlement prévoyait le cas où le duc, après avoir procédé à la transcription forcée des édits et déclarations, ferait défense au premier président de laisser déli-

bérer la Cour, sur cette transcription : il arrêtait que
« le premier président ne serait pas tenu de déférer à
« un ordre verbal ; que si l'ordre émané du roi était
« rédigé par écrit, le premier président pourrait, per-
« sonnellement, y obéir, mais qu'il serait alors rem-
« placé par un président ; que si cet ordre atteignait tous
« les présidents, la Cour n'y aurait aucun égard, et que
« la délibération continuerait, après avoir fait sortir
« tous ceux qui seraient porteurs d'ordres du roi, la
« dite qualité les privant du droit de délibérer, le
« dévolu appartenant alors, au plus ancien des prési-
« dents, et à son défaut, au plus ancien des conseil-
« lers. » Enfin, le Parlement décidait qu'il serait fait
au souverain de très humbles remontrances, pour le
supplier de ne pas adresser de pareilles injonctions aux
membres de la Cour, parce qu'elles leur paraissaient
contraires aux lois enregistrées et respectées par tous.

Tous les parlementaires ne s'associèrent pas à cette
rébellion, mais le petit nombre de ces vertueux et de ces
soumis à l'autorité royale, comme les appelait M. de
Bastard, fut obligé de s'incliner devant la majorité fac-
tieuse. Le premier président, lui-même, qui luttait avec
énergie contre les opposants, se vit contraint de signer
ces décisions.

Pendant ce temps, le duc de Fitz-James s'acheminait
vers Toulouse. En route, il reçut le courrier extraordinaire de la ville qui lui annonçait la délibération des capitouls sur la grande entrée ; à quelques jours de là, il
recevait la nouvelle de l'arrêt qui cassait la délibération.
Il n'en poursuivit pas moins son chemin et arriva à
Toulouse, par la porte Saint-Étienne, dans la soirée du

neuf septembre, sans bruit, avec son subdélégué et un seul gentilhomme venu à sa rencontre. De la porte Saint-Étienne, il se rendit à pied, à l'archevêché. Quelques jours après, ne se trouvant pas en sûreté dans la ville, il se retira dans une maison du faubourg Saint-Cyprien au milieu de ses troupes, et de là, à Croix Daurade, au petit château de Montblanc, chez le capitoul Nicol.

Le soir même de son arrivée à Toulouse, il écrivit au premier président pour lui proposer une entrevue, soit à l'archevêché, soit dans toute autre maison de la ville, et invita le procureur général à se rendre à l'archevêché le lendemain matin, pour y recevoir communication des injonctions du roi. Le procureur général obéit, et reçut des mains du duc, des lettres de jussion et trois lettres de cachet. Le premier président n'osant pas accepter une entrevue, sans l'assentiment du Parlement, écrivit au duc de Fitz-James : « Je suis au désespoir, mon-
« sieur, d'être lié par une délibération du Parlement
« qui me met hors d'état, pour le moment, d'accepter
« aucune des paroles que vous me faites l'honneur de
« m'offrir. Je vous demande le temps de proposer, de_
« main, au Parlement ce que vous me marquez. Vous
« aurez une réponse, avant dix heures du matin. Si
« je me conduisais autrement, je nuirais au bien de la
« chose. »

Les chambres assemblées décidèrent que l'honneur d'exercer la première présidence commandait, au chef de la compagnie, d'attendre la première visite du duc. Dans la soirée, le duc en fut informé : il se rendit chez le premier président et y retourna le lendemain et le sur-lendemain, pour débattre avec lui les moyens de remplir sa mission. De concert avec le duc, le premier président convoqua l'assemblée des chambres pour le treize septembre à quatre heures du soir, dernier jour des audiences du Parlement. Était-ce la force des choses qui fit arrêter cette date, ou bien le duc et le premier président voulurent-ils ainsi empêcher le Parlement qui entrait en vacances, le matin du quatorze septembre, de faire aucun acte d'opposition, autre que le refus d'enregistrement ? C'est un secret resté entre le premier président et le duc. Mais ni l'un ni l'autre ne semblaient bien rassurés sur les suites de cette journée : après s'être efforcé de calmer les esprits au Parlement, M. de Bastard écrivait au duc, le soir du 13 septembre :

« Monsieur le duc de Fitz-James est averti qu'on ne
« dira rien sur le serment, et que ces phrases sont sup-
« primées ; il est encore averti qu'il doit avoir la plus
« grande attention, lorsqu'il arrivera au Palais, de lais-
« ser ses gardes au bas du perron. On ne lui propose
« rien de nouveau. Ses prédécesseurs, commandants en
« chef, après leur enregistrement, en ont usé de même.
« On le plaint bien et on se plaint aussi. On se propose
« d'employer toutes les ressources de la constance pour
« rendre l'arrêt. Flegme et fermeté. Permettez ces con-
« seils à mon zèle. »

Toute la matinée du quatorze, une grande foule s'assembla autour du Palais : le peuple hostile au duc acclamait les parlementaires. A deux heures, par ordre du duc, les troupes occupèrent les avenues du Palais de justice, et le régiment Royal-Vaisseau arriva, tambours battant, et se rangea en bataille sur la place et devant la petite porte, par laquelle passaient les parlementaires.

Auprès de la grande porte, se tenait la maréchaussée, et dans la cour intérieure, deux compagnies de grenadiers, bayonnette au fusil et hache en bandoulière, surveillaient le perron servant d'entrée à la grand'chambre.

A quatre heures, le duc parut, précédé de ses gardes qui se placèrent sur les marches du perron. Aucun honneur ne lui fut rendu, en entrant à la grand'chambre, seul, le greffier le conduisit de la porte de la grand'chambre à son siège de duc et pair, à la droite du premier président et avant le doyen de la Cour. Les parlementaires le saluèrent sans se lever, selon la règle, et remirent leur bonnet. Il ne trouva réunis que les membres de la grand'chambre et de la Tournelle, parce qu'il sembla contraire à la dignité de la compagnie que le Parlement tout entier attendît l'envoyé du roi. Les enquêtes et les requêtes ne montèrent sur leurs sièges, qu'après l'arrivée du duc.

Le premier président ayant dit que cette assemblée des chambres lui avait été demandée, de l'ordre du roi, par M. de Fitz-James, se tourna vers le duc et lui donna la parole. La harangue de ce dernier roula sur le désir du souverain de soulager ses peuples et sur la dure nécessité de la Couronne de rendre plus onéreux des impôts qu'elle s'efforcerait de rendre bientôt plus légers: il vanta le dévouement du Parlement aux intérêts de la monarchie, l'autorité de ses arrêts et sa grande renommée. Puis, il réclama l'enregistrement pur et simple de l'édit et de la déclaration du roi, présenta ses lettres de créance et remit au premier président deux lettres de cachet, exprimant la ferme volonté royale de se voir obéi sans délai, l'une adressée au premier président, et l'autre aux membres de la Cour. Ces lettres étant lues, le duc remit au procureur général une troisième lettre de cachet, lui enjoignant de requérir l'enregistrement. Une quatrième lettre de cachet était destinée au greffier, obligé, sous peine de prison, de remettre au commandant en chef, l'édit et la déclaration déjà transmis au Parlement.

Ces formalités remplies, le premier président dit à M. de Fitz-James : « La Cour va en délibérer. » Le duc répondit : « Le roi ne veut pas de délibération, et quant « à moi, j'ai ordre de n'en permettre aucune. La « Cour, reprit le premier président, ne peut, sans man- « quer au plus essentiel de ses devoirs, et sans con- « sentir à son anéantissement, s'empêcher de délibérer « sur tous les ordres à elle adressés et sur tout ce qui « en fait l'objet ; elle ne peut, ne doit et n'entend dé- « libérer, en présence de ceux qui sont porteurs de ces « ordres ; et vous, monsieur, pour lui laisser la liberté « nécessaire à ses délibérations, vous devez vous reti- « rer. »

Fitz-James répartit : « Indépendamment des droits « que me donne ma qualité de duc et pair, le roi m'a « ordonné d'assister à toutes les délibérations de la Cour, « et de faire procéder incessamment, et sans délibéra- « tion préalable, à l'enregistrement de l'édit et de la dé- « claration de Sa Majesté. — La Cour, répliqua le pre- « mier président, a protesté le 9 de ce mois, contre ce « qui pourrait être dit et fait au préjudice de sa liberté « et de sa dignité, et contre tout ce qui serait contraire « aux vrais intérêts du roi, au soulagement de ses « peuples et aux lois constitutives de la monarchie. La

« Cour renouvelle ses protestations et ne peut donner le
« moindre signe d'approbation, même par sa seule pré-
« sence, à des voies de faits et à des coups d'autorité qui,
« substituant une formalité illusoire à la loi sacrée de
« l'enregistrement, tendraient à la ruine totale du royau-
« me et au triomphe de ses oppresseurs. La Cour se
« voit forcée de lever la séance. »

Et aussitôt, la Cour, le président de Niquet à sa tête, se leva et quitta la grand'chambre, pour se rendre à la chambre dorée. Le premier président resta à la grand'-chambre avec le procureur général et le greffier, le premier président ayant, dit le journal du Parlement, témoigné sa douleur d'être empêché, par les ordres du roi, de se joindre à la compagnie. Six heures sonnèrent alors à l'horloge du Palais : le duc fit fermer toutes les portes, sauf la grande porte du perron où se tenaient des sentinelles, ayant pour consigne de laisser sortir les parlementaires et de ne pas les laisser rentrer au Palais. Puis, il ordonna au greffier de transcrire, en sa présence, sur les registres de la Cour, l'édit et la déclaration du roi. Pendant que le greffier écrivait, le premier président tourmenté de la double crainte de déplaire à Louis XV et au Parlement, allait de la grand'chambre à la chambre dorée, essayant d'apaiser le tumulte et d'amener une conciliation. Il parlait aux parlementaires des pouvoirs extraordinaires donnés à Fitz-James contre les opposants, et de leur liberté de délibérer sur tout autre objet, et même de rédiger toutes protestations. Il leur proposait enfin de nommer des commissaires, pour s'entendre avec le duc. Par acclamation, les parlementaires répondirent que le duc n'avait qu'à

faire exécuter ses ordres, et que la Cour ferait son devoir. C'est alors que M. de Bastard lut aux parlementaires une nouvelle lettre de cachet, par laquelle le roi lui intimait l'ordre formel de s'opposer à tout ce qui retarderait l'exécution des édits et, « d'assister le comman-
« dant en chef dans ce qu'il requerrait, de sa part, et
« de l'avertir de ce qui serait contraire au service de Sa
« Majesté. »

Dès que le greffier eut fini de transcrire l'édit et la déclaration, le duc voulut dresser procès-verbal de la sortie des parlementaires et prendre, dans cet acte, son titre de commandant en chef ; le premier président s'y opposa et en référa à la Cour qui répondit qu'il appartenait au premier président de protester, non pour la compagnie qui ne reconnaissait point cet acte, mais en son nom personnel, parce que les lettres de commandant en chef n'avaient pas encore été enregistrées. Devant cette réponse, Fitz-James se résigna et ne prit que son titre de duc. Les heures s'écoulaient : à onze heures et demie, du soir, par ordre du duc, les portes de la grand'chambre s'ouvrirent et devant la foule qui pénétra dans la salle, fut publié l'enregistrement de la déclaration royale et de l'édit.

A ce moment, minuit sonna. Le premier président sortant de la grand'chambre entra dans la chambre dorée où délibérait le Parlement ; le duc le suivit et debout, au milieu du parquet, et la montre à la main, il dit : « Messieurs, il est minuit, vos séances sont finies ; la
« chambre des vacations est formée, vous devez vous
« retirer. » Tous gardaient le silence : il reprit: « Je vous
« ordonne de la part du roi, de vous séparer et de vous

« retirer, chacun chez vous. » Cette fois, le premier président répondit : « La Cour va en délibérer, et vous « devez vous retirer. — Le roi, dit le duc, vous dé- « fend de délibérer et je vous ordonne, encore, de la « part du roi, de vous séparer. » Le premier président lui ayant répété que la Cour allait en délibérer, et qu'elle se refusait à délibérer, en sa présence, Fitz-James s'avança de quelques pas, et d'un ton menaçant, s'écria : « Vous ne voulez donc pas vous séparer ! « J'ai des ordres du souverain les plus exprès, et je vous « déclare que je les ferai exécuter avec la plus grande « douleur, mais avec la plus grande fermeté. » Les parlementaires restant sur leurs sièges, il ajouta : « Puisque vous ne voulez pas obéir aux ordres du roi « et vous séparer, j'en vais dresser procès-verbal. » Et se tournant vers le premier président : « Je vous « ordonne, Monsieur, de la part du roi, de me suivre, « pour signer le procès-verbal que je vais dresser du « refus que Messieurs font de se séparer. » Et tous les deux descendirent à la grand'chambre, où le duc commença à rédiger son procès-verbal, en présence du premier président, du procureur général et du greffier. Il ne l'acheva pas, dit le journal du Parlement, sur l'observation qui lui fut faite, que si aux termes des ordonnances, une compagnie souveraine ne devait pas obéir à des lettres closes, elle était bien plus autorisée à méconnaître des injonctions verbales.

Vers une heure du matin, le duc tenta un nouvel effort pour amener le Parlement à l'obéissance : il resta inébranlable, malgré les instances du premier président, et déclara qu'il ne pourrait délibérer, que lorsqu'il serait entièrement libre. Fitz-James songea alors à dissoudre le Parlement et fit appeler, par un greffier, le président de Niquet à qui il ordonna, de la part du roi, de se retirer. Après en avoir référé au Parlement, le président de Niquet annonça au duc que la compagnie ne prendrait aucune délibération, tant qu'elle n'aurait pas son entière liberté. Sur un nouvel ordre de se retirer, le président de Niquet quitta le Palais. Enhardi par ce succès, le duc fit les mêmes injonctions aux présidents d'Aspe et de Puyvert qui obéirent, en disant qu'ils préféraient le malheur de s'éloigner de leur compagnie, que le reproche d'insoumission au roi. Quand le greffier appela ensuite le président Julien de Pegueyrolles, ce dernier pressentant les intentions du duc, se leva et dit : « Les ordres du duc de « Fitz-James ne vont à rien moins qu'à dissoudre le « Parlement en détail. » Le Parlement, tout entier, se leva, suivit silencieusement le président de Pegueyrolles à la grand'chambre et monta à ses sièges. Deux bougies près de s'éteindre jetaient une lueur sombre dans cette vaste et haute salle, où les parlementaires, en robe noire, marchaient comme des ombres.

Un moment, le duc se troubla. Changeant de tactique, il prit, non l'accent de la menace, mais le ton de la persuasion, en quelques phrases confuses où il rappelait aux parlementaires ses pouvoirs illimités : il leur laissait d'ailleurs la liberté de délibérer et de protester sur tout autre objet que sur l'exécution de la déclaration et de l'édit. A peine finissait-il cette harangue hésitante et embarrassée, que le premier président répondit : « La « Cour va y délibérer. » Sur l'insistance du duc, qu'on délibérât devant lui, le premier président répliqua : « La

« Cour n'entend pas délibérer devant vous et m'ordonne
« de vous dire que vous devez vous retirer ». « Les or-
« dres du roi, reprit le duc, m'enjoignent d'assister aux
« délibérations et d'empêcher, par toutes sortes de voies,
« qu'il ne soit rien délibéré qui tende à empêcher l'exé-
« cution de l'édit et de la déclaration. »

Il se fit alors un profond silence que le premier président rompit en disant : « Je vous ai déjà dit, monsieur,
« que la Cour avait à délibérer et que vous devez vous
« retirer. » Le duc ne répondit pas et rien ne troubla ce nouveau silence. Trois fois, de quart d'heure en quart d'heure, le premier président répéta cet ordre. Enfin, le duc lui dit : « J'ai deux titres pour être présent aux dé-
« libérations : le premier l'ordre du roi qui m'y autorise ;
« le second, ma qualité de duc et pair de France qui
« m'en donne le droit : je veux bien, cependant, suspen-
« dre, pour un moment, l'exercice de mes droits ; je me
« retirerai. Je compte, monsieur, sur votre parole d'hon-
« neur, pour m'avertir, sur-le-champ, si on ouvre des
« avis contraires à l'édit et à la déclaration. » Le premier président répondit : « J'obéirais aux ordres du roi. »
Et aussitôt, le duc se retira dans la chambre des manteaux où le procureur général le suivit. Il était alors trois heures du matin.

Sur l'heure, le Parlement décide qu'on ne prendra aucune délibération, avant le retour des trois présidents de Niquet, d'Aspe et de Puyvert, et qu'un greffier irait en prévenir le duc. Ce dernier ne s'y opposant pas, les trois présidents regagnèrent le Palais, à cinq heures du matin. L'audience se rouvrit, et au travers de nombreuses propositions discutées et rejetées, on proposa, à huit heures, de proroger le Parlement, ainsi que cela s'était fait à des époques de crise. Sur l'observation du premier président, qu'il ne devait pas manquer à sa parole donnée au duc, de l'informer des intentions de la Cour, le Parlement ne l'empêcha pas de passer dans la chambre des manteaux où le duc attendait, et de lui rendre compte de cette proposition. Sans trop comprendre la gravité d'une semblable décision, le duc déclara qu'il n'avait ordre d'arrêter que les délibérations contraires à l'exécution de l'édit et de la déclaration, et qu'il laissait le Parlement libre de se proroger, et de délibérer sur tout autre objet, sauf au premier président, à l'en informer. Et étant rentré à la grand'chambre, le premier président manda le procureur général et l'invita à prendre des conclusions sur la prorogation du Parlement. Pour toutes conclusions, le procureur général s'en remit à la prudence de la Cour.

La délibération étant reprise, on opina, tout d'une voix, de rendre arrêt de prorogation pour aviser aux affaires publiques. Dès que ce premier arrêt eut été rédigé par le conseiller de Bojat, on dressa une protestation contre la violation du Palais de justice par les troupes du duc de Fitz-James, contre la transcription et la publication de la déclaration et de l'édit, déclarées nulles et de nul effet, et on décida d'informer le roi, des entreprises de son commandant en chef, « destructives « des lois fondamentales du royaume et attentatoires à « la dignité et à la liberté de la Cour. »

Après dix-sept heures de séance, l'audience fut levée, le 14 septembre, à neuf heures du matin, les troupes étant toujours sous les armes, et jurant, à leur façon, disent les mémoires, de ce qu'on les laissait, toute la nuit, mourant de froid et de faim, rangées en bataille contre des rabats et des bonnets carrés. Au sortir de l'audience, le premier président écrivit cette lettre au chancelier :

« Monseigneur, j'arrive du Palais, à neuf heures du
« matin, où je suis resté, depuis trois heures de hier
« après midi. Je me hâte de vous informer que l'édit et
« déclaration ont été publiés et enregistrés, du très ex-
« près commandement du roi. Le Parlement s'est retiré.
« Nous avons passé la nuit à nous occuper de délibérer
« sur les différents objets ; enfin, nous avons conclu par
« rendre un arrêt, portant prorogation pour aviser aux
« affaires publiques, et la chambre des vacations se
« trouve suspendue. Le Parlement s'est fondé, pour se
« proroger, sur un arrêt du 6 août 1590, qu'il a trouvé
« sur ses registres, et la Roche (La Rocheflavin) en
« son ouvrage des Parlements, en cite trois exemples
« des années 1502, 1535 et 1548. Malgré ces préjugés,
« cette prorogation me paraît irrégulière, mais ils ont
« pensé, que dans les circonstances présentes, il était
« de nécessité indispensable de rendre cet arrêt. M. le
« duc de Fitz-James y a apporté de la fermeté au com-
« mencement. Ensuite, il a employé le flegme et l'amé-
« nité ; mais il n'a été possible qu'à empêcher l'arrêt
« de défense ; encore a-t-il fallu se donner bien de la
« peine. »

C'est toujours le même homme, craignant de déplaire au roi, redoutant plus encore les reproches du Parlement, flottant entre ces deux ressentiments prêts à éclater sur lui, blâmant à la fois le duc et les parlementaires, et n'osant pas entrer la tête haute, dans l'un ou l'autre camp. En parlant de ces hommes qui cherchaient à tout ménager et à tout concilier, Montaigne les a appelés des trembleurs, se tenant toujours au milieu du chemin.

Le 15 septembre, à dix heures du matin, les chambres se rassemblèrent : la lecture du procès-verbal dressé par le duc de Fitz-James achevée, un conseiller demanda s'il ne conviendrait pas de profiter du premier moment où la Cour recouvrait sa liberté, pour rendre, « sous le bon plaisir du roi », un arrêt déclarant nulle la transcription faite sur les registres et interdisant l'exécution de la déclaration et de l'édit. La Cour allait en délibérer, lorsque le premier président représenta que son devoir lui commandait d'en avertir le duc, et qu'il ne pouvait ni prendre les avis, ni quitter son siège. Il faut laisser la parole au premier président, et l'entendre raconter cette scène au chancelier, dans sa lettre du 19 septembre :

« Personne n'ayant réclamé, j'ordonnai, tout de suite,
« au greffier d'envoyer un huissier vers le duc de Fitz-
« James. La cohue des enquêtes commença de hurler,
« de crier que je ne pouvais pas donner des ordres aux
« suppôts du Palais, pour porter des avis qu'ils di-
« saient être contraires au Parlement. Dans le même
« temps, j'ordonnai au greffier d'envoyer un de mes
« gens vers le duc. La cohue des enquêtes cria d'aller
« avertir les gens du roi. Eux entrés, et sur mon refus
« de laisser délibérer, moi présent et étant à ma place,
« le président d'Aspe leur dit : Gens du roi, la Cour vous
« a mandés pour prendre des conclusions, sur-le-champ,

« sur la transcription faite par le duc de Fitz-James.
« M. le procureur général a répondu qu'il avait des or-
« dres du roi, par écrit, qui venaient de lui être réitérés
« dans l'instant par M. le duc, par lesquels il lui était
« inhibé de requérir. On lui a répondu, en tumulte et
« avec indécence, qu'on l'en croyait et qu'il n'avait qu'à
« se retirer. On entendait, presque en même temps,
« toutes les voix des enquêtes qui disaient : Et vite ! Et
« vite ! »

« Alors, le président d'Aspe, moi étant présent et à
« ma place, a commencé de recueillir les avis. M. de
« Bojat, premier opinant, a dit, taxativement, qu'il était
« de l'avis de l'arrêt, sans autre chose. Cette manière
« d'opiner avait bien plutôt l'air d'un *argo*, que d'un avis
« que l'on explique toujours. Mais il paraissait bien que
« tout était convenu entre eux. Les magistrats qui sont
« venus après, parmi lesquels un grand nombre de la
« grand'chambre et de la Tournelle, pensaient autrement,
« n'ont pas osé le dire et ils ont ajouté : Et moi ! Et
« moi ! à l'exception de quatre ou cinq qui ont été d'avis
« de faire un simple arrêté ; et quoiqu'il y eut cent per-
« sonnes à l'assemblée des chambres, l'arrêt a été rendu
« en trois minutes. Permettez-moi une réflexion sur
« l'état actuel des choses : elles sont au point, que l'on
« ne craint rien tant que de déplaire à sa compagnie. On
« sacrifie tout à cette crainte, parce que les magistrats
« vertueux voient que leur résistance sera inutile, qu'ils
« ne seront pas soutenus et qu'ils se perdent dans le
« Parlement, sans aucun avantage pour la chose publi-
« que. »

On le voit, M. de Bastard parle, comme Voltaire,

de la cohue des enquêtes et brûle ses vaisseaux : il se sépare ouvertement du Parlement. De son siège où il resta muet, il entendit, de la bouche du président d'Aspe, la lecture de l'arrêt qui renouvelait les protestations de la veille et prononçait, une fois de plus, la nullité de l'enregistrement et de la transcription. La Cour disait que « comptable à Dieu, à l'État et au roi du dépôt « sacré des lois, placée dans la triste alternative de « paraître coupable pour un temps, par une désobéis- « sance apparente, ou de l'être en effet et pour toujours, « en restant dans une inaction criminelle, elle ne pou- « vait laisser subsister les traces de l'acte de violence « qui lui avait été fait, sans se voir exposée aux repro- « ches du dit seigneur roi, dont il blesse l'autorité, et de « la nation dont il offense la liberté ligitime. » En même temps, elle arrêtait qu'il serait adressé » de très hum- « bles, très respectueuses et itératives remontrances » et, en attendant, elle interdisait l'exécution de l'édit et de la déclaration, à peine de concussion, et ordonnait l'affiche et la publication de l'arrêt.

Ce jour là, Fitz-James était au château de Balma. En rentrant à Toulouse, il alla au Palais, vers midi, mais déjà, l'audience était levée, tant la marche des choses avait été rapide ; il n'y trouva que le premier président et le procureur général. Il se fit remettre, par le greffier, l'arrêt de défense, le biffa et en dressa procès-verbal qu'il signa et fit signer, en vertu des lettres de cachet, par le premier président et le procureur général. Il aurait voulu biffer aussi l'arrêt de prorogation, mais il était encore chez le rapporteur. Sur la place du Palais, la foule battait des mains en l'honneur des parlementaires, et dans la journée, les communautés et les corps de la ville allèrent remercier le président d'Aspe et le conseiller de Bojat qui avait rédigé l'arrêt.

Le soir, le duc irrité les manda tous les deux. Pendant que le président d'Aspe se rendait au Palais, le peuple l'entourait et s'apprêtait à le défendre : il exhorta le peuple à se retirer et entra à l'archevêché, où le duc enjoignit aux deux parlementaires de garder les arrêts dans leurs maisons, en les autorisant, selon leur demande, à sortir le dimanche pour aller à la messe.

Devant la maison du président d'Aspe et dans les rues, le peuple criait : vive le président d'Aspe et vive le Parlement ! Le premier président s'en indignait, et dans sa lettre au chancelier, il disait : « Il est triste, « dans la place que j'occupe, d'être forcé de porter des « plaintes contre la compagnie dont je suis le chef. « L'esprit d'indiscipline et d'indépendance y est poussé « au dernier période ; on ne sait, on ne veut savoir que « l'unité des Parlements. Les liens sont formés ; on « veut aujourd'hui les cimenter par une résistance qu'ils « représentent au peuple, comme l'effet de leur zèle pour « ses intérêts, et sous ce prétexte, il n'y a point de pro- « pos qu'on n'ait fait courir... Je n'ai garde de croire « que ces erreurs aient été semées par les officiers du « Parlement, mais je crains bien que plusieurs d'entre « eux n'aient pas cherché à les détruire. Je le dis à re- « gret, si cet événement-ci n'est pas traité avec rigueur « et fermeté, l'autorité du roi est perdue. »

Le lendemain, vendredi, 16 septembre, il y eut une nouvelle assemblée des chambres, où selon ce qu'écrivait M. de Bastard au chancelier, les propositions les plus folles furent mises en avant, dès qu'on apprit la mise aux arrêts du président d'Aspe et du doyen de Bojat. Par ordre de la Cour, un greffier se transporta chez eux, pour dresser procès-verbal de leurs déclarations, et quelques instants après, elle protesta contre la biffure de l'arrêt de défense, et décida que les deux présidents de Pegueyrolles et d'Aguin iraient demander au roi justice éclatante et sévère de cette criminelle entreprise du duc, sans entendre se départir, en aucun temps, de statuer par elle-même, sur de pareils attentats et de pourvoir toujours à la liberté et à la sûreté de ses membres.

Dans son rapport au chancelier, M. de Bastard disait : « Si cette députation est accueillie, il faut mettre la
« clé sous la porte. Voici un cruel moment pour moi,
« mais bien beau pour l'autorité du roi, si elle veut
« le mettre à profit. Si on eût sévi avec vigueur contre
« le Parlement de Rouen, celui de Toulouse n'aurait
« pas fait la sottise qu'il a faite. Tous les corps de la
« ville ont traité le duc de Fitz-James, non pas comme
« un commissaire du roi, mais comme un envoyé des
« prisons de Vaugirard... En attendant, la chambre des
« vacations est inhibée, les prisons sont pleines ; c'est
« en vérité un désordre sur lequel on ne peut que s'af-
« fliger vivement. » Il s'attaquait surtout au président
« de Pegueyrolles qu'il signalait au chancelier, comme
« un meneur de cabales, ayant pris le pauvre président
« d'Aspe au trébuchet, » et au président d'Aguin, « ce
« faiseur de libelles, aussi méchant et aussi dangereux
« que son collègue en députation. »

C'est le président d'Aguin qui eut mission de faire imprimer et afficher l'arrêt de défense, mais le duc déjoua cette manœuvre, en mettant sous les armes les troupes de la garnison, et en faisant arracher par les patrouilles, les affiches de l'arrêt ou nul imprimeur n'osa mettre son nom et qui portait ces mots : « imprimé d'autorité « du Parlement. »

Le samedi 17 septembre, le Parlement ne s'assembla point et, le lendemain, le premier président écrivait au chancelier : « Je crois que pour tout arrêter et leur tenir « la main dessus, il y aurait un parti simple, qui serait « d'envoyer une lettre de cachet à chaque membre du « Parlement, pour leur défendre d'entrer au Palais pen- « dant les vacations, et même jusqu'à nouvel ordre, et « de n'excepter de la défense que la chambre des vaca- « tions et les gens du roi. »

Ce serait méconnaître le caractère de M. de Bastard et calomnier sa mémoire, que de croire qu'il poussa le duc de Fitz-James dans la voie des représailles, et qu'il aigrit en lui le sentiment de la vengeance. On l'a vu réclamer un coup de force, en écrivant au chancelier, et d'un autre côté, par ses lettres, on peut juger de la vivacité de son langage dans ses entretiens avec le duc. Entre un Parlement séditieux, et l'autorité royale méconnue et bafouée dans la personne du commandant en chef, il se rangea au parti du roi. Tant qu'il espéra pouvoir étouffer ces oppositions, il hésita entre ces deux courants contraires, donnant une main au Parlement, et une autre au chancelier et au duc. Quand la mesure lui parut comble, il se tourna contre les parlementaires, non sans courage et sans sagesse. Il voyait haut et de loin : ces tumultes du Palais annonçaient la Révolution. Pourtant, au moment où le duc, muni des pleins pou-

voirs du roi, allait prendre contre le Parlement des mesures de rigueur, le premier président s'efforça de l'en détourner. C'est le duc qui l'écrivait ainsi au contrôleur général, le 25 septembre : « M. l'archevêque et M. le
« premier président, sollicités par quelques amis des
« principaux membres du Parlement, ont fait des dé-
« marches auprès de moi, pour m'engager à tâcher de
« les sauver d'une punition aussi rigoureuse qu'ils ap-
« préhendent. J'ai répondu à ces messieurs que cer-
« tainement, je ne chercherai pas à animer le roi contre
« le Parlement et la ville de Toulouse, mais j'ai déclaré
« qu'il n'était point convenable d'intercéder pour per-
« sonne, qu'on ne soit assuré de leur repentir par des
« preuves non équivoques. »

La matinée du 18 septembre fut tranquille ; le soir, on vit les troupes parcourir les rues et conduire les dizainiers dans les tours du pont. Le 19, à deux heures du matin, le Palais fut investi par les soldats, et en même temps, le capitaine des gardes du duc, son écuyer et les officiers du régiment de Royal-Vaisseau reçurent, de la part du duc, un ordre écrit d'avoir à se transporter dans toutes les maisons des parlementaires et de leur signifier les arrêts, par ordre du roi.

Au lever du jour, ces officiers, l'épée à la main, escortés chacun de douze soldats, la bayonnette au fusil, se firent ouvrir les portes des maisons habitées par les parlementaires, et leur remirent la lettre du commandant en chef, portant injonction de garder les arrêts. Elle était ainsi conçue : « Je ne puis me dispenser, monsieur, de
« vous donner, de la part du roi, les arrêts chez vous.
« Quoique je ne doute pas que vous n'y obéissiez, il est

« nécessaire que vous en donniez la promesse par écrit. » En cas de refus, deux grenadiers devaient se tenir en faction dans leur chambre, et il était interdit aux parlementaires de recevoir chez eux, plus d'une seule personne à la fois, choisie parmi les plus proches parents, la première obligée de sortir, pour faire place à une autre.

A la même heure, et pour parler comme un mémoire du temps, d'un large coup de filet, tous les parlementaires furent enveloppés dans le même réseau. Seuls, le premier président et le doyen Dominique de Bastard qui n'avait pas concouru à l'arrêt de défense, trouvèrent grâce devant le duc et gardèrent leur liberté. Les obstinés, se refusant à signer la promesse exigée, subirent, pendant quelques heures, les arrêts forcés et la surveillance de deux sentinelles : la journée ne s'écoula pas, sans que tous eussent signé leur promesse de rester prisonniers sur parole. Le conseiller Delong, étant celui qu'on redoutait le plus pour ses véhémences, fut exilé à la campagne, à quatre lieues de Toulouse. Fitz-James triomphant écrivait au chancelier : « Le grand secret
« sur les arrêts forcés en a seul assuré la réussite. Si
« les parlementaires avaient pu se concerter, aucun
« d'eux n'aurait signé la promesse de les tenir, et il
« aurait fallu plus de deux cents hommes pour les
« garder. »

En même temps, le premier président écrivait à Fitz-James : « J'ai été informé, monsieur, des ordres que
« vous avez donnés. Vous avez cru devoir le faire.
« Votre pouvoir vous y autorisait, le bien du service
« l'exigeait : je n'ai rien à dire ; ces ordres feront sensa-

« tion. Je vous prie de me rendre justice ; ce n'est pas
« que j'en sois inquiet. Je préférerais toujours obéir à
« mon maître à tout le reste. Mais il est important pour
« le bien du service, que l'on croit que je n'y ai aucune
« part. Je me rendrai très volontiers chez vous, mais il
« est plus nécessaire que jamais, que vous m'envoyiez
« l'ordre par écrit. »

Le même jour il adressait au chancelier de Lamoignon cette lettre, où se révèle, dans une pleine et triste lumière, la faiblesse de ce caractère qui d'hésitation en hésitation, de détour en détour, et d'expédient en expédient, arrivait aux ruses déloyales et à la duplicité. Après avoir annoncé à Lamoignon la mise aux arrêts des parlementaires, il lui disait : « Ils sont furieux et ces membres dis-
« persés, chacun chez eux, se donnent des mouvements...
« Je suis obligé d'écrire une lettre ostensible dont je
« vous prie de faire le cas qu'elle mérite. La vérité est
« que le Parlement de Toulouse a lutté contre l'autorité
« royale et qu'il mérite d'être puni. Il est triste pour
« moi de dire ces vérités à mon maître. Je sens que le
« contre-coup peut porter sur moi. Je ne le crains pas,
« parce que je n'ai rien à me reprocher et que ma con-
« science est pure. »

La lettre ostensible s'exprimait ainsi : « J'ai été très
« surpris, lorsque j'ai appris que tous messieurs du Par-
« lement avaient reçu des ordres de M. de Fitz-James, au
« nom du roi, pour garder les arrêts chez eux. Il est bien
« extraordinaire que des coups d'autorité soient exer-
« cés contre ces magistrats dont les fonctions sont en-
« tièrement libres ; leur donner la plus petite contrainte,
« c'est une contravention formelle aux lois du royaume,

« c'est anéantir leur état ; employer les voies de fait pour
« leur ravir leur liberté dans leurs délibérations, c'est le
« renversement des lois, l'avilissement de leurs person-
« nes et l'anéantissement de l'autorité royale qui reside
« essentiellement dans ses Cours de Parlement. » Et il
continuait, en protestant contre la conduite de Fitz-James,
et en priant le chancelier de soutenir la cause des parlementaires, « sujets soumis et fidèles qui parfois, par leurs
« devoirs, sont forcés à la résistance la plus soutenue »,
de porter leurs plaintes au pied du trône, et de représenter le duc comme ayant excédé les bornes de son
pouvoir et jeté la consternation et la douleur dans les
esprits. Il finissait, en justifiant la part prise, dans cette
affaire, par le président d'Aspe et le rapporteur de Bojat.

Deux jours après, le premier président envoie à Lamoignon un long rapport qui ressemble à un chant de victoire.
Il porte aux nues la vigueur de Fitz-James et se réjouit de
voir le calme renaître parmi le peuple : il exhorte le chancelier à provoquer la cassation de l'arrêt de défense du
Parlement et des décisions qui l'ont suivi, à user de lettres
de cachet envers les rebelles « à la tête échauffée », à les
empêcher d'entrer au Palais pendant les vacances, sauf
à obliger la chambre des vacations et le premier président
à reprendre leurs fonctions, enfin à donner au premier
président des pouvoirs de nature à se rendre maître des
oppositions parlementaires. Il ajoutait : « Si les choses
« restent dans l'état où elles sont, il n'est pas possible
« d'être à la tête des compagnies. Il n'y a point de cons-
« tance, ni de santé qui puissent y résister... Il est de la
« plus haute importance que la conduite du duc de Fitz-
« James soit approuvée hautement. Vous recevrez une

« lettre que le Parlement a désiré que j'eusse l'honneur
« de vous écrire. Vous y trouverez des phrases, parce
« que c'est dans le goût du temps et que j'ai cru que,
« dans les circonstances, quelques phrases de plus ou
« de moins ne changeront rien à l'état des choses. Les
« torts du Parlement sont les mêmes. »

Au contrôleur général, il tenait le même langage, avec plus de fierté et de fermeté : « Seul, je ne puis rien ;
« j'aime et veux le bien, mais de jeunes têtes ne peu-
« vent pas être dirigées, lorsque l'indépendance et l'im-
« punité sont leurs guides... On a laissé monter les
« choses insensiblement au dernier période. Il faut
« nécessairement que les Parlements rétrogradent
« beaucoup... J'y sacrifie ma santé et tout mon temps,
« sacrifices inutiles, si l'autorité du roi ne me seconde.
« Je n'en dis pas trop, lorsque j'avance que la fermeté
« est d'une nécessité absolue, si on ne veut pas voir
« l'autorité entièrement perdue. »

On ne pouvait mieux parler, mais pourquoi le premier président n'a-t-il pas eu le courage de proclamer hautement ce qu'il écrivait dans l'ombre? Ce n'était pas un de ces hommes que l'abbé de Saint-Cyran appelait des caractères tout d'une pièce, il n'a pas cette bravoure franche que les anciens mettaient au nombre des vertus, et il gardera, jusqu'à la fin, ces dissimulations et ces stratagèmes qui lui ont valu le reproche d'être à double face et, selon le mot d'un parlementaire, une sorte de Janus.

Ce n'est pas à Fitz-James qu'on pouvait adresser ce reproche : on sentait, en lui, une arrogance de vieille seigneurie ; il poursuivait la lutte au grand jour. Le

20 septembre, il manda le juge-mage, le gourmanda de ce que la déclaration et les édits n'étaient pas encore enregistrés à son siège, et expédia des cavaliers de la maréchaussée aux membres du présidial, avec ordre de reprendre leur service. Il enjoignit au sénéchal, le marquis de Chalvet, alors en Guyenne, de rentrer à Toulouse et, au milieu d'un cercle d'officiers, le blâma durement, d'avoir manqué au chef de l'État et à lui-même, en se tenant dans ses terres, au lieu de venir prendre les ordres du roi. A quelques jours de là, sentant ses torts et comprenant que ses réprimandes avaient dépassé la mesure, il le combla publiquement de témoignages d'estime et d'amitié.

Il ne laissa pas sommeiller sa rigueur envers les parlementaires, et n'écouta pas les appels à la conciliation émanés du premier président et de l'archevêque. Au président d'Apse et au doyen de Bojat, il retira l'autorisation d'aller aux églises, les jours de dimanches et de fêtes; il fallut que l'archevêque permît à tous les membres du Parlement de faire dire la messe dans leurs maisons. Les arrêtés, comme on les appelait, communiquant entre eux par des bulletins qui passaient de main en main, et qui relevaient le courage des hésitants et des timides, un capitaine des gardes leur commanda, au nom du duc, de recevoir moins de visites, et seulement, celles de leurs proches parents et de leurs amis les plus intimes. Le même jour, il faisait écrire aux communautés et aux consuls du ressort, pour leur signaler la modération de la déclaration et de l'édit, et leur tracer la voie de la soumission et du respect.

Toujours en éveil, le premier président saisit les bulletins échangés entre les parlementaires et les envoie au chancelier, en invoquant des punitions nouvelles et en faisant pressentir une alliance prochaine entre les Parlements du royaume. Il dénonçait les intrigues du président de Sauveterre et du conseiller honoraire de Niquet fils, qui menaçaient les membres de la chambre des vacations d'être expulsés de la compagnie et excommuniés, s'ils reprenaient leurs fonctions. « S'il n'y a, « disait-il, quelques démissions forcées avec perte de « finances, on ne rétablira pas l'ordre. La patience ne « peut rien : une lettre d'Aix, de Rouen ou d'ailleurs « détruit, dans une minute, le travail d'un mois, et ces « lettres sont fréquentes. Dix têtes bien chaudes, dans « chaque Parlement, prétendent régler l'État, et pour « réaliser leurs prétentions, tous les moyens sont bons. « Je le dis à regret ; mais je dis la vérité. »

A Paris, le ministère faisait son œuvre, et déférait au Conseil du roi les décisions du Parlement qui étaient cassées sans merci. En vertu des ordres de Louis XV, Fitz-James, assisté du premier président et du procureur général, se rend au Palais le 25 septembre, biffe les arrêts rendus le 9, le 14 et le 15 septembre, et menace de la prison le greffier, pour n'avoir pas apporté du greffe les registres de la Cour. Le lendemain, il installe des garnisaires chez les membres du présidial, attardés à la campagne, afin de les obliger de reparaître à Toulouse. Sur les menaces du duc, ils rentrèrent et enregistrèrent les édits.

Les lettres du premier président et de Fitz-James tourmentaient les ministres et le roi qui redoutaient de voir s'étendre, de Parlement à Parlement, comme une

traînée de poudre, cette lutte contre la Couronne. Ils donnèrent pleine et entière approbation aux actes de Fitz-James. Le premier président, victorieux, courut chez les meneurs du Parlement et leur dit : « Approba-
« tion totale de la conduite du duc ; ordre de mettre aux
« arrêts ceux qui ont été oubliés. » On n'exécuta cet ordre que trois jours après l'arrivée du courrier, porteur de la dépêche royale, parce qu'on gardait l'espoir d'arriver à une transaction. On se trompait : loin de decroître, le flot de l'opposition montait d'heure en heure. Le chapitre suivait le courant qui emportait les parlementaires et ajournait, sans cesse, ses compliments de bienvenue au commandant en chef. Le duc ayant mandé trois chanoines, ces derniers lui déclarèrent, fièrement, qu'ils ne lui rendraient aucun honneur, selon les prescriptions de leurs règlements.

CHAPITRE XX

Pamphlets. — Le duc retiré à Montblanc. — Dernière rigueur. — Manœuvres du premier président. — Fermeté des parlementaires. — Ressentiments des femmes des parlementaires. — Le premier président et le procureur général mandés à Montblanc. — Propositions du duc rejetées. — Les Parlements du royaume. — Levée des arrêts. — Audience de rentrée. — Le doyen de Bojat. — Le Parlement et le premier président. — Injonctions du duc au premier président. — Annulation des actes du duc. — Enregistrement d'un édit. — Discussion d'une mercuriale. — Admonestation au premier président. — Arrêt de prise de corps contre le duc. — Lettre du roi. — Réponse du Parlement. — Agitation dans les Parlements du royaume. — Arrêt de Toulouse cassé par le Parlement de Paris, comme Cour des pairs. — Nouvel arrêt du Parlement de Toulouse contre Fitz-James. — Remontrances. — Arrêt en réponse à l'arrêt de Paris. — Départ et disgrâce du duc. — Députation du Parlement au roi. — Monsieur et madame de Bastard à Versailles. — Retour des députés du Parlement. — Arrêt contre les actes du gouverneur. — Reprise des audiences. — Les grains et les impôts. — Décisions contre le premier président. — Indignation du roi. — Mercuriales et arrêts cassés. — Trêve. — Nouvel arrêt du Parlement contre le premier président. — Nouvelle députation au roi. — Lettre du roi. — Le roi et le premier président. — Concessions du Parlement. — Démission du premier président. — Jugement sur M. de Bastard. — Son frère doyen de la Cour.

A Paris, ces agitations de Toulouse échauffaient les têtes du Parlement ; les pamphlets couraient les rues et entraient au Louvre ; on chantait aussi à Toulouse des chansons satiriques, dont les refrains troublaient le sommeil du duc et de la duchesse et, à la mort d'un parlementaire, on répandit, en ville, une lettre, pleine de sarcasmes, dans laquelle la famille du mourant demandait à Fitz-James, avec une ironie lugubre, la permission de le laisser partir.

De Toulouse où les chansons et les pamphlets suivaient leur train, le duc alla encore chercher un asile au château de Montblanc, en établissant à sa place, ainsi que dans une ville conquise, le lieutenant colonel du Royal-Vaisseau, en qualité de lieutenant du roi. A Montblanc, s'étant souvenu de quelques parlementaires oubliés par lui, au moment de la mise aux arrêts de la Cour, il leur envoya la maréchaussée et leur fit signer, à main armée, la promesse de ne plus sortir. Il se crut tout permis, s'arrogea le pouvoir d'enlever aux capitouls la police de la ville, et au Parlement le droit de commander le guet, pour l'exécution des ordres de la Cour.

Les parlementaires se vengeaient, en contestant au duc son autorité, et en l'appelant dédaigneusement, le porteur d'ordres. Dans une lettre au contrôleur général, M. de Bastard engageait le gouvernement à proroger la chambre des vacations, avec le premier président pour la diriger, à casser ensuite le Parlement, sauf à séparer les fidèles et les sages gagnés par la contagion, des insoumis et des dangereux, à reprendre les bons et à rejeter les mauvais. Il soumettait au contrôleur général tout un projet de réforme, avec les noms de ceux qu'il fallait conserver ou bannir, et lui recommandait le secret, la promptitude, et surtout la vigueur. En parlant de MM. de Pegueyrolles, d'Aguin, d'Aspe et de Bojat, il s'exprimait en ces termes : « Ces quatre

« messieurs seront bien compris dans la punition géné-
« rale, mais ce n'est pas assez. Les deux premiers
« méritent une punition très sévère. Tous les excès
« peuvent leur être imputés. » Si les choses ne réus-
sissaient pas, il réservait l'interdiction du Parlement
et l'attribution de sa juridiction à la Cour des aides de
Montpellier.

Le temps marchait et les vacances touchaient à leur
fin, sans rien enlever de leur aigreur aux pamplhets et
à l'irritation des esprits. Si habile que fut la dissimula-
tion de M. de Bastard, elle n'échappa point à la défiance
des parlementaires. Soutenus et enhardis par leurs amis
et leurs familles, ils subissaient la mise aux arrêts, avec
une constance qui étonnait Fitz-James. Dans cette société grave à la fois et élégante, les femmes jouaient un
rôle important, et leur plaintes retentirent en ville, vives
et amères, et méritant bien cette fine raillerie des livres
saints, que la colère des femmes ressemble à la pluie
dans les forêts, tombant deux fois, sur les feuilles et
sur le sol. Elles allèrent même à Montblanc, crier sous
les fenêtres du duc et de la duchesse, qui reçurent, sans
trop s'en émouvoir, la grêle de paroles et les flèches
ailées de cette escarmouche bruyante.

Au moment où couraient, à Toulouse, les bruits les
plus alarmants sur de nouveaux châtiments promis aux
parlementaires, une lettre du comte de Saint-Florentin
arrivait à Montblanc, et laissait à la prudence du duc le
soin de lever ou de maintenir les arrêts. Mandés par les
duc, le premier président et le procureur général se rendirent à Montblanc, où Fitz-James leur offrit de lever les
arrêts de la Cour, « aux conditions de ne rien délibérer

« contre l'enregistrement et l'exécution des édits et dé-
« clarations du mois d'avril, contre les radiations des
« arrêts de défense et de prorogation du mois de sep-
« tembre et la transcription des arrêts du Conseil, de ne
« mettre en délibération aucune question qui pût se rat-
« tacher, directement ou indirectement, à ce qui s'était
« passé à l'occasion de l'enregistrement, soit avant, soit
« après, à autre fin que d'arrêter, rédiger ou envoyer
« des remontrances au roi. »

Rien n'ébranlait les parlementaires. Pour quelques-uns qui inclinaient à la soumission, la grande majorité résistait, et les bulletins passés, de maison en maison, ranimaient les courages. Tandis que le premier président cherchait à ramener ces oppositions, le procureur général se tenait dans l'ombre et refusait de communiquer aux parlementaires les propositions du duc, dont il ne parlait qu'avec un haussement d'épaules. Il fallut une injonction formelle du duc, pour le décider à en aviser officiellement la Cour. La Cour ferme et hautaine s'attendait à un nouvel assaut, et se réjouissait en apprenant que les Parlements de Bretagne et de Provence venaient, par leurs arrêts, de blâmer Fitz-James, que le Parlement de Normandie donnait sa démission en masse, et que dans tout le royaume, les Parlements entraient en guerre avec la Couronne.

La Couronne s'en effraya et céda : elle retira les édits et déclarations du mois d'avril, cause de tant de désordres. Devant l'attitude du Parlement de Toulouse, le ministère s'avouait vaincu : le soir du 2 décembre 1763, par ordre du roi, Fitz-James leva les arrêts et en informa chaque parlementaire, en lui renvoyant sa promesse de ne pas sortir, par un sergent du régiment Royal-Vaisseau. Dans la soirée du lendemain, des feux de joie s'allumèrent dans les rues, on illumina les maisons, on dansa sur les places, et au travers de ces explosions de la joie publique, on entendit des insultes et des menaces contre le commandant en chef et le premier président, dont les noms se confondaient dans les huées du peuple.

Le matin du 4 de ce mois de décembre 1763, le Parlement s'assembla pour ouvrir l'année judiciaire. L'audience à peine commencée, on remarqua l'absence du conseiller de Bojat. Dès qu'on apprit qu'il n'avait pas reçu, comme les autres, la lettre de la levée des arrêts, on décida, malgré cet oubli du duc, qu'il lui serait permis de venir prendre sa place. Pendant la délibération, le chevalier d'Argens se présenta chez le vieux conseiller pour lui affirmer que cette omission n'était qu'un oubli involontaire et qu'il pouvait se rendre au Palais. Sur sa réponse qu'il ne lui suffisait pas d'avoir sa parole, d'Argens se hâta de partir pour Montblanc et d'en informer le duc ; mais avant son retour, en vertu de l'arrêt du Parlement, le conseiller de Bojat avait rejoint les parlementaires. En sortant du Palais et l'audience finie, il se croisa avec le chevalier, porteur d'une lettre d'excuses du duc.

Ce conseiller de Bojat qui semblait taillé dans le cœur d'un chêne, et dont la verte et robuste vieillesse dépassait en véhémence et en audace les plus jeunes conseillers des enquêtes, monta le premier sur la brèche, à l'audience du lendemain, et proposa de faire revivre les arrêts de prorogation et de défense, cassés par le grand Conseil, et biffés par ordre du roi. Au premier président qui voulait recueillir les voix à ce sujet, il dit hardiment : « Il y a lieu, au préalable, de composer le bureau, et étant, « monsieur le premier président, porteur d'ordres du « souverain qui gênent votre liberté, vous ne pouvez y « présider. Votre présence gêne même la liberté des suf- « frages, puisque vous êtes obligé d'instruire M. de Fitz- « James de tout ce qui se passe et de vous opposer à « toute délibération contraire à l'exécution des édits et « de la déclaration du roi. Il y a donc lieu, par la Cour, « de délibérer préalablement sur cet incident. » Après quelques phrases hésitantes, le premier président se soumit et se retira, en disant d'un ton railleur que son absence ne changerait rien à l'état des choses et que le président de Niquet recevrait des ordres semblables aux siens.

Il y eut alors un tumulte de cris et d'injures au milieu desquels on entendait la voix vibrante du vieux de Bojat s'écrier : « J'ai les faits les plus graves à arti- « culer contre M. le premier président et j'émets l'avis « d'ouvrir la mercuriale contre lui. » Et il l'accusa hautement, d'avoir été l'inspirateur des actes du duc de Fitz-James. Sans retard, on ordonna la mercuriale et on renvoya l'audience au lendemain. Ce jour-là, 6 décembre, dans la matinée, commença l'audience sous la présidence de M. de Bastard : le président de Niquet lui ayant annoncé que la mercuriale avait été délibérée contre lui, il répondit : « Je ne refuse pas à la compagnie les « explications qu'elle désire, mais je dois conserver in- « tacts les droits de la place que j'ai l'honneur d'occuper, « et je proteste contre la compétence de l'assemblée. »

Et il se retira. La délibération reprise, on décida qu'il serait passé outre au jugement de la mercuriale et on s'ajourna à l'après-midi.

A cette audience de l'après-midi, ouverte par le premier président, ce dernier se borna à demander communication de l'arrêt prescrivant la mercuriale : tous s'écrièrent qu'il n'était pas en droit de former cette demande et que la mercuriale serait poursuivie. Vainement, le premier président essaya, par ses protestations, de remettre la Cour dans des voies plus modérées : sans avoir égard à ses réclamations, elle décida qu'il se bornerait à écouter, sans pouvoir les interrompre, les interpellations adressées à chacun de messieurs par le président de Niquet, et les révélations de chacun d'eux ; qu'il serait ensuite le maître d'y répondre et que s'il refusait de se justifier, il serait jugé par défaut. On se sépara jusqu'au lendemain.

C'était violer les ordonnances des rois, entre autres, celles de 1535, qui interdisaient aux Parlements de mettre en mercuriale les chefs de ces grandes compagnies. Mais pour affirmer leur indépendance, les parlementaires se mirent toujours au-dessus de ces ordonnances et s'emparèrent de ce droit de mercuriale, constamment suspendu, comme une épée menaçante, sur la tête de leurs chefs. A Toulouse, on procédait sommairement aux mercuriales, et sans instruction préalable ; chaque parlementaire interrogé, en assemblée générale, était tenu, sous la foi du serment, de déclarer ce qu'il savait sur les magistrats soumis à cette sévère information.

Le 7 décembre, le Parlement s'assemble et le premier président est à son siège. Dans la nuit, le duc pressentant que la mercuriale allait entraîner la résurrection des arrêts biffés par lui, avait écrit au président de Niquet, pour lui interdire, de la part du roi, de concourir à la mesure prise contre le premier président, et le sommer de lui rendre compte des délibérations de la Cour. Ce fut par la lecture de cette lettre que s'ouvrit l'audience : par acclamation, il fut résolu que le président de Niquet ne devait ni répondre au duc, ni lui obéir. Puis, on commença la procédure de la mercuriale.

A bout de ressources pour calmer cette effervescence, le premier président invoqua son droit de récusation envers plusieurs membres de la Cour, dont les emportements de langage trahissaient des sentiments d'hostilité et de haine. On rejeta ses récusations, et la mercuriale fut renvoyée au 9 décembre. Ce jour-là, le premier président ne parut pas à l'audience et se contenta de protester par son silence. En l'absence du président de Niquet, la présidence revint au président d'Aspe, le plus ancien des présidents à mortier, le plus doux et le plus timide de tous, affaibli par l'âge et inhabile à dominer une assemblée. Fitz-James ne s'était pas trompé dans ses prévisions : on abandonna la mercuriale, pour s'occuper d'abord des moyens de faire revivre les arrêts de prorogation et de défense. Séance tenante et sur le rapport du conseiller de Bojat, arrêt fut rendu, par lequel le Parlement « déclarant nulles, violentes, atten-
« tatoires à l'autorité du seigneur roi, destructives du
« respect dû à sa justice souveraine et violant le dépôt
« sacré des registres de la Cour », les mesures prises par le duc de Fitz-James ordonnait le rétablissement, sur ces registres, des arrêts biffés par le commandant

en chef, et décidait que des remontrances seraient adressées au roi sur ces excès de pouvoir.

En même temps, les gens du roi déposèrent, sur le bureau, une déclaration royale donnée à Versailles, le 21 novembre, concernant le cadastre général, la liquidation et le remboursement des dettes de l'État. Afin de prouver au roi, que son autorité n'était ni méconnue, ni outragée, et que le duc était seul en cause, le Parlement enregistra cette déclaration, en y apportant toutefois cette réserve, qu'on n'en pourrait induire que « le « premier vingtième pût être levé au-delà de dix ans, « après la publication de la paix actuelle, et que le pre- « mier et le second vingtième seraient perçus sur les « rôles actuels, sans porter atteinte aux immunités des « biens nobles, et sans imposer le nouveau cadastre aux « paroisses. »

On ne reprit la mercuriale que le 12 décembre. Entre ces deux écueils d'une protestation contre l'incompétence de la Cour, ou d'une comparution devant elle, le premier président choisit le dernier, espérant ainsi dissiper les nuages et amortir les passions. Il parut à l'audience, renouvela ses protestations, mais se déclara prêt à répondre aux reproches formulés contre lui. Et aussitôt, il déclara que les ordres du roi, connus de tous et transcrits sur les registres de la Cour, ne lui interdisaient nullement d'assister aux délibérations et lui commandaient, au contraire, de les diriger; que dans le système du Parlement, le roi n'avait pu transmettre aucun ordre à ses premiers présidents, et que pouvoir serait ainsi donné aux Parlements d'éloigner leurs chefs et de leur refuser obéissance; qu'il n'avait jamais agi qu'en vue de la conciliation et de la paix, et dans l'intérêt même de la compagnie. Il termina, en disant qu'il avait toujours ignoré les instructions particulières du duc de Fitz-James, et qu'il n'avait connu les mesures prises par lui que par leur exécution, de même que tous les membres du Parlement.

On aurait pu le mettre à la gêne, si on avait eu ses lettres au chancelier et au contrôleur général. Durant trois séances, on délibéra au milieu d'un grand tumulte; la dernière séance dura jusqu'à onze heures du soir. Dix voix opinèrent pour suspendre le premier président de ses fonctions ; les autres reculèrent devant cet acte de hardiesse, et la majorité renonçant à la procédure de la mercuriale, se rangea à l'avis plus modéré de *l'admonesté*.

De la chambre dorée où il attendait la fin de la délibération, le premier président rentra alors à la grand'-chambre, et remonté sur son siège, il entendit le président de Niquet lui adresser ces rudes paroles : « Monsieur, la
« Cour a été blessée du peu zèle que vous avez témoigné
« pour le maintien de son autorité et de la liberté de ses
« délibérations, ainsi que de l'opposition que vous avez
« montrée aux maximes qui ont dirigé sa conduite, et
« qui sont entièrement liées à la constitution de l'État.
« Elle espère, qu'à l'avenir, vous vous rendrez digne de
« sa confiance par votre attachement aux principes qui
« caractérisent le vrai magistrat. »

Le premier président courba la tête. Il se vit à la fois admonesté par le Parlement et abandonné par le ministère. Quand il écrivit au chancelier pour lui demander ses instructions dans ce soulèvement du Parlement, le vice-chancelier se contenta de lui faire savoir que le roi venait de charger M. de Saint-Florentin d'écrire au duc de Fitz-James à ce sujet. Le gouvernement redoutait une lutte nouvelle du Parlement contre la Couronne et laissait les choses suivre leur cours.

Ce n'était pas assez pour le Parlement de s'en prendre au premier président ; il attaqua de front le commandant en chef. Le 17 décembre, sous la présidence du président de Niquet, les gens du roi entendus, il ordonna que le duc de Fitz-James serait pris et saisi au corps, partout où il serait trouvé dans le royaume, conduit dans les prisons de la Conciergerie de la Cour, « ses biens saisis et mis en régie, à raison des outrages « multipliés et des violences inouïes, dont au mépris de « son serment prêté en sa qualité de pair de France, il « s'était rendu coupable envers la justice souveraine du « roi, par l'abus qu'il a fait du nom du roi et de la force « qu'il a eue en mains. » Et l'arrêt flétrissait toute la conduite du duc, comme étant coupable de lèse-majesté au second chef, et « des derniers excès de l'audace et du « délire. » Les deux conseillers de Cambon et de Mongazin étaient commis à l'instruction, et copie de l'arrêt devait être transmise au greffe du Parlement de Paris, afin que le procès fût fait au duc par les pairs du royaume.

Quand les huissiers se présentèrent au château de Montblanc. pour signifier au duc l'arrêt du Parlement, « sous son bon plaisir », ils le trouvèrent protégé, comme une citadelle, par des soldats et des gardes en bandoulières et mousquetons, qui leur enjoignirent de se retirer: ils reprirent le chemin de Toulouse, sans parler au duc et sans pouvoir afficher l'arrêt sur les murs du château. Le duc avait eu le temps de prendre ses mesures : un conseiller de la grand'chambre avait prévenu le premier président qui s'était empressé d'informer le commandant en chef de la décision de la Cour.

Dès que les huissiers reparurent au Palais, toute une tempête s'éleva à la grand'chambre: les plus courroucés proposaient d'envoyer saisir le duc par un officier, exécuteur des ordres de la Cour, de le traduire devant l'assemblée des chambres, et de lui faire subir son châtiment dans l'enceinte même du Palais. Ils allèrent même, dans cette furie de représailles, jusqu'à rappeler le souvenir du chevalier de la Barre qui annonça aux Toulousains, au péril de ses jours, le massacre de la Saint-Barthélemy, et de Rapin, porteur de l'édit de paix de Longjumeau, décapité comme un des principaux auteurs de la conspiration de Toulouse, malgré l'amnistie royale. Qui peut assurer que si le duc avait été arrêté par les huissiers, il n'eût pas eu, dans ce tourbillon de passions et de colères, le sort de Rapin et de la Barre ? Ne pouvant le châtier en personne, le Parlement ordonna l'envoi à tous les Parlements et Conseils supérieurs du royaume, de l'arrêt de prise de corps contre Fitz-James et des arrêts qui l'avaient précédé.

Le roi finit par s'émouvoir de ces agitations et par montrer son autorité. Il écrivit au Parlement : « Nous « ordonnons que tout ce qui s'est passé à l'occasion de « nos édits et déclarations, sans exception, soit regardé « et demeure comme nul et non avenu, vous enjoignant « de procéder, sans délai, à l'exécution de tout ce qui « est porté dans notre déclaration du 21 novembre. »

Il y avait, dans ces lettres patentes, quelque chose de vague et de confus dont le Parlement se servit, en déclarant que le blâme du roi et les nullités édictées par la Couronne enveloppaient, à la fois, les résistances du Parlement et les violences du duc, et établissaient un parallèle outrageant, entre les efforts faits pour le fidèle maintien des lois de l'État et les attentats réprouvés par la conscience publique. Il décida « que le roi serait sup-
« plié de retirer ses lettres patentes, et de considérer que
« son Parlement ne pourrait, en aucun temps, procéder
« à l'enregistrement réclamé par la Couronne, sans se
« désavouer lui-même, en paraissant acquiescer à la
« condamnation indirecte de la conduite la plus irrépro-
« chable, et sans consentir à l'impunité d'attentats contre
« lesquels l'honneur du trône, la sûreté publique et les
« lois ne cesseront jamais de solliciter une vengeance
« éclatante. »

De tous côtés, se remuaient les parlementaires dans le royaume : de Dijon, de Rennes, de Bordeaux, d'Aix et de Besançon, les Parlements écrivaient à celui de Toulouse, pour l'exciter à continuer la lutte, et adressaient même des remontrances au roi, pour blâmer le duc de Fitz-James. A Toulouse, on émettait la prétention de s'ériger en Cour des pairs et de juger le duc : des mémoires imprimés à Amsterdam soutenaient cette thèse et se répandaient en France. Un moment, le ministère, les princes et les pairs du royaume qui se sentaient atteints dans la personne du duc de Fitz-James, et qui tonnaient contre les parlementaires de Toulouse, espérèrent que les deux Parlements de Paris et de Toulouse allaient être aux prises, surtout, quand, par ordre du roi, le Parlement de Paris, blessé dans son orgueil et reconnu pour être « éminemment et essentiellement la « Cour des pairs », cassa, le 30 décembre, les arrêts de Toulouse, et notamment le décret de prise de corps contre Fitz-James, dans une séance où furent appelés, comme de droit, les pairs du royaume. De la même main qui frappait ainsi le Parlement de Toulouse, il adressait au roi des remontrances contre la conduite du commandant en chef. Le roi qui désirait la paix blâma le Parlement de Paris de prendre parti dans cette affaire, sans attendre ses ordres.

Ces décisions du Parlement de Paris mécontentèrent, à la fois, le Parlement de Toulouse qui se sentait abandonné par celui de Paris, et le duc qui s'attendait à voir les parlementaires de Toulouse condamnés à lui faire une publique réparation. Le duc s'en plaignait hautement, et le Parlement le poussant dans ses derniers retranchements, cassait, le 7 janvier 1764, l'ordonnance prise par Fitz-James, au mois d'octobre, sur la police du guet, lui interdisait de prendre le titre de commandant en chef de la province, ses lettres n'ayant été ni vérifiées, ni enregistrées, défendait aux habitants de la province de le reconnaître en cette qualité, et adressait au roi de nouvelles et amères remontrances, en appelant sur la tête du duc la rigueur des lois. Secondé par les Parlements de Bordeaux, de Grenoble et de Rouen, le Parlement de Toulouse persistait, en vertu de ses traditions, à retenir devant lui, la connaissance des procès intéressant les pairs du royaume, et rendait, en réponse à l'arrêt de Paris, un arrêt pour défendre ses droits de classe de Cour plénière et de fraction de Cour des pairs.

Dans un gouvernement fort, la question aurait été vite tranchée ; mais, comme il arrive dans les gouvernements faibles, elle se traîna dans les ajournements et resta toujours indécise.

Le duc eut peur et se prépara à partir. Il expédia à Paris un courrier, pour solliciter la cassation de ces arrêts du Parlement, et se transporta au Capitole où il fit de solennels adieux aux capitouls et aux officiers de la garnison, en leur promettant la protection du roi et la sienne. Cette harangue ne fut accueillie qu'avec froideur par les capitouls qui inscrivirent cette note dans leurs annales : « Cet événement fournit un exemple à jamais mémo-
» rable de cette fermeté inébranlable que notre auguste
« Sénat a fait paraître, et de cette gloire immortelle qu'il
« s'est acquise dans une telle circonstance ; et tandis que
« l'histoire exacte et fidèle reconnaîtra et respectera la
« vérité, et transmettra les faits à l'avenir, sans aucune
« altération, les siècles futurs admireront toujours avec
« étonnement son inviolable affection et sa constante
« fidélité envers le prince, son attention particulière et
« son attachement inviolable aux intérêts des peuples
« enclavés dans son ressort. »

Tout se tournait contre le duc. Il n'avait plus rien à espérer des Toulousains : il prit le chemin de Béziers, le matin du 14 janvier, mais en vrai commandant en chef, ne voulant pas longer les remparts, traversant lentement la ville, les soldats rangés en haie dans les rues, passant devant le Palais de justice, à l'heure où les parlementaires se rendaient à l'audience, et pour que rien ne manquât à cette fière sortie, il avait pris, dans son carrosse, son subdélégué Charlary, décrété de corps depuis deux jours par le Parlement. Sur son passage aucune acclamation ; le peuple se détournait et montrait le dos au cortège. La Basoche accabla le duc de brocards ; on le chansonna en noëls et en mauvais vers.

En chemin, il put voir l'arrêt de prise de corps affiché aux murs des villes et des bourgs. Les consuls ne lui rendant aucun honneur, il en prit son parti et envoya des courriers en avant, pour annoncer son arrivée et avertir les consuls qu'il les dispensait du cérémonial ordinaire. Les mémoires ajoutent : « Vous voyez par-là, que « notre duc n'a point perdu tout son temps sur les bords « de la Garonne. » Il s'arrêta à Montpellier où il se proposait d'attendre le résultat de son pourvoi au grand Conseil et d'ouvrir les États. Pour toute réponse du roi, il reçut l'ordre de se rendre à Versailles, où il resta longtemps en disgrâce. Ce n'est qu'après deux ans de défaveur et d'oubli, qu'on lui donna le gouvernement de Guyenne, de Navarre et de Béarn.

En même temps, le roi écrivait au procureur général de surseoir aux procédures commencées depuis le décret de prise de corps, et adressait au Parlement une lettre de cachet qui mandait auprès de lui le président de Niquet, deux conseillers de la grand'chambre et deux des enquêtes, afin de recevoir ses ordres. A ces parlementaires se joignirent le président d'Aguin, et les conseillers de Bojat, de Paraza et Raffin, rédacteurs des remontrances et ennemis du premier président, qui partirent le 27 janvier 1764, salués par le peuple pressé autour de leur carrosse. Ils arrivèrent à Versailles le 8 février, et n'obtinrent audience de Louis XV que sept jours après.

Ce jour là, 25 février, les parlementaires furent introduits dans la chambre du roi, selon le cérémonial en usage, et sur l'invitation de Louis XV, le président de Niquet prit la parole et rappela au roi les édits surpris à sa religion, la justice enchaînée par la force, le Parlement aux arrêts, l'état de la misère publique et la ville de Toulouse transformée en place de guerre. Il censura les excès du duc de Fitz-James et réclama la fin de l'exil du Parlement de Normandie. Dans sa réponse vague et plus longue que les réponses ordinaires des souverains, le roi resta dans une sorte de nuage, et parla de son amour pour ses sujets et du zèle et de la fidélité du Parlement de Toulouse. A ce langage qui réflétait l'esprit du nouveau ministère, on pouvait prévoir l'abandon de la politique suivie jusque-là. Toutes les lettres anonymes et injurieuses adressées au gouvernement contre les députés du Parlement furent dédaigneusement déchirées.

De loin, le premier président retenu à Toulouse par la volonté royale, suivait ce brusque changement de fortune, et faisait partir pour Versailles la première présidente qui sollicitait des audiences du roi, du vice-chancelier et du contrôleur général. Devant l'impérieuse nécessité d'obtenir les enregistrements demandés au Parlement, elle échoua, et le jour même de la réception des parlementaires, parurent des lettres patentes promettant des réformations dans les abus des finances, et enjoignant le silence sur les événements de Toulouse. Pour adoucir ce coup, Saint-Florentin écrivait à M. de Bastard qu'il pouvait se rendre, à son tour, auprès du roi.

Pendant que le premier président s'acheminait vers Paris, les députés du Parlement rentraient à Toulouse et, sur le rapport de M. de Niquet, faisaient enregistrer par le Parlement, à l'audience du 20 mars, les lettres patentes du 25 février, condamnaient, une dernière fois, la conduite du duc de Fitz-James et protestaient, d'avance, contre tout acte émané des gouverneurs, lieutenants généraux et commandants en chef, avant l'enregistrement de leurs lettres patentes.

Six jours après, les chambres reprirent leur service, sans les honneurs de la rentrée, et comme si le cours de la justice n'eût pas été interrompu. Elles adressèrent au roi des remontrances sur la liberté du commerce des grains en Languedoc, et adjurèrent le gouvernement d'améliorer le sort des populations appauvries par les impôts. A ces remontrances le roi fit transmettre, par Saint-Florentin, une réponse empreinte de bonté pour ses sujets du Languedoc et de louanges pour le Parlement. Aussitôt, les récriminations se réveillent contre le premier président : après une délibération orageuse, on arrête, le 25 mars 1764, la décision suivante : « La Cour, « toutes les chambres assemblées, a arrêté pour cer- « taines causes et considérations à cela mouvant, que « dans aucun temps et en aucun cas, aucun de ses « membres ne pourrait servir avec M. le premier prési- « dent de Bastard, ni lui rendre visite. »

C'est à Versailles que le premier président apprit cette décision outrageante qui l'abaissait et l'humiliait : il voulait donner sa démission ; le dauphin l'en empêcha. De peur que la chambre des vacations composée, non des jeunes et bouillants conseillers aux enquêtes, mais des prudents, des modérés et des sages, ne revînt sur cet arrêt du 25 mars, on décida, avant de se séparer au mois des vacances, qu'aucune délibération contre cette décision ne pourrait être proposée qu'en assemblée des chambres. Vers le même temps, le Parlement réclama, par les plus vives remontrances, la révocation de Fitz-James.

Pendant que le premier président attendait à Paris la fin de ces luttes, il vit se renouveler contre lui, l'année suivante, au mois de septembre 1765, l'arrêt du 25 mars 1764, repris dans les mêmes termes. Autour du roi on redouta une nouvelle prise d'armes du Parlement de Toulouse et des autres Parlements du royaume : on songea même à demander au premier président sa démission ; la mort du dauphin, les hésitations et le refus du premier président donnèrent un autre cours aux intentions royales.

Le pouvoir parlementaire l'emportait ainsi sur la Couronne, mais c'est surtout un vent de folle vanité qui enfle les robes factieuses, et ces disputes ont moins le souci des intérêts du pays, que l'orgueil de la compagnie. Afin de faire rentrer dans l'ordre ces levées de mortiers, le ministère se détermine à déférer la procédure en mercuriale contre M. de Bastard et les arrêts qui l'avaient suivie au Conseil d'État, qui les cassa, au mois d'avril 1766. Au Parlement, on se borna à écouter, en silence, la lecture de ces arrêts de cassation, sans en ordonner l'impression, contrairement aux prescriptions du Conseil d'État.

A la faveur de cette trêve, le premier président voulait quitter Paris : le ministère l'en empêcha, en l'informant que le Parlement ne gardait le silence et ne renouvelait ses arrêts contre lui, que sur la promesse de M. de Beauveau, gouverneur du Languedoc, qu'il ne reparaîtrait pas à Toulouse pendant les vacations. Après un acte de vigueur, le gouvernement retombait dans les manœuvres flottantes et les faiblesses. Afin d'enlever au premier président tout espoir de retour, et d'intimider les ministres, le Parlement renouvelait, une troisième fois, l'arrêt du 25 mars 1764.

Pourtant, le bruit du retour de M. de Bastard se répandait à Toulouse, et déjà les capitouls se disposaient à lui rendre les honneurs des grandes entrées, lorsque le Parlement, par un arrêt du 21 février 1767, décida que si M. de Bastard se présentait devant la Cour, pour être admis au serment, le serment lui serait refusé, et que seules, les chambres assemblées pouvaient délibérer sur la rétractation des décisions prises contre lui. Défense fut faite ensuite aux capitouls d'autoriser « toutes assem-
« blées illicites et tumultueuses et les cavalcades, sans
« que l'intention du Parlement fût d'interdire aux capi-
« touls de rendre au premier président les honneurs dus
« à la dignité dont il est revêtu. »

Il semblait, en effet, que le peuple et les capitouls eussent gardé au premier président, malgré l'absence, un attachement qui étonnait et touchait le ministère. Au Parlement, on craignit une rentrée en grâce du premier président et un retour de fortune ; on se hâta d'envoyer au roi une nouvelle députation pour s'opposer au départ de M. de Bastard. C'est à Choisy, que Louis XV reçut les parlementaires : en un conseil de dépêches, il accueillit leur requête, en déclarant toutefois qu'il ne de-

manderait jamais sa démission au premier président, et en chargeant le chancelier d'écrire à ce dernier cette lettre: « Le roi me charge de vous dire, qu'il est touché
« des marques d'attachement, de zèle, de fidélité et de
« respect que vous lui avez données, qu'il vous en fera
« sentir les effets dans toutes les occasions, mais que
« le bien de son service exige que vous ne retourniez pas
« à Toulouse. »

Quelques jours après, le roi apercevant le premier président au milieu des courtisans, s'avança vers lui, en disant : « J'ai été content de vos services, vous n'avez
« pas manqué à mes ordres, mais des circonstances qui
« troubleraient mon Parlement m'obligent à ne pas vous
« y renvoyer. Restez à Paris. » Et un mémoire du temps ajoute : « C'est parce que le contrôleur général a dit
« qu'il avait beaucoup d'édits à faire enregistrer, d'ici à
« la fin de l'année, qu'il ne répondait pas du Parlement
« de Toulouse, si on y renvoyait le premier prési-
« dent. » Ce mémoire est dans le vrai : pour satisfaire leurs rancunes contre le duc de Fitz-James et le premier président, les parlementaires aliénaient leur indépendance, et payaient de l'enregistrement des édits royaux, ces concessions de la Couronne. C'est alors qu'ils enregistrèrent la déclaration royale sur les octrois et biens patrimoniaux des communes, qui souleva de véhémentes protestations des États contre le ministère et le Parlement.

Lassé de tant d'agitations et de désordres, le roi céda à la pression des parlementaires et réclama la démission du premier président, comme un gage de paix dans la province. Aux derniers jours d'octobre 1768, M. de

Bastard envoyait sa démission et recevait, en récompense de sa soumission, un brevet d'une pension de 6,000 livres.

L'avocat Falconnet, dans son *Barreau français*, a ainsi parlé de M. de Bastard: « Ce fut un des hommes rares « auxquels, de leur temps, on ne rend pas justice. Il « avait une grande rectitude de jugement, avec une pro- « digieuse mémoire ; si le Digeste et le Code s'étaient « perdus, on en aurait retrouvé la plus grande partie « dans sa tête. Il savait nos ordonnances par cœur. » Mais Falconnet ne dit rien de la trempe de son caractère, et il restera toujours, sur la mémoire du premier président de Bastard, un nuage et comme une tache que le temps n'a pas effacée. L'histoire qui juge à distance et qui pèse les vertus et les défaillances humaines, doit rendre un juste hommage à l'intelligence et au savoir de M. de Bastard ; elle refuse la fermeté franche et la vraie grandeur à ce premier président qui ne comptera jamais parmi les cœurs droits et sincères. Son rôle à double face ne pourra s'excuser que par les tiraillements incessants de la Couronne et du Parlement auxquels il fut en butte, toute sa vie. D'autres auraient été, plus que lui peut-être, à la hauteur de cette mission. Il fut la victime de ces immixtions continuelles de l'autorité judiciaire dans les choses du gouvernement. Dans ce conflit de deux puissances, la question révolutionnaire se posait nettement: lequel, de Fitz-James ou du Parlement, avait le droit d'arrêter l'autre ? Entre le commandant en chef soutenant la cause du roi, et le Parlement toujours sur le pied de guerre, par le point d'honneur de son autorité souveraine, le premier président inclina vers la conciliation, en désertant la cause du Parlement et en penchant du côté de Fitz-James. Suspect aux uns, haï des autres, méconnu de tous, il eut le sort réservé par les révolutions aux vaincus et à ceux qui ne savent pas bien où est le devoir.

Ce sacrifié, comme l'appelait Louis XV, se vit bientôt nommé à l'ambassade de Constantinople, qu'on regardait comme un poste de faveur et de confiance ; il refusa et n'accepta qu'une place de conseiller d'État ordinaire et privé. On lui offrit les importantes fonctions de contrôleur général ; sur son refus, on les donna à l'abbé Terray. En retour, le roi accorda à son frère, Bastard de la Fitte, la jouissance de la charge dont le doyen Dominique de Bastard son père, conserva l'exercice, jusqu'à sa mort.

CHAPITRE XXI

Dernier incident du procès des jésuites. — Les évêques de Saint-Pons et de Soissons. — Les archevêques d'Auch et de Paris. — Serment imposé aux jésuites. — Libelles en faveur des jésuites. — Condamnation au bûcher. — Le doyen Dominique de Bastard. — Sentiments du roi envers les jésuites. — Nouveaux libelles condamnés au feu. — Expulsion des jésuites par le roi. — Réquisitions de l'avocat général de Cambon. — Arrêt du Parlement imposant le serment aux jésuites restés en France, et réclamant leur expulsion du royaume. — Lettre de Voltaire. — Le premier président de Vaudreuil. — Divers arrêts du Parlement. — Remontrances. — Réponse du roi. — Une commission de parlementaires dans le Gévaudan et le Vivarais. — Exécutions à Toulouse. — Le bourgeois Barthès. — Procès fait aux cadavres. — Arrêt contre Simon Saladin. — Le peuple habitué à ces spectacles. — Lenteur des progrès de la justice criminelle.

Au travers de ces événements dont le bruit retentissait dans le royaume, le procès des jésuites, un moment assoupi, allait jeter ses derniers feux. Au mois d'avril 1763, le vieil évêque de Saint-Pons, Mgr de Guénet, dont l'âge ne refroidissait pas les emportements, s'attaqua à Mgr de Fitz-James, évêque de Soissons, et combattit ses mandements et ses ordonnances avec une violence de langage que condamna le Parlement, en faisant brûler les écrits du fougueux évêque. En Gascogne, l'archevêque d'Auch, grand ami des jésuites, s'inspirant des doctrines de Mgr de Beaumont, archevêque de Paris, dont les écrits venaient aussi d'être condamnées au feu, publia une lettre pastorale contenant une apologie de la

Société de Jésus. Du même coup et par un même arrêt du 9 avril 1764, sur d'énergiques réquisitions du procureur général et sur le rapport du conseiller de Montgazin, le Parlement de Toulouse livrait au bûcher, aussi bien la lettre pastorale de l'archevêque de Paris, que celle de l'archevêque d'Auch, « comme écrits cap-
« tieux, calomnieux et tendant, sous le prétexte d'instruc-
« tion, à favoriser le fanatisme, à troubler le repos public
« et à soulever les esprits contre le respect et l'obéis-
« sance dus à l'autorité du roi et aux arrêts de la
« Cour. »

Par cet arrêt, serment était imposé aux jésuites de renouveler, devant les conseillers de Bojat et de Coudougnan, le serment d'être bons et fidèles sujets et serviteurs du roi, de tenir et professer les libertés de l'église gallicane, de n'entretenir aucune correspondance avec les jésuites étrangers, de combattre la morale pernicieuse contenue dans les livres proscrits par la Cour, et de ne plus vivre sous l'empire de leurs constitutions, à peine d'être expulsés du royaume et poursuivis, selon l'exigence des cas.

On vit alors se répandre, dans tout le ressort, des libelles en faveur de la compagnie de Jésus. A l'audience du 14 mai 1764, un conseiller en dénonça deux, le premier, ayant pour titre, *Il est temps de parler, ou compte-rendu des pièces de M. Ripert de Montclar et des événements de Provence*, et le second, *Tout se dira, ou l'Esprit des magistrats destructeurs*, dont Voltaire se servit plus tard, pour insulter les jésuites. Dans ces deux pamphlets on traitait les adversaires des jésuites et entre autres, certains parlementaires de Toulouse, Riquet de Bonrepos, Du-

don, Champel et Sallèles, calomniateurs, prévaricateurs et faussaires, et on disait parfois de rudes vérités à la magistrature : « Que répondrait-elle, si le roi lui re-
« prochait tant de révoltes colorées du nom de respect
« et de fidélité, tant de refus séditieux, tant de maximes
« républicaines étalées dans des réquisitoires, des arrêts
« et des remontrances, tant de preuves d'un projet sys-
« tématique d'avilir la majesté du trône, d'en partager
« les droits et de l'asservir honteusement à des pouvoirs
« intermédiaires ? » Le pamphlet ne confondait pas tous les parlementaires dans cette réprobation : « Il y aurait
« bien des exceptions à faire : les noms d'Eguilles, de
« Bastard, de Montvallon, de Conolis et tant d'autres
« vengent hautement la magistrature des torts que lui
« font ses magistrats. » A l'audience du 21 mai, les libelles furent condamnés à être brûlés, au pied du grand escalier du Palais, par la main du bourreau.

En inscrivant le nom de Bastard parmi les amis des jésuites, c'est le premier président que désignait le pamphlet et non son père, le doyen Dominique de Bastard, plus indépendant et qui prenait parti pour ou contre la Société de Jésus, selon les impressions de sa conscience. Il figure, comme rapporteur, dans un arrêt du 12 juillet 1764, qui défendait d'ouvrir des écoles de théologie à Montpellier ; à la veille des vacances, il refusa de concourir à un arrêt permettant à quelques jésuites de rester en France, ordonnant à un grand nombre d'autres de sortir du royaume, et défendant à toutes personnes de leur donner asile. Son nom va reparaître dans un arrêt fameux : le roi trouvant que les Parlements poursuivaient les jésuites à outrance, voulut adoucir ces rigueurs et autorisa les membres de la Société à résider dans le royaume, non en société, mais en simples particuliers et à moins de dix lieues de Paris, sans serment, à charge de se conduire en fidèles sujets, et de se présenter, tous les six mois, au bailliage. Sur le rapport de Dominique de Bastard, cet édit royal, du mois de novembre 1764, fut enregistré sans opposition.

Les jésuites et leurs amis triomphèrent trop vite : les brefs et les pamphlets couraient en France et s'attaquaient aux Parlements qui les condamnaient au feu : c'est ainsi qu'on brûla la *Lettre d'un chevalier de Malte ;* les *Réflexions impartiales d'un Français papiste et royaliste;* la *Lettre d'un écolier des soi-disants*, cherchant à justifier le régicide à l'aide de citation erronées de Saint-Thomas-d'Aquin ; la *Lettre d'un cosmopolite*, prêchant le soulèvement des ordres de l'État ; l'*Avis important adressé à nos seigneurs les cardinaux, archevêques et évêques*, rempli de diatribes contre l'administration des sacrements. Ces libelles prenaient tous les titres et toutes les formes. En Espagne où beaucoup de jésuites s'étaient réfugiés, telle fut l'âpreté de leurs attaques, qu'on les chassa de cette nation, et que quelques années après, Louis XV, revenant sur son édit de novembre 1764, fit enjoindre, par arrêt du Conseil, du 9 mai 1767, à tous les jésuites, n'ayant pas prêté serment, de quitter, sous quinze jours, le territoire français. A l'audience du 1er août de cette année 1767, toutes chambres assemblées, l'avocat général de Cambon reprit l'offensive et réclama le serment des jésuites, dans un réquisitoire où il groupa, en faisceau, tous les griefs reprochés à la Société. Dès qu'il eut cessé de parler, et sur le rapport de Dominique de

Bastard, il y eut arrêt conforme aux réquisitions, défendant en outre aux évêques de conférer des fonctions religieuses aux jésuites qui n'avaient pas prêté serment, déclarant que le roi serait supplié d'intervenir auprès du pape, et de joindre ses instances à celles des princes catholiques, pour obtenir l'extinction de cette Société « dangereuse, redoutable aux souverains et à la « tranquillité des États. » Dans la province de Toulouse, elle comptait alors sept cents membres. Ce fut le dernier arrêt dans l'affaire de la compagnie de Jésus, en Languedoc. On ne retrouve plus ce nom de jésuites et d'amis des jésuites, que dans les pamphlets du coup d'État du chancelier Maupeou.

Cet arrêt sonnait la victoire du parti philosophique, et Voltaire qui détestait les jansénistes autant que les jésuites, s'écriait dans une lettre à La Chalotais: « La rai-
« son fait de grands progrès parmi nous. Mais gare
« qu'un jour, le jansénisme ne fasse autant de mal que
« les jésuites ! Que me servira d'être délivré des renards,
« si on me livre aux loups ? » Un autre jour, il insultait les parlementaires, dans une lettre à d'Alembert : « C'est
« une race d'hommes aussi méchants que les jésuites,
« plus puissants, plus dangereux et plus déterminés à
« chercher les moyens de nuire. »

C'est le moment de se retourner vers les dernières années qui venaient de s'écouler. A M. de Bastard avait succédé le premier président Drouin de Vaudreuil, de souche parlementaire, esprit vigoureux et dont les savants rapports, au Parlement de Paris lui valurent le privilège de délibérer, avant l'âge exigé par les ordonnances. Deux fois suspendu de ses fonctions, à la suite de la lutte qu'il soutint avec le Parlement contre l'archevêque de Paris, à l'occasion des querelles de confession et de refus des sacrements, gallican toute sa vie, il finit par reprendre ses fonctions, lorsque le Parlement de Paris accusa le Parlement de Toulouse d'empiéter sur ses droits et de retenir le jugement du duc de Fitz-James. C'est à Drouin de Vaudreuil que fut confié le soin de rédiger un mémoire à ce sujet : sans trahir les droits de sa compagnie, et sans froisser le Parlement de Toulouse, il apaisa ce conflit avec une prudence que le roi récompensa par le siège vacant de M. de Bastard. Il passa une année à peine au Parlement de Toulouse : à lui aussi, le gouvernement allait demander sa démission, à la veille du coup d'État du chancelier Maupeou. On doutait de sa fermeté, et on l'éloigna de ces tumultes parlementaires qui annonçaient la Révolution : il devait mourir en 1788, et échapper ainsi aux proscriptions et à l'échafaud.

Pendant que se débattaient les derniers incidents du procès des jésuites, le Parlement ne négligeait pas les intérêts de la province : il exposait au roi, dans d'énergiques et touchantes remontrances, la détresse du peuple accablé d'impôts ruineux ; il veillait au respect des franchises des villes, à la sûreté du commerce des grains, à la loyauté dans la perception des dîmes, au strict accomplissement des corvées, à l'économie dans l'établissement des impôts. Il faisait lacérer et brûler des mandements, des mémoires et des libelles qui lui semblaient de nature à semer des divisions et des discordes, il cassait des ordonnances de la Cour des aides contraires aux lois, il resserrait les liens de la discipline dans les justices inférieures et les couvents, il contraignait les prêtres à donner les derniers sacrements à ceux qui gardaient les traditions jansénistes, il poursuivait les duellistes et dispersait les bandes de malfaiteurs.

A la suite de remontrances sur les dépenses excessives des gouverneurs et sur la charge nouvelle imposée à la ville, pour l'achat de l'hôtel de Fumel, destiné au premier président, il s'attire cette réponse du roi : « La ten-
« dresse de Sa Majesté pour son peuple, plus éloquente
« encore que les remontrances, lui a peint la situation
« avec plus de force et d'énergie, mais elle n'a pu, sans
« être injuste, céder à sa sensibilité... Sa Majesté atten-
« dait du zèle des magistrats qu'ils donneraient à ses
« peuples l'exemple de la soumission ; leur résistance
« ne pouvait qu'inspirer des alarmes et un découragé-
« ment qui augmenterait le mal, en faisant désespérer
« du remède. C'est pour prévenir ces malheureux effets
« que Sa Majesté envoie à son Parlement ses lettres de
« jussion et lui ordonne d'y obtempérer. »

Dans le Gévaudan et le Vivarais, la justice criminelle, avec ses juges, lieutenants de juges, procureurs juridictionnels et greffiers, baillis d'épée, châtelains et viguiers, ne vivait que d'abus, au milieu d'une confusion inouïe d'attributions et de compétences. En vertu de lettres patentes du 31 août 1766, les trois conseillers de Paraza, de Cantalauze et de Raffin, accompagnés de Mathieu de Fongrave, substitut du procureur général, partirent pour ces régions éloignées, où ils séjournèrent durant de longs mois, avec pouvoir d'évoquer et de juger, et de s'enquérir de l'état de ces justices locales. Partout, sur leur passage, on les reçut aux acclamations publiques :

les consuls, les ordres religieux, les corps des villes, venaient les saluer ; les maisons s'illuminaient, les cloches sonnaient et le peuple faisait cortège.

Les procès-verbaux de ces parlementaires offrent un effroyable tableau des crimes commis dans ces contrées et de l'impuissance des évêques, des abbés, des abbesses, des chapitres, des princes et des seigneurs chargés de prononcer les châtiments. A Versailles, on s'émut de cette situation qui mettait en péril la sûreté et la vie de ces populations livrées à tant de justiciers, dont l'ignorance égalait la faiblesse.

De même que dans le Gévaudan et le Vivarais, on ne vit jamais plus de supplices à Toulouse, et jamais le journal de Barthès n'eut plus d'allégresse. Il n'était pas de semaine qu'il ne vit fouetter, pendre, brûler ou rouer. Il faut citer cette page : « Une empoisonneuse de très vi« laine figure vit, d'un œil sec, tout l'appareil du sup« plice, s'assit gracieusement sur le bûcher, et n'eut « été la chemise enduite de goudron et de souffre qu'on « alluma tout de suite, et dont la fumée puante l'étouffa « dans le moment, elle eût parlé, même au milieu des « flammes. Puis, deux frères assassins qui ne faisaient « pas ensemble l'âge de quarante ans, gentils et gracieux « au possible ; deux autres frères rompus vifs, exécutés « par le fils du bourreau, pour son coup d'essai. »

Ce fils de bourreau, ajoute Barthès, « bouillant, jeune « et sanguinaire, après avoir rompu le bras droit à un « meurtrier, voulant briser l'autre, sans faire le tour du « patient, lui écrasa le visage d'un coup de barre, ce qui « acheva l'exécution. On ne put l'exposer sur la roue. « Le murmure fut général dans la place, tout le monde

« fut indigné d'un coup aussi peu réfléchi, et les Mes-
« sieurs fâchés autant qu'on peut l'être, firent mettre ce
« bourreau en prison. Le cadavre du supplicié fut ex-
« posé sur une roue, aux fourches patibulaires, pour y
« être en spectacle aux méchants et les faire méditer
« sur leur conduite. »

Un autre jour, en revenant de la place Saint-Georges, où le cordelier Jean Dubois venait d'être rompu, pour crime d'assassinat, Barthès court à la place royale, à la Pierre et à l'entrée du pont, pour voir et décrire le châtiment infligé à un bigame : Pendant trois heures, on attacha le condamné au pilori de chacune de ces places, une quenouille à la main droite et une quenouille à la main gauche, filant le lin comme une femme, devant une foule immense. Barthès compte les gémissements et les sanglots des suppliciés ; il note au passage les cris, les chansons ou les cantiques sortis des lèvres des patients, et à la vue de tant de condamnés montant au bûcher, à la potence ou sur la roue, sans repentir et parfois d'un air arrogant, il écrit cette maxime décourageante et morose : « Ainsi, de toutes les exécutions on peut conclure
« que du mal il ne survient que du mal. »

Et quelques jours après, en retraçant les crimes et les exécutions de ces tristes journées, la détresse des pauvres, le luxe des grands et le libertinage de tous, il écrivait encore : « Une plume de fer et une voix aussi
« retentissante que l'airain ne seraient pas en état de dé-
« crire la corruption de cette ville. » C'est peut-être à ces mêmes années que Talleyrand disait en souriant : « Ce-
« lui qui n'a pas vécu à la fin du dix-huitième siècle n'a
« pas connu les douceurs de vivre. »

A ces époques où la justice criminelle gardait encore ses coutumes barbares, on ne condamnait pas seulement les vivants, et la mort elle-même n'arrêtait pas les poursuites et les peines. On exécutait, à la lettre, l'ordonnance de Louis XIV, du mois d'août 1670, qui s'était inspirée des traditions du moyen âge et qui traçait les règles à suivre dans les procès faits aux cadavres, ou à la mémoire des morts, pour crime de lèse-majesté divine ou humaine, pour duel, suicide et rebellion armée envers la justice, quand le rebelle avait péri. On alla même, quelquefois, du temps de la Rocheflavin, jusqu'à exhumer des suicidés, pour les condamner à la flétrissure et les pendre au gibet. En face du cadavre, on nommait d'office un curateur, lorsqu'aucun de ses parents ne se présentait pour le défendre.

C'est ainsi qu'on retrouve dans les registres du Parlement cet arrêt contre un bourgeois accusé de meurtre, qui s'était poignardé en prison : « La Cour a déclaré et « déclare le dit Simon Saladin atteint et convaincu du « crime de suicide volontaire à lui imputé, sa mémoire « à jamais éteinte, pour réparation duquel, son cadavre « sera livré ès mains de l'exécuteur de la haute justice, « pour être mis sur une claie, la face contre terre, et « traîné dans les rues et carrefours accoutumés de la « présente ville ; et à la place du perron du Palais, à « une potence qui y sera plantée, le cadavre sera pendu « par les pieds et ensuite jeté à la voirie. »

Le vieux Barthès ne manqua pas d'assister à ce lugubre spectacle où se trouvaient, c'est lui qui le dit, toutes les Cours de justice, escortées par la maréchaussée et le guet. Il faut croire qu'il est sorti de la vérité et

que des commissaires pris, selon l'usage, parmi les capitouls et les membres du Parlement, marchaient en tête du cortège et représentaient leurs compagnies. A la main du cadavre de Saladin, était encore le couteau qui lui avait servi pour se poignarder. Barthès le suivit dans les rues, et l'accompagna jusqu'à la voirie du quartier des Récollets, où le corps fut jeté parmi des animaux, non enfouis, que dévoraient les chiens et les oiseaux de proie. « Telle fut, ajoute Barthès, l'hor-
« reur qu'on en éprouva, que les estomacs de qualité
« des spectateurs en furent indisposés, et que plusieurs
« s'en retournèrent avec un dégoût et soulèvement de
« cœur, presque nuisible. »

Il ne paraît pas pourtant que ces horribles supplices aient beaucoup effrayé cette société de la fin du dix-huitième siècle ; les crimes y étaient graves et se renouvelaient de jour en jour. Le peuple s'habituait à toutes ces choses et ne se blasait pas de ces douloureuses scènes de honte et de mort. C'était pourtant l'époque où Beccaria venait de publier son *Traité des Délits et des peines* et Montesquieu son *Esprit des lois ;* mais les idées d'humanité et les progrès de la civilisation ne pénétraient que lentement et péniblement dans la justice criminelle, semblable à une terre durcie où la charrue ne peut creuser un sillon. Avec le temps, devait revenir à Montesquieu l'honneur d'amener l'abolition de ces pénalités barbares, qui dégradaient la dignité de l'homme, altéraient les mœurs, affligeaient l'esprit de charité et obscurcissaient l'idée de la justice en France.

CHAPITRE XXII

Éloquence judiciaire au Parlement de Toulouse, au dix-septième siècle.

Ce n'était pas la faute du barreau, si ces sentiments d'une justice plus humaine et plus clémente n'entraient pas dans les lois de son temps. Tandis que les Parlements s'attardaient à ces pénalités cruelles d'une législation gardant l'empreinte du moyen âge, une merveilleuse voie s'était ouverte déjà à l'esprit français, à ces années du siècle de Louis XIV, où vivaient La Bruyère, Fénelon, La Fontaine et Molière, où Pascal écrivait *les Provinciales*, où le royaume tressaillait d'émotion, en entendant *le Cid* et *Athalie* et la grande voix de Bossuet. Des jours heureux allaient se lever pour l'éloquence judiciaire, mais cette aurore était lente à paraître à l'horizon.

A ce dix-septième siècle, source inépuisable d'études et d'admiration, les traités de morale de Nicole, les écoles de Port-Royal et les plaidoiries de Patru éveillent, au Palais de justice, le goût des lettres pures et donnent un vif reflet à l'éloquence du barreau. Cette éloquence tenait alors, dans la vie, une plus large place qu'aujourd'hui. La tribune politique n'existait pas et la société avide de bruits et d'émotions n'avait que la chaire et le barreau, les vraies tribunes de ce siècle. Comme au temps de Ciceron, l'éloquence judiciaire était la première de toutes, et la plus difficile des œuvres humaines. Il y a, dans la parole des avocats de cette époque, une élévation et une discipline inconnues au seizième siècle. La langue plus élégante, plus claire et plus forte a, sur les lèvres de d'Aguesseau, une noblesse et un éclat qui font pâlir les mercuriales et les harangues du règne de Henri IV. A son tour, la langue du Palais parvient à la période de sa plus haute beauté ; elle exprime les sentiments et les croyances de la société de ce siècle.

A Toulouse, cette influence de Patru et de d'Aguesseau se fait à peine sentir. Il semble qu'on y soit encore en plein seizième siècle. Les avocats continuent à citer la glose, les papes et les conciles et à s'égarer dans les souvenirs de la mythologie, de la Grèce et de Rome. A tout moment, ce sont de longues citations de poètes ou de prosateurs, athéniens ou latins.

En discutant la question de savoir à qui revient le payement des habits de deuil d'une veuve, l'avocat Olivier Barrade rappelle Thétis couverte d'un voile noir et pleurant, aux pieds de Jupiter, la mort de son fils Achille, tué au siège de Troie, Crassus se désolant de la perte d'une lamproie, et Cornélie de la mort des Gracques.

Dans un procès, où se débattait le droit des seigneurs féodaux et justiciers, de prohiber à leurs vassaux la construction de colombiers dans leurs terres, un autre avocat, Jean Duménil, disait : « De tout temps, les « hommes ont eu la passion des colombes, au rapport « de Pline, Varron, Columelle, Servius et Palladius. « Chez Homère, les colombes donnent l'ambroisie aux « dieux, et chez Pausanias elles rendent, en Dodone, les

« réponse et les oracles. Pline leur donne quelque chose
« de royal. » Je ne poursuis pas ces souvenirs historiques de tous les peuples, des Hébreux et des Gaulois, des Spartiates et des Thébains. Il y a trois pages sur ce ton.

Un autre, Baron, ami de Goudouli, à l'imitation de Patru, soutenait qu'une séduction muette et par muets truchements, ne pouvait jamais triompher, et que pour être aimé, il fallait beaucoup parler. Thèse d'avocat où Baron disserte comme mademoiselle de Scudéry : ce jour-là, si Cathos eût assisté à l'audience, elle eût dit certainement à Philaminte : « Voilà qui est poussé dans le dernier
« galant, c'est là savoir le fin des choses, le grand fin, le
« fin du fin. » En traitant une question de défrichement, Miramont citait vingt passages des Géorgiques. On n'en finirait pas de reprendre ainsi ces discours surannés.

De loin, en loin, on entrevoit au travers de ces citations d'un autre âge, l'avènement d'une doctrine morale venue de Port-Royal, et étendant ses rameaux dans les provinces. Dans quelle terre, mieux que celle de la magistrature et du barreau, pouvait germer cette chrétienne et féconde semence qui allait donner la vigueur aux controverses, l'indépendance aux âmes et la fermeté aux convictions ? Cette fierté de l'esprit, ce respect des choses sacrées et cet amour du devoir qui furent les vertus d'Antoine Le Maître, de d'Aguesseau et des fils de Jérôme Bignon, passent d'un Parlement à l'autre, et sont partout recueillis comme un noble héritage. A Toulouse, le bon grain lève lentement ; mais à regarder de près cette génération d'avocats et de magistrats du dix-septième siècle, on entrevoit la marque janséniste. Loin de la vallée de Chevreuse, on rencontrait, par tout le royaume, des amis et des disciples des solitaires, nourris à leurs traditions et à leur savoir.

Tous les avocats n'avaient pas la science austère de Port-Royal. L'école du bel esprit se glissa parfois au Palais, et les plaidoiries se chargent de métaphores, de comparaisons et d'une élégance de mauvais goût. Entre la manière de dire les choses naturellement et simplement, et la manière recherchée et ornée des précieuses, les avocats penchent encore vers cette dernière. La comédie des *Plaideurs* et les railleries de Molière ne les corrigent pas de ces travers. C'est surtout, en lisant les plaidoyers de Jean Boné, à la chambre de l'Édit de Castres, qu'on retrouve le style du barreau, en Languedoc.

On ne sait pas bien si Jean Boné était né à Castres. Il y vécut, du moins, trente-sept années, en y étant tour à tour avocat, consul et substitut du procureur général. C'est par lui, et dans une de ses harangues aux États de la province, qu'on a su qu'il avait abjuré la religion réformée. Ses débuts datent de l'année 1629 et ses plaidoyers furent imprimés en 1650 ; il savait qu'au Palais, la renommée est fugitive et que le bruit des triomphes oratoires s'éteint souvent avec les bruits de la voix et les heures de l'audience. Avant de mourir, il rassembla quelques-unes de ses plaidoiries et de ses harangues. et les publia, en les dédiant au chancelier Séguier.

Il commence ainsi son premier plaidoyer : « Il faut
« avouer, messieurs, que l'art de parler en public a de
« très fâcheuses rencontres ; c'est une carrière autant
« pénible que glorieuse ; c'est un vaste océan plein d'é-
« cueils où l'honneur de l'avocat embarqué sur la parole,
« comme sur un frêle vaisseau, fait souvent naufrage.

« avec la cause qu'il soutient... La plainte de l'autre
« partie est un monstre qui pleure pour dévorer ; c'est
« un de ces feux volages qui n'éclairent que pour mener
« au précipice, et comme la piperie la plus subtile est la
« plus dangereuse, et comme le chant le plus doux des
« syrènes avait le plus d'appas et de force à tirer les plus
« experts pilotes dans des abîmes, de même aussi, les dis-
« cours de l'éloquence, cette reine des âmes, sont d'ordi-
« naire les plus à craindre, comme ceux qui jetant de la
« poussière aux yeux de la raison font précipiter le juge-
« ment dans des gouffres d'erreur, d'injustice et d'absur-
« dité. »

On le voit, on se croirait encore à une audience du seizième siècle, surtout lorsque Jean Boné prononça son plaidoyer pour une mère qui voyant son fils pendu en effigie, brûla le gibet dressé devant sa maison. Là se retrouvent l'emphase sans mesure et les digressions historiques sans fin. Dans un procès des boulangers de Castres réclamant l'augmentation du prix du pain, Jean Boné disait : « La décadence et le changement sont
« le destin de toutes choses créées. Le ciel, la terre sont
« sujets à cette loi. C'est ce qui fait dire au divin Platon
« que les corps n'ont jamais d'existence ; et sur cette
« même fantaisie, Homère a fait l'Océan père des Dieux
« et Thétis leur mère, pour nous montrer que toutes
« choses ont un principe fluide et mouvant. Les corps
« les plus solides sont sujets à la diminution et, comme
« si la faux du temps était d'un acier fée et charmé,
« elle brise et détruit les marbres, les pyramides, les
« promontoires, les montagnes, avec la même facilité
« qu'elle fauche les herbes et les fleurs. »

Des monuments terrestres, il passait aux étoiles dont les astrologues constataient les altérations, de cent ans en cent ans; des astres il retombait sur la terre et citait Virgile et les psaumes. Et reprenant sa théorie, il s'écriait: « Pourquoi devons-nous croire que le blé ait plus
« de privilèges que le reste des créatures? Ces minces et
« déliées tuniques qui enveloppent cette petite semence,
« comme des langes, sont-elles à l'épreuve des traits du
« ciel. Ces grêles tuyaux et les pointues arêtes dont
« les épis sont armés, comme autant de lances, sont-
« ils assez puissants pour repousser les injures de
« l'air? »

Le plus ingénieux et le plus curieux plaidoyer de Jean Boné est celui qu'il prononça, en présence du marquis d'Ambres, lieutenant général du roi, dans le Haut-Languedoc, sur un larcin de fleurs. Il débutait ainsi : « Je n'eusse jamais pensé que le sujet
« de cette cause, si riche et si fertile en apparence,
« eût été si stérile en effet et si difficile à traiter ; j'a-
« vais cru d'avoir à manier des fleurs et je ne trouve
« que des épines qui me piquent de tous côtés. » Et il décrit, à longues phrases, le beau jardin de son client, Vital d'Albaricy, conseiller et secrétaire du roi, jardin enchanté où s'épanouissaient les plus belles fleurs de France et du monde. On croirait assister au défilé des guerriers de l'Illiade, différents d'armes et de chars :
« Bref, ce ne fut plus un parterre de fleurs, mais un ciel
« étoilé; ce ne fut plus un jardin, mais un paradis, où
« certaines fleurs, encore dans le maillot du bouton, fai-
« saient effort de le crever pour rendre le premier hom-
« mage à ce bel astre qui les fait naître, tandis que les

« autres épanouies en clochettes d'argent, en calices d'or
« émaillé, en houpes et petits flocons de soie de diverses
« couleurs, parsemés de filaments d'or et d'argent, et en
« cent autres figures, embaumaient l'air de leur suave
« odeur et donnaient en sacrifice de l'ambre pour de
« l'encens à cet auteur de leur être. »

Une nuit, deux voisins escaladèrent les murs du jardin, mirent les tulipes au pillage et emportèrent une moisson d'autres fleurs rares. « Etrange sorte de pré-
« vention, disait Jean Boné ; si je dis que le prévenu
« est un larron de fleurs, c'est le traiter trop doucement :
« les abeilles, portent ce titre, qui font de continuels lar-
« cins sur les campagnes fleuries et si ne gâtent rien ;
« elles picorent un butin invisible dont elles enrichissent
« leurs ruches, sans appauvrir les fleurs. Ce prévenu
« n'est pas si discret en ses larcins ; il n'est pas seule-
« ment le larron, mais le destructeur des fleurs... il les
« déchire et les outrage en cent façons ; et pire que la
« grêle et que la tempête, il en arrache jusqu'aux raci-
« nes. » Il parlait ensuite du paradis terrestre, premier jardin de l'homme, des jardins de la Grèce, berceaux des académies et des lycées, où les philosophes et les héros allaient chercher de frais ombrages. Il n'oubliait pas les parterres sacrés de Sémiramis et les jardins suspendus de Babylone « où les passants étaient invités à
« entrer, avec cent yeux et sans mains. »

« Malheureux le prévenu ! dit Jean Boné. Si les té-
« nèbres de la nuit et celle de la passion ne l'eussent
« aveuglé, il aurait lu, sur les feuilles, un conseil de re-
« traite ou l'arrêt de sa condamnation. Ces belles tulipes
« blanches parsemées de mille filets ensanglantés, comme

« d'autant de ruisseaux de sang qu'on appelle fouettées
« à cause de ces filaments rouges, lui eussent prononcé
« que la peine du larcin est celle du fouet. Ces autres
« tulipes à couleur de flamme, en forme de fleurs de lys,
« lui auraient remis, dans sa mémoire, la rouge fleur
« de lys qu'on applique sur l'épaule des larrons. »
Et se tournant alors vers les tribunes garnies de dames,
il les comparait aux fleurs du jardin d'Albaricy, et adressait au marquis d'Ambres le plus flatteur compliment sur les lauriers dont il s'était couvert. Puis, s'adressant au président de Fieubet, il lui rappelait qu'il était un des mainteneurs des Jeux Floraux et que, moins qu'un autre, il ne pouvait souffrir qu'on mît au pillage des corbeilles de fleurs.

Il poursuivait ainsi, dans la langue des précieuses, cette plaidoirie qui se couronnait par cette conclusion :

« Prométhée autrefois, pour avoir dérobé une bluette
« de feu, ou pour mieux dire, une fleur du ciel, fut dévoué
« au supplice éternel dans les enfers. Quelle peine ne mé-
« rite donc, quel supplice et quel tourment, ce prévenu,
« pour avoir dérobé, non seulement une fleur, vraie étin-
« celle des jardins, mais dérobé à centaines, dépeuplé et
« dérobé tout un parterre, privé les autels de leur orne-
« ment, le printemps de ses honneurs et le sieur d'Alba-
« ricy de ses divertissements. »

L'annotateur de Jean Boné ajoute tristement : « Cette
« cause, au long plaidée par les avocats des parties et
« par messieurs les gens du roi qui y prirent leurs con-
« clusions et traitèrent cette matière délicate et nouvelle
« au barreau avec tous les ornements imaginables, ne se
« termina que par une condamnation à l'amende. » On

a vu déjà comment le procureur général Pierre Fabry avait conclu dans ce procès.

Au sortir des audiences, Jean Boné, par ses fonctions de premier consul de la ville de Castres, eut, plusieurs fois, à complimenter les grands de la province : ses harangues aux lieutenants généraux, au prince de Conti et aux membres du Parlement désignés pour tenir la chambre de l'Édit, sont restées célèbres. Il disait, un jour, aux parlementaires : « Rome autrefois, envoyait des pré-
« sidents dans les provinces pour leur administrer la
« justice ; mais ils avaient à leur suite les légions et les
« aigles romaines. Au lieu que la justice que vous venez
« rendre est toute pure et sans mélange, et bien loin
« d'être suivie du bruit et de la frayeur des armes, elle
« apporte, dans notre ville, l'exemption du logement des
« gens de guerre dont vous les faites jouir, aussi bien
« que la capitale d'où vous venez. » Et il les comparait à des demi-dieux, et à des anges de paix, de bonheur et de liberté. En sa qualité de consul, il assista quelquefois aux assemblées des États de la province et y parla, avec une indépendance redoutée des gouverneurs et des intendants. Là, autant que dans ses consultations et ses dissertations sur certains arrêts, son esprit dégagé des citations savantes donne à sa parole une précision, une justesse et une clarté qui manquent à ses plaidoiries.

Les avocats qui plaidaient à coté de Jean Boné à la chambre de l'Édit, sont moins connus et n'ont rien laissé de leurs plaidoiries : c'étaient Maltret, Tissier, Martel, de Falguerolles, Priendieu, Despérandieu, Pansot, Jausseau, Dacier, Rapin, Favre, Nicolas, Salvart et Nivelle.

Pélisson eut aussi, pendant trois ans, un rôle brillant à ce barreau de Castres, mais il ne publia pas ses plaidoyers, en étant détourné, ainsi qu'il l'a raconté lui-même, « par les affaires de sa profession, les plaisirs « du monde, de longues promenades à la campagne, des « visites de ses amis de Toulouse et les présentations et « liaisons qui en étaient la suite. »

Des avocats de Toulouse au dix-septième siècle, on n'a que des lambeaux de plaidoiries, conservés par les arrêtistes. Les rangs étaient serrés au barreau et bien des noms ont bravé l'oubli : Carrière, chef du consistoire de l'Hôtel-de-Ville, les capitouls Durand, Verger, Leclerc et de Vézia, le bourgeois Durtaud, esprit agressif et rude, Gineste et Laroque, Demange et Dubourg, le capitoul Chassan, le plus célèbre avocat de de son temps, au dire de l'intendant Claude de Bezons, et qui harangua Louis XIV à son passage à Toulouse, les capitouls Duprat, Foucaud, Parrin, Chapuy, de Corneillan, de Boyer et d'Aliez, Jean de Peytavi qui allait échanger sa robe contre celle de procureur du roi de la viguerie de Toulouse, François de Turle, d'une triste renommée, qui reçut, un jour, injonction du Parlement, de rendre à son père et à sa mère le respect qui leur était dû.

L'avocat Azéma reçut le surnom de *rapide* et Dupont celui de *pesant*. Segui, Marmande, Maduron, Campa, Jean Coderc, et Jacques Icart ne sont signalés que comme des talents médiocres. Toutefois, on disait de Marmande qu'il était versé dans l'art de fatiguer et de démonter l'adversaire par ses arguments d'un ton imprévu et hardi, et de Lacroix, que nul n'était plus incisif et ne savait approprier, avec plus de souplesse, son érudition et son style à chaque genre de procès. Cabanes n'est connu que par ses poésies patoises et Campa que par ses sonnets. L'avocat de Rabon déserta le barreau, pour entrer au greffe et garder les registres secrets, à la mort du greffier Malenfant. Raymond de Caumels, esprit aimable et généreux, digne descendant de l'avocat général Pierre de Caumels, ne voulut jamais plaider que pour les pauvres ; Germain de L'Hôpital de Salluste parlait, comme son cousin Salluste du Bartas rimait ses vers ; Goudouli, prit le titre d'avocat, mais ne plaida jamais ; Bernard Prouho s'exprimait avec une étonnante netteté sur toutes choses, dit un arrêtiste, qui a ajouté qu'on le regardait comme un grand clerc et un grand maître.

Un autre grand clerc, Jean Duval, prenait pour devise ce mot des chansons de Geste : « *Bien set parler et drette raison rendre.* » Il abandonna le barreau et prit une chaire de droit à l'Université. Jean de Majorel, savant commentateur de droit canon, suivit son exemple ; Pader, leur contemporain, se dégoûta vite de ces travaux sévères, pour se vouer à la poésie et faire jouer, à la Comédie française de Paris, sa tragédie d'*Agamemnon*. Nicolas de Parisot, d'une érudition profonde et d'une éloquence persuasive, était comparé, dans une épitaphe gravée sur sa tombe, à Cicéron, à Démosthènes et à tous ceux qui montaient vers les astres. Pradines, avocat poète, croyait que ses vers seraient « entourés de « gloire. » On ne connaît même pas le titre de ses poésies ; on sait pourtant qu'il devint capitoul.

L'amour du droit romain n'empêcha pas Antoine

d'Abbatia d'obtenir, aux Jeux Floraux, une églantine, une violette et un souci. Cormouls, qui n'invoquait les muses, qu'à la saison des vacances, était renommé pour la logique de son argumentation et les saillies de l'esprit, préférant dit un biographe, la gloire à l'argent et, chose plus rare encore, n'employant son talent que contre l'injustice et la fraude, soit comme avocat, soit comme capitoul. On ne sait qu'une chose d'Halleran et de Jouquet, c'est qu'ils passaient pour désintéressés et charitables. Loume ne plaida qu'une fois et s'adonna à la poésie. Tout au contraire, Cazeneuve, ami de Ménage, devint un jurisconsulte savant, connaissant toutes les langues, et fuyant les bruits du monde. Il se fit prêtre et se contenta d'une simple prébende, à l'église Saint-Étienne de Toulouse. On a de lui bien des ouvrages, *la Catalogne française, la Cyprienne amoureuse, de l'Institution de la noblesse, le Petit Jésus, la Vie de saint Edmond, roi d'Angleterre, le franc Alleu du Languedoc et l'Origine des Jeux Floraux.* On a perdu son *Traité de la justice en France* et d'autres œuvres manuscrites.

Jean de Catellan, l'arrêtiste fameux, traverse à peine le barreau et va s'asseoir sur un siège de conseiller au Parlement. Son commentateur de Vedel ne paraît avoir été qu'un avocat écoutant. Un petit-fils de Jacques Ferrières, Jean-Antoine Ferrières, brilla, moins au barreau, que dans les carrousels, les courses de bagues et les ballets. Astruc et Claude Serres ne plaidèrent qu'à de longs intervalles. De Juin est le premier rédacteur du *Journal du Palais* de Toulouse; Soulatges est l'auteur de savantes observations sur les questions notables de d'Olive; Rodier eut une parole vibrante et fleurie, et le protestant fougueux Claude Broussou, qui l'égalait en élégance de langage, fut rompu vif à Montpellier, par sentence de la juridiction prévôtale de l'intendant Bâville. Joseph Jougla maniait la raillerie avec grâce; Jean d'Olive, de la famille de l'arrêtiste, oubliant les traditions de sa maison, délaissa la science du droit pour la gaie science.

Jean Doujat qui descendait d'un illustre avocat général au grand Conseil, s'illustra, à son heure, au barreau par la clarté de sa discussion : doué d'une imagination impétueuse, il excella dans les arts et dans les lettres et quitta, un moment, Toulouse, pour aller chercher fortune au barreau de Paris. C'est de lui que Chapelain disait, dans une lettre à Balzac: « Il n'est pas « possible de rien apprendre au savant Doujat dans les « langues grecque, latine, italienne et espagnole ; il a, de « même, une grande connaissance de l'esclavonne, de « l'allemande et de l'hébraïque. » L'Académie française lui ouvrit ses portes. On ne tarda pas à le revoir à Toulouse, dans une chaire de droit canon et, plus tard, dans une chaire de droit civil à l'Université. Telle fut l'impression qu'il produisit, un jour, sur l'archevêque de Marca, que ce prélat voulait faire nommer Doujat auditeur de rote à la cour de Rome. Il n'alla pas à Rome, mais à Paris où il donna au dauphin des leçons d'histoire, et c'est Bossuet qui allait le remplacer. Les œuvres laissées par Doujat sur le droit canon, les lettres et l'histoire sont nombreuses ; il mourut, chargé d'années, aux derniers mois de l'année 1688.

De François de Boutaric qui plaida, aux années de sa jeunesse devant le Parlement de Toulouse, on n'a conservé que ses leçons de professeur à l'Université sur le droit romain, le droit féodal, le droit canon, et la procédure. Ce fut au pied de cette chaire, que le vieux gallican attirait les écoliers épris de cette passion de la science qui n'est plus de notre âge. Ses plaidoiries ont été perdues ; elles devaient avoir leur éclat, s'il faut en croire cette parole du premier président de Morand : « Procureurs, occupez souvent ce jeune avocat ; la Cour « l'écoute avec plaisir. » C'est encore le premier président de Morand qui imposa, un jour, silence aux rumeurs de la foule pressée à la grand'chambre, en disant : « Huissiers, aujourd'hui, faites faire silence, c'est Bou- « taric qui va parler. »

A juger ses plaidoyers par ses leçons, on peut croire qu'ils avaient la netteté, la correction et la précision qui sont les traits de son esprit. Il n'a rien de hardi qui entraîne, il dédaigne les ornements et les images, et semble redouter de n'être jamais assez sobre et assez clair dans l'expression de ses idées. Le jour où il quitta le barreau, pour devenir professeur à l'Université et capitoul, fut un jour de deuil pour les avocats.

On n'a pas les harangues des gens du roi et il n'en a pas été de leurs conclusions, comme de celles de l'avocat général de Beloi, sous Henri IV. Il n'est resté aucune trace des discours ou des conclusions des procureurs généraux et des avocats généraux de Saint-Félix, d'Aygua, de Fieubet, de Joseph et Henri Le Massuyer et de Toureil. On ne retrouve que ce mot d'un arrêtiste sur Henri Le Massuyer : « homme de parole soudaine et « et ne parlant jamais mieux que sans préparation, sou- « vent applaudi du public. Il voulut être enterré sans

« pompe au cimetière des pauvres de sa paroisse. »

A certains traits de son esprit fin, vif et délicat, les Grecs auraient reconnu l'avocat général de Marmiesse pour un Athénien, du temps de la démocratie d'Athènes. En lui la sève était féconde, mais sa parole ne jaillissait pas par la force de la pensée ; elle la devançait et l'éveillait à son bruit, avec cette ardeur qui va si bien à la jeunesse. Les deux avocats généraux Thomas et Guy de Maniban, ayant ce que Quintilien appelle *imperatoria virtus*, disposaient leurs arguments dans une ordonnance forte et savante, ainsi que des capitaines font marcher leurs troupes. On aurait pu dire de l'avocat général de Ciron ce que Saint-Simon a dit d'un prédicateur de son siècle, qu'il était aussi droit en lui-même, que peu dans ses paroles ; chez lui la pensée dominait l'expression qui manquait de relief et ne se détachait pas de la trame un peu obscure. Sans avoir ni recherche, ni enflure, l'avocat général Pierre du Rosel n'évita pas toujours la subtilité. Plus nerveuse fut l'éloquence de l'avocat général François de Bertier, familier avec les textes et les commentaires, d'un langage sain et sobre, parfois coloré par l'imagination, d'une dialectique puissante qui emportait d'assaut la démonstration ; il lui manqua le cri profond de l'âme et l'accent du cœur. De l'avocat général Buisson d'Aussonne, on sait qu'il était doué d'un bon sens exquis, d'une clairvoyance sans cesse en éveil, de prodigieuses ressources et d'une impitoyable raison. Par malheur, on ne retrouve que des fragments épars de tous ces discours.

Aux regrets causés par la perte de ces harangues et de ces plaidoiries qui auraient perpétué, jusqu'à nous, le souvenir de cette éloquence si souvent prétentieuse ou solennelle, surannée ou hérissée de citations grecques et latines, ne faut-il pas préférer l'oubli et l'ombre ? Quand on exhume de leur obscurité ces noms autrefois vantés, on se prend, en groupant les débris échappés au naufrage, à se défier des louanges qu'on leur donnait pendant la vie. Avec leurs belles périodes empesées, ces avocats et ces magistrats du dix-septième siècle ressemblent à des hommes du dernier règne, vêtus à la mode du roi Henri et attardés dans ce monde nouveau.

Ce qui ne peut leur être contesté, c'est le caractère de probité de leurs discours retrempés et rafraîchis dans le sentiment du droit, et environnés de la flamme sacrée des croyances chrétiennes. Du milieu de leurs paroles, s'élancent toujours l'espoir éclatant et la foi vive et pure en la justice divine et infinie, qui pèsera les arrêts des Parlements et la sincérité de parole des gens du roi et des avocats. A ces heures d'émotion sacrée, leur voix s'anime et monte avec l'accent de la conscience. Sous la forme encore embarrassée et diffuse, mais énergique et fière, on sent l'esprit juste, l'âme généreuse, le cœur droit et le courant de bravoure qui annoncent l'éloquence judiciaire du dix-huitième siècle.

CHAPITRE XXIII

Éloquence judiciaire au Parlement de Toulouse au dix-huitième siècle

Au dix-huitième siècle, l'éloquence judiciaire emportée par le souffle de la philosophie, se dépouille de ses ornements, et échange sa pompe froide et languissante contre des pensées hardies et novatrices qui donnent à la parole plus de mouvement, de chaleur et de vie. Dans les plaidoiries des avocats de Toulouse, Montaudier, Caussade, Bournet, Garnier, Durban et David, père de David de Beaudrigue, on a un écho de la voix de Gerbier, de Target, de Linguet et de Loyreau de Mauléon. Il y a encore des longueurs et des entraves dans les discussions ; l'enflure du langage nuit souvent à la clarté du raisonnement, mais les idées sont plus hautes et l'esprit s'étend à un plus large horizon. A l'érudition pesante succède une dialectique plus simple, nerveuse et mâle, et une grande habileté dans l'art d'ordonner les preuves et d'émouvoir les âmes. On n'entend plus les avocats invoquer les dieux de l'Olympe, ils en appellent aux entraînements du cœur et aux séductions de l'intelligence. De froide et traînante qu'elle était, l'éloquence judiciaire devient impétueuse et chaude, et ses négligences de style ajoutent à la vigueur et à la rapidité des expressions et des idées.

S'il faut en croire le viguier Rabaudy, dans un de ses discours aux Jeux Floraux, l'avocat Montaudier, marchait alors au premier rang du barreau de Toulouse, et nul n'égalait sa clarté, l'enchaînement de son argumentation et son amour de la vérité. Par sa simplicité et sa gravité de style, son amour du droit et sa persévérance de conviction, il rappelait les grands légistes d'autrefois. Entre eux et lui il y a un trait de race. Alciat, Lardos, Bégué et Thurier le suivaient de près, mais entraient, avec trop de fougue, dans les passions des plaideurs et abusaient des véhémences et des épigrammes. On disait de Gravier, que ses plaidoyers étaient trop touffus, d'Aguier, d'Escale et de Chabannette qu'ils effleuraient à peine les procès. Guillaume Besse, plaida rarement et écrivit *La briève Explication du titre de maréchal de la foi.*

En entendant Montégut, d'Ouvrier, Pujos et Daurier, on les eût pris, à leurs paroles mordantes et retentissantes, pour des combattants en champ clos ; ils allaient quelquefois jusqu'à braver l'adversaire, surtout Montégut qui rappelait, par son aigreur et ses audaces, cette *eloquentia canina* dont Quintilien a parlé. Manavit et Carrère avaient un langage soutenu et toujours noble. Deblanc avait la passion contenue et, parfois, une fine ironie qui s'échappait de sa vigoureuse raison. Parieu et Amblard avaient l'ampleur et l'abondance un peu monotones. Chez Carbonnel, Granier et Teille, l'érudition se présentait par larges surfaces et se déroulait comme une eau courante. La clarté, la précision et les saillies gauloises d'un âpre bon sens étaient les qualités de Dides ; Rodier n'eut pour armes que la logique sans art, mais il la maniait si bien, qu'il n'avait pas besoin d'une autre arme et que par une discussion serrée, il arrivait à la certitude et à la persuasion. Chez Brasselions et Gaillac, elle était moins solide, mais avec plus d'imprévu et d'adresse. On écoutait Ricard et Jouve comme des oracles dans les questions se rattachant au droit coutumier ; on se plaisait aux éclats de voix de Prévot, d'un mouvement et d'un nombre, où se mêlaient les alliances heureuses et les mots charmants qui accidentaient la route.

On sentait le trait des flèches aiguës dans la parole de Barbenègre, de Pujol et de Perète, qui tranchaient avec la gravité de Richard et de Joly. Poirson manquait de savoir et Tournier d'élégance ; Latournelle et Lainerie se perdaient dans des échappées irrégulières vers la philosophie ; Barras, Chadebec, Drouet et Gleizes s'acharnaient sur des mots, pour s'efforcer d'exprimer leurs pensées et n'arrivaient au but que par le chemin le plus long. Boubée y arrivait d'un bond, et étonnait, par la hauteur de ses vues, Marmontel et La Harpe. C'est La Harpe qui a cité ce singulier passage d'un plaidoyer de Boubée, pour un peintre accusé de rapt et de séduction :

« Je plaide pour un laid, je plaide pour un gueux, je
« plaide pour un sot, (le client voulut murmurer, il lui
« imposa silence) pour un laid, messieurs, le voilà !
« pour un gueux, messieurs, c'est un peintre et, qui pis
« est, le peintre de la ville ; pour un sot, que la Cour se
« donne la peine de l'interroger. Ces trois grandes véri-
« tés une fois établies, je raisonne ainsi : on ne peut sé-
« duire que par l'argent, par l'esprit ou par la figure.
« Or, ma partie n'a pu séduire par l'argent puisque
« c'est un gueux, par l'esprit puisque c'est un sot, par
« la figure puisque c'est un laid et le plus laid des hom-

« mes ; d'où je conclus qu'il a été faussement accusé. »
Le procès fut gagné, tout d'une voix ; le peintre si maltraité par son avocat était Cammas à qui la ville de Toulouse doit le dessin de la façade du Capitole.

On ne connaît Lagane que par sa parole fiévreuse et Lafage et Duclos que par leurs mémoires et leurs traductions d'Horace, d'Ovide, de Tibulle et de Properce. Duclos eut, pourtant, ses heures d'éloquence ; le président de Caulet disait de lui : « J'ai vu souvent la douce persua« sion couler de ses lèvres, j'étais attendri, ému, agité à « son gré. Il eût peut-être atteint la perfection de son « art, s'il eût été moins orateur, ne s'enfermant pas assez « dans l'argumentation et ne parlant pas assez à la rai« son. » En marge d'un arrêt, dans un procès de captation plaidé par Duclos, on lit cette note écrite de la main d'un contemporain : « Plus académicien qu'avocat. »

Tout au contraire, Verny fut plus jurisconsulte qu'orateur élégant. On citait ses mémoires pour Sirven loués par Voltaire, d'autres mémoires dont le style vigoureux et brillant était cités par Elie de Beaumont, surtout le mémoire fameux où il établissait que la bénédiction nuptiale donnée, au désert, par un pasteur protestant, était un lien indissoluble et sacré. Ce qui lui donna une sorte de célébrité, ce fut la publication de ses *Lettres* originales et vives *d'un jeune avocat au Parlement de Toulouse à un avocat de la Cour des aides de Montpellier*. Les succès de Jouvent l'enivrèrent et l'enlevèrent au barreau de Toulouse ; il eut de grandes désillusions au barreau de Paris. Les Jeux Floraux détournent Soubeiran de Scopon des études de droit, et Marcorelle abandonne le Palais pour vivre dans la retraite : on a conservé sa

CH. XXIII. — ÉLOQUENCE JUDICIAIRE AU XVIIIe SIÈCLE

belle harangue de la présentation, au Parlement, des provisions de commandant en chef du Languedoc, obtenues par le duc de Richelieu.

Il en a été de Furgole, au dix-huitième siècle, comme de Boutaric au dix-septième. Tous les deux quittèrent, de bonne heure, le barreau. Ce grand Furgole, ainsi que l'appelait Barère, dans ses éloges académiques, né en 1690 à Castelferrus près de Montauban, prêta son serment d'avocat, au mois de juillet 1714, et se prépara à la plaidoirie, de même que les disciples de Pythagore à la sagesse, par un travail de dix-huit heures par jour et par un stage silencieux de huit années. Afin d'allier la pratique à la théorie, il voulait, avant de paraître à la barre, compiler et étudier toutes les lois romaines, le droit canon, les ordonnances des rois, les arrêts des Parlements et les livres des plus savants docteurs. Le bruit des audiences le fatiguait et l'effrayait; à ces discussions publiques il préférait les méditations paisibles, et il se fit bientôt avocat consultant.

Vers l'année 1729, le chancelier d'Aguesseau, qui essayait de rendre la législation uniforme dans le royaume, soumit à l'examen de Parlement de Toulouse de difficiles questions sur les donations. C'est à Furgole que le Parlement confia la mission de les étudier. Ce travail le mit en veine et il ne tarda pas à le faire suivre de ses judicieuses *Observations sur l'ordonnance de* 1731. Le *Traité des curés primitifs* lui fut un délassement des vacances. Après ce livre, parut le *Traité des Testaments* dont le *Mercure de France* disait, qu'il méritait d'être mis au rang des ouvrages les plus fameux, et qu'il était sans prix. Telle était la renommée de son savoir, qu'un jour

Cochin l'apercevant à la grand'chambre du Parlement de Paris, au milieu de la foule, s'empressa de citer, en plaidant, un passage du *Traité des Testaments* et se tourna vers Furgole, en ôtant son bonnet. A quelques mois de là, Furgole publiait le *Traité des substitutions et du franc alleu*, admiré par Lamoignon qui venait de remplacer d'Aguesseau. Pour parler comme Barère, les livres naissaient sous ses pas.

En 1754, le roi le nomma capitoul, et Barère de s'écrier : « Les hommages rendus à Furgole ne viendront-ils « donc jamais que de mains étrangères ? Disons-le avec « douleur, son pays, son ordre même ne firent rien pour « ce savant. Le célèbre Furgole ne fut pas bâtonnier. « Triste destinée d'un de nos plus grands jurisconsultes ! « Un cabinet désert, une partie de l'année, une espèce « d'oubli au milieu de ses confrères dans le pays qu'il « éclaire par ses ouvrages : voilà les honneurs que lui « ont rendus ses concitoyens ! » On pouvait lui appliquer ce mot de Loisel sur Dumoulin : « Il ne fut rien « tant estimé à beaucoup près durant sa vie, qu'il l'a « été depuis sa mort. »

Ce sage qui fut la grande figure juridique du Midi de la France, au dix-huitième siècle, de même que Pothier l'était pour les provinces du Nord, s'éloigna des hommes sans se plaindre et alla vivre, dans sa petite maison isolée, où il travaillait, sans relâche, en disant : « Je deviens vieux en apprenant toujours. » Du fond de sa chambre où s'entassaient les pages tombées de ses mains, il aimait à frayer la voie aux jeunes avocats et à leur enseigner les traditions de leur ordre. Il mourut, à la peine, au mois de mai 1761. Son buste a trouvé une place dans la salle des Illustres du Capitole.

J'oubliais Simon de Bastard arrogant et agressif qui entendait faire la loi aux avocats, aux plaideurs et au Parlement. Un jour, tandis que de vieux conseillers s'endormaient, au bruit de sa parole sourde et lente, il s'interrompit, tout d'un coup, en disant : « La Cour dort ! » Aussitôt, le procureur général de Maniban répartit : « A son réveil, la Cour vous interdit pour six mois. » « Et moi, répliqua Simon de Bastard, plus puissant que « la Cour, je m'interdis pour toujours. » Et il quitta le Palais pour n'y plus rentrer.

D'autres avocats, plus éloquents et plus savants, allaient le remplacer et fermer la marche au dix-huitième siècle, à ce barreau de Toulouse si vanté, qu'on le citait après le barreau du Parlement de Paris qui fut toujours le premier du monde. On vit alors paraître Taverne, esprit généreux et profond ; Costes moins savant, mais plus ingénieux et plus fin ; Desirat admiré pour sa netteté et son habilité dans les affaires épineuses ; Delort cité pour sa verve gasconne, l'avocat des jésuites ; Dutour, d'une clarté saisissante dans l'argumentation et d'une droiture qui était la qualité maîtresse de son esprit; Courdurier, qui violentait la langue et la pliait aux écarts de son imagination désordonnée ; Jamme qui plaida dans des procès fameux et qui soutint, devant le garde des sceaux, les droits de la ville de Toulouse, avec une fermeté éloquente qui lui valut, de la ville et de la province reconnaissante, une médaille d'or avec cette légende, *orator patriæ*.

En plaidant, Poitevin n'avait guère que l'éloquence du corps : il agitait ses bras, comme on lance le javelot ou comme on se couvre du bouclier ; il était du moins, l'ennemi des théories creuses et de l'emphase ; Aymard, solennel et pesant, éclairait sans émouvoir, et se laissait railler par les malices heureuses et la verve étincelante de Jamme le jeune; Dette eut moins de jeunesse dans la parole, mais ses plaidoyers ne manquèrent ni de mouvement, ni de force. Dans les courtes et incisives plaidoiries d'Albaret, on rencontre tout un idéal de justice et de vérité, mais les phrases prétentieuses courent après l'esprit, sans l'atteindre. Entre lui et Savy de Bressalières, Arbanère, Cahusac, Arexi et Dessolle, le contraste était grand ; ils rompaient avec la phrase drapée et donnaient à leur parole quelque chose de vif et d'écourté qui les faisait taxer de corrupteurs de la langue. Carles de Lancelot, eut aussi la phrase courte et sautillante; Corail et Mandon lançaient le trait à la manière des Parthes ; Auzun et Martin, abusaient de leur malice et lui sacrifiaient la science du droit ; d'autres comme Monsinat, Laporte, Bernard, Lacaux et Penavayre ne plaidaient un procès que par les petits côtés.

Brabant et Carriol visèrent aux pensées tourmentées et aux pointes délicates. Floret ne fit que paraître au barreau, aimant mieux s'adonner à la poésie, et cherchant à recueillir cette semence invisible et légère de la renommée qui séduisait son âme naïve et confiante. Chez Boutes, Belot, Saubat, Pezet, Mesles et Cucsac, il y eut abus des métaphores, et leurs plaidoiries rappellent ces églises aux ogives flamboyantes, où les rosaces et les dentelles de pierre sont semées avec trop de profusion. Jean de Maran arrive de Paris et prend une place enviée au barreau de Toulouse que vont abandonner Castillon qui travaille à l'Encyclopédie, Rouzet membre de l'Assemblée nationale et Demeunier réservé aux honneurs du Tribunat et du Sénat.

La renommée de Sudre franchit les limites de la province avec ses mémoires sur l'affaire Calas, dont Voltaire célébrait la dialectique sans emphase, et le style franc et pur. En écoutant Chalier et Gaubert-Lavaysse, on reste dans les phrases pompeuses et froides, et on entre dans le style larmoyant de la fin du dix-huitième siècle. Sennovert eut, dans ses plaidoiries, des jaillissements de comparaisons et d'images qui tranchaient sur la froide parole de Mascard s'avançant comme un théorème. Avec Gary, huit fois capitoul, chef du consistoire et premier de justice, on est en face d'un avocat nerveux, d'une simplicité rapide et d'une croissante énergie dans le discours. A son intelligence si souple, à la fois, et si ferme venaient s'assortir des qualités naturelles qui lui permettaient de toucher, hardiment, aux questions les plus ardues et les plus irritantes. Il fut de ceux qui se dégagèrent promptement des formes vieillies et donnèrent à la parole un vol plus libre. Il eut la séduction et la raison et toutes les qualités des natures heureuses. Dans son portrait, au front élevé et aux lèvres fines nulle trace de fatigue ne se laisse voir : c'était un de ces hommes de contenance modeste, dont nous disons aujourd'hui, que le barreau ou la tribune les transfigure. L'éloquence de Teste, dont le fils devait avoir une existence si éclatante et si douloureuse, était chaude, pleine de la substance des choses et soutenue d'une sincère conviction. Nul ne savait mieux indiquer, d'un mot précis, la raison de décider, noyée dans le tourbillon de la discussion ; le mauvais goût se glissait quelquefois dans ses plaidoiries, mais il le rachetait par l'accent de l'émotion. A la barre où il dominait les autres avocats de toute la tête, il charmait et entraînait, agrandissant le débat et y jetant la lumière et des vivacités originales et décisives.

Duroux était né avocat ; il eut le don de l'improvisation hardie et résolue. Quand un procès échauffait son âme, il se répandait en inspirations soudaines, surtout quand les procès lésaient les intérêts du peuple. La logique de Bragouse, à la voix perçante, était redoutée, et Jeannole, ennemi des excès et des audaces, eut à son usage l'art des nuances ingénieuses et de la bonhomie gauloise et souriante : on eût dit qu'il parlait toujours en chapeau de fleurs et en jaquette grise. Il marchait à la tête du jeune barreau et aimait à raffiner sur les idées et les effets du style, et à subtiliser, avec une sorte de naïveté, sur les textes anciens. La naïveté venait de la pureté de l'âme, et la subtilité de la finesse de l'esprit. Des deux Monyer, l'un reçut le surnom de grand et l'autre, d'érudit : l'érudit lisait avec un art que personne ne surpassait ; il prit pour devise ce mot de Sénèque : *Non intentionem vocis contempseris.* Le grand recherchait les harmonies du langage, les gestes nobles et les poses solennelles. Il répétait souvent, après Platon, que l'éloquence n'était que la raison passionnée. Viguier avait, dans le timbre de la voix, une verdeur toute militaire ; Faure fut un esprit léger et périlleux en paroles, et Fabre un entêté de droit canon qu'il invoquait dans tous ses plaidoyers.

Le titre d'honneur de Lacroix est d'avoir écrit des mémoires pour Sirven, et de s'être mis en correspondance avec Élie de Beaumont et Voltaire. A ses débuts, on compara Faget aux plus grands avocats du royaume, mais il toucha vite au déclin. A côté de lui, plaidaient Mailhe promis à la Cour de cassation, Espinasse, Desazars, l'avocat des causes solennelles, Ruffat, Albert, Roucoule surnommé l'hercule du barreau, de Bastoulh et Malpel dont les plaidoiries enflammées reflétaient quelques qualités du style de Rousseau. Le ton brusque, la saillie amère, la phrase bizarrement coupée, affectée et parfois déclamatoire, se rencontrent dans le langage de Raynal dont l'intrépidité allait surprendre les juges du tribunal révolutionnaire. Dans ces passes d'armes entre avocats, il sonnait la charge par la parole.

Un des plus célèbres fut Laviguerie, d'une forte race d'avocats, né à Toulouse le 21 juillet 1737, et dont le nom devenu l'image même de la vertu et du savoir, se trouve inscrit au tableau de l'ordre, dès l'année 1758. Au moment où il entrait au barreau, à vingt ans, on lui proposa une charge de conseiller au Parlement : il refusa, aimant mieux rester avocat, mais avocat consultant. Il n'osa jamais affronter les disputes de la barre : le bruit de ses consultations n'en fut pas moins retentissant. Après bien des tentatives qui échouèrent, il devait bientôt accepter, à Toulouse, une place de conseiller au Parlement Maupeou. Malgré les instances du roi, du garde des sceaux et de l'ancien Parlement, il ne voulut jamais remonter sur ce siège, qui lui fut enlevé au retour des parlementaires ; il reprit alors sa vie paisible d'avocat consultant.

Aux premières journées de la Révolution, on le retrouvera refusant la députation aux États généraux, s'efforçant de retenir le Parlement sur la pente des résistances inutiles et dangereuses, déclinant plus tard la présidence du tribunal du district que prit Bragouse, et enfin la charge de procureur général syndic du département qui échut à Mailhe. Suspect sous la Terreur, il amassa, dans sa retraite, des trésors d'érudition et de science qui eurent leur épanouissement sous le Consultat. Le jour de l'installation de la nouvelle Cour, on vit tous les jeunes avocats en robe, s'acheminer vers la maison de Laviguerie et l'accompagner au Palais, en reconnaissance de l'éclat qu'il répandait sur leur ordre : refusa le titre de bâtonnier, sous l'empire du décret de 1810 qui blessait la dignité et l'indépendance du barreau ; il ne l'accepta que lorsqu'il lui eut été déféré par le libre suffrage de ses confrères. A l'âge de quatre-vingt-treize ans, gardant jusqu'à la fin de sa vie, sa raison lumineuse et sa bonté d'âme, ce doux vieillard, surnommé le Nestor des avocats de Toulouse, voulut signer une dernière consultation en disant : « Je veux mourir au « champ d'honneur et sur la brèche. » Il mourut quelques jours après, aux derniers mois de l'année 1829, en laissant longtemps les avocats en deuil.

A ce barreau de Toulouse, on pouvait donner le nom de légion. A la barre se pressaient Blaviel et Delhe, Fages et Candolive, Julien, Lhéritier et Romiguières père, Astre et Antoni, Villefranche et Sabatier-Quarante, Dubernard, Barcouda, Bonnet, Sarremejeanne et Destingoy. On citait Veyrieu pour sa parole élégante et harmonieuse, Loubers, Dirat et Flottes pour les notes aiguës de leurs discussions, Bordes, Roques et Doujean, Cayrat, Doyau et Gez pour leur science des affaires. Barère ne fut qu'un rhéteur, enclin aux curiosités de l'esprit, mais d'une parole froide et prétentieuse et toujours mise en déroute par les avocats nourris, mieux que lui, à la science du droit et rompus aux combats judiciaires. De plus orageuses destinées l'attendaient à la Convention. Il se disait que si fortune lui manquait, ce n'est pas lui qui manquerait à la fortune. Au barreau même, il semblait de bonne foi, en traversant toutes les opinions et en s'apercevant à peine de sa mobilité.

Dans ces souvenirs de l'éloquence judiciaire au dix-huitième siècle, ce serait une ingratitude de laisser dans l'ombre les parlementaires dont les harangues eurent souvent autant de chaleur et de flamme que les plaidoiries des avocats. Quand on parle d'éloquence au Parlement, il faut toujours citer les Rességuier, surtout le président Jean de Rességuier, troisième du nom, le fils du savant arrêtiste, aussi profond que son père et plus brillant que lui. Au grand Conseil où le Parlement l'envoya comme député, il les égala tous, par la sagesse de son esprit, et il en surpassa beaucoup par l'éclat de sa parole et la hauteur de ses pensées.

Un des parlementaires qui savait le mieux se jouer dans les débats des assemblées publiques était le conseiller Jougla de Paraza, ami de Malesherbes et qui mit en ordre les œuvres de d'Aguesseau. C'est à lui, qu'au Parlement, on confiait les missions les plus graves et les plus délicates, auprès des ministres et du roi. Moins orateur que lui, le conseiller Saint-Laurens, ami de Fontenelle et de Lamothe, connaissait mieux la science du droit, et étonnait les parlementaires par sa philosophie profonde et la largesse de ses vues. Mais il était rude aux accusés, et il tenait pour maxime avec un autre conseiller, Geraud de Bousquet, que l'indulgence de la Tournelle était cruauté envers la société. On citait au contraire le conseiller de Palarin, pour son ironie douce et fine, la bonté de son âme et ses harangues moins vigoureuses que souples et insinuantes. On opposait son éloquence à celle de l'avocat général de Parazols, plus ferme et plus emportée.

A cette période du dix-huitième siècle, on agitait souvent au Parlement, les grandes questions de droit public sur la vérification des lois et l'établissement des impôts. C'est vers ces discussions que se sentait attiré le conseiller Joseph Raffin, dont les idées claires et la parole élégante séduisaient les parlementaires, à un âge où il n'avait pas encore voix délibérative. Aux heures de crise, il était le premier sur la brèche, dans le procès des jésuites, dans l'affaire du duc de Fitz-James, et au moment du coup d'État du chancelier Maupeou. Il devenait l'âme des discussions et des délibérations. C'est de sa main que sera écrite la magnifique protestation du Parlement, au moment de son abolition. Du conseiller Raffin, on disait à l'Académie des Jeux Floraux, qu'il aurait pu prendre pour emblême l'oranger de Saint-François de Sales, toujours couvert de fruits et de fleurs, *flores, fructus que perennes*. On aurait pu le dire, avec plus de raison, du président d'Aignan, marquis d'Orbessan qui fut aussi, on le verra bientôt, un des plus lettrés mainteneurs de l'Académie de Clémence-Isaure. Il n'a pas dédaigné la renommée, comme beaucoup d'autres, et en liant sa gerbe, il n'a pas oublié ses harangues prononcées au Parlement, pleines de feu, mais où débordent les images pompeuses, les souvenirs classiques et les phrases creuses et sonores.

Si ce dix-huitième siècle fut le siècle de l'excès des plaisirs, des choses frivoles et des écroulements, il fut aussi celui des idées nouvelles, siècle ardent et sincère, qui avait une foi profonde dans l'humanité. Sur les débris des institutions et des hommes, les idées se transforment, et cet âge où tout tombait en poussière n'avait pas si fort appauvri et desséché les âmes, qu'elles n'aient trouvé, aux heures suprêmes, la grandeur et l'énergie des vertus et du courage. Le vent soufflait du large sur la magistrature et le barreau. Il a été dit, avec raison, qu'au seizième et au dix-septième siècles, l'avocat n'était vraiment qu'un magistrat, et qu'en défendant sa partie, il défendait aussi la société : magistrats et avocats se reconnaissaient alors à leur austérité et à leur hauteur. Au dix-huitième siècle au contraire, qui est vraiment le fils de la philosophie, les magistrats du parquet ne sont plus que des avocats. A lire ce qui est resté des réquisitoires et des harangues du procureur général Riquet de Bonrepos, des avocats généraux Lecomte, Emmanuel de Rességuier, Jean-François de Tournier, Jacques de Saget, de Cambon, de Caussonnel, Antoine de Catellan, Latresne, de l'avocat du roi aux requêtes, Roquier de Rabastens, de Lacoste de Belcastel et Combettes de Labourelie, procureurs généraux à la chambre de l'Édit, des avocats du roi Lapeyrouse et d'Alzon, Baron et Guiringaud, on voit qu'ils ont, mieux que les autres, le souci des misères humaines. Au style noble et pur de Riquet de Bonrepos on reconnaît un disciple de d'Aguesseau et un ami de Joly de Fleury. Plus persuasifs à la fois et plus pénétrants, étaient les avocats généraux de Parazols et de Pegueyrolles et Claude d'Avizard, aussi savant que d'Olive et Cambolas.

Avocats ou magistrats sont plus tolérants, plus cléments et plus miséricordieux. Tous font, parfois, le procès à la loi et lui reprochent ses rigueurs ou ses faiblesses. Elle pèse à leurs âmes impatientes d'une réforme. Le monde les a envahis et ils ont cette illusion que les révolutions peuvent changer les hommes, aussi bien que les dynasties. Vivant au milieu d'une société impétueuse et généreuse, ils s'animent de ses passions et de ses enthousiasmes. On sent courir, dans leurs paroles, un souffle étrange qui révèle la lassitude et le trouble des âmes à la veille de la prise de la Bastille : le style a perdu sa correction et sa force ; il tourne à la déclamation et à la sensibilité. La confusion règne déjà dans la langue et dans les idées : au fond des remontrances et des mercuriales, on sent le ressort puissant qui soulève le Parlement, on découvre ce qui fermente dans les esprits, aux heures de crise et de tumulte. Aux délibérations graves de cette époque, on devine l'énergie des conflits, la nouveauté des discours, les combats de paroles et les ardentes sorties de l'esprit d'opposition qui précipitaient les orages et frappaient l'opinion à coups redoublés.

C'était déjà la révolution dans l'éloquence judiciaire. Le vieux moule se brisait, un vent de philosophie agitait le Palais : avocats et gens du roi, se penchent vers l'avenir, et débattent les intérêts généraux, en discutant les intérêts privés. Quand les écrivains s'engageaient dans toutes les questions de droit public, il était difficile à des hommes voués à ces études de leur jeunesse de les traiter d'une manière simple et étroite. Ils remontèrent, eux aussi, aux vues générales et ils eurent, à ces luttes de l'intelligence, autant de succès et d'influence que les gens de lettres.

On commence à ne plus dire que la loi est la volonté du prince, mais bien l'expression de la raison et de la conscience publique. A cette vive et soudaine manière d'envisager les choses, le tour de l'éloquence judiciaire s'élève et s'enhardit; l'accent a plus d'autorité et de flamme. On parle même beaucoup trop, au Palais, des droits de la raison et de la nature, et on s'engage dans les plus hautes considérations philosophiques, à l'occasion des plus humbles et des plus simples causes. Les grands mots y résonnent, à toute heure, avec de libres et franches allures. L'ancienne plaidoirie tombait avec la monarchie et rompait ses vieilles traditions. Devant les inspirations et les émotions de l'âme, s'effaceront les règles légendaires de la rhétorique judiciaire et les parures empruntées et vieillies. Par la variété infinie des talents, l'indépendance des sentiments et des idées et le libre vol de la parole, l'éloquence judiciaire deviendra, d'année en année, et du dix-huitième siècle au dix-neuvième, le fidèle et brillant miroir de l'esprit français.

CHAPITRE XXIV

Les Parlementaires aux Jeux Floraux.

Avant de reprendre le large, il faut s'arrêter et se reposer encore, entre l'orageuse mission du duc de Fitz-James et le coup d'État du chancelier Maupeou. Au Parlement de Toulouse, plus peut-être que dans les autres Parlements de France, l'éloquence judiciaire et l'amour des lettres avaient toujours fait une étroite et féconde alliance. Les hommes de robe qui siégeaient sur les fleurs de lis, ou qui plaidaient aux audiences, aimaient à puiser aux sources de la poésie et des lettres pures. Par une tradition séculaire, avocats et magistrats, servent, de la même ardeur, la justice qui tient une épée nue, et Clémence-Isaure, dont la main n'a jamais porté que des fleurs. Toute vie laborieuse a ainsi sa région sereine et sa colline sacrée.

Ce serait laisser dans l'ombre la plus douce et la meilleure partie de leur vie, que de ne pas les suivre dans ce verger de la Gaie-Science et sous ce ciel heureux, où ils allaient, par une pente naturelle, chercher le repos et les joies de l'esprit. L'histoire du Parlement ne se sépare pas, à Toulouse, du progrès de la littérature et des arts, et le sentiment du beau et du grand se personnifie dans bien des hommes du Palais. La jurisprudence, elle-même, se fortifie dans ce commerce des lettres qui ajoute son éclat à la rédaction des arrêts et à l'expression de la vérité. N'est-ce pas Scévole de Sainte-Marthe qui a dit que la gaieté de la poésie était la compagne naturelle de la profonde doctrine ? C'est qu'au fond, les hommes de robe et les hommes de lettres sont de même race, bien qu'ils ne se soient jamais beaucoup aimés. Depuis Erasme et le *Roman de la Rose*, la liste serait longue de ceux qui ont frondé de leurs railleries les hommes du Palais. Mais la robe a dédaigné ces moqueries, parce qu'elle savait que, sous aucun régime, la société ne pouvait se passer d'elle.

Les hommes du Palais forment une classe à part dans l'histoire littéraire. Si le génie leur a manqué le plus souvent, et si l'austère régularité de leurs travaux a amorti leur imagination, ils n'en eurent pas moins les traditions du Gai-Savoir. Depuis bien des années, le Parlement était entré en conquérant, à ce collège de la Gaie-Science, fondé en 1326, rajeuni par Clémence-Isaure à la fin du quatorzième siècle et où n'entraient plus, comme autrefois au verger des augustines, les damoiseaux, les marchands, les bourgeois et les changeurs, dans cette aimable confusion amenée par un égal amour de la poésie. C'est du Parlement que sortirent, à partir du seizième siècle, presque tous les mainteneurs des Jeux Floraux. On le voit bien, dans ces vers du poète François de Maynard, fils du conseiller Géraud de Maynard, qui obtint, en 1638, une Minerve d'argent, sans que l'Académie, trop pauvre, se décidât jamais à la lui donner :

> Grands ministres de la Thémis,
> Du second Parlement de France,
> Ce don que vous m'avez promis
> Trompera-t-il mes espérances ?

> L'astre qui mesure le temps
> A six fois mûri la vendange,
> Depuis le moment, où j'attends
> Votre Pallas au Pont-au-Change
>
> Si le peuple est trop indigent,
> Pour les dépenses de la guerre,
> Gardez votre image d'argent,
> Et donnez-m'en une de terre.

Il ne paraît pas, pourtant, que Maynard ait tenu rigueur aux parlementaires de l'Académie : il adressait des vers au président de Fieubet, au président de Caminade, aux conseillers de Frézals et de Catel, à l'avocat général de Marmiesse et au greffier de Pressac.

A ces années troublées, il arriva souvent que les frais de la guerre ne permirent pas aux mainteneurs de distribuer les fleurs, le jour de la fête de Clémence-Isaure. Une autre fois, le trésorier de l'Académie ayant dérobé l'argent destiné à payer la fête, les poètes couronnés n'eurent d'autre réparation, qu'un arrêt du Parlement qui envoya le trésorier à la potence. A ces fleurs, qui étaient d'abord la violette d'or, l'églantine et le souci d'argent, on ajouta bientôt une amarante d'or, un œillet et un lis. Ces fleurs ne tardaient pas à relever leurs tiges, et, en 1586, il ne sembla pas à l'Académie, au milieu des séditions du royaume, qu'un Apollon d'argent donné à Antoine Baïf fût une libéralité déplacée. Mais à ces époques de guerre et de peste, les poètes désertent le Gai-Savoir et s'enfuient comme une volée d'oiseaux.

En remontant à l'année 1513, on rencontre, parmi les

maîtres ès jeux, bien des noms d'avocats ou de parlementaires, les docteurs en droit Blaise Auriol et Cognard, des licenciés nombreux et des bacheliers, dont le moins inconnu est Guillaume Trassabot, surnommé par Jean de Boysonné le nouveau Virgile et le nouvel Appelles. L'avocat Claude Terlon recevait ses lettres de maîtrise, le jour où un souci couronna un de ses poèmes. Duranti, Jean de Coras, le conseiller Guillaume Benoît, le président de Saint-Jory entrent à la Gaie-Science. Saint-Jory y prendra le titre de chancelier.

Si les poésies françaises du premier président Dufaur de Saint-Jory ont été perdues, on a retrouvé de lui un chant, en vers grecs, adressé au chancelier de l'Hospital et qu'on prendrait pour une page détachée des poésies de la Grèce. Il fait ainsi parler la muse : « Tu veux que
« je te dise ce que tu dois chanter ; n'entreprends des
« vers que pour le seul l'Hospital, et sur-le-champ com-
« pose, en son honneur, un hymne où tu réuniras les
« accents les plus nobles et les plus harmonieux. Oui,
« prends en main la brillante cithare avec son agile ar-
« chet d'or ; célèbre ce faisceau lumineux de mâles et
« sublimes vertus dont l'amour l'enflamme depuis
« longtemps. Ce n'est pas sans raison que l'Hospital
« porte le même nom que Jupiter hospitalier ; car il
« donne l'hospitalité et à moi et à mes sœurs à la flot-
« tante ceinture, aux filles de Mnémosyne, nymphes,
« comme moi, du mont Piérius. Il est également l'hôte
« infatigable des serviteurs sacrés d'Apollon aux che-
« veux d'or et père de la lyre.....

« Il honore la divine Thémis, et avec elle, sous son
« toit, habitent trois divinités qui sont sœurs : la léga-

« lité, la paix, la justice. Ainsi l'a voulu celle qui est
« divine par sa beauté et par ses actes, Marguerite, de
« qui un monarque est le père, un monarque est le
« frère... Ainsi, décochant des strophes ailées et sonores,
« loue incessamment l'Hospital. Tu n'auras pas besoin
« d'une flûte perçante, de rythmes multipliés, et je met-
« trai à ta disposition une source inépuisable de mots
« doux comme l'ambroisie. »

A son tour, le conseiller de Rangouse rime des chansons, glorifie en un chant royal la nativité de Notre-Dame, et met en musique des vers de ses deux amis Ronsard et Remi Belleau. Il crut pouvoir chanter aussi la maîtresse de Ronsard, Hélène de Surgère, mais le chef de la pléiade en prit ombrage, et menaça Rangouse de le tuer en combat singulier : le conseiller au Parlement aima mieux mourir de vieillesse, ainsi que le disait l'épitaphe de sa tombe, au cloître de l'abbaye Saint-Sernin.

On prodiguait les louanges dans les épitaphes, plus que dans les éloges funèbres des mainteneurs. Les premiers éloges se bornent à cette phrase courte et sèche : « Il est allé de vie à trépas. *Requiescat in pace.* » On ajoutait quelquefois ces mots : « On déplore sa mort. » On ne leur épargnait pas, du moins, les hommages pendant la vie. En dédiant au président de Caminade la *Troisièmo flourèto del ramelet moundi*, Goudouli l'appelait juge des fleurs et fleur des juges, et lui disait : « L'aigle vient de l'aigle, et vous êtes président, fils d'un digne président. »

Au conseiller de Rességuier qui venait de traduire, en vers français, le *Prædium rustotum* du père Vanière, Goudouli, qui avait alors quelque procès, adressait, en son gentil parler, des vers pour implorer son attention bienveillante. D'autres charmants esprits se groupaient aux pieds de la statue de Clémence-Isaure : je cite les plus fameux, le président de Riquet, qui pleura, plus d'une fois sur le sort des condamnés, en prononçant ses arrêts à la Tournelle, et le conseiller Jacques de Ranchin, mort président des enquêtes en 1692, l'auteur de ce triolet que Ménage citait comme le roi des triolets :

> « Le premier jour du mois de mai
> « Fut le plus heureux de ma vie.
> « Le beau dessein que je formai,
> « Le premier jour du mois de mai,
> « Je vous vis et je vous aimai.
> « Si ce dessein vous plaît, Sylvie,
> « Le premier jour du mois de mai,
> « Fut le plus heureux de ma vie. »

C'est ce président de Ranchin, dont on disait qu'il n'était pas moins galant d'esprit, que savant en toute chose et qui inscrivait cette devise sur ses livres : *Non ut doctior, sed ut melior.*

En pleine guerre religieuse, l'avocat Jean de Cardonne obtint trois fleurs et devint maître ès jeux. Le conseiller Gabriel de Terlon dispute à Robert Garnier le souci et l'églantine, et c'est du Parlement que s'élèvera tout un chant de victoire, en l'honneur de Clémence-Isaure, à la veille du jour où François de Clary célébra, en strophes charmantes, « ce beau verger fleurissant sur les bords « de la Garonne », où il cueillit, tour à tour, la violette et l'églantine, avant de s'asseoir parmi les maîtres de la Gaie-Science. On ne fut pas surpris, quand il fit bâtir son hôtel par Dominique Bachelier et Souffron, de voir, au milieu des statues qui peuplaient la façade, celles d'Apollon et de Minerve, chères aux poètes.

A ce seizième siècle, tous les hommes du Palais sont poètes. Jacques de Puymisson, l'avocat le plus renommé de son temps, envoie aux Jeux Floraux des vers couronnés par un souci, mais ne valant pas sa prose. Il se montre à tous les concours, invoquant à la fois, les divinités de la fable, la Vierge et les anges, de même qu'il parsemait ses plaidoiries des souvenirs de la mythologie et de la Bible.

C'est le temps où un aspirant aux grades de l'Université ayant refusé d'invoquer le nom de la Vierge, le professeur qui présidait la séance fut soupçonné d'intelligence avec le candidat. L'un et l'autre furent arrêtés. Ce refus public amena l'usage, dès lors établi par arrêt du Parlement, d'adresser une invocation à la Mère de Dieu, comme une condition préliminaire, pour être admis à l'examen des gradués. Cette coutume, qui devenait une marque de catholicité, passa de l'Université aux Jeux Floraux. Le chancelier, les mainteneurs et les capitouls décidèrent que la meilleure pièce de poésie serait exclue du concours, si le poète n'y consacrait des vers à la Vierge.

On ne saisit qu'avec peine les allégories et les hyperboles du chant royal, du conseiller de Chalvet, sur le mystère de l'Incarnation. Les fleurs vont presque toutes aux mains des parlementaires : à François Bertrandi, à Salvat du Gabre, à Anne de Cadillac, à Laroche, au président de Paulo, à Pierre de Barthélemy, à Jean de Vainière, à Jean Thibaut, à Pierre d'Abadie, à Gilles

Juliard, à Palarin, à Jean Gay, à Alary, à Jean Galant, traducteur de l'*Énéide* et auteur de poésies qu'on taxait de trop légères.

C'est ainsi qu'aux sept mainteneurs du quatorzième siècle et à leur chancelier succédèrent les trente-six et, plus tard, les quarante mainteneurs institués par les lettres patentes de 1694, qui confiaient au Parlement le soin de maintenir les règles de l'organisation nouvelle. Le premier président de Morant et le président Guy de Maniban ouvrent la marche dans ce mouvement de rajeunissement de la Gaie-Science, et dirigent les premières fêtes de la nouvelle Académie. Des quarante mainteneurs de cette année 1694, dix-neuf sont parlementaires.

Au dix-septième siècle, les poètes du Palais ne manquent pas à ces fêtes : Jean de Planté, Paul de Filière, Paul du May, Raymond Maran, Charles de Paulet, Jacques de Buisson d'Aussonne, Barthélemy de Gramond, qui devint président des enquêtes, Raymond de Saint-Blancat, Guillaume de Bertier, Pierre de Beloi l'éloquent avocat général, Jean de Muret, Jean Doujat et d'Abbatia ; j'en passe des plus inconnus. Je ne puis oublier pourtant le conseiller Jean d'Olive, qui envoya aux Jeux Floraux bien des chants royaux couronnés d'églantines, de soucis et de violettes. Ils lui valurent des lettres de maîtrise qui furent chantées à leur tour par des stances, des madrigaux et des sonnets de tous les poètes du Midi. Avant la tragédie de Racine, il composa son poème de *Phèdre* et d'autres poèmes, *Virginie, Agrippine, Stratonice, Monime et Astérie*. Ils sont tous allés rejoindre les neiges d'antan, de même que les poésies de l'avocat Baron, dont on a conservé ces vers gravés sur un rocher des Pyrénées :

> Monts rangés et confus, qui cachez dans les nues,
> L'orgueil audacieux de vos têtes chenues,
> Que les dieux seulement ébranlent de leurs pas,
> Vous êtes glorieux, aimables et fertiles,
> Mais vous serez bientôt des rochers inutiles,
> Si les yeux de Philis ne vous éclairent pas.

Ce fut alors toute une flotte de rimeurs qui donnaient à leur victoire poétique ce nom charmant de la joie de la violette, du triomphe du souci et de l'églantine, et qui appelaient leurs règles les lois d'amour. Ils aidaient la poésie française à prendre son brillant essor et à redresser les travers de l'école de Ronsard. Les semonces ont le ton des plaidoiries ou des harangues du Parlement. Les statuts de l'Académie ne recommandaient-ils pas, d'ailleurs, de choisir les mainteneurs parmi ceux qui avaient l'habitude de juger ?

Des esprits chagrins et moroses blâmèrent les hommes du Palais de se mêler à ces fêtes poétiques. N'est-ce pas le docte Ferrand qui, dans l'interprétation de la loi romaine, *in quartam*, décidait que le père ayant fourni à son fils une somme d'argent destinée à obtenir des lettres de maîtrise aux Jeux Floraux, ne pouvait imputer cette dépense sur la légitime, parce qu'il aurait plus sagement fait de donner une meilleure éducation à son fils ? Mais les poètes du Palais bravaient les railleries et répondaient par ce mot d'Étienne Pasquier : « Bien vivre et s'esjouir « est ma philosophie ». Leur langage et leurs idées d'une gravité toute patricienne se reflètent dans les travaux de l'Académie.

Sur ces sièges de maintenurs, on retrouve Maleprade, avocat disert entre tous ; les conseillers de Mausac, d'Aldéguier et Lagarrigue ; d'Aspe, qui allait avoir le mortier de président ; Valette de Lombrail ; Fermat, fils du grand Fermat ; le président aux enquêtes Jean de Rességuier ; le président de Montbrun, magistrat austère et écrivain élégant ; le conseiller de Nupces, d'un tour d'esprit moqueur et mordant ; le premier président de Bertier ; le président de Caulet et le président Druilhet qui avait jeté à la mer son épée de lieutenant des galères pour étudier le droit et composer tout un recueil de madrigaux, de rondeaux et de chansons ; on le compara quelquefois à Anacréon.

En parlant du président Druilhet, comment oublier Elisabeth de Montlaur, sa femme, poète, comme mademoiselle de Calages, mademoiselle de Catellan, mademoiselle Marie de Chalvet et madame de Montégut, passionnée pour la poésie, comme autrefois la dame de Villeneuve, et dont le salon rappelait, à la fois, les salons de la Fronde et le salon de madame de Rambouillet ? Bien qu'elle parlât une langue un peu raffinée, elle fut presque une puissance littéraire et académique, régentant le goût et imposant le ton. Avant de régner ainsi à Toulouse, elle avait brillé chez la marquise de Lambert, à côté de mademoiselle de Launay, de madame de Caylus, de madame Dacier, de la duchesse du Maine, de Fontenelle, du président Hénault et des abbés de Choisy et de Chauheu. Il lui était resté de ce commerce élégant et délicat quelque chose de précieux, moins peut-être dans son style, que dans ses sentiments. S'il faut en croire les médisances de son temps, elle paraît avoir aimé le président, son mari, moins que les Muses. Pour ses églogues, qui ont bien pâli et vieilli, elle eut deux soucis.

Vers la fin du dix-septième siècle et à partir de 1694, l'Académie des Jeux Floraux n'a guère que des parlementaires. On les reconnaît à leurs écrits, sobres d'ornements, et réglés selon la loi formulée par Boileau.

Le dix-huitième siècle va se lever. L'avocat Palaprat rime des églogues, mais son plus beau titre a été d'avoir travaillé avec Brueys à la comédie de l'*Avocat Pathelin*. Les poètes Thomas Dulaurens et Mariotte appartiennent aussi au barreau : au concours de 1712, Mariotte eut le prix du discours en prose sur ce sujet : « La plupart « des choses que l'on regarde, dans les hommes, comme « des effets de leurs vertus, ne sont que des effets de « leurs faiblesses. » On croirait lire une paraphrase de ce verset de l'Ecclésiaste : « Que tout est vanité et rien que « vanité ». Aux concours des années qui suivent, l'églantine revient au barreau ; elle est conquise par les avocats Chadebec et Costes, dont les discours, selon le programme, n'eurent que la durée d'un quart d'heure ou d'une petite demi-heure. Après eux, on voit paraître au Gai-Savoir le conseiller d'Assézat, le président de Couffoulens, le président Druilhet de Montlaur, fils de la présidente Druilhet, l'avocat Lardos, l'avocat général de Saget et l'avocat général d'Avisard, moins assidu aux audiences qu'à la cour de Sceaux, où régnait, en souveraine, la duchesse du Maine.

C'est un avocat, Soubeyran de Scopon, qui fit donner à l'églantine, prix de l'éloquence, une valeur égale à celle de l'amarante donnée à l'ode. Il aurait voulu qu'on écrivît les tragédies en prose, et il se hasarda même à publier une réponse au discours de Voltaire sur la tragédie. Sa voix se perdit dans le désert. Les quatre avocats Montaudier, Pierre de Rabaudy, Cormouls et Duclos, mainteneurs comme lui, se reposent à l'Académie des luttes du barreau. A la séance du premier dimanche de janvier 1719, où Campistron venait de prononcer la semonce, Cormouls lui adressa une réponse sur l'amour du travail et de la gloire, d'une nouveauté singulière et d'une rare finesse de critique et de goût. Il secoue hardiment le joug des traditions du dernier siècle, et s'écrie :

« Étudiez la belle nature ; élevez votre esprit par la
« grandeur des images qu'elle vous présente. Vos
« œuvres doivent être une expression de sa beauté.
« Souvenez-vous que l'art doit être couvert par les
« adresses de l'art même, et que c'est son dernier effort
« de savoir imiter la noble simplicité de la nature.
« Soyez hardi dans vos peintures ; osez ce que les
« autres n'ont point tenté ; éloignez-vous des routes battues ;
« c'est par cette heureuse audace que vous par-
« viendrez à ce caractère de nouveauté qui flatte si
« agréablement le goût du siècle, et si vous imitez,
« n'imitez jamais que de grands modèles. » Au contraire, la réponse de Montaudier à la semonce de M. de Catellan, en 1720, emphatique et pesante, se traîne dans les routes frayées. Elle n'a ni imprévu, ni émotion, ni flamme.

Aux premières années du dix-huitième siècle, l'éloge de Clémence-Isaure commence à paraître dans le *Recueil de l'Académie*. En 1721, l'avocat d'Ouvrier, et, en 1722, le conseiller Delherm, selon le vieil usage, débutent par quelques phrases latines qui doivent toujours précéder l'éloge en français. A cette année 1722, le conseiller de Rességuier prononce la semonce, et il semble qu'il ait pris à tâche de réfuter cette pointe de malice de la Rocheflavin, lassé de citations grecques et latines, que la lecture des poésies et des poètes n'est ni nécessaire, ni utile à la profession de magistrat, et qu'elle est bonne, tout au plus, aux jeunes gentilshommes et damoiselles ou gens de loisir, et parfois, si l'on veut, aux heures perdues, aux gens de travail pour se détendre l'esprit.

La semonce de l'avocat Montaudier, en 1723, ne fut qu'un écho affaibli de celle de M. de Rességuier. Ternes et froides sont les semonces du conseiller Delherm, du conseiller de Bojat et de l'avocat général de Saget, qui chanta l'éloge de Clémence-Isaure, dans un dithyrambe sans originalité et sans couleur.

Ce n'est vraiment qu'en l'année 1724, que commencent les éloges funèbres des mainteneurs enlevés par la mort à l'Académie, éloges moins rapides qu'autrefois et plus sobres qu'aujourd'hui. Ce triste cortège s'ouvre avec les éloges du premier président de Bertier, par le conseiller de Rességuier ; du conseiller de Saint-Laurens, par le président d'Orbessan ; du chevalier d'Aldéguier, par l'avocat Cormouls ; du président de Castanier de Couffoulens, par le viguier de Rabaudy. Sur ces pages mélancoliques, l'éloge de Clémence-Isaure par le conseiller de Rességuier jette sa note légère, pareille à une aubade du mois de mai.

Avec les années, les semonces et les éloges de Clémence-Isaure se prolongent dans des digressions infinies. C'est le conseiller d'Ouvrier qui donne le ton, en proclamant que l'esprit poétique des femmes est supérieur à celui des hommes, et il s'écrie : « Quoi ! l'orgueil « des hommes se trouve-t-il humilié, en avouant qu'ils « cèdent quelquefois au beau sexe, eux qui le rendent, « ce sexe, si souvent illustre par leur propre dé- « faite ! »

Pendant quelques années, on ne rencontre la trace des parlementaires ou des avocats, que dans les éloges funèbres. Au concours de 1729, l'avocat Costes reparaît avec une élégie, couronnée par un souci ; un avocat plus savant et plus éloquent que lui, Jérôme Taverne, entre en lice et obtient l'amarante pour son ode à l'*Amour de la patrie*, un souci pour une élégie et une églantine pour un discours sur ce sujet : « L'éloquence ne doit avoir « d'autre objet que de faire connaître la vérité. » Il eût peut-être mieux valu, pour sa renommée, qu'on eût sauvé de l'oubli ses plaidoiries, et non ses vers.

Si les plaidoyers de l'avocat Duclos ressemblaient à ses discours académiques, ils devaient avoir une précision et une clarté qui sont un signe de force, bien qu'il n'ait pas su toujours se préserver de la contagion de l'enflure. On n'en saurait dire autant d'un discours de l'avocat Tissié, s'égarant dans une prose aride à la fois et nuageuse, qui faisait dire à l'avocat Montaudier : « C'est un brouillard des pays du Nord. » Étant de la race irritable des poètes, Tissié s'attaqua hautement à Montaudier, qui répliqua par de fines malices. La querelle prit fin par la mort soudaine du mainteneur Montaudier que le viguier Rabaudy peignit, d'un trait, dans son éloge : « Chez lui, on a toujours vu le chrétien

« réuni avec l'orateur ; l'honnête homme et l'homme
« d'esprit ont toujours été confondus. »

On entre, vers ce temps, dans une série longue et monotone d'éloges de Clémence-Isaure et de semonces. Je ne cite, en courant, que l'éloge, par le président de Niquet, du vieux président d'Orbessan, dont la mémoire allait s'effacer devant la renommée de son fils, qui le remplaça dans sa charge ; les semonces de l'avocat Cormouls, qui menait, de front, les choses de l'imagination et des sciences les plus sévères ; celles du conseiller de Paraza, dont le plus beau titre aura été d'avoir eu pour amis d'Aguesseau, Joly de Fleury et Malesherbes ; les eloges et les semonces du chevalier de Catellan, en qui remontait la forte sève judiciaire des Catellan. A sa mort, l'avocat Lardos le loua, surtout, d'avoir quitté l'épée et la cuirasse, pour prendre la plume de l'abbé de Catellan et travailler, à son tour, au fameux recueil d'arrêts.

Dans ces éloges, la vérité n'était pas épargnée et la pointe perçait parfois sous les fleurs. A la mort du président Druilhet, qui était monté, tout d'un coup, de son vaisseau qu'il servait comme lieutenant des galères, à une charge de président à mortier, le chevalier d'Aliez ne manqua pas de dire : « L'esprit de M. Druilhet
« était porté à l'enjouement, et son cœur aux plaisirs
« que la délicatesse et l'esprit assaisonnent. Il était
« surtout propre à faire naître et à soutenir cette sorte
« de gaieté qui rend les plaisirs de la table plus déli-
« cats et plus aimables. On peut dire de la magistra-
« ture, que c'est un joug qu'il faut s'accoutumer à por-
« ter dès sa jeunesse. En remplaçant son père à une

« présidence aux enquêtes, sa profession demandait
« d'autant plus tout son temps, qu'il ne s'y était point
« d'abord destiné. »

Jamais ce reproche ne fut adressé aux Rességuier. A la mort du président des enquêtes Jean de Rességuier, le mainteneur M. de Ponsan reprit à son origine l'histoire de cette maison, où la noblesse de la race s'alliait si étroitement à la noblesse des sentiments et des idées, et où les femmes égalaient les hommes en vertus et en intelligence. Après avoir loué la science du président de Rességuier, M. de Ponsan, qui n'était pas de l'école de Larocheflavin, ajoutait : « Les exercices académiques
« ne sont ni étrangers, ni inutiles aux fonctions de la
« magistrature. L'étude des lois n'est pas incompatible
« avec celle des belles-lettres. Voilà pourquoi M. de
« Rességuier a laissé plusieurs ouvrages dont il aurait
« pu se faire honneur ; jolies pièces en prose et en vers,
« recueil d'arrêts notables, une histoire du Parlement
« de Toulouse, et des traductions en vers français de
« poésies latines. »

Les semonces et les éloges écrits par les parlementaires ont un vol plus long, sans que les coups d'aile soient plus larges et plus vifs. Pourtant, la semonce du conseiller Dumas d'Aiguebère eut un tour original, et piquant. Dumas d'Aiguebère fut un ami de Voltaire, de d'Argental et de Cideville, et de la duchesse du Maine, qui l'attirait à sa cour de Sceaux, où il fit jouer des comédies, très applaudies par les gentilshommes dont il savait finement saisir les ridicules. C'est une voix vague et lointaine qui annonce Beaumarchais. Il fit même jouer une pièce inouïe contenant, à la fois, une tragédie, une comédie et une pastorale-opéra. Le succès en fut prodigieux, mais il n'eut que la durée d'un soir. Quand Dumas d'Aiguebère quittait Paris pour Toulouse, Voltaire ne l'oubliait pas et lui apprenait le succès de *Mérope,* au sortir de la Comédie Française. En retour de tant d'attachement, Dumas d'Aiguebère le fit nommer maître ès jeux floraux, et Voltaire, pour son remerciement, envoyait à l'Académie de Clémence-Isaure six exemplaires de *la Henriade.*

Ce n'est pas un parlementaire qui fonde le prix du lis d'argent pour le sonnet de la Vierge ; Gabriel Vendange de Malepeyre tenait du moins à la justice, étant conseiller du roi et doyen au sénéchal de Toulouse.

La mort frappe bien des parlementaires ; les conseillers Delherm, de Sapte, de Lombrail de Rochemonteix se plaisant aux paradoxes, et le président d'Aspe. En 1741, il y eut une innovation à l'Académie : le jour de la fête des fleurs, l'avocat Soubeyran de Scopon adressa aux dames une harangue sur l'injustice du doute qu'on peut avoir du talent des femmes. Il les venge des moqueries de Molière et s'écrie : « Qui est-ce qui forme ce doute
« injurieux ? Ce sont des hommes uniquement occupés
« du soin de leur plaire ; ce sont des esclaves qui lisent,
« en tremblant, leur sort dans les yeux de ces divinités
« de la terre ; ce sont des rebelles qui les adorent. C'est
« ainsi qu'ils en usent avec la Fortune, déesse qui,
« comme l'amour, est honorée chez tous les peuples ;
« ils l'adorent et ils en médisent.... Si les femmes sa-
« vantes sont incommodes dans la société, ce n'est pas
« la faute de leur science, mais de leur caractère. Elles
« le seraient encore davantage, si elles ne savaient rien. »

Ce Soubeyran de Scopon était un vrai disciple de Rollin. Il aurait écrit en langue latine, mieux qu'en langue française. Etant, avant tout, de pays latin, il semble ne parler des modernes, qu'avec la permission des anciens. Quand il rencontre un courant de l'antiquité, il y flotte à pleines voiles. On retrouve dans son style une sorte d'humeur belliqueuse ; il fallait l'entendre, dans son *Éloge de Clémence-Isaure*, défier les railleurs qui ne croyaient pas à l'existence de cette reine des Jeux Floraux : « Isaure, « s'écriait-il, en parlant comme Papire Masson, était « belle ; ainsi l'attestent tous les monuments anciens « ayant rapport à elle. Notre Sapho avait une taille « avantageuse, une figure agréable et prévenante ; elle « se permit de peindre l'amour, mais elle ne lui permit « rien. » Et il terminait, en provoquant à un champ clos littéraire les incrédules et les médisants.

Depuis longtemps, on ne voit plus des parlementaires ou des avocats entrer en lice et briguer des fleurs. L'avocat Brabant essaye, en 1742, de disputer l'amarante au père Lombard, de la Compagnie de Jésus, mais il échoue et rentre dans l'ombre. Taverne, qui reparaît avec son ode des *Éclairs*, l'emporte sur un étudiant en philosophie, du village de Bort, en Limousin, qu'on désigne alors sous le nom de Marc Montel, et qui n'était autre que Marmontel. Ils n'en furent pas moins amis toute leur vie. Carriol et Castillon, deux avocats, ont une amarante et un souci, l'un pour son ode *Au Temps*, et l'autre pour le *Triomphe de l'Idylle*.

Taverne n'aura plus de fleurs : il est nommé maître ès Jeux Floraux, et prononce, en 1743, la semonce où il met l'art oratoire au-dessus de l'imagination et de la

poésie. Il disait : « Si l'imagination compare, discute et
« arrange, l'art de la persuasion peint, remue et en-
« traîne. Démosthènes n'est pas moins créateur qu'Ho-
« mère. » Il ajoutait ces paroles, auxquelles les siècles
n'ont rien enlevé de leur vérité : « Le cœur de l'homme
« est le théâtre des efforts et des conquêtes de l'orateur.
« Pour combattre les passions qui se reproduisent, à
« mesure qu'on les combat, il faut des forces sans cesse
« renouvelées. On a beau approfondir le cœur de l'homme,
« il sera toujours un fond inépuisable de recherches et
« de découvertes. »

Au moment où Taverne obtenait ses lettres de maîtrise, mourait un mainteneur, conseiller clerc au Parlement, l'abbé de Tournier, qui, de sermonnaire des missions apostoliques, devint arrêtiste à la manière de Catellan et de d'Olive, esprit fin et conscience pure, qui fonda la maison du Bon-Pasteur pour les femmes repentantes, et qui croyait, la nuit, entendre la voix larmoyante des plaideurs condamnés par ses arrêts.

Ce n'est pas un recueil d'arrêts que laissa en mourant, le président Jean de Caulet, mais tout un livre rempli d'extraits de Tite-Live, de Cicéron, de Tacite, de Descartes, et de réflexions sur l'histoire. Pour le louer, le viguier de Rabaudy disait : « Il écoutait les avocats avec
« le plus grand soin, » et il écrivait cette louange plus rare : « Il était le premier au Palais, et son zèle était in-
« génieux pour retarder le moment d'en sortir. » En digne neveu de l'évêque de Pamiers, François-Etienne de Caulet, l'ami de Pavillon, évêque d'Alet et des solitaires de Port-Royal, il menait la vie la plus austère, et tenait pour maxime qu'une des premières obligations

des grandes charges de magistrature était de remplir publiquement ses devoirs religieux, afin d'en augmenter le respect et le prestige. Il fut l'ami de la marquise de Simiane, dont a parlé madame de Sévigné, et il a été du petit nombre de ces hommes qui ne perdent jamais leurs amis, autrement que par la mort.

Dans cette famille des Caulet, la race était forte : au président à mortier Joseph de Caulet, succéda dans sa charge au Parlement, et dans son fauteuil de mainteneur, son fils, le conseiller Henri de Caulet, qui prononça, l'année de la mort de son père, la semonce, où perce une pointe de prétention et de bel esprit. Ancien élève de Rollin, il n'eut rien de son maître, et loin de s'asservir aux modèles de la langue latine, il a des hardiesses de style et une imagination aimable et entraînante. Une de ses semonces contre les romans a gardé l'empreinte d'un goût éclairé et d'une vivacité charmante : on croirait qu'elle a été écrite pour notre temps où les imaginations en désordre auraient tant besoin d'être ramenées dans les voies de la vérité et de la nature.

A partir de ces années où commence la seconde moitié du dix-huitième siècle, si novateur et si tentateur à Paris, on sommeille à Toulouse et on s'attarde ; il semble même qu'on revienne au seizième siècle. Les éloges de Clémence-Isaure, les poésies et les discours se perdent dans les phrases surannées. On avançait sur le siècle, avec le président de Caulet ; on recule avec les conseillers de la Mothe et Lecomte, et les avocats Castillon et Duclos, auxquels le président de Caulet reprochait d'être plus orateurs que juristes. On ne sent courir aucun souffle de jeunesse, de force et de fraîcheur dans leurs harangues, leurs idylles ou leurs odes. Le Palais fait toujours invasion aux Jeux Floraux, et parfois le Parlement, tout entier, suspend ses audiences pour assister aux fêtes de Clémence-Isaure. C'est du Parlement que viennent les chanceliers de l'Académie, qui sont toujours des présidents à mortier ou des premiers présidents.

Dans les travaux des avocats Verny et Martel, Pelarrey et Revel, Poulhariès et Lacroix, Boute, Espic et Marchand, Pilhes, Poitevin et Gez, Dutour, Jammes, Chaz et Mailhe qui chantait alors les vertus de la famille royale et qui allait, à quelques années de là, devenir le procureur syndic des amis de la Constitution, on ne trouve qu'un redoublement de choses emphatiques; ils ne sortent pas des temples de Thémis et des Muses.

Avec les parlementaires, on respire le même air et on habite les mêmes régions des bergeries et des pastorales, des nymphes et des dryades, des sylvains et des faunes et de toutes les divinités champêtres. On ne rencontre que, de loin en loin, de ces pensées qui ont des frémissements et des ailes, et qui s'envolent vers les sommets. Les semonces, heureuses par les idées, ont un style triste et languissant, aussi bien chez le procureur général Le Mazuyer et les avocats généraux de Parazols et de Pegueyrolles, que chez les conseillers du Puget, de Bojat, de Lalo, d'Albis, Malcor, de Montégut et les présidents Riquet, de Sauveterre, d'Aspe, de Paraza, de Senaux, de Niquet et de Vaudeuil. On en peut dire autant du conseiller d'Aufréry, d'un esprit si aimable, et du conseiller Raffin, qui fut parfois un critique d'un goût éclairé, et dont l'ode sur le rétablissement de la santé de Louis XV fut louée par Voltaire. C'est ce conseiller Raffin qui ne savait trouver ses rimes, que sous la verdure renaissante des bois.

Sur cette prose à teintes grises se détachent parfois des semonces ou des poésies d'une couleur vive, comme des rameaux verts sur une forêt où les feuilles ont jauni. En lisant les réflexions de l'avocat Soubeyran de Scopon, sur le bon ton, le goût, la conversation et la bonne compagnie, on se retrouve dans un courant de juste et fine critique. Un éloge de Clémence-Isaure par le président d'Aguin tranche aussi sur les autres, par son côté ingénieux et parfois éloquent. On y lit cette pensée charmante : « C'est beaucoup sans doute de devenir meil- « leur, mais ce n'est pas peu de devenir plus aimable. » Au président d'Aguin on pouvait citer le mot de Voltaire : « Il n'y a rien de plus aimable qu'un homme ver- « tueux qui a de l'esprit. » Il faut rappeler encore ce mot si français d'une semonce de l'avocat Castillon : « Les ha- « rangues étudiées, que Tite-Live et Plutarque mettent « dans la bouche de leurs héros, ne valent pas un seul « trait dont notre Henri IV animait ses troupes. » De son côté, l'avocat général de Parazols, si fin dans l'art de causer, démontrait, au milieu d'une semonce, que l'objet unique des belles lettres devait être d'inspirer l'amour de la vertu. Ces parlementaires savaient ainsi réveiller, au fond des cœurs, des fiertés et des délicatesses qui y semblaient endormies.

Une ode de l'avocat Martel, sur la mort de Fontenelle, a des coups d'aile qui s'élèvent au-dessus des poésies de ce temps. Elle eut une amarante au concours de 1769, où La Harpe eut un souci pour son épître : *Le portrait du Sage*. Au concours de 1774, les phrases latines qui ouvrent l'éloge de Clémence-Isaure, disparaissent à jamais ; c'est l'avocat Lacroix qui les fait rayer, à la séance du 3 mai 1774, où l'Académie siégea pour la première fois à la salle des Illustres du Capitole, en vertu de l'édit du mois d'août 1773. Une belle semonce du président de Portes, et les discours du procureur général de Rességuier, de l'avocat général de Latresne et du président d'Aguin donnent un nouvel essor aux poètes. N'est-ce pas ce marquis de Latresne qui soutenait, avec un grand charme de langage, que les lettres étaient un refuge contre l'amour et une garantie de la vertu des jeunes filles ?

Du milieu de tant de poésies oubliées avec les années, il faut dégager une épître *A ma Robe*, par l'avocat Gélibert, et citer ce passage alerte et d'une humeur enjouée qui allait si bien à son visage toujours souriant :

> Mais, dites-moi, robe que je révère,
> Sans un rabat, sans bonnet et sans vous,
> Ne saurait-on, d'un habile adversaire,
> Prévoir la marche et repousser les coups ?
> Je vous entends, vous donnez la science :
> Il le faut bien, car autrement en France,
> Comment feraient tant de nos beaux esprits
> Qu'on voit plaider sans avoir rien appris ?
> Comment feraient tant de célèbres juges,
> Qui n'ont jamais ouvert Justinien,
> Et qui pourtant jugent, et jugent bien ?
> Des citoyens, ils sont les seuls refuges,
> Et grâce à vous, ils n'ignorent de rien...

> Heureux qui peut, doué d'un fort poumon,
> Faire sonner gravement aux oreilles
> Des procureurs le mystique jargon.
> A l'audience il fera des merveilles ;
> Une voix mâle aura souvent raison.
> Puisqu'il ne faut qu'une voix de tonnerre,
> Nous tonnerons. Mais comment, sans frémir,
> Pouvoir se battre et soutenir la guerre,
> Avec ces mots dont on entend gémir
> Les tribunaux de nos dieux de la terre ?
> Comment parler d'un dit, d'un contredit,
> D'un soit montré, d'un interlocutoire,
> D'un appointer à bailler par écrit.
> Et d'autre mots dont l'effrayant grimoire
> Vient, au Palais, épouvanter l'esprit ?

De ce grimoire dont parlait si gaiement l'avocat Gélibert, se détournait souvent le président Anne-Marie d'Aignan, baron d'Orbessan, de vieille souche parlementaire, président à mortier depuis l'année 1738. On s'étonne de voir son éloge à l'Académie, par M. de Lavedan, si sec et si rapide. On devait bien pourtant à ce fécond esprit un buste dressé sur un socle de marbre. M. de Lavedan prit à la lettre le conseil des Grecs qui n'aimaient à entendre louer les morts, que d'un mot dit en passant. Il admira le président plus que le mainteneur, et ne sut pas relever, dans cette vie vouée aux lettres autant qu'à la science du droit, le feu sacré qui l'anima et qui brilla toujours en lui d'un vif éclat. On dirait que cet éloge est enveloppé de brume ; on n'y découvre même pas les titres des œuvres de ce président qui eut son heure de célébrité à Toulouse, et qui tenait pour maxime, qu'après la lecture de l'Évangile, rien n'était plus digne de l'homme que de s'adonner aux études littéraires.

Il y a de tout dans les œuvres du président d'Orbessan, de l'histoire, des dissertations scientifiques, des traductions de poésies latines, des maximes philosophiques et des chansons. Il entra dans cette vie des lettres par l'histoire un peu romanesque de Lucullus, qui fit sourire le Parlement et les Jeux Floraux. Cette Italie où vécut Lucullus attirait le président d'Orbessan, qui se mit en route et passa les monts, à l'automne de 1749. Les variétés de voyageurs sont nombreuses ; il y a les rêveurs, les poètes, les politiques, les fantaisistes, les peintres et les savants. Chacun voyage à sa manière : celle du président d'Orbessan a eu le trait d'un esprit pratique, fin observateur, guide agréable et sûr. Il a parcouru l'Italie en érudit, en critique et en moraliste. Avant lui, personne n'avait mieux parlé de la peinture et de la sculpture et étudié, avec plus de goût, les musées, les églises et les palais des villes italiennes. De nos jours, il n'y a que M. Taine qui ait écrit, sur l'art en Italie, un livre plus savant et plus brillant. Parfois, l'imagination et la gaieté voyageaient avec le président ; on se croirait alors en compagnie de Chapelle et Bachaumont, mais ce ne sont là que de rares éclairs.

Amoureux des plaisirs délicats et du monde, curieux des arts, des études sérieuses et des joies de l'esprit, le président d'Orbessan goûtait, mieux qu'un autre, le charme des loisirs que lui laissait sa charge. Il aurait voulu tout savoir, et jamais, au milieu de ses travaux, d'une variété infinie, il ne perdit son humeur alerte et étincelante ; il était au Parlement de Toulouse ce que le président de Brosses était au Parlement de Dijon. D'une audience à l'autre, il écrivait des traités sur des sujets de toute nature et de tout pays, sur les chevaliers romains, les vêtements romains, les serpents sacrés, la physique, la musique, la végétation, la beauté, la modération ; sur les antiquités romaines et les antiquités du Languedoc et de la Provence, les eaux thermales des Pyrénées ; sur Ausone, Ange Politien, Suétone, et la Belle Paule. Ses *Essais sur les roses et les violettes* ont une fraîcheur de sentiment et de fantaisie que n'ont pas toujours les vers des mainteneurs des Jeux Floraux. Au travers de ses traductions des élégies de Tibulle, des épigrammes de Catulle, des odes d'Horace, et des Georgiques de Virgile, il a mêlé, comme des brins d'herbes folles à un panier de fleurs, des chansons galantes qu'on dirait tombées des lèvres d'un roué de la Régence et non d'un président à mortier.

Il expia ces péchés des heures légères en écrivant la *Vie de Titus*, des considérations sur l'histoire de France et l'origine des Parlements, et un petit *Traité de la sagesse*. C'est pour obéir aux principes de la sagesse, a dit de lui l'avocat Poitevin, qu'il fit supprimer, par le gouvernement, les gages de l'inquisiteur de la foi, et qu'il refusa la charge de premier président du Parlement, et plus tard une ambassade, malgré les instances du chancelier Maupeou. A ces honneurs et à ces plaisirs du monde, il préférait les ombrages silencieux du château d'Orbessan, d'où il entendit, avant de mourir, les premiers bruits de la Révolution.

Barère de Vieuzac arrive le dernier dans cette légion des hommes du Palais, par son éloge de Jean-Jacques

Rousseau ; mais l'églantine, au lieu d'aller à lui, passa aux mains de Chaz, un autre avocat. De plus violents triomphes étaient réservés à Barère. A cet avocat d'une grâce recherchée, nommé, en 1783, mainteneur des Jeux Floraux, ayant quelque chose de la femme dans sa parole élégante et ondoyante, parlant au Palais dans un langage de cour, et entrant dans la vie par la porte charmante du Gai-Savoir, qui aurait osé prédire que le jour approchait, où ce causeur aimable de tous les salons et de toutes les académies irait s'asseoir à la Plaine, au Marais et à la Montagne de la Convention, pour y saluer la république des Girondins, et devenir, sous la Terreur, le terrible collègue de Robespierre et de Couthon au Comité de salut public. Après avoir invoqué les muses pour célébrer les vertus du chancelier de l'Hospital et du roi Louis XII, père du peuple, il devait couvrir des fleurs de sa rhétorique, comme la chose la plus innocente, les sanglantes théories des terroristes et des régicides, remplaçant la morale par une fausse sensibilité, et parlant des fournées de la guillotine, en révolutionnaire et en bel esprit. Il n'y eut jamais, M. Taine l'a dit avant moi, « d'homme moins gêné par sa conscience, » toujours du côté du plus fort, adroit et léger, jouant avec la guillotine, inventant la conspiration des perruques blondes, proclamant la guerre à mort à l'étranger et le retour au droit sauvage, et s'admirant dans cette phrase applaudie de Marat : « L'arbre de la liberté fleurit, « quand il est arrosé par le sang des tyrans. »

Son nom est de ceux qui donnent le vertige : l'histoire l'a placé parmi les ouvriers terribles de la Révolution. C'est de Barère que M. de Châteaubriand a dit, dans les *Mémoires d'outre-tombe*, qu'il était de l'espèce de ces tigres, qu'Oppien fait naître du souffle léger des vents, *velocis Zephyri proles*. Ni la noblesse de l'origine, ni l'élévation de l'intelligence, ni l'élégance des mœurs ne purent le sauver de l'abîme où il tomba.

Il a été du petit nombre de ces hommes de la Révolution qui ne sont pas morts sur l'échafaud ou sur une terre étrangère. Ce banni, revenu de l'exil, s'est endormi, chargé d'années, au pied des Pyrénées et à la clarté du soleil de son pays. Après tant de secousses, on a dit qu'il s'était éteint avec la sincérité des convictions de sa jeunesse. Dieu seul a connu le fond de sa pensée et pénétré au fond de cette conscience éclairée par les lueurs des années éternelles. Sa vie de passions et de luttes s'est perpétuée jusqu'à la mort. Sur Barère retombent, de tout leur poids, ces paroles de Saint-Just : « Ceux qui « font des révolutions ne dorment que dans le tom- « beau. » Dans l'exil, il s'était souvenu de ses succès littéraires aux Jeux Floraux, et il écrivit les *Beautés poétiques d'Young*, les *Veillées du Tasse*, *Cinq Nouvelles athéniennes, sybarites et italiennes*, la *Vie de Cléopâtre*, l'*Esprit de madame Necker*, le *Voyage de Platon en Italie* et d'autres œuvres oubliées. Personne n'a parlé de Montesquieu dans une langue plus forte et plus pure.

Aux Jeux Floraux, de même qu'au Palais, les avocats ont la parole les derniers. A la veille de la Révolution, l'avocat Floret, olivier de Provence, ainsi qu'il le disait lui-même, transplanté dans les jardins de Toulouse, jette un éclat de rire au milieu des rumeurs sinistres qui grondent à l'horizon, et écrit son *Voyage aux planètes*, qui rappelle le *Voyage à la lune* de Cyrano de Bergerac.

Enfin, un autre avocat, Gez, prononce, en 1790, le dernier éloge de Clémence-Isaure, dans ce dix-huitième siècle, prêt à disparaître dans la région des choses évanouies. Privée de ses ressources et de la salle de ses assemblées au Capitole, l'Académie, dans sa séance du 16 avril 1791, ajourna la fête des fleurs, et se dispersa bientôt, au souffle de la Révolution. La dispersion devait durer quinze années. Ce n'est qu'en l'année 1806, que sept des anciens mainteneurs se retrouvèrent à Toulouse, après la tempête, comme autrefois, en l'année 1323, les sept troubadours.

CHAPITRE XXV

Avènement du chancelier Maupeou. — Trois États en France. — Les Parlements et la royauté. — Ligue parlementaire. — Louis XV et Madame de Pompadour. — Les provinces. — Les lettres et la politique. — Accent révolutionnaire des remontrances. — Le chancelier Maupeou. — Procès du duc d'Aiguillon. — Coup d'État résolu. — Harangue de Louis XV. — Belles remontrances du Parlement de Paris. — Réponse du roi. — Lit de justice. — Coup d'État. — Exil des parlementaires de Paris. — Conflit du Parlement de Toulouse avec les États du Languedoc. — Le premier président de Niquet. — Explosion de colère à la nouvelle du lit de justice. — Lettre du Parlement de Toulouse au roi. — Remontrances. — Arrêt de résistance à la volonté du roi. — Opposition de la sénéchaussée à l'arrêt du Parlement. — Mercuriale du Parlement. — L'arrêt de Toulouse cassé à Paris et brûlé. — Ressentiments et Pamphlets. — Voltaire. — Le style de Maupeou comparé à celui de Corneille et de Racine. — Théorie du comte de Lauraguais. — Le gazetier cuirassé. — Le mandement des œufs rouges. — Citation de Fénelon, de Bossuet, de Massillon. — Talleyrand-Périgord commandant en Languedoc. — L'intendant de Saint-Priest. — Protestation du Parlement contre les menaces de suppression. — Convocation des parlementaires par le comte de Périgord. — Protestation du Parlement. — Lecture de lettres patentes. — Discours de Périgord et de Saint-Priest. — Lecture de deux édits de suppression du Parlement et de reconstitution d'un nouveau Parlement. — Enregistrement des Édits. — Sortie des Parlementaires. — Leur exil. — Le nouveau Parlement. — Résistance du conseiller Lenormand d'Aisenne.

Le temps a marché : le ministère Choiseul est tombé ; l'avénement du chancelier Maupeou et de l'abbé Terray vont ramener les tempêtes. L'histoire du royaume n'est alors que l'histoire des Parlements. Le long silence gardé par eux sous le règne de Louis XIV est rompu depuis la régence, et les trois grandes corporations du royaume, noblesse, clergé et Parlements se retrouvent en présence, plus remuantes, plus jalouses et plus ardentes que jamais. Montesquieu l'a dit ainsi : « Il y avait « alors trois sortes d'états en France, l'église, l'épée et « la robe, et chacun a un mépris souverain pour les deux « autres. » Au travers des bruits de cette société agitée et des plaintes du peuple, on entend la voix retentissante des Parlements, que d'Aguesseau appelait le dernier cri de la liberté mourante.

On l'a déjà vu, dans le cours de cette histoire, quand les édits blessaient les intérêts ou froissaient les consciences, les Parlements vengeurs des griefs de la nation heurtaient de front l'autorité de la Couronne et refusaient d'enregistrer ses volontés. Devant les remontrances, la royauté, souvent impuissante sévit, ou cède, sans autre règle que le caprice de la fortune ou le sort du combat ; mais les victoires autant que les défaites étaient désastreuses, et ce n'est pas sans danger qu'on donne aux oppositions et aux résistances l'occasion de s'enhardir et de s'exalter. Dans cette levée de boucliers il y a, à la fois, des troupes rangées en bataille, et des troupes légères prêtes aux coups de main et aux escarmouches. La raison et la passion s'allument et se lèvent ensemble.

Afin de rendre la résistance plus énergique, les Parlements cherchent à se former en un corps assez fort par son union, pour jouer en face du pouvoir royal le rôle d'États généraux permanents. Une ligue se fait entre eux afin de se constituer en classes d'un corps indivisible, et en cas de violence ou de coup d'État, ils menaçent la Couronne d'une démission générale. Cette ligue parlementaire était née des méditations de l'exil du Parlement de Paris et des enseignements de la persécution.

Cet état de choses inquiétait Louis XV. Il est curieux de regarder de loin ce tableau d'intérieur, que madame du Hausset nous a laissé dans ses Mémoires : « Un jour, « dit-elle, le maître entra tout échauffé. — Qu'avez- « vous ? lui demanda Mme de Pompadour. — Ces gran- « des robes et le clergé, répondit-il, sont toujours aux « couteaux tirés ; ils me désolent par leurs querelles ; « mais je déteste bien plus les grandes robes. Mon « clergé, au fond, m'est attaché et fidèle ; les autres vou- « draient me mettre en tutelle. — La fermeté, lui dit ma- « dame, peut seule les réduire. — Robert de Saint-Vin- « cent, reprit le roi, est un boute-feu que je voudrais « pouvoir exiler ; mais ce sera un train terrible. D'un « autre côté, l'archevêque est une tête de fer. Le régent « a eu bien tort de leur rendre le droit de faire des remon- « trances. Ils finiront par perdre l'État. Vous ne savez « pas ce qu'ils font et ce qu'ils pensent ; c'est une as- « semblée de républicains. Les choses, comme elles sont, « dureront autant que moi... » Confession naïve de faiblesse et d'imprévoyance ! Louis XV, pour toute espérance, se fiait à la fortune de son successeur.

Les provinces suivaient l'impulsion de Paris et la surface légère de la France pliait à tous les vents de la capitale. La robe affectait un grand dédain pour tout ce qui n'était pas la royauté en personne. Le roi mande parfois les Parlements à Versailles et les exile, mais ils ne tardent pas à remonter sur leurs siéges, au milieu des acclamations populaires. C'est sous ce régime de conflits et de désordres que s'écoulait le dix-huitième siècle.

Les lettres elles-mêmes faisaient invasion dans la politique. Le président de Montesquieu, après avoir, dans ses *Lettres persanes*, effleuré, en riant, les mœurs et les abus de son temps, écrit comme une sorte de prophétie pour la France, la grandeur et la décadence de l'empire romain. Son âme puisait des enseignements dans les premiers déchirements de sa patrie. La sombre et tumultueuse armée de l'Encyclopédie arrive avec ses doctrines qui vont remuer la société de Louis XIV, et Jean-Jacques, du fond de son ermitage, fait entendre sa parole triste et fatale, pleine d'éloquence et de sentiment. La vieille foi chrétienne est refroidie, et la voix de Bossuet s'est éteinte sur la tombe du grand Condé, après avoir annoncé la révolution des monarchies et les terribles leçons que Dieu donne aux rois. C'est maintenant Voltaire qui remplit le monde de ses éclats de rire ; son drapeau est un drapeau de destruction, sous lequel il enrôle partout des soldats. Sur cette mer flottante du dix-huitième siècle, la philosophie surnage avec ses théories, qui amènent un renversement de croyances et accomplissent une révolution au fond des âmes.

Le barreau fait alliance avec les lettres et s'inspire de leurs pensées hardies et novatrices. Dans la chaleur de ce mouvement de vie intellectuelle, la société tout entière est ébranlée. Une ardeur secrète travaille tous les esprits ; l'indépendance, qui n'existe pas dans la Constitution, se trouve déjà dans l'opinion et dans les mœurs ;

les consciences et les passions, longtemps comprimées, soulèvent une foule d'éléments divers, débris du passé ou germes d'avenir, et révèlent des blessures séculaires. Les discussions qui avaient agité l'église au dix-septième siècle, avec leurs tendances jansénistes, se transportent dans la politique et développent des idées nouvelles de lois, de justice, de raison et d'humanité. On sentait que l'heure était arrivée d'un de ces moments solennels de la vie des nations, où l'esprit public est entraîné vers un avenir inconnu. On se troublait, comme en passant sur un abîme.

La magistrature supportait impatiemment le sceptre tombé aux mains de Louis XV, et ses remontrances avaient l'accent de la société nouvelle. On n'est pas peu surpris d'y rencontrer aux années 1763 et 1764 les doctrines suivantes : « Les rois sont les égaux des autres « hommes, selon le principe commun de la nature ; l'au- « torité seule nous distingue. — L'autorité que possè- « dent les souverains dépend de la soumission de leurs « sujets. — Les rois sont redevables de leur fortune et « de leur puissance aux diverses classes d'hommes qui « leur obéissent, et dont les grands sont la moindre par- « tie. — Sans le peuple, les Etats ne subsisteraient point « et la monarchie ne serait qu'une idée. — La monarchie « n'est pas un despotisme ; les lois excluent le pouvoir « arbitraire et c'est par elles que règne le monarque. — « L'emploi des impôts est sacré et les dépenses de « plaisirs n'y peuvent rien prétendre. »

Les questions de liberté, de religion, de morale, de privilèges, tout était débattu par les Parlements. Les temps héroïques de la vieille magistrature française étaient passés. Les magistrats ne vivent plus à l'écart, et le monde les a envahis. On respire autour d'eux un air chargé d'orages, et on ne retrouve guère ces existences recueillies qui s'écoulaient dans l'étude et la retraite ; leur langage a un tour inouï de hardiesse et d'insoumission. Le gouvernement ne les écoute pas et les traite de rebelles. Ennemis des philosophes qu'ils ont persécutés, des jésuites qu'ils ont proscrits, des courtisans qu'ils ont froissés, ils usent leur vie dans des luttes continuelles qui emportent, chaque jour, quelques restes de leur grandeur. Étroitement unis les uns aux autres, ils battent en brèche la Couronne. Le moment approchait où ils allaient être vaincus et brisés.

Ce fut à cette période d'agitations que le roi confia les sceaux au premier président du Parlement de Paris, René-Nicolas-Charles-Augustin de Maupeou. Son nom n'avait encore aucun éclat, mais tout Paris sut bientôt que par son esprit d'intrigue et sa discrétion, il avait plu à madame de Pompadour. Longtemps, il observa la fortune afin de ne pas se livrer au hasard. On avait cru que cet homme familier avec ses égaux, enveloppé d'une indifférence apparente, sans séductions de figure ou de langage, n'aspirait qu'à la destinée d'un courtisan vulgaire. On se trompait : il rêvait une réforme qui devait bouleverser les compagnies judiciaires.

Ceux qui connaissaient sa vigueur et sa souplesse prédirent au ministre qu'il ferait un ingrat, et que les Parlements au sein desquels il avait grandi n'auraient pas d'ennemi plus acharné. L'événement ne tarda pas à justifier leurs pressentiments. A peine nommé, le nouveau garde des sceaux fait donner le contrôle général à un conseiller clerc de la grand'chambre, l'abbé Terray, habile artisan d'expédients et de ressources. Leur premier acte, de concert avec le duc d'Aiguillon et madame du Barry, qui commençait à régner à Trianon, fut de renvoyer le duc de Choiseul. Il fallait ensuite un prétexte pour arriver aux Parlements. L'occasion se présenta.

On sait que l'affaire du duc d'Aiguillon amena le coup d'État du chancelier. Le duc commandait en Bretagne où des exécutions sans nombre l'avaient environné de haines. Saisi des plaintes des États de la province, le procureur général Le Chalotais, de race bretonne et connu par ses réquisitoires contre la Société de Jésus, porta le procès au Parlement de Rennes et déclara que l'unique vœu de la Bretagne était d'être délivrée de son gouverneur. Flétri par un arrêt, le duc d'Aiguillon voulut s'opposer à l'exécution des ordres de la justice : les magistrats, abandonnés par le roi qui soutenait le duc, donnèrent leur démission.

Les États de Bretagne ayant alors éclaté en récriminations, le Parlement de Paris évoqua l'affaire. Pendant l'examen des pièces, et dans la nuit du 11 novembre 1765, MM. de La Chalotais père et fils et trois conseillers sont enlevés et jetés dans la citadelle de Saint-Malo. Le Parlement de Paris fit d'énergiques remontrances qui déterminèrent le roi à mettre les prisonniers en liberté, et à affirmer qu'il ne voulait voir ni jugement, ni coupables. Le procureur général fut exilé, et le duc d'Aiguillon reparut dans la province où il signala son retour par un redoublement de corvées. Le roi craignant une révolte, le rappelle ; le Parlement de Rennes accuse le duc de rébellion, d'abus de pouvoir et même de projets d'empoisonnement et d'assassinat. Le duc demande à comparaître devant le Parlement de Paris jugeant comme Cour des pairs. C'est le roi lui-même qui préside et convertit la séance en lit de justice, et qui arrête, en vertu de son autorité souveraine, toute procédure à ce sujet, en imposant silence à toutes les accusations.

Le Parlement, tout ému par cette violation de ses droits, se rassemble à la hâte et rend, le 2 juillet 1770, le célèbre arrêt qui portait que le duc d'Aiguillon étant gravement inculpé de faits qui entachaient son honneur, était suspendu de la pairie, jusqu'à ce que, par un jugement rendu en Cour des pairs, avec les formes solennelles prescrites par la loi, il fut pleinement purgé et réintégré. Le lendemain, le roi, en son Conseil, cassa l'arrêt du Parlement et enjoignit au duc de continuer ses fonctions de pair de France. La guerre était franchement déclarée ; les vacances du Palais amenèrent une trêve, mais les traditions ne sèchent pas en un jour dans l'âme des partis. Le pouvoir judiciaire et le pouvoir royal étaient aux prises ; ce fut le chancelier Maupeou qui donna le signal des hostilités nouvelles. Plein d'audace et voulant à jamais vider cette vieille querelle des Parlements et de la royauté, il comprit que la Couronne était en jeu dans cette lutte, qu'elle serait bientôt au Palais de justice autant qu'aux Tuileries, et qu'il fallait un coup d'État pour terminer ce différend. Le coup d'Etat fut résolu dans sa tête : il fait enlever du greffe les pièces de l'affaire du duc d'Aiguillon, et fulmine le fameux règlement du 27 novembre 1770, qui fait défense aux Parlements, ainsi que le roi l'avait fait dans la fameuse séance de la flagellation du 3 mai 1766, de se servir jamais de l'expression de classes pour désigner les divers Parlements du royaume, d'envoyer à ces derniers d'autres mémoires que ceux spécifiés par les ordonnances, de cesser le service, sinon dans les cas prévus par les règlements légaux, de donner leur démission en corps, et de ne rendre jamais d'arrêt qui puisse tendre à empêcher, troubler et retarder l'exécution des édits royaux.

Jamais la Couronne n'avait parlé un langage aussi menaçant. La fermeté altière du chancelier Maupeou se révélait à chaque phrase : « Nous ne tenons, disait « Louis XV, notre couronne que de Dieu ; le droit de « faire des lois, par lesquelles nos sujets doivent être « conduits et gouvernés, nous appartient sans dépen- « dance et sans partage ; nous les adressons à nos Cours « pour les examiner, pour les discuter et les faire enre- « gistrer. Les représentations de nos officiers ont des « bornes, et ils ne peuvent en mettre à notre autorité... « Nous n'exigeons point d'eux qu'ils donnent des suf- « frages qui ne s'accorderaient pas avec leurs sentiments « particuliers, mais soit par nous-même, soit par nos « représentants, nous ordonnons l'enregistrement de « nos lois ; ces lois doivent être exécutées sans contra- « diction. »

Ce règlement renversait la puissance et les prérogatives parlementaires. La compagnie, jalouse à l'excès de ses droits et gardienne irritable des souvenirs de son passé, se relève à ce coup de foudre, et fait entendre au roi une de ces remontrances où elle rappelle ses services et sa gloire, avec une magnificence de langage qui est devenue une des pages les plus mémorables de son his-

toire : « ... Si la fierté des grands vassaux s'est trouvée
« forcée de s'humilier devant le trône de vos ancêtres, de
« renoncer à l'indépendance et de reconnaître, dans leur
« roi, une juridiction suprême, une puissance publique
« supérieure à celle qu'ils exerçaient ; si l'indépendance
« de votre couronne a été maintenue contre les entre-
« prises de la cour de Rome, tandis que presque par-
« tout les souverains avaient plié sous le joug de l'am-
« bition ultramontaine ; enfin, si le sceptre a été conservé
« de mâle en mâle à l'aîné de la maison royale, par la
« succession la plus longue et la plus heureuse dont il
« existe des exemples dans les annales des empires,
« tous ces services, les plus importants sans doute
« qu'on ait jamais rendus à l'autorité royale et à l'État,
« sont dus, si l'histoire en fait foi, à votre Parle-
« ment... »

Louis XV, courroucé, jette au feu ces remontrances, qui lui sont offertes par le premier président d'Aligre, et répond : « Vos représentations ne contiennent que des
« déclamations contre des personnes qui méritent la
« confiance dont je les honore, et ne tendent qu'à faire
« naître des idées aussi fausses qu'injurieuses à ma
« personne. Elles ne me feront pas changer de façon de
« penser. Je vous charge, vous, monsieur le premier
« président, de venir ici, ce soir, à sept heures, me ren-
« dre compte de l'exécution de mes ordres. »

Ces luttes, qui s'envenimaient chaque jour, étaient le signal d'une bataille rangée. Le Parlement refusa d'enregistrer l'édit de règlement du 27 novembre. Le chancelier fit alors tenir par le roi un lit de justice à Versailles, le 7 décembre 1770, après avoir dit la veille aux courti-

sans : « Demain, j'ouvrirai la tranchée devant le Parle-
« ment. » Ce fut en effet une vraie journée de siège, et la
dauphine, Marie-Antoinette, qui assistait dans une tribune au lit de justice, disait qu'elle n'avait rien vu
d'aussi merveilleux que cette séance royale où étaient
confondus les princes du sang et les pairs de France,
les robes noires de l'Église et du Conseil d'État, et les
robes rouges du Parlement.

A midi, le roi entra dans le grand salon de Versailles,
et lorsqu'il fut assis et couvert, le chancelier, s'étant
agenouillé devant lui, se releva et parla ainsi. « Mes-
« sieurs, Sa Majesté devait croire que vous rece-
« vriez avec respect et soumission une loi qui contient
« les véritables principes, des principes avoués et défen-
« dus par nos pères et consacrés dans les monuments
« de notre histoire.... Remontez à l'institution des Par-
« lements, suivez-les dans leurs progrès, vous verrez
« qu'ils ne tiennent que des rois leur existence et leur
« pouvoir, mais que la plénitude de ce pouvoir réside
« toujours dans la main qui l'a communiqué. Ils ne sont
« ni une émanation, ni une partie les uns des autres ;
« l'autorité, qui les créa, circonscrivit leurs ressorts,
« leur assigna des limites, fixa la matière, ainsi que
« l'étendue de leur juridiction. Chargés de l'application
« des lois, il ne nous a point été donné d'en étendre ou
« d'en restreindre les dispositions.... Si vos droits s'éten-
« daient plus loin, si votre résistance n'avait pas un
« terme, vous ne seriez plus les officiers de la Couronne
« mais ses maîtres ; sa volonté serait assujettie à la
« vôtre, la majesté du trône ne résiderait plus que dans
« vos assemblées ; et, dépouillé de ses droits les plus

« essentiels, dépendant dans l'établissement des lois,
« dépendant dans leur exécution, le roi ne conserverait
« que le nom et l'ombre vaine de la souveraineté... Sou-
« tenez la dignité de votre ministère ; que vos actions
« l'honorent s'il est possible ; que les peuples, pénétrés
« de l'équité de vos jugements, bénissent la main qui
« vous imprima le caractère de magistrats. Toujours
« soumis, toujours respectueux, conciliez le zèle avec
« l'obéissance, et éclairez l'autorité sans jamais la com-
« battre. »

Et aussitôt l'édit de discipline du mois de novembre fut promulgué. Certes, le chancelier avait pour lui les armes de la raison et de la logique. La France assistait à ce spectacle étrange d'une royauté absolue, poursuivie sans relâche par une compagnie qui ne tenait son existence que de la royauté même, et d'une lutte où l'argumentation judiciaire transportait des principes politiques, nés de la fougue du moment, en déchirant sans pitié tous les voiles de la foi monarchique. Ce n'est plus une escarmouche du roi des halles, ou le tumulte frivole de l'arrestation de Broussel ; ce n'est plus le temps des querelles jansénistes, et ce n'est pas Port-Royal qui tombe ; c'est déjà le souffle qui renversera la Bastille et qui élèvera sur ses ruines la tribune de la Révolution. Le Parlement déclare que « ses membres, dans leur douleur profonde,
« n'avaient point, après un pareil édit, l'esprit assez
« libre pour décider des biens, de la vie et des sujets de
« Sa Majesté, » et décide qu'il suspendra ses fonctions.

Tout le royaume était dans l'attente : les grands et le clergé blâmaient hautement la magistrature ; le peuple et les philosophes gémissaient de voir enlever aux compagnies judiciaires une autorité qui avait toujours entravé les empiétements de la Cour ; mais l'époque des ménagements était passée, et l'édit du 7 décembre fut enregistré, sous le bon plaisir du roi. Le Parlement décrète alors qu'il s'assemblera le 21 janvier, pour déliberer sur les lettres de jussion ; c'était engager une lutte désespérée d'où devait dépendre le sort du Parlement ou de la Couronne. Le chancelier Maupeou se jeta tête baissée dans la mêlée, et la Couronne l'emporta.

Louis XV, oubliant les affaires du royaume sous les ombrages de Trianon, son chancelier arrêta tout à coup l'imminence du péril. Dans la nuit du 19 au 20 janvier 1771, un huissier et deux mousquetaires entrent chez chacun des membres du Parlement, et leur présentent un ordre portant injonction expresse d'écrire par oui ou par non, s'ils consentaient à reprendre leurs fonctions. Trente-huit seulement sur plus de cinq cents, partageant l'effroi de leurs familles et troublés par cette violence nocturne, se soumettent à la volonté du souverain ; mais, revenus bientôt de leur émotion première et de leur surprise, se rétractent le lendemain. Le chancelier avait compté à tort sur le succès des entraînements individuels et sur la faiblesse des parlementaires : ils dédaignèrent ce déploiement de la force publique. Le chancelier ne se tint pas pour battu. La nuit suivante, ils sont encore réveillés en sursaut par un huissier de la chaîne, qui notifie à chacun d'eux un arrêt du Conseil portant confiscation de leur charges et leur interdisant de reprendre le nom, les honneurs et les devoirs de leurs fonctions. A peine est-il sorti, que des mousquetaires surviennent et leur apportent des lettres de cachet, avec indication du lieu de leur exil.

Le chancelier n'épargna personne. Il se laissa aller à tout le ressentiment de son âme : il sépara les magistrats de la même famille, et affecta de montrer, dans le monde, une légèreté moqueuse qui insultait au malheur des exilés. Son nom devint une menace pour tous. Même en approuvant l'idée du coup d'État, on ne peut que flétrir cette dérision amère jetée ainsi au talent et à la vertu. Il y eut de la vanité dans la vigueur de ce coup de main. Le chancelier crut que son acte perdrait de son caractère avec le temps ; il se faisait illusion. Tant qu'il eut à combattre le Parlement, il ne fit qu'user des droits de la guerre ; après l'avoir vaincu, il devint rude et cruel. On ne peut se défendre d'un sentiment profond de tristesse, en songeant à tant de souffrances noblement supportées. Il semblait qu'en sortant de Paris, les parlementaires emportaient avec eux le sol du Parlement. Les mères et les femmes émues d'un sentiment d'amour et de fierté, aspirant à la persécution et à l'infortune, poussaient leurs fils et leurs maris à l'exil, et échangeaient, avec une secrète allégresse, les douceurs d'une vie brillante contre la pauvreté d'un séjour perdu au bout de la France. Les privations purent épuiser leur vie, mais non pas leur courage. Les magistrats du Parlement montrèrent au chancelier que, pour s'être mépris sur leurs droits et pour avoir manqué de prudence, ils n'en avaient pas moins d'énergie et de vertu. Le chancelier voulut frapper sans mesure. L'arme devait emporter la main.

Ces événements du Parlement de Rennes et de Paris

CH. XXV. — COLÈRE DU PARLEMENT DE TOULOUSE

s'enchaînent avec les événements des autres Parlements de France. Au Parlement de Toulouse, on avait vigoureusement protesté contre la suspension du Parlement de Rennes, mais le conflit avec le gouvernement ne commence vraiment qu'à l'heure ou les États du Languedoc voulurent interdire l'accès des baronnies représentatives à la noblesse de robe, et conserver aux séances de l'assemblée leur caractère aristocratique. Froissé par cette orgueilleuse décision des États, le Parlement casse, le 14 juillet 1770, cette partie de leur nouveau règlement ; sur la plainte du syndic des États, le conseil du roi casse, à son tour, l'arrêt du Parlement.

Au premier président de Vaudeuil avait succédé le président à mortier Joseph de Niquet, âgé de plus de quatre-vingts ans, d'origine champenoise, insinuant et adroit, se donnant et se reprenant, esprit glissant et de molles croyances, n'ayant pourtant manqué, dans les crises du Parlement, ni de fermeté, ni d'indépendance et dont le nom n'eut jamais plus de popularité, qu'au moment où il monta au siège des premiers présidents. Par un sentiment de charité et de modestie, il pria les capitouls d'abandonner aux pauvres l'argent destiné aux fêtes de la grande entrée qu'on lui réservait, à son retour de Paris. Il pria les capitouls de doter six filles des plus pauvres avec l'argent destiné à ces fêtes.

Cette popularité n'eut que la durée d'un songe. A la nouvelle du lit de justice du mois de décembre 1770, selon ce qu'en ont dit les mémoires du temps, un explosion de colère souleva les pavés du vieux Toulouse. Sous orme de *Lettre aux officiers de justice des provinces*, parut un pamphlet dénonçant l'édit de décembre, comme attentatoire aux droits de la nation et des compagnies judiciaires. Irrité contre le chancelier, le Parlement de Toulouse sollicitait du roi la permission d'envoyer ses députés à Versailles, pour protester contre la dispersion du Parlement de Paris. Il écrivait au roi, le 9 février 1771 :

« L'édit enregistré à Versailles au lit de justice du
« 7 décembre dernier est le signal du renversement de
« la constitution française. Réduire à une formalité illu-
« soire la loi de l'enregistrement, c'est ouvrir la porte à
« tous les excès du pouvoir arbitraire, c'est substituer
« l'autorité absolue à l'autorité légale. C'est non seule-
« ment anéantir une des premières lois fondamentales de
« la monarchie, mais rendre encore possible et facile la
« subversion de toutes les autres... Quand nous ne ju-
« gerions de l'édit que par ses effets, pourrions-nous,
« Sire, n'y pas reconnaître l'annonce de tous les maux
« qu'entraîne à sa suite le gouvernement arbitraire. Des
« magistrats vertueux arrachés de leurs sièges pour
« avoir refusé leur consentement à la distribution des
« lois de leur pays, des offices confisqués au mépris des
« ordonnances du royaume, voilà les premiers fruits
« de cet édit funeste dont on étendra facilement la rigueur
« sur votre peuple, après en avoir fait l'essai sur les mi-
« nistres des lois. » Et le Parlement prit un arrêté dérisoire, portant que les princes du sang seraient priés et les pairs du royaume invités d'assister aux séances qu'il voulait tenir, pour juger les membres du Parlement de Paris déclarés coupables par l'édit de décembre. Une autre fois le Parlement s'écriait : « On comprend
« qu'on ne peut établir le despotisme qu'en étouffant la
« voix des Parlements. »

Le roi ne répondit pas. Le Parlement s'assemble le 8 mars, et arrête que des remontrances seront adressées à la Couronne, pour protester contre les édits et lettres patentes de la suppression du Parlement de Paris et de la création d'un nouveau Parlement, et pour informer le gouvernement qu'il sera fait défense à tous les officiers de justice du Languedoc de tenir la main à l'exécution de ces lettres patentes et de ces édits. Ces remontrances, œuvre du conseiller Raffin, et d'une grandeur égale aux plus belles remontrances du Parlement de Paris, furent expédiées le 6 avril. Elles disaient :

« Il est pour les empires des époques fatales, qui dé-
« cident de leurs révolutions ; des temps où, ébranlés
« par de longues et violentes secousses, ils ne peuvent
« plus se soutenir sur leurs anciens fondements ; mais
« on n'a jamais vu que, tranquille au dehors, un gou-
« vernement dont les ressorts n'ont rien perdu de leur
« activité, emprunte, en pleine paix, l'appareil de la lé-
« gislation, pour prononcer l'anéantissement de sa cons-
« titution politique. » Et plus loin, arrivant à la question de l'inamovibilité des magistrats, les remontrances
faisaient entendre à Louis XV ce noble langage. « Con-
« sidérant que suivant les lois et ordonnances du
« royaume, aucun magistrat ne peut être légalement
« destitué de son office, s'il n'est vacant par mort, rési-
« gnation ou forfaiture compétemment jugée ;.... qu'au-
« tant les vues de l'ancienne législation tendent à former
« des sujets vertueux, hardis de bien garder et de défen-
« dre les lois du royaume, autant le nouvel état de choses
« qu'on s'efforce d'introduire, et qui ne laisse après lui
« que des débris et des ruines, est propre à éteindre tout

« et Dieu dont vous tenez votre couronne : votre Par-
« lement est bien éloigné de révoquer en doute une vé-
« rité qu'il se fit toujours gloire de défendre. Il sait que
« Dieu seul a donné la sanction au choix libre de nos
« ancêtres, et que nos souverains n'ont jamais dû recon-
« naître de puissance supérieure entre le peuple et Dieu ;
« mais vous nous avez appris, vous-même, que votre
« couronne n'est à vous que pour le bien et le salut de
« l'État. »

Après avoir cité Bossuet, le Parlement rappelait au roi la réponse du président de Harlay à Henri III : « Si
« vous voulez être estimé juste et légitime, observez les
« lois de l'État qui ne peuvent être violées, sans révoquer
« en doute votre propre puissance. Dieu vous a mis la
« force en mains et vous pouvez faire de nous et de tous
« nos biens, tout ce qu'il vous plaira ; mais Dieu ne
« veuille qu'il vous entre oncques, dans l'esprit, que vous
« soyez roi par force. Tels sont règnes de pirates et de
« voleurs et changent de face et d'état à chaque saison,
« mais votre règne est règne de loyauté et de justice. »

Enfin, il soutenait que les Parlements, en se constituant en classes, c'est-à-dire en un seul Parlement distribué dans le royaume pour le bien du service de la justice, ne faisaient que suivre les traditions des siècles, les arrêts et les ordonnances et l'avis des plus célèbres jurisconsultes. En terminant, le Parlement, en cas de résistance de la part du roi, en appelait aux États généraux.

En même temps et au mois d'avril 1771, les princes dressaient leur protestation, dans laquelle ils déclaraient que pour rendre la justice, les Parlements ne devaient avoir à redouter ni haine, ni vengeance, ni pro-

CHAP. XXV. — OPPOSITION DE LA SÉNÉCHAUSSÉE

tection, ni dépendance, et que toute liberté leur était due pour porter la vérité aux pieds du trône, y défendre les sujets et soutenir les lois. Cette protestation ajoutait que pour exercer leur haute mission, les magistrats avaient besoin de l'inamovibilité, sauvegarde de la liberté publique contre l'action d'un pouvoir arbitraire, et une des lois fondamentale de l'État. Elle était signée de tous les princes d'Orléans et de Bourbon.

Blessé du silence du roi, le Parlement de Toulouse revient à la charge le 4 mai et décide, après une tumultueuse délibération, qu'il « tiendra pour intrus, parjures et violateurs « de leurs serments, tous magistrats, avo-
« cats, ou autres, qui violant tout ensemble et la loi non
« écrite de l'honneur, et les dispositions précises des
« ordonnances qu'ils avaient juré de garder, n'avaient
« pas craint de s'ingérer dans les fonctions de magis-
« trats non légalement destitués, et tous ceux qui prê-
« teraient aux officiers intrus aide, conseil, assistance
« d'un service quelconque, annulant d'avance les actes
« des nouveaux tribunaux. »

Cet arrêt expédié aux sénéchaussées fut enregistré dans les sièges de justice du ressort. A Toulouse, les officiers de la sénéchaussée tentèrent de désobéir au Parlement : dénoncés par le procureur général, ils subirent une sévère réprimande du premier président et furent ajournés à une audience prochaine. Ils se soumirent, mais en enveloppant leur soumission de réserves qui leur attirèrent une seconde mercuriale, plus rude que la première : « Au lieu des témoignages de zèle et de re-
« pentir que la Cour attendait de votre part ; vous ne
« lui avez apporté qu'un acte forcé d'obéissance. Vous

« vous séparez de l'esprit qui anime en ce moment la
« magistrature entière. Vous mériteriez toute l'animad-
« version de la Cour. N'oubliez point l'indulgence dont
« elle use aujourd'hui. Vous n'obtiendrez sa protection
« et sa confiance que par un prompt retour aux senti-
« ments qui caractérisent les vrais magistrats. Retirez-
« vous. »

Cet arrêt du 4 mai, que le sénéchal de Toulouse avait refusé d'enregistrer, parvint au procureur général du nouveau Parlement de Paris qui le déféra, à son tour, à la justice de ce Parlement, comme séditieux, attentatoire à l'autorité du roi et aux lois du royaume. Sur les réquisitions de l'avocat général de Vergès, l'arrêt de Toulouse fut lacéré et brûlé au pied du grand escalier du Palais. De son côté, le Conseil d'État, le roi présent, censura le Parlement de Toulouse et lui enjoignit de ne plus rendre à l'avenir, sous peine de désobéissance, des arrêts aussi injustes et aussi téméraires.

De loin, les exilés de Paris ravivaient les représailles. Le récit de leur existence douloureuse et attristée, au fond de bourgades inconnues, au milieu des neiges et des montagnes, ou dans quelques villes obscures de province, exaltaient les colères et les ressentiments qui se traduisaient en résistances et en pamphlets. Du haut de ses collines de Ferney, Voltaire avait beau lever les mains au ciel, en signe de joie du coup d'État du chancelier et comparer le style des écrits de Maupeou au style élégant de Racine et à la noblesse des pensées de Corneille, les Parlements de province ne se laissaient ni toucher par ces louanges passionnées, ni intimider par les lettres de cachet; ils continuaient à s'agiter et à protester et ne recevaient, qu'avec dédain, les nouveaux règlements sur la procédure et la diminution des frais de justice.

A Toulouse, chez les parlementaires les plus ardents, on s'excitait à la lutte, en lisant les brochures nées des disputes de ce temps et jetant hardiment à la face du roi des menaces extraites des livres profanes et sacrés. On y lisait l'*Extrait du droit public de la France*, du comte de Lauraguais, qui posait le principe de la souveraineté du peuple et n'était qu'une suite du *Contrat social*. Le *Gazetier cuirassé*, attribué aussi au comte de Lauraguais, arriva de Londres, avec *le Mandement des œufs rouges*, plein de finesse et de raillerie française, et du levain janséniste retrouvé par un partisan du Port-Royal. Les femmes recherchaient et lisaient, le soir, aux parlementaires des passages des orateurs de la chaire. Ce mot de Fénelon était applaudi par elles : « Le roi peut tout sur les peu-
« ples, mais les lois peuvent tout sur lui. » Bossuet n'était pas oublié : « C'est principalement des lois fon-
« damentales qu'il est écrit, qu'en les violant, on ebranle
« tous les fondements de la terre. Le crime que Dieu
« punit avec tant de rigueur dans Achab et Jezabel,
« c'est la volonté dépravée de disposer à leur gré, indé-
« pendamment de la loi de Dieu, du bien, de l'honneur,
« de la vie d'un sujet. »

On lisait aussi ces fières paroles de Massillon, prononcées devant le roi, au carême de 1718 : « La liberté
« que les princes doivent à leur peuple, c'est la liberté
« des lois. Vous êtes le maître de la vie et de la fortune
« de vos sujets, mais vous ne pouvez en disposer que
« selon les lois. Vous ne connaissez que Dieu au-dessus

« de vous, cela est vrai, mais les lois doivent avoir plus
« d'autorité que vous-même. Vous ne commandez pas
« à des esclaves, vous commandez à une nation libre et
« belliqueuse, aussi jalouse de sa liberté que de sa fidé-
« lité, et dont la soumission est d'autant plus sûre, qu'elle
« est fondée sur l'amour qu'elle a pour ses maîtres.....
« Ce n'est pas le souverain, c'est la loi qui doit régner
« sur les peuples. »

L'orage grossissait : aux derniers jours du mois d'août 1771, le roi retire au prince de Beauveau, trop hésitant et trop faible et reculant devant la suppression du Parlement de Toulouse, le commandement du Languedoc, et le donne au comte de Talleyrand-Périgord, qui arrive à Toulouse, en même temps que l'intendant, le comte de Saint-Priest, dans la soirée du 30 août. Déjà, le même jour, à six heures et demie du matin, le Parlement, au nombre de cent seize membres, s'était réuni pour protester d'avance, à l'exemple des Parlements de Douai et de Besançon, contre la suppression dont le chancelier le menaçait. Seul, le doyen Dominique de Bastard, âgé de quatre-vingt-huit ans, opina contre la protestation et réclama, avec un éclat de rire, l'ajournement de la discussion. On ne l'écouta pas. Au rapport de certains mémoires, six conseillers, qui appuyèrent un moment sa motion, ne tardèrent pas à l'abandonner et à signer la protestation, basée sur les considérations suivantes : « La propriété ébranlée dans ses fondements,
« la multitude d'arrêts bursaux et d'arrêts du Conseil
« illégaux et violents, les droits et les privilèges les plus
« sacrés, la destruction des Cours de justice établies de-
« puis des siècles par les rois de France, l'inamovibi-

« lité des magistrats foulée aux pieds, l'opinion publique
« méprisée, la calomnie protégée, l'amour de la patrie,
« l'honneur des magistrats et l'attachement aux lois du
« royaume érigés en crimes d'État. » Cet arrêt de protestation, signé du premier président de Niquet, fut aussitôt imprimé et expédié dans le ressort.

Cette audience s'était prolongée jusqu'à sept heures du soir. Quelques instants après, le comte de Périgord plaça des sentinelles aux portes du Palais, avec ordre de ne laisser ni sortir, ni entrer. Dans la nuit du 1er au 2 septembre, il dépêcha chez tous les parlementaires des officiers du guet, porteurs de cette lettre :
« Monsieur, je vous fais cette lettre, pour vous ordon-
« ner de vous rendre, le 2 de ce mois de septembre,
« au Palais, à huit heures du matin, pour y recevoir
« mes ordres. Nous défendons, sous peine de déso-
« béissance, de prendre aucune délibération, ni de for-
« mer aucun vœu, avant que mes ordres vous soient
« connus. Écrit à Compiègne, le 20 août 1771. Signé
« Louis ; et plus bas, Phelippeaux. »

A huit heures du matin, le Parlement s'assemblait à la grand'chambre, où se trouvaient déjà le comte de Périgord et l'intendant Saint-Priest, sur des sièges au-dessus de la place du doyen. Ils saluèrent chaque parlementaire qui passait devant eux et, quand tous furent assis, le comte de Périgord leur présenta une lettre de créance, l'autorisant, ainsi que Saint-Priest, à siéger au-dessus du doyen, et enjoignant aux parlementaires d'ajouter foi à tout ce qui allait leur être dit, au nom du roi.

Le premier président, ayant répondu que le Parlement

avait protesté, par avance, le 30 août, déclara renouveler sa protestation contre ce qui allait être fait. Il lui fut répliqué par Périgord, que la loi interdisait toute protestation et qu'il espérait n'être pas forcé d'user des ordres dont il était chargé. Puis, sur l'injonction de l'intendant, le greffier donna lecture des lettres patentes qui assignaient au gouverneur et à l'intendant leurs places au Parlement. Le procureur général ayant requis l'enregistrement de ces lettres, l'intendant ajouta : « Le roi ordonne « que, sur le pli des lettres, il soit écrit : Enregistré, de « l'exprès commandement du roi. » Saint-Priest avait le ton altier, mais la voix du comte de Périgord tremblait et on n'entendit que quelques mots du discours qu'il prononça. Saint-Priest reprit la parole, fit l'éloge du prince de Beauveau et de son successeur, requit l'enregistrement des lettres patentes nommant Talleyrand-Périgord commandant en chef de la province, et termina en disant : « Nous avons l'ordre de ne pas laisser sub-« sister, sur vos registres, l'arrêté contre le duc d'Ai-« guillon, en vertu des lettres patentes et de l'arrêté du « Conseil, faisant défense d'apporter obstacle à ce que le « duc jouisse des droits de la pairie. » Prenant alors un ton attristé, il dit : « Vous allez entendre les volontés « du roi. »

Et aussitôt, lecture fut donnée des deux édits de Compiègne du 20 août 1771. Le premier, précédé de motifs pompeux, semblables à ceux de l'édit qui avait supprimé le Parlement de Paris, ne contenait que trois articles : suppression de tous les offices du Parlement ; obligation imposée aux parlementaires de remettre au contrôleur général les pièces nécessaires à la liquidation et au remboursement des offices, et réserves, par le roi, de pourvoir à l'administration de la justice, en Languedoc.

Le second édit reconstituait le Parlement sur de nouvelles bases, avec une compétence restreinte et un ressort d'une moindre étendue. La vénalité des charges était abolie, et le roi déclarait ne les vouloir donner que gratuitement, au talent et au mérite. De cent quarante magistrats, le nombre était réduit à cinquante-deux, et à cinq officiers du ministère public, répartis en trois chambres, la grand'chambre, la Tournelle et la chambre des enquêtes. Plus de chambre des requêtes, ni de table de marbre pour les eaux et forêts, plus d'épices ni de vacations à toucher des mains des plaideurs. Les magistrats recevraient à l'avenir un traitement fixe : 20,000 livres pour le premier président, 6,000 pour les présidents à mortier, et le procureur général 4,000 ; 3,000 ou 2,000 pour les conseillers, selon leur chambre ; 3,000 pour les avocats généraux et 1,000 pour les substituts. A ce second édit se rattachaient enfin, des règlements sur les absences des magistrats, le mode de leur recrutement, les attributions de compétence au sénéchal de Toulouse des affaires portées autrefois à la chambre des requêtes, et la création à Nîmes d'un Conseil supérieur qui n'était, au fond, qu'un second Parlement destiné à juger les procès de ces contrées du Languedoc. Il se composait d'un premier président, de deux présidents, de vingt conseillers, d'un procureur général et d'un avocat du roi. Ce nouveau ressort comprenait les sénéchaussées de Montpellier, de Nîmes et du Puy

Aucun bruit ne troubla le silence, durant cette lecture

et l'enregistrement se fit de l'exprès commandement du roi. On ouvrit les portes, mais personne n'entra et la publication se fit, pour la forme, en lisant les premiers et les derniers mots des édits « le peuple, dit le *Recueil des ré-* « *clamations et des remontrances,* n'ayant pas le loisir d'aller « voir comment on soufflait un Parlement. » Puis, le comte de Périgord prononça ces paroles : « Le greffier va vous « communiquer les ordres du roi, auxquels je ne doute « pas que vous vous conformiez, avec la fidélité que vous « lui devez. » Et le greffier remit alors aux parlementaires des lettres de cachet leur enjoignant de se retirer dans leurs terres, jusqu'à nouvel ordre, de ne point se réunir et de ne recevoir personne. Ainsi tomba, sous ce coup d'État, ce second Parlement de France qui avait eu une existence de trois cent vingt-sept années.

Les parlementaires se levèrent et sortirent gravement et silencieusement, comme à la fin des audiences, salués par le commandant en chef et l'intendant. Aux portes du Palais la maréchaussée contenait la foule qui s'ouvrit respectueusement, devant les carrosses emportant les parlementaires vers l'exil. Mais l'exil ne leur fut pas aussi rude qu'aux membres du Parlement de Paris ; ils ne furent relégués que dans la campagne de Toulouse, à Gragnague, à Pibrac, à Noé, à Aiguesvives, à Grisolles, à Saint-Ybars, à l'Isle-en-Jourdain et à Muret. A ceux qui n'avaient pas de terres voisines de la ville, on assigna pour résidence, leurs villes natales, Auch, Albi, Castelnaudary, Uzès, Rodez, la Réole, Béziers, Cahors et Montpellier. Le président de Pegueyroles retiré à Milhau à la suite d'une disgrâce, reparut à Toulouse à la nouvelle pu coup d'État, pour partager le sort de ses collègues.

Ils ne partaient pas tous. Le lendemain, le nouveau Parlement, composé de trente-sept membres, se constitua, en ayant à sa tête, le premier président de Niquet, qui n'eut pas le courage d'embrasser le parti des exilés dont il avait encouragé souvent les résistances. Il faut donner la liste de ce Parlement-Maupeou :

Le premier président de Niquet, les conseillers présidents de Portes et de Bellac, le doyen Dominique de Bastard, de Gorans, des Innocents père, de Josse, de Carbon, de Miramont, de Bardy fils, de Lassus père, de Lacaze, de Blanc, de Raynal, de Cucsac, de Pères, de Lespinasse, de Montégut, de Baron, de Carbon fils, David, de Miegeville, de Belcastel, de Rolland, de Firmy, de Rigaud, de Lacaze-Montfort, de Bastard fils, de Juin, les abbés de Barès, de Carrère, de Firmy et d'Aufrery. Le procureur général Lecomte était assisté de l'avocat général de Malbois et des substituts de Salsac et Manens.

Le jour où le nouveau Parlement s'assembla, un des conseillers oublié par les lettres de cachet, Le Normand d'Aysenne, s'étant rendu au Palais, sur une lettre de convocation, éprouva un si vif saisissement, qu'il tomba évanoui sur le banc des avocats. A la chambre dorée où on l'emporta pour lui donner des soins, il s'écriait : « Je veux « m'en aller ! que voulez-vous de moi ? je veux suivre le « sort de mes collègues ! Pourquoi m'avez vous fait venir « ici ? » Le conseiller de Bardy lui montrant le tableau représentant le Christ en croix, lui dit : « C'est aux pieds « du divin maître, que j'ai pris la résolution de servir « dans le nouveau Parlement.— Et moi, répliqua Le Nor« mand d'Aysenne, c'est à ces mêmes pieds, que j'ai pris

« une résolution toute opposée. Laissez-moi ! » Il fallut bien le laisser sortir : deux heures après, il recevait sa lettre de cachet. Bardy ne tarda pas à donner sa démission et à se retirer dans sa maison des champs. Les autres restèrent au Parlement-Maupeou, avec cette égalité d'âme et cette sérénité d'esprit des hommes vieillis sur leurs sièges et ne pouvant s'en arracher. Combattant depuis dix ans pour l'autorité du roi, ils auraient cru, d'ailleurs, mentir à leurs sentiments de fidélité envers la Couronne, s'ils ne s'étaient serrés autour d'elle et n'avaient accepté de la servir dans leurs nouvelles charges.

CHAPITRE XXVI

Indignation publique. — Cour des déserteurs. — Correspondance de Sorhouet. — Colère des dames. — Espionnage. — Le président d'Aguin. — Conseil supérieur de Nîmes. — Réclamations du nouveau Parlement. — Réponse du chancelier. — Les procès au nouveau Parlement. — Liquidation des charges. — La Couronne hors du greffe. — Deux nouveaux édits. — Les jésuites. — Un pamphlet. — Refus d'enregistrement des édits créant de nouveaux impôts. — Condamnation à mort du capitaine Villeraze-Castelnau. — *Le supplément à la Gazette.* — Floraison de chansons, de vaudevilles et d'épigrammes. — Les manants. — Les emblèmes. — Observations d'un citoyen aux membres du tripot de Toulouse. — Maximes du droit public français. — Dédain du chancelier. — Voltaire. — Ses lettres au chancelier et à madame du Barry. — Édits bursaux. — Rappel à l'obéissance. — Restauration de l'académie des Jeux Floraux. — Nouveaux impôts. — Beaumarchais. — Son procès au Parlement de Paris. — Mort de Louis XV. — Émotion à Toulouse. — Les commandements du roi Henri IV. — Exil du chancelier Maupeou. — Le garde des sceaux Miromesnil. — Retour des Parlements. — Jugement sur le coup d'État du chancelier Maupeou.

Partout, l'indignation publique se traduisait en cris de réprobation ou en cruelles railleries. De même que le peuple de Paris huait le chancelier à la place Dauphine et sur la route de Chatou, les Toulousains sifflaient, chaque matin, aux portes du Palais, les magistrats du nouveau Parlement. Les huissiers refusaient de battre de leurs baguettes, les avocats de plaider et les procureurs de se montrer devant une Cour qu'ils appelaient la Cour des déserteurs. On n'y vit pas, comme à Paris, des ambitieux d'une scandaleuse ignorance, des avocats rayés du tableau et des magistrats chassés de leur compagnie. Ce n'est qu'après quatre ans, et presque à la veille du retour des exilés, qu'on put compléter leur nombre et, qu'à force d'instances, on décida Delort et Laviguerie à accepter une charge de conseiller. Souvent, quant on appelait une cause, des voix courroucées criaient au fond de la salle : « Renvoyée à la rentrée du « Parlement. » On n'en faisait pas moins dire au chancelier, dans la correspondance de Sorhouet : « On me rend « aussi, bon compte de Toulouse. C'est encore Bastard « et sa famille qui me rendent ce service. Sous peu de « temps, ils m'auront enrôlé, par toutes les voies licites, « d'excellents sujets. » C'est là ce qui fit soupçonner l'ancien président de Bastard, ayant déjà procédé en sa qualité de conseiller d'État, à la suppression des Parlements de Besançon, de Rennes, d'avoir travaillé aux pamphlets contre les anciens parlementaires de Toulouse.

Les dames se jetèrent, plus que jamais, dans la mêlée, hardies et intransigeantes, les unes humiliées de voir leurs maris au nouveau Parlement, les autres blessées de les voir oubliés à Toulouse, sollicitant des lettres de cachet, ou déclarant qu'elles aimeraient mieux les voir morts que déshonorés. L'espionnage se faisait autour d'elles et dans les maisons des anciens parlementaires. Le président d'Aguin, malade et dans son lit, ayant reçu du monde, le commandant de la province l'en blâma, mit des sentinelles dans la rue et à la porte de la chambre du président: interdiction fut faite au médecin et au curé d'y pénétrer. On alla jusqu'à exiler à Pézenas sa belle-mère, la présidente de Rességuier. On trouve aussi cette étrange anecdocte dans un mémoire de ce temps :

Madame du Denié, femme d'un conseiller, chez lequel on avait mis garnison, alla se plaindre à M. de Périgord qui lui répondit que son mari n'avait qu'à se soumettre. Elle lui répliqua que si son mari se soumettait, elle vengerait sur lui son honneur et sa patrie. Et elle tira de sa robe un poignard, en s'écriant qu'elle égorgerait, même ses enfants, s'ils manquaient à l'honneur. Ne pouvant la calmer, Périgord l'exila.

Les procès à juger sont rares à ce Parlement : il ne fait plus de remontrances et se contente d'adresser au chancelier des mémoires contre le conseil supérieur de Nîmes, qui empiétait sur les attributions du Parlement et amoindrissait son ressort. Le roi n'écouta pas ces réclamations, et signa un nouvel édit portant création d'une chancellerie à Nîmes. Attristés de l'exil des anciens parlementaires, les membres du Parlement-Maupeou s'efforcent de fléchir le chancelier et de faire revenir les exilés. Maupeou leur répondait sèchement, le 10 décembre 1772:
« Messieurs, j'ai rendu compte au roi de votre demande
« en faveur des anciens membres du Parlement, que
« Sa Majesté a jugé à propos d'éloigner de la ville de
« Toulouse. Elle n'a point désapprouvé vos démarches
« et vos sollicitations ; mais, en rendant justice aux mo-
« tifs qui vous animent, elle m'a chargé de vous man-
« der que ceux qui l'ont déterminé à agir, comme elle l'a
« fait, subsistent encore dans toute leur force ; que le
« bien de son service exige qu'elle maintienne l'exécu-
« tion des ordres qu'elle a donnés, et que toute tentative
« de votre part, à ce sujet, seroit absolument infruc-
« tueuse : de nouvelles démarches ne pourroient même
« que déplaire à Sa Majesté »

A propos d'édits bursaux que le Parlement proposait au roi de retirer, le chancelier écrivait encore : « La Cour « de Toulouse rend hommage à la sagesse des vues de Sa « Majesté et à sa bonté paternelle ; cependant sans lui « indiquer d'autres moyens que ceux de l'économie, « moyens dont le roi veut toujours faire usage, mais im- « puissans s'ils étoient seuls... Que le Parlement imite le « zèle et la conduite des États du Languedoc... Sa « Majesté attend une prompte obéissance. »

Et le Parlemnt obéissait. Il enregistrait un édit de novembre 1771, qui renversait l'organisation libérale des communes, édictée en 1764 et 1765 et rétablissait les offices municipaux. C'est ainsi que le chancelier et l'abbé Terray battaient monnaie pour payer les pensions des anciens parlementaires et pourvoir aux besoins de l'État et aux ruineuses dépenses du roi. Peu à peu, les procès revenaient aux audiences ; les anciens magistrats consentaient à se démettre de leurs charges et à faire liquider leurs pensions. On estimait à 120,000 livres une office de président à mortier autant qu'une charge de premier président ; quelquefois, ce chiffre descendit à 110,000 et à 108,000 livres ; on alloua 32,000 et 23,000 mille livres aux présidents des enquêtes : les offices des conseillers variaient de 63,000 à 50, 40 et 14,000 livres ; ceux des avocats généraux étaient assimilés aux charges des présidents à mortier, et les substituts recevaient une indemnité de 14 à 22,000 livres. A Paris et dans les provinces, la justice reprenait son cours : le chancelier se vantait d'avoir retiré la Couronne du greffe.

Le 20 janvier 1772, le Parlement autorise les jésuites

à posséder des bénéfices, leurs pensions ne leur étant pas payées. Aussitôt, un écrit satirique, le Point de vue, se répand en récriminations contre ce Parlement-Maupeou, qu'il accuse de n'être qu'un partisan caché de la compagnie de Jésus et d'obéir aveuglément aux volontés du chancelier. On vit pourtant se réveiller, un moment, l'esprit d'opposition, dans le refus du Parlement d'enregistrer un édit de prorogation d'impôts consentie par les États, et dans deux remontrances adressées à ce sujet à la Couronne.

A la fin de cette année 1772, le Parlement condamne à mort le capitaine de cavalerie Villeraze-Castelnau, ami du chancelier, pour avoir tué, à coups de couteau, à la table du commandant de la ville de Béziers, un ancien procureur du roi, député de Béziers, agent général des États du Languedoc. Il ne manque alors ni d'indépendance, ni de vigueur, malgré le mécontentement du chancelier. Il ne gardait pas rancune aux avocats d'avoir longtemps déserté la barre : un mémoire injurieux pour leur ordre ayant été publié par deux plaideurs, le Parlement en ordonne la suppression, sur un réquisitoire de l'avocat général de Parazols.

Les pamphlets allaient leur train. Le *Supplément à la Gazette* poursuivait les nouveaux parlementaires de ses sarcasmes : « Les affaires ne vont pas au nouveau Par-
« lement de Toulouse. On a nommé quatre nouveaux
« présidents, pris dans les conseillers de la grand'cham-
« bre ; ils ne se font point recevoir et n'osent se montrer
« dans la société... M. de Niquet ne sait quelle figure
« faire ; il est toujours sur le point de se brouiller,
« soit avec son corps, soit avec le chancelier ; ceux qui

« le connaissent assurent qu'il ne tardera pas à être
« brouillé avec les deux. »

Au moment des vacances, le pamphlétaire de *la
Gazette* leur lançait cette flèche acérée : « Messieurs les
« inamovibles du régiment de Languedoc ont pris *campo*.
« Il était temps, au dire de M. Bourgelas, que la Cour
« se mît au vert ; encore quelques jours de tirage, et les
« pauvres diables étaient fourbus ; aussi avaient-ils bien
« jugé, à vue de pays, trois ou quatre procès. On espère
« qu'il leur reviendra bientôt du renfort, n'y ayant pas
« de moyens honnêtes que M. le chancelier n'emploie pour
« ramener à la bonne voie leurs frères errants. Le sieur
« Raffin est un de ceux à la conversion desquels le chef
« de la justice travaille le plus vigoureusement. On a
« commencé par l'envoyer respirer l'air d'Uzès, où il est
« à peu près comme les oiseaux du ciel, sans pain ni
« pâte, sans meubles, sans marmite, réduit à subsister,
« moitié du très petit argent que M. son père, ladre par-
« fait, lui lâche, de temps à autre, fort chichement, moitié
« d'aumônes déguisées sous le nom de prêt. Tout cela
« ne lui ouvrait pas les yeux. M. le chancelier était au
« bout de son rollet. Par bonheur, ce grand homme
« consommé dans la science des lois, comme dans celle
« du gouvernement, a découvert depuis peu, qu'en pays
« de droit écrit, les fils de famille n'ont pas le sol, fus-
« sent-ils âgés de soixante-dix ans, jusqu'à la mort de
« leur père. Sur cette nouvelle, il a dépêché au papa un
« courrier, pour l'exhorter à couper entièrement les vi-
« vres à son fils, jusqu'à ce qu'il soit liquidé volontai-
« rement ou mort de faim. »

Ce fut alors, à Toulouse, une sorte de floraison de

chansons, de triolets, de vaudevilles et d'épigrammes qui arrivaient de Paris, comme au temps des chansons de la Ligue et des Mazarinades. On les lisait, les portes closes ; on se passait, de main en main, des brochures injurieuses envers les jésuites, le doyen Dominique de Bastard et les nouveaux parlementaires ; les dames se moquaient de ces derniers qui ne savaient pas faire les révérences, aussi bien que les anciens, aux audiences de rentrée, devant l'autel. On les appelait, comme à Paris, les manants, du mot latin *manet*, en opposition à ceux qu'on appela plus tard les revenants. Les pamphlets s'en prenaient surtout au premier président de Niquet, qu'on accusait d'avoir travaillé secrètement, avec le chancelier, à la suppression du Parlement, dressé la liste des proscrits et poussé le sénéchal de Toulouse à l'insoumission. En France, on se console ainsi, par des chansons, des tristesses d'un règne. Celles qui naquirent alors aux bords de la Garonne ont été perdues ; on sait seulement que la Basoche ne se gênait guère pour bafouer le nouveau Parlement et pour souhaiter au chancelier Maupeou une belle fin, en place de Grève.

C'est la Basoche qui faisait circuler les satires enrichies d'images, sorte de Ménippée légère qui devait frapper l'esprit du peuple. La France y était représentée par un vaisseau battu des vents, le roi par un soleil éclipsé, Madame Du Barry par un vase fêlé, le chancelier par un volcan, l'abbé Terray par une sangsue, le peuple par un mouton, les avocats par un arbre moitié vert et moitié sec, le premier président par un âne bridé et bâté.

Une de ces images représentait le temple de la justice s'écroulant sous les efforts du chancelier, aidé du démon de la discorde qui portait des ailes de chauve-souris, avec un bonnet et un collier de jésuite. Le chancelier avait un bandeau sur les yeux. Le globe de la France tombait du haut d'une colonne ; la statue de Thémis n'avait plus de bras, ses balances gisaient à terre et les grandes villes du royaume étaient renversées sous les ruines, avec leurs écussons brisés. On lisait au bas cette inscription : « *Alterius Samsonis vires* » .

La seconde allégorie était une allusion à la métamorphose d'Hécube, en chienne enragée, poursuivie à coups de pierres par les Thraces. Le chancelier, en simarre, ayant la tête d'un chien, a une main fermée, comme pour frapper ; l'autre porte à sa gueule une lettre avec ce mot écrit sur l'enveloppe : *Correspondance*. La Vérité lui présente un miroir où Maupeou peut voir sa métamorphose. A ses pieds, on voit un ballot ouvert d'où sortent les protestations des princes et des libelles qui se changent en pierres. Des passants ramassent ces brochures et les jettent à la face du chancelier. Au fond, la Justice entourée de nuages, est debout sur le faîte de son temple. Sur les degrés, la foule lève les mains au ciel, en actions de grâces de ce châtiment. Au bas se lit cette inscription : « *Canis infandi rabies* » .

De Londres arriva, avec la correspondance de Sorhouet la lettre outrageante ayant pour titre : *Observations d'un citoyen aux membres du tripot de Toulouse*. D'où venaient ces satires ? Les uns accusaient le duc d'Aiguillon brouillé avec M. de Maupeou, les autres les attribuaient à Linguet. Mais si ces pamphlets avaient cherché à imiter la Ménippée, ils n'eurent pas ses éclatants succès. Pierre Pithou n'était plus là. Les auteurs de la

Correspondance ne valaient pas ces bons bourgeois qui battirent la Ligue, par une étonnante verve de bon sens, de naïveté et d'atticisme, par la raison, le sarcasme, et l'éloquence. La pauvre maison de Gillot, au quai des Orfèvres, avait enfermé de plus fiers et de plus aimables batailleurs que Linguet ou le duc d'Aiguillon. Toutes ces lettres de Sorhouet ne valaient pas une page de la harangue de d'Aubray. C'est que dans la *Ménippée*, on sentait déjà les premiers souffles du tiers-état qui s'essayait à s'emparer des affaires et à déjouer les passions aristocratiques et populaires.

Sous Louis XV, les causes n'étaient pas les mêmes : c'était la noblesse de robe qui combattait pour ses autels et ses foyers. Ce n'est plus le style franc et belliqueux rappelant les coups d'arquebuse de la bataille d'Ivry ; c'est l'écho d'un ennuyeux sermon d'un janséniste attardé. Certains pamphlets consternaient le chancelier par l'audace des idées. Au mois d'avril 1772, on lisait à Toulouse le livre de Michaud de Montblin, ce parlementaire de Paris exilé à l'Ile-Dieu, les *Maximes du droit public français*, qui déchirait le plus largement les mystères politiques. Il y était dit que les rois étaient faits pour le peuple et non le peuple pour les rois ; que le despotisme était contraire au droit divin et au droit naturel ; que l'usage du pouvoir souverain devait être borné par des lois dont les Cours de justice étaient les fidèles gardiennes. Le chancelier aurait pu faire payer cher aux railleurs leurs insultes et leurs moqueries, et les faire enfermer à la Bastille, ou dans les prisons de province : il se contenta de répandre, par le royaume, des libelles en réponse aux pamphlets et aux satires ; mais on les dédaigna. L'esprit de la France n'était pas avec lui.

Du côté de Ferney s'élevait sans cesse la voix de Voltaire, qui planait sur tout ce bruit, avec des vibrations de colère : « Je vois la bataille avec tranquillité « du haut de mes montagnes de neige, et je lève mes « vieilles mains au ciel pour la bonne cause. » Voltaire saluait ainsi, de ses acclamations, la chute du Parlement qui avait condamné au bûcher sa philosophie. Le ressentiment, qui avait longtemps couvé dans son âme, s'allume et jette l'inquiétude dans le royaume, en l'avertissant que cette magistrature si antique avait conservé ses formes barbares, ennemies de la liberté et de la justice. Les noms de Calas et du chevalier de la Barre, de Sirven et de Lally, tombent de ses lèvres avec un accent d'attendrissement et de respect. Le rire moqueur reparaissait vite sous les larmes. Il écrit à madame du Deffand: « Je me suis fait Perrin-Dandin ; je ne « m'occupe plus que de procès ; j'en juge tous les jours « au coin de mon feu... Je suis fidèle à toutes mes passions ; vous haïssez les philosophes, et moi je déteste « les tyrans bourgeois. Je vous ai pardonné vos fureurs « contre la philosophie ; pardonnez-moi la mienne contre la cohue des enquêtes... J'ai toujours mieux aimé « dépendre du descendant de Robert-le-Fort, lequel « descendait, par les femmes, de Charlemagne, que d'avoir pour rois des bourgeois, mes confrères. » Une autre fois parlant des magistrats proscrits, il disait amèrement : « Sont-ils bien à plaindre d'être à la campagne ; « il y a dix-sept ans que j'y suis, et je n'ai pourtant assassiné personne ! »

On voit que le vieux patriarche de Ferney ne se contentait pas d'élever ses mains pendant la bataille ; il envoyait lettre sur lettre au chancelier, pour l'empêcher de faiblir dans son œuvre de démolition et pour exciter sa vengeance : « Monseigneur, disait-il, vous avez méprisé,
« avec les honnêtes gens, plus d'un libelle écrit par la
« canaille et pour la canaille ; cependant, il y a des ca-
« lomnies qui ne laissent pas de faire quelque tort à la
« magistrature, et quand on en connaît les auteurs, j'ose
« croire qu'il est permis de vous en demander la sup-
« pression. » Dans son enthousiasme, il lui adresse des vers où il le compare aux héros de la fable ; il écrit aussi à madame Du Barry en l'appelant nymphe Égérie, mais cette fois, la prose et la poésie de Voltaire ne furent pas écoutées.

Au milieu de toutes ces rumeurs, le Parlement de Toulouse continue à enregistrer les édits bursaux qui lui sont envoyés par le chancelier. S'il rend un arrêt favorable au commerce des grains, un arrêt du Conseil le casse, sans que le Parlement ose adresser des remontrances et exposer au roi le mécontentement de la province. Si parfois, il adresse de timides remontrances sur l'aggravation des impôts, le chancelier le rappelle à l'obéissance et au silence. On le laissa librement réorganiser l'Académie des Jeux Floraux, par arrêt du 6 février 1774.

On voulait rendre la justice gratuite : pour atteindre ce but, on força les tailles, on quadrupla le marc d'or, on créa un centième denier sur les offices, on fit payer, une seconde fois, la noblesse à ceux qui l'avaient acquise. C'est ainsi qu'on traita les capitouls anoblis par l'exercice de leurs charges et qu'on leur imposa, malgré les remontrances hésitantes et embarrassées du Parlement, une rétribution en argent. Les franchises des villes étaient méconnues, et leurs privilèges violés : on sentit alors plus vivement la privation des grands corps de magistrature, dont les remontrances opposaient une barrière aux volontés arbitraires du souverain. L'intérêt qui s'attachait au malheur des magistrats bannis se fortifiait de la haine qu'inspiraient les dernières mesures fiscales, et les murmures qui avaient longtemps rampé dans l'opinion s'exhalaient, plus que jamais, dans des pamphlets empreints d'une âpre ironie. On invoquait les souvenirs et les vertus des vieux parlementaires, en demandant le rétablissement d'une ancienne constitution. Mais les pamphlets n'osaient pas encore envisager l'avenir, et ne se tournaient que vers le passé. De son côté, la philosophie traitait les plus hautes questions des institutions nationales. Ces écrits étaient pour le peuple une langue inconnue ; il lui fallait une éloquence qui sentit la foule et qui eût les grâces de l'esprit et l'emportement des passions : c'est Beaumarchait qui allait vraiment s'attaquer au chancelier et renverser le Parlement-Maupeou.

Entré déjà en campagne, aux derniers mois de l'année 1773, il allait ouvrir, de sa main hardie, l'année 1774. Ce faiseur d'horloges et de comédies, ce maître de guitare des filles de Louis XV, amoureux de disputes et d'aventures, venait de la race de ces enfants perdus qui se jettent dans toutes les mêlées, en bravant la fortune avec un front d'airain. Sous sa plume, la moquerie allait devenir un glaive et le pamphlet allait monter presque au génie. La légèreté et l'humeur oublieuse de la France se laissaient aller aux chansons qui n'avaient que la durée d'un jour ou d'une courte saison. Beaumarchais maîtrisa tout à coup l'opinion et porta au Parlement-Maupeou un de ces coups dont il ne put se relever.

Il était en procès avec le comte de la Blache, et le bruit des intrigues de son adversaire lui parvint au fond de la prison où il était enfermé. Il cria au scandale ; on ne l'écouta guère, mais le duc de la Vrillière, touché par ses instances lui permit, chaque jour, de sortir du fort L'Évêque, pour solliciter ses juges. L'affaire, mise en délibéré, devait être jugée, sur le rapport du conseiller Goësman. Il court chez son rapporteur ; la porte lui est fermée, le temps presse. Cent louis et une montre enrichie de diamants, offerts à la femme de Goësman, font tomber la consigne ; il donna encore quinze louis, afin d'avoir une autre audience ; mais le lendemain il perdait son procès. Cent louis et la montre lui furent rendus ; les quinze louis étaient restés dans la bourse de madame Goësman. Beaumarchais les réclame ; madame Goësman lui fait répondre que, loin d'avoir reçu un présent, elle avait rejeté des offres d'argent avec indignation. Le mari intervient et dénonce l'affaire au Parlement.

Poursuivi en corruption et en calomnie, menacé des peines les plus sévères, Beaumarchais n'hésite pas à violer les vieilles formules judiciaires, et à soumettre à l'opinion publique le procès criminel qui aurait dû, selon l'usage du temps, être jugé à huis-clos. Aucun avocat ne veut le défendre ; il s'en passera et plaidera lui-même sa cause à visage découvert et dans la rue, aux

applaudissements du royaume. Il se souvient de ses succès du théâtre, transforme ses adversaires en personnages de comédie et fait, avec les récollements et les interrogatoires, de véritables incidents dramatiques. Les quinze louis, exploités par ce prodigieux esprit, sont le sujet d'un scandale immense. On n'insulta jamais avec plus de violence et d'élégance ; on n'avait pas vu, dans le monde judiciaire, une pareille trame de malice et de raison, de colère et d'éloquence. Depuis Pascal, Paris n'avait pas assisté à une semblable fête. Ecoutez Voltaire. qui passe à l'ennemi : « Ces mémoires sont ce que
« j'ai vu de plus singulier, de plus fort, de plus hardi,
« de plus comique, de plus intéressant, de plus humi-
« liant pour les adversaires. Beaumarchais se bat contre
« dix ou douze personnes à la fois et les terrasse comme
« Arlequin sauvage renversait une escouade du guet. »

Le succès tenait du prodige et servait à souhait les rancunes publiques : le Parlement tout entier est enveloppé dans ces attaques contre Goësman. Les quatre mémoires de Beaumarchais passionnaient l'opinion ; le roi en riait aux larmes avec madame du Barry, mais le dauphin les jetait au feu, sans vouloir les lire. L'arrêt fut rendu le 26 février 1774 : Beaumarchais fut condamné au blâme ; le Parlement ordonna que ses mémoires seraient brûlés par le bourreau ; madame Goësman fut admonestée par le même arrêt et Goësman mis hors de Cour. L'arrêt ne servit qu'à faire à Beaumarchais un éclatant triomphe. C'est ainsi que les ressentiments de la politique se frayaient un chemin, à la faveur de ces immortelles railleries : la Révolution commençait par ce tumulte littéraire et par les éclats de rire des salons.

Ces représailles ne décourageaient pas le chancelier qui bravait les pamphlets et les menaces, et cherchait à donner la force et la vie à ses Parlements attaqués dans tout le royaume. Plein de foi dans sa réforme et opiniâtre dans ses idées, il ne demandait que du temps, pour achever son œuvre ; la providence le lui refusa. Vers la fin d'avril, on apprit à Toulouse que le roi était malade à Versailles : pendant neuf jours, les capitouls se prosternèrent devant les reliques des martyrs exposées dans l'église Saint-Sernin. Le 10 mai, Louis XV expira et le Parlement s'empressa de rendre des arrêts interdisant les danses, les jeux, les spectacles et les fêtes, à peine de 500 livres d'amende, jusqu'au lendemain de la cérémonie des obsèques royales qui n'eurent lieu, en l'église Saint-Étienne, que le sept du mois de septembre, avec toute la pompe de ces funèbres cérémonies.

Le peuple ne tarda pas à chanter, dans les rues, les *Commandements du roi Henri IV à son petit-fils, Louis XVI*, et surtout ces quatre vers :

> « L'affreux Maupeou tu confondras,
> « Car il te trompe affreusement.
> « Les fripons échenilleras,
> « En rappelant ton Parlement. »

De tous côtés s'élevaient des rumeurs qui faisaient présager le retour des anciens parlementaires, annoncé déjà par la satire des *Revenants*. Un vent de haine soufflait partout contre le chancelier. En appelant au ministère le vieux Maurepas, le roi laissait entrevoir sa secrète pensée de détruire l'œuvre du règne qui venait de finir. Cette pensée encore incertaine et confuse se dévoile dans la lettre de cachet du 25 août 1774, qui exilait le chancelier. Son départ de Versailles ressemble aux grands exils de l'antiquité : le duc de la Vrillière lui ayant demandé les sceaux, au nom du roi, il répondit : « Je sais ce que vous venez m'annoncer, mais je suis et « je serai toujours chancelier de France et je reste assis « pour vous entendre. » Après l'avoir écouté, il reprit d'un ton calme : « J'avais fait gagner un grand procès « au roi ; il veut remettre en question ce qui est décidé. « Il en est le maître. » Il rendit les sceaux, mais, ne donna pas sa démission. Il s'éloigna de Paris, prit la route de Normandie et s'arrêta près des Andelys, dans son château de Thuit. En traversant Compiègne où était le roi, il fut insulté par les dames de la halle ; il en riait et parlait comme un sage des grandeurs et des chutes humaines. Pendant ce temps, les clercs de la Basoche le pendaient ou l'écartelaient en effigie, en chantant des chansons de Collé.

Miromesnil prit les sceaux, mais le comte de Provence le tenait en échec par son mémoire contre le rétablissement des Parlements dont le retour lui paraissait plein de dangers pour l'État. Au comte de Provence se joignaient Turgot qui avait approuvé le coup d'État de Maupeou, Vergennes, les philosophes entraînés par Voltaire, l'archevêque de Paris, les jésuites, de grands seigneurs de la cour et les tantes du roi.

Une ligue contraire se formait et se fortifiait, chaque jour, avec la reine, le comte d'Artois, le duc d'Orléans, le prince de Conti, le duc de Choiseul, les jansénistes et de fougueux publicistes. Le roi céda et, le 22 octobre 1774 signa l'édit du retour du Parlement de Paris. Le rétablissement des Parlements de province allait suivre de près ce premier édit. A Toulouse, on sollicitait le retour des exilés : en attendant, siégeait une commission intermédiaire, chargée de juger les procès, afin de ne pas interrompre le cours de la justice.

Au mois de novembre de cette année 1774, le roi permit aux exilés de Toulouse de revenir de leurs terres ; deux mois après, le premier président de Niquet était mandé à Paris, et le dernier jour de février 1775, le comte de Périgord et l'intendant Saint-Priest recevaient l'ordre de procéder à la réinstallation de l'ancien Parlement. Cette séance fut fixée au 14 mars. Ce Parlement-Maupeou de Toulouse avait duré trois ans et six mois.

Plus de cent ans ont passé sur ces luttes parlementaires et le temps est venu de les juger. On ne peut bien juger les hommes que lorsque leurs cendres sont refroidies : tant qu'il reste d'eux une partie vivante, il n'est guère possible d'en parler avec impartialité. Qui peut se flatter de ne pas se tromper en parlant des vivants, quand on ne juge pas toujours sainement les sociétés éteintes ? On peut aujourd'hui se dégager des rumeurs flottantes de ces époques évanouies et, regarder de haut cette mêlée d'hommes et de choses d'un autre siècle. A travers les récits passionnés qui ont obscurci la mémoire du chancelier Maupeou, il a été longtemps difficile d'entrevoir la vérité. La postérité elle-même ne lui a pas toujours rendu justice; elle honore trop souvent le succès et la fortune, en dédaignant les existences auxquelles a manqué cette consécration souveraine.

Si la connaissance du passé défend de voir, en lui, une des gloires de la monarchie, sa part est assez grande et assez digne d'envie. Au moment où Louis XV lui confia les sceaux du royaume, les Parlements, dépassant les limites de leur institution, pour s'emparer du pouvoir politique et se mettre au-dessus du pouvoir royal, s'agitaient autour du trône qui avait été, pendant un espace de dix siècles, la religion de la France. Les compagnies judiciaires marchaient d'entraînements en entraînements et s'avançaient vers tous les périls d'une sédition. Devenues agressives et usurpatrices contre la Couronne affaiblie, attirant à elles la plénitude de la vie politique, sans bien connaître la juste portée de leurs actes, elles servaient de chaîne aux États généraux, et aux nouvelles réformes qui allaient renverser les Parlements et la royauté. Au milieu de ces contradictions et de ces insoumissions, elles se laissèrent prendre au prestige d'une popularité passagère et emporter hors des voies de leurs charges.

Le chancelier Maupeou voulut soumettre à la royauté ces rivalités menaçantes et ces oppositions tracassières. Il employa tout ce que la force et la souplesse pouvaient lui donner d'autorité, pour intéresser son siècle à l'exécution de son plan : dans l'accomplissement de son dessein, il eut un cœur d'airain. Son génie pratique n'omit rien ; il alla de l'idée à l'action, ne se laissant détourner du but ni par les obstacles ni par les injures. Audacieux et sceptique, il marcha droit où le conduisit sa volonté : il avait senti que le moment était venu d'affranchir la Couronne des liens qu'elle s'était imposés. Depuis Richelieu, la noblesse était réduite, la mission politique des Parlements paraissait finie, et cependant, ils voulaient être aussi redoutables que la noblesse d'autrefois. Le chancelier eut assez de force pour les réduire à leur tour, attaché à son roi, toujours sur la brèche, et couvert de sa simarre ainsi qu'un soldat de son armure.

On évite pourtant d'inscrire son nom parmi les grands noms de la patrie : c'est qu'on a été souvent injuste envers lui. Je n'ai pas à relever sa statue abolie ; mais on ne peut fermer les yeux à la lumière, et s'empêcher de reconnaître que ce coup d'État donna à l'organisation de la justice une impulsion salutaire dont s'est ressenti le siècle qui l'a suivi. Il faut tenir compte aux réformateurs des obstacles accumulés sur leur chemin. Si le chancelier prit une sorte de dictature, ce ne fut pas son tort et ce n'est pas l'idée de son coup d'État qu'il faut lui reprocher. Il voulut, dépassant Richelieu et Mazarin en hardiesse, ressaisir, en vaillant serviteur de la monarchie, toute l'organisation judiciaire et entamer une lutte redoutable contre les Parlements entrés, à toutes voiles, dans la politique.

Le règne de Louis XV n'était pas prêt pour recueillir l'œuvre du chancelier Maupeou. Alors, l'inégalité des conditions était une des bases du droit public et les compagnies de magistrature s'étaient créé des mœurs en harmonie avec cet état de choses. En abolissant la vénalité des charges et les épices, en restreignant l'étendue des ressorts et le nombre des juridictions, en préparant des édits de nature à abréger les formes longues et ruineuses des procédures, le chancelier bouleversait les traditions judiciaires et ouvrait une ère nouvelle à la législation. C'est lui qui, le premier, remplissant ainsi un vœu du chancelier de l'Hôpital, a empêché les hasards de la naissance de dominer la destinée des Cours souveraines, en écartant les privilèges du rang ou de la fortune, et en appelant toutes les intelligences à de communes épreuves et à des honneurs égaux. Il heurtait toutes les idées du temps, et on comprend de quelles clameurs dut être accueillie son innovation. Aujourd'hui que le vieil arbre féodal a été abattu, nous nous rendons à peine compte des efforts qu'il a fallu pour y porter la cognée et le renverser. Mais en ce temps-là, une si tranchante résolution était une témérité qui devançait la Révolution. Son sort fut de se montrer trop vite.

A cette époque agitée et confuse, ce n'était là qu'une de ces réformes, semblables à celles dont Tacite a parlé dans ses Annales, et qui pour détruire les abus, anéantissait, du même coup, l'indépendance de la magistrature, une des grandes bases d'un État. N'est-ce pas Chateaubriand qui s'est écrié, en jetant les yeux sur la vieille constitution de la France : « Chose admira-« ble, la justice était pour nos pères la liberté ! » On a pu reprocher, peut-être à bon droit, au chancelier d'avoir voulu restreindre les divers ressorts des Parlements du royaume, moins en vue de l'intérêt public, qu'avec le désir d'amoindrir le pouvoir des Cours souveraines. Il y aurait eu de plus justes moyens d'aborder des réformes sagement novatrices. Ce n'étaient pas les Parlements qui s'étaient arrogé le droit d'enregistrer les édits des rois ; les rois eux-mêmes, comprenant que ces actes solennels de la royauté devaient être remis aux mains d'un corps indépendant, les adressaient aux Parlements, comme si ce droit de vérification entrait dans la constitution de l'État.

De ce que cette entrave fut souvent gênante, téméraire et tracassière, était-ce une raison de couper l'arbre à la racine et d'envelopper les Parlements dans une commune abolition ? Sans les détruire, on aurait pu les contenir et les renfermer dans le cercle de leurs véritables attributions. Les Parlements et le chancelier franchirent à la fois les barrières, les Parlements en n'écoutant que leur ambition et en s'immisçant dans le pouvoir royal, et le chancelier en ruinant arbitrairement les grandes compagnies de magistrature, dont les remontrances signalèrent, plus d'une fois à la Couronne, les dangers qui la menaçaient. Qui aurait osé porter les doléances du peuple aux pieds du trône, puisque les États généraux n'étaient plus convoqués depuis l'année 1614 ? L'excuse des Parlements a été de se croire la voix et l'âme de la nation ; leur tort d'avoir été plus jaloux de leurs privilèges, que des droits de la Couronne. C'est pourquoi la raison a paru être du côté du chancelier qui espérait sauver la monarchie du naufrage où elle allait sombrer.

Les magistrats de ses Parlements ne surent pas tenir ses promesses : les nouveaux n'eurent ni le savoir, ni la vertu des anciens. Ce n'était pas tout de renverser un édifice séculaire abritant les libertés publiques ; pour remplacer les Parlements, il fallait de nouvelles compagnies judiciaires d'une intégrité, d'une science et d'une fierté de caractère, sans reproche et sans tache. En accomplissant son œuvre, le chancelier songea, moins à choisir des hommes dignes de remplir leur mission, qu'à chercher partout des magistrats dociles, pliant sous sa volonté et disposés à obéir à ses ordres.

Dans son mémoire justificatif adressé à Louis XVI, le chancelier, tout en essayant de justifier ses réformes et les odieuses manœuvres de son coup d'État, laisse entrevoir le fond de sa pensée et se condamne en lui-même, en confessant que la nouvelle justice n'avait ni l'autorité morale, ni l'honneur, ni la science des anciens Parlements. Il ne peut s'empêcher de reconnaître que les juridictions issues de sa réforme étaient avilies dès leur naissance : elles étaient vouées à une réprobation prochaine, autant par leur indignité personnelle, que par les sarcasmes de Beaumarchais. Pour avoir une existence longue et respectée, il ne suffit pas à la justice d'être créée à coup d'édits ou de décrets ; il est nécessaire qu'elle soit digne du respect public. Aussi, les innovations du chancelier ne furent-elles qu'une œuvre informe et pleine de désordre. N'eut-il pas aussi le tort de s'engager dans cette entreprise périlleuse, avec des ministres que le pays n'estimait pas, et de s'associer à des intrigues de cour, en ne séparant pas ses plans de réforme, des édits de finances imaginés par l'abbé Terray, et en se rapprochant de madame Du Barry ?

On a accusé enfin le chancelier d'avoir, en frappant les Parlements, confondu sa colère avec la vindicte de l'État. Dieu seul a connu le fond de sa pensée. C'est une légende partout accueillie, que le chancelier Maupeou ne doit être regardé dans l'histoire, que comme un de ces personnages perdus de réputation, qui semblent résumer en eux les vices de leurs temps, et qui sont consacrés dans la singulière majesté de leur mauvaise renommée, de même que d'autres dans la majesté de leur vertus. Nous qui avons recueilli le fruit lointain de ses réformes, nous ne pouvons que nous incliner devant cet esprit de rénovation qui a préparé les voies de la justice de notre siècle. S'il faut le blâmer d'avoir sacrifié de nobles existences au succès de son entreprise, on doit le louer pour la hauteur de ses vues : ce qui ne lui sera jamais pardonné, c'est la rigueur de ses mesures contre les parlementaires. S'il n'est pas de ceux qui ont laissé dans l'histoire une trace toujours sereine, ce sera du moins son éternel honneur de n'avoir jamais, dans l'exécution de son dessein, plié le genou devant la colère ou l'orgueil de ses ennemis. Il y a un but dans sa vie, et ce but est grand, c'est le combat d'un serviteur de la royauté contre la souveraineté parlementaire qui envahissait le trône.

Dans ce retour à l'équité, il n'y a, je le crois, ni aveuglement, ni passion ; il y a un sentiment tardif de justice et une vue plus droite et plus vraie du mouvement des hommes et des choses. La part des fautes faites à chacun, on peut, à la fois, être inexorable pour la violence des moyens dont se servit le chancelier Maupeou, dans l'accomplissement de son coup d'État, et respecter le sentiment qui l'inspira. L'histoire ne doit pas avoir des hasards comme les batailles et abaisser certaines renommées, sans lumière ni pitié.

CHAPITRE XXVII

Fêtes à Toulouse au retour des exilés — Les *revenants*. — Joie des avocats et des procureurs. — Compliments du bâtonnier. — Réjouissances de la commission intermédiaire. — Les manants. — Sérénade de la Basoche. — L'université, les églises, le chapitre, les marchands. — Un pamphlet arrivé de Londres. — Un autre pamphlet contre M. de Niquet. — Heures nouvelles à l'usage des magistrats et des bons citoyens. — Couronnes apportées au Parlement. — Cavalcades et processions. — Les écoliers. — La Basoche. — Rentrée des exilés au Palais. — Audience à huis-clos. — Édit de rétablissement du Parlement. — Abolition du conseil supérieur de Nîmes. — Sortie des parlementaires du Palais. — Souper à l'archevêché. — Fêtes de nuit dans la ville — Le roi des décrotteurs. — Inscription latine. — Députation du Parlement au roi. — Reprise des travaux. — Continuation des fêtes. — La statue de Louis XVI. — Obélisque à la grand'chambre. — Joie de l'académie des Jeux Floraux. — Fêtes pendant deux mois. — Reprise sérieuse des travaux du Parlement. — Discours de Gary et d'autres avocats. — La Basoche. — Le roi de la Basoche. — Couronnement du roi de la Basoche. — Marche triomphale de la Basoche. — Triste lendemain. — Florent Baour et le roi de la Basoche. — Leur procès. — Condamnation de la Basoche. — Mascarade vengeresse. — Fin de la Basoche.

A la nouvelle du retour des parlementaires, la ville de Toulouse prit un air de fête. Il faut lire le *Journal des affiches et annonces de Toulouse* du 14 mars 1775: « L'astre « qui vivifie la nature se disposait à quitter le palais de « Thétis ; le feu de ses rayons avait à peine doré le sommet des montagnes, que les habitants des campagnes « d'alentour, avertis par le bruit des couleuvrines, se ren-

« dirent, en foule, pour être les témoins de la rentrée du
« Parlement. Un chacun s'écriait, avec des transports
« d'allégresse : *Hæc est dies quam fecit dominus ; exultemus*
« *et lætemur in ea.* »

Ce ne furent que cavalcades, banquets, feux de joie, illuminations, aumônes, spectacles et concerts sur les places publiques, arcs de triomphe et visites des dames chez les exilés qu'on n'appelait que les *revenants*. La noblesse, les capitouls et les consuls de la Bourse se préparent à ces fêtes brillantes, en faisant frapper des médailles commémoratives de ce grand événement, en payant les amendes des prisonniers détenus aux prisons des gabelles, en sollicitant la liberté des autres, et en chantant des *Te Deum* d'actions de grâces. L'ordre des avocats chargeait son bâtonnier Désirat d'aller complimenter, en l'absence du premier président, le président de Puivert, le plus ancien des présidents à mortier ; les procureurs décidaient, par acclamation, de marier six filles pauvres, aux frais de la communauté et de payer les fêtes de la Basoche.

On dit que le président de Puivert pleura en entendant ce passage du compliment de Désirat : « L'ordre des avocats a fait les vœux les plus ardents pour cette heu-
« reuse révolution. Son intérêt seul l'y aurait engagé. La
« gloire de la magistrature nous appartient en quelque
« sorte : notre honneur est lié au sien. On ne saurait
« la frapper, sans que notre ordre en ressentît le contre-
« coup. Jugez, monsieur, combien ces rapports ajoutent
« au tendre intérêt qu'inspire la vertu éprouvée par tant
« de disgrâces. »

Le jour où Désirat parlait ainsi au président de Puivert, la commission intermédiaire voulut mêler sa voix au bruit de ces réjouissances, et ordonna des feux d'artifice sur la place du Palais, des illuminations générales et des distributions de pain et de vin. Triste retour des choses humaines : les magistrats encore en fonctions, *les manants,* pour parler comme le peuple, cherchaient à faire oublier leur soumission au chancelier Maupeou ; le peuple les huait dans les rues. Le soir du même jour, les fanfares de la Basoche sonnèrent d'un bout de la ville à l'autre et donnèrent leurs sérénades, devant l'archevêché et les hôtels des présidents. L'université prenait trois jours de congé pour se préparer aux fêtes ; les églises retentissaient de louanges envers Dieu ; le chapitre de la cathédrale votait, à perpétuité, une somme de 3,000 livres, destinée à marier, à la chapelle du Palais, une fille pauvre, au choix du premier président. Les commis des marchands donnaient, de leur côté, un métier à quatre orphelins. Il semblait, dit *le Journal des affiches et des annonces,* qu'un génie patriotique versât sur la ville des trésors de joie et de bienfaisance. Ce que la nation saluait ainsi, c'était moins peut-être la condamnation de l'œuvre de l'ancien chancelier, que le despotisme avec lequel il l'avait accomplie.

En même temps, se ranimèrent les rancunes contre les magistrats du Parlement-Maupeou. L'union des citoyens et des parlementaires, célébrée par l'intendant de Saint-Priest, n'était qu'une chimère. Un pamphlet arriva de Londres, sous ce titre : *Réflexion d'un citoyen, sur la protestation du Parlement de Toulouse, du* 31 *août* 1771, *aux J.-F. du Tripot de Toulouse.* On y traitait les magistrats du Parlement-Maupeou, de traîtres, de lâches déserteurs et de gredins affamés. Aux exilés qui rentraient, le cœur plein d'amertumes, ce pamphlet disait : « Comptez-vous pour « rien la honte de servir avec de faux frères qu'on est « forcé de mépriser ? Souvenez-vous que vous n'êtes pas « faits pour vivre ensemble. » Et s'adressant aux membres du Parlement-Maupeou, il ajoutait : « Vous avez « élevé un mur d'airain entre vos collègues et vous. « Qu'attendez-vous donc pour vous retirer ? Plus de paix, « plus d'union entre vous. Le service du roi et le bien de « la justice souffriraient trop de cet étrange alliage. Aban- « donnez, de vous-mêmes, des places où vous devez sen- « tir que vous n'êtes plus bons à rien. Soyez assez gé- « néreux, pour souhaiter que votre humiliation effraye, « un jour, les magistrats qui seraient tentés de vous « imiter, et pour féliciter votre compagnie d'avoir porté, « dans son sein, quatre-vingts magistrats plus vertueux « que vous. »

Un second libelle suivit de près ce pamphlet : il visait surtout le premier président de Niquet. Dans ces *Observations sur la situation actuelle de M. de Niquet*, on disait au premier président, qu'il ne valait rien pour la place par lui occupée au Parlement, et qu'il importait à son honneur de s'en démettre sur-le-champ. On l'accusait de trahison et de dureté de cœur envers ses anciens collègues : « Vous trouviez mauvais, disait le libelle, que la « présidente Du Bourg vînt, tous les quinze jours, à « Toulouse pendant l'exil de son mari et de son fils. Le « président de Sauveterre vous reproche l'exil de sa « sœur, le président de Puivert, la mort de sa femme. « Que ne peut-on vous reprocher ! Il n'y a personne, « dans le Parlement, qui n'ait à se plaindre de vous. »

On lui disait encore avec une âpre ironie : « Mais M. de
« Niquet est tant aimé à Toulouse ! ne le croyez pas ;
« tout le monde connaît la portée de ses talents et sait
« par cœur, les anecdotes de sa vie privée. On supporte
« impatiemment cette protection accordée à toutes les
« filles, à tous les suppôts des mauvais lieux. On sait
« apprécier ce mépris des bienséances que des années
« ont décoré du nom de bonhomie. »

Ces libelles furent déférés aux chambres assemblées, qui les firent lacérer et brûler par la main du bourreau dans la cour du Palais.

Un autre écrit, dont la vogue fut grande, se colporta librement à Toulouse ; il avait pour titre : *Heures nouvelles à l'usage des magistrats et des bons citoyens*. C'était une sorte de centon commençant par un calendrier, où les noms des saints étaient remplacés par les noms des hommes illustres de la France et des noms obscurs que l'esprit de parti y avait introduit. Après le calendrier, venait la messe chantée par un conseiller clerc du Parlement-Maupeou, et dont la liturgie avait été singulièrement transformée. Je cite les premières lignes de *l'introït*.

« Le célébrant : Me présenterai-je à l'autel du Seigneur ?

« Le répondant : Sonde ton cœur et vois si tu en es
« digne.

« Le célébrant : Jugez-moi, Seigneur, ou plutôt pu-
« nissez-moi ; ôtez-moi du milieu d'une nation que j'ai
« trahie ; séparez-moi des hommes justes que j'ai trom-
« pés.

« Le répondant : Dieu est juste, mais il est clément.

« Le célébrant : Pourquoi, ô mon Dieu, m'avez-vous
« rejeté loin de vous !

« Le répondant : Sonde ton cœur et vois si tu ne l'as
« pas mérité.

« Le célébrant : La vérité luit enfin à mes yeux ; je
« suis accablé de douleur et de honte ; je sens que je
« dois être en exécration à mes frères, mais, ô mon
« Dieu ! j'implore votre miséricorde.

« Le répondant : Dieu est juste, mais il est clément. »

Le *Confiteor* s'exprimait ainsi : « Je me confesse à
« Dieu, à la nation, au roi et à tous les gens de bien,
« parce que j'ai grandement péché par paroles, actions,
« commissions et omissions, par l'oubli que j'ai fait de
« mes devoirs de citoyen, par la séduction à laquelle
« j'ai succombé. C'est ma faute, ma grande faute, ma
« très grande faute. C'est pourquoi j'en demande par-
« don à la France et au roi, et je les prie, par l'inter-
« cession des âmes compatissantes et honnêtes, que
« notre jeune monarque a appelées auprès de lui, de
« m'accorder un pardon que mon repentir pourra peut-
« être mériter. »

Le chœur du peuple répondait : « C'est ce que Dieu
« peut faire ; c'est ce que le roi ne fera pas. »

Le *Gloria in excelsis*, l'*Épître*, l'*Évangile*, la *Prose*, le
Credo, l'*Élévation*, le *Canon*, l'*Agnus dei*, le dernier *Évangile*
étaient sur le même ton. L'oraison funèbre du Parlement-Maupeou avait accumulé toutes les injures des
satires de ce temps. Après l'oraison funèbre, on arrivait
aux vêpres. Le premier verset du premier psaume était
ainsi conçu : « Le Seigneur roi a dit à son ancien Par-
« lement : Rasseyez-vous à ma droite et continuez à

« rendre la justice à mes sujets. » Par là, on peut juger du reste. Les antiennes, les hymnes, les cantiques, rien n'y manquait. Quelques antiennes avaient été tirées des chœurs d'Esther et d'Athalie et appliquées au sujet. Ce livre curieux se terminait par un sermon et des complies, ayant le même accent de mordante raillerie.

De tous les points du ressort, arrivaient capitouls, consuls, confréries, officiers des sénéchaussées, députés des villes et des bourgades, Cour des aides, chambre des comptes, chapitres, corps de métiers, académies, ordre religieux, étudiants ou régents des universités, apportant des couronnes de lauriers au président de Puivert, à l'archevêque Loménie de Brienne, aux présidents de Senaux, de Sapte et de Sauveterre, au milieu des cavalcades et des processions, et au bruit des timbales, des hautbois, des trompettes et des mousquets. On vit un jour, le président Boyer de Sauveterre, fils du conseiller Boyer-Drudas, un doyen de l'ancien Parlement et le plus ancien magistrat du royaume, revenir du village de Drudas, accompagné par les paysans chez lesquels, selon ce qui a été dit, dans son éloge à l'académie des Jeux Floraux, il avait ramené l'âge d'or. Une troupe d'écoliers, trop jeunes pour être admis au corps des étudiants, envoya aussi sa couronne au président de Puivert, avec un distique latin, composé par un cordelier de la grande observance, qui jouant sur le nom de Puivert, l'appelait Pivert, et disait que le roi avait pris ce bel oiseau sur un arbre verdoyant, pour en faire un prince du Sénat toulousain.

Enfin, se leva le jour du 14 mars fixé pour la réintégration de l'ancien Parlement. A l'aube, la Basoche, réorganisée par Louis XV, sortit dans les rues, triomphante et en habits de fête, pendant que les tambours battaient et que le canon tonnait sur les remparts. A sept heures, les commissaires du roi sortirent de l'archevêché en carrosse, escortés par huit cavaliers de la maréchaussée et les compagnies franches des bourgeois, en costume rouge et bleu. Une heure après, le président de Puivert précédé par les Suisses, les cavaliers et les clercs de la Basoche, au nombre de plus de trois cents, s'achemina vers le Palais, suivi des exilés avec leurs équipages, et de quarante procureurs, au milieu de la haie des dames, des nobles, des bourgeois, du peuple et des régiments de Conti et de Bourbon poussant des acclamations sur leur passage.

Au grand déplaisir des dames, accourues au Palais, l'audience eut lieu à huis clos ; elles ne purent entendre ni les discours de M. de Périgord et de M. de Saint-Priest qui célébrèrent le retour du Parlement, ni les harangues du président de Puivert, de l'avocat général de Parazols et du bâtonnier Désirat. Tous ces discours se ressemblent par leurs louanges pompeuses et monotones. Périgord et Saint-Priest qui avaient installé le Parlement Maupeou et qui l'abolissaient, à la distance de quatre années, ne parurent pas à la gêne, en critiquant les réformes du chancelier, et en remerciant le roi d'avoir ramené l'ancien Parlement.

Par l'édit de rétablissement, trente sièges étaient supprimés par voie d'extinction, et les chambres des enquêtes réduites à deux. Cet édit et celui de la suppression du conseil supérieur de Nîmes, ainsi que l'édit de discipline du nouveau Parlement, lus et enregistrés, les commissaires du roi et les parlementaires sortirent du Palais, dans une marche triomphale. Le soir, il y eut, à l'archevêché, un souper de quatre cents couverts, donné aux parlementaires, à la noblesse et aux dames, la foule circulant autour des tables et saluant les exilés. A la nuit, il y eut dans la ville, spectacles, danses, illuminations et largesses aux pauvres : une bande conduite par Guillaume le Roux, roi des décrotteurs, brisait, à coups de pierres, les fenêtres des maisons non illuminées. Le journal du Parlement et le *Journal des affiches* ne tarissent pas de descriptions de ces fêtes. Sur tous les murs, on lisait ces inscriptions latines, entourées de guirlandes: *Justitia et pax osculatæ sunt. Cives civibus. Regi et legibus. Vivat rex, vivat lex. Fortibus viris. Intemeratæ virtuti.*

Le lendemain, le Parlement s'assembla : l'archevêque de Toulouse et l'évêque de Mirepoix prirent séance, et firent décider qu'une adresse de remerciements et de reconnaissance serait envoyée au roi, et que les présidents de Puivert et de Sauveterre, et les conseillers de Raymond et d'Aguin iraient porter, aux pieds du trône, les sentiments de fidélité du Parlement. On décida, en même temps, que les chambres reprendraient leur service ordinaire, sur le serment de 1770, comme si la justice n'avait pas été rendue depuis cette époque.

Les fêtes n'avaient pas de fin. De toutes parts, s'élevaient des obélisques, des temples, des portiques, des arcs de triomphe et des statues, en l'honneur de la justice. Sur les places et dans les carrefours, le peuple dansait et chantait, en acclamant le Parlement et le roi. Sur la place royale, en face du Capitole, on dressa, sur un magnifique piédestal couvert de peintures allégoriques, la statue de Louis XVI, debout, portant le manteau royal et le sceptre. Au-dessous des consoles soutenant le piédestal, des masques bachiques, ceints de pampres et de raisins, versaient du vin dans de larges coquilles où la foule allait s'abreuver. A l'une des faces du piédestal, un bas-relief, rehaussé d'or, représentait la justice dans un temple orné de fleurs, tenant la balance et l'épée, sous les rayons d'un soleil, à disque fleurdelysé, se levant à l'horizon. Aux pieds de la justice, l'envie terrassée dévorait son cœur, et des lis, à moitié flétris, redressaient leurs tiges au souffle d'un génie qui couronnait de lauriers les armes de la ville.

Le 16 mars, au moment où la Basoche finissait sa distribution de gâteaux aux membres du Parlement, l'avocat Taverne, au nom de son ordre, fit aux chambres assemblées la dédicace d'un obélisque en marbre, destiné à perpétuer le souvenir du rétablissement du Parlement, et à rappeler aux générations futures l'alliance de la magistrature et du barreau. L'obélisque en marbre gris, surmonté d'un globe doré, reposait sur un socle de marbre rouge et sur un piédestal de marbre blanc. Au bas de l'obélisque, dans un médaillon entouré d'une couronne dorée de lauriers et de chênes, était le portrait de Louis XVI. Ce monument des avocats est encore à la première chambre de la Cour de Toulouse, à la place même où il fut posé, le 17 mars 1775. Sur une face du piédestal est gravée cette inscription latine : *Ludovico XVI et felici magistratuum redilui, die XVII martii MDCCLXXV, causarum patroni posuere. Dies ille, instar immortalitatis est.*

L'académie des Jeux Floraux ne fut pas la dernière dans ces manifestations d'allégresse : elle mit au concours une ode sur le rétablissement du Parlement, dont le prix devait être une Thémis d'argent. C'est au chevalier de Lauro que la Thémis fut donnée ; mais son ode, pleine d'allusions politiques, alors vivement applaudies, n'a ni l'éclat, ni la flamme, et ne mérite pas de sortir de l'ombre.

Pendant deux mois, les fêtes se succèdent, et à chaque audience, les délégués de toutes les juridictions de la province, et les corps de métiers, bannières en tête, viennent haranguer le Parlement et lui annoncer de pieuses fondations, en faveur de son rétablissement.

Les audiences ne se rouvrirent que le 27 mars, à la grand'chambre. Ce jour-là, au milieu d'une foule immense, les avocats célébrèrent le retour du Parlement. Gary parla le premier et, après lui, Viguier, Poitevin, les deux Jamme, Delhé, Gabre et Gez. A la Tournelle et aux enquêtes les compliments furent prononcés par les avocats Mascard, Besaucelle, Majorel et Fages et par Fronton, substitut du procureur général. Presque, chaque jour, la Basoche faisait ses sorties et venait s'incliner devant le Parlement. Enivrée d'orgueil et de triomphe, elle décida qu'à l'avenir elle n'admettrait, dans ses rangs, que des clercs de familles nobles. Hélas ! il ne suffit pas pour conquérir une longue existence, d'écrire des louanges en vers et en prose, d'élever des obélisques et des statues. Ce n'est point par des discours seulement que des institutions se fondent et se perpétuent. Toutes ces harangues de la Basoche et des avocats se traînent dans les mêmes louanges sonores. Dans les villes du ressort, il y eut aussi des fêtes sans nombre. En signe de joie et de reconnaissance, le Parlement vota une aumône de 30,000 livres, pour le soulagement des pauvres et l'élargissement des prisonniers.

Une des plus brillantes fêtes eut lieu à Toulouse, le 27 avril. Le roi de la Basoche venait de mourir : c'était le procureur Montilhet, dont le bourgeois Barthès a dit, dans ses *Heures perdues* : « Cet homme était toujours guindé « et propre à l'excès, ce qui témoignait, sans doute, du « grand loisir qu'il avait de se reposer ; d'une douceur et « d'une gravité extraordinaires. » A sa mort, on lui donna pour successeur le procureur Desclaux, bientôt détrôné, et remplacé par l'avocat Jean Monsarrat de Lagarrigue, fils d'un procureur. Fière de ce choix, la communauté des procureurs s'empressa de voter une somme de 3,000 livres, destinée aux frais du couronnement.

Ce jour-là, vers quatre heures du soir, le sénéchal de la Basoche de Toulouse, suivi de ses clercs et de son artillerie, entra dans la salle des Pas-Perdus du Palais, où l'attendait le roi, entouré de sa cour et escorté des sénéchaux des Basoches de Montauban et de Carcassonne, magnifiquement vêtus. Tandis que ce cortège se dirigeait vers la grand'chambre, le roi s'arrêta à la chambre des manteaux ; l'empereur, qui n'était autre que le roi sortant de charge, suivi des commissaires et des appointés de la Basoche, lui apporta, solennellement, la couronne et les insignes de la royauté. Puis, l'empereur étant entré à la grand'chambre, l'avocat général de la Basoche prononça une harangue, et requit l'empereur de procéder au couronnement du nouveau roi.

Introduit à son tour, par une députation à la grand'-chambre encombrée de gentilshommes, de dames et de gens du peuple, le roi couronné par l'empereur prit la première place, ayant à sa droite les sénéchaux des Basoches de Toulouse, de Carcassonne et de Montauban, le connétable et les maréchaux; à sa gauche, l'empereur, le chancelier, le grand-maître, le grand amiral, le grand chambellan, le capitaine-colonel des Suisses et les officiers d'artillerie. Sur les degrés des hauts sièges, au milieu du parquet et en face du roi, se tenaient le sergent-major des Suisses, une canne d'une main et une épée nue de l'autre, et les divers officiers du roi et des sénéchaux. Il y eut des discours de l'empereur, du chancelier, du connétable et des sénéchaux de Toulouse et de Carcassonne.

A sept heures, l'empereur ayant été reconduit chez lui par des officiers du roi, la Basoche se mit en marche, le lieutenant d'artillerie en tête, suivi de trois fourgons contenant les équipages du roi et traînés par six chevaux recouverts d'étoffes brillantes, de carrosses attelés de mulets et de chevaux caparaçonnés de rouge à fleurs de lis d'or, gardés par des troupes d'infanterie et de cavalerie, des Suisses et des sapeurs armés de haches, et la bannière de la Basoche déployée, au bruit des fifres et des tambours.

Le premier huissier du sénéchal et du roi, les maréchaux, le connétable l'épée nue et levée, tous les grands officiers de la Basoche à cheval, et des valets de pied conduisant huit superbes chevaux de main précédaient le char à huit chevaux caparaçonnés de peaux de tigre, sur lequel était assis le roi, en habit royal, couronne au front et sceptre en main, ayant à ses côtés les sénéchaux et le chancelier, et aux portières du char, des pages, et des valets. A la suite du char, venaient les officiers de robe longue de la cour du roi et des sénéchaux, les syndics du Palais et du sénéchal, les procureurs et les avocats du roi de toutes les Basoches, les greffiers, les huissiers, les soldats des sénéchaux, les musiques et des légions de clercs vêtus d'habits aux couleurs éclatantes.

En sortant du Palais, ce magnifique cortège passa par la rue Nazareth, la place Sainte-Scarbes, la rue des Nobles, la place Saint-Etienne, la rue Boulbonne, la place Saint-Georges, la rue de la Pomme et la place Royale. De là, il traversa la rue du Sénéchal, des Carmélites, du Refuge et la Grande-Rue qui ramena la Basoche au Palais. Plus de mille flambeaux l'éclairaient sur son passage. Un banquet de quatre-vingts couverts l'attendait à la salle des procureurs.

« O triste lendemain ! » s'écrie le *Journal des Affiches de Toulouse*, « ô couronne d'épines ! » Ce journal, le premier qui ait été publié à Toulouse, venait d'être fondé par l'imprimeur juré de l'Université, Florent Baour, père du traducteur d'Ossias et du Tasse, Baour-Lormian. En racontant les sorties de la Basoche, au moment de la suppression du Parlement-Maupeou, Baour qui se piquait d'érudition publia un article sur les origines et les privilèges de cette institution. Cet écrit, répandu dans la ville et le gardiage, ayant paru injurieux aux basochiens, le roi régnant « en triomphe et titre d'honneur » avait fait sommer l'imprimeur de comparaître devant le tribunal de la Basoche.

Sur les réquisitions du procureur général des basochiens, le roi, de l'avis de son conseil et par ordonnance du 19 avril 1775, fit défense à Baour et à tous autres gazetiers de rien imprimer sur la Basoche, sans une autorisation préalable, à peine de 50 livres d'amende et de prison, avec injonction à Baour d'insérer cette ordonnance, dans la plus prochaine feuille de sa gazette et, en outre, avec ordre « de publication et affiche, dans « la ville et le gardiage, nonobstant toute opposition ou « appellation quelconques sans y préjudicier. »

Baour étourdi d'abord par ce coup d'autorité eut peur et se soumit. Il fallait compter avec le beau tapage, les huées, les chansons et le tumulte des clercs. Il inséra, dans sa gazette, l'ordonnance du roi de la Basoche, en l'accompagnant de réflexions, dont la pointe perçait sous la douceur des mots. La Basoche continuant à le poursuivre de ses colères et à mettre une sorte d'interdit sur son imprimerie, il déféra l'ordonnance au Parlement,

Le lendemain même du couronnement, 28 avril 1775, amère dérision de la fortune ! le roi Monsarrat de Lagarrigue s'assit sur la sellette de la grand'chambre et entendit, après une sévère réprimande, le Parlement présidé par M. de Puivert, casser son ordonnance, lui interdire d'en rendre de semblables à l'avenir, et condamner le procureur général de la Basoche aux dépens, pour avoir pris des réquisitions contre Baour. Le bourgeois Barthès avait raison de sourire, en voyant passer, la veille, la Basoche triomphante et de répéter, avec sa fine malice, ce verset mélancolique et désenchanté de l'Ecclésiaste: *Vanitas, vanitatum, et omnia vanitas.*

Il semble que cet arrêt du Parlement ait été l'arrêt

de mort de la Basoche. Elle essaya pourtant de se venger de l'arrêt Baour, en imaginant une mascarade, où elle parut, un jour de mardi-gras, affublée de robes d'avocats et de procureurs, montée sur les ânes du moulin du Basacle, encapuchonnés de mantelets connus sous le nom de parlements. La police et le guet en firent justice et mirent en prison cette troupe de clercs. A partir de ce moment, on n'entend plus les éclats de leur gaieté gauloise. On dirait qu'un nuage a couvert de son ombre cette Basoche amoureuse de bruit, de rire, de lumière et de jeunesse. Avant d'être rayée du livre de vie par la Révolution, elle s'effaça silencieusement et tristement, pareille à ces eaux bruyantes qui s'écoulent et se dispersent dans les plaines, avant de se perdre dans la mer.

CHAPITRE XXVIII

Le duc de Biron gouverneur du Languedoc. — Affranchissement du travail. — Les gens de métiers et la procession en mémoire des événements de l'année 1562. — Libre circulation des vins. — Liberté du commerce des grains. — Opposition de la magistrature à l'édit de Turgot. — Lit de justice. — Retour au régime des privilèges. — Mort du doyen Dominique de Bastard. — Le comte de Provence et l'empereur d'Allemagne à Toulouse. — Le duc et la duchesse de Chartres à Toulouse. — Estampe en l'honneur du rétablissement du Parlement. — Procès des procureurs contre l'imprimeur Baour. — Règlement de la juridiction contentieuse du domaine. — Épidémie à Toulouse. — Cantate à la louange du roi et de Clémence-Isaure. — Troubles dans le Vivarais, le Gévaudan et les Cévennes à l'occasion des frais de justice. — Luttes des capitouls et du Parlement. — Révolution municipale. — Remontrances. — Mémoires des avocats. — Observations du marquis de Belesta. — Réponse du subdélégué Ginesty. — Les cadastres. — Lettres de jussion. — Transport des grains. — Mort de l'intendant Saint-Priest remplacé par le baron de Balainvilliers. — Mort du président de Puivert et de son fils. — État civil des protestants. — Esprit de tolérance, d'humanité et de progrès du Parlement. — Remontrances sur les impôts. — Le comte de Périgord au Parlement. — Protestations des parlementaires. — L'avocat général de Catellan enfermé au château de Lourdes. — Remontrances du Parlement. — Regret du gouvernement d'avoir rappelé les Parlements. — Projet du gouvernement. — Déclaration du Parlement de Toulouse. — Démission du premier président de Niquet. — Emmanuel de Cambon premier président. — Les grands bailliages. — Le comte de Périgord au Parlement de Toulouse. — Résistance du Parlement aux ordres du roi. — Le procureur général de Rességuier. — Belle réponse du premier président. — Tumultueuse séance. — Les parlementaires expulsés du Palais. —

CHAP. XXVIII. — AFFRANCHISSEMENT DU TRAVAIL

Protestation du Parlement et remontrances. — Installation du grand bailliage à Toulouse. — Protestations des justices inférieures, des capitouls, de la noblesse et du clergé. — Attitude du gouvernement. — Les pamphlets. — Avocats de Toulouse mandés à Paris. — Leur retour. — Abolition des grands bailliages. — Le Parlement rentre au Palais. — Fêtes dans la province. — Remontrances du Parlement. — Agitation des esprits. — Le Parlement demande la suppression des États du Languedoc. — Dernières séances des États. — Une épigramme grecque.

Les fêtes terminées, le gouvernement du Languedoc est donné au vieux duc de Biron, amolli par l'âge et le train d'une vie élégante, qui l'empêchent de paraître à Toulouse et le retiennent à Paris ou à Versailles. Le ministère entrait dans la voie des réformes. Depuis la suppression des maîtrises et des jurandes, les travailleurs, plus libres, échappaient à l'autorité et à la surveillance jalouse des Parlements : on eut recours à un lit de justice, pour faire enregistrer l'édit affranchissant le travail des entraves des maîtres privilégiés. A l'occasion d'une procession, en mémoire des événements de l'année 1562, les gens de métiers ayant refusé, en vertu de l'édit de suppression des maîtrises, de sortir avec leurs bannières et de porter les châsses de Saint-Sernin, le Parlement intervint et leur ordonna de se joindre à la procession, comme par le passé.

Pour la première fois, le gouvernement autorisa la libre circulation des vins par tout le royaume ; en enregistrant cet édit qui ouvrait au Languedoc le débouché des deux mers, le Parlement ne parut pas bien en comprendre toute la portée. Ce ne fut pas, sans opposition, que le Parlement reçut l'édit qui tentait d'exécuter, dans le royaume, la liberté du commerce des grains. Cette liberté de l'industrie, combattue par les spéculateurs et les esprits attardés dans les vieux préjugés, était souhaitée par tout le monde, par les consommateurs que rançonnait le monopole et par les maîtres écrasés sous les charges des corporations. Chose étrange, ce fut le gouvernement qui offrit la liberté, et ce fut le commerce qui la refusa. Jamais ministère n'avait parlé un langage plus noble et plus généreux, mais vainement Turgot brava l'impopularité, pour contraindre la nation à être libre. Toute la magistrature crut que l'État en serait ébranlé : elle protesta et refusa son enregistrement, en forçant le roi à tenir un lit de justice. Quelques Parlements finirent par se soumettre ; six d'entre eux ne voulurent jamais céder : Toulouse, Aix, Bordeaux, Besançon, Rennes et Dijon.

Ces Parlements invoquaient les traditions anciennes : les droits de la propriété, les intérêts du commerce et ceux de l'humanité en faveur du privilège ; ils criaient au despotisme et à la violation des règles de la justice et de la constitution de l'État. A leur tour, en présence de tant de liberté, les ateliers redoutaient une invasion de fripons et d'incapables. Devant ces lamentations des ateliers qui trouvaient tant d'échos dans les Parlements, Louis XVI hésita, revint en arrière, trois mois après avoir signé l'édit de la liberté de l'industrie, et revint au régime des corporations et des privilèges qui ne devaient tomber que sous les décrets de l'Assemblée constituante. Les idées de progrès ne mûrissaient encore qu'avec lenteur : pendant cette pénible élaboration économique et sociale, les grandes compagnies judiciai-

CH. XXVIII. — MORT DU DOYEN DOMINIQUE DE BASTARD

res froissées par les doctrines des édits et la forme un peu hautaine de leur présentation, devaient s'étonner de ce brusque déchirement de vieilles institutions et ne pouvaient guère accepter, sans trembler, ces tendances nouvelles qui bouleversaient leur société. S'il faut déplorer leurs hésitations, on ne peut s'empêcher de les comprendre et de les excuser.

Un douloureux événement attriste le Parlement : le doyen Dominique de Bastard meurt le 10 novembre 1777, à l'âge de quatre-vingt-quinze ans, pleuré des grands et de la ville, au rapport du bourgeois Barthès, qui écrit ce mot sur ce vieux parlementaire, conseiller depuis 1703 et doyen depuis vingt-trois ans : « Il était « l'amour et les délices du Palais. » Son buste, sculpté par le toulousain Darcis, fut placé dans la salle des Illustres du Capitole, non avec l'épitoge de laine bordée d'hermine des doyens, mais en épitoge d'hermine des présidents, en souvenir de son refus, en 1762, d'occuper la première présidence du Parlement. A cette même année, le comte de Provence, frère du roi, et, quelques jours après, l'empereur d'Allemagne, Joseph II, traversent Toulouse ; mais la ville était pauvre et ne donna aucune fête. Elle offrit pourtant les honneurs de la grande entrée au duc et à la duchesse de Chartres, au printemps de 1776.

« Ce n'était pas une entrée » disait l'imprimeur Baour, en parlant de ses démêlés avec les procureurs, « mais « une furieuse sortie qu'il allait essuyer ». Au Palais, on ne lui pardonnait pas l'arrêt rendu contre le roi de la Basoche. Le père du roi, le vieux procureur Monsarrat de Lagarrigue guettait, sans cesse, et surveillait de près l'imprimeur. Dans un mémoire sur la réformation du corps municipal, imprimé dans le *Journal des affiches*, il crut voir un outrage envers la communauté des procureurs et mit, ausitôt, les quatre-vingt-seize procureurs du Parlement en guerre contre Baour. Traduit devant le sénéchal, Baour fut mis hors d'instance ; il y eut appel au Parlement ; l'imprimeur eut beau gagner tous ses procès, poursuivi à outrance par les sarcasmes et la haine de la Basoche et des procureurs, il se vit contraint, selon ce qu'il disait dans le dernier numéro de son journal, à amener son pavillon, à se déclarer vaincu et à cesser la publication de sa gazette, le 31 décembre 1776.

Les années s'écoulent sans procès graves et sans événements importants. Parmi les procès d'une variété infinie, je ne puis citer, en courant, que la condamnation au bûcher d'un nouveau livre sur la Congrégation des Filles de l'Enfance, du *Catéchisme* et du *nouveau Testament* d'Osterwald, d'une multitude d'ordonnances et de mandements d'évêques soutenant la cause des jésuites, et d'une cohue de thèses extravagantes sur la religion et la politique. Le Parlement condamne aux galères les imprimeurs de ces libelles et, au fouet, les écoliers se battant dans les rues ; il poursuit à outrance les jeux de hasard et fait enfermer, pendant dix ans, au château de Lourdes, le prêtre Benoît Serin, à la suite d'une partie de jeu ; il mande à sa barre les sermonnaires trop violents et les prêtres qui refusaient les derniers sacrements aux amis de Port-Royal. Il n'épargnait pas les moines insoumis et réservait les peines les plus cruelles aux bandes de malfaiteurs.

Une épidémie, qui rappelait les pestes du seizième

siècle, s'abat sur Toulouse. Les parlementaires attendent, sur leurs sièges, l'appel des causes : cette fois, les avocats désertent la barre, et si le Parlement ne rend point d'arrêts, c'est qu'il n'y a plus de plaidoiries. Il faut pourtant rappeler un curieux arrêt de l'année 1774 : l'académie des Jeux Floraux, ayant proposé, pour prix, une cantate à la louange du roi et de Clémence-Isaure, ce rapprochement entre la Majesté royale et une femme que beaucoup de capitouls prenaient pour ingénieuse fiction, leur déplut à tous, à l'égal d'une mésalliance. Ils firent aussitôt savoir aux mainteneurs qu'ils feraient enlever, à main armée, l'orchestre et les musiciens et fermer la salle des Illustres, le jour de la Fête des fleurs.

Sommation fut signifiée aux capitouls par les mainteneurs de laisser librement chanter la cantate. La cantate ne fut pas chantée et, le 3 mai, les capitouls refusèrent de se rendre au petit Consistoire, pour assister à ces fêtes. On vit alors, pour la première fois, l'académie se rendre à la Daurade sans le cortège des capitouls, les trompettes et les hautbois de la ville. Seul, le guet protégea le cortège, mais les soldats refusèrent de porter les fleurs, en disant que cela leur était défendu. Bientôt après, invités par l'académie à entendre dans la salle des Illustres l'éloge du roi, les capitouls refusèrent de donner les clés de la salle et prétendirent que l'édit ne l'accordait pas pour l'éloge des souverains. Le Parlement les y obligea et l'éloge fut prononcé. Les capitouls se vengèrent en faisant enlever les tables et les fauteuils.

C'est la fatalité de certaines populations d'être sans

cesse à la merci des agitations et des surprises. Dans l'hiver de 1783, le Vivarais, pays de misère et de révoltes, est troublé, une fois de plus, par un de ces mouvements populaires qui ramenaient la détresse dans ces contrées. De sourdes accusations planaient sur la déloyale et ruineuse conduite des gens d'affaires. Le peuple s'insurgea ; on appela cette sédition la sédition des masques armés. Sur-le-champ, le Parlement envoya dans le Gévaudan, le Vivarais et les Cévennes, les conseillers de Saint-Gery, d'Albis de Balbèze, de Saint-Félix et d'Aguin et le substitut de Salasc. Leur ordonnance, du 14 janvier 1784, débutait ainsi : « Il peut y avoir des procureurs gens de bien, « mais universellement, on peut dire qu'ils sont la cause « de tous les désordres de la justice. » Et elle continuait par un effrayant tableau de leur âpreté au gain, et par la menace de fortes amendes contre les procureurs, avocats et notaires, coupables d'avoir suscité des procès ou engagé des procédures inutiles.

Dans une seconde ordonnance qui visait les officiers de justice, ces derniers n'étaient pas mieux traités : « La « corruption des membres a gangrené les chefs... ils ont « détruit le temple de la justice, pour la rendre obscuré- « ment dans leurs maisons ou dans les cabarets. La vé- « nération des peuples pour les juges s'est changée en « mépris. Ces juges ne sont que des tigres avides. » On est confondu de si nombreux abus qui lésaient tant d'intérêts et qui se jouaient impunément de la fortune et de l'honneur des populations de ce pays. Sur les réquisitions de l'avocat général de Rességuier, le Parlement réglementa l'administration de ces justices royales et seigneuriales, mais il ne put arracher du sol cette corruption.

Sur ces questions, qui tenaient à la vie même d'une partie de la province, le Parlement s'empresse de venir en aide au gouvernement, mais le gouvernement s'était trompé en croyant que le Parlement, ennemi des innovations, ne chercherait pas à reprendre ses traditions d'autorité et d'indépendance. Ce n'est pas sans raison qu'un mémoire anonyme adressé au roi, quelques jours avant le rappel des exilés, lui disait : « Ils rentreront « doux comme des agneaux ; arrivés en place, ils seront « des lions. »

L'éternel procès entre la Couronne et le Parlement recommence à Toulouse. A partir de l'année 1776, le Parlement s'était remis en guerre avec le grand Conseil du roi ; en 1778, les réformes apportées par le gouvernement au capitoulat réveillèrent ses tendances d'opposition et de lutte. Tant que les capitouls ne furent pris que parmi les marchands, les avocats ou les procureurs qui aspiraient à la noblesse héréditaire de leur charge, le Parlement exerça sur eux son pouvoir souverain. Quand on créa des capitouls choisis dans la noblesse, les divisions ne tardèrent pas à devenir plus vives et plus profondes.

Pendant quelques années, ce feu couva sous la cendre. Au mois de décembre 1783, le Parlement, rompant le silence, arrête qu'il ne sera rien innové à la manière d'administrer la justice et d'exercer la police confiée aux capitouls, ni aux honneurs dus aux membres de la Cour, ni à son droit de présider les assemblées de l'Hôtel de Ville Le lendemain, il adresse au roi des remontrances où il rassemble tous ses griefs contre cette révolution municipale, émanée des arrêts du Conseil, dont il blâmait l'inconstance et l'arbitraire, en déclarant que ces sortes de réformes ne pouvaient être édictées que par lettres royales, enregistrées au Parlement, en vertu de diverses ordonnances des siècles passés.

Entrant alors dans les détails, les remontrances se plaignaient de la désignation des professions des capitouls ; elles disaient : « Ce n'est pas comme excerçant « telle ou telle profession, c'est comme citoyen que chacun « doit y être ; c'est leur valeur individuelle et l'intérêt de « chacun comme propriétaire, qui doit y donner place. » Elles se récriaient contre le grand nombre de négociants ou détaillants, au détriment des avocats, et contre le privilège accordé aux capitouls gentilshommes, de faire les propositions, de recueillir les suffrages et de dénoncer les délibérations qui seraient prises. En citant des passages de Montesquieu, les remontrances soutenaient dédaigneusement que ce privilège supposait, chez les capitouls de première classe, des lumières qu'on ne saurait attendre « de l'ignorance des lois, des formes natu- « relles à la noblesse, de son inatention et de son mé- « pris pour le gouvernement civil ».

Tout était sujet à critique aux yeux du Parlement : la durée des fonctions des capitouls, la présidence accordée au premier capitoul de première classe, et, en son absence, au premier capitoul de la seconde, au mépris des ordonnances qui la donnaient aux commissaires du Parlement, la faveur octroyée aux capitouls gentilshommes de choisir seuls leurs successeurs, ce qui permettait d'exclure les magistrats, d'écarter, peu à peu, les esprits versés dans la science des lois, « afin

« que des hommes, plus amoureux de la domination que
« du bien public, ne trouvassent plus d'obstacles à leurs
« desseins ambitieux ». Les remontrances se terminaient
par cette rude apostrophe au roi : « Ne pas réclamer con-
« tre les arrêts du Conseil qui changent ainsi des éta-
« blissements permanents, c'est précipiter l'état du gou-
« vernement modéré dans le despotisme, non pas celui
« du prince, mais celui des sous-ordres, despotisme plus
« dur et plus avilissant, qui étoufferait, dans l'âme de
« ses sujets, tout sentiment de vertu, de patrie et de bien
« public. »

Les parlementaires poussaient les avocats à faire un éclat. Après des discussions animées, les avocats résolurent d'envoyer au garde des sceaux un mémoire, pour se plaindre des torts des arrêts du Conseil. De son côté, le marquis de Belesta adressait au ministre des observations sur les remontrances, et prétendait que les exclusions incriminées ne constituaient que des mesures de prudence, parce que les procureurs envahissaient tout, et que l'ordre des avocats ne renfermait que vingt sujets connus par leurs talents et que les autres n'apportaient, à l'Hôtel de Ville, « que leur obscurité, leur indi-
« gence et leur esprit de litige ». Il traitait de chimériques les autres griefs des remontrances et protestait, en finissant contre la prééminence traditionnelle des parlementaires qu'il trouvait déplacée au Capitole, « les membres
« de la Cour n'y pouvant figurer qu'en simples citoyens,
« et les officiers municipaux étant les véritables officiers
« du peuple ».

On assiste au travail de dissolution de cette ancienne société qui s'agite et se trouble à la veille de la

Révolution. Aux observations du marquis de Belesta, le subdélégué Ginesty répondit ainsi, en écrivant à l'intendant : « Sans entendre détracter contre la haute no-
« blesse, on ne peut se dissimuler qu'elle n'est point en
« possession de lumières, ni de connaissances bien pro-
« fondes. Les gentilshommes de cette ville les ont en-
« core rendues plus rares... Il est notoire qu'ils sont
« presque embarrassés pour composer une simple let-
« tre. Ils reconnaissent eux-mêmes qu'ils n'entendent
« rien à la justice. » Quelques jours après, à l'occasion de la confection des cadastres, le Parlement, contestant aux intendants certaines attributions à eux accordées par une déclaration royale, refusa son enregistrement et ne s'inclina que devant deux lettres de jussion.

Le ministère prohibe, un moment, l'exportation des grains en Languedoc et soulève l'opposition du Parlement qui défend, malgré l'édit, d'apporter obstacle au transport des grains. Le conseil d'État casse l'arrêt ; le Parlement envoie des remontrances et refuse d'enregistrer des édits créant de nouveaux impôts. Il accusait l'intendant Saint-Priest d'envenimer ces querelles ; il ne lui pardonnait pas d'avoir prêté la main au coup d'État du chancelier Maupeou. Mais Saint-Priest touchait au terme de la vie ; il mourut bientôt, en cédant la place au baron de Balainvilliers. C'est aussi le temps où moururent, à un an de distance, le président de Puivert, chargé d'années, et son fils, avocat général au Parlement, âgé de vingt et un ans. Au dessus du lit de pierre où ils reposent, côte à côte, dans une chapelle de l'église Saint-Étienne, la Justice et la Paix s'embrassent, et couronnent d'oliviers leurs images sculptées dans le marbre et entourées de génies qui pleurent sur ce sépulcre.

Il semble que l'honneur doit revenir au Parlement de Toulouse, d'avoir fait la brèche aux dispositions de la révocation de l'édit de Nantes qui enlevaient l'état civil aux protestants. On sait que dans l'ancienne législation, les actes embrassant l'état civil des familles ne se séparaient pas de l'administration des sacrements. A la révocation de l'édit de Nantes, les ministres de la religion réformée, étant réduits à s'exiler ou à se cacher, il n'y eut plus, pour les familles protestantes, aucun moyen légal de constater les naissances, les mariages ou les décès. Comme au temps de Julien l'Apostat, qui interdisait aux chrétiens les charges publiques et les écoles, les protestants du Languedoc, dont les pères avaient bravé les dragonnades, sans renier leur foi, dressaient au désert les actes de leur vie civile.

Entre la révocation de l'édit de Nantes et l'édit de Louis XVI de 1788, qui rendit l'état civil aux protestants, se placent des arrêts du Parlement de Toulouse qui ouvrent à la législation une voie de tolérance, de pardon et de progrès. Le règne de Louis XV, qu'on a appelé le règne de la philosophie, fut surtout une époque insouciante et frivole, à qui la vraie philosophie fut étrangère. A ces années de décadence et de mollesse, ni les philosophes ni les sophistes ne songent guère à l'abrogation du fameux édit de Louis XIV.

Le Parlement a plus de pénétration et d'humanité : déjà en 1770, sur les conclusions de l'avocat général de Cambon, la rigueur de sa jurisprudence s'était adoucie, et la possession d'état lui avait paru, plus que le mariage même au désert, un motif de proclamer la légitimité des enfants. Ces arrêts du Parlement de Toulouse retentirent dans le royaume.

En 1781, un nouvel arrêt de la deuxième chambre des enquêtes confirme cette jurisprudence. Par un autre arrêt de 1783, le Parlement maintient ses idées de large tolérance. Tout au contraire du Parlement de Paris, qui protestait contre la déclaration royale de 1788, le Parlement de Toulouse soutenait la Couronne de ses décisions empreintes de la plus haute philosophie. Il faut tout dire ; au moment de l'enregistrement de cet édit qui rendait l'état civil aux protestants, il avait tenté d'apporter à cette loi des restrictions, de nature à exclure les protestants des charges municipales. Une déclaration royale annula ces restrictions.

Il se sépare presque toujours de la Couronne sur la question, sans cesse renaissante, des impôts qui accablaient les populations. Il refuse son enregistrement à l'édit du second vingtième et rédige des remontrances où il affirme, avec Fénelon, que le consentement libre des peuples est nécessaire à la création légitime des impôts. Il citait encore cette autre parole de l'archevêque de Cambrai, dans la *Direction de la conscience d'un Roi* : « Croyez-vous que Dieu souffre que vous régniez, si « vous régnez sans être instruit de ce qui doit borner « et régler votre puissance ?... Ce qui fait le sujet de la « douleur de la nation servirait-il de titre contre elle, et « voudrait-on prendre avantage de sa modération et de « sa patience ? » Et, s'appuyant sur l'opinion de Malesherbes, il terminait en déclarant qu'il serait d'un gouvernement odieux de disposer, à son gré, des biens de ses sujets, et qu'il en appelait à l'art de gouverner de Louis XII et de Henri IV.

Aussitôt, le comte de Périgord arriva à Toulouse, demanda l'assemblée des chambres et requit l'enregistrement au nom du roi. Les chambres ayant voulu délibérer, le commandant en chef de la province s'y opposa. Tous les parlementaires se levèrent et sortirent de l'audience, sauf le premier président, le procureur général et le greffier qui transcrivit l'édit. Dès que le comte de Périgord eut quitté la grand'chambre, les parlementaires y rentrèrent et déposèrent leur protestation.

Invité à expédier cette protestation véhémente aux sénéchaussées, le procureur général s'y refusa, en vertu d'un ordre du roi. L'avocat général de Catellan, croyant que cet ordre ne pouvait le concerner, signa la protestation et l'expédia, dans tout le ressort, le 12 mai 1788. Dix jours après, un officier du régiment du Médoc, porteur d'un ordre royal, s'emparait de sa personne et l'enfermait au château de Lourdes. Le Parlement irrité adresse au roi des remontrances altières : « Dans
« un siècle qui semble consacré à l'humanité et à
« la bienfaisance, dans le temps même où la législation paraît occupée à fournir aux accusés de
« nouveaux moyens de défense, à mitiger les peines
« qu'elle inflige aux coupables, les actes de rigueur
« exercés, sans forme légale, au nom de Votre Majesté,
« contre des compagnies de magistrature, contre plusieurs magistrats, contre des citoyens de tous
« les ordres, répandent l'alarme et la consternation
« parmi les peuples ; ils attendent avec inquiétude

« quelle étrange révolution doit opérer cette lutte
« effrayante du pouvoir arbitraire contre les lois.
« Daignez, sire, assurer leur triomphe ; les lois seules
« doivent commander à des peuples libres ; elles sont
« le lien de leur fidélité et le gage de leur respect et de
« leur amour. Le pouvoir arbitraire corrompt l'auto-
« rité, avilit l'obéissance, donne des chaînes à des es-
« claves et n'excite que la terreur. »

Les remontrances rappellent ensuite au roi qu'il a lui-même deux souverains, Dieu et la loi, que la liberté et la propriété humaines sont placées sous la sauvegarde des lois et que les violences ténébreuses des lettres de cachet ont, trop souvent, altéré l'usage de l'autorité royale, en servant les vengeances et les passions des ministres et des courtisans. Elles invoquaient la grande mémoire de Bossuet et disaient, après lui, qu'il était écrit qu'en violant ces lois protectrices de la liberté des personnes, on ébranlait tous les fondements de la terre, en amenant, du même coup, la chute des empires.

Arrivant ensuite à l'emprisonnement de Catellan, les remontrances n'hésitaient pas à dire que cette lettre de cachet était empreinte de surprise, de précipitation, de violence et d'illégalité. Elles portaient plus haut et plus loin, et on y lit ce passage : « Mais
« les malheureux que recèlent, peut-être, les voûtes
« mêmes qu'habite votre avocat général ou qui sont
« engloutis dans les autres prisons d'État ! Leurs
« plaintes, les preuves de leur innocence ne peuvent
« parvenir jusqu'à Votre Majesté ; peut-être, leur nom
« n'a jamais été prononcé devant elle ; personne n'in-

« tercède pour eux ; ils sont oubliés, même de leurs
« persécuteurs. Leur sort est semblable à celui qu'un
« tribunal abhorré par la religion et l'humanité prépare
« à ses victimes : ils ignorent et le nom de leurs accusa-
« teurs et le crime qu'on leur impute ; livrés aux tortures
« affreuses d'une imagination égarée par l'incertitude et
« le désespoir, ils sont réduits à envier le supplice,
« comme le terme de leur cruelle existence et la fin de
« toutes leurs misères. »

Les remontrances ne se décourageaient pas et se faisaient jour à tout événement. Au moment où le roi exile le duc d'Orléans et fait emprisonner les deux membres du Parlement de Paris, Fréteau et Sabatier, qui venaient de résister à ses injonctions, le Parlement de Toulouse lui adresse de sévères remontrances, en lui rappelant que le bonheur et la tranquillité du royaume lui commandaient de respecter l'indépendance des magistrats, et de ne pas les inquiéter arbitrairement dans la libre expression de leurs devoirs et de leurs consciences.

De tous côtés s'élevaient des réclamations et des protestations qui remuaient l'opinion en France et ébranlaient le trône. De l'antagonisme des passions de cette société tourmentée naissaient des récriminations ardentes : intérêt du roi de s'affranchir du joug des Parlements, intérêt de la noblesse de rester le premier corps de l'État, intérêt des Parlements de conserver la justice souveraine et héréditaire et de se montrer à la nation les tuteurs des rois et du peuple, intérêt du clergé de s'élever aux grandes dignités de l'Église et de l'État, intérêt de la bourgeoisie de saper les privilèges de la noblesse et de conquérir l'égalité et la liberté, enfin, intérêt du peuple de s'affranchir de ses servitudes. Une nouvelle génération d'idées semblait vouloir niveler le vieux monde et précipiter le cours des choses. Le gouvernement comprit, à ce réveil d'opposition des Parlements, son tort de les avoir rappelés.

Après dix-sept années de règne, Louis XVI, de même que le roi son aïeul, se retrouvait en face des grandes compagnies judiciaires, opposées à toutes transactions et menaçant le trône de leurs coalitions et de leurs prises d'armes. Pour trancher ces insoumissions et imposer silence aux remontrances, le roi en vint à songer sérieusement à un projet de réforme de cet ordre judiciaire que le gouvernement qualifiait d'aristocratie contraire aux lois et aux besoins de la nation et de la Couronne. Dès que le roi eut laissé pressentir ses intentions, en répondant, au mois d'avril 1788, à des remontrances du Parlement de Paris, le Parlement de Toulouse rédigea des remontrances hardies où il rétablissait ses droits et ses prérogatives, inhérentes à la constitution même de la monarchie. En même temps, il protestait d'avance contre toute atteinte portée à son existence, et, afin de ne pas voir se reproduire des défections, comme au coup d'Etat du chancelier Maupeou, il décida que tous les parlementaires signeraient une déclaration secrète, les engageant, sur l'honneur, à ne jamais se prêter à aucune mesure tendant à dégrader et à amoindrir le Parlement.

Le premier président de Niquet n'est plus au Parlement ; il avait éprouvé ce retour de fortune qui est le châtiment des ambitieux. Sans cesse poursuivi par les huées du peuple, dans la rue et aux portes du Palais, il comprit que l'estime des parlementaires n'était plus avec lui. Il n'est guère président que de nom jusqu'à 1787 ; il se démit alors de sa charge que le roi donna au président Emmanuel de Cambon, esprit disert et cœur droit, qui reçut les honneurs de la grande entrée, au milieu de fêtes bruyantes qui devaient être les dernières.

Au Parlement de Paris, les choses s'aggravaient et les remontrances prenaient l'accent révolutionnaire. Tout en déclarant la monarchie héréditaire, ces remontrances déclaraient que l'impôt ne devait être voté que par les États généraux, et réclamaient le droit d'accorder ou de refuser l'enregistrement des lois émanées de l'autorité royale. C'était vouloir se créer une double puissance de législateur et de souverain appréciateur des lois.

Le gouvernement s'en effraya et voulut, par le concert et la rapidité des mesures, surprendre et tenir en échec les Parlements. Tandis que dans un lit de justice du 8 mai de cette année 1788, le roi haranguait sévèrement le Parlement de Paris, et que le chancelier exposait le plan de la nouvelle organisation judiciaire, le comte de Périgord, accompagné du conseiller d'État de Cipière, faisait transcrire, de l'ordre du roi, sur les registres du Parlement de Toulouse, l'ordonnance qui divisait le ressort en cinq grands bailliages, ayant pour chefs-lieux les villes de Toulouse, d'Auch, de Carcassonne, de Nîmes et de Villefranche du Rouergue.

Jamais plus grande tempête ne fut soulevée à la grand'chambre. De l'exprès commandement du roi, le procureur général ayant requis l'enregistrement de l'ordonnance royale, le premier président de Cambon déclara que la Cour en allait délibérer, et invita le comte de Périgord et le conseiller d'État de Cipière à sortir de la salle. Sur leur refus, le premier président ayant répondu qu'il allait lever l'audience, le commandant en chef remit aussitôt à M. de Cambon, aux gens du roi et à tous les membres de la Cour, des lettres de cachet leur interdisant de se séparer avant la lecture et la transcription de l'ordonnance.

Cette lecture finie, le premier président déclara de nouveau que la Cour allait délibérer, et que le commandant en chef et le conseiller d'État devaient se retirer et laisser libre la délibération. Le comte de Périgord répliqua en disant, que toute délibération était interdite et qu'il emploierait, au besoin, la force pour faire exécuter la volonté du souverain. Aussitôt, les parlementaires se levèrent et se retirèrent au premier bureau, à l'exception du premier président et du procureur général Quelques instants après, le commandant en chef rejoignit les parlementaires au premier bureau et les exhorta à rentrer à la grand'chambre ; sur un refus humiliant, il leur envoya un lieutenant du prévôt de la maréchaussée, avec injonction, de la part du roi, de reprendre l'audience.

Le lieutenant de la maréchaussée les trouva inébranlables : Périgord revint à la charge et, ne pouvant vaincre les résistances, donna ordre aux cavaliers de la maréchaussée de faire sortir les parlementaires du premier bureau. Cédant à la force, ils rentrèrent à la grand'chambre, gardée par des sentinelles, et, dès qu'ils furent assis, le premier président protesta contre cette violence et déclara que tout ce qui serait fait allait être frappé de nullité. Sans s'arrêter à cette protestation, lecture fut donnée de l'ordonnance royale. Le procureur général se leva et dit que le roi pouvait disposer de sa personne et non de sa conscience, et que, regardant cette ordonnance comme désastreuse pour la justice, il refusait d'en requérir l'enregistrement, en se réservant d'y mettre obstacle, dans l'intérêt du ressort, quand sa liberté ne serait plus gênée. Ce procureur général, Emmanuel de Rességuier, doué de ces qualités d'intelligence et d'élégance qui lui venaient de sa race, était le digne héritier des Rességuier dont la trace avait été profonde au Parlement.

Le premier président renouvela au comte de Périgord et au conseiller d'État son invitation de se retirer de l'audience, pendant la délibération de la Cour ; ils n'en tinrent pas compte, se couvrirent et, au travers de violentes protestations du premier président et du procureur général, prononcèrent l'enregistrement de l'ordonnance et des édits qui en étaient la suite. Ces édits supprimaient les tribunaux d'exception, réduisaient le nombre des officiers du Parlement et les mettaient en vacances, créaient une Cour plénière composée du chancelier, de la grand'chambre du Parlement de Paris, des princes du sang, des pairs du royaume et de quelques conseillers d'honneur. Puis, le comte de Périgord remit à la Cour des lettres de cachet portant injonction d'obéir aux volontés royales. La Cour voulait encore délibérer ; elle se vit contrainte à lever l'audience, sur la menace du commandant en chef de l'expulser par la force. A cette menace, le premier président répondit que si les membres de la Cour ne consultaient que leur devoir, ils se laisseraient arracher de leurs sièges, mais qu'ils se retiraient afin de ne pas donner ce spectacle affligeant au peuple.

Cette tumultueuse séance avait duré, sans désemparer, du 8 mai, à huit heures du matin, au lendemain matin, à cinq heures. On avait craint une sédition. Des soldats du guet, de la maréchaussée, des dragons et des fantassins gardaient les avenues du Palais. Le comte de Périgord suivit les parlementaires jusqu'à la porte du perron et y plaça des gardes pour les empêcher de rentrer.

Comme aux journées de la Ligue, le Parlement décide qu'il se rassemblera partout où il trouvera la liberté et le secret des délibérations. En renouvelant ses protestations contre ces édits de réforme, il promettait, en outre, de garder inviolablement le dépôt des lois, à lui confié par la nation, jusqu'à la convocation des États généraux. Les gens du roi, le procureur général de Rességuier, l'avocat général de Latresne, les substituts de Salasc, Manent, Perrey, Corail de Sainte-Foi et Fronton se refusèrent à envoyer, aux justices du ressort, l'ordonnance et les édits enregistrés à la séance du 8 mai. Par son arrêt du 13 mai, la Cour leur donna acte de leur opposition à ce bouleversement judiciaire, et arrêta des remontrances pour supplier le roi de retirer ses édits.

Les édits ne furent pas retirés et le grand bailliage de Toulouse fut installé, après bien des scissions et des querelles, par le conseiller d'État de Cipière : il se composait de cinq lieutenants, de treize conseillers et de trois gens du roi : MM. de Lartigue, juge-mage, lieutenant civil, Sabales, lieutenant criminel, Berrié, lieutenant principal, Demon et Montané de Laroque, lieutenants particuliers, Bernadou, Bellegarde, Lancelot, Rimailho, Compayre, Esparceil, Ricotte, Dorie, Carratié, Martin et Perpessac, conseillers, le procureur du roi Moisses et les avocats du roi Laporte et Duroux. La première audience de ce grand bailliage eut lieu le 9 juin 1788.

Dans le ressort, les justices inférieures suivent l'exemple et l'impulsion du Parlement ; elles protestent et refusent leur enregistrement, tenant tête aux intendants et rédigeant des mémoires, qui ne sont que des paraphrases des protestations parlementaires. A Toulouse, l'opposition s'organise, les capitouls proposent d'envoyer une supplique au roi pour obtenir la réintégration de la Cour, et ils confient aux trois commissaires Mascart, Lafage et le marquis de Panat le soin de dresser des doléances. L'intendant s'y opposa, et on ne reçut que trois mois après, à l'Hôtel-de-Ville, une lettre du comte de Breteuil, autorisant l'envoi de ces doléances.

De son côté, la noblesse s'élevait contre la dispersion du Parlement et disait au roi : « La justice est la pre« mière dette des rois et, depuis trois mois, votre royau« me, Sire, est sans lois et sans magistrats. Les tribu« naux avoués par la nation sont fermés et la nation « ne peut voir, sans douleur, ceux que l'opinion publi« que a déjà marqués de ce sceau redoutable dont les « caractères ne s'effacent jamais... Si l'autorité avait « pu étouffer la voix de la conscience, les temples de « la justice ne seraient point fermés. » L'ordre des avocats, les chapitres de Saint-Étienne et de Saint-Sernin suivaient la noblesse dans cette voie de doléances, avec plus de vigueur peut-être, et saluaient, comme une aurore de prospérité et de paix, la convocation des États généraux. Devant cette ligue puissante, le roi faiblit et commença par suspendre l'établissement de la Cour plénière.

Pendant ce temps, le peuple insultait les membres des bailliages, leur jetait de la boue au visage, les chansonnait et lisait, aux éclats de rire de la foule, des pamphlets déversant l'injure sur les baillis, divisés entre eux, et découragés par la réprobation de la ville entière. Les sarcasmes de ce temps ont une âpreté inouïe et les chansons une verdeur singulière et un tour audacieux sentant leur origine populaire. Jamais chansons de carrefour n'eurent des pointes plus dures et plus mordantes. La prose n'épargnait pas d'avantage les baillis. *La Lettre d'une dévote de Gascogne à madame Necker* s'attaquait violemment aux baillis et à l'archevêque Loménie de Brienne : elle fut suivie de près du *Poème sur la naissance, la vie et la mort des bailliages*, rempli d'outrages envers les baillis et contenant *le Billet d'invitation pour leur convoi et leurs funérailles*. On allait jusqu'à chanter, aux audiences, les refrains les plus injurieux, au milieu des sifflets et des huées. On redoutait les collisions entre la troupe et les clercs de la Basoche.

Ni avocats, ni procureurs ne voulaient paraître devant les baillis, qui accusaient Alexandre Jamme et ses deux confrères les avocats Duroux et Lafage de les insulter dans *les Nouvelles Affiches* et *le Courrier récréatif*. Ils furent mandés à Paris, et on craignait pour eux la Bastille : leur rentrée à Toulouse fut un vrai triomphe. Le roi résistait encore et ordonnait que les baillis continueraient de siéger, même pendant les mois de vacances du Palais. Il finit par se soumettre aux volontés du peuple : par une ordonnance de la fin du mois de septembre, il ne tarda pas à rendre leurs fonctions à tous les parlementaires, qui accueillirent dédaigneusement cette faveur royale et reprirent leurs audiences, comme s'ils n'avaient pas besoin d'être rétablis dans leurs charges. Ils firent même d'arrogantes réserves sur leur droit de juger les délits commis envers leur autorité. De même qu'au jour de l'abolition du Parlement-Maupeou, la ville de Toulouse et la province se mirent en fête ; on alluma partout des feux de joie, on brûla les baillis en effigie et on jeta leurs cendres au vent, au bruit des chansons des écoliers, du peuple et de la Basoche.

Le Parlement envoyait des remontrances au roi et lui disait : « Votre souveraineté est pleine et entière ; on « peut même dire qu'elle est absolue, en ce qu'elle est in- « dépendante de toute autorité humaine ; mais il ne « s'ensuit pas que votre gouvernement puisse être arbi- « traire. »

On se passionnait dans les villes et les bourgades ; des montagnes du Comminges aux Cévennes et au Vivarais et de la Garonne au Rhône, noblesse, clergé, bourgeoisie ou peuple, poussés par le Parlement, faisaient résonner, comme un tocsin, les mots de liberté et de progrès, n'aspiraient qu'à la réunion des États généraux et se livraient à une sorte de croisade contre les États du Languedoc.

Un arrêt du Parlement, du 21 janvier 1789, leur porta un coup mortel : il les traitait de représentation illusoire, ne pouvant survivre au désaveu des populations, et n'ayant aucun droit d'envoyer des députés à l'Assemblée nationale ; il réclamait ensuite leur suppression. Cet arrêt souleva, dans la province, une explosion de ressentiments contre les États. A l'heure où ils allaient disparaître dans cet orage, le roi et son ministre Necker leur tendirent la main, en les autorisant à continuer leur mission. Vers la fin de janvier, ils s'assemblent encore, et à une de leur dernières séances qui n'est pas sans intérêt pour l'histoire littéraire, ils acceptent la dédicace de la pastorale de Florian, *Estelle et Némorin*.

L'archevêque de Narbonne, qui présidait l'assemblée, vanta surtout l'épître dédicatoire qui lui parut le plus bel éloge qu'on eût fait de l'administration des États. Il souhaitait que cette pastorale, dont la scène se passait dans la vallée du Gardon et qui respirait l'amour de la patrie, sous le voile des mœurs champêtres, ramenât partout, dans les esprits et dans les cœurs, le calme et la pureté des sentiments. Ce vœu ne devait pas être entendu. En se séparant, le 21 février 1789, les États ne se doutaient pas qu'ils accomplissaient le dernier acte de leur existence, et qu'à quelques jours de là, il n'y aurait plus de province de Languedoc. On songe à l'épigramme grecque : « La mort a surpris un vaillant capi-« taine, un soir de bataille, au moment où il respirait « une fleur poussée au bord du chemin. » Les États du Languedoc s'éteignirent à jamais, après avoir respiré les senteurs de la pastorale de Florian.

CHAPITRE XXIX

La Révolution en marche. — Les États généraux. — Ébranlement dans la province. — Lanjuinais dénonce le mouvement du Languedoc à l'Assemblée nationale. — Suspension des Parlements décrétée par l'Assemblée nationale. — Résistance du Parlement de Toulouse. — Suppression des Parlements. — La chambre des vacations et le procureur général de Rességuier. — Apposition des scellés au greffe de la Cour. — Bragouse et les greffiers Trinquecostes et Labroue. — Mailhe procureur syndic des amis de la constitution. — Discours de Robespierre et du prince de Broglie contre la protestation de la chambre des vacations. — Discours de Lameth et de Madier de Montjau. — Animosité du prince de Broglie contre le Parlement de Toulouse.

Rien n'arrêtera plus la Révolution en marche, ni les Parlements, ni la noblesse s'agitant dans l'impuissance et ne pouvant lutter contre le courant qui va emporter la monarchie. La vie publique est ainsi remplie de soudainetés, de confusions et de contradictions, les gouvernements changent, les mœurs se transforment, et il n'est pas de repos pour une nation si ardente et si tourmentée. Au mois de janvier 1789, le Parlement de Toulouse envoie au roi des supplications tendant à assurer le meilleur mode de représentation de la province du Languedoc, pendant la tenue des États généraux. On sent des temps nouveaux, à ce langage où se mêlent les mots d'actes arbitraires, de liberté individuelle, de droits de la nation et d'états constitutionnels, que la Révolution allait bientôt prendre pour son compte. On déchirait tous les voiles et tous les mystères politiques, avec une témérité inouïe. Le 5 mai, les États généraux s'assemblent à Versailles, et le 16 juin, après la fameuse séance du Jeu de Paume, le Parlement put entrevoir les tempêtes de l'Assemblée nationale.

Il y a tout un ébranlement dans la province. Des nuées de brigands pillent les campagnes du côté de Montauban et menacent Toulouse : le Parlement autorise les villes et les communautés à lever partout des milices bourgeoises. Vers la saison des vacances, le conseil politique de la ville, en présence du président de la Hage, des conseillers de Saint-Géry et de Saint-Félix, du procureur général de Rességuier et de l'avocat général de Latresne, propose, par l'organe du capitoul Duroux, de solliciter la prorogation du Parlement. Cette proposition, votée par accalamation, est transmise aux parlementaires, qui s'empressent d'adhérer à ce vœu de la conscience publique.

Que pouvaient alors les magistrats dans cette mêlée des passions révolutionnaires ? Par la nature même de leurs fonctions et de leur caractère, ils étaient faits pour transiger plutôt que pour combattre ; ils auraient voulu atteindre la monarchie dans ce qu'elle avait de trop absolu et non la renverser. Accoutumés à ne rencontrer que de faibles résistances, ils croyaient pouvoir s'arrêter au point précis qu'il leur conviendrait de fixer ; mais il est plus facile de décréter un principe dangereux, que d'en limiter les conséquences, et lorsqu'on sortira des voies de la justice, la violence engendrera toujours la violence. Ils furent poussés en avant, par d'autres hommes qui ne relevaient que du *Contrat social,* dédaignant les arrangements secondaires et voulant tout oser, nés avec de grandes qualités, et quelques-uns avec de grands vices, mêlés aux corruptions et aux intrigues, ayant bu à la coupe des douleurs et des voluptés humaines, et attaquant à outrance la société, qui ne leur avait épargné ni les leçons, ni les blessures. De pareils hommes devaient empêcher les magistrats de se reposer, un seul jour, dans cette œuvre de démolition et de reconstruction du dix-huitième siècle.

Deux mois après, à la tribune de l'Assemblée nationale, Lanjuinais dénonce un mouvement en Languedoc et une réunion de quatre-vingt-dix nobles et de quatre-vingts parlementaires, excitant le clergé et le tiers-état à tout mettre en œuvre, pour rendre à la religion son influence, aux lois leur puissance et au roi son autorité et sa liberté. Au Parlement de Toulouse, le nombre des parlementaires était alors de cent neuf. Afin de refouler les résistances des grandes compagnies judiciaires, l'Assemblée, sur la proposition d'Alexandre Lameth, ordonne que tous les Parlements suspendront leurs travaux, et feront expédier les affaires urgentes par les chambres des vacations. Aux craintes exprimées sur leur rentrée, à la Saint-Martin, Mirabeau avait répondu de ce ton railleur : « Les Parlements sont en vacances ; « qu'ils y restent pour n'en plus sortir. Il n'y aura pas « de rentrée ; ils passeront de l'agonie à la mort. » Et Lameth s'écriait, à son tour : « Nous les avons enterrés « tout vivants. »

Le Parlement de Toulouse cherche à lutter contre l'Assemblée nationale, et, « déterminé par la force irré-« sistible des circonstances », il enregistre les déclara-

tions du roi, prises en vertu des décisions de l'Assemblée, sous réserve de réitérer l'enregistrement, à la rentrée de la Saint-Martin ; il autorise la levée de nouvelles milices bourgeoises dans le Rouergue et le Quercy, saccagés par des bandits. Il écrit au roi, pour se plaindre de ce que les ennemis du bien public, et des ministres pervers égarent sa religion, Il disait : « Nous
« allons perdre l'avantage de finir nos jours à votre ser-
« vice. Tout nous l'annonce. La calomnie, qui nous a at-
« taqués avec tant d'audace dans le temple de la jus-
« tice, nous poursuivra, sans doute, dans notre re-
« traite. L'espoir que vous ne nous refuserez point le
« témoignage imposant de vos bontés est le seul motif
« qui puisse nous engager à continuer les fonctions,
« que les dégoûts de toute espèce accumulent sur la ma-
« gistrature, et rendent, depuis quelque temps, si péni-
« bles. »

L'heure du Parlement était arrivée : il fut supprimé, avec tous les Parlements de France, par le décret du 16-24 août 1790. Quelques jours après, le 16 septembre, parurent les lettres patentes constituant le nouvel ordre judiciaire, composé de magistrats électifs, et supprimant tous les offices vénaux de judicature. Le décret de l'Assemblée nationale disait : « Au moyen de la nouvelle
« institution et organisation des tribunaux, tous actuel-
« lements existants, vigueries, chatellenies, prévôtés,
« vicomtés, sénéchaussées, bailliages, châtelets, prési-
« diaux, conseils provinciaux ou supérieurs, Parle-
« ments et généralement tous les tribunaux d'ancienne
« création, sous quelque titre et dénomination que ce
« soit, demeurent supprimés. »

CHAP. XXIX. — SUPPRESSION DES PARLEMENTS

Ainsi disparurent, d'un trait de plume, ces Parlements, protecteurs des peuples et gloire de la France, que Royer-Collard appelait la lumière et la force de la monarchie, confondus en un même écroulement, au milieu de ces justices obscures de la nation.

L'Assemblée nationale, imbue des idées d'égalité absolue dans les intelligences, suivait le courant qui entraînait le pays. Sa méprise fut d'abolir le passé sans regarder l'avenir, comme si elle n'avait eu qu'à appliquer, en temps paisible, les décrets qu'elle venait de voter, et sans prévoir que la démocratie, qui montait sans cesse, l'emporterait elle-même avec sa Constitution. En ce temps-là aussi, on se croyait arrivé au comble de l'expérience : il en est ainsi de chaque génération. Il fallait pour donner la vie à l'organisation judiciaire, que la France eût traversé la république, et que sa Constitution eût porté l'empreinte de la main du premier consul.

Suivant les formes ordinaires, le secrétaire d'État adressa ces lettres patentes au procureur général de Toulouse, avec ordre d'en requérir la transcription sur les registres de la Cour, et d'en informer les sièges inférieurs. Aveuglée sur ses forces, la chambre des vacations, présidée par le président d'Aspe et composée des conseillers de Bardy, du Règne, de Cucsac, de Montégut, de Pérès, de Firmy, de Lafont de Segla, d'Escalonne, de Rigaud, de l'abbé Rey et de l'abbé de Cambon, voulut tenter un coup d'éclat, et dressa un long arrêté où, tout en assurant le roi de son invincible attachement, elle contestait tous les actes de l'Assemblée nationale. Affectant de méconnaître les grands événements qui venaient de s'accomplir, elle annulait, de son pouvoir judiciaire, les décrets des États généraux qui portaient une si grave atteinte aux Parlements et à la Constitution du royaume. En même temps, elle déclarait non avenus, à partir du 16 novembre 1789, tous les enregistrements de lois que la chambre des vacations ne considérait que comme provisoires, et à la charge d'être renouvelés à la rentrée du Parlement.

Ce n'était pas la première fois que le procureur général de Rességuier se voyait obligé de résister aux exigences de la Couronne. Redoutant les séditions, et jaloux de ne pas livrer le roi aux factieux, il s'était déjà opposé à la convocation des États généraux, en prédisant au Parlement sa dissolution prochaine. Il pressentait les réformes qui n'épargneraient pas la justice elle-même, et il se plaçait, comme un dernier rempart, entre la société menacée et la révolution menaçante. En recevant les lettres patentes, son caractère ne se démentit pas. Son cœur se révolta à cette cruelle ironie qui faisait d'un dernier hommage une insulte suprême, en forçant le Parlement à enregistrer l'édit ordonnant sa suppression. Il déclara, devant la chambre des vacations, que c'était là un fait sans exemple, et que, fermement lié au sort de la Cour, à ses sentiments et à ses principes, il n'hésitait pas à cesser tout acte de sa charge, au moment où le Parlement cessait de vivre, et à s'anéantir avec lui, fidèle à son honneur, à son serment et à son roi. Et il requit la Cour de lui donner acte de la remise des lettres patentes, et d'inscrire sa déclaration sur les registres.

La chambre des vacations délibéra, sur le registre,

c'est-à-dire séance tenante, et décida que ces lettres ne seraient pas transcrites, que le Parlement ne pouvait se détruire lui-même, et qu'un extrait de la délibération de la Cour serait envoyé au roi « comme un monument « que les magistrats, composant la Cour et ceux qu'elle « représente, consacraient au roi et à la nation. » Cette délibération, qu'on disait être de la main du procureur général, renfermait tous les griefs de la vieille France contre les réformateurs et les agitateurs de l'Assemblée nationale. Elle se terminait ainsi :

« La Cour, invariablement attachée à la personne sa-
« crée du roi, aux princes de son auguste maison et aux
« divers ordres de l'État, proteste, pour l'intérêt du dit
« seigneur roi, du clergé, de la noblesse et de tous les
« citoyens, contre les atteintes portées aux droits de la
« Couronne, à l'anéantissement des ordres, l'envahisse-
« ment de leurs propriétés et le bouleversement de la
« monarchie française ; contre tous les édits, déclara-
« tions et lettres patentes portant suppression de la
« Cour ; contre le démembrement de la province de Lan-
« guedoc, des autres provinces formant l'étendue de son
« ressort et l'anéantissement de leurs privilèges ; pro-
« teste enfin contre toutes les atteintes portées à la
« religion, à la dignité de ses ministres, à la juridic-
« tion spirituelle de l'Église et aux libertés de l'Église
« gallicane. »

Mais les temps étaient accomplis. Un décret, du 11 septembre, ayant prescrit l'apposition des scellés au greffe de la Cour, une circulaire du commissaire de la maison commune, signée des trois officiers municipaux, l'avocat Bragouse, Babard et Castaing, convoqua au Palais tous les greffiers, garde-sacs du Parlement. Le 29 septembre ils se rendirent tous au greffe des expéditions, pendant qu'une troupe de gardes nationaux se plaçait aux portes du Palais.

A midi, le cortège municipal entra à la grand'chambre, en désordre, au milieu des scribes et des valets de ville. Les greffiers ne paraissant pas, on leur dépêcha le secrétaire de l'Hôtel-de-Ville, à qui l'un des greffiers, Trinquecostes, répondit sèchement, et en strict observateur des traditions parlementaires, que la place des greffiers était, non à la grand'chambre, mais au greffe, où ils attendaient les officiers municipaux. Ce ne fut qu'après une longue contestation, que les deux greffiers Trinquecostes et Labroue se dirigèrent vers la grand'-chambre. Sur le seuil, ils rencontrèrent Bragouse qui leur dit : « Vous êtes instruits de l'objet qui amène la « municipalité au Palais et des opérations qu'elle doit « faire. » En greffier prudent, Trinquecostes répondit qu'il ne le savait que par la rumeur publique et qu'il demandait la lecture du décret. Bragouse lui ayant montré le décret, force fut à Trinquecostes d'ouvrir les greffes où pénétrèrent les délégués de la commune, suivis de gardes nationaux, le sabre et la baïonnette au bout du fusil.

Ils traversèrent toutes les salles des greffes, encombrées de registres et de procédures qui contenaient l'histoire de trois siècles ; ils fermèrent toutes les communications extérieures, et mirent les scellés aux deux principales portes ouvrant sur l'escalier des greffes. Bragouse ayant réclamé les clés, les greffiers répondirent que les règles de la justice ne permettaient pas de garder, à la fois, le sceau et les clés des serrures scellées. On laissa les clés aux mains des garde-sacs. Quand les officiers municipaux voulurent faire signer aux greffiers le procès-verbal de cette opération, les greffiers refusèrent et dressèrent, à leur tour et dans leur maison, la relation de cet acte de violence. Ce fut leur dernier hommage aux règles des formalités juridiques. Ils ne pouvaient croire que le Parlement, qui avait vécu près de de quatre cents ans, cesserait d'exister.

De même que les greffiers, le peuple refusait de croire à l'abolition de ce Parlement dont la puissance avait été si grande ; mais au-dessus du peuple, grondaient les clubs et les comités révolutionnaires, et à leur tête Mailhe, procureur-syndic des amis de la Constitution, qui reniait alors ses vers en l'honneur de la famille royale, couronnés aux Jeux Floraux. C'est lui qui adressa, au directoire du département et à l'Assemblée constituante, une furieuse dénonciation contre les parlementaires toulousains. Au milieu des colères qui se déchaînèrent à l'Assemblée nationale contre les Parlements, Robespierre s'attaqua à la protestation de la chambre des vacations de Toulouse :

« Cet arrêté, dit-il, n'est qu'un acte de délire qui ne doit
« exciter que le mépris. L'Assemblée peut déclarer aux
« divers membres du Parlement de Toulouse qu'elle
« leur permet de continuer à être de mauvais citoyens.
« Ce corps se coalise avec le pouvoir exécutif. » Et aussitôt, la protestation du Parlement fut taxée de crime de lèse-nation ; on décida que, dans le délai de huit jours, le comité de Constitution présenterait le projet d'organisation de la haute Cour nationale, à qui re-

viendrait la mission de juger ces sortes de crimes.

A la séance du 8 octobre, le prince de Broglie, par un ressentiment séculaire de la noblesse contre la robe, parlant au nom du comité des rapports, appela toute la sévérité de l'Assemblée sur la protestation de la chambre des vacations de Toulouse. A la fin de son rapport, il s'exprimait ainsi : « Chef-d'œuvre, à la fois d'égaremen « et de perfidie, cet arrêté sacrilège est au-dessus de toute « qualification. C'est le tocsin de la rébellion sonné par « ceux-mêmes dont les fonctions augustes et bienfaisantes « ne devraient tendre qu'à la paix et à la tranquillité. » Et il reprochait aux parlementaires d'attaquer la Constitution, de ranimer des prétentions éteintes, d'évoquer le fanatisme et de pousser à l'insurrection. Il terminait, en déclarant qu'à la suite de cette forfaiture, la liberté des signataires de cette protestation audacieuse serait un scandale, et il proposait, au nom de la patrie en danger, un châtiment de nature à devenir l'éternel monument de la vindicte publique et du pouvoir des lois.

Aux applaudissements de l'Assemblée, l'impression de ce rapport du prince de Broglie fut votée, presque par acclamation. L'abbé Maury aurait voulut clore la la discussion, mais Alexandre Lameth monta à la tribune, et s'écria qu'il y avait deux moyens de réprimer l'audace du Parlement de Toulouse, la vengeance de l'opinion ou celle des lois, le ridicule ou le châtiment. Et il opta pour le châtiment.

Du côté du tiers-état, s'éleva timidement la voix du député Madier de Montjau, premier consul du Bourg-Saint-Andéol, pour défendre les parlementaires de Toulouse ; il ne fit qu'exciter les rires et les murmures de l'Assemblée. D'Esprémesnil voulut parler à son tour, mais ses paroles se perdirent dans les cris des opposants et des violents. Un député s'étant hasardé à demander la question préalable, la voix de Mirabeau se fit entendre : « Je demande, dit-il, que le nom de ce député soit « connu et inscrit au procès-verbal. » Personne n'osa affronter la colère de Mirabeau, et l'Assemblée vota un décret, portant que les membres de la chambre des vacations de l'ancien Parlement de Toulouse et le procureur général seraient traduits devant le tribunal en voie d'organisation, destiné à juger les crimes de lèse-nation, sous l'accusation de rébellion et de forfaiture, et que le roi serait supplié de donner, sans délai, des ordres nécessaires à l'arrestation des coupables.

Le lendemain, le décret, ratifié par le roi, était transmis, par le secrétaire d'État, à la municipalité de Toulouse ; mais, la municipalité manquant de troupes, en fut réduite à demander aux membres de la chambre des vacations de prendre l'engagement de ne pas s'éloigner de Toulouse. A cette nouvelle, le prince de Broglie s'étant récrié contre les négligences et les faiblesses du ministère, l'Assemblée nationale en référa au roi, pour la prompte exécution de ses décisions.

Une troisième fois, le prince de Broglie, acharné contre les parlementaires de Toulouse, remonta à la tribune pour annoncer leur évasion et leur fuite en Espagne, et pour accuser le ministère d'avoir prêté la main à cet impunité. « Qu'ils aillent en Espagne, disait-il, calomnier « cette Constitution qui punit les parjures ; qu'ils tâ- « chent de susciter, dans une nation notre alliée, des en- « nemis à la patrie dont ils se sont rendus indignes ! Ce

« n'est plus de leurs honteux et criminels projets que
« j'ai à vous entretenir. » Et le prince raconta alors, qu'un
des magistrats de Toulouse, le conseiller de Pérès, qui
avait refusé de signer la protestation, était retenu prisonnier au Capitole, malgré son grand âge et ses souffrances, et que le président de Maniban n'était pas du
nombre de ceux qui composaient la chambre des vacations, au moment de la protestation. Sur-le-champ, l'Assemblée ordonna la mise en liberté du conseiller de Pérès,
moyennant promesse de se représenter à la première réquisition, et défendit de mettre le président de Maniban
en état d'arrestation. Tous les deux avaient affirmé, devant la municipalité de Toulouse, leurs sentiments de
patriotisme.

On afficha les noms des fugitifs sur les murs de la
ville, avec une proclamation injurieuse de la municipalité, œuvre du maire Rigaud. A l'honneur des avocats
Bragouse, Gary et Malpel, officiers municipaux, il faut
se hâter de dire qu'ils refusèrent de signer le placard,
dont la violence insultait au malheur du Parlement.
C'est le tribunal révolutionnaire qui allait se charger du
châtiment des parlementaires.

CHAPITRE XXX

Le tribunal révolutionnaire à Toulouse. — Emprisonnement des membres de la chambre des vacations. — Lettre de l'accusateur public Capelle. — Vingt-cinq parlementaires de Toulouse devant le tribunal révolutionnaire de Paris. — Leur mort sur l'échafaud. — Lettre du juré Trinchard. — Arrestation de divers autres membres du Parlement de Toulouse. — Leur vie en prison. — Lettres de Capelle. — Lettre du conseiller de Montégut. — Transfèrement des prisonniers à Paris. — Leur comparution devant le tribunal révolutionnaire. — Leur condamnation et leur exécution. — Une troisième fournée de parlementaires de Toulouse. — Leurs illusions. — Leur fermeté ; leurs lettres. — Confusion des listes des accusés. — Leur exécution. — Arrestation et exécution de madame de Cambon, femme du premier président de Cambon. — Exécution de madame de Cassan. — Réaction de thermidor. — Retour et mort des parlementaires émigrés. — La fin des Parlements. — Jugement sur le Parlement de Toulouse.

On eût dit pourtant que le calme allait renaître, au moment de l'amnistie proclamée par le roi, le 15 septembre 1791. Quelques parlementaires reviennent d'Espagne ; mais les événements se précipitent : l'Assemblée nationale est remplacée par l'Assemblée législative, le 1er octobre 1791, et à l'Assemblée législative succède la Convention. Les portes de la France restent fermées aux magistrats qui sont encore à l'étranger, et une loi du 9 mars 1793 les déclare bannis à perpétuité. D'un autre côté, par un cruel ressentiment qui anéantissait les amnisties antérieures, on regarda comme émigrés, aussi bien ceux qui avaient reparu à l'amnistie de 1791, que ceux qui étaient rejetés sur les côtes de France par le hasard des vents et des naufrages.

Jusqu'au 1ᵉʳ floréal an II (20 avril 1794), les parlementaires échappent à l'échafaud. Tandis que dans la France entière, des milliers de victimes, troupe sacrée de tout âge et de toute origine, ayant la noblesse de la race ou du malheur, désespérés de vivre et de s'arracher aux vivants, sortaient, chaque jour, des prisons pour marcher à la mort, les magistrats semblaient oubliés au fond de leurs cachots. On n'en retrouve que douze sur cette liste sanglante, dans toute la nation.

Le tribunal révolutionnaire établi à Toulouse, le 9 octobre 1793, sept mois après celui de Paris, par les représentants en tournée Dartigoëte et Paganel, veillait et exerçait sa sinistre mission. Ce tribunal eut une durée de quatre-vingt-quinze jours ; sa première audience est du 15 janvier et la dernière du 20 avril 1794. Il prononça quarante-trois condamnations à mort contre des prêtres, des émigrés, des gens de loi, des hommes de toute condition, et contre Bertrand de Boucheporne, intendant de la généralité d'Auch, et ancien avocat général et conseiller au Parlement de Metz. Par toute la ville, les prisons étaient encombrées ; il y eut quinze cents arrestations. Le couvent de la Visitation fut aussi transformé en prison : c'est là qu'on enferma les six membres de l'ancienne chambre des vacations, signataires de la fameuse protestation du 25 septembre 1790, de Cucsac, de Montégut père, de Balza de Firmy, de Lafont-Rouis, de Rigaud et de Segla. La découverte d'une protestation de la chambre des vacations de Paris, inconnue jusque-là, réveilla les souvenirs de Fouquier-Tinville et la fureur des comités. Sur-le-champ, Fouquier-Tinville envoya à l'accusateur public de Toulouse, Capelle, ancien avocat obscur d'une bourgade du Lauraguais, l'ordre de faire transférer à la Conciergerie de Paris les six parlementaires prisonniers.

Les prisonniers adressent un mémoire en défense à la Convention ; mais Capelle s'empresse d'écrire au comité de sûreté générale, le 30 ventôse an II (20 mars 1794) :

« Citoyens représentants,

« En exécution de votre arrêté, je fais traduire aux
« prisons de la Conciergerie de Paris les six membres
« de la ci-devant chambre des vacations du ci-devant
« Parlement de Toulouse, que j'avais fait écrouer dans
« nos prisons. Je vous observe que le septième, que l'on
« m'avait dit être mort, est à quelques lieues de notre
« commune : c'est Barrès, vieillard âgé de quatre-vingt-
« dix ans. Il sera, ce soir, en état d'arrestation. J'atten-
« drai vos instructions ultérieures, avant d'aller plus
« avant en ce qui le concerne. Je remets à la poste tous
« les documents relatifs à cette affaire que j'ai pu me
« procurer. Vous trouverez les protestations d'un des
« membres et le décret qui le met en liberté. Il y a en-
« core un mémoire de leur main et qu'ils m'ont remis
« depuis leur interrogatoire.

« Union et fraternité,

« CAPELLE. »

Le jour de Pâques, 1er floréal an II (20 avril 1794), on vit entrer au tribunal révolutionnaire, en la salle de l'Egalité, l'ancienne chambre de Saint-Louis, où avait siégé la Tournelle de Paris, vingt-cinq accusés, parmi lesquels dix-sept magistrats du Parlement de Paris, six du Parlement de Toulouse et Hocquart, premier président de la Cour des aides. En tête, marchaient le président à mortier, Le Peletier de Rosambo, gendre de Malesherbes, les présidents Bochart de Saron, de Gourgues, d'Ormesson et Molé de Champlatreux, du Parlement de de Paris.

Coffinhal présidait, assisté de deux juges, du substitut de l'accusateur public, Liendon, de douze jurés et d'un juré suppléant. Devant ces figures, résignées et fières, Coffinhal, la tête couverte de son chapeau à plumes noires, eut des hésitations de langage qui contractaient avec la brutalité ordinaire de ses interrogatoires. Aux questions de Coffinhal, les parlementaires ne répondirent que quelques mots. En entendant la lecture de la protestation du Parlement de Paris, le président de Rosambo, se retournant du côté de ses collègues, leur demanda pardon de les avoir nommés ; le président de Saron, l'interrompit en disant : « Je vous remercie de la confiance dont vous m'avez ho« noré et que je me serais efforcé de mériter, en ne ces« sant de vous prendre pour guide. » Tous adhérèrent à cette belle parole, et quand on demanda au premier d'entre eux ce qu'il voulait faire de la protestation : « La re« mettre avant de mourir, au plus ancien conseiller de « la chambre. » Et il ajoutèrent tous, ce mot si connu, de leurs délibérations : « Et moi de même », comme sur leurs sièges.

Mais le sort en était jeté : en trois heures le procès fut terminé, et à deux heures de l'après-midi était rendu l'arrêt qui condamnait tous les accusés à la peine de mort, comme auteurs ou complices de rébellion envers l'Assemblée nationale, de correspondance avec l'étranger et de conspiration contre la liberté et la sécurité du peuple français.

A quatre heures, arrivèrent les charrettes de la guillotine où montèrent les condamnés, avec une autre fournée de parlementaires de Dijon, envoyés par la section du tribunal révolutionnaire qui siégeait à la salle de la Liberté, l'ancienne grand'chambre du Parlement de Paris. Ils étaient, en tout, trente et un. Les charrettes s'arrêtèrent à la place de la Révolution où l'échafaud était dressé. Ils moururent sans un tremblement et sans une plainte. Le soir, les crieurs publics vendaient, dans les rues, le bulletin du tribunal révolutionnaire, en disant : « Affaire des présidents et con-
« seillers des ci-devant Parlements de Toulouse et de
« Paris, et l'affaire de Dijon, département de la Côte-
« d'Or. »

A l'occasion de cette belle fournée d'accusés, le juré Trinchard écrivait, à sa femme, cette lettre remplie de prévenances et de fautes d'orthographe : « Si tu n'est
« pas toute seule et que le compagnion soit à travailler,
« tu peus ma chaire amie voir juger 24 mesieurs tous
« sidevan président ou conselies au Parlement de
« Paris et de Toulouse. Je t'ainvite à prendre quelque
« choge avan de venir parche que nous naurons pas
« fini de 3 hures. Je t'embrasse, ma chaire amie et
« époge. — Ton mari Trinchard. »

Ces fournées de la guillotine entretenaient la terreur, et chaque jour, il fallait augmenter le nombre des charrettes employées à conduire les condamnés à l'échafaud

On se lassa de les voir passer par le même chemin, et la guillotine fut transportée de la place de la Révolution à la barrière du Trône. Il y tombait cent cinquante têtes par jour. Ces exécutions faisant du vide dans les prisons, le comité de sûreté générale prit des mesures, pour faire transférer à Paris les prisonniers de la province et désigna, parmi les premiers, les membres de l'ancien Parlement de Toulouse, arrêtés par les soins de Capelle. En même temps, il ordonnait à Capelle d'emprisonner ceux qui se cachaient.

On a la scène de l'arrestation, dans une page du *Tableau des prisons de Toulouse* : « Les membres du ci-
« devant Parlement sont les plus maltraités ; sans res-
« pect pour leur malheur, on les persifle, on les outrage,
« et ce n'est qu'à travers les huées et les cris qu'ils
« parviennent au lieu où on nous attroupe et nous
« entasse, comme les grands entassent les bêtes fauves
« dont ils veulent purger leurs terres. Un moment après,
« on entend le cri de : *Canonniers, en avant!* et tous se
« persuadent que des canons à mitraille vont terminer
« nos tristes jours. En attendant, les officiers munici-
« paux procèdent à l'appel nominal et nous filons, un
« à un, devant les magistrats qui nous mettent à des
« épreuves plus cruelles et plus atroces que les premières.
« Leur présence anime la fureur des assassins qui les
« entourent et qui, à l'envi, se disputent la gloire de
« nous menacer, de nous accabler d'injures et d'accom-
« pagner leurs outrages de cette joie féroce qui ne
« s'annonce que par des cris de fureur. On nous amon-
« celle, une seconde fois, dans une partie opposée ; ceux
« d'entre nous qui sont privés de la faculté de couvrir

« leur tête et qui, inondés par la pluie, cherchent un
« abri sous les arbres, sont repoussés violemment. Une
« troisième disposition nous présente le poignard des
« assassins qui nous conduisent dans nos cellules... Ils
« nous promettent de nouvelles persécutions et nous
« annoncent que, voués à la guillotine, vingt-six d'en-
« tre nous seront conduits demain au tribunal révo-
« lutionnaire et, de là, à l'échafaud. »

En prison, ils eurent à subir de longues souffrances, surtout la faim : « Mourant de faim, nous disputions
« aux chiens les os destinés à leur subsistance et nous
« les pulvérisions pour en faire du bouillon. Le con-
« cierge compatissant rendit aux chiens leur liberté,
« afin qu'ils pussent se procurer au dehors la subsis-
« tance que nous leur refusions dans la prison. » Sous peine de mourir d'inanition, on les frappait de lourds impôts d'argent destinés à leur fournir quelques vivres. Le président de La Hage mourut de faim et de misère sur son grabat. Dans une cour de la prison, les gardiens creusaient une fosse large et profonde, en annonçant aux prisonniers que cette fosse commune leur servirait de tombeau.

Bien des avocats étaient enfermés avec les parlementaires, Roucoule, Darexi, Poitevin, Mayniel, Bonnet, Lafage, Sarremejeanne, James père, Bragouse, Doyan, Cayrat, Jouve, Mascar, Romiguière, Astre, Gez, Gleize, Duroux, Dubernard, Sabatier-Quarante. Je ne puis les citer tous. Aucun d'eux ne paraît avoir été envoyé à l'échafaud.

Sur l'ordre de l'accusateur public de Toulouse, vingt-six parlementaires sont dirigés sur Paris. On a conservé sa lettre, du 17 prairial an II, adressée à Fouquier-Tinville :

« Égalité, liberté, indivisibilité de la République ou la
« mort.

« J'ai fait partir, cher collègue, à deux différentes re-
« prises, vingt-six membres du ci-devant Parlement de
« Toulouse. J'en fais partir, après-demain, dix-sept, un
« substitut du ci-devant procureur général et un greffier.
« Il m'en reste encore quatre, mais ils sont étendus
« dans leurs lits, malades. Il est impossible de les tra-
« duire dans l'état où ils sont. Il y en a même deux qui
« ne pourront pas partir du tout : ils n'ont pas quitté
« leur lit depuis 1788. Ils m'ont fait remettre différents
« mémoires ou pétitions, avec prière de te les trans-
« mettre. Je les mets sous ce pli. Je n'ai pu me pro-
« curer aucun renseignement positif sur le compte
de tous ces individus ; les registres qui contenaient
« leurs délibérations et qu'ils appelaient secrètes ont
« été enlevés.

« Union et fraternité.

« CAPELLE. »

Le 22 de ce mois de plairial, Capelle écrivait au comité de sûreté générale cette autre lettre :

« Liberté, égalité, indivisibilité de la République ou la
« mort.

« Citoyens representants,

« Tous les ci-devant conseillers du Parlement de Tou-
« louse que j'avais ramassés sont partis, à l'exception
« de quatre, dont deux infirmes depuis 1789 et qui ne
« pouvaient être transportés ; deux autres qui sont ma-

« lades accidentellement et que je ferai partir dès qu'ils
« pourront supporter la voiture. Un substitut du ci-
« devant procureur général et un greffier sont du con-
« voi. On vient de m'en indiquer un autre dans le mo-
« ment ; je vais m'en instruire immédiatement et il ira
« rejoindre ses collègues.

« Je viens d'apprendre aussi qu'une intrigante de
« cette commune, appelée Belin, veuve d'un ci-devant
« avocat, est partie pour aller solliciter, à Paris, pour
« les ci-devant magistrats. Ellle a acheté deux mille ci-
« trons, et la vente de cette denrée est le prétexte du
« voyage. J'ai su aussi que nombre de ci-devant con-
« seillers étaient aujourd'hui à Paris : Cambon, premier
« président ; Maniban, président à mortier ; Catellan,
« avocat général ; Delong, Tailhasson, Tournier-Vail-
« lac, Ginestet et Pegueyrolles, conseillers Je vais
« écrire dans leurs départements respectifs, pour qu'ils
« soient compris sur la liste des émigrés, dans le cas
« où ils ne se présenteraient pas à Paris.

« Union et fraternité.

« CAPELLE. »

Pendant que le conseiller de Montégut était encore aux prisons de Toulouse, il écrivait à sa mère cette lettre si humaine et si chrétienne, où les déchirements intérieurs se révèlent à chaque ligne :

« Ma tendre mère,

« Je suis à la Conciergerie et vraisemblablement serai
« traduit à Paris, avec mes ci-devant confrères. Notre
« sort, Dieu seul en a la connaissance. Au nom du ciel,
« je vous recommande ma femme ; sauvez-la du déses-
« poir ; rappelez-la à cette religion sainte qui peut seule

« nous consoler dans une pareille circonstance ; rame-
« nez-la au pied de cette croix adorable, sur laquelle
« Jésus-Christ veut bien nous donner part aujourd'hui,
« quelque indignes que nous en soyons. Je vous re-
« commande mes enfants ; qu'ils soient bons catho-
« liques, et je ne demande pas autre chose.

« Adieu, ma bonne mère, Émilie me déchire le cœur !
« Priez pour moi, demandez pour moi la résignation et
« surtout l'expiation de ma vie passée. Tendre mère,
« adieu ; je compte bien sur les prières de ma tendre
« sœur Mariette, qui se doit aujourd'hui tout à fait à sa
« sœur. »

La veille de son départ pour Paris, il apprend l'exécution de son père sur la place de la Révolution et, le
cœur brisé, il écrit ainsi à sa femme :

« J'espère, ma tendre amie, que le courage et la rési-
« gnation ne te manqueront pas ; il faut vouloir ce
« que Dieu veut, et il ne nous arrivera que ce qu'il aura
« réglé dans sa divine sagesse. Les bruits paraissent se
« confirmer que nous allons être traduits à Paris. J'es-
« père, mon amie, que tu n'oublieras jamais ce que tu
« dois à ton Dieu et à tes enfants, et ma pauvre mère,
« je te la recommande aussi. Si l'événement avait une
« tournure funeste, ce qu'il ne faut pas croire, chéris-la,
« soigne-la, remplace-moi auprès d'elle, adoucis les cui-
« santes douleurs que Dieu lui envoie coup sur coup.
« J'ai vu ce matin ma bonne Sophie ; sa pâleur, son air
« défait, m'ont bien attendri ; je n'ai pas pu lui parler,
« embrasse-la bien pour moi.

« Je voudrais bien écrire à ma mère, mais il m'est
« impossible ; mon cœur n'en a pas la force ; je te la re-

« commande encore, ainsi qu'à Sophie et à la bonne
« Mariette. Prions tous le Seigneur qu'il nous donne la
« force et le courage de souffrir pour expier nos fautes.

« Adieu, ma tendre amie, votre fils, votre frère, votre
« ami le plus tendre vous embrasse de tout son cœur.

« Montégut. »

Le voyage de Toulouse à Paris dura vingt-sept jours. Plus d'une fois, les prisonniers trouvèrent le moyen de s'évader ; ils refusèrent, ne croyant plus pouvoir échapper à la mort. Pourtant, des fragments de lettres douloureuses, datées des étapes de la longue route, laissent percer, de loin en loin, un peu d'espérance.

Quelques jours après, le 26 prairial (14 juin 1794), les vingt-six parlementaires comparaissaient devant le tribunal révolutionnaire de Paris, avec quatre membres du Parlement du Paris. C'étaient les présidents de Sapte du Puget, Martin d'Aiguesvives, d'Aguin et Marquier de Farjac ; les conseillers de Senaux, de Combettes-Caumont, de Gaillard-Frouzens, Dortel de Ribonnet, de Lacaze-Montfort, les deux de Poulhariès père et fils, de Reversan de Marsac, de Cassagneau de Saint-Félix, désigné sous le nom de Cassaigne dans l'acte d'accusation, de Cazes, de la Broue, de Larroquan, de Blanc, du Bourg de Rochemonteix, dont le fils, âgé de treize ans, suivit à pied, de Toulouse à Paris, le convoi des prisonniers, de Molinéri de Murols, de Miégeville, de Savy-Gardeil, de Rochefort, de Buisson d'Ausonne, de Bonhomme-Dupin, Bruneau d'Héliot et Philibert de Montégut, figure douce et résignée, à peine âgé de vingt-six ans, et dont le père venait de mourir sur l'échafaud, dans la journée du 1er floréal. C'était le plus jeune de tous ; le plus âgé avait soixante-sept ans. Presque tous ce noms sont défigurés dans la liste du tribunal révolutionnaire.

Les quatre conseillers au Parlement de Paris étaient Fréteau de Saint-Just, ami de d'Esprémesnil, Le Rebours, de Briffeville et Titon. Comme dans le procès de floréal, on les accusa vaguement de concussion, d'iniquité dans leurs arrêts et de conspiration à la suite des protestations de 1790, sans chercher à distinguer entre les signataires de ces protestations et ceux qui ne les avaient pas signées.

Ce jour-là, Dumas présidait l'audience, dans la salle de la Liberté, assisté des juges Harny et Bravet. Le dossier de cette procédure est presque vide. Il n'y a pas de témoins ; on n'y retrouve que l'acte d'accusation et le procès-verbal d'audience, les questions posées au jury et le jugement. Les mémoires présentés par les accusés restèrent enfouis parmi les papiers du greffe ; un de ces mémoires est de Molinéri de Murols, qui alléguait avoir été étranger aux actes qu'on lui reprochait ; un autre, de Montégut, où il exposait qu'à peine âgé de vingt-deux ans, au moment de son entrée au Parlement, il n'y avait siégé quelques mois, sans voix délibérative, et qu'il s'était empressé de se démettre de sa charge, à l'époque de la suppression des Parlements. D'autres, comme le président d'Aguin, d'une âme si ferme et si élevée, dédaignèrent de répondre à Fouquier-Tinville et attendirent silencieusement leur arrêt de mort.

Tous furent condamnés, et le même jour à la barrière du Trône, leurs têtes roulèrent sur l'échafaud. On a raconté que le fils du conseiller Du Bourg, apercevant son père dans l'effroyable cortège, perça la foule et s'écria : « Je suis son fils ! » Écartant les baïonnettes, il franchit les degrés de l'échafaud et tomba, à genoux, aux pieds de son père qui lui donna sa dernière bénédiction.

Il en est un, le conseiller Tailhasson, désigné dans la lettre de Capelle, qui avait été condamné avec les autres et qui échappa à la mort. Au moment où il allait monter sur la charrette des condamnés, on ne put l'y placer, tant les rangs étaient pressés. On l'oublia dans son cachot.

Le soir, les vendeurs de journaux annoncèrent l'exécution, en criant : « La nouvelle exécution à la barrière « renversée, dite du Trône, et l'affaire des conspirateurs « des ci-devant conseillers du ci-devant Parlement de « Toulouse et autres conspirateurs. » C'est ainsi que les cris de la veille s'effaçaient sous les cris du lendemain, comme un flot s'écoule sous un autre flot.

Le nom du président de Sapte du Pujet ne figure pas sur la liste des exécutés : on négligea de l'inscrire sur ces pages sinistres. Il en a été de même du conseiller de Cassan-Glatens, décapité à la barrière du Trône, dont le nom ne se trouve pas sur la liste du tribunal révolutionnaire et qui avait été transféré à Paris, ainsi que cela résulte d'un ordre de départ dressé par l'accusateur public Capelle, le 18 floréal, et des listes des prisonniers dans le *Tableau des prisons de Toulouse*. On n'y regardait pas de si près.

Selon l'énergique expression de Camille Desmoulins, les dieux révolutionnaires étaient encore altérés de sang humain. Parmi les guillotinés de ce temps, on rencontre les membres de la sénéchaussée de Pamiers et quelques nobles que Vadier désigne sous le nom de con

voi des Ariégeois, en ajoutant qu'il existe contre eux
« des preuves bastantes ».

Les Toulousains allaient, une dernière fois, remonter
sur les voitures de Paris, Une troisième fournée de
vingt et un parlementaires, auxquels on avait joint le
greffier Trinquecostes, arriva, au tribunal révolutionnaire, le 18 messidor (6 juillet 1794). Leur acte d'accusation n'était autre que celui du 26 prairial ; on y
avait joint le crime de forfaiture. Trois seulement de ces
parlementaires avaient signé la protestation de 1790 :
on regarda les autres comme solidaires.

En tête, marchaient les présidents d'Aspe et de Belloc
de Lassarrade, et à leur suite le vieux conseiller Barrès,
chanoine archidiacre de Béziers, celui dont parlait Capelle à Fouquier-Tinville et qu'il fit partir, malgré ses
quatre-vingt-dix ans, les deux de Lespinasse père et fils,
Blanquet de Rouville, de Combettes-Labourelie, qui
n'avait que vingt-neuf ans et dont le visage ressemblait
à celui d'un enfant, de Bardy, de Perrot, de Rey Saint-
Gery, accablé d'infirmités, de Poucharramet, atteint
d'une maladie mortelle, de Guiringaud, de Carbon, qui
aimait, en voyant sa barbe grise, à répéter ce mot de
Henri IV : « que le vent des adversités avait soufflé sur
elle », d'Aussagnel-Lasbordes, de Vailhausi, de Lassus-
Nestier, de Lamothe, de Guillermin, de Tournier-Vaillac
et Labat de Mourlens, parvenu à l'extrême vieillesse
et mis à la retraite depuis vingt ans. Après eux, venaient Perrey substitut du procureur général, et enfin le
greffier Trinquecostes, qui avait si bien tenu tête aux
officiers municipaux, au moment de leur visite républi-
caine au Parlement.

CH. XXX. — TROISIÈME FOURNÉE DE PARLEMENTAIRES

Il en était qui n'avaient pas perdu l'espoir de se défendre victorieusement devant leurs juges. Un de ces parlementaires, au rapport du girondin Riouffe, qui ne le désigne, dans ses *Mémoires d'un détenu*, que sous le nom d'un vieux conseiller, déclarait, en entrant dans la salle de la Liberté, qu'il ne voudrait pas être à la place des membres du tribunal révolutionnaire, et qu'il allait bien les embarrasser par ses réponses. Les autres citaient le droit romain. Ils ne pouvaient croire, ces justiciers austères, que la justice de la Révolution ne s'inclinerait pas devant leur innocence et leur malheur. Labat de Mourlens, qui avait embrassé, de bonne foi, les opinions populaires et obtenu un certificat de civisme, grâce à une somme de 3,000 livres par lui offerte à la patrie, espérait échapper à la mort. Une lettre insolente de Capelle lui enleva cette suprême illusion.

Le vieux conseiller de Bardy, âgé de quatre-vingt-cinq ans, ne se laissa aveugler par aucune illusion terrestre. Réfugié dans un monde plus haut, il garda, au travers de ses épreuves, une inaltérable sérénité. A ceux qui l'emprisonnèrent, il se borna à dire d'un ton ferme : « Pourrons-nous avoir les secours de la religion ? C'est « le seul souci qui doit nous occuper. Un peu plus tôt, « un peu plus tard, ne faut-il pas quitter cette terre où « tout ce qui existe est condamné à périr ? »

On a des lettres de Combettes-Labourelie et de Montégut, racontant leur triste voyage, pleines de souvenirs et d'espérances, et touchantes par le sentiment de résignation qui les anime. Avant de partir, Combettes-Labourelie écrivait au doyen de l'abbaye de Gaillac, son oncle, le 8 prairial an II (27 mai 1794) :

« Mon innocence me rassure sur tous les événements
« que je peux avoir à courir et me donne une tranquil-
« lité, une force et une résignation que je ne puis con-
« cevoir. J'ai la consolation de voir que ma famille sup-
« porte, avec autant de sérénité, ma séparation, qui
« serait bien cruelle, si l'espérance dans la justice de la
« Providence n'y portait des adoucissements... Plu-
« sieurs de mes ci-devant confrères sont déjà partis ;
« je pense que je les suivrai bientôt. »

Le 25 prairial, il écrivait, d'un village de la Corrèze.
à Charlotte-Raymonde de Joulia, sa femme :

« Notre voyage se continue avec tranquillité et tout
« l'agrément que notre position peut le permettre. Nous
« trouvons de bonnes auberges, mais le pain y est rare
« et mauvais ; il n'en sera pas de même, nous dit-on,
« lorsque nous aurons passé la province du ci-devant
« Limousin, dont le sol est très peu fertile... Je pense
« que, dès que je n'ai pas reçu le certificat de résidence
« que je te demande, il ne doit pas encore être expédié ;
« cependant, j'en aurais grand besoin... Il te faudrait
« demander au juge de paix un certificat, comme quoi
« j'ai voulu faire une enquête par-devant lui et qu'il ne
« l'a pas voulu recevoir, par la seule raison que la loi
« ne l'y autorisait pas. Le certificat au sujet du tableau
« me serait aussi très nécessaire ; vois si tu peux l'obte-
« nir de nouveau, ainsi que le certificat au sujet de
« l'emprunt forcé que je n'ai point été dans le cas de
« payer. Enfin, ma chère amie, il faut faire tout ce qui
« sera possible pour prouver mon innocence et mon
« patriotisme qui, je l'espère, sera reconnu. »

De Pierre-Buffière, il lui écrivait encore, deux jours

après, pour presser l'envoi du certificat de résidence. Il ajoutait : « Nous ne savons rien sur le sort des premiers
« partis, sinon qu'ils sont arrivés heureusement et qu'ils
« sont tranquilles. Je le suis aussi beaucoup, et je ne
« puis me persuader que mon innocence ne triomphe.
« Ainsi, vous devez vous tranquilliser et vous soumet-
« tre à la Providence. » A Pierre-Buffière, une tentative d'évasion échoua par suite de l'état de souffrance de Lespinasse père. D'une bourgade voisine, Combettes-Labourelie apprend à sa femme, le 2 messidor, que la chaleur et les fatigues du voyage l'ont rendu malade et qu'il espère en la Providence.

Arrivé à Paris, la maladie a disparu et il l'annonce ainsi, dans cette lettre, datée de la Conciergerie du 12 messidor, d'un admirable accent de résignation et de philoso-
« phie : J'ai regardé cet événement comme un effet de
« la Providence, qui a voulu me donner quelques forces,
« pour résister aux épreuves par lesquelles elle a voulu
« me faire passer ; je n'ai cessé de la bénir et j'espère
« me soumettre avec résignation à tout ce qu'il lui
« plaira de m'envoyer. Je mets ma confiance en elle
« seule ; j'espère qu'elle ne m'abandonnera pas. Je suis
« bien désabusé des plaisirs qu'on croit goûter dans ce
« monde méprisable ; je suis convaincu qu'il n'y a
« d'autres biens solides que ceux que nous procure,
« dans une autre vie, une conscience sans reproche
« dans celle-ci. Eclairé par les vérités de notre sublime
« religion, j'avoue qu'elles sont ma seule ressource et
« qu'elles seules apportent le calme dans mon âme.
« Puissent mes enfants être convaincus, ainsi que je le
« suis, de ces divines vérités, et marcher dans les sen-

« tiers de la vertu ! J'espère que les exemples qu'ils
« auront sous les yeux et qu'ils recevront de ce que j'ai
« de plus cher au monde, les rendra tels que je les
« désire, et que nous nous reverrons, un jour, dans le
« lieu de délices que la divinité nous destine après la
« mort.

« Que de réflexions ne fait-on pas dans ce lieu ! Un
« assemblage confus de gens, les uns extrêmement
« riches, les autres pauvres, des gens ci-devant de la
« plus haute qualité, mêlés et confondus avec d'autres
« qui, avant la règle de l'égalité, étaient infiniment éloi-
« gnés les uns des autres. Voilà ce que c'est que les
« prétendues grandeurs humaines. Ce n'était que de la
« fumée. Que l'homme, lorsqu'il est dépouillé de ce
« qu'on appelait préjugé, est petit ! »

On a aussi de Rey de Saint-Géry une autre admirable lettre adressée à ses enfants. Il faut la citer comme un modèle de piété élevée, de confiance en Dieu et de tendresse chrétienne. On dirait une page détachée du livre de Job :

« Lorsque vous recevrez cette lettre, mes chers en-
« fants, j'aurai fini ma carrière ; je l'avais écrite avant
« d'entrer dans la prison où l'on me conduit pour vous
« dire un dernier adieu... Consolez-vous, mes chers en-
« fants, ma mort n'est pas honteuse et ne vous fera pas
« du tort. Vous connaissez mon innocence ; je porterai
« ma tête sur l'échafaud sans en rougir. Il y a longtemps
« qu'on a dit, avec raison, que c'est le crime qui fait la
« honte et non pas l'échafaud. Si je péris, ce sont mes
« juges qui sont à plaindre, puisqu'ils auront condamné
« un innocent. Pour moi, je leur pardonne de bon cœur

« leur erreur ; au reste, cette mort m'a toujours paru la
« plus douce. J'espère que le bon Dieu recevra le sacri-
« fice de ma vie, en expiation de mes péchés et qu'il me
« conservera, jusqu'au dernier moment, la paix et la
« tranquillité dont j'ai joui jusqu'à présent. C'est la der-
« nière grâce que je lui demande...

« Je regarde cette mort que je vais subir comme un
« passage à une vie plus heureuse. Il est vrai que je suis
« affligé de la position cruelle où je vous laisse ; mais je
« vous laisse dans les bras d'un Père tendre et tout-puis-
« sant. Ayez confiance en lui ; il ne vous abandonnera
« pas, si vous l'aimez de tout votre cœur. Il n'est pas
« nécessaire que vous soyez riches ; les richesses ne
« nous rendent pas heureux, elles corrompent souvent
« nos mœurs, et vous voyez comment on les perd...
« Faites l'aumône autant que vous le pourrez, non par
« bienfaisance et par des vues humaines, mais unique-
« ment pour complaire à Dieu. Je n'ai pas besoin de
« vous recommander d'être la consolation de votre
« mère... Aimez-vous les uns les autres, mes chers en-
« fants, et vivez en paix et en union. Sacrifiez plutôt
« quelque intérêt temporel au bien de la paix. Je n'ai pu
« disposer de mes biens, puisqu'on m'a dépouillé de
« tout ; Dieu m'avait donné des biens assez considéra-
« bles, il me les a ôtés ; que sa volonté soit faite. Il veut
« que je meure pauvre comme Jésus-Christ, et je vous
« avoue que c'est le sacrifice qui m'a coûté le plus, à
« cause de vous, mes chers enfants. Souvenez-vous de
« moi dans vos prières et veuillez demander à Dieu,
« tous les jours de votre vie, qu'il me fasse miséricorde.
« Je n'ai jamais cessé de prier Dieu pour vous, pendant

« ma vie, et vous pouvez être bien certains que je ne
« vous oublierai pas dans l'autre monde. Pendant près
« de dix-sept ans, c'est-à-dire depuis la mort de votre
« grand-père, je n'ai jamais manqué de réciter, tous les
« jours, les vêpres des morts, avec l'oraison pour mon
« père et pour ma mère. Je vous donne cet exemple,
« afin que vous l'imitiez à mon égard.

« O Dieu tout puissant et plein de miséricorde, je vous
« remets, entre les mains, le dépôt que vous m'avez con-
« fié : ce sont ces trois enfants qu'il vous a plu de me
« donner... Adieu encore un coup, ma chère Marly, que
« le bon Dieu vous récompense de votre piété filiale.
« Adieu, ma chère Liddy... Pour vous, mon cher
« Jemmy, je n'aurai pas le bonheur de vous revoir;
« c'était la seule grâce que je demandais au ciel, avant
« de mourir ; il n'a pas cru devoir me l'accorder ; que sa
« volonté soit faite. S'il rentre jamais dans la patrie,
« vous lui communiquerez cette lettre, vous lui direz
« que je vous ai aimés, tous les trois, bien tendrement...
« J'envie le bonheur de cette lettre, que je baise de bon
« cœur, après l'avoir arrosée de mes larmes. »

Dans le cours des débats, ainsi que l'écrivait Fouquier-Tinville au Comité de salut public, on établit que le conseiller de Pérès, malgré son refus de signer la protestation de 1790, n'en avait pas moins continué à siéger au Parlement, et que son opposition aux protestations s'était produite tardivement. Sur l'ordre de Liendon, substitut de Fouquier-Tinville, on l'arracha de la prison, on le traîna à l'audience et on le condamna à mort avec ses collègues.

Telle était la confusion de ces fournées, qu'on a raconté que Pérès fut pris pour un condamné, avant même d'avoir été jugé. « Il avait les cheveux déjà « coupés, a dit Tripier, commis des huissiers, un des « témoins au procès de Fouquier-Tinville, lorsque, aper-« cevant le commis-greffier Legris, il l'adjura d'attester « qu'il n'était pas sur la liste des condamnés; mais l'au-« tre, faisant semblant de tourner le feuillet, répondit : « Vous y êtes; et, malgré ses supplications, il fut exé-« cuté. »

Ce qu'il y a de certain, c'est que son nom ne se retrouve ni dans les actes d'accusation, ni dans les procès-verbaux des audiences. Fouquier-Tinville, à qui le Comité de salut public demanda des explications, se défendit de ce ton indifférent : « N'ayant pu vérifier « la liste des condamnés dont les noms ne me revien-« nent pas, j'ignorais si *Pereisse* eût été jugé, d'autant « mieux que je n'ai pas tenu l'audience ce jour-là. »

Dans le dossier du conseiller Blanquet de Rouville, il n'est resté qu'un acte d'accusation informe, avec deux pages en blanc, et terminé par ces mots : « Fait et pro-« noncé. » Ces sortes de condamnations en blanc n'étaient pas rares; parfois même, les noms des accusés étaient inscrits d'avance sur le jugement de condamnation, signé lui-même d'avance par les juges. « Et il le fallait « bien, disait le greffier, car je ne pouvais rédiger le ju-« gement aussi vite qu'il était prononcé. »

Ces vingt-deux parlementaires et le greffier Trinquecostes furent tous exécutés, le même jour, 18 messidor, au sortir de l'audience du tribunal révolutionnaire. Le soir, on entendit les crieurs publics annoncer la troisième affaire de Toulouse. C'est de ces condamnés que le gi-

rondin Riouffe a dit : « J'ai vu quarante-cinq magistrats
« du Parlement de Paris et trente-trois du Parlement
« de Toulouse aller à la mort, du même air qu'ils mar-
« chaient autrefois dans les cérémonies publiques. »
Riouffe se trompait de nombre en parlant des parlementaires de Toulouse exécutés à Paris : ce nombre s'éleva à cinquante-cinq, en y comprenant le greffier.

A ces dernières fournées de la guillotine. les immolations se faisaient en masse et le sang ruisselait sur les pavés de la place du Trône. L'accusateur public de Toulouse aurait voulu mettre la main sur les parlementaires en fuite, et surtout sur le premier président de Cambon. Il écrivait à Fouquier-Tinville que Cambon se cachait à Paris. Quand une troupe de scélérats envahit la maison où il s'était réfugié, elle ne trouva que madame de Cambon, âgée de cinquante ans, de la famille de Riquet, cœur intrépide et généreux, qui refusa de dénoncer le lieu de retraite de son mari. Enfermée à Saint-Lazare, elle fut bientôt comprise dans la conspiration des prisons et traduite, comme « aristocrate enragée », devant le tribunal révolutionnaire, où elle se défendit avec une fierté qui lui fit imposer silence par le président Dumas.

Le 8 thermidor, elle s'assit sur la fatale charrette, en compagnie de Loiserolles, qui prit la place de son fils pour mourir en le sauvant, et des frères Trudaine, conseillers au Parlement de Paris et amis d'André Chénier dont la tête était tombée, la veille, sur l'échafaud. Elle mourut avec une héroïque résignation ; c'est elle qui a fermé la liste douloureuse de tant de nobles victimes.
Le lendemain, la journée du 9 thermidor se levait sur

la France épuisée de proscriptions et de sang, et renversait les échafauds de la Terreur.

Quelques mois avant, le 12 ventôse, tombait sur l'échafaud de Toulouse la tête d'Antoinette-Adrienne de Rabaudy, femme du conseiller Joseph-Henri de Cassan, âgée de quarante-neuf ans, accusée d'intelligence avec des émigrés auxquels elle avait fourni des secours.

A l'audience, le président du tribunal révolutionnaire, le citoyen Hugueny, lui ayant représenté une lettre du 13 décembre 1792, adressée à son fils émigré, elle déclara ne l'avoir pas écrite et n'en connaître ni les termes, ni l'écriture. Ce fut le tour de l'accusateur public Capelle de lui montrer, comme pièce de comparaison, une pétition au Comité de surveillance de Toulouse, du 6 novembre 1793, et une lettre du 8 du même mois de novembre, à l'adresse du citoyen Barousse ; elle reconnut que ces pièces étaient écrites et signées de sa main, en affirmant de nouveau n'avoir jamais écrit la lettre incriminée et en soutenant, je cite ce passage du procès verbal de l'audience, « que la ressemblance de l'écriture de ladite let-
« tre, avec celle des pièces de comparaison, n'est pas
« une preuve qu'elle ait écrit la lettre en question ; qu'il
« est bien commun de voir l'écriture de plusieurs mains
« se ressembler. » Et le procès-verbal, ajoute : « L'ac-
« cusée a dit et produit sa défense, en ce qu'elle a d'utile
« et nécessaire, après quoi elle a été reconduite au corps
« de garde. »

Ce que ne dit pas le procès-verbal, et ce qu'assure l'auteur du *Tableau des prisons de Toulouse*, c'est qu'au reproche d'avoir fait passer de l'argent à son fils émigré, elle répondit noblement : « Si j'ai manqué aux lois de la na-

« tion, c'est pour suivre celles de la nature : aussi an-
« ciennes que le monde, ces lois sont immuables pour
« une âme sensible. L'éternel les a dictées, l'homme ne
« peut les détruire : elles sont de tous les temps. »

Sur le réquisitoire de l'accusateur public, les jurés déclarèrent madame de Cassan coupable « d'avoir écrit une
« lettre à un émigré, ennemi de la France, dans laquelle
« on s'est apitoyé fortement sur le sort du dernier ty-
« ran ; qu'on y a traité la nation française de criminelle,
« et de vouloir se souiller de nouveaux forfaits par la
« mort du tyran. »

L'arrêt de mort est signé par le président Hugueny et les juges Gumbert, Rigaud et Pouzols. La signature du greffier Blanchard ne figure que sur le procès-verbal des débats, à côté de celle du président.

Le même jour, 12 ventôse an II, madame de Cassan marcha à l'échafaud. En apercevant le poteau de la guillotine, elle détourna la tête et, regardant la fenêtre d'une prison voisine, elle s'inclina sous la bénédiction d'un prêtre arrêté pour crime de conspiration contre la nation. Elle eut la tête tranchée sur la place du Capitole. La ville en fut remplie d'effroi et, à partir de cette sinistre journée, l'échafaud fut dressé au quartier presque désert de la Porte-Neuve.

Grâce à la réaction de thermidor, le conseiller Méric de Montgazin, accablé de souffrances et d'années et oublié dans les prisons de Toulouse, échappa à la mort, de même que le président de Pegueyrolles, qui fut pourtant transféré à Paris, à l'âge de soixante-quatorze ans, escorté par deux gendarmes, presque sans vêtements. Couché sur la paille d'un cachot, il attendait son heure :

mis en liberté au 9 thermidor, il voulut regagner le Rouergue, son pays natal, et mourut en route, à la fin d'octobre, à l'Hôtel-Dieu de Lyon.

D'autres avaient recouvré la liberté avant thermidor, entre autres le président de Paraza, qui déroba, par la fuite, sa tête au bourreau.

Les parlementaires qui se cachaient dans leurs terres, à Paris ou à l'étranger, reparurent à Toulouse et y achevèrent leur vie, dans la retraite et le deuil. Quelques-uns avaient expiré dans l'exil. Ceux qui étaient morts sur les échafauds de Paris furent ensevelis, dans le désordre d'une commune sépulture, au-delà de la barrière du Trône, sous un tertre, autrefois marqué d'une croix de bois tombée avec le temps. Leurs noms sont restés gravés au transept de la chapelle des dames religieuses de Picpus.

Les Parlements mouraient avec le siècle et suivaient dans la tombe, la monarchie qui allait avoir sa résurrection. C'est à jamais que les Parlements ont été rayés du livre de vie. Au nom de la liberté, la Révolution abolissait les grandes compagnies judiciaires qui avaient si souvent combattu pour les libertés publiques, et elle envoyait à l'échafaud des hommes qui gardaient, comme un dépôt sacré, transmis par les ancêtres, leurs traditions de noble indépendance, de patriotisme et d'amour du peuple. Plus d'une fois, on a pu leur reprocher d'avoir poussé cet amour du peuple jusqu'aux insoumissions téméraires qui affaiblissaient et abaissaient le pouvoir royal.

Par une confusion pleine de dangers et de pièges, l'ordre judiciaire avait été, pendant des siècles, troublé dans son essence par les agitations de la politique ; les parlementaires de Toulouse n'échappèrent pas à ces embûches et, tout en se proclamant les soutiens du trône, ils eurent leur part dans les coups redoutables portés à la monarchie.

Sur les hauteurs où ils étaient montés, les parlementaires de Toulouse, autant que les autres, eurent à certaines heures, le vertige des sommets. Dans ce Midi où l'air est si vif à la fois et si chaud, les passions des hommes ne se refroidissent pas plus vite que le climat de leur pays. On sent palpiter le cœur des villes du Languedoc et surtout le cœur de la vieille Toulouse, dans les arrêts de son Parlement. L'histoire de ce Parlement est l'histoire de la vaste province à laquelle un chroniqueur donnait le nom de royaume.

En suivant, dans les arrêts, le mouvement et le progrès des idées et des résistances de ces parlementaires, on peut y retrouver souvent la trace des emportements de l'âme et des entraînements de la parole ; on y découvre toujours la droiture des intentions et les plus purs sentiments de leur mission de justice.

S'ils ont commis des fautes, ils les ont chèrement expiées. Accusés par tous les partis, par la noblesse ou par le peuple, par la Couronne ou par la Révolution, ils ont travaillé et souffert pour la justice, l'égalité et la liberté, sans jamais asservir leur indépendance. En racontant leur glorieuse histoire, je n'ai cherché ni à grandir leurs services, ni à dissimuler leurs défaillances ; je crois les avoir jugés sans flatterie et sans faiblesse, et, s'il faut les plaindre pour leurs erreurs, il faut les admirer pour leurs vertus. Il vaut mieux oublier leurs fautes et ne se souvenir que de leur vraie grandeur.

FIN DU TOME SECOND

TABLE DES MATIÈRES

TOME SECOND

CHAPITRE PREMIER

François de Clary premier président. — Le conseiller d'Ouvrier. — Entrée du prince de Condé à Toulouse. — Condé au Parlement. — Agitation dans la province. — Les États de Pézénas. — Privilèges des protestants confirmés par la régente. — Service de la chambre de l'Édit — Rivalité de la chambre de l'Édit et du Parlement. — Synodes des protestants. — Divers arrêts du Parlement et de la chambre de l'Édit. — Les blasphémateurs. — Les duellistes. — Luttes des capitouls contre le Parlement. — Troubles religieux à Nîmes. — Le siège présidial de Nîmes transféré à Beaucaire. — L'amiral Henri de Montmorency à Toulouse. — Querelle de préséance. — L'amiral de Montmorency au Parlement. — Charité du Parlement. — Le conseiller Tolosani. — Le président Potier de la Terrasse. — Condé reprend les armes. — Arrestation d'un de ses courriers. — Conditions exigées par Condé pour la paix. — Convocation des États généraux. — Retard de Condé à désarmer. — Procès d'Isabeau de Romillon. — Le président Guillaume de Rességuier. — Procès de fausse monnaie et de magie. — Le vicaire de Saint-Pierre-des-Cuisines Jean Dusel. — Remontrances adressées aux capitouls. — Remontrances adressées au premier président. — Les mercuriales. — Le duc de la Trémouille à Toulouse. — Opposition du Parlement à la religion réformée. — Démission du premier président Clary, en faveur de son gendre Gilles Le Masuyer. — Remontrances du Parlement à François de Clary. — Opposition du Parlement et ses conditions pour installer le nouveau premier président. — Mort de François de Clary... 1

CHAPITRE II

Gilles Le Masuyer. — Rohan et Condé. — Menace d'une guerre civile à Toulouse. — Organisation de la défense. — La guerre civile dans quelques villes de la province. — Jean de Bertier, évêque de Rieux et conseiller au Parlement. — Le conseiller de Mausac. —

Procès de La Rochefla\in. — Divers arrêts du Parlement. — Assemblée des notables. — Le premier président Le Masuyer à cette assemblée. — Son séjour à Paris — Mort du président de Lestang. — Les finances épuisées. — Opposition du Parlement à l'enregistrement d'un édit pour rétablir les finances. — Entrée de la duchesse de Montmorency à Toulouse... 30

CHAPITRE III

Procès de Vanini 51

CHAPITRE IV

Émeutes dans le Vivarais. — Charlotte de Chambaud, dame de Privas. — Montpézat, gouverneur de Muret, condamné à mort. — Nouvelles guerres religieuses. — Élection des capitouls, et lutte de l'Hôtel-de-Ville et du Parlement. — Toulouse se prépare à la guerre. — Grande modération du Parlement. — Le Parlement appelle Montmorency. — Il organise la défense de la ville. — Députation du Parlement envoyée à Louis XIII. — Le conseiller Bertrandi. — Les deux partis à Castres. — Chambre de l'Édit à Villemur. — Les villes rebelles coupables de lèse-majesté. — Résistance de Montauban. — Arrivée de Mayenne à Montauban. — Murs rasés dans quelques villes. — Députation du Parlement devant le duc de Mayenne. — Mort du doyen d'Assézat. — Louis XIII en marche sur Toulouse. — Arrivée du roi à Toulouse. — Le connétable et le Parlement. — Entrée du roi. — Villes reprises par les protestants. — Remontrances. — Départ du roi. — Belle réponse du conseiller Bertrandi au connétable. — Les calvinistes pendus. — Mort du président de Paulo — Mort du président de Ségla. — Leurs successeurs, le président de Calvière et le président de Gragnagues... 83

CHAPITRE V

Reprise de la guerre. — Le roi Louis XIII à Toulouse. — Harangue du premier président. — Réponse du roi. — Fêtes publiques. — Soumission des places rebelles — Le duc de Rohan. — Mort du conseiller de Masnau. — Victoire du roi. — Proposition de paix. — Chambre de l'Édit à Castres et à l'Isle-d'Albi. — Opposition du Parlement à la chambre de l'Édit. — Réponse du duc de Rohan au greffier Malenfant. — Remontrances. — Lettre de jussion. — Réponse du roi. — Enregistrement de l'édit de translation de la chambre de l'Édit. — Agitation intérieure au Parlement. — Guerre civile. — Une question de cérémonial. — Levée de troupes — Largesses du Parlement à l'occasion de l'augmentation de ses gages. — Le conseiller de Caumels intendant de justice et des finances à l'armée. — Complot contre la vie du premier président. — Luxe du premier président. — Incidents de la guerre. — Édit de pacification. — Récriminations des protestants contre le premier président. — Mort de l'enseigne des gardes Canredon. — Le printemps à Toulouse. — Condamnation des trois gentilshommes déguisés en ermites. — Les barons de Léran et de Mirepoix. — Attitude de Richelieu. — Assemblée des notables. — Noblesses d'épée et de robe........   103

CHAPITRE VI

Les morts au Parlement. — Guillaume de Catel. — La Rocheflavin. — François de Caumels. — Tumulte aux Enquêtes. — Union du Parlement. — Intrigues de Rohan. — Son procès. — Sa déroute. — Condé à Toulouse et au Parlement. — Nouveaux impôts. — Récusation du premier président. — Remontrances du président de Caminade au premier président et à Condé. — Réponse de Condé. — Le premier président reprend son siège. — Reprise de la guerre. — Mort du cardinal de La Valette, archevêque de Toulouse. — Mgr de Monchal. — Prise de la Rochelle. — Trahison de Rohan. — Deux de ses émissaires, condamnés à mort. — Édit de grâce. — Prise de Montauban. — Richelieu à Toulouse. — Murs des villes rebelles, rasés par ordre du Parlement. — Chambre de l'Édit à Béziers. — Richelieu et les États. — Le président Desplats. — Lutte du Parlement contre Richelieu. — Révocation de l'édit des élus. — Retour de Montmorency. — La peste. — Courage du premier président Le Masuyer. — Sa mort. — Jugement sur le Masuyer...................   124

CHAPITRE VII

Le Parlement en vacances s'assemble pour présenter trois candidats à la première présidence. — Jean de Bertier nommé premier président. — Son portrait. — Ses relations avec Port-Royal. — Son entrée à Toulouse. — Procès du duc de Montmorency............   159

CHAPITRE VIII

Schomberg gouverneur du Languedoc. — Procès du conseiller François de Nos. — Silence au Parlement. — Le duc d'Alvin, gouverneur du Languedoc. — Son entrée à Toulouse. — Lettres de grâce à une partie de la noblesse révoltée. — Richelieu, les capitouls et le Parlement. — Craintes de guerre avec l'Espagne. — Le Parlement et le lieutenant général marquis d'Ambres. — Désordres à Castres. — Déclaration royale relative au duc d'Orléans transmise au Parlement. — Guerre avec l'Espagne. — Impôts de guerre. — Murmure de la province. — Remontrances du Parlement. — Parlementaires mandés devant le conseil du roi et suspendus de leurs fonctions. — Émeute à Toulouse. — Le gouverneur du Parlement. — Un curieux procès. — L'avocat de Beloi. — Démêlé du Parlement avec le chapitre de la cathédrale. — Création de nouvelles charges au Parlement. — Opposition et tumulte au Parlement. — La guerre étrangère. — Victoire. — Préparatifs de guerre avec l'Espagne. — Victoire de Leucate. — Mort du président de Caminade et du président de Calvière. — Le conseiller Pierre Fermat. — Le conseiller Simon d'Olive. — Le président de Gramond. — Le conseiller Charles de Catel. — Ressentiment de Richelieu. — Voyage du premier président à Paris. — Querelle de la grand'chambre et de la Tournelle. — Condé commandant les armées. — Un intendant à Grenade. — Le doyen de Mausac. — Le prince de Condé à Toulouse................ 196

CHAPITRE IX

Démêlé du Parlement et de l'archevêque de Toulouse — Procession solennelle du 15 août, pour le vœu de Louis XIII. — Naissance du dauphin. — Projet du roi de créer un Parlement à Nîmes. — Députation du Parlement à Paris. — Harangue du premier président. — Réponse altière du roi. — Guerre du Roussillon. — Condé battu par les Espagnols. — Le comte de Tournon au Parlement. — Procession à Toulouse. — Émeutes dans le ressort. — Disputes au Parlement. — Condé repart pour le Roussillon. — Décret de prise de corps contre les capitouls. — Querelle entre le premier président et le procureur général. — Le procureur général de Saint-Félix. — Ses luttes contre la grand'chambre. — Altercation avec le conseiller de Ségla. — Excuses insuffisantes du procureur général. — Nouvelle séance. — Nuages entre le Parlement et la Chambre de l'Édit. — La ville de Castres soutient la Chambre de l'Édit. — Le pamphlet *le Capucin*. — Rapport à la grand'chambre. — Les grands carmes et la Basoche. — Nouveaux démêlés au Parlement. — Prise de Perpignan. — Mort de Richelieu et de Louis XIII. — Cérémonie funèbre. — Députation du Parlement au nouveau roi. — Levées ruineuses des impôts par les intendants. — Arrêt de suspension au Parlement. — Irritation des villes contre les collecteurs. — Arrêts du Parlement cassés par un arrêt du Conseil. — Libelle d'un intendant brûlé par la main du bourreau. — Remontrances à la reine régente. — Trêve au Parlement. — Enregistrement des lettres patentes cassant le testament de Louis XIII. — Les députés du Parlement à Paris. — Lettres patentes confirmant le Parlement. 214

CHAPITRE X

Commencement du grand règne. — Victoire de Rocroi. — Le duc d'Orléans gouverneur et lieutenant général en Languedoc. — Députation du Parlement au duc d'Orléans. — Sévérité des examens des magistrats au Parlement. — Le président de Ciron. — Science du droit au Parlement. — Equipée de quelques jeunes conseillers. — Un conseiller du Parlement de Grenoble et un conseiller du Parlement de Pau jugés à Toulouse. — Le juge-mage de Caulet et l'avocat général de Maniban. — Sorciers. — La duchesse d'Arpajon. — Arrêts divers. — Victoires des armées. — Un vœu pour éloigner la peste. — Luttes entre le Parlement et l'Hôtel de Ville. — Le chevalier de Roquelaure. — Le marquis de Rabat. — Les Parlements de France et la Couronne. — Lutte du Parlement de Toulouse contre les intendants. — États généraux. — Émeutes dans le ressort. — Députation des États du Languedoc au Parlement. — Députation du Parlement aux États. — La première Fronde. — Les écoliers. — Les Bohémiens. — Le monastère de Notre-Dame des Salenques. — La deuxième Fronde. — Troubles religieux. — La Chambre de l'Édit hostile à Mazarin — Le conseiller Vedelly à Nîmes et dans les villes de cette contrée. — Union passagère du Parlement et des États. — Les États traduits devant le Parlement. — Lutte du Parlement et de la Cour des comptes de Montpellier. — Le conseiller de Foretz à Béziers. — Arrêt contre Mazarin. — Le conseiller de Foretz à Narbonne. — Arrêt de mort contre le gouverneur, son lieutenant, les consuls et divers habitants de Narbonne. — Décret de prise de corps contre l'archevêque de Narbonne. — Le conseiller de Gargas à Albi. — Arrêts contre les factieux et les évêques des États. — Intervention du roi. — Harangue de Godeau, évêque de Vence. — Médiateurs envoyés à Toulouse. — Arrêt du Parlement cassé par le Conseil du roi — Assemblée des États. — Évocation au Parlement de Dijon et à la Chambre de l'Édit de Grenoble. — Menaces de guerre. — Retour aux mœurs féodales. — Intrigues du duc d'Orléans. — La concorde entre les États et le Parlement. — Fin de la Fronde. — Désordres dans le ressort. — La tête de Mazarin mise à prix au Parlement. — Guerre de Guyenne. — Organisation de la défense à Toulouse. — La peste. — Pavillon, évêque d'Alet. — Arrêts divers. — Fin de la guerre et de la peste. — Le baron de Léran. — Amnistie. — La paix. — Mort du premier président de Bertier. 232

CHAPITRE XI

Gaspard de Fieubet, premier président. — Derniers restes des guerres de religion. — Amnistie. — Pillards dans le Gévaudan, le Velay, les Corbières et les plaines de l'Aude. — Le baron de Léran devant le Parlement. — Son exécution. — Réveil de résistances. — Les intendants. — Autorité naissante du roi. — Menaces de Mazarin. — La mort vient en aide à Mazarin. — Arnauld d'Andilly et le président de Gramond. — Mort des frondeurs. — Le prince de Conti et le roi Louis XIV à Toulouse. — Cherté des vivres. — Mazarin à Toulouse. — Départ du roi. — Mort de Gaston d'Orléans. — Le prince de Conti gouverneur du Languedoc. — Retour du roi à Toulouse — Fêtes pour le mariage du roi. — Mort de Mazarin. — L'évêque d'Alet. — Procès de Henri de Rasiguières. — Un gentilhomme usurier. — Évocation au Parlement de Grenoble. — Droit d'asile. — Reprise d'armes contre les protestants. — Influence des luttes religieuses sur l'industrie de la province. — Œuvres du président Donneville. — L'arrêtiste Catellan. — Travaux de Riquet. — Prix des charges de magistrature. — La peste. — Vagabonds. — Arrestation du conseiller de Chastenet. — Les tailles. — Mort d'Anne d'Autriche et du prince de Conti. — Le duc de Verneuil gouverneur du Languedoc.....   261

CHAPITRE XII

Les Grands Jours. — Le procès de la marquise de Ganges......   278

CHAPITRE XIII

Procès en usurpation de titres de noblesse. — Remontrances. — Arrêts divers. — Canal des deux mers. — Entrée du duc de Verneuil. — Colbert et le Parlement. — Droit d'asile. — Abrogation des édits de tolérance. — Amoindrissement de la Chambre de l'Édit. — Sa translation à Castelnaudary. — Jugement sur la Chambre de l'Édit de Castres. — Ses magistrats célèbres. — Suppression de la Chambre de l'Édit de Castelnaudary. — Ordre aux parlementaires réformés de se démettre de leurs charges. — Henri d'Aguesseau intendant. — Mort de Riquet. — La régale. — Un chanoine condamné à mort. — Le duc du Maine gouverneur du Languedoc. — Le duc de Noailles commandant des armées. — Naissance du duc de Bourgogne. — Nouvelles rigueurs envers les protestants. — Émeutes. — Pillards. — Destruction de temples protestants. — Mort de Colbert. — Louvois. — Démission de l'intendant d'Aguesseau. — Édits nouveaux contre les protestants. — Esprit de tolérance du Parlement. — Son intolérance. — Mystérieuses négociations — Conversion forcée des protestants. — Les protestants quittent la France   297

CHAPITRE XIV

Révocation de l'Édit de Nantes. — Les États et le Parlement. — Les jansénistes au Parlement. — La congrégation des Filles de l'Enfance.

— Mort du premier président de Fieubet. — Les protestants au désert. — Supplices. — Le premier président de Morant. — Costume de ville des magistrats, des ecclésiastiques et des femmes. — La guerre. — Les protestants du Vivarais. — Les milices et le comte de Broglie. — Édits bursaux. — Le conseiller Jean Daspe. — Le Masuyer procureur général. — Les mendiants et les vagabonds. — Une émeute de femmes. — Lettres patentes approuvant les Jeux Floraux. — Divers arrêts. — Mort du président de Rességuier. — Le conseiller Tournier et l'abbé de Gramond. — Le Parlement à la fin du dix-septième siècle. — Guerre religieuse dans les Cévennes. — Le maréchal de Villars. — Les camisards — Le Parlement reste en dehors des événements. — L'intendant Baville. — Le Parlement et l'archevêque Colbert. — Divers arrêts. — Procès de Bayle. — Les dernières années du règne de Louis XIV. — Retraite du premier président de Morant. — François de Bertier premier président. — Mort de Louis XIV.. 316

CHAPITRE XV

Impression produite par la mort du roi. — Mort de Baville. — Esprit gallican au Parlement. — Agiotage. — Remontrances. — Conspiration de Cellamare. — La peste. — Reprise des persécutions contre les protestants. — Les agréables de Toulouse. — Le conseiller Luc de Saget. — Majorité de Louis XV. — Retraite du président de Bertier. — Le président de Maniban nommé premier président. — Furgole capitoul. — Inondation de la Garonne. — Conflit avec les capitouls. — Un bréviaire. — Nouveaux impôts. — Victoire de Fontenoy. — Intolérance envers les protestants. — Marquisats. — Disette et troubles. — Émeute de femmes. — Pillards. — Arrêts du Parlement. — Arrestation et supplice des coupables — Désordres causés par les troupes. — Disette et peste. — L'intendant de Saint-Priest. — Nouvelles persécutions contre les protestants. — Scandale de la Saint-Yves. — Le maréchal de Richelieu lieutenant général en Languedoc. — Son remplacement par le duc de Mirepoix. — Le gouverneur prince de Dombes remplacé par le comte d'Eu. — Le comte de Thomond remplace le duc de Mirepoix. — Les fourches patibulaires. — Le Journal de Barthès. — Ère de procès et de luttes. — Nouveaux impôts. — Remontrances. — Plainte des États. — Le Conseil d'État et le Parlement. — Résistance de la Couronne. — Explosions prochaines.. 338

CHAPITRE XVI

Le procès Calas.. 358

CHAPITRE XVII

Le procès de François Rochette et des frères Grenier. — Catholiques et protestants en guerre. — Arrestation des accusés. — Le procès au Parlement. — L'arrêt. — L'exécution. — Affaire Sirven. — Second centenaire des fêtes de la Délivrance.................. 421

CHAPITRE XVIII

Procès des jésuites. — Mort du premier président de Maniban. — M. de Bastard nommé premier président...................... 431.

CHAPITRE XIX

La situation financière et le Parlement. — Le Parlement de Paris blâmé par le Parlement de Toulouse. — Lettre au roi. — Réponse du roi. — Remontrances. — Mission du duc de Fitz-James. — Lutte des capitouls contre le Parlement. — Correspondance secrète du premier président avec le ministère. — Attitude du premier président au Parlement. — Le duc de Fitz-James à Toulouse. — Le duc de Fitz-James au Parlement. — Grave incident d'audience. — Embarras du premier président. — Lettre de cachet. — Résistance du Parlement. — Procès-verbal du duc. — Belle audience de nuit. — Changement de tactique du duc. — Prorogation du Parlement. — Le premier président et le chancelier. — Audience du 15 septembre. — Le premier président se sépare du Parlement. — Arrêt contre les actes du duc de Fitz-James. — Remontrances. — Un arrêt biffé par le duc. — Deux parlementaires aux arrêts. — Nouvelle audience. — Députation au roi. — Arrêt arraché des murs. — Lettre du premier président au chancelier. — Ses efforts pour apaiser le roi. — Mise aux arrêts de tous les parlementaires, sauf le premier président et le doyen. — Un conseiller exilé. — Lettres du duc et du premier président. — Guerre ouverte du duc contre le Parlement. — Dénonciation du premier président. — Arrêts cassés. — Arrêts biffés. — Édits enregistrés au présidial. — Opposition du chapitre........................ 457

CHAPITRE XX

Pamphlets. — Le duc retiré à Montblanc. — Dernière rigueur. — Manœuvres du premier président. — Fermeté des parlementaires. — Ressentiments des femmes des parlementaires. — Le premier président et le procureur général mandés à Montblanc. — Propositions du duc rejetées. — Les Parlements du royaume. — Levée des arrêts. — Audience de rentrée. — Le doyen de Bojat. — Le Parlement et le premier président. — Injonctions du duc au premier président. — Annulation des actes du duc. — Enregistrement d'un édit. — Discussion d'une mercuriale. — Admonestation au premier président. — Arrêt de prise de corps contre le duc. — Lettre du roi. — Réponse du Parlement. — Agitation dans les Parlements du royaume. — Arrêt de Toulouse cassé par le Parlement de Paris, comme Cour des pairs. — Nouvel arrêt du Parlement de Toulouse contre Fitz-James. — Remontrances. — Arrêt en réponse à l arrêt de Paris. — Départ et disgrâce du duc. — Députation du Parlement au roi. — Monsieur et madame de Bastard à Versailles. — Retour des députés du Parlement. — Arrêt contre les actes du gouverneur. — Reprise des audiences. — Les grains et les impôts. — Décisions contre le premier président. — Indignation du roi. — Mercuriales et arrêts cassés. — Trêve. — Nouvel arrêt du Parlement contre le premier président. — Nouvelle députation au roi. — Lettre du roi. — Le roi et le premier président. — Concessions du Parlement. — Démission du premier président. — Jugement sur M. de Bastard. — Son frère doyen de la Cour.. 491

CHAPITRE XXI

Dernier incident du procès des jésuites. — Les évêques de Saint-Pons et de Soissons. — Les archevêques d'Auch et de Paris. — Serment imposé aux jésuites. — Libelles en faveur des jésuites. — Condamnation des libelles au bûcher. — Le doyen Dominique de Bastard. — Sentiments du roi envers les jésuites. — Nouveaux libelles condamnés au feu. — Expulsion des jésuites par le roi. — Requisitions de l'avocat général de Cambon. — Arrêt du Parlement imposant le serment aux jésuites restés en France, et réclamant leur expulsion du royaume. — Lettre de Voltaire. — Le premier président de Vaudreuil. — Divers arrêts du Parlement. — Remontrances. — Réponse du roi. — Une commission de parlementaires dans le Gévaudan et le Vivarais. — Exécutions à Toulouse. — Le bourgeois Barthès. — Procès faits aux cadavres. — Arrêt contre Simon Saladin. — Le peuple habitué à ces spectacles. — Lenteur des progrès de la justice criminelle................. 514

CHAPITRE XXII

Éloquence judiciaire au Parlement de Toulouse, au dix-septième siècle.. 525

CHAPITRE XXIII

Éloquence judiciaire au Parlement de Toulouse au dix-huitième siècle.. 541

CHAPITRE XXIV

Les Parlementaires aux Jeux Floraux..   558

CHAPITRE XXV

Avènement du chancelier Maupeou. — Trois États en France. — Les Parlements et la royauté. — Ligue parlementaire. — Louis XV et madame de Pompadour. — Les provinces. — Les lettres et la politique. — Accent révolutionnaire des remontrances. — Le chancelier Maupeou. — Procès du duc d'Aiguillon. — Coup d'État résolu. — Harangue de Louis XV. — Belles remontrances du Parlement de Paris. — Réponse du roi. — Lit de justice. — Coup d'État. — Exil des parlementaires de Paris. — Conflit du Parlement de Toulouse avec les États du Languedoc. — Le premier président de Niquet. — Explosion de colère à la nouvelle du lit de justice. — Lettre du Parlement de Toulouse au roi. — Remontrances. — Arrêt de résistance à la volonté du roi. — Opposition de la sénéchaussée à l'arrêt du Parlement. — Mercuriale du Parlement — L'arrêt de Toulouse cassé à Paris et brûlé. — Ressentiments et Pamphlets. — Voltaire. — Le style de Maupeou comparé à celui de Corneille et de Racine. — Théorie du comte de Lauraguais. — Le gazetier cuirassé. — Le mandement des œufs rouges. — Citations de Fénelon, de Bossuet, et de Massillon. — Talleyrand-Périgord commandant en Languedoc. — L'intendant de Saint-Priest. — Protestation du Parlement contre les menaces de suppression. — Convocation des parlementaires par le comte de Périgord. — Protestation du Parlement. — Lecture de lettres patentes. — Discours de Périgord et de Saint-Priest. — Lecture de deux édits de suppression du Parlement et de reconstitution d'un nouveau Parlement. — Enregistrement des édits. — Sortie des Parlementaires. — Leur exil. — Le nouveau Parlement. — Résistance du conseiller Lenormand d'Aisenne.......... .,   589

CHAPITRE XXVI

Indignation publique. — Cour des déserteurs. — Correspondance de Sorhouet. — Colère des dames. — Espionnage. — Le président d'Aguin. — Conseil supérieur de Nîmes. — Réclamations du nouveau Parlement. — Réponse du chancelier. — Les procès au nouveau Parlement. — Liquidation des charges. — La Couronne hors du greffe. — Deux nouveaux édits. — Les jésuites. — Un pamphlet. — Refus d'enregistrement des édits créant de nouveaux impôts. — Condamnation à mort du capitaine Villeraze-Castelnau. — *Le Supplément à la Gazette*. — Floraison de chansons, de vaudevilles et d'épigrammes. — Les manants. — Les emblèmes. — Observations d'un citoyen aux membres du tripot de Toulouse. — Maximes du droit public français. — Dédain du chancelier. — Voltaire. — Ses lettres au chancelier et à madame du Barry. — Édits bursaux. — Rappel à l'obéissance. — Restauration de l'académie des Jeux Floraux. — Nouveaux impôts. — Beaumarchais. — Son procès au Parlement de Paris. — Mort de Louis XV. — Émotion à Toulouse. — Les commandements du roi Henri IV. — Exil du chancelier Maupeou. — Le garde des sceaux Miromesnil. — Retour des Parlements. — Jugement sur le coup d'état du chancelier Maupeou.......... 615

CHAPITRE XXVII

Fêtes à Toulouse au retour des exilés. — Les *revenants*. — Joie des avocats et des procureurs. — Compliments du bâtonnier. — Réjouissances de la commission intermédiaire. — Les *manants*. — Sérénades de la Basoche. — L'université, les églises, le chapitre, les marchands. — Un pamphlet arrivé de Londres. — Un autre pamphlet contre M. de Niquet. — Heures nouvelles à l'usage des magistrats et des bons citoyens. — Couronnes apportées au Parlement. — Cavalcades et processions. — Les écoliers. — La Basoche. — Rentrée des exilés au Palais. — Audience à huis-clos. — Édit de rétablissement du Parlement. — Abolition du conseil supérieur de Nîmes. — Sortie des parlementaires du Palais. — Souper à l'archevêché. — Fêtes de nuit dans la ville. — Le roi des décrotteurs. — Inscriptions latines. — Députation du Parlement au roi. — Reprise des travaux. — Continuation des fêtes. — La statue de Louis XVI. — Obélisque à la grand'chambre. — Joie de l'académie des Jeux Floraux. — Fêtes pendant deux mois. — Reprise sérieuse des travaux du Parlement. — Discours de Gary et d'autres avocats. — La Basoche. — Le roi de la Basoche. — Couronnement du roi de la Basoche. — Marche triomphale de la Basoche. — Triste lendemain. — Florent Baour et le roi de la Basoche. — Leur procès. — Condamnation de la Basoche. — Mascarade vengeresse. — Fin de la Basoche.......... 638

CHAPITRE XXVIII

Le duc de Biron gouverneur du Languedoc. — Affranchissement du travail. — Les gens de métiers et la procession en mémoire des événements de l'année 1562. — Libre circulation des vins. — Liberté du commerce des grains. — Opposition de la magistrature à l'édit de Turgot. — Lit de justice. — Retour au régime des privilèges. — Mort du doyen Dominique de Bastard. — Le comte de Provence et l'empereur d'Allemagne à Toulouse. — Le duc et la duchesse de

Chartres à Toulouse. — Estampe en l'honneur du rétablissement du Parlement. — Procès des procureurs contre l'imprimeur Baour. — Règlement de la juridiction contentieuse du domaine. — Épidémie à Toulouse — Cantate à la louange du roi et de Clémence-Isaure. — Troubles dans le Vivarais, le Gévaudan et les Cévennes à l'occasion des frais de justice. — Luttes des capitouls et du Parlement. — Révolution municipale. — Remontrances. — Mémoires des avocats. — Observations du marquis de Bélesta. — Réponse du subdélégué Ginesty. — Les cadastres. — Lettres de jussion. — Transport des grains. — Mort de l'intendant Saint-Priest remplacé par le baron de Balainvilliers. — Mort du président de Puivert et de son fils. — État civil des protestants. — Esprit de tolérance, d'humanité et de progrès du Parlement. — Remontrances sur les impôts. — Le comte de Périgord au Parlement. — Protestations des parlementaires. — L'avocat général de Catellan enfermé au château de Lourdes. — Remontrances du Parlement. — Regret du gouvernement d'avoir rappelé les Parlements. — Projet du gouvernement. — Déclaration du Parlement de Toulouse. — Démission du premier président de Niquet. — Emmanuel de Cambon premier président. — Les grands bailliages. — Le comte de Périgord au Parlement de Toulouse. — Résistance du Parlement aux ordres du roi. — Le procureur général de Rességuier. — Belle réponse du premier président. — Tumultueuse séance. — Les parlementaires expulsés du Palais. — Protestation du Parlement et remontrances. — Installation du grand bailliage à Toulouse. — Protestations des justices inférieures, des capitouls, de la noblesse et du clergé. — Attitude du gouvernement. — Les pamphlets. — Avocats de Toulouse mandés à Paris. — Leur retour. — Abolition des grands bailliages. — Le Parlement rentre au Palais. — Fêtes dans la province. — Remontrances du Parlement. — Agitation des esprits. — Le Parlement demande la suppression des États du Languedoc. — Dernières séances des États. — Une épigramme grecque. 654

CHAPITRE XXIX

La Révolution en marche. — Les États généraux. — Ébranlement dans la province. — Lanjuinais dénonce le mouvement du Languedoc à l'Assemblée nationale. — Suspension des Parlements décrétée par l'Assemblée nationale. — Résistance du Parlement de Toulouse. — Suppression des Parlements. — La chambre des vacations et le procureur général de Rességuier. — Apposition des scellés au greffe de la Cour. — Bragouse et les greffiers Trinquecostes et Labroue. — Mailhe procureur syndic des amis de la constitution. — Discours de Robespierre et du prince de Broglie contre la protestation de la chambre des vacations — Discours de Lameth et de Madier de Montjau. — Animosité du prince de Broglie contre le Parlement de Toulouse.. 679

CHAPITRE XXX

Le tribunal révolutionnaire à Toulouse. — Emprisonnement des membres de la chambre des vacations. — Lettre de l'accusateur public Capelle. — Vingt-cinq parlementaires de Toulouse devant le tribunal révolutionnaire de Paris. — Leur mort sur l'échafaud. — Lettre du juré Trinchard. — Arrestation de divers autres membres du Parlement de Toulouse. — Leur vie en prison. — Lettres de Capelle. — Lettre du conseiller de Montégut. — Transfèrement des prisonniers à Paris. — Leur comparution devant le tribunal révolutionnaire. — Leur condamnation et leur exécution. — Troisième fournée de parlementaires de Toulouse. — Leurs illusions. — Leur fermeté ; leurs lettres. — Confusion des listes des accusés. — Leur exécution. — Arrestation et exécution de madame de Cambon, femme du premier président de Cambon. — Exécution de madame de Cassan. — Réaction de thermidor. — Retour et mort des parlementaires émigrés. — La fin des Parlements. — Jugement sur le Parlement de Toulouse........ 691

FIN DE LA TABLE DES MATIÈRES.

ERRATA

Pages 48 ligne 9, lisez recueil et non recueils.
— 157 — 3, une virgule après le mot protestants.
— 474 — 21, lisez j'obéirai et non j'obéirais.
— 681 — 13, quatre-vingt.

www.ingramcontent.com/pod-product-compliance
Lightning Source LLC
Chambersburg PA
CBHW071703300426
44115CB00010B/1292